Norden von Queensland
Seiten 380–395
Cooktown
Cairns
Normanton
Townsville
Westen und Outback von Queensland
Seiten 396–405
Mount Isa
Winton
Mackay
QUEENSLAND
Simpson Desert
Rockhampton
Gladstone
Birdsville
Südosten von Queensland und Whitsunday Islands
Seiten 364–379
Charleville
Maryborough
Caloundra
Brisbane
Seiten 348–363
Bourke
Lismore
Blue Mountains und Westen von New South Wales
Seiten 156–169
Coffs Harbour
Port Augusta
Broken Hill
Whyalla
Dubbo
Hunter Valley und North Coast
Seiten 170–179
NEW SOUTH WALES
Mildura
Newcastle
Adelaide
Sydney
Seiten 74–149
Adelaide und Südosten
Seiten 308–327
Goulburn
Canberra
South Coast und Snowy Mountains
Seiten 180–193
Shepparton
Albury
VICTORIA
Mount Gambier
Canberra und ACT
Seiten 194–209
Geelong
Osten von Victoria und High Country
Seiten 264–277
Great Ocean Road und Westen von Victoria
Seiten 244–263
Melbourne
Seiten 216–243
Tasmanien
Seiten 278–301
Hobart

AUSTRALIEN

Three Sisters, Felsformation in den Blue Mountains

AUSTRALIEN

INHALT

Aufwendig bemalte Didgeridoos

Umschlag: *Whitehaven Beach auf der Whitsunday Island* (siehe S. 379)

AUSTRALIEN
ENTDECKEN

Skyline der Metropole Melbourne

WILLKOMMEN IN AUSTRALIEN

G'day Mate! Ein Besuch in Sydneys weltberühmtem Opernhaus, ein Spaziergang durch die malerischen Gassen von Melbourne, Wellenreiten am bekannten Bondi Beach, Schnorcheln durch das spektakuläre Great Barrier Reef, Campen im wilden Outback am Ayers Rock, kunterbuntes Städteabenteuer oder faszinierendes Naturwunder: Was auch immer Ihre individuelle Traumreise mit sich bringt, der Vis-à-Vis Australien ist Ihr perfekter Begleiter.

1

2

3

4

1 *Surfer am berühmten Bondi Beach*

2 *Felsmalereien der australischen Ureinwohner*

3 *Eine von Cafés gesäumte Gasse in Melbourne*

4 *Sonnenaufgang über der Sydney Harbour Bridge*

Uralte indigene Traditionen, hochmoderne Metropolen und eine vielfältige Naturlandschaft – all das ist Australien. Der Kontinent ist weltberühmt für seinen unbeschwerten Lebensstil, sehr viel Sonne und traumhafte Strände, aber ebenso für üppige Dschungelvegetationen und heiße Wüstenlandschaften im staubtrockenen Landesinneren.

Auch die faszinierenden Städte in Down Under sind einen Besuch wert. Während das schicke Sydney durch seine modernen Touristenattraktionen, historischen Viertel und citynahen Traumstrände begeistert, geht es in den charmanten Gassen, urbanen Cafés und coolen Galerien des bodenständigen Melbourne etwas lockerer zu. Nicht zu vergessen das hübsche Brisbane mit seiner aufstrebenden Feinschmeckerszene, das pittoreske Adelaide mit seinem Weinanbaugebiet oder das entspannte Surferparadies Perth.

Es gibt so viel zu erleben – wegen der endlosen Weiten ist es daher ratsam, eine Reise nach Australien sorgfältig zu planen. Wir haben das Land in leicht zu navigierende Kapitel unterteilt, mit detaillierten Reiserouten, Expertentipps und Karten, die Ihnen bei der Planung Ihrer Reise helfen. Egal, ob Sie für eine Städterundreise oder für traumhafte Naturlandschaften ans »Ende der Welt« reisen – dieser Vis-à-Vis-Reiseführer bietet Ihnen von allem etwas. Genießen Sie das Buch und genießen Sie Australien.

LIEBENSWERTES AUSTRALIEN

Farbenfrohe Korallenriffe voller einzigartiger Meereslebewesen, uralte indigene Felsmalereien, sonnenverwöhnte Weinberge, landschaftlich reizvolle Küstenstraßen, paradiesische Traumstrände - kein Zweifel, Australien muss man einfach lieben!

1 Kultur und Geschichte

Seit mehr als 65 000 Jahren leben Aborigines in Australien. Besuchen Sie mit einem indigenen Tourguide eine kulturelle Stätte der Ureinwohner *(siehe S. 42–45)*.

Faszinierende Unterwasserwelt 2

Das größte Korallenriff der Erde, das Great Barrier Reef *(siehe S. 384–387)*, ist einfach atemberaubend – ebenso wie das aquamarinblaue Ningaloo Reef *(siehe S. 485)*.

3 Fabelhafte Tierwelt

Die Tierwelt Australiens ist einzigartig auf dieser Welt! Entdecken Sie geschmeidige Koalas, beobachten Sie kuriose Schnabeltiere oder lassen Sie sich ein Stück des Weges von hüpfenden Kängurus oder Wallabys begleiten *(siehe S. 58f)*.

4 Hafen von Sydney

Ob für eine Schiffsrundfahrt, für ein Picknick mit Blick auf die Oper oder für einen Spaziergang entlang der Promenade – Sydneys Hafen ist immer einen Besuch wert.

Fernab jeglicher Zivilisation 5

Das Landesinnere Australiens ist geprägt von trockenen Steppen und brütend heißen Temperaturen. Hier sind die Entfernungen groß, die Menschen selten und das Abenteuer garantiert.

Exzellente Weine 6

Bei der letzten Zählung waren mehr 2400 Weingüter über die 65 Weinregionen Australiens verteilt *(siehe S. 48–51)*. Besuchen Sie das Barossa Valley im Süden – es gilt als eines der besten *(siehe S. 324f)*.

7 Das Meer immer im Blick

Die Great Ocean Road gilt als eine der beliebtesten Küstenstraßen der Welt – dank der einzigartigen Aussichten und tollen Restaurants auch kein Wunder *(siehe S. 248–251)*.

8 Kunst und Kultur

Die grandiosen Museen von Melbourne und Sydney sollten Sie auf keinen Fall verpassen – ganz besonders empfehlenswert ist die Art Gallery of New South Wales *(siehe S. 124f)*.

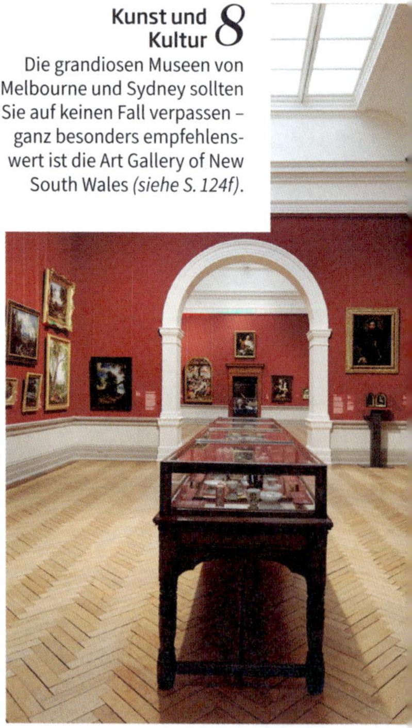

9 Badespaß an Wasserfällen

Zwar ist Vorsicht geboten, aber Schwimmen ist in Down Under (fast) überall erlaubt! Seien Sie mutig und wagen Sie den Sprung in ein kühles Becken unterhalb eines Wasserfalls – so tun es auch viele Einheimische z. B. in Kimberley *(siehe S. 41)*.

10 Wahre Küstenparadiese

Vom berühmten Bondi Beach bis zu den weißen Sandstränden der Whitsunday Islands sind Australiens traumhafte Strände ebenso vielfältig wie zahlreich *(siehe S. 46f)*.

Wildes Australien 11

In Australien gibt es mehr als 600 spektakuläre Nationalparks *(siehe S. 40f)*. Die NPs Blue Mountains, Wilsons Promontory, Litchfield und Lamington liegen sogar ganz nahe an Städten.

Spaß beim Wintersport 12

Auch das ist Down Under: Erkunden Sie die Pisten der Snowy Mountains oder schnallen Sie sich Schneeschuhe an und begeben Sie sich auf die idyllischen Wanderwege in Falls Creek *(siehe S. 275)*.

AUSTRALIEN
AUF DER KARTE

Für diesen Reiseführer wurde Australien in 19 attraktive Regionen unterteilt, jede mit einer eigenen Farbe, wie auf der Karte ersichtlich. Auf den folgenden Seiten finden Sie spannende Informationen über die einzelnen Regionen.

Südostasien und Ozeanien
INDONESIEN
PAPUA-NEUGUINEA
SALOMONEN
VANUATU
FIDSCHI
NEUKALEDONIEN
Indischer Ozean
AUSTRALIEN
Pazifischer Ozean
NEUSEELAND
Korallenmeer
Gulf of Carpentaria
Norden von Queensland
Seiten 380–395
Cooktown
Cairns
Normanton
Townsville
Westen und Outback von Queensland
Seiten 396–405
Mount Isa
Pazifischer Ozean
Mackay
Winton
QUEENSLAND
Simpson Desert
Rockhampton
Gladstone
Birdsville
Südosten von Queensland und Whitsunday Islands
Seiten 364–379
Charleville
Maryborough
Caloundra
Brisbane
Seiten 348–363
Bourke
Lismore
Blue Mountains und Westen von New South Wales
Seiten 156–169
Coffs Harbour
Port Augusta
Whyalla
Broken Hill
Hunter Valley und North Coast
Seiten 170–179
Dubbo
NEW SOUTH WALES
Newcastle
Mildura
Adelaide
Sydney
Seiten 74–149
Adelaide und Südosten
Seiten 308–327
Goulburn
Canberra
South Coast und Snowy Mountains
Seiten 180–193
Shepparton
Albury
VICTORIA
Mount Gambier
Canberra und ACT
Seiten 194–209
Geelong
Great Ocean Road und Westen von Victoria
Seiten 244–263
Melbourne
Seiten 216–243
Osten von Victoria und High Country
Seiten 264–277
Tasmanien
Seiten 278–301
Hobart

DIE REGIONEN AUSTRALIENS

Mit einer Länge von rund 4000 Kilometern von West nach Ost und 3860 Kilometern von Nord nach Süd – ohne die Inseln – ist Australien fast so groß wie Europa. Um Ihnen das Kennenlernen dieses riesigen Landes zu erleichtern, haben wir es in neun übersichtliche Regionen unterteilt. Von Tasmanien über Sydney bis ins Northern Territory – wo beginnt Ihre Reise?

Seiten 74–149

Sydney

Von den charmanten Hafenvierteln über die sonnenverwöhnten Strände bis hin zu den lebendigen Kunst-, Kultur- und LGBTQ+ Szenen – die multikulturelle Hauptstadt von New South Wales ist ganz klar das Topziel für Strandliebhaber, Outdoor-Abenteurer und Wassersportler. Die Einheimischen lieben ihre Strände, Parks und das Buschland sowie den riesigen Hafen mitten im Zentrum. Besuchen Sie Museen und Kunstgalerien, schicke Boutiquen in Paddington, das weltberühmte Opernhaus und am Abend die stimmungsvollen Pubs von The Rocks. Welcome to Sydney!

Entdecken
Kunst und Kultur

Sehenswert
The Rocks und Circular Quay, Innenstadt und Darling Harbour, Royal Botanic Garden und The Domain, Kings Cross, Darlinghurst und Paddington, Abstecher

Genießen
Unternehmen Sie eine Fahrt mit der Fähre durch den berühmten Hafen von Sydney

Seiten 150–193

New South Wales

Außerhalb von Sydney finden Sie in New South Wales jede Menge wunderbarer Strände und beeindruckender Nationalparks. Der Bundesstaat ist daher ein fantastisches Ziel für Outdoor-Aktivitäten jeglicher Art, darunter Schnorcheln, Tauchen, Surfen, Kajakfahren und Stand-up-Paddling. Surfer strömen in Badeorte wie Byron Bay und Narooma, während das Gebirge der Great Dividing Range Kletterer und Buschwanderer anlockt. Übrigens kann man hier auch Ski fahren – in den Snowy Mountains sind im Winter Hügel und Eukalyptusbäume mit Schnee bedeckt.

Entdecken
Outdoor-Aktivitäten

Sehenswert
Blue Mountains und Westen von New South Wales, Hunter Valley und North Coast, South Coast und Snowy Mountains

Genießen
Entdecken Sie wunderschöne Strände und probieren Sie an jedem eine andere Wassersportart aus

Seiten 194–209

Canberra und Australian Capital Territory

Obwohl Canberra die Hauptstadt Australiens ist, zählt diese eher gemütliche Stadt mit weniger als 500 000 Einwohnern nicht zu den größten Metropolen des Landes. Seien Sie nicht überrascht, wenn Sie am Parlamentsgebäude ein Känguru vorbeihüpfen sehen! Abseits der »Busch-Hauptstadt« besteht das Australian Capital Territory (ACT) aus Wäldern, Ackerland und Naturschutzgebieten und ist ein tolles Ziel für Kanufahrer und Camper.

Entdecken
Ruhe und Entschleunigung

Sehenswert
Parlamentsdreieck, National Museum of Australia

Genießen
Radeln Sie entlang der schattigen grünen Wege rund um den Lake Burley Griffin

→

Seiten 210–277

Victoria

Victoria ist das perfekte Reiseziel sowohl für Großstädter als auch Abenteuerurlauber. Beginnen Sie in Melbourne: Australiens wohl herausragendstes Kulturzentrum bietet exquisite Restaurants, aufregende Sportarten, coole und politisch motivierte Streetart, pulsierende Clubs und eine boomende Hipsterszene. Aber auch die Landschaft Victorias birgt viele Überraschungen: Fahren Sie entlang der weltberühmten Great Ocean Road, halten Sie Ausschau nach niedlichen Pinguinen auf Phillip Island und bewundern Sie die Felsenkunst der Aborigines.

Entdecken
Stadtleben

Sehenswert
Melbourne, Great Ocean Road und Westen von Victoria, Osten von Victoria und High Country

Genießen
Ein Roadtrip entlang der spektakulären Great Ocean Road

Seiten 278 – 301

Tasmanien

Tasmanien liegt rund 240 Kilometer südlich des Festlandes und ist der bevölkerungsärmste Staat Australiens. Aber lassen Sie sich davon nicht täuschen, denn in »Tassie« gibt es jede Menge zu sehen und zu erleben. Die Hauptstadt Hobart ist für eher gemäßigtes Klima, aber auch für ihre historischen Gebäude, lebendigen Kunsthandwerksmärkte und teilweise recht avantgardistischen Kunstgalerien bekannt. In der üppig grünen Landschaft Tasmaniens, der größten australischen Insel, finden vor allem Outdoor-Abenteurer und Tierliebhaber ein echtes Paradies.

Entdecken
Wandern, Tierbeobachtungen

Sehenswert
Hobart, Port Arthur

Genießen
Fahren Sie entlang des Gordon River und genießen Sie die Aussicht auf die Berge

Seiten 302 – 339

South Australia

Den Süden Australiens entdecken relativ wenige Besucher. Vielleicht sind die Strände rund um die Halbinsel Eyre und die Limestone Coast sowie Nationalparks wie Flinders Chase auf Kangaroo Island gerade deshalb so lohnenswert. Die einst als »Stadt der Kirchen« bekannte Hauptstadt Adelaide ist heute dank ihrer hervorragenden Kunst-, Gastronomie- und natürlich Weinszene weltbekannt. Obwohl Südaustralien überaus trocken ist, gibt es hier mehr als 18 Weinregionen, in denen einige der besten Weine in ganz Down Under hergestellt werden.

Entdecken
Weinanbaugebiete

Sehenswert
Adelaide und Südosten, Halbinseln Yorke und Eyre, Outback

Genießen
Der Blue Lake verfärbt sich zwischen November und März von grau zu saphirblau

→

Seiten 340 – 405

Queensland

Queenslands berühmtes Unterwasserparadies, das Great Barrier Reef, ist nur eines seiner vielen Meereswunder. Gehen Sie im kristallklaren Wasser vor Port Douglas tauchen, surfen Sie vor der Gold Coast oder der Sunshine Coast oder unternehmen Sie eine Bootsfahrt zu den Whitsunday Islands. Statten Sie auch Brisbane und dem Daintree National Park mit dem ältesten Regenwald der Welt einen Besuch ab. Kurios wird es in den Outback-Pubs und an überdimensionierten Kunstwerken entlang der Straße wie »Big Cassowary« und »Big Mango«.

Entdecken
Wassersport

Sehenswert
Brisbane, Südosten von Queensland und Whitsunday Islands, Norden, Westen und Outback von Queensland

Genießen
Tauchen Sie am Great Barrier Reef zwischen Seeanemonen und Riesenmuscheln

Seiten 406 – 445

Northern Territory

Willkommen im Outback! Das im Norden tropische und im Süden trockene Northern Territory ist die am dünnsten besiedelte Region Australiens, aber dafür umso attraktiver für Entdeckungstouren durch eine einzigartige Natur und abenteuerliche Wildnis. Besichtigen Sie den gewaltigen Sandsteinmonolithen Uluru, nehmen Sie an einer Wanderung zu den Wasserfällen oder durch die Nationalparks teil und erkunden Sie den Lebensraum der Salzwasserkrokodile. Lernen Sie die Kultur der Aborigines kennen oder entdecken Sie Felsenkunst im Kakadu National Park.

Entdecken
Kultur der Aborigines

Sehenswert
Darwin und Top End, Red Centre

Genießen
Beobachten Sie das faszinierende Farbenspiel eines Sonnenuntergangs am Uluru

Seiten 446 – 487

Western Australia

Australiens größter Bundesstaat hat einfach alles zu bieten: rote Wüsten und Wälder voller Wildtiere, sonnenverwöhnte Weinberge und pulsierende Städte. In Perth – der Hauptstadt Western Australias – erwarten Sie Kunst, Kultur und Kulinarik sowie das hippe Szeneviertel Northbridge. Kristallklares Wasser lockt Besucher zum Cable Beach, zur Hamelin Bay und zu anderen wunderschönen Stränden – vielleicht entdecken Sie Walhaie und Delfine? Apropos Tiere: Unternehmen Sie einen Ausflug nach Rottnest Island und machen Sie ein Selfie mit einem Quokka.

Entdecken
Tierbeobachtungen

Sehenswert
Perth und Südwesten, Norden von Perth und Kimberley

Genießen
Bewundern Sie den faszinierenden Wave Rock, eine von Wind und Wetter zu einer Welle geformte Gesteinsformation aus Granit

1

2

3

4

←

1 *Sydney Opera House*

2 *Blick vom Royal Botanic Garden auf Sydneys Skyline*

3 *Interaktive Ausstellung im Museum of Sydney*

4 *Surfer am Manly Beach*

3 TAGE
in Sydney

Tag 1

Vormittags Beginnen Sie den Tag mit einem Bummel durch die verwinkelten Straßen von The Rocks *(siehe S. 82–97)*. Australiens ältester Vorort – einst berüchtigt für Kriminalität und Prostitution – begeistert heute mit pittoresken Sandsteingebäuden, charmanten Pubs und aufwendig restaurierten Reihenhäusern. Folgen Sie dem Uferweg um den Circular Quay zum Royal Botanic Garden *(siehe S. 122f)* und genießen Sie dort die Aussicht auf die Harbour Bridge und das Opernhaus. Gehen Sie danach gemütlich zurück zum Kai und entspannen Sie bei einer Hafenrundfahrt.

Nachmittags Im Museum of Sydney *(siehe S. 109)* erfahren Sie mehr über die Vergangenheit der Stadt. Mutige nehmen anschließend an einem BridgeClimb *(siehe S. 53)* teil, bei dem sie die Bogen der Harbour Bridge *(siehe S. 88f)* erklimmen. Nicht schwindelfrei? Spazieren Sie über die Brücke!

Abends Beobachten Sie in der Opera Bar *(siehe S. 86)* den Sonnenuntergang hinter der Harbour Bridge und essen Sie anschließend im Restaurant Quay *(siehe S. 91)* mit Blick auf den Hafen fabelhaft zu Abend.

Tag 2

Vormittags Packen Sie Ihre Badesachen ein und wandern Sie den 3,5 Kilometer langen Klippenweg von Bronte nach Bondi Beach *(siehe S. 146f)*, wo Sie in der Bondi Trattoria (www.bonditrattoria.com.au) frühstücken können. Hüpfen Sie dann ins Meer oder in den Icebergs Pool *(siehe S. 147)*.

Nachmittags In Paddingtons Oxford Street – der »Golden Mile« – finden Sie einige der besten Modedesigner Australiens. Spazieren Sie anschließend die Crown Street in Surry Hills entlang, die von ausgefallenen Boutiquen und Vintageläden gesäumt ist. Schauen Sie unterwegs in einem der bezaubernden Cafés oder einer Weinbar vorbei.

Abends Gönnen Sie sich ein Abendessen im Bennelong *(siehe S. 86)* und genießen Sie anschließend eine Show im Sydney Opera House *(siehe S. 86f)*. Lassen Sie sich nicht vom Namen täuschen – hier gibt es alles von Rock bis Comedy, von Ballett bis Rap.

Tag 3

Vormittags Fahren Sie mit der Fähre vom Circular Quay nach Manly *(siehe S. 144f)*. Schlendern Sie den Boulevard entlang zum Strand oder folgen Sie der Marine Parade zum Shelly Beach. Sie wollten schon immer Surfen lernen? In Manly haben Sie eine großartige Gelegenheit dazu.

Nachmittags Zurück am Fähranleger serviert Hugos Manly *(siehe S. 145)* leckere Fish and Chips, gönnen Sie sich diesen Snack vor der Rückfahrt. Bummeln Sie den restlichen Nachmittag durch die Stände von The Rocks Markets *(siehe S. 93)*.

Abends Besuchen Sie am Abend eines der historischen alten Pubs von The Rocks: Das The Fortune of War (www.fortuneofwar.com.au) ist das älteste der Stadt, im Hero of Waterloo *(siehe S. 92)* soll es sogar spuken, das Glenmore Hotel *(siehe S. 92)* hat eine spektakuläre Rooftop-Bar.

1

2 WOCHEN

an Australiens Ostküste

Tag 1

Zweieinhalb Autostunden nördlich von Sydney finden Sie in Newcastle *(siehe S. 175)* Pop-up-Galerien, außergewöhnliche Boutiquen, hippe Restaurants und schöne Strände. Nach einem Streifzug durch die Stadt können Sie über die von Sträflingen gebaute Mole zum Nobbys Head Lighthouse laufen, oder Sie radeln über den Bathers Way zu den im Art-déco-Stil gestalteten Meerbädern. Am Nachmittag fahren Sie mit der Fähre nach Stockton Beach, um Schiffswracks zu besichtigen. Zum Abendessen geht es in das ehemalige Industrieviertel Honeysuckle, wo Sie mit Blick auf Schlepper und Hafen hervorragend speisen können.

Tag 2

Nehmen Sie die malerische Küstenstraße nach Port Macquarie *(siehe S. 174)* und genießen Sie die Atmosphäre des Badeorts. Wenn möglich, schauen Sie sich im einzigen Koala-Krankenhaus des Bundesstaates um 15 Uhr den kostenlosen Vortrag an (www.koalaconservationaustralia.org.au). Wandern Sie im Anschluss den neun Kilometer langen Küstenwanderweg zwischen Tacking Point und Town Green. Dort angekommen, können Sie im The Beach House (www.thebeachhouse.net.au) etwas trinken und im The Stunned Mullet (www.thestunnedmullet.com.au) zu Abend essen.

Tag 3

Die 13 Meter hohe Skulptur *Big Banana* in Coffs Harbour *(siehe S. 177)* ist skurril, aber sehenswert – vergessen Sie nicht, sich danach eine mit Schokolade überzogene gefrorene Banane am Stiel im Big Banana Café zu gönnen. Als Nächstes fahren Sie nach Yamba *(siehe S. 177)* und machen in der Stadt Angourie halt, um Surfern bei ihren Wellenritten zuzuschauen. Nachdem Sie in Ihrer Unterkunft eingecheckt haben, nehmen Sie die Fähre über den Clarence River nach Iluka und dem zum Welterbe gehörenden Regenwald. Zum Abschluss des Tages gönnen Sie sich einen Eimer fangfrischer Yamba-Garnelen und beobachten über einem der fünf Strände der Stadt den Sonnenuntergang.

1 *Flynns Beach, Port Macquarie* ↑

2 *Spaziergang zum Nobbys Head Lighthouse*

3 *Wasserfall am Tamborine Mountain*

4 *Dinosaurierskulptur, Queensland Cultural Centre*

Tag 4

Machen Sie in Byron Bay *(siehe S. 177)* Ihren ersten Halt des Tages und vertreten Sie sich die Beine bei einem Spaziergang zum Cape Byron Lighthouse, dem östlichsten Punkt Australiens. Zurück in der Stadt können Sie bei einem nachhaltigen Mittagessen im The Farm (www.thefarm.com.au) Öko-Atmosphäre schnuppern. Machen Sie einen Abstecher zum Surfers Paradise Beach *(siehe S. 370)*, bevor es weiter Richtung Tamborine Mountain geht *(siehe S. 372)*.

Tag 5

Ein Tag in Brisbane *(siehe S. 348–363)* vergeht schnell, also stehen Sie früh auf und machen Sie noch vor dem Mittagessen eine Bootsfahrt auf dem Brisbane River und schlendern durch South Bank Precinct *(siehe S. 354)* oder zum Queensland Cultural Centre *(siehe S. 352f)*. Besuchen Sie das Lone Pine Koala Sanctuary *(siehe S. 361)* und runden Sie den ereignisreichen Tag mit einem leckeren Abendessen im Howard Smith Wharves unter der Story Bridge *(siehe S. 354)* ab.

Tag 6

Heute besuchen Sie den von Steve Irwin, dem »Crocodile Hunter«, gegründeten Australia Zoo *(siehe S. 373)*. Fahren Sie nach Nambour und besteigen Sie am Big Pineapple den denkmalgeschützten Ananaszug (www.bigpineapple.com.au). Nach einer 40-minütigen Fahrt erreichen Sie Noosa *(siehe S. 373)*. Entdecken Sie im Noosa National Park Koalas, bevor Sie für eine Hop-on-Hop-off-Kreuzfahrt an Bord der Noosa River Ferry gehen. Noosa ist für noble Restaurants bekannt, aber noch schöner ist es, sich im Noosa Heads Surf Life Saving Club (www.noosasurfclub.com.au) unter die Einheimischen zu mischen.

Tag 7

Zwischen Mitte Juli und Anfang November können Sie an einer Walbeobachtungskreuzfahrt ab Hervey Bay *(siehe S. 374)* teilnehmen. Oder Sie machen einen Tagesausflug nach K'gari *(siehe S. 368f)* – auf der Sandinsel finden Sie herrliche Strände, kristallklare Seen, dichten Regenwald und wilde Dingos. →

1

2

3

Tag 8
Schauen Sie auf Ihrem Weg nach Rockhampton *(siehe S. 377)* in der Bundaberg Rum Distillery *(siehe S. 375)* vorbei und erfahren Sie live vor Ort, wie Australiens beliebtester Rum hergestellt wird. »Rocky« ist eine der ältesten Städte Nordaustraliens, ein Nachmittagsspaziergang am Fitzroy River führt Sie an einer Reihe eleganter alter Gebäude und ikonischer Pubs vorbei. Rockhampton ist auch die Rindfleischhauptstadt des Landes – für Steakliebhaber also das perfekte Ziel. Das Restaurant im Great Western Hotel (www.greatwesternhotel.com.au) serviert ausgezeichnetes Rindfleisch.

Tag 9
Broken River im Eungella National Park *(siehe S. 378)* im Hochland westlich von Mackay ist einer der wenigen Orte auf der Welt, an dem Schnabeltiere in freier Wildbahn zu sehen sind. Die beste Chance, sie zu entdecken, besteht am frühen Morgen oder am späten Abend. Übernachten Sie daher im nahe gelegenen Broken River Mountain Resort (www.brokenrivermr.com.au), spazieren Sie durch den Park oder zu den Wasserfällen und Badestellen in der Finch Hatton Gorge.

Tag 10
Stehen Sie früh auf und machen Sie sich auf die knapp zweistündige Fahrt nach Airlie Beach *(siehe S. 379)*, dem Tor zu den Whitsunday Islands *(siehe S. 379)*. Wenn möglich, unternehmen Sie einen Segeltörn zum Whitehaven – Tagesfahrten starten früh am Morgen, es gibt aber auch Halbtagesfahrten, die gegen Mittag ablegen. Whitehaven Beach gilt als Strand mit dem weißesten Sand Australiens. Mittag- und Abendessen sind oft in den Ausflügen mit inbegriffen.

Tag 11
Die Fahrt von Airlie Beach nach Cairns dauert etwa sieben bis acht Stunden. Machen Sie unterwegs halt in Townsville *(siehe S. 392)* und schlendern Sie am knapp zwei Kilometer langen Strand entlang, der von Cafés, Parks und Badeanlagen gesäumt ist.

1 *Bundaberg Rum Distillery* ↑
2 *Paronella Park*
3 *Gut vertäut am Airlie Beach*
4 *Taucher im Great Barrier Reef*
5 *Steg im Daintree Rainforest Discovery Centre*

Anschließend bestaunen Sie die Unterwasserskulpturen im Museum of Underwater Art und entdecken im Queensland Museum Tropics die faszinierende Geschichte der zerstörten HMS *Pandora*. Hungrig? In den Gourmetmeilen Flinders Street und Palmer Street haben Sie die Qual der Wahl.

Tag 12

Legen Sie auf dem Weg nach Cairns einen Zwischenstopp im Hinterland von Mission Beach *(siehe S. 392)* ein – im Paronella Park *(siehe S. 392)* können Sie im tropischen Regenwald die Ruinen einer spanischen Burg aus den 1930er Jahren besichtigen. Nach Ankunft in Cairns *(siehe S. 388f)* kühlen Sie sich in der Lagune, einer mit gefiltertem Meerwasser gefüllten Pool-Landschaft, ab oder unternehmen einen Spaziergang entlang dem Cairns Esplanade Boardwalk *(siehe S. 388)*. Besuchen Sie das Aquarium *(siehe S. 389)* nach Einbruch der Dunkelheit, um zu sehen, wie das Great Barrier Reef nachts aussieht – das zweieinhalbstündige Erlebnis beinhaltet außerdem ein Zwei-Gänge-Menü.

Tag 13

Heute geht es zum Great Barrier Reef *(siehe S. 384 – 387)*, wo Sie sich einer Tauch- und Schnorcheltour anschließen können. Die meisten ganztägigen Ausflüge führen zu Korallenbuchten und Inseln, die 90 Minuten bis zwei Stunden vom Ufer entfernt liegen, und sind für sämtliche Niveaus geeignet. Für Tauchanfänger werden in Cairns viele gute Einführungskurse angeboten.

Tag 14

Fahren Sie den Great Barrier Reef Drive von Cairns nach Cape Tribulation und machen Sie eine Pause im schicken Port Douglas *(siehe S. 390f)*, um einen Kaffee zu trinken oder an einer Aborigines-Tour teilzunehmen, bei der Sie mehr über die Geschichte der eindrucksvollen Mossman Gorge erfahren. Besuchen Sie danach den Daintree National Park *(siehe S. 391)*. Checken Sie am Abend im Cape Trib Beach House *(siehe S. 391)* ein und verbringen Sie eine unvergessliche Nacht inmitten eines angeblich 135 Millionen Jahre alten Küstenregenwalds.

1

2

3

4

←

1 *Melbourne in der Abenddämmerung*

2 *Twelve Apostles an der Great Ocean Road*

3 *Straßenbahn in Melbourne*

4 *Auslage einer Konditorei in der Acland Street*

5 TAGE

in Melbourne und entlang der Great Ocean Road

Tag 1

Vormittags Holen Sie sich einen Kaffee bei Hardware Société (www.hardwaresociete.com) und bummeln Sie durch Melbournes mit Streetart geschmückte Gassen. Besuchen Sie die National Gallery of Victoria *(siehe S. 222f)* oder schlendern Sie entlang der Southbank-Promenade, an der Sie zahlreiche gute Restaurants finden.
Nachmittags Nehmen Sie die Straßenbahn nach St Kilda und spazieren Sie am Pier entlang. Hungrig? Gehen Sie zur Acland Street, die von Konditoreien gesäumt ist, und probieren Sie ein Vanilla Slice im Monarch Cakes (www.monarchcakes.com.au).
Abends Reservieren Sie einen Tisch im Vue de Monde (www.vuedemonde.com.au) mit herrlichem Blick auf die Stadt.

Tag 2

Vormittags Beginnen Sie Ihren Tag mit einem Spaziergang durch das östliche Ende der Collins Street mit ihren exklusiven Boutiquen und eleganten historischen Gebäuden. Halten Sie Ausschau nach No 120 Collins Street *(siehe S. 228)*, einst das höchste Gebäude der Stadt.
Nachmittags Machen Sie eine Bootsfahrt auf dem Yarra River *(siehe S. 242f)* und erkunden Sie dann Fitzroy *(siehe S. 233)* und Collingwood, zwei alte Vororte der Arbeiterklasse, die heute voller schicker Boutiquen und supercooler Bars sind.
Abends Ziehen Sie durch die urigen Pubs und Bars in der Smith Street in Collingwood.

Tag 3

Vormittags Genießen Sie die Fahrt entlang der Great Ocean Road – eine der beeindruckendsten Küstenstraßen der Welt *(siehe S. 248–251)*. Halten Sie in Torquay an, um im Australian National Surfing Museum alles über die Surfkultur zu erfahren. Mittagessen mit Blick auf Anglesea Beach gibt es im Fish by Moonlite (www.fishbymoonlite.com.au).
Nachmittags Heute geht es nach Lorne mit Stopps u. a. am Aireys Inlet Lighthouse und an den beeindruckenden Erskine Falls.
Abends Genießen Sie Seafood im Restaurant des Lady Bay Resort *(siehe S. 249)*.

Tag 4

Vormittags Nicht nur der Blick auf den Ozean lohnt sich, auch auf der anderen Seite gibt es viel zu sehen. Machen Sie eine Pause im Great Otway National Park und wandern Sie auf dem Otway Fly (www.otwayfly.com.au) mitten durch die dichten Baumkronen.
Nachmittags Klettern Sie am Cape Otway auf die Spitze des ältesten noch erhaltenen Leuchtturms Australiens. Fahren Sie dann weiter, um ein Erinnerungsfoto der Felsformation Twelve Apostles zu machen.
Abends Übernachten Sie in Port Campbell.

Tag 5

Vormittags Bestaunen Sie den London Arch, einen natürlichen Felsbogen im Port Campbell National Park. Als Nächstes machen Sie einen Abstecher ins Landesinnere und gönnen sich ein Eis im Timboon (www.timboonfineicecream.com.au).
Nachmittags Im Winter ziehen Südkaper an Logans Beach vorbei – mit etwas Glück können Sie vielleicht einen entdecken. Anschließend besuchen Sie Flagstaff Hill und erreichen zum Sonnenuntergang Port Fairy.
Abends Genießen Sie zum Tagesausklang ein Abendessen im historischen Merrijig Inn (www.merrijiginn.com).

1

2

3

4

→

1 *Reben im Barossa Valley*

2 *Oldtimer im National Motor Museum von Birdwood*

3 *Roséweine in einem Weingut in Tanunda*

4 *Steg in Glenelg*

3 TAGE

in Adelaide und im Barossa Valley

Tag 1

Vormittags Schließen Sie sich am frühen Morgen der Menge hungriger Einheimischer an, die sich auf dem Adelaide Central Market *(siehe S. 312)* durch regionale Produkte wie hochwertiges Bio-Fleisch und frisches Obst schlemmen. Den Gourmetmarkt gibt es seit 1869, heute gilt er als der größte überdachte Obst- und Gemüsemarkt der Südhalbkugel. Zwischen den Ständen finden sich mehrere Cafés, aber die Spaghetti Carbonara bei Lucia's (www.lucias.com.au) sind unschlagbar. An der North Terrace befinden sich die meisten Museen und Galerien der Stadt, darunter das South Australian Museum *(siehe S. 315)*, das die weltweit größte Sammlung von Artefakten der australischen Aborigines beherbergt.

Nachmittags Fahren Sie nach dem Mittagessen mit der historischen Straßenbahn zum Strand von Glenelg *(siehe S. 314)*. Wenn kein Badewetter ist, schlendern Sie über den Steg, stöbern in den Geschäften und bewundern die prächtigen viktorianischen Herrenhäuser an der hübschen South Esplanade.

Abends Reservieren Sie einen Tisch im Jolleys Boathouse (www.jolleysboathouse.com) und genießen Sie beim Essen die fantastische Aussicht auf den River Torrens.

Tag 2

Vormittags Fahren Sie etwa 30 Minuten nach Südosten in die Adelaide Hills. Hahndorf wurde 1839 von Lutheranern besiedelt und ist Australiens älteste erhaltene deutsche Siedlung *(siehe S. 323)*. Die rund 90 historischen Gebäude beherbergen Kunsthandwerksläden, Galerien und Restaurants. Deftige deutsche Küche gibt es im Hahndorf Inn (www.hahndorfinn.com).

Nachmittags Nehmen Sie an einer Führung durch The Cedars teil – die Familienresidenz und das Atelier von Hans Heysen, einem der bekanntesten Landschaftsmaler Australiens *(siehe S. 323)*. Fahren Sie dann über den Mount Lofty nach Birdwood und besuchen Sie dort das National Motor Museum *(siehe S. 322)*.

Abends Genießen Sie im historischen Weingut Magill Estate in Penfolds (www.magillestaterestaurant.com) beim Abendessen die traumhafte Aussicht auf Adelaide. Mögen Sie Wein? Probieren Sie Australiens berühmten Penfolds Grange.

Tag 3

Vormittags Verbringen Sie den Tag in Australiens bekanntester Weinregion, dem Barossa Valley, das etwa eine Autostunde von Adelaide entfernt liegt *(siehe S. 324f)*. Beginnen Sie in Tanunda mit einer Tour durch das über 170 Jahre alte Seppeltsfield (www.seppeltsfield.com.au). Fahren Sie weiter nach Angaston und besuchen Sie Yalumba (www.yalumba.com), das älteste noch in Familienbesitz befindliche Weingut in Australien. Zur Mittagspause bietet sich der Hofladen Maggie Beer's Farm Shop in Nuriootpa an (www.maggiebeersfarmshop.com.au).

Nachmittags Es gibt über 150 Weingüter und 90 Weinkellereien im Barossa – überlegen Sie sich also vorab, welche Sie besuchen möchten. Wer mit dem Auto unterwegs ist, kann sich seinen Lieblingswein gleich abfüllen lassen und mitnehmen.

Abends Checken Sie im The Louise (www.thelouise.com.au) ein und genießen Sie im Restaurant Appellation ein exklusives Fünf-Gänge-Menü, das ausschließlich hochwertige Zutaten aus Barossa verwendet.

1

2

3

4

←

1 *Die charakteristische Wineglass Bay*

2 *Ruinen von Port Arthur*

3 *Weingut im Tamar Valley*

4 *Brücke über die Cataract Gorge*

10 TAGE

in Tasmanien

Tag 1

Beginnen Sie Ihre Umrundung von »Tassie« im Norden in Launceston *(siehe S. 292f)*. Es liegt etwa eine Autostunde südöstlich von Devonport *(siehe S. 294)* – dort kommen Sie an, wenn Sie die Nachtfähre vom Festland aus nehmen. Verbringen Sie den Morgen damit, das nur wenige Gehminuten vom Stadtzentrum von Launceston entfernte Cataract Gorge Reserve (www.gorgechairlift.com.au) zu erkunden, und unternehmen Sie eine Fahrt mit dem Sessellift über die Schlucht. Essen Sie im The Gorge zu Mittag, das sich mitten im Reservat befindet. Am Nachmittag besichtigen Sie die Schätze im Queen Victoria Museum and Art Gallery *(siehe S. 292f)*. Genießen Sie abends bei einem Rundgang durch die James Boag Brewery (www.jamesboag.com.au) ein Bier und fahren Sie anschließend nach Stillwater (www.stillwater.com.au), wo Sie in einer alten Mühle am Flussufer speisen können.

Tag 2

Folgen Sie der pittoresken Tamar Valley Wine Route *(siehe S. 292f)* und probieren Sie unterwegs im Jansz Tasmania Wine Room (www.jansz.com.au) oder im Pipers Brook Vineyard (www.kreglingerwineestates.com) einige der köstlichen lokalen Schaumweine. Pipers Brook verfügt auch über ein hübsches Café – hier können sich auch die Fahrer wunderbar stärken. Golfer werden den zwei hervorragenden Anlagen im nahe gelegenen Barnbougle (www.barnbougle.com.au) nicht widerstehen können, die beide zu den absoluten Top-10-Plätzen Australiens gehören. Nicht-Golfer können inzwischen die grandiose Aussicht vom hoteleigenen Restaurant Lost Farm genießen.

Tag 3

Nehmen Sie sich Zeit für die Fahrt entlang der wunderschönen Ostküste, sonst verpassen Sie einige der schönsten Strände Australiens. Erster Halt ist die Bay of Fires *(siehe S. 290f)*, die für ihre mit orangefarbenen Flechten bedeckten Felsbrocken bekannt ist. Wenn Sie weiterfahren, erreichen Sie den Freycinet National Park *(siehe S. 288)*, in dem sich die Wineglass Bay befindet. Der Aufstieg zum Aussichtspunkt kann recht schweißtreibend sein, aber die Mühe wird mit einem einmaligen Blick auf die halbmondförmige Bucht belohnt – es ist kaum verwunderlich, dass sie zu Tasmaniens beliebtesten Fotomotiven gehört. Die Nacht verbringen Sie im Nationalpark in der Freycinet Lodge (www.freycinetlodge.com.au).

Tag 4

Weiter geht es nach Süden zur Tasman Peninsula *(siehe S. 287)*. Ihr erster Halt ist der Tasmanian Devil Unzoo (www.tasmaniandevilunzoo.com.au) – kommen Sie zur Fütterungszeit, dann entdecken Sie mit etwas Glück vielleicht einen der namengebenden Raubbeutler. Fahren Sie anschließend weiter zu den Ruinen von Port Arthur *(siehe S. 286f)*. Diese zum UNESCO-Welterbe gehörende Stätte mit ihren mehr als 30 sandfarbenen Gebäuden rund um die hübsche Bucht ist eine der am besten erhaltenen Strafanstalten in Australien. Im Jahr 1996 war der Ort übrigens auch Schauplatz des schlimmsten Massenmordes in der postkolonialen Geschichte Australiens. Wer sich traut, nimmt an einer nächtlichen Geistertour teil – ansonsten können Sie im hoteleigenen 1830 Restaurant & Bar (www.portarthur.org.au) auch gut zu Abend essen.

→

1

2

3

Tag 5

Von der Halbinsel sind es etwa 90 Autominuten nach Hobart *(siehe S. 282–285)* – eine der schönsten und historischsten Hauptstädte Australiens. Die Stadt lässt sich ganz einfach zu Fuß erkunden. Schnüren Sie also Ihre bequemsten Schuhe und machen Sie sich auf den Weg zum Salamanca Place *(siehe S. 283)* und zum nahe gelegenen Battery Point *(siehe S. 282)*. Holen Sie sich einen Kaffee zum Mitnehmen, bevor Sie durch Macquarie und Davey Street schlendern. Die Straßen sind von mehr als 60 denkmalgeschützten Gebäuden gesäumt, darunter dem Tasmanian Museum and Art Gallery *(siehe S. 285)*. Lassen Sie sich hier ausreichend Zeit und halten Sie Ausschau nach dem spektakulärsten Ausstellungsstück – dem inzwischen ausgestorbenen Beutelwolf (Tasmanischer Tiger). Zur Mittagszeit genießen Sie lokale Meeresfrüchte am Kai von Fish Frenzy (www.fishfrenzy.com.au), bevor Sie die Fähre zum Museum of Old and New Art (MONA; *siehe S. 284*) nehmen. Nach einem ausgiebigen Sightseeing-Tag kehren Sie zum Abendessen zum Salamanca Place zurück.

Tag 6

Der malerische Wild Way – die Straße zwischen Hobart und Strahan – ist 300 Kilometer lang. Machen Sie zunächst halt im Mount Field National Park *(siehe S. 301)* und unternehmen Sie eine Wanderung. Als Nächstes erreichen Sie den Lake St Clair *(siehe S. 296f)* – legen Sie eine Pause ein und spazieren Sie entlang der Küste der Cynthia Bay. Anschließend folgen Sie der Straße durch den zum Welterbe gehörenden Franklin-Gordon Wild Rivers National Park *(siehe S. 300f)*, eines der weltweit letzten Gebiete mit gemäßigtem Regenwald. Schließlich erreichen Sie Strahan, das Tor zu Macquarie Harbour *(siehe S. 297)*. Das View 42° Restaurant & Bar *(siehe S. 296)* ist eine gute Wahl zum Abendessen.

Tag 7

Strahan ist der Geburtsort der australischen Naturschutzbewegung. Im Jahr 1982 strömten Tausende Demonstranten in die Stadt, um die Stauung der Flüsse Franklin und Gordon zu stoppen. Um die Wildnis, die diese

1 *Franklin River* ↑

2 *Die historische West Coast Wilderness Railway*

3 *Am Marions Lookout*

4 *Ferienhäuser in Hobart*

5 *Brücke nach Sarah Island*

Demonstranten zu schützen versuchten, aus der Nähe zu betrachten, gehen Sie an Bord eines Bootes von Gordon River Cruises (www.gordonrivercruises.com.au). Die Ausflüge beinhalten oft auch einen Spaziergang durch den alten Regenwald und eine Führung durch die Sträflingsruinen auf Sarah Island. Zurück in Strahan checken Sie in Risby Cove (www.risbycove.com.au) mit seinem guten Restaurant ein.

Tag 8

Tauschen Sie Ihr Mietauto gegen eine Fahrt mit der historischen West Coast Wilderness Railway (www.wcwr.com.au) und machen Sie einen Ganztagesausflug nach Queenstown. Unterwegs fährt die alte Dampfeisenbahn durch steile Schluchten und raue Wildnis. In der Regatta Point Tavern (www.regattapointtavern.com.au) genießen Sie am Abend einen Sundowner.

Tag 9

Fahren Sie zu den berühmten sägezahnförmigen Gipfeln des Cradle Mountain *(siehe S. 296f)*. Wenn Sie Lust und Energie haben, nehmen Sie den knapp zweistündigen steilen Aufstieg zum Marions Lookout in Angriff, der mit einer fantastischen Aussicht belohnt wird. Oder Sie unternehmen einen einfachen Spaziergang um den Dove Lake, bevor Sie in der Cradle Mountain Lodge (www.cradlemountainlodge.com.au) einchecken.

Tag 10

Besuchen Sie auf dem Weg aus Cradle Mountain die Wilderness Gallery (www.wildernessgallery.com.au), die außergewöhnliche Kunstwerke ausstellt. Apropos Kunst: In Sheffield sind viele Gebäude an der Hauptstraße mit farbenfrohen Wandgemälden geschmückt, die die spannende Geschichte der Stadt in Bildern nacherzählen. Wenn Launceston Ihr letzter Halt ist, verbringen Sie etwas Zeit im malerischen Dorf Longford *(siehe S. 293)*. Es beherbergt mit Brickendon und Woolmers Estate zwei zum Welterbe gehörende Anwesen, die gemeinsam einen spannenden Einblick in die Vergangenheit Tasmaniens bieten.

1

2

7 TAGE
im Red Centre

Tag 1
Beginnen Sie Ihre Reise in Alice Springs *(siehe S. 438–441)*. Machen Sie einen Morgenspaziergang zur alten Telegrafenstation *(siehe S. 440)*, die sich neben der ursprünglichen Quelle befindet, nach der die Stadt 1871 benannt wurde. Im Trail Station Café holen Sie sich einen Kaffee und erkunden anschließend den Alice Springs Desert Park *(siehe S. 441)*, in dem Sie nach den zahlreichen australischen Wüstentieren Ausschau halten können. Kehren Sie zu Mittag im Page 27 (3 Fan Arcade) ein, schlendern Sie dann durch die Todd Mall oder besuchen Sie die Kunstgalerien der Aborigines. Runden Sie den Tag mit einem traditionellen Fischcurry im Hanuman ab (www.hanuman.com.au).

Tag 2
Begrüßen Sie den neuen Tag bei Sonnenaufgang mit einer Heißluftballonfahrt über der Wüste. Im Anschluss fahren Sie nach Osten durch die East MacDonnell Ranges *(siehe S. 443)*, um die Felsenkunst entlang den tiefen Schluchten von Emily Gap und Jessie Gap sowie die zerklüfteten Landschaften in der Trephina Gorge zu besichtigen. Der einstündige Weg um den Rand der Schlucht belohnt Sie mit fantastischen Aussichten.

Tag 3
Die felsigen Wälle und Schluchten der West MacDonnell Ranges *(siehe S. 442)* gehören zu den beeindruckendsten Landschaften des Red Centre. Simpsons Gap liegt gerade einmal 18 Kilometer von Alice Springs entfernt. Etwas weiter entfernt ist die Felsformation Standley Chasm, sie ist nur neun Meter breit, aber 80 Meter hoch. Weitere schöne Orte in den Ranges sind Ellery Creek Big Hole und Ormiston Gorge – zur wohlverdienten Erholung übernachten Sie in der zauberhaften Lodge direkt neben der Glen Helen Gorge (www.discoveryholidayparks.com.au).

Tag 4
Fahren Sie nach Westen zum Kings Canyon *(siehe S. 444)* und machen Sie unterwegs halt in der Redbank Gorge. Die Schlucht ist nur eine einfache 45-minütige Wanderung

1 *Wanderung am Kings Canyon* ↑
2 *Ein Känguru genießt die Sonne.*
3 Field of Light *von Bruce Munro*
4 *Sonnenuntergang an den Kata Tjuṯa*
5 *Simpsons Gap in den West MacDonnell Ranges*

vom Ausgangspunkt entfernt, aber dennoch oft menschenleer – die Chancen stehen gut, dass Sie den Badeplatz ganz für sich allein haben. Legen Sie eine weitere Pause am Aussichtspunkt oberhalb von Tnorala (Gosse Bluff) ein – der Krater entstand vor mehr als einer Million Jahren. Nach einem so aktiven Tag können Sie sich im Kings Canyon Resort *(siehe S. 444)* erholen und vom Campingplatz den Sonnenuntergang beobachten.

Tag 5

Brechen Sie gleich nach dem Frühstück zum Rand des Kings Canyon auf. Die erste halbe Stunde ist etwas mühselig, aber der Rest des Weges ist einfacher zu gehen. Danach bringt Sie eine knapp viereinhalbstündige Fahrt zum Uluṟu-Kata-Tjuṯa National Park *(siehe S. 434 – 437)*. Checken Sie rechtzeitig im Ayers Rock Resort *(siehe S. 437)* ein, um das Farbspektakel rund um den Uluṟu nicht zu verpassen. Auch die überaus faszinierende Lichtinstallation *The Field of Light* des britischen Künstlers Bruce Munro können Sie hier bestaunen.

Tag 6

Beobachten Sie am Morgen, wie der Sonnenaufgang den Uluṟu erleuchtet *(siehe S. 434f)*. Bewältigen Sie dann den zehn Kilometer langen Wanderweg, der um den Ayers Rock, das Wahrzeichen Australiens, herumführt. Die Wanderung dauert etwa dreieinhalb Stunden. Entfliehen Sie am Pool des Ayers Rock Resort den heißen Temperaturen und genießen Sie im hoteleigenen Restaurant Sounds of Silence ein romantisches Drei-Gänge-Menü unter den Sternen.

Tag 7

Der Uluṟu mag berühmter sein, aber die Aussichtsplattform an den Kata Tjuṯa *(siehe S. 436f)* ist oft weniger überlaufen. Wandern Sie von hier auf dem acht Kilometer langen Valley of the Winds. Dieser Trail schlängelt sich an steilen Felswänden vorbei zu einem grandiosen Aussichtspunkt. Zurück im Resort können Sie an einem Punktmalkurs mit Aborigines teilnehmen und am Abend einen letzten spektakulären Sonnenuntergang über dem einzigartigen Uluṟu beobachten.

1

2

4

7 TAGE
in Kimberley

Tag 1

Kimberley *(siehe S. 476–479)* ist mehr als zwei Milliarden Jahre alt – und damit eine der ältesten Landschaften der Welt. Ihre Reise beginnt jedoch in einer der jüngsten Städte Australiens – in Kununurra *(siehe S. 479)*. Die Stadt wurde in den 1960er Jahren für das Bewässerungsprojekt Ord River erbaut. Nachdem Sie sich in Ihrer Unterkunft eingerichtet haben, können Sie bei einer Wanderung mit einem Aborigine-Guide die spektakulären Bungle Bungles im Purnululu National Park *(siehe S. 478f)* erkunden. Zurück in der Stadt besuchen Sie die Rumbrennerei Hoochery (www.hoochery.com.au) oder beobachten den Sonnenuntergang im Pumphouse Restaurant (www.pumphousekununurra.com.au), einer alten Pumpstation am Ord River.

Tag 2

Machen Sie eine Bootsfahrt auf dem Ord River flussaufwärts zum Lake Argyle und halten Sie unterwegs Ausschau nach Reptilien. Tatsächlich leben in diesen Gewässern schätzungsweise 35 000 Süßwasserkrokodile! Die meisten Ganztagestouren schließen auch einen Besuch des Argyle Homestead Museum (www.argylehomesteadmuseum.com.au) mit ein – die rekonstruierte Residenz der Duracks, die Mitte der 1880er Jahre aus Irland hierherzogen und in dem Roman *Kings in Grass Castles* (1959) von Mary Durack die Hauptrolle spielen. Das Gebäude wurde von der Argyle Downs Station an seinen heutigen Standort verlegt, nachdem die Station überschwemmt worden war.

Tag 3

Packen Sie sich Proviant ein und fahren Sie auf der Gibb River Road *(siehe S. 478)*, die zwischen Oktober und April oft geschlossen sein kann, nach Westen. Die Straße ist eine der legendärsten Routen durch das Outback und führt an Affenbrotbäumen (Baobabs) und der Cockburn Range vorbei nach El Questro, einer ehemaligen Rinderfarm, die im Laufe der Zeit in ein charmantes Resort umgewandelt wurde *(siehe S. 476)*. Nehmen Sie an einem geführten Ausritt zur Emma

1 *Felsmalerei der Aborigines in der Galvans Gorge* ↑

2 *Bootsfahrt auf dem Ord River*

3 *Blick über den Lake Argyle*

4 *Affenbrotbäume*

5 *Zebedee Thermal Springs*

Gorge teil und gönnen Sie sich danach ein erfrischendes Bad unter einem Wasserfall oder in den Zebedee Thermal Springs.

Tag 4

Heute geht es in das echte Outback – sobald Sie durch das Haupttor von El Questro fahren, verlassen Sie für die nächsten dreieinhalb Tage asphaltierte Straßen. Genießen Sie dennoch die manchmal recht rumpelige Fahrt und bestaunen Sie die einzigartig schöne Landschaft auf dem Weg zum Mount Barnett. Machen Sie Rast in der Manning Gorge – nach einem langen heißen Tag auf einer staubigen Straße gibt es doch nichts Erfrischenderes als ein kühles Bad.

Tag 5

Bei der Weiterfahrt auf der Gibb River Road nach Bell Gorge im King Leopold Ranges Conservation Park erwarten Sie weitere grandiose Aussichten. Machen Sie halt am Isdell River mit seinen Wasserfällen oder an der Galvans Gorge, um am späten Nachmittag ein erfrischendes Bad zu nehmen.

Tag 6

Das heutige Ziel lädt nicht zum Schwimmen ein – stattdessen erwarten Sie an der Windjana Gorge Krokodile, die sich entspannt auf den Felsen sonnen. Erkunden Sie die spektakuläre Schlucht also zu Fuß und staunen Sie über die Tatsache, dass sie eigentlich ein altes Korallenriff ist, das vom Lennard River erodiert wurde. Wenn Sie auf der sieben Kilometer langen Wanderung durch die Schlucht genau hinschauen, werden Sie in den Kalksteinwänden unzählige Fossilien entdecken.

Tag 7

Windjana Gorge liegt 145 Kilometer von Derby *(siehe S. 479)* entfernt, dem offiziellen Endpunkt der Gibb River Road. Machen Sie zum krönenden Abschluss einen Rundflug über die rund 1000 Inseln des Buccaneer-Archipels, bevor es auf einer knapp zweistündigen Fahrt nach Broome zurückgeht *(siehe S. 478)*. Seien Sie rechtzeitig zum Abend wieder zurück, um vom Cable Beach den Sonnenuntergang zu beobachten.

Traumstrände
Australien bietet unzählige Möglichkeiten zum Baden, Tauchen oder Relaxen *(siehe S. 46f)*. Das riesige Surfers Paradise an der Gold Coast *(siehe S. 370)*, die abgeschiedene Jervis Bay *(siehe S. 193)*, der berühmte Bondi Beach *(siehe S. 146f)* und der paradiesische Whitehaven Beach *(siehe S. 379)* gehören ohne Zweifel zu den spektakulärsten und schönsten.

→ *Stimmungsvoll: Bondi Beach östlich von Sydney bei Sonnenaufgang*

AUSTRALIENS NATURWUNDER

Wohl kaum ein anderes Land begeistert seine Besucher mit einer so einzigartigen Naturvielfalt wie Australien. Kunterbunte Unterwasserriffe, trockenheiße Wüsten und üppige Regenwälder laden ein, entdeckt zu werden - aber denken Sie daran, dass diese fragilen Landschaften unseren Schutz verdienen.

↑ *Ein Tauchgang im Great Barrier Reef ist ein einmaliges Erlebnis*

Bunte Unterwasserwelt
Tauchen Sie ab und erkunden Sie Australiens bunte Unterwasserwelt! Entdecken Sie tropische Fische bei einem Schnorchel- oder Tauchausflug im Great Barrier Reef *(siehe S. 384–387)* oder nehmen Sie ein Boot von Exmouth *(siehe S. 484)*, um mit Walen am Ningaloo Reef zu schwimmen *(siehe S. 485)*.

TOP 3 Nachhaltig unterwegs

Helfen per App
Mit der App Eye on the Reef protokollieren Sie Riffzustand und Tiersichtungen, um Wissenschaftlern beim Schutz des Great Barrier Reef zu helfen.

Öko-Logo
Eco-Destination-Logos kennzeichnen, ob eine Tour nachhaltig ist.

Nicht anfassen!
Das Berühren von Riffen zerstört die empfindlichen Korallen und entfernt den Schutzfilm dieser sensiblen Tiere.

Rauschende Wasserfälle

Tosende Wasserfälle gibt es viele in Down Under – machen Sie eine Tour zu den schönsten: Ob eine Bootsfahrt zu den King George Falls in Kimberley *(siehe S. 476–479)*, per Heli zu den Jim Jim Falls im Kakadu National Park *(siehe S. 422f)* oder Schwimmen im Waterfall Circuit von Cairns durch die Millaa Millaa Falls (www.tropicalnorthqueensland.org.au).

→

King George Falls in Kimberley, Western Australia

Bizarre Felsformationen

Felsformationen wie der Uluṟu *(siehe S. 434–437)* sind den Aborigines *(siehe S. 42f)* heilig. Verhalten Sie sich also respektvoll, bleiben Sie auf den Wegen und befolgen Sie die Ratschläge der Ranger. Erkunden Sie den Mount Augustus, spazieren Sie durch die Mondlandschaft The Pinnacles *(siehe S. 482)* oder nehmen Sie an einer geführten Wanderung teil, um mehr über die heilige Bungle Bungle Range *(siehe S. 478f)* zu erfahren.

←

Die Kalksteinformation The Pinnacles im Nambung National Park, Western Australia

Dicht bewaldet: Dorrigo National Park in New South Wales ↑

Tropische Regenwälder

In Australien gibt es nicht nur Strände, sondern auch üppige Regenwälder zu entdecken. Wandern Sie zwischen Riesenfarnen und hoch aufragenden Stämmen, unternehmen Sie eine Flusskreuzfahrt oder spazieren Sie durch die Baumkronen rund um das Dorrigo Rainforest Centre und das Daintree Discovery Centre *(siehe S. 391)*.

Heilige Stätten

Viele historische Stätten haben eine hohe spirituelle Bedeutung für die indigene Bevölkerung. Seien Sie bei Ihrem Besuch jederzeit sehr respektvoll – es ist verboten, den Uluṟu zu erklimmen; wandern Sie stattdessen um die Basis herum. Weitere heilige Stätten sind etwa Wilpena Pound *(siehe S. 332)* im Süden, Lake Mungo *(siehe S. 169)* und der Kakadu National Park *(siehe S. 422f)* im Top End.

→

Sternenhimmel über bizarren Felswänden im Mungo National Park

KULTUR DER ABORIGINES

Die Ureinwohner Australiens haben dem Land ein reiches kulturelles Erbe hinterlassen. Tauchen Sie ein in die faszinierende Geschichte der Aborigines, nehmen Sie an traditionellen Festen teil oder besichtigen Sie heilige Stätten.

Football- und Kunstfestival der Tiwi-Inseln

Bei dem alljährlich im März stattfindenden Football Grand Final and Art Sale werden die beiden wichtigsten Aspekte der Tiwi-Kultur gebührend gefeiert. Kunstzentren verkaufen Werke von lokalen Künstlern, während Spieler der Australian Football League gegeneinander antreten.

→

Tanz von Mitgliedern der Yarrabah bei der Cairns Indigenous Art Fair

Uralte Felsenkunst

Das 17 300 Jahre alte Gemälde eines Kängurus im Drysdale River National Park in Kimberley gilt als die älteste Felsmalerei Australiens. Besuchen Sie im Kakadu National Park *(siehe S. 422f)* eine der 5000 Freiluftgalerien oder folgen Sie dem Quinkan Ancient Rock Art Trail durch Queensland (www.tropicalnorthqueensland.org.au). Moderne Aborigines-Kunst finden Sie auf Kunstmessen in Darwin *(siehe S. 416–421)* und Cairns *(siehe S. 388f)*.

Expertentipp
Ethisch kaufen

Kaufen Sie Werke der Aborigines am besten direkt beim Künstler oder besuchen Sie eine Galerie, die den Indigenous Art Code unterstützt (www.indigenousartcode.org).

↑ *Felskunst der Aborigines in Nourlangie, Kakadu National Park*

Touren mit Aborigines

Lernen Sie die Kultur der Aborigines kennen: Erkunden Sie den Daintree mit Walkabout Cultural Adventures (www.walkaboutadventures.com.au), lernen Sie den Yolngu-Stamm mit Liya Wanhurr Camping and Tours (www.eastarnhemland.com.au/liya-wanhurr) kennen oder Sydney mit Dreamtime Southern X (www.dreamtimesouthernx.com.au).

← *Ein Aborigines-Guide erklärt typische Jagdwaffen*

Fabelhafte Festivals

Schauen Sie bei traditionellen Tanzfestivals auf der Cairns Indigenous Art Fair (www.ciaf.com.au) oder beim Laura Quinkan Dance Festival (www.lauraquinkanfestival.com.au) zu, bei dem bis zu 1000 Künstler aus 20 Gemeinden auf der Cape York Peninsula auftreten. Der Alice Springs Desert Park *(siehe S. 441)* erstrahlt zum Parrtjima Festival (www.parrtjimaaustralia.com.au) jedes Jahr im April zehn Nächte lang mit großflächigen Illuminationen von Werken der Aborigines, Musikliebhaber sollten sich das Yabun in Sydney (www.yabun.org.au) nicht entgehen lassen.

Die Kultur der Aborigines

Die Kultur der Aborigines lebt von ihrer unglaublichen Vielfältigkeit – jeder der Stämme oder Clans, die bei Ankunft der Europäer existierten, hatte seine eigene Kultur, seinen eigenen Glauben und seine eigene Sprache, die von einer individuellen Geschichte und dem jeweiligen Standort geprägt waren. Die Stämme der nördlichen Küstengebiete, wie die Yolngu, hatten den meisten Kontakt mit Außenstehenden, insbesondere aus Indonesien, sodass sich ihre Kultur deutlich von der der isolierteren Pitjantjatjara in den Wüsten Zentralaustraliens oder den Koori aus dem Südosten unterschied. Es gab aber auch Gemeinsamkeiten, die über Jahrhunderte weitergegeben wurden und mittlerweile zu Traditionen geworden sind.

Die Traditionen der Aborigines

Zehntausende Jahre lang waren die Ureinwohner nomadische Jäger und Sammler. Sie stellten vielseitige Werkzeuge her, wie zum Beispiel den Bumerang, den sie für die Jagd verwendeten, und errichteten provisorische Lehmbehausungen, während sie je nach Jahreszeit von Region zu Region zogen. Durch das Leben in kleinen Gruppen in einem riesigen Land wurde die Gesellschaft der Aborigines in zahlreiche Clans aufgeteilt, die sich in Sprachen und Bräuchen unterschieden. Sogar Menschen mit einer gemeinsamen Sprache lebten getrennt voneinander in Großfamiliengruppen, die nur zu religiösen Zeremonien zusammenkamen, um Ehen zu arrangieren und Streitigkeiten zwischen den Clans beizulegen. Auch der Handel war ein wichtiger Bestandteil des gesellschaftlichen Lebens. Muscheln, Farbpigmente und Holz waren einige der Waren, die entlang der Songlines ausgetauscht wurden – Handelsrouten, die über Generationen bestanden. Die nomadische Lebensweise endete größtenteils, als englische Siedler riesige Landstriche beanspruchten, doch viele Traditionen sind bis heute erhalten geblieben. Den Fortbestand dieser Rituale sichert das als Dreamtime (Traumzeit) bekannte Glaubenssystem der Aborigines.

↑ *Das Gemälde zeigt australische Ureinwohner bei der Jagd*

Gesänge, Bräuche und Tänze

Lieder und Tänze der Aborigines haben verschiedene Bedeutungen. Sie erzählen Geschichten von Traumzeit-Schöpfergeistern, zollen den Vorfahren Respekt, geben Wissen weiter, feiern den Wechsel der Jahreszeiten und heißen einen Besucher oder ein zurückkehrendes Familienmitglied willkommen. Sänger und Tänzer werden von Instrumenten begleitet, darunter vom Didgeridoo, einem knapp ein Meter langen Blasinstrument mit einem tiefen, einzigartigen Klang. Das ganze Jahr über führen die Aborigines sowohl traditionelle als auch neue Werke auf *(siehe S. 43)*.

Heutige Situation

Die Aborigines sind im Vergleich zu nicht-indigenen Australiern heute noch immer benachteiligt, insbesondere in Bezug auf Beschäftigung, Bildung, Wohnraum, Gesundheit und Lebenserwartung – Folgen der früheren Regierungspolitik. Vor allem das Recht, Land zu besitzen, ist für die Aborigines zentral, denn sie glauben, dass sie für die Pflege des Landes verantwortlich sind. Das wachsende Bewusstsein für ihre Kultur und Traditionen führt allmählich zu einem harmonischeren Zusammenleben, auch wenn es noch immer viel zu tun gibt. Der Land Rights Act von 1976 hat jedoch schon viel zur Verbesserung der Situation beigetragen. Mit dem Gesetz wurden Aboriginal Land Councils eingerichtet, die mit der australischen Regierung verhandeln, um den Aborigines ein Recht auf das Land zu erkämpfen. Wo die Rechte festgelegt wurden, kann dieses Land nicht mehr verändert werden. Für Gebiete mit großer indigener Bevölkerung hat die Regierung außerdem zugestimmt, dass neben dem Gewohnheitsrecht auch Stammesrecht gelten kann.

Die Traumzeit

Dreamtime (oder Dreaming) ist die Bezeichnung für die Überzeugungen, die die Grundlage des Lebens der Aborigines bilden. Alles beginnt mit der Erschaffung der Erde. Man glaubt, dass »Vorfahren der Schöpfung« aus dem Erdkern aufstiegen und Täler, Flüsse und Berge erschaffen haben. Die Orte, an denen diese Vorfahren auftauchten, gelten als heilig. Jeder Angehörige der Aborigines stammt von einem dieser Vorfahren ab, der ihnen Schutz bietet: Jedes Unglück ist auf verärgerte Vorfahren zurückzuführen.

Schon gewusst?

Zu Beginn der europäischen Besiedlung 1788 gab es mehr als 500 Aborigines-Stämme.

↑ *Traditioneller Tanz beim Laura Quinkan Dance Festival, Cape York Peninsula*

Für Wellenreiter

Wer in Australien surfen will, sollte Byron Bay *(siehe S. 177)*, Burleigh Heads an der Gold Coast *(siehe S. 370)* und Crescent Head in der Nähe von Port Macquarie *(siehe S. 174)* nicht verpassen. Sie sind Anfänger? Besuchen Sie eine Surfschule am beliebten Stadtstrand Shoalwater Bay in Perth oder an Sydneys Narrabeen, Botany Bay, Bondi *(siehe S. 146f)* oder Manly *(siehe S. 144f)*. Tolle Kurse im Wind- oder Kitesurfen gibt es in Lancelin oder Cervantes an der Westküste.

→ *Australiens zahlreiche Surfspots gehören zu den besten der Welt*

AUSTRALIENS TRAUMSTRÄNDE

Mehr als 10 000 Strände hat Australien zu bieten! Ob für Familien, für Rucksacktouristen oder für Wassersportler: Down Under ist berühmt für die unglaubliche Vielfalt paradiesischer Küstenabschnitte. Hier finden Sie unsere persönliche Auswahl der legendärsten Strände des riesigen Landes.

↑ *Collaroy Beach: ein schönes Ziel für Familienausflüge*

Familienfreundlich

Toll für Kinder: Der geschützte Strand von Busselton bietet Zugfahrten, ein Unterwasserobservatorium und einen Wasserpark *(siehe S. 464)*. Clifton Gardens ist ein Hafenstrand auf der Nordseite Sydneys und verfügt über einen fantastischen Spielplatz, einen Rasen zum Toben sowie einen Kiosk und Umkleidekabinen. Ebenfalls in New South Wales liegt Collaroy Beach mit seinen Wasserbecken, die sicheres Schwimmen ermöglichen. Auch der kleine palmengesäumte Streets Beach in Brisbane *(siehe S. 354)* bietet sichere Bademöglichkeiten.

Aufgepasst!

Schwimmen Sie nur zwischen den rot-gelben Flaggen an Stränden, die von erfahrenen Rettungsschwimmern überwacht werden. Wenn Sie in Schwierigkeiten geraten, heben Sie einen Arm. Schwimmen Sie niemals allein oder nachdem Sie Alkohol getrunken haben und überprüfen Sie die Wassertiefe, bevor Sie hineinspringen. Informationen zu bewachten Stränden und örtlichen Bedingungen finden Sie online (www.beachsafe.org.au).

Ruhige Auszeit

Ihnen steht der Sinn nach Ruhe? Fahren Sie mit einem Katamaran von Airlie Beach zum unberührten Whitehaven Beach *(siehe S. 379)*, der als einer der schönsten Strände der Welt gilt. Ähnlich ruhig geht es an Tasmaniens Wineglass Bay *(siehe S. 288)* zu. Die knapp 45-minütige Wanderung durch den Freycinet National Park zu der halbmondförmigen Bucht wird mit einer spektakulären Aussicht belohnt.

→

Whitehaven Beach – Strandparadies auf Whitsunday Island

Hier ist was los!

Einige Strände sind beliebter als andere. Einen Platz im Sand oder gar an einem der Tische mit tollem Blick auf das Wasser gibt es am überfüllten Bondi *(siehe S. 146f)* nur mit viel Glück. Großstädter und junge Leute lieben die alternative Atmosphäre der Byron Bay *(siehe S. 177)*, während es am Main Beach von Noosa *(siehe S. 373)* etwas schicker zugeht.

←

Der malerische Leuchtturm Cape Byron Light ist von der Byron Bay gut zu sehen

Im Bier liegt die »Craft«
Die Geschichte des Brauens in Australien geht auf Captain Cook zurück. Berühmt sind vor allem Coopers und Foster's – doch das Land ist auch die Heimat von über 500 Mikrobrauereien, darunter Black Brewing Co (www.facebook.com/blackbrewinghq) in Margaret River und Capital Brewing Co in Canberra (www.capitalbrewing.co).

←
Bar und Brauerei bei Black Brewing Co, Margaret River

AUSTRALIENS DRINKS

Australier genießen einen guten Drink, ob ein spritziger Cocktail zum Sonnenuntergang oder ein entspanntes Pint Bitter auf dem Cricketplatz. Neben den weltberühmten Weinen »made in Down Under« lohnt es sich daher auch, lokales Craftbeer, Apfelweine oder Spirituosen Australiens zu entdecken.

Traubenhaft
Unternehmen Sie einen Tagesausflug zu einem Weingut, auf denen Sie oft auch gleich übernachten können. Sehr empfehlenswert ist eine der prächtigen Suiten im Port Phillip Estate auf der Mornington Peninsula (www.portphillipestate.com.au) oder das luxuriöse Chateau Yering im Yarra Valley (www.chateauyering.com.au). Das All-Suite-Hotel The Louise im Barossa Valley (www.thelouise.com.au) ist sogar von Weinbergen umgeben.

Expertentipp
Weinproben
In vielen Weingütern wie Penfolds (www.penfolds.com) oder Mandoon Estate (www.mandoonestate.com.au) können Sie Ihren eigenen Wein mischen – und direkt mitnehmen!

Weinreben am Chateau Yering im Yarra Valley ↑

Oasen des Outbacks

Selbst in den entlegensten Orten Australiens finden Sie in Outback-Pubs ein gekühltes Bier oder einen Krug eiskaltes Wasser. Von einsamen Straßen und endloser Wüste umgeben, sind diese Pubs kleine Oasen – stillen Sie Ihren Durst, wann immer es geht. Das Daly Waters Pub (www.dalywaterspub.com) im Northern Territory gilt als ältestes Outback-Pub, aber Queensland hat die meisten Kneipen. Das Betoota Hotel (Birdsville Developmental Rd, Birdsville) und das Walkabout Creek Hotel (27 Middleton St, McKinlay) sind durch den Film *Crocodile Dundee* (1986) berühmt geworden.

↑ *Gönnen Sie sich ein Gläschen im Walkabout Creek Hotel*

Auf den Spuren des Whiskys

Dank guter Gerste, hochwertiger Wasserqualität und eines relativ kühlen Klimas gibt es in Tasmanien mehr Whiskybrennereien als in jedem anderen Bundesstaat. Viele Verkostungsräume sind innerhalb von 90 Autominuten von Hobart *(siehe S. 282–285)* erreichbar. Wir empfehlen die Lark Distillery (www.larkdistillery.com).

← *Eine Whiskyführung durch die Lark Distillery in Hobart ist ein kleines Erlebnis*

Kreative Kreationen

Australische Mixologen sind unendlich einfallsreich und servieren alles von Apfelbrand bis Green Ant Gin (die Insekten sollen Zitrusnoten verleihen …). Probieren Sie ungewöhnliche Kreationen in Sydney, Brisbane und Melbourne oder besuchen Sie eine Brennerei. Bundaberg Rum (www.bundabergrum.com.au) und Kangaroo Island Spirits (www.kispirits.com.au) bieten tolle Touren an. Wildbrumby (www.wildbrumby.com) brennt am Fuß des Mount Kosciuszko Butterscotch-Schnapps.

→ *Cocktails bei Sonnenuntergang mit herrlichem Blick über Sydney*

Schon gewusst?

Rund 10 000 verschiedene australische Weine sind derzeit auf dem Markt.

Australische Weine

Als die *First Fleet* im Januar 1788 in Sydney Cove festmachte, befanden sich auch ein paar kleine Weinreben an Bord – mit der europäischen Besiedlung fand der Weinanbau in Australien seinen historischen Anfang. Die ersten Weinberge wurden schon 1791 in Sydney angelegt, in den darauffolgenden rund 40 Jahren wurde auch im Hunter Valley, im Barossa Valley, im Yarra Valley und im Großraum Adelaide mit dem Weinbau begonnen. In den 1960er Jahren sorgten die Einführung internationaler Rebsorten, die Reiftechnik in kleinen Eichenfässern und die moderne Weinherstellungstechnologie für eine rasante Entwicklung der Weinindustrie. Seit den 1990er Jahren hat sich Australien einen hervorragenden Ruf für hochwertige Weine erworben. Heute gibt es landesweit mehr als 2400 Weingüter.

↑ *Verkostung auf einem Weingut im Barossa Valley, South Australia*

Rotwein

Australiens klassischer Roter ist sicherlich Penfolds Grange, eine Kreation des Winzers Max Schubert aus den 1950er Jahren. Dank ihm gilt Shiraz heute als Premiumsorte und als Australiens nationales Kulturgut, obwohl auch andere Spitzenrotweine in Down Under produziert werden, darunter Cabernet Sauvignon. Grenache und Mourvèdre zählen heute schon zu den »alten Reben«, sie sind auch im Barossa Valley und um McLaren Vale zu finden.

Expertentipp
Weinführungen

Der Weintourismus erfreut sich in Australien großer Beliebtheit. Broschüren und Kartenmaterial sind in den örtlichen Informationsbüros erhältlich. Die meisten Weingüter sind täglich geöffnet (Sie sollten jedoch vorher anrufen), anfallende Gebühren einer Verkostung werden oft verrechnet, wenn man auch einkauft.

←

Goldene Weinreben erstrecken sich in der Weinregion Adelaide Hills bis in die Ferne; Ernte von roten Trauben in der renommierten Weinregion Barossa Valley (Detail)

Weißwein

In den 1970er Jahren kamen internationale Weißweine wie Chardonnay und Sauvignon Blanc nach Down Under, die auch heute noch zu den beliebtesten Sorten überhaupt zählen. Seit dem Jahr 2000 finden sich auch Sorten wie Viognier, Pinot Gris, Riesling, Marsanne und Sémillon auf australischen Weinkarten. Mittlerweile werden viele Flaschen übrigens direkt in Australien selbst hergestellt.

Likörwein

Down Under produziert einige großartige Likör- und Dessertweine. Viele Winzer verwenden Schimmelpilze oder Edelfäule, um köstliche Dessertweine wie »Noble One« von De Bortoli herzustellen, der aus Sémillontrauben aus Riverina hergestellt wird. Sie mögen es lieber süß? Der Bundesstaat Victoria ist berühmt für angereicherte Muskats und Tokajer, die oft als flüssiges Toffee beschrieben werden.

Schaumwein

Australien ist zu Recht berühmt für seine leckeren Schaumweine, die von Yalumbas Angas Brut bis hin zu Seppelts Salinger reichen. Insbesondere Tasmanien ist für die Herstellung einiger hochwertiger Schaumweine bekannt, vor allem für den Pirie aus Pipers Brook. Absoluter Geheimtipp: Probieren Sie doch einmal die roten Schaumweine, die nach der französischen Méthode champenoise hergestellt werden – der Wein reift über mehrere Jahre und wird mit einem Tropfen Portwein bereichert. Die besten Winzer von roten Schaumweinen sind Rockford und Seppelt, deren Weine im ganzen Land erhältlich sind.

Australische Weinregionen

Dank eines Handelsabkommens mit der EU hat Australien ein Klassifizierungssystem für seine Weinanbaugebiete. Insgesamt gibt es 28 Weinzonen, die einen ganzen Bundesstaat (Tasmanien) oder einen Teil eines Bundesstaates (Westen von Victoria) umfassen können. Innerhalb dieser Zonen befinden sich 65 Weinregionen, darunter Barossa *(siehe S. 324f)*, Margaret River *(siehe S. 464)* oder Yarra Valley *(siehe S. 272)*, aber auch Mudgee, Orange oder Geelong.

Offroadpisten

Mountainbiker haben in Australien die Qual der Wahl, wenn es um rasante Strecken geht. Der 480 Kilometer lange Tasmanian Trail (www.tasmaniantrail.com.au) schlängelt sich durch die Apple Isle, der 440 Kilometer lange Wollemi Cycle Trail führt durch die Blue Mountains *(siehe S. 160–163)*. Um den extrem langen Munda Biddi Trail (www.mundabiddi.org.au) von Perth nach Albany im Südwesten zurückzulegen, benötigen Sie knapp drei Wochen. Kürzere Routen finden Sie im Toohey Forest Park in der Nähe von Brisbane oder im Smithfield Park in Cairns *(siehe S. 388f)*, der durch dichten Regenwald führt.

AKTIVURLAUB
IN AUSTRALIEN

Australien bietet unheimlich viele Möglichkeiten, sich an der frischen Luft so richtig auszutoben und seinen Adrenalinspiegel in die Höhe zu treiben - ob im Wasser, beim Klettern oder auf dem Rad.

Feuchtgebiete

Regenjacke an und los – kein Zweifel, eine rasante Jetbootfahrt durch den Hafen von Sydney ist nichts für Wasserscheue! Zu den Betreibern gehören Thunder Jet (www.thunderjetboat.com.au) und Harbor Jet (www.harbourjet.com). Westlich der Stadt können Sie in den Blue Mountains *(siehe S. 160–163)* an einem ganztägigen Canyoning (www.highandwild.com.au) teilnehmen und sich an einem Wasserfall abseilen. Und wer Wildwasser-Rafting mag: Die Strecke in der Mitta Mitta River Gorge im Hochland von Victoria gilt als besonders abenteuerlich!

→

Abseilen an einem Wasserfall im Blue Mountains National Park

← *Mit dem Mountainbike durch den Toohey Forest Park bei Brisbane*

Expertentipp
Hafenblick

Eine Klettertour auf die Sydney Harbour Bridge bei Sonnenuntergang mit BridgeClimb bietet einen atemberaubenden Ausblick – hat aber einen stolzen Preis. Um Geld zu sparen, buchen Sie die Tour gleich vor der Sonnenuntergangstour – der grandiose Ausblick ist der gleiche.

Aus der Vogelperspektive

Eine Klettertour entlang der Sydney Harbour Bridge mit BridgeClimb *(siehe S. 88)* oder zu der 230 Meter hohen Aussichtsplattform SkyPoint Climb (www.skypoint.com.au) an der Gold Coast führt Sie in luftige Höhen. Sie sind schwindelfrei? Im Regenwald im Skypark in Cairns können Sie Bungeejumping ausprobieren (www.skyparkglobal.com) oder über Rottnest Island *(siehe S. 460f)* einen Sprung mit dem Fallschirm wagen.

← *Eine Kletterwanderung an der Sydney Harbour Bridge ist nichts für Höhenängstliche*

Ab auf die Piste(n)

In Australien gibt es insgesamt 15 Skigebiete, darunter zwei auf Tasmanien. Wer dort übernachten möchte, sollte sich ein Zimmer im schönen und günstigen Mount Mawson Resort reservieren (www.mtmawson.info). Abseits der Ostküste weichen die verschneiten Berge irgendwann riesigen Dünen aus Sand. Rutschen Sie die Lancelin Sand Dunes (www.lancelin.com.au) hinab oder mieten Sie sich ein Quad zum Erkunden der Sandwüsten von Port Lincoln *(siehe S. 339)*, Vivonne Bay auf Kangaroo Island *(siehe S. 318f)* oder Stockton Dunes in Port Stephens *(siehe S. 174)*.

→ *Surfen auf den weißen Hängen der Lancelin Sand Dunes*

Abenteuer Roadtrip

Mieten Sie sich einen Van und erobern Sie Australien auf eigene Faust! Folgen Sie den Spuren der Pioniere auf dem Explorers Way, der sich von South Australia bis zum Northern Territory erstreckt. Durchqueren Sie die karge Nullarbor Plain *(siehe S. 334)* oder fahren Sie die vier Kilometer lange Schleife um The Pinnacles *(siehe S. 482)*.

←

Auf dem Weg um The Pinnacles, Nambung National Park

TRAUMTOUREN

DURCH AUSTRALIEN

Für Abenteuerlustige und Outdoor-Enthusiasten ist Australien das perfekte Reiseziel. Ob zu Fuß, im Kajak oder als Roadtrip und selbst hinter dem Steuer, ob erlebnisreiche Buschwanderungen, aufregende Wildwassertouren oder mit dem Jeep quer durchs Outback – in Down Under ist der Adrenalinkick garantiert. Wir haben die schönsten und aufregendsten Touren für Sie zusammengestellt.

Schienenverkehr

Australien kann man wunderbar mit dem Zug bereisen. Der *Spirit of the Outback* braucht 26 Stunden für die Strecke zwischen Brisbane und Longreach (www.queenslandrailtravel.com.au), der *Indian Pacific* drei Tage von Sydney nach Perth (www.journeybeyondrail.com.au). Die vielleicht eindrucksvollste Fahrt erleben Sie im *Ghan*, der von Adelaide nach Darwin rumpelt.

→

Im luxuriösen Ghan *geht es durch das Outback im Northern Territory*

Wandern durchs Outback

Schnüren Sie Ihre Wanderstiefel und machen Sie eine Buschwanderung *(siehe S. 56f)*! Folgen Sie den Songlines der Aborigines, durchwandern Sie in Tasmanien alpine Landschaften auf dem sechstägigen Overland Track durch den Cradle Mountain-Lake St Clair National Park *(siehe S. 296f)* oder laufen Sie den Three Capes Track (www.threecapestrack.com.au), eine sanftere, viertägige Küstenwanderung rund um Port Arthur *(siehe S. 286f)*. Anspruchsvoller wird es auf dem fünftägigen Scenic Rim Trail in Queensland (www.parks.desi.qld.gov.au). Sie haben nur wenig Zeit? Der Wanderweg Echo Point to Scenic World über den Giant Stairway in den Blue Mountains *(siehe S. 160–163)* ist gerade einmal fünf Kilometer lang.

→ *Wanderer auf dem Overland Track durch das Buschland Tasmaniens*

Australiens Küsten entdecken

Eine Flussfahrt hat etwas Romantisches – vor allem in Australien. Genießen Sie die paradiesische Landschaft beim Inselhüpfen rund um die Whitsundays (www.cruisewhitsundays.com) oder auf einer Bootsfahrt durch die Talbot Bay in Kimberley *(siehe S. 476–479)*. Einen grandiosen Blick auf Sydney garantiert eine Fahrt mit einem Großsegler vom Darling Harbour (www.sydneytallships.com.au).

← *Bootsfahrt von Airlie Beach zu den schönen Whitsunday Islands*

Paddelpower

Schippern Sie auf einem historischen Raddampfer den Murray River *(siehe S. 261)* hinunter oder paddeln Sie aus eigener Kraft: mit Pittwater Kayak Tours (www.pittwater-kayak.com.au) oder, für Mutige, auf einer Wildwasser-Rafting-Tour über den Franklin River (www.franklinriverrafting.com).

→ *Wildwasser-Rafting über die Newland Cascades auf dem Franklin River*

Wandern und Buschwandern

Schon die australischen Ureinwohner durchquerten die vielfältige Landschaft des Landes auf der Suche nach Nahrung und Schutz zu Fuß. Heute gilt das Wandern einfach als beliebter Zeitvertreib – ob auf den Spuren der alten Routen der Aborigines, für ausgedehnte Bergtouren oder für idyllische Waldspaziergänge. Es ist jedoch unwahrscheinlich, dass ein Australier das Wort »Wandern« verwendet – »Buschwandern« bezeichnet das Wandern nicht nur im Wald und im Buschland, sondern überall.

Geschichte des Buschwanderns

Seit Tausenden von Jahren durchqueren die Aborigines das Land auf den als heilig geltenden Songlines oder Traumpfaden. Als im 18. und 19. Jahrhundert Europäer nach Australien kamen, bildeten sie Wandergruppen, um das undurchdringliche Gelände zu erkunden und zu entmystifizieren. Daraus entwickelte sich im Lauf der Zeit die moderne australische Buschwanderkultur. In den frühen 1940er Jahren war Buschwandern noch mit mehrtägigen Wanderungen verbunden, heutzutage umfasst der Begriff alle Arten von Wanderungen. Großer Pluspunkt: Australien verfügt über ein ständig wachsendes und zumeist gut ausgebautes Wegenetz.

↑ *Buschwanderer auf der Euro Ridge des Larapinta Trail*

TOP 5 Tageswanderungen

Uluru Base Walk
Eine Wanderung um Australiens heiligen Inselberg.

Mount Kosciuszko Summit
Erklimmen Sie den höchsten Gipfel Australiens.

Wineglass Bay und Hazards Beach
Vier bis fünf Stunden dauert die anspruchsvolle Route.

Prince Henry Cliff Walk
Sicher eine der schönsten Wanderungen in den Blue Mountains.

Bingi Dreaming Track
Folgen Sie den uralten, mystischen Songlines der Aborigines.

Spaziergang hinunter zur Lucky Bay im Cape Le Grand National Park ↑

Küstenspaziergänge

Australiens paradiesische Buchten und Küsten laden zu wundervollen Spaziergängen ein. Sie lieben Strände? Entdecken Sie den Coastal Trail im Cape Le Grand National Park oder die Bay of Fires in Tasmanien. Und natürlich darf die beeindruckende Great Ocean Road bei keiner Australien-Reise fehlen – die spektakulären Aussichten entlang den Klippen des tiefblauen Ozeans sind einfach einmalig. Doch Vorsicht: Bleiben Sie aus Sicherheitsgründen und zur Vermeidung von Eingriffen in empfindliche Küstenökosysteme ausschließlich auf den sicheren und markierten Wegen.

Wandern für Profis

In Australien gibt es zahlreiche Fernwanderwege. Tasmaniens Overland Track ist ein absoluter Favorit und bietet ein sechstägiges Abenteuer durch Täler und über Almwiesen. Übernachten Sie während der fünftägigen Wanderung auf dem Green Gully Track in New South Wales in Viehhirtenhütten. Zwischen April und September können erfahrene Wanderer den Larapinta Trail in Angriff nehmen, der sich über 223 Kilometer durch das Northern Territory erstreckt. Beachten Sie jedoch stets die Wetter- und Feuerwarnungen!

Bundian Way

Der Bundian Way erstreckt sich über 365 Kilometer zwischen Targangal (Mount Kosciuszko) und Turemulerrer (Twofold Bay) und soll Australiens neueste Fernwanderung werden. »Neu« ist etwas irreführend – die Route wird seit Jahrtausenden von den Stämmen der Bidawal, Jaitmathang, Ngarigo und Yuin genutzt. Bis er fertiggestellt ist, wandern Sie einfach auf dem Whale Dreaming Trail oder auf dem Story Trail.

Sanfte Riesen ganz nah

Der Frühling ist in Australien die beste Zeit, um Wale zu beobachten. Buckelwale tummeln sich von Juli bis Oktober vor Hervey Bay *(siehe S. 374)*, aber vor allem im August oder September ist die Chance groß, auch Kälber zu entdecken. Albanys King George Sound *(siehe S. 468)* heißt von Juni bis August Buckelwale willkommen, bevor von August bis Oktober die Südkaper zur Brut eintreffen. Zwischen Juni und Oktober sieht man diese Walart aus der Familie der Glattwale auch vor der Südküste. Schauen Sie im Onlineprotokoll des SA Whale Centre (www.sawhalecentre.com.au) nach, wo die Wale zuletzt gesehen wurden.

→ *Gutes Timing – ein Buckelwal bricht aus den Wellen hervor*

AUSTRALIENS TIERWELT

Vergessen Sie Zoos und Aquarien – eine Begegnung mit Tieren in ihrem natürlichen Lebensraum ist nicht nur so viel spannender und lehrreicher, sondern vor allem auch artgerechter. Von niedlich und flauschig bis hin zu giftig und gefährlich – entdecken Sie die einzigartig wundersame Fauna Australiens.

Berühmte Beuteltiere

Kängurus, Wombats, Koalas – Australiens Beuteltiere können Sie besonders gut auf Kangaroo Island *(siehe S. 318f)* beobachten. Zahme Kängurus finden Sie am Pebbly Beach in Shoalhaven *(siehe S. 192)*, die niedlichen Wombats im Kangaroo Valley *(siehe S. 192)* oder auf Tasmaniens Maria Island *(siehe S. 291)*. In Port Macquarie *(siehe S. 174)* werden verletzte und verwaiste Koalas gepflegt.

Fotomotiv
Quokkas

Die possierlichen Quokkas auf Rottnest Island sind außergewöhnlich fotogen. Für den perfekten Schnappschuss warten Sie einfach, bis die Tiere zu Ihrer Kamera heraufschauen.

Vertrauter Anblick: Rote Riesenkängurus (Muttertier und Junges) ↑

Tolle Tauchgänge

Nur Mut: Schwimmen Sie von März bis Juli mit Walhaien und von August bis November mit Buckelwalen am Ningaloo Reef *(siehe S. 485)*. Zwischen Juli und Oktober besuchen auch Buckelwale die Hervey Bay *(siehe S. 374)*. Wenn Sie die Möglichkeit haben, mit Zwergwalen zu schwimmen, fahren Sie im Juni und Juli nach Cairns *(siehe S. 388f)* oder Port Douglas *(siehe S. 390f)*. Und wer sich traut, geht in Port Lincoln *(siehe S. 339)* im Käfig auf Tuchfühlung mit Weißen Haien.

← *Putziger Australischer Zwergpinguin auf einem Felsvorsprung*

TOP 3 Wildtierparks

Tasmanian Devil Unzoo
In diesem Wildpark gibt es keine Zäune, nur jede Menge Tasmanische Teufel *(siehe S. 299)*.

Lone Pine Koala Sanctuary
Treffen Sie Koalas, Kängurus und andere niedliche Beuteltiere *(siehe S. 361)*.

Phillip Island Nature Park
Beobachten Sie von der Aussichtsplattform, wie Babypinguine vom Meer zum Bau watscheln *(siehe S. 270)*.

Faszinierende Reptilien

In Australien leben sowohl Salzwasser- als auch Süßwasserkrokodile. Die »Salties« sind riesig – beobachten Sie die prähistorischen Reptilien beim Sonnenbaden – am besten entspannt (und sicher!) vom Boot aus. Zu empfehlen sind Touren auf dem Adelaide River *(siehe S. 425)* bei Darwin, auf dem Mary River, im Kakadu National Park *(siehe S. 422f)* oder auf dem Daintree River *(siehe S. 391)* in Queensland.

↑ *Süßwasserkrokodile faulenzen an einem Flussufer*

Moderne Kunst
Australiens Kunstszene ist unglaublich vielseitig. Moderne Kunstinstallationen finden Sie im Heide Museum of Modern Art (www.heide.com.au) in Victoria oder im QAGOMA (www.qagoma.qld.gov.au) in Brisbane. In Sydney sind das Museum of Contemporary Art *(siehe S. 91)* und die White Rabbit Gallery *(siehe S. 115)*, früher ein Rolls-Royce-Showroom, der nun zeitgenössische chinesische Kunst zeigt, zu empfehlen. Abseits des Festlandes lohnt das Museum of Old and New Art (MONA; *siehe S. 284*) in Tasmanien einen Besuch – berühmt vor allem dank der Great Wall of Vagina.

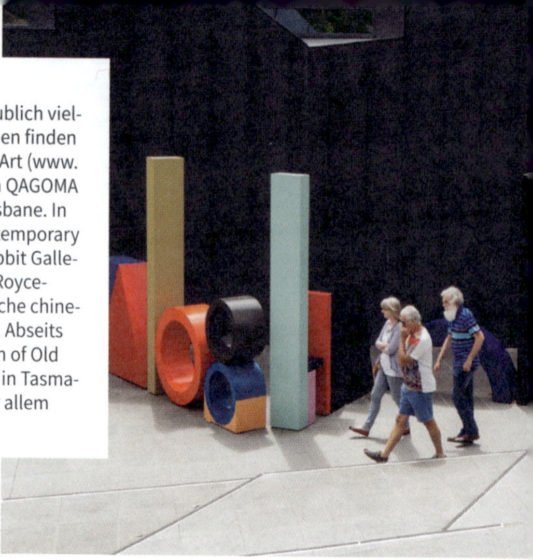

→
Skulpturenanlage im Heide Museum of Modern Art bei Melbourne

KUNST
IN AUSTRALIEN

Australiens faszinierende Kunstgeschichte reicht von 17 000 Jahre alten Felszeichnungen der Aborigines mitten im Outback über historische Wandgemälde, die heute in den Museen und Kunstgalerien der Metropolen ausgestellt sind, bis hin zu modernen und sehr lebendigen Outdoor-Installationen.

Nationalgalerien
Sie bummeln gern durch Kunstmuseen? Die bedeutende National Gallery of Australia in Canberra *(siehe S. 200)* beherbergt etwa 160 000 Gemälde und Skulpturen, darunter Sidney Nolans legendäre Ned-Kelly-Serie und Werke von Jackson Pollock. In Melbourne stellt die National Gallery of Victoria *(siehe S. 222f)* australische Kunst von Aborigines-Gemälden bis hin zu zeitgenössischen Drucken aus.

←
Gemälde in der National Gallery of Victoria

Kunst der Aborigines

Eine rund 65 000 Jahre alte Geschichte hat Australien eine erstaunliche Kunstsammlung der Aborigines und der Torres-Strait-Insulaner beschert – in der National Gallery of Australia *(siehe S. 200)* ist ein großer Teil ihrer Skulpturen und Gemälde ausgestellt. Am schönsten ist es jedoch, die Kunst der Indigenen unter freiem Himmel zu entdecken. Schließen Sie sich einer geführten Tour mit einem Aborigine über die Burrup Peninsula *(siehe S. 486)* in Western Australia oder durch das abgelegene Quinkan Country in Queensland an. Sie malen gerne selbst? Probieren Sie sich in Punktmalerei in Uluru Maruku Arts (www.maruku.com.au) oder in der Janbal Gallery in der Nähe von Cairns (www.janbalgallery.com.au).

← *Felskunst auf dem Injalak-Hügel, Arnhem Land*

TOP 4 Künstlergalerien

Brett Whiteley Studio
Ein Ort für Avantgarde-Künstler (www.artgallery.nsw.gov.au).

Margaret Olley Art Centre
Eine Hommage an das Stillleben (www.gallery.tweed.nsw.gov.au).

Hans Heysen Art Studio
Australiens ältestes Künstleratelier (www.hansheysen.com.au).

Norman Lindsay Gallery
Das Studio liegt in den Blue Mountains (www.nationaltrust.org.au).

Outdoor-Galerien

Melbourne ist berühmt für lebendige Streetart und bunte Straßen wie die Hosier Lane und die AC/DC Lane *(siehe S. 224)*. Weitere Wandgemälde finden Sie in der Tocumwal Lane in Canberra, in der Anster Street in Adelaide sowie in der Newtown Street und der Enmore Road in Sydney. Selbst im Outback werden Australiens Künstler kreativ: Entdecken Sie auf dem Silo Art Trail riesige Wandgemälde auf Getreidesilos (www.australiansiloarttrail.com).

Expertentipp
Kunst am Abend

Viele große Galerien, darunter die National Gallery of Victoria und die Art Gallery of NSW, veranstalten After-Work-Events mit langem Eintritt und Livemusik. Buchen Sie im Voraus.

↑ *Bemalte Silos auf dem Silo Art Trail in Grenfell, New South Wales*

Bush-Tucker-Touren

Begeben Sie sich mit indigenen Rangern auf eine spannende Bush-Tucker-Tour durch das Outback und kosten Sie frisch gepflückte Heilpflanzen, essbare Ameisen oder einheimische Früchte. In New South Wales und rund um den Ayers Rock gibt es zahlreiche Möglichkeiten für informative Touren mit den Aborigines.

←

Erlernen traditioneller Garmethoden in der Nähe von Aurukun

AUSTRALIEN FÜR FOODIES

Die Australier schätzen Fusionsküche und kombinieren traditionelle Rezepte mit internationalen Gewürzen und unterschiedlichen Aromen. Probieren Sie typische Fleischpasteten, frischen Avocadotoast und Bush-Tucker-Barbecue oder genießen Sie die vielfältige Feinschmeckerszene der Großstädte.

Feinschmeckerfestivals

Beim Taste of Summer (www.tasteofsummer.com.au) steht die Küche Tasmaniens im Mittelpunkt, das Taste of Kakadu (www.parksaustralia.gov.au/kakadu/taste) feiert die Esskultur der Aborigines. Naroomas Oyster Festival (www.naroomaoysterfestival.com) und das Truffle Kerfuffle in Manjimup (www.trufflekerfuffle.com.au) sind ebenfalls sehr beliebt.

Bauernmärkte

Der Besuch eines Bauernmarktes ist für viele Australier ein Wochenendritual. Zu den schönsten zählen Canberras Capital Region Farmers Market (www.capitalregionfarmersmarket.com.au), Sydneys Carriageworks (www.carriageworks.com.au) und Melbournes Queen Victoria Market (www.qvm.com.au). Auch der Adelaide Farmers Market (www.adelaidefarmersmarket.com.au) und Fremantles Freo Farmers Market (www.freofarmersmarket.com.au) sind einen Besuch wert.

↑ *Standbesitzerin auf dem sonntäglichen Freo Farmers Market in Fremantle*

Frisch gefischt

Sie lieben Seafood? Vor allem in Australiens Küstenstädten finden Sie leckerste Meeresfrüchte. Fangen Sie im Northern Territory auf begleiteten Angelausflügen einheimische Barramundis, tauchen Sie in South Australia nach Jakobsmuscheln oder schlürfen Sie saftige Austern. Lernen Sie von den Aborigines das traditionelle Krabbenspießen oder schauen Sie in Tasmanien Fischern beim Fangen von Seeohren zu.

← *Barramundi, gefangen in australischen Gewässern und in Sydney serviert*

↑ *Gemeinsam draußen genießen: Foodfestival in Brisbane*

Wandern und Genuss

Genießen Sie während einer Wanderung lokale Erzeugnisse! Der Cradle to Coast Tasting Trail in Tasmanien (www.tastingtrail.com.au) führt an Olivenbauern, Chocolatiers und Molkereien vorbei, während Sie auf dem Epicurean Way in South Australia Käse, Beeren und Wein probieren können. Einige Wege sind saisonabhängig – besuchen Sie von Oktober bis April Mangofarmen in Queensland und zwischen Juni und September die Trüffelfarmen in Westaustralien.

→ *Kosten Sie auf dem Cradle to Coast Tasting Trail die saftigen grünen Oliven*

DAS JAHR IN AUSTRALIEN

Januar

△ **Australian Open** *(Mitte – Ende Jan)*. Die größten Tennisstars kämpfen in Melbourne um den ersten Grand Slam des Jahres.

Australia Day / Invasion Day *(26. Jan)*. Während viele Australier mit Feuerwerk feiern, protestieren die Ureinwohner gegen den Invasion Day.

Februar

△ **Chinese New Year** *(variiert, Jan / Feb)*. Die zweiwöchigen Mondneujahrsfeierlichkeiten in Sydney sind die größten außerhalb Asiens.

Adelaide Fringe *(Mitte Feb – Mitte März)*. Das zweitgrößte Kunstfestival der Welt erobert die Hauptstadt von South Australia mit Tausenden von kulturellen Veranstaltungen.

Mai

Sydney Writers' Festival *(Ende Mai)*. Alljährlich stattfindendes Literaturfestival.

Ord Valley Muster *(Mitte – Ende Mai)*. Zehn Tage rund um die Kunst und Kultur der Aborigines.

△ **Vivid Sydney** *(Ende Mai – Mitte Juni)*. Musik und Lightshows mitten in Sydney.

Juni

Dark Mofo *(Mitte – Ende Juni)*. Hobarts kultiges Festival bietet ausgefallene Kunst und Musik und das Nude Solstice Swim im Morgengrauen.

△ **Alice Springs Beanie Festival** *(Ende Juni)*. Eine skurrile Ausstellung handgefertigter, u. a. von Aborigines gehäkelter Hüte und Mützen.

September

△ **Carnival of Flowers** *(Mitte – Ende Sep)*. Jede Menge Blumen und Musik füllen die Parks und private Gärten in Toowoomba in Queensland.

AFL Grand Final *(letzter Sa im Sep)*. Die besten Australian-Rules-Football-Teams spielen in Melbourne um den Premiership-Pokal.

Riverfire *(Ende Sep)*. Gigantisches Feuerwerk am Ufer des Brisbane River.

Oktober

△ **Sculpture by the Sea** *(Ende Okt – Anfang Nov)*. Auf dem Küstenweg zwischen Bondi und Tamarama in Sydney findet die weltweit größte öffentliche Skulpturenausstellung statt.

Grafton Jacaranda Festival *(Ende Okt – Anfang Nov)*. Ein violettes Blumen- und Lichtermeer in Grafton in New South Wales feiert die Blüte der Jakaranda mit Paraden und Ausstellungen.

März

△ **Sydney Gay and Lesbian Mardi Gras** *(Mitte Feb–Anfang März)*. Was 1978 als Protestmarsch begann, ist heute ein zweiwöchiges Festival, das am ersten Samstag im März mit einer riesigen, kunterbunten Parade endet.

Melbourne International Comedy Festival *(Ende März–Apr)*. Eines der größten Comedyfestivals der Welt bringt Melbourne dreieinhalb Wochen lang zum Lachen.

April

△ **Byron Bay Bluesfest** *(Ostern)*. Viertägiges Musikfestival mit fantastischen Acts.

Rip Curl Pro *(5 Tage im Apr)*. Die Surfweltmeisterschaft wird am Bells Beach ausgetragen.

Tasting Australia *(Ende Apr–Anfang Mai)*. In Adelaide finden Verkostungen, Führungen und Workshops rund um Essen und Genuss statt.

Juli

△ **Yulefest** *(Juni–Aug)*. Zu Weihnachten ist es in Australien ziemlich warm, aber dennoch findet in den Blue Mountains ein Winterfest mit typischen Weihnachtstraditionen statt.

August

Garma Festival of Traditional Culture *(Anfang Aug)*. Ein Fest zu Ehren des Yolngu-Stammes.

△ **Henley-on-Todd Regatta** *(Mitte Aug)*. Die weltweit einzige Bootsregatta ohne Wasser – die Besatzungen halten die Bootsrahmen fest und laufen über das ausgetrocknete Flussbett.

November

△ **Melbourne Cup** *(erster Di im Nov)*. Pferdewetten auf dem Flemington Racecourse in Melbourne.

Airlie Beach Festival of Music *(Anfang Nov)*. Musikfestival mit Blick auf die Whitsundays.

Feast Festival *(Anfang–Ende Nov)*. Das kunterbunte Festival feiert Kunst und Kultur der LGBTQ+ Szene in Adelaide.

Dezember

Sydney to Hobart Yacht Race *(Ende Dez)*. Die internationale Regatta gilt als eines der schwierigsten Hochseerennen der Welt.

Woodford Folk Festival *(27. Dez–1. Jan)*. Ein legendäres Musik- und Kulturfestival in der beschaulichen Stadt Woodford.

△ **Sydney New Year's Eve Fireworks** *(31. Dez)*. Hunderttausende Menschen drängen sich um Mitternacht zum spektakulären Neujahrsfeuerwerk am Hafenufer.

1

KURZE GESCHICHTE

Die einzigartige Geschichte Australiens wird geprägt von langen Küsten, nur schwer zugänglichen Landschaften, Pioniergeist und Kriegen. Verschiedenste Bevölkerungsgruppen haben die Historie gestaltet – von den Aborigines über britische Sträflinge bis hin zu den heutigen multikulturellen Gemeinschaften.

Die ersten Siedler

Die ersten Menschen, die sich im heutigen Australien niederließen, kamen vor etwa 65 000 Jahren als Seefahrer aus Asien. Als nomadische Jäger und Sammler entwickelten sie komplexe Werkzeuge wie Holzspeere und den Bumerang. Im Wechsel mit den Jahreszeiten breiteten sich die Ureinwohner in verschiedenen Stämmen schnell über den Kontinent aus und erreichten vor etwa 35 000 Jahren Tasmanien, das damals mit dem Festland verbunden war. Als die ersten Europäer im 17. Jahrhundert ankamen, lebten in Australien über 750 000 Indigene in mehr als 500 verschiedenen Stämmen.

1 *Eine Karte Australiens und seiner Umgebung (1818)* ↑

2 *Das Aquarell von Richard Browne zeigt Aborigines beim Fischen (1819)*

3 *Der Druck stellt die Flotte von Abel Tasman dar (Ende 19. Jh.)*

Chronik

500 000 000 v. Chr.
Australien bildet mit Indien, Afrika, Südamerika und der Antarktis den Großkontinent Gondwanaland

62 000 v. Chr.
Die ersten Siedler erreichen Australien

25 000 v. Chr.
Das größte Beuteltier, der *Diprotodon* (Riesenwombat), stirbt aus

20 000 v. Chr.
Frühester Nachweis des Bumerangs

2

3

Ausländische Besatzer

Die erste von vielen versehentlichen Landungen der Niederländischen Ostindien-Kompanie (VOC) erfolgte 1606 mit dem Schiff *Duyfken*. Schon bald begann die VOC mit weiteren Expeditionen, um mehr über das unbekannte Land zu erfahren. Auf einer dieser Missionen erreichte Abel Tasman 1642 die Insel, die wir heute unter dem Namen Tasmanien kennen. Tasman kehrte 1644 zurück, um das Festland (das er zu Neuholland erklärte) zu kartieren.

Die Briten entwickelten im späten 17. Jahrhundert ein Interesse an Neuholland und seinen potenziellen Ressourcen. Der Freibeuter William Dampier landete als erster Brite in Australien, als er 1688 mit der *Bark Cygnet* in der Nähe des heutigen Broome festmachte. Hier traf er auf Aborigines, denen er fatalerweise nachsagte, dass sie sich »kaum von Rohlingen unterschieden«. In Wirklichkeit verfügten die Indigenen bereits über komplexe wirtschaftliche Strukturen. Im 18. Jahrhundert begannen einzelne Stämme, mit den Makassaren Handel zu treiben. Mit dieser indonesischen Volksgruppe tauschte man natürliche Ressourcen gegen dringend benötigtes Werkzeug.

Blutige Batavia

Die Jungfernfahrt der *Batavia* 1629 war zugleich ihre letzte, als sie vor Westaustralien auf ein Riff stieß. Der Großteil der Besatzung rettete sich zu den Abrolhos Islands. Während der Kommandant Francisco Pelsaert Hilfe holte, töteten der Meuterer Jeronimus Cornelisz und seine Anhänger 125 Kameraden. Es ist bis heute das blutigste Schiffsunglück Australiens.

5000 v. Chr.

Dingos werden die ersten domestizierten Tiere in Australien

1616

Der Niederländer Dirk Hartog erreicht versehentlich Westaustralien

1644

Der Niederländer Abel Tasman beweist, dass Australien ein Inselkontinent ist

1688

Als erster Engländer betritt William Dampier australischen Boden

1

2

Ein Ort für Straftäter

Im Jahr 1769 brach der britische Kapitän James Cook mit der *Endeavour* auf, um den südlichen Kontinent zu finden. Als sich seine Expedition als erfolglos erwies, änderte er den Kurs in Richtung der unbekannten Ostküste von Neuholland. 1770 ging Cook in Botany Bay an Land, beanspruchte das Land für Großbritannien und nannte es New South Wales. Nachdem Großbritannien nach der Amerikanischen Revolution (1763–83) viele nordamerikanische Kolonien verloren hatte und nach einer Lösung für überfüllte Gefängnisse suchte, machte es New South Wales zu einer Strafkolonie. Die erste Flotte von elf Schiffen erreichte von Portsmouth aus 1788 Sydney Cove.

Neue Kolonien entstehen

Nach der Gründung von New South Wales strebten die Briten danach, das umliegende Land zu kartieren und weitere Siedlungen zu errichten. Dabei kam es nicht selten zu gewalttätigen Begegnungen mit Indigenen, ganze Stämme wurden vernichtet. 1788/89 umsegelten Matthew Flinders und George Bass Tasmanien und bewiesen damit, dass es sich um eine Insel

»Rumrebellion«

Australiens erster und einziger Militärputsch wurde 1808 vom New South Wales Corps durchgeführt, das auch als »Rum Corps« bekannt war. Es initiierte den Aufstand, als Gouverneur William Bligh die Verwendung von Alkohol als Zahlungsmittel zu verhindern versuchte. Das Corps verhaftete Bligh und übernahm 23 Monate lang die Kontrolle über New South Wales.

Chronik

1770
Kapitän James Cook beansprucht die Ostküste für Großbritannien

1788
Die *First Fleet* trifft in Sydney Cove ein, um eine Sträflingssiedlung zu errichten

1793
Die ersten freien Siedler erreichen New South Wales

1797
Vom Kap der Guten Hoffnung werden Merinoschafe eingeführt

1801–1803
Matthew Flinders umsegelt den Kontinent und nennt ihn »Australien«

3

4

handelte. Schnell wurde Tasmanien eine Strafkolonie für in New South Wales rückfällig gewordene Straftäter. Kapitäne, die an der Westküste ankamen, gründeten 1829 Swan River, das heutige Perth. South Australia war 1836 die erste von Siedlern und nicht von Sträflingen gegründete Kolonie. 1851 wurde Victoria durch Verhandlungen zwischen dem Viehzüchter John Batman und den Aborigines gegründet. Queensland entstand, als es sich im Jahr 1859 von New South Wales trennte. Übrigens wurden die australischen Staaten bis in die 1940er Jahre von den Briten regiert.

1 *Kapitän James Cook* ↑

2 *Siedler in der Nullarbor Plain in Südaustralien*

3 *Die Collins Street in Melbourne (um 1837)*

4 *Goldgräberlager in Forest Creek, Victoria*

Vom Boom zur Pleite

Der Wettbewerb um die natürlichen Ressourcen Australiens erreichte einen Höhepunkt, als 1851 in der Nähe von Bathurst (New South Wales) sowie in Ballarat und Bendigo (Victoria) Gold gefunden wurde. Goldsucher aus der ganzen Welt, vor allem aus Europa und China, strömten ins Land. Dank des Reichtums entwickelten sich die Kolonien schnell zu fortschrittlichen Städten, doch in den 1890er Jahren führten sinkende Wollpreise und Dürre zu wirtschaftlicher Depression.

Schon gewusst?

Australiens erste Polizei wurde 1788 ausschließlich aus Sträflingen gegründet.

1813
Die erste Währung, der Holey Dollar, soll den illegalen Rumhandel eindämmen

1838
Sieben britische Siedler werden wegen des Massakers an 50 Aborigines in Myall Creek zum Tode verurteilt

1854
Eureka Stockade, ein Aufstand der Goldgräber, in der Nähe von Ballarat

1868
Sträflingstransporte werden abgeschafft

1876
Die letzte tasmanische Ureinwohnerin, Truganini, stirbt

Auf dem Weg zur Unabhängigkeit

Zu der Zeit, als sich immer mehr asiatische Einwanderer der Goldsuche anschlossen, geriet die Wirtschaft Australiens ins Stocken, was zu nationalistischen Stimmungen und Forderungen nach einer australischen Vereinigung führte. Im Jahr 1901 bildeten die sechs Kolonien (New South Wales, Victoria, Tasmanien, Western Australia, South Australia und Queensland) das Commonwealth of Australia. Australien war jedoch immer noch Teil des Britischen Empire und schickte im Ersten und Zweiten Weltkrieg Streitkräfte nach Europa. Das australische und das neuseeländische Armeekorps wurden 1915 zu den Helden im türkischen Gallipoli – die damalige Kameradschaft *(mateship)* prägt noch heute den australischen Charakter. Im Jahr 1942 erhielt Australien gesetzgeberische Unabhängigkeit.

Das Leid der Aborigines

Während viele Australier ihre neu gewonnene Unabhängigkeit feierten, galt dies nicht für die indigene Bevölkerung. Im Jahr 1951 startete die Regierung eine Assimilationspolitik, indem sie Kinder gemischter Abstammung (die »gestohlenen Genera-

1 *Truppen Australiens im Ersten Weltkrieg* ↑

2 *Premierminister Gough Whitlam (1972–75) trifft den britischen Premierminister Harold Wilson*

3 *Die jährliche Kunstinstallation* Sea of Hands *unterstützt die Landrechte der Ureinwohner*

4 *Kampf gegen die Buschbrände 2019/20*

Chronik

1901
Proklamation des Commonwealth of Australia im Centennial Park, Sydney

1908
Canberra wird offizielle Hauptstadt

1914–18
60 000 Australier sterben im Ersten Weltkrieg

1922
Vegemite wird von einem australischen Chemiker entwickelt

1942
Die Japaner starten im Zweiten Weltkrieg einen U-Boot-Angriff auf den Hafen von Sydney

4

tionen«) in Internaten weit entfernt von ihren Familien unterbrachte. Premierminister Gough Whitlam setzte 1972 eine Untersuchung zum Thema Landrechte der Aborigines ein, diese Rechte wurden jedoch erst 1992 gesetzlich verankert. 2008 entschuldigte sich Premierminister Kevin Rudd im Namen Australiens offiziell bei den Indigenen dafür, dass der Staat ihnen ihr Land weggenommen und zudem versucht hatte, ihre Kultur auszulöschen.

Australien heute

Die globale Finanzkrise 2007/08 überstand Australien dank eines Bergbaubooms relativ gut, doch im 21. Jahrhundert bekam das Land die volle Wucht der Klimakrise zu spüren. Das Great Barrier Reef erlebte eine historische Korallenbleiche, Buschbrände vernichten jedes Jahr gigantische Flächen. 2020 und 2021 wurde das Land außerdem von verheerenden Überschwemmungen und Wirbelstürmen heimgesucht. 2032 werden die Olympischen Sommerspiele in Brisbane stattfinden. Von der sportbegeisterten Nation wurde die Vergabe mit großer Freude aufgenommen.

Schon gewusst?

Canberra wurde Hauptstadt, weil es etwa auf halbem Weg zwischen den Rivalen Sydney und Melbourne liegt.

1986

Durch den Australia Act wird das Land juristisch von Großbritannien unabhängig

1992

er Oberste Gerichtshof ntscheidet, dass die Abrigines berechtigte Anprüche auf Land haben

2000

250 000 Menschen laufen auf der Sydney Harbour Bridge für Versöhnung

2010

Julia Gillard wird erste Premierministerin Australiens

2019/20

Buschbrände vernichten in Australien ungefähr 12,6 Millionen Hektar Land

AUSTRALIEN
ERLEBEN

Surfer am Cable Beach, Broome

SYDNEY

Hafen mit Sydney Opera House (siehe S. 86f) *und Sydney Harbour Bridge* (siehe S. 88f)

SYDNEY
AUF DER KARTE

Für diesen Reiseführer wurde Sydney in vier Stadtteile gegliedert, wie auf der Karte ersichtlich. Zusätzlich gibt es das Kapitel *Abstecher (S. 142–149)*

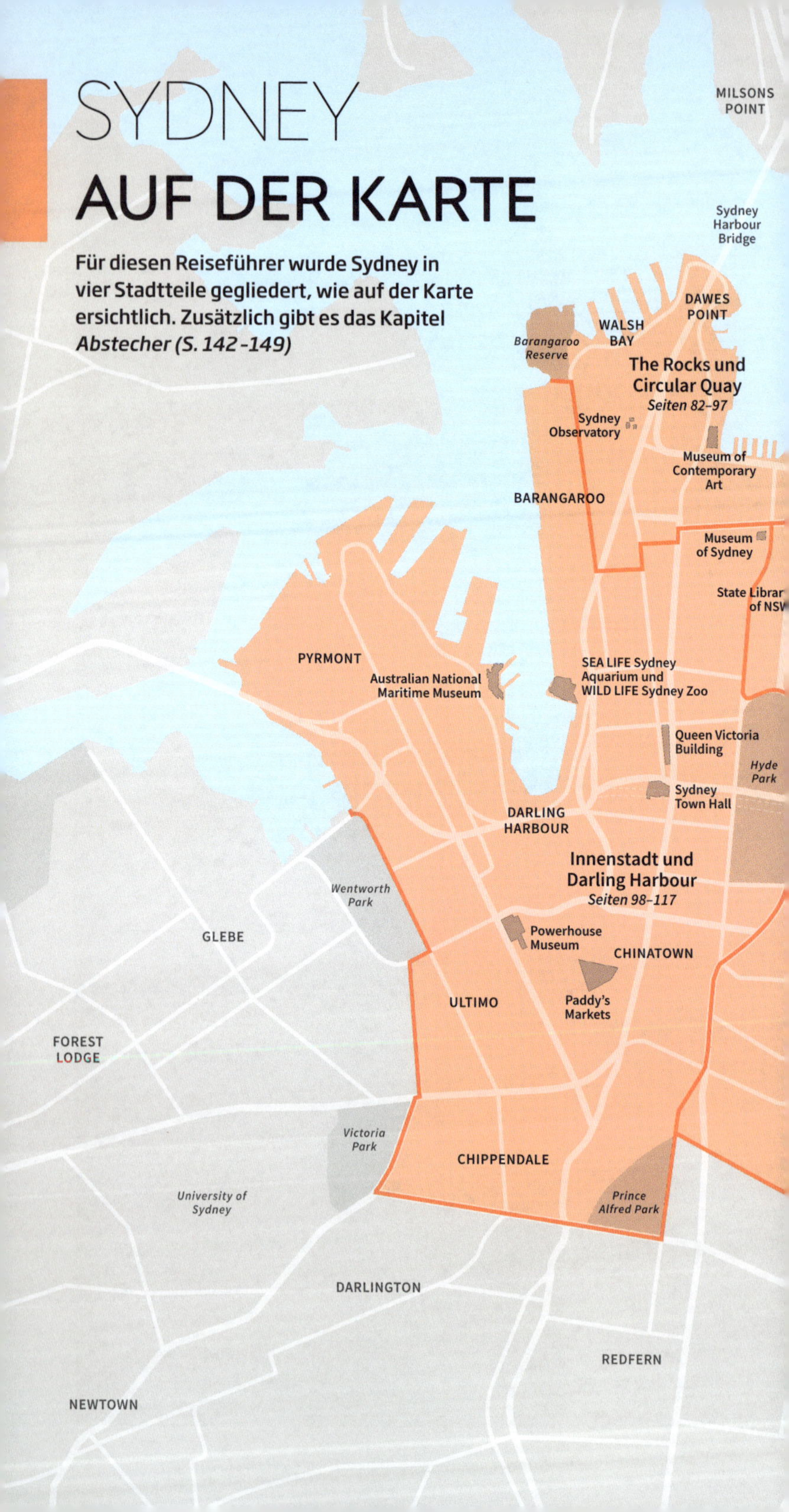

Australien
Sydney
KIRRIBILLI
Sydney
Opera House
Sydney
Conservatorium
of Music
Royal Botanic
Garden und
The Domain
Seiten 118–129
Art Gallery
of New
outh Wales
St Mary's
Cathedral
WOOLLOOMOOLOO
POTTS
POINT
ELIZABETH
BAY
DARLING
POINT
KINGS
CROSS
Australian
Museum
RUSHCUTTERS
BAY
DOUBLE
BAY
DARLINGHURST
Sydney
Jewish Museum
ld Darlinghurst
Gaol
EDGECLIFF
Trumper
Park
Kings Cross,
Darlinghurst und
Paddington
Seiten 130–141
PADDINGTON
SURRY
HILLS
Paddington
Town Hall
WOOLLAHRA
Moore
Park
BONDI
JUNCTION
The Entertainment
Quarter
Centennial
Park
0 Meter
500
N

DIE STADTTEILE SYDNEYS

Von den imposanten Gebäuden im historischen The Rocks bis zu den hoch aufragenden Wolkenkratzern im modernen Zentrum, vom idyllischen Royal Botanic Garden bis zur lebhaften Atmosphäre in Kings Cross – Australiens größte Stadt ist kunterbunt, vielfältig, multikulturell und wunderschön. Hier finden Sie einen Überblick über die verschiedenen Stadtteile Sydneys.

Seiten 82–97

The Rocks und Circular Quay

Im Circular Quay durchdringen Fährhörner die salzige Seeluft, drängen sich Einwohner und Hafenarbeiter neben den vielen Besuchern, denen sich hier ein einzigartiger Blick auf Harbour Bridge und Opernhaus bietet. Im Westen liegt The Rocks, ein historischer Bezirk mit verwinkelten, hübsch gepflasterten Straßen und viktorianischen Häuschen. Abends trifft man sich in den urigen Kneipen, am Wochenende strömen Schnäppchenjäger auf die bunten Märkte.

Entdecken
Hafenflair

Sehenswert
Sydney Opera House, Sydney Harbour Bridge

Genießen
Eine Show in den wunderschönen Innenräumen des Opernhauses – einmalig!

Seiten 98–117

Innenstadt und Darling Harbour

Die Innenstadt beherbergt Sydneys Geschäftsviertel, riesige Museen und historische Theater sowie schicke Büros und ist immer voller Leben. Doch inmitten des Trubels gibt es auch ein paar ruhige Plätze: Gönnen Sie sich eine Pause in einem kleinen Café oder gondeln Sie mit einer modernen Straßenbahn durch die belebte George Street. In den Bars am Wasser im glitzernden Darling Harbour etwas weiter westlich geht es vor allem ab dem Abend hoch her.

Entdecken
Shopping

Sehenswert
Australian Museum, Australian National Maritime Museum, Sydney Tower

Genießen
Der 360-Grad-Blick von der Spitze des Sydney Tower

Seiten 118–129

Royal Botanic Garden und The Domain

In Sydney gibt es jede Menge Grünflächen, aber vor allem der Royal Botanic Garden ist eine himmlische Oase der Ruhe. Im Norden liegt der Hafen, von dem aus man zahlreiche Inseln sehen kann – ein herrlicher Ort für einen Spaziergang. Das weitläufige Gebiet The Domain mit Blick auf die Art Gallery of New South Wales ist Schauplatz großer Rockfestivals, Open-Air-Opernaufführungen und energiegeladener Touch-Football-Spiele.

Entdecken
Spaziergänge am Wasser

Sehenswert
Royal Botanic Garden, Art Gallery of New South Wales

Genießen
Machen Sie am Mrs Macquarie's Chair ein Erinnerungsfoto

→

Seiten 130–141

Kings Cross, Darlinghurst und Paddington

Es lebe die Vielseitigkeit! Im Norden reihen sich im exzentrischen »The Cross« Tattoostudios und heruntergekommene Clubs aneinander. »Darlo« hingegen ist bekannt als die Heimat der LGBTQ+ Community mit dem jährlich veranstalteten Sydney Gay and Lesbian Mardi Gras. In »Paddo« finden Sie entlang der als »Golden Mile« bekannten Oxford Street exklusive Designermode sowie kleine Kunstgalerien.

Entdecken
LGBTQ+ Szene

Sehenswert
Restaurants, Boutiquen und Clubs

Genießen
Stöbern Sie auf den Paddington Markets durch Handgefertigtes der ansässigen Kunsthandwerker

Seiten 142–149

Abstecher

Sydneys Einwohner sind stolz auf die außergewöhnliche Lage ihrer Stadt, die von grünen Wäldern, nebelverhangenen Bergen und herrlichen Sandstränden umgeben ist, und verbringen so viel Zeit wie möglich in der Natur. Besuchen Sie im Osten die unglaublichen Traumstrände und spazieren Sie entlang den vom Wind gepeitschten Küstenwegen, während Sie im Westen die ruhigen Vororte entdecken oder Berge erklimmen können. Im Norden kann man wunderbar durch Buschland wandern oder sich in einem der zahlreichen Vergnügungsparks unterhalten lassen.

Entdecken
Wunderschöne Strände und Buschwanderungen

Sehenswert
Manly, Bondi Beach

Genießen
Küstenwanderweg auf einer Klippe von Bronte nach Bondi

A.S.N

Sydney Opera House (siehe S. 86f) *hinter historischen Fassaden*

The Rocks und Circular Quay

Der Circular Quay, auch Semi-Circular Quay genannt, gilt oft als »Geburtsstätte« von Australien. Hier landete im Januar 1788 die *First Fleet* mit Sträflingen, Soldaten und Offizieren, hier wurde die neue britische Kolonie von New South Wales gegründet.

Die meisten hier ansässigen Indigenen starben an von den europäischen Siedlern eingeschleppten Krankheiten, vor allem an Pocken. Die Europäer bauten immer mehr Häuser und gaben der Siedlung, die sich im Lauf der Zeit zu einem florierenden Handelszentrum entwickelte, den Namen »The Rocks«. Nach und nach zogen wohlhabendere Bewohner in die Vororte der immer größer gewordenen Stadt. The Rocks stand nun als Synonym für Elend, im Jahr 1900 kam es hier auch zu einem Ausbruch der Beulenpest.

Nach dem Abklingen der Krankheit wurde das gesamte Viertel umfassend saniert. Heute bildet das strahlende The Rocks einen Teil der wundervollen Promenade von der Sydney Harbour Bridge zum imposanten Sydney Opera House.

C
D
E
2
3
4
The Rocks und Circular Quay
Sydney Harbour Bridge 2
Pier 1
DAWES POINT
Dawes Point Park
Walsh Bay
Wharf Theatre
Millers Point
Barangaroo Reserve
Walsh Bay Arts Precinct 15
Campbells Cove
Campbell's Storehouses 8
The Rocks Markets 12
Foundation Park
Overseas Passenger Terminal 1
Sailors' Hom 5
Cadman's Cottage 4
The Rocks Discovery Museum 6
Garrison Church 10
Observatory Park
Sydney Observatory 11
Susannah Place 3
Museum of Contemporary Art 7
S.H. Ervin Gallery 9
BARANGAROO
Macquarie Place 18
Circular Quay
Bridge Street
St Philip's Church 14
Wynyard Park
Wynyard
Innenstadt und Darling Harbour
Seiten 98–117
TOWNS PLACE
HICKSON ROAD
RODENS LANE
DALGETY ROAD
WINDMILL STREET
ARGYLE PLACE
ARGYLE ST
POTTINGER STREET
LOWER FORT STREET
BRADFIELD HIGHWAY
GEORGE STREET
PLAYFAIR ST
MILL LANE
HIGH STREET
HIGH LANE
KENT STREET
UPPER FORT STREET
GLOUCESTER STREET
GLOBE STREET
CAHILL EXPRESSWAY
ALFRED STREET
HARRINGTON STREET
CUMBERLAND STREET
ESSEX STREET
PITT STREET
REIBY PLACE
BULLETIN PLACE
LOFTUS STREET
DALLEY ST
GROSVENOR ST
BRIDGE STREET
JENKINS STREET
LIME STREET
WESTERN DISTRIBUTOR
YORK ST
JAMISON STREET
MARGARET ST
EXCHANGE PLACE
CLARENCE ST
ERSKINE STREET
HUNTER STREET
BLIGH

The Rocks und Circular Quay

Highlights

1. Sydney Opera House
2. Sydney Harbour Bridge

Sehenswürdigkeiten

3. Susannah Place
4. Cadman's Cottage
5. Sailors' Home
6. The Rocks Discovery Museum
7. Museum of Contemporary Art
8. Campbell's Storehouses
9. S. H. Ervin Gallery
10. Garrison Church
11. Sydney Observatory
12. The Rocks Markets
13. Customs House
14. St Philip's Church
15. Walsh Bay Arts Precinct
16. Justice and Police Museum
17. Writers' Walk
18. Macquarie Place

Restaurants

① Quay
② Aria
③ MCA Cafe

Bars

④ Hero of Waterloo
⑤ Lord Nelson Brewery Hotel
⑥ Glenmore Hotel

Hotel

⑦ Pullman Quay Grand Sydney Harbour

1

Sydney Opera House

F2 Bennelong Point +61 2 9250 7111 Circular Quay Circular-Quay-Linien von Elizabeth St Circular Quay Führungen und Veranstaltungen Karfreitag, 25. Dez sydneyoperahouse.com

Das Sydney Opera House ist ein Meisterwerk moderner Baukunst. Diese höchst eindrucksvolle architektonische Ikone mit der weltbekannten Silhouette ist zum Symbol der Metropole Sydney geworden. Der Besuch einer Veranstaltung in diesem Kulturtempel ist ein einzigartiges Erlebnis.

Kein anderes Gebäude der Welt gleicht dem Sydney Opera House. Schon lange vor seiner Fertigstellung war es als das »Opera House« bekannt, obwohl sich unter den Muschelschalen ein Komplex von Theatern und Sälen verbirgt. Seine Entstehung war lang und schwierig. Konstruktionsprobleme gaben Rätsel auf, das architektonische Abenteuer dauerte 14 Jahre. Heute gilt das Sydney Opera House als berühmteste Attraktion der Stadt und mit jährlich rund 2000 Veranstaltungen als eines der aktivsten Kunstzentren der Welt. Der Vorplatz dient als Freiluftbühne, auf der oft Festivals und Konzerte stattfinden.

Restaurants

Bennelong
Dieses innovative Gourmetrestaurant ist direkt im Opernhaus untergebracht.
Mi–So
bennelong.com.au
$$$

Midden by Mark Olive
Von den Aborigines inspirierte Küche. Großartiger Hafenblick.
middensydney.com.au
$$$

Bar

Opera Bar
Genießen Sie einen Cocktail, Livemusik und die tolle Aussicht.
operabar.com.au
$$$

Das **Joan Sutherland Theatre** ist Bühne für die Opera Australia und das Australian Ballet.

Im Joan Sutherland Theatre sind **Decke und Wände** schwarz, um den Fokus auf die Bühne zu lenken.

Das **Wandgemälde *Possum Dreaming*** (1988) im Foyer des Joan Sutherland Theatre schuf Michael Tjakamarra Nelson.

Ein **Spaziergang** um das Gebäude ermöglicht schöne Ausblicke aus unterschiedlichen Perspektiven.

Der Utzon Room und die **nördlichen Foyers** im Joan Sutherland Theatre und in der Konzerthalle bieten tolle Aussicht auf den Hafen.

Highlight

Das bei Dunkelheit spektakulär beleuchtete Sydney Opera House; Concert Hall (Detail) ↑

Die **Concert Hall** – mit 2690 Sitzplätzen der größte Saal des Opernhauses – ist die prachtvolle Bühne für Konzerte und vielfältige andere Performances.

Die **Monumentaltreppen** und der Vorplatz sind ein attraktiver Ort für Freiluftveranstaltungen.

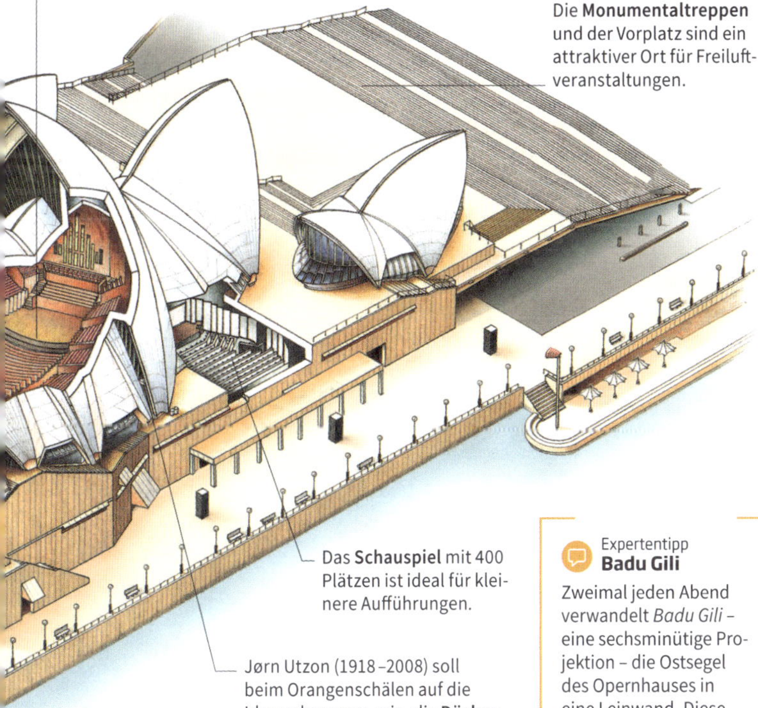

Das **Schauspiel** mit 400 Plätzen ist ideal für kleinere Aufführungen.

Jørn Utzon (1918–2008) soll beim Orangenschälen auf die Idee gekommen sein, die **Dächer** schalenförmig zu konstruieren. Der höchste Punkt liegt 67 Meter über dem Meeresspiegel.

↑ *Illustration des imposanten Sydney Opera House*

Expertentipp
Badu Gili

Zweimal jeden Abend verwandelt *Badu Gili* – eine sechsminütige Projektion – die Ostsegel des Opernhauses in eine Leinwand. Diese kostenlose Performance widmet sich indigenen Kulturen des Landes.

2

Sydney Harbour Bridge

E1 3 Cumberland St Circular Quay, Milsons Point Circular Quay Circular-Quay-Linien, 311 Circular Quay BridgeClimb: Zeiten siehe Website (www.bridgeclimb.com); Pylon Lookout: Di – Fr 10 – 16, Sa – Mo 10 – 18

Die gewaltige Pracht der Sydney Harbour Bridge lässt sich am besten in Zahlen ausdrücken: Rund 1400 Arbeiter waren an ihrem Bau beteiligt; täglich überqueren mehr als 150 000 Fahrzeuge die Brücke; für jeden Komplettanstrich werden etwa 30 000 Liter Farbe benötigt – damit könnte man eine Fläche bestreichen, die 60 Fußballfeldern entspricht.

Vor der Fertigstellung der Sydney Harbour Bridge 1932 waren Fähren und eine 20 Kilometer lange Ringstraße mit fünf Brücken die einzige Verbindung zwischen der City auf der Hafensüdseite und dem Wohnviertel im Norden. Der Bau der einbogigen Sydney Harbour Bridge dauerte mit der Gleislegung für die Eisenbahn acht Jahre. Das Darlehen von über 6,5 Millionen alten Australischen Pfund war erst 1988 getilgt.

Das Bauwerk bietet einen spektakulären Anblick. Geradezu unvergessliche Aussichten hat man beim »Brückenklettern«: Der BridgeClimb ist eine dreistündige geführte Tour über den Brückenbogen (www.bridgeclimb.com).

Expertentipp
Günstige Option
Pylon Lookout ist eine beliebte Alternative zum BridgeClimb. Der Spaziergang entlang der Brücke ist kostenlos (www.pylonlookout.com.au).

←

Sydney Harbour Bridge mit dem Sydney Opera House im Hintergrund

Brückenkonstruktion

Die Sandsteinfundamente sind zwölf Meter tief in den Untergrund eingelassen. Der Bogen wurde aus zwei Hälften mit Stahlkabelverankerungen zur Stützung jeder Seite hergestellt. Die Stützkabel lockerte man über zwölf Tage, damit sich die beiden Hälften treffen konnten. Der fertiggestellte Bogen hat eine Spannweite von 503 Metern und stützt die Fahrbahnebene, die 59 Meter über dem Meeresspiegel liegt und von der Mitte nach außen gebaut wurde. Der stählerne Bogen leitet den Druck über die Lager auf die Fundamente weiter. Die Lager erhöhen zudem den Bewegungsspielraum der Konstruktion, die sehr starken Wind- und Temperaturschwankungen ausgesetzt ist.

Beginn des Bogens

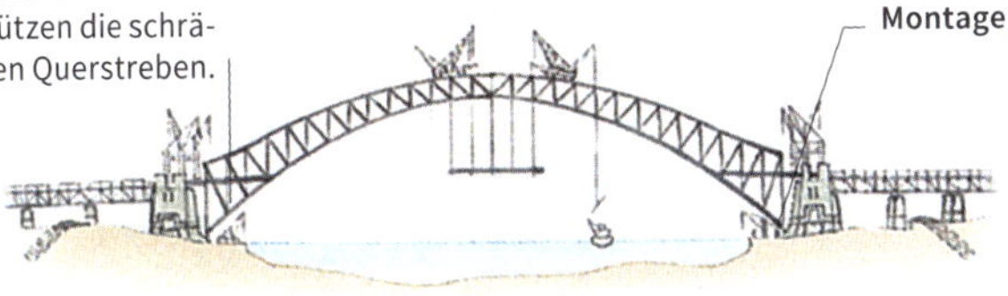

Schließen des Bogens

SEHENSWÜRDIGKEITEN

3 Susannah Place

E3 58–64 Gloucester St, The Rocks Circular Quay, Wynyard Circular Quay Circular-Quay-Linien von Elizabeth St Do–Sa 10–17 Karfreitag, 25. Dez mhnsw.au/visit-us/susannah-place

Dieses Ensemble aus vier Back- und Sandsteinhäusern von 1844 war bis 1990 bewohnt. Die Häuser mit Küche im Keller und Toiletten im Hof wurden für die irischen Einwanderer Edward und Mary Riley und ihre Nichte Susannah gebaut und haben den Abrissen und Sanierungen in der Gegend getrotzt.

Das jetzige Museum dokumentiert sehr eindrucksvoll die Lebensbedingungen der früheren Bewohner. Das Augenmerk liegt weniger auf Wiederbelebung einer bestimmten Epoche, sondern vielmehr auf dem Erfindergeist einiger Mieter bei Renovierungsarbeiten – Schichten unterschiedlicher Farbanstriche und Tapeten sind ebenso zu sehen wie verschiedene Lagerungsarten in den Küchen und den Nebengebäuden.

Argyle Cut

Zu den herausragenden Ingenieursleistungen in den frühen Tagen Sydneys gehört der Argyle Cut – ein Tunnel, der einen Sandsteinfelsen durchschneidet und The Rocks mit Millers Point verbindet. Der Bau begann 1843 damit, dass Sträflinge die Felswand aushöhlten. Vollendet wurde er 1859 durch Sprengung. Der Tunnel steht heute unter Denkmalschutz.

↑ *Cadman's Cottage aus dem frühen 19. Jahrhundert ist das älteste Wohnhaus in Sydney*

4 Cadman's Cottage

E3 110 George St, The Rocks Circular Quay Circular-Quay-Linien von Elizabeth St für Besucher

Die Sandsteinkate von 1816 diente früher als Unterkunft für die Besatzungen der Gouverneursschiffe und ist heute das älteste Wohnhaus Sydneys. Besucher können das Anwesen umrunden, aber nicht betreten.

Das Steinhaus ist nach dem Sträfling John Cadman benannt, der 1798 nach Sydney kam. 1813 war er Steuermann eines Bauholzschiffs, später auf Regierungsschiffen beschäftigt. 1821 wurde er begnadigt, führte ab 1827 die Oberaufsicht über die Regierungsflotte und zog in das Haus mit den vier Zimmern.

Cadman's Cottage stand am Ufer des Sydney Harbour und ist jetzt infolge der Landgewinnung ein Stück davon entfernt.

5 Sailors' Home

E2 106 George St, The Rocks Circular Quay Circular-Quay-Linien von Elizabeth St

Das Gebäude entstand 1864 als Unterkunft für fremde Seeleute. In den ersten beiden Stockwerken befanden sich Schlafräume. Man unterteilte sie später in 56 Kabinen, die um offene Galerien angeordnet waren.

Sailors' Home unterschied sich immer von den schäbi-

→ *Die unverwechselbare Fassade des Museum of Contemporary Art*

gen Gasthäusern und Bordellen ringsum. Es schützte die Matrosen vor sogenannten »Werbern«, die die Neuankömmlinge in Bars lockten, sie unter Alkohol setzten und an auslaufende Schiffe verkauften. Dort erwachten sie oft weit draußen auf dem Meer und kehrten mit Schulden nach Hause zurück.

6

The Rocks Discovery Museum

E3 Kendall Lane, The Rocks T L Circular Quay Circular-Quay-Linien von Elizabeth St tägl. 10–17 Karfreitag, 25. Dez W rocksdiscovery museum.com

Das faszinierende Museum ist in einem restaurierten Kutschenhaus aus der Mitte des 19. Jahrhunderts untergebracht. Es beherbergt eine Sammlung von Gemälden und archäologischen Artefakten. Sie illustrieren die Geschichte von The Rocks seit der Zeit vor Ankunft der Europäer. Die Historie wird in vier interaktiven Dauerausstellungen mit modernster Technik lebendig.

Das Museum wurde in Zusammenarbeit mit dem Metropolitan Aboriginal Land Council eingerichtet. Entsprechend authentisch wird die Geschichte der Aborigines präsentiert.

7

Museum of Contemporary Art

E3 140 George St, The Rocks T L Circular Quay Circular-Quay-Linien von Elizabeth St Mi–Mo 10–17 25. Dez W mca.com.au

Als der Kunstsammler John Power aus Sydney 1943 starb, vermachte er der Universität von Sydney seine gesamte Sammlung und sein Vermögen. Die zusammengetragenen Werke, darunter auch Arbeiten von Warhol, Lichtenstein und Christo, wurden 1991 in dem Art-déco-Gebäude aus den 1950er Jahren am Circular Quay West untergebracht.

Das Museum präsentiert außerdem Künstler aus Australien und anderen Kontinenten. Der Museumsladen verkauft Souvenirs australischer Designer.

Restaurants

Quay

Zum Blick auf den Hafen genießt man hier exquisit zubereitete Gerichte aus erlesenen regionalen Zutaten.

E2 Obergeschoss, Overseas Passenger Terminal, The Rocks W quay.com.au

$$$

Aria

Genießen Sie in diesem mit Kunst bestückten Speiseraum moderne australische Küche.

F3 1 Macquarie St W ariasydney.com.au

$$$

MCA Cafe

Feinster Kaffee und Snacks im Museum of Contemporary Art.

E3 140 George St, The Rocks W mca.com.au

$

Blick auf The Rocks mit Campbell's Storehouses im Vordergrund ↑

Bars

Hero of Waterloo
Dieses Pub ist seit 1843 praktisch unverändert geblieben. Es gibt Livemusik und Führungen durch den »geheimnisvollen« Keller.

D2 81 Lower Fort St, Millers Point heroofwaterloo.com.au

Lord Nelson Brewery Hotel
Australiens älteste durchgehend betriebene Kneipe und Brauerei produziert sechs Biere.

D2 19 Kent St, The Rocks lordnelsonbrewery.com

Glenmore Hotel
Gehen Sie die drei Treppen hinauf zur beliebten Rooftop-Bar des Pubs und genießen dort bei einem kühlen Bier die wundervolle Aussicht auf den Hafen.

E2–3 96 Cumberland St, The Rocks theglenmore.com.au

8 Campbell's Storehouses

E2 7–27 Circular Quay West, The Rocks Circular Quay Circular-Quay-Linien von Elizabeth St

Robert Campbell, ein reicher schottischer Geschäftsmann der ersten Tage Sydneys, kaufte 1799 dieses Land an der Sydney Cove. 1802 begann er mit dem Bau einer Privatwerft und von Lagerhäusern für Tee, Zucker sowie Branntwein und Stoffe, die er aus dem fernen Indien importierte. Die ersten fünf Sandsteinhallen entstanden zwischen 1839 und 1844, weitere sieben folgten 1854–61. Die gesamte Hallenzeile war 1890 fertig, inklusive eines Geschosses aus Ziegelstein. Ein Teil der alten Kaimauer und elf der Originalhallen blieben erhalten. Die Flaschenzüge zum Hochziehen der schweren Fracht vom Kai sind auch heute noch oben an den Gebäuden zu sehen.

Heute befinden sich hier eine Reihe beliebter Restaurants für jeden Geschmack, egal ob australische, chinesische oder italienische Küche. Wegen der wunderschönen Aussicht vom Circular Quay zum Sydney Opera House *(siehe S. 86f)* und zur berühmten Sydney Harbour Bridge *(siehe S. 88f)* sind diese Lokale im Freien bei Einheimischen wie Urlaubern beliebt.

Schon gewusst?
Die Raumeinheit Sydharb entspricht dem Wasservolumen von Sydneys Hafenbecken.

9 S. H. Ervin Gallery

D3 Observatory Hill, Watson Rd, The Rocks Circular Quay 311 Di–So 11–17 Feiertage shervingallery.com.au

Die S. H. Ervin Gallery in der Zentrale der Denkmalschutzbehörde National Trust of Australia dokumentiert die Vielfalt australischer Kunst, insbesondere die Beiträge von Künstlerinnen. Die Kulturstätte veranstaltet das ganze Jahr über Wechselausstellungen und beliebte Sonderveranstaltungen wie den Portia Geach Memorial Award und den Salon des Refusés: Die »alternativen«

Archibald, Wynne and Sulman Prizes zeichnen einige Werke aus, die nicht mit prestigeträchtigen australischen Kunstpreisen prämiert wurden.

10

Garrison Church

DE2 Ecke Argyle St u. Lower Fort St, Millers Point T Circular Quay, dann zu Fuß L Bridge St 311 zum Gottesdienst am So W churchhillanglican.com

Die ehemalige Holy Trinity Church erhielt den populären Beinamen Garrison Church, weil sie die erste Militärkirche der Kolonie war.

Henry Ginn war der Architekt, 1840 wurde der Grundstein gelegt. 1855 wurde die Kirche für etwa 600 Gläubige vergrößert. Regimentsabzeichen an den Wänden erinnern an die enge Beziehung der Kirche zum Militär. Ein Museum präsentiert australische Militärgegenstände.

Bemerkenswert sind das Ostfenster in hellen Farben und die Kanzel aus rotem geschnitztem Zedernholz.

11

Sydney Observatory

D3 Observatory Hill, Watson Rd, The Rocks L Circular Quay 311 unterschiedl. Zeiten, siehe Website 25. Dez W powerhouse.com.au

Das Astronomische Museum wurde 1982 in diesem Kuppelbau eingerichtet, der bis dahin fast 125 Jahre lang ein Zentrum für astronomische Beobachtungen und Forschungen war.

Geboten werden interaktive Spiele, Exponate und die Beobachtungen des Nachthimmels (Reservierung erforderlich). Seit 1850 fungiert das Gebäude als Uhrenturm. Täglich um 13 Uhr fällt eine Kugel von seiner Spitze, um die Zeit anzuzeigen. Dazu kracht im Fort Denison ein Kanonenschuss. Diese Tradition wird seit rund 150 Jahren gepflegt. In den 1880er Jahren wurde das Observatorium weltweit bekannt, als es einige der ersten Fotos vom Südhimmel aufnahm. Von 1890 bis 1962 wurden rund 750 000 Sterne katalogisiert. Auf der Basis dieser Daten wurde ein Atlas des gesamten südlichen Nachthimmels erstellt.

12

The Rocks Markets

E2 Ecke George St u. Playfair St T L Circular Quay Circular-Quay-Linien Sa, So 10–17 W therocks.com

Mehr als 150 Kunsthandwerker bieten an den ältesten Straßen Australiens unter weißen Sonnensegeln ihre Waren an. Verkauft werden einzigartige Stücke von lokalen Künstlern und Designern, handgefertigter Schmuck, Lederwaren und Haushaltswaren. Der Sound von Musikgruppen und Straßenkünstlern schafft eine besondere Atmosphäre. Durch die Luft wabern die Gerüche von handgemachten Seifen, gegrilltem Fleisch und frischem Kaffee.

→ *Verkaufsstände an der George Street, The Rocks Markets*

Transparenter Fußboden im Eingangsbereich und Fassade (Detail) *des Customs House* ↑

13 Customs House

EF3 31 Alfred St, Circular Quay Circular Quay Circular-Quay-Linien von Elizabeth St Mo – Fr 8 – 24, Sa 9 – 24, So 9 –17 Karfreitag, 25. Dez sydneycustomshouse.com.au

Der Architekt James Barnet entwarf 1885 das klassizistische Sandsteingebäude, das das alte Zollamt ersetzen sollte. Es erinnert an vergangene Tage, als Handelsschiffe am Circular Quay vor Anker gingen. Das Gebäude steht nahe der Mündung des Tank Stream, der Frischwasserversorgung der neu gegründeten Kolonie. Markant sind die großen Verandasäulen aus Granit, ein gemeißeltes Wappen und ein kunstvolles Zifferblatt von 1897 mit einem Dreizackpaar und Delfinen.

Seit der 2005 abgeschlossenen Renovierung erstrahlt Customs House in neuem Glanz. Zur Einrichtung gehören eine Bibliothek mit Lesesaal und Ausstellungsraum, eine Lounge mit Bar sowie ein Salon mit einer Auswahl an Zeitungen und Magazinen.

Hotel

Pullman Quay Grand Sydney Harbour
Das nur einen kurzen Spaziergang vom Sydney Opera House entfernte, sehr beliebte Hotel bietet Hafenblick.

F3
61 Macquarie St
pullmanquaygrandsydneyharbour.com
$$$

14 St Philip's Church

D4 3 York St (Zutritt von der Jamison St) Wynyard Bridge St, Wynyard 311 nur zum Gottesdienst am So churchhillanglican.com

Die von Edmund Blacket im viktorianisch-gotischen Stil errichtete Kirche mit dem Viereckstrum als einstigem Wahrzeichen der Stadt wird von ihrer modernen Umgebung nahezu erdrückt.

1851, drei Jahre nach dem Baubeginn, legten die Steinmetze ihre Arbeit nieder und gingen stattdessen auf Goldsuche. 1856 konnte der Bau schließlich vollendet werden. Zur Hundertjahrfeier Sydneys erhielt die Kirche 1888 ein Glockenspiel, das noch heute am Sonntag zum Gottesdienst ruft.

15 Walsh Bay Arts Precinct

D2 Hickson Rd 324, 325, 311 walshbay.com.au

Anfang des 20. Jahrhunderts war die Walsh Bay ein überregional bedeutender Schifffahrtshafen. Ihre mehrere

Hundert Meter langen Kaianlagen wurden in den 1920er Jahren für die Abfertigung hier anlegender Schiffe errichtet.

Doch im Zuge der Modernisierung der Schifffahrt in den 1970er Jahren wurde der Hafen nicht mehr benötigt, aufgrund der Umstrukturierung wurden die Bauwerke zu Hotels, Wohn- und Bürogebäuden sowie Restaurants und Theatern umgestaltet. Auf den dabei entstandenen Bühnen treten Ensembles wie die Sydney Dance Company, das Bangarra Dance Theatre, die Sydney Theatre Company und das Australian Chamber Orchestra auf. Das Projekt wurde unter dem Namen Walsh Bay Arts Precinct bekannt.

Bevor Sie sich eine Show ansehen, schlendern Sie durch die Straßen des Viertels. Danach locken viele Lokale zu einem Drink oder zum Abendessen. Die Theaterbar am Ende des Wharf am Pier 4/5 bietet einen atemberaubenden Blick auf den Hafen.

16 Justice and Police Museum

F3 Ecke Albert St u. Phillip St Circular Quay, Martin Pl Circular Quay Circular-Quay-Linien von Elizabeth St Sa, So 10–17 (im Jan tägl.) Karfreitag, 25. Dez mhnsw.au/visit-us/justice-and-police-museum

Die Gebäude des Museums waren ursprünglich Sitz des Water Police Court, 1856 von Edmund Blacket entworfen, sowie der Water Police Station (Entwurf von A. Dawson 1858) und des Police Court (Entwurf von James Barnet 1885). Hier bekamen die Hafenkriminellen die schnelle und manchmal brutale Hand der Justiz zu spüren. Die Exponate illustrieren diese turbulente Zeit der australischen Justiz- und Kriminalgeschichte.

Der restaurierte Gerichtssaal vermittelt eine Vorstellung, wie ein spätviktorianischer Prozess abgelaufen sein könnte. Furchterregende Geräte wie Totschläger und Knüppel sind als makabere Relikte notorischer Verbrecher ausgestellt. Besonders interessante Aspekte des Polizei- und Justizwesens werden in Wechselausstellungen beleuchtet.

Vernehmungsräume und Untersuchungshaftzellen, Uniformen und Sträflingskleidung veranschaulichen die Strafgesetzgebung und den Strafvollzug jener Zeit.

17 Writers' Walk

F3 Circular Quay Circular Quay Circular-Quay-Linien von Elizabeth St

Eine Reihe von Platten wurden in regelmäßigen Abständen zwischen dem East und dem West Circular Quay in das Pflaster eingelassen. Sie tragen Texte berühmter australischer Schriftsteller der Vergangenheit und Gegenwart über ihre Heimat sowie Zitate berühmter Literaten, die hier zu Besuch waren. Jede Platte ist einem Autor gewidmet und enthält persönliche Worte sowie eine kurze Biografie. Von den Australiern sind die Romanciers Miles Franklin und Peter Carey vertreten, die Dichter Oodgeroo Noonuccal und Judith Wright, die Humoristen Barry Humphries und Clive James sowie die Feministin Germaine Greer. Unter den international anerkannten Autoren finden sich auch Mark Twain, Charles Darwin und Joseph Conrad.

> Entdeckertipp
> **Foundation Park**
> Nach Erreichen des westlichen Endes des Writers' Walk gehen Sie weiter zum Foundation Park. Hier wandern Sie durch die Überreste von acht Reihenhäusern aus den 1870er Jahren, die einst am Gloucester Walk standen. Halten Sie Ausschau nach verborgenen Türen und Skulpturen.

18 Macquarie Place

E4 Circular Quay, Bridge St Circular-Quay-Linien von Elizabeth St

Gouverneur Macquarie legte 1810 den Park dort an, wo vormals der Gemüsegarten des ersten Government House lag. Der Obelisk von Francis Greenway *(siehe S. 129)* wurde 1818 errichtet, um den Nullpunkt aller Straßen der Kolonie zu markieren. Die Gaslampen erinnern daran, dass 1826 an dieser Stelle die ersten Straßenlampen der Stadt brannten.

Hier stehen auch Überreste des Bugankers und der Kanone der *Sirius*, Flaggschiff der *First Fleet*, sowie eine Statue von Thomas Mort, eines erfolgreichen Industriellen, der im 19. Jahrhundert lebte.

← *Buganker, auffälliges Objekt am Macquarie Place*

Spaziergang durch The Rocks

Länge 1 km **Dauer** 15 Min. **Zug und Light Rail** Circular Quay

Diese Gegend ist nach den rauen Felsen als einst markantem Kennzeichen benannt. Sie spielte eine wichtige Rolle in der Entwicklung Sydneys. 1788 errichteten die Siedler der *First Fleet* unter Gouverneur Phillip hier Behelfsbauten. Sträflinge mussten später in mühevoller Arbeit stabilere Hütten aus grob behauenen Steinen errichten. 1843 begann man, eine Straße durch den harten Fels zu schlagen, 18 Jahre später war Argyle Cut fertig. Um 1900 brachen Seuchen aus. Die auch als Suez Canal bekannte Straße hieß früher Sewer's Canal (Kloakenkanal). Die Route führt zu bedeutenden Sehenswürdigkeiten der Gegend.

Hero of Waterloo *(siehe S. 92)* ↑

Das **Sydney Observatory** *(siehe S. 93)* nahm in den 1880er Jahren einige der ersten Fotos des Südhimmels auf.

Die Säulen in der **Garrison Church** *(siehe S. 93)* tragen die Insignien britischer Truppen, die bis 1870 hier stationiert waren. Die Schule nebenan besuchte Australiens erster Premierminister.

Argyle Cut *(siehe S. 90)*

Suez Canal

Wechselausstellungen zeitgenössischer australischer und internationaler Kunst präsentiert das **Museum of Contemporary Art** *(siehe S. 91)*. Vom Café im modernen Anbau hat man eine schöne Aussicht.

Fußweg am Westufer des **Circular Quay**

Schon gewusst?

1968 bis 1975 kämpften die Bewohner von The Rocks gegen Pläne zum Bau von Hochhäusern.

↑ *Entspanntes Bummeln durch die Gassen von The Rocks Markets*

Zur Orientierung
Siehe Stadtteilkarte S. 84f

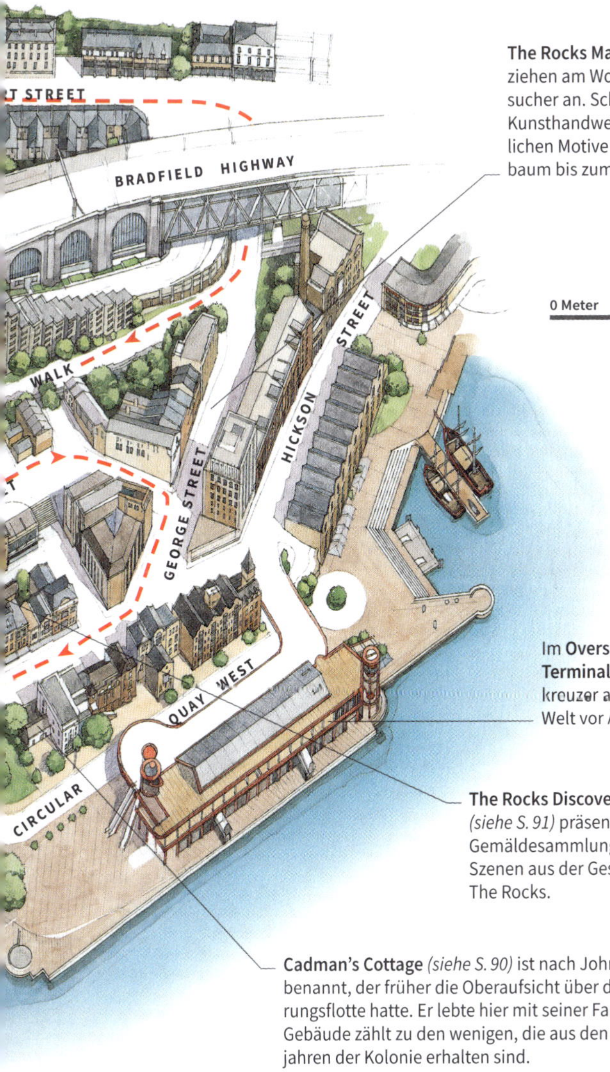

The Rocks Markets *(siehe S. 93)* ziehen am Wochenende viele Besucher an. Schmuck und anderes Kunsthandwerk zeigen alle möglichen Motive vom Eukalyptusbaum bis zum Koala.

Im **Overseas Passenger Terminal** liegen Luxuskreuzer aus der ganzen Welt vor Anker.

The Rocks Discovery Museum *(siehe S. 91)* präsentiert in seiner Gemäldesammlung bedeutende Szenen aus der Geschichte von The Rocks.

Cadman's Cottage *(siehe S. 90)* ist nach John Cadman benannt, der früher die Oberaufsicht über die Regierungsflotte hatte. Er lebte hier mit seiner Familie. Das Gebäude zählt zu den wenigen, die aus den Anfangsjahren der Kolonie erhalten sind.

Allianz

Hochhäuser prägen die Silhouette von Darling Harbour

Innenstadt und Darling Harbour

Auf dem Gebiet des heutigen Zentrums von Sydney lebte früher der Aborigines-Stamm Gadigal. Durch das Gebiet verliefen mehrere ihrer Handelsrouten, die Agrarland und Fischereigebiete miteinander verbanden. Vermutlich legten die europäischen Kolonisatoren ihre Straßen entlang der alten Routen an.

Zu den ältesten dieser Straßen gehört die George Street. An der Stelle der früheren Lehm- und Flechthütten entstanden im Zuge des Goldrauschs immer mehr Geschäftshäuser und Banken. Im Jahr 1815 wurde in Darling Harbour mit der Eröffnung einer dampfbetriebenen Mühle das Industriezeitalter eingeläutet, doch später verfiel die Gegend.

In den 1980er Jahren wurde das Viertel einer auf den Tourismus ausgerichteten ersten Sanierung unterzogen. Ab 2016 erfolgte eine weitere Umgestaltung – neue Unterhaltungseinrichtungen und Hotels entstanden, was die Attraktivität des Stadtzentrums weiter steigerte.

A
B
C
D
0 Meter
500
N
BALMAIN
Barangaroo Reserve
Observatory Park
HICKSON ROAD
Barangaroo 19
The Rocks und Circular Quay
Seiten 82–97
Bridge Street
JAMISON
Pirrama Park
BAYVIEW STREET
DARLING ISLAND ROAD
PIRRAMA ROAD
Community Park
EXCHANGE PLACE
MARGARET ST
Wynyard
Johnstons Bay
John Street Square
HARRIS STREET
PYRMONT STREET
The Star
Pyrmont Bay
ERSKINE ST
LIME STREET
WESTERN DISTRIBUTOR
SUSSEX
KENT
CLARENCE
YORK
BOWMAN STREET
JOHN STREET
Pyrmont Bay Park
King Street Wharf 20
3
KING ST
PYRMONT
Pyrmont Bay
Australian National Maritime Museum 2
17
SEA LIFE Sydney Aquarium und WILD LIFE Sydney Zoo
BANK STREET
SAUNDERS ST
JONES ST
MILLER ST
UNION ST
Anzac Bridge
Fish Market
BULWARA RD
HARRIS ST
PYRMONT BRIDGE RD
MURRAY STREET
DARLING ROAD
Cockle Bay
Cockle Bay Wharf
Queen Victoria Building
Sydney Fish Market 18
EXPERIMENT ST
ADA PLACE
Harbourside Shopping Centre 7
Convention
DRUITT ST
Sydney Town Hall 12
St Andrew's Cathedral 13
Blackwattle Bay
ALLEN ST
Imax Theatre
BATHURST ST
TAYLOR
FERRY ROAD
Wentworth Park
BRIDGE ROAD
WATTLE STREET
JONES
FIG STREET
Tumbalong Park
ICC Sydney
Darling Harbour 15
HARBOUR STREET
LIVERPOOL
Exhibition Centre
DARLING DRIVE
Chinese Garden of Friendship 22
DIXON
Glebe
WENTWORTH
Wentworth Park
QUARRY ST
PIER STREET
GOULBURN
GLEBE
DARLING ST
Chinatown
PARK
WILLIAM HENRY ST
HACKETT ST
HARRIS STREET
Paddy's Markets
Chinatown 2
GLEBE POINT ROAD
ROAD
ULTIMO
HAY STREET
PHILLIP ST
Paddy's Markets 24 1
Capitol Square
BRIDGE ROAD
JOHNS ROAD
GLEBE STREET
MACARTHUR STREET
ULTIMO ROAD
QUAY STREET
Haymarket
GEORGE ST
BAY STREET
KELLY ST
BLACK
WATTLE
MARY ANN ST
Goods Line 16
COWPER STREET
MITCHELL
POINT ROAD
SMAIL ST
MOUNTAIN ST
WATTLE LANE
THOMAS STREET
Central
RAILWAY SQUARE
FRANCIS STREET
BROADWAY
Old Clare Hotel
REGENT STREET
LEE STREET
GRAFTON ST
Chippendale 23
ABERCROMBIE STREET
O'CONNOR ST
CITY ROAD
ROSE STREET
SHEPHERD STREET
White Rabbit Gallery 4
REGENT STREET
Innenstadt und Darling Harbour
CLEVELAND STREET
Prince Alfred Park
DARLINGTON
4
5
6
7
8
9

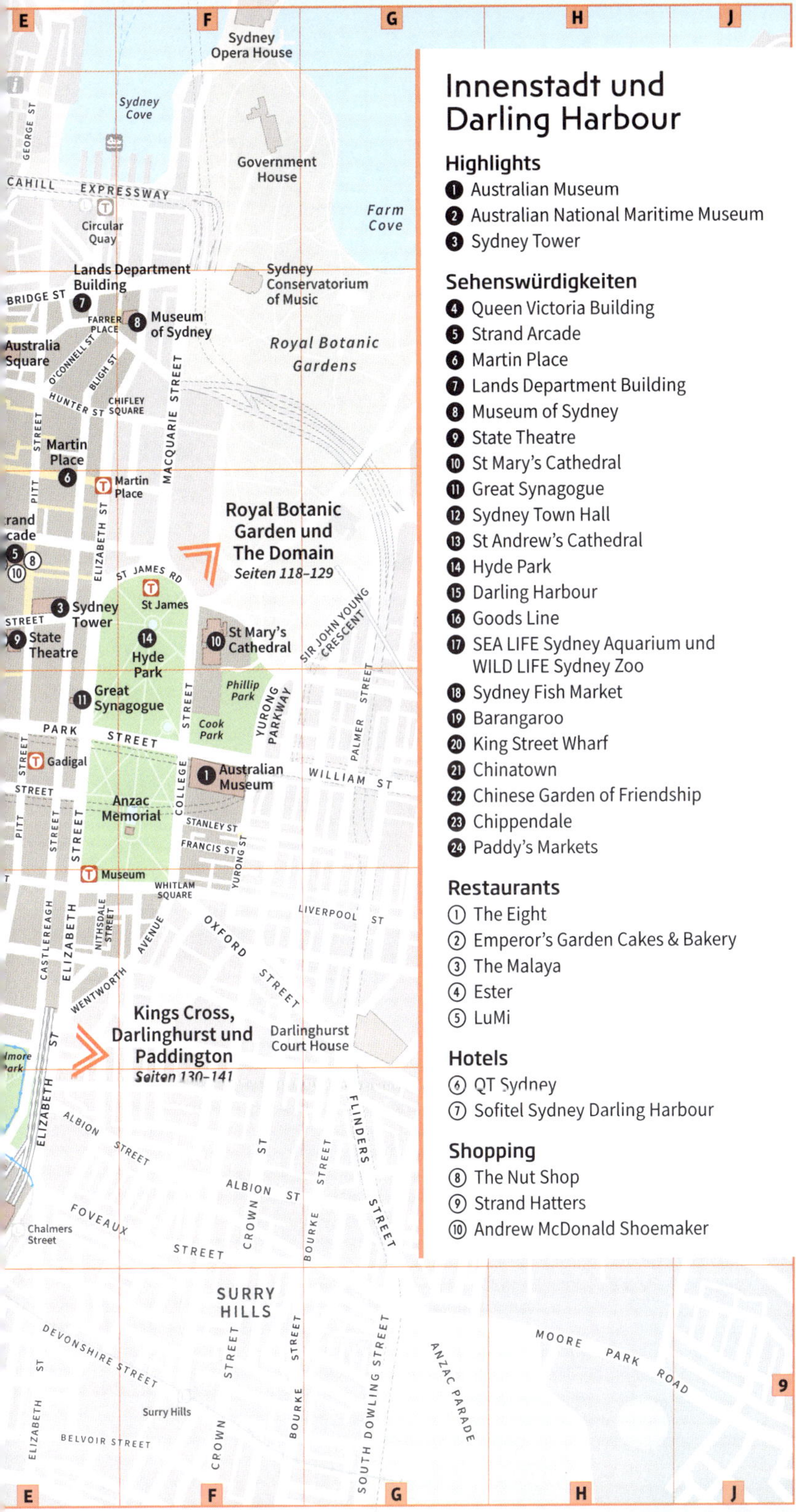

Innenstadt und Darling Harbour

Highlights

1. Australian Museum
2. Australian National Maritime Museum
3. Sydney Tower

Sehenswürdigkeiten

4. Queen Victoria Building
5. Strand Arcade
6. Martin Place
7. Lands Department Building
8. Museum of Sydney
9. State Theatre
10. St Mary's Cathedral
11. Great Synagogue
12. Sydney Town Hall
13. St Andrew's Cathedral
14. Hyde Park
15. Darling Harbour
16. Goods Line
17. SEA LIFE Sydney Aquarium und WILD LIFE Sydney Zoo
18. Sydney Fish Market
19. Barangaroo
20. King Street Wharf
21. Chinatown
22. Chinese Garden of Friendship
23. Chippendale
24. Paddy's Markets

Restaurants

① The Eight
② Emperor's Garden Cakes & Bakery
③ The Malaya
④ Ester
⑤ LuMi

Hotels

⑥ QT Sydney
⑦ Sofitel Sydney Darling Harbour

Shopping

⑧ The Nut Shop
⑨ Strand Hatters
⑩ Andrew McDonald Shoemaker

Walskelett an der Decke eines Saals der Abteilung Wild Planet ↑

Schon gewusst?

Der erste Präparator des Museums war John Roach, ein ehemaliger Sträfling.

1

Australian Museum

F6 1 William St +61 2 9320 6000 Museum, Town Hall 311, 323, 324, 325, 389 tägl. 10–17 25. Dez australian.museum

Das Australian Museum erzählt viele spannende Geschichten und ist eine wahre Fundgrube für Neugierige. Anhand seiner umfangreichen natur- und kulturhistorischen Sammlungen beleuchtet es den Reichtum des Lebens in Australien und im Pazifik.

Das Australian Museum wurde 1827 als erstes Museum im Land gegründet. Es ist bis heute die größte naturgeschichtliche Sammlung Australiens. Das Hauptgebäude, ein beeindruckender Sandsteinbau mit einer Marmortreppe, liegt gegenüber dem Hyde Park. Das Museum wurde 2020 nach einer umfassenden Sanierung, bei der man auch die Ausstellungsfläche erweiterte, wiedereröffnet.

Die vielfältige Sammlung gleicht einer audiovisuellen Reise durch Australien und den nahen Pazifischen Ozean und be-

Die vielfältige Sammlung gleicht einer audiovisuellen Reise durch Australien und den nahen Pazifischen Ozean.

schäftigt sich mit Frühgeschichte, Biologie und dem Kulturerbe. Die Sammlungen First Nations Gallery Garrigarrang und Wild Planet sind im Erdgeschoss, die Long Gallery zeigt auf zwei Ebenen 200 Schätze – Kostbarkeiten im Erdgeschoss, die Geschichten von 100 einflussreichen Australiern auf Ebene 1. Vogel, Surviving Australia und Dinosaurier sind auf Ebene 2 zu sehen. Es gibt Vorträge, Workshops, Filme und Führungen.

Mr Blobby - der »hässlichste Fisch der Welt«

Die Sammlung umfasst auch einen seltenen Blobfisch, der nordwestlich von Neuseeland in Tiefen zwischen 1000 und 1300 Metern lebt. Wissenschaftler des Forschungsschiffs *Tangaroa* fingen dieses Exemplar im Jahr 2003 und nannten es wegen seines großen Kopfes und schlaffen Körpers »Mr Blobby«.

Highlight

Garrigarrang: Sea Country

▷ Entdecken Sie in dieser Ausstellung die Kultur der Aborigines, die seit vielen Jahrtausenden an der Küste leben. Sie präsentiert zahlreiche Objekte der indigenen Bevölkerung, darunter auch Masken der Torres-Strait-Insulaner.

Surviving Australia

Erfahren Sie, wie sich Tiere an das Leben im Wasser, in Wüsten und Bergen und sogar in Hinterhöfen des Landes angepasst haben. Neben Spinnen, Schlangen und Kängurus werden auch ausgestorbene Arten wie Beutelwolf und Diprotodon berücksichtigt.

Dinosaurier

◁ In dieser prähistorischen Welt schlendern Sie zwischen lebensgroßen Modellen echter Dinosaurierskelette. Zu sehen sind fossile Zähne, Schädel, Krallen und Eier sowie das weltweit erste anatomisch korrekte Modell eines Tyrannosaurus Rex. Interaktive Exponate lassen Sie die Welt mit den Augen eines Dinosauriers erleben.

200 Treasures

▷ Die Long Gallery würdigt 100 einflussreiche Menschen (u. a. Entdecker und Unternehmer), die Australien mitgeprägt haben, und zeigt 100 Schätze aus den Sammlungen des Museums. Die Objekte reichen von einer ägyptischen Mumie bis hin zu Eric, dem Pliosaurier, der vor mehr als 66 Millionen Jahren lebte.

2

Australian National Maritime Museum

C5 2 Murray St, Darling Harbour +61 2 9298 3777 Town Hall Convention, Pyrmont Bay 389 Pyrmont Bay Wharf tägl. 10–16 (Schulferien in New South Wales: 9:30–17); Schiffe: letzter Einlass 15:10 25. Dez sea.museum

Aufgrund seiner geografischen Lage ist Australiens Geschichte untrennbar mit dem Meer verbunden. Das auch architektonisch hochinteressante Australian National Maritime Museum – eine Kulturstätte der Superlative – beleuchtet das facettenreiche maritime Erbe des Kontinents.

Die Ausstellungen dieses staatlich betriebenen Schifffahrtsmuseums zeigen thematisch gruppierte Exponate, viele von ihnen sind interaktiv. Neben vielfältigen Zeugnissen über die Seefahrerkultur der Aborigines bietet es einen Überblick über die europäischen Forschungsreisen in den Pazifik, Sträflingstransporte, Einwanderungswellen, Wassersport sowie über die Geschichte und das Leben in der Marine.

Historische Schiffe wie Fischer-, Segel-, Perlenfischerboote, ein Patrouillenboot und ein Kommandokreuzer aus dem Zweiten Weltkrieg liegen am Kai. Man hat die Möglichkeit, ein U-Boot zu betreten und an Bord des Nachbaus von Cooks *Endeavour* zu gehen.

→

Darling Harbour – Standort des Australian National Maritime Museum

↑ *Auch Schiffsmodelle dokumentieren die Entwicklung der Seefahrt*

Spaß für Kinder

Jüngere Besucher können an Aktivitäten wie Spielen und Ausflügen teilnehmen, die in den Schulferien von New South Wales stattfinden (www.nsw.gov.au/about-nsw/school-holidays). Kinder können sich beispielsweise eigenständig auf eine Tour machen, die als Rundgang durch die Museumsaustellungen führt. Dabei können sie sich auch an den verschiedenen interaktiven Experimenten versuchen.

HMAS Onslow

▷ Das U-Boot setzte man im Kalten Krieg ein. Durch eine Tauchkammer konnten Spezialkräfte das Boot unbemerkt verlassen. Der Müll wurde in beschwerten Säcken ausgeworfen, die sinken sollten, um die Position des U-Boots nicht preiszugeben.

HMAS Vampire

Das größte Schiff des Museums ist ein Hochgeschwindigkeitszerstörer, der von 1959 bis 1986 der Royal Australian Navy diente. Obwohl er über eine gewaltige Feuerkraft verfügte – darunter Flugabwehrgeschütze und Torpedowerfer –, war er auch in friedlicher Mission unterwegs, z. B. als Begleitung der *Britannia* bei der Silberjubiläumsreise Königin Elizabeths II.

Under Southern Skies

Die Ausstellung umfasst über 500 Objekte – darunter Rindenmalereien, Kompasse und Teleskope –, die von Leistungen der Navigatoren in den Gewässern um Australien zeugen. Boote, die den Kontinent umsegelten, wurden von Steuermännern aus Europa, Südostasien, China und Polynesien manövriert.

Captain Cook's Endeavour

▽ Die Nachbildung der HMS *Endeavour* ist eine der weltweit besten eines Hochseeschiffs. Sie zeigt die wahren Ausmaße von Kapitän James Cooks berühmtem Schiff, das 1770 als erstes europäisches Schiff die Ostküste Australiens erreichte. Die Nachbildung ist 30 Meter lang, die gesamte Segelfläche misst annähernd einen Quadratkilometer. Gehen Sie an Bord und erleben Sie, wie Cook und seine Crew auf diesem Schiff lebten.

Schon gewusst?

Die 56 Halteseile würden aneinandergelegt von Sydney bis Neuseeland reichen.

3

Sydney Tower

E5 · 100 Market St · +61 2 9333 9200 · St James, Martin Place, Town Hall · QVB · alle Stadtlinien · Zeiten der Website entnehmen · sydneytowereye.com.au

Der 309 Meter hohe Sydney Tower dominiert die Skyline der Metropole. Schon beim Blick von unten ist er beeindruckend, doch die Aussicht von oben ist einfach atemberaubend. Jedes Jahr kommen etwa eine Million Menschen hierher, um eine der größten Sehenswürdigkeiten Sydneys zu bewundern.

Der 1981 als Teil des Centrepoint Shopping Centre fertiggestellte Sydney Tower (früher AMP Tower) setzt hinsichtlich Sicherheit und Stabilität bis heute Maßstäbe. Der Turmschaft ist so konstruiert, dass er sogar Windstärken, die nur alle 500 Jahre auftreten, und Erdbeben standhält. Heute bietet der Sydney Tower seinen Besuchern einzigartige Erlebnisse. Genießen Sie im 4D Cinema Experience eine multimediale Reise durch Australien. Der Blick von Ebene 4 reicht im Norden bis Pittwater, im Süden bis zur Botany Bay, im Westen bis zu den Blue Mountains und entlang dem Hafen bis zum offenen Meer. Schwindelfreie können sich bei einer SKYWALK-Tour nach außerhalb des Turms wagen.

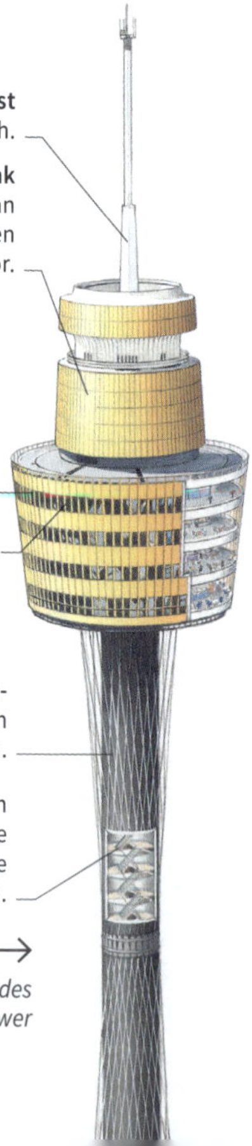

→ *Darstellung des Sydney Tower*

Highlight

↑ *Farbenprächtige Glasfenster im Queen Victoria Building*

← *Besucher genießen den faszinierenden Blick von der Aussichtsplattform des Bauwerks*

SEHENSWÜRDIGKEITEN

4

Queen Victoria Building

E5 455 George St Town Hall QVB Zeiten der Website entnehmen qvb.com.au

Der französische Designer Pierre Cardin nannte das Queen Victoria Building einmal »das schönste Einkaufscenter der Welt«. Das prachtvoll dekorierte Gebäude im romanisierenden Stil – eher als QVB bekannt – war früher eine Markthalle.

Der Bau des Stadtarchitekten George McRae wurde 1898 vollendet. Er besaß eine zentrale Kupferkuppel und Glasfenster, durch die natürliches Licht eindrang. Der Markt wurde Ende des Ersten Weltkrieges geschlossen, später drohte dem Komplex der Abriss.

Seine Wiederherstellung kostete die stolze Summe von 75 Millionen A$. 1986 öffnete das Queen Victoria Building mit annähernd 200 Läden.

Im Inneren hängt die 1982 von Neil Glasser entworfene Royal Clock von der Decke. Sie zeigt Teile von Balmoral Castle über den vier Zifferblättern, einer Kopie von Big Ben. Jede Stunde ertönt eine Fanfare zu einer Parade, die Szenen aus dem Leben englischer Monarchen darstellt.

↑ *Sydney Tower hinter einer blühenden Jakaranda*

Schöne Aussicht

SKYWALK

Vom SKYWALK nahe der Turmspitze kann man die Stadt und ihre Umgebung aus der Vogelperspektive betrachten. Dieser Glassteg ist mit einer Höhe von schwindelerregenden 268 Metern Sydneys höchster Aussichtspunkt.

»Sprechender« Hund

Vor dem Queen Victoria Building stehen eine Bronzestatue der Königin und eine ihres Lieblingshaustiers, eines britischen Skye Terriers namens Islay. Die Skulptur des Hundes schuf Justin Robson 1987 nach einer von der Königin eigenhändig angefertigten Skizze. Über versteckte Lautsprecher bittet der »sprechende« Hund vorbeigehende Passanten um Spenden für gehörlose und blinde Kinder in New South Wales.

Shopping

The Nut Shop
Das familiengeführte Geschäft verkauft seit 1939 Wiener Mandeln und kandierte Nüsse.
E5 25 Strand Arcade nutshop.com.au

Strand Hatters
Sydneys ältestes Hutgeschäft bietet handgefertigte Kopfbedeckungen aller Art.
E5 8 Strand Arcade strandhatters.com.au

Andrew McDonald Shoemaker
Die Manufaktur produziert seit 1990 Schuhe, Taschen und Gürtel.
E5 121 Strand Arcade andrewmcdonald.com.au

5

Strand Arcade

E5 412–414 George St Wynyard, St James Wynyard Zeiten der Website entnehmen 25. Dez und weitere Feiertage strandarcade.com.au

Das viktorianische Sydney war von großen Arkaden-Einkaufspassagen geprägt. Deren schönste, The Strand, zwischen George und Pitt Street gelegen, entwarf der englische Architekt John Spencer. Sie wurde im April 1892 eröffnet, erhellt von vielen Gas-Kronleuchtern.

Nach einem Brand wurde das Gebäude im Jahr 1976 renoviert. Ein Besuch der Strand Arcade mit ihren vielen Traditionsmarken und reizenden Kaffeehäusern ist ein besonderer Genuss.

Ein Besuch der Strand Arcade mit ihren vielen Traditionsmarken und reizenden Kaffeehäusern ist ein besonderer Genuss.

6

Martin Place

E5 Martin Place Wynyard Elizabeth-St-Linien

Die 1891 eröffnete Plaza wurde 1971 zur Fußgängerzone erklärt. Am geschäftigsten ist sie mittags, wenn die Angestellten ihr Sandwich essen und sich vom Amphitheater an der Castlereagh Street unterhalten lassen.

Am Anzac Day (25. Apr) steht das Ehrengrab am Ende der George Street im Mittelpunkt. Das Denkmal von Bertram MacKennal wurde 1929 enthüllt. Gediente und aktive Soldaten wohnen einem Gottesdienst, einer Kranzniederlegung und einem Marsch bei. An der Südseite des Ehrengrabes erhebt sich die von James Barnet 1866 im Renaissancestil gestaltete Fassade des General Post Office.

Die Dobell Memorial Sculpture (1979), eine Stahlskulptur aus hochkant stehenden Würfeln von Bert Flugelman, ist dem australischen Künstler William Dobell gewidmet.

↑ *Strand Arcade – schönste Arkaden-Einkaufspassage der Stadt*

7 Lands Department Building

E4 23 Bridge St
Martin Place, Wynyard
Bridge St Elizabeth-St-Linien für Besucher
visitsydneyaustralia.com.au/lands-dept.html

Das dreistöckige klassizistische Sandsteingebäude des Kolonialarchitekten James Barnet entstand zwischen 1877 und 1890. Wie beim Postgebäude baute man auch bei diesem Projekt mit Pyrmont-Sandstein.

Alle Entscheidungen über die Aufteilung großer Gebiete Ostaustraliens fällte man in den Räumen dieser Behörde. Statuen von Forschern und Gesetzgebern, die »die Besiedlung förderten«, füllen 23 der 48 Fassadennischen, der Rest ist noch frei.

Nach langer Zeit der Nutzung als Regierungsbüro wird das Lands Department Building restauriert. Bei den Sanierungsarbeiten wird das Gebäude zu einem Luxushotel umgestaltet, die denkmalgeschützte Fassade und die Innenausstattung sollen erhalten bleiben.

8 Museum of Sydney

F4 Ecke Phillip St u. Bridge St Circular Quay, Martin Place, Wynyard Circular Quay, Bridge St, Wynyard Circular-Quay-Linien tägl. 10–17 Karfreitag, 25. Dez mhnsw.au/visit-us/museum-of-sydney

Das Museum, das die Historie Sydneys von der Ankunft der britischen Kolonisten 1788 bis 1850 beleuchtet, wurde 1995 im unteren Teil des Governor Phillip Tower – und damit auf historisch bedeutendem Gelände – eröffnet. Zu den Attraktionen gehören die Überreste des ersten Government House der Kolonie. Die Abteilung Gadigal Place widmet sich der Kultur der Gadigal, eines Aborigines-Stammes. In Schaukästen werden Gebrauchsgegenstände aus Flintstein und Ocker gezeigt. Auf dem Vorplatz steht die Installation *Edge of the Trees (siehe Kasten)*. In die Säulen sind Namenszüge von Passagieren der *First Fleet* sowie botanische Artennamen auf Latein und Aboriginal geritzt.

Eine Ausstellung illustriert Sydney während der 1840er Jahre: Gefangenentransporte wurden gestoppt, Sydney erhielt das Stadtrecht und erlitt eine Wirtschaftskrise. Auf Ebene 2 kann das moderne Sydney erkundet werden.

Vor dem Museum markiert eine Pflasterung die Lage des ersten Government House. Die Originalfundamente unter der Straßendecke sind durch ein Fenster sichtbar. Ein Mauerabschnitt wurde mit Sandstein nachgebaut.

9 State Theatre

E5 49 Market St Town Hall QVB Elizabeth-St-Linien Kartenverkauf: Mo–Fr 9–17:30 Karfreitag, 25. Dez statetheatre.com.au

Bei seiner Eröffnung 1929 wurde das Kino als Gipfel heimischer Handwerkskunst gelobt, es ist eines der besten Beispiele für die Glanzzeit des Kinos in Australien. Das Foyer ist in barockem Stil gehalten, mit hoher Decke, Mosaikboden, Marmorsäulen und Statuen. Den Saal erhellt ein Kronleuchter mit 20 000 Lichtern. Die einzigartige Wurlitzer-Orgel wird noch gelegentlich vor Vorführungen aus dem Bühnenboden hochgefahren. Das Theater ist heute Schauplatz für zahlreiche Veranstaltungen.

Edge of the Trees

Vor dem Museum of Sydney stehen 29 Säulen aus Sandstein, Holz und Stahl. Jede repräsentiert einen von 29 Aborigines-Stämmen, die in der Gegend des heutigen Sydney lebten. Eine Klanglandschaft aus Stimmen der Koori nennt die Namen von Orten, die seit der 1788 begonnenen Kolonisierung von der weitläufigen Metropole eingemeindet wurden.

↑ *Zweitürmige Fassade der St Mary's Cathedral*

10 St Mary's Cathedral

F5 St Marys Rd
St James, Martin Place
Elizabeth-St-Linien
tägl. 6:30–18:30; Führungen: So 14
stmaryscathedral.org.au

1821 legte Gouverneur Macquarie den Grundstein für die St Mary's Chapel. Zum ersten Mal überließ damit der australische Staat der katholischen Kirche Grundeigentum.

Der erste Teil der neugotischen Kathedrale wurde 1882 eingeweiht, der Bau 1928 fertiggestellt. Allerdings fehlte die südliche Doppelturmspitze, die der Architekt William Wardell vorgesehen hatte (sie wurde schließlich im Jahr 2000 vervollständigt). Am Eingang schuf Bertram MacKennal die Statuen von Moran, dem ersten Kardinal Australiens, und Erzbischof Kelly, der 1913 den letzten Bauabschnitt initiierte. Von MacKennal stammt auch das Ehrengrab am Martin Place *(siehe S. 108)*.

Die sterblichen Überreste von Erzbischof Kelly befinden sich in der Krypta. Sie verfügt über einen wunderschönen Terrazzo-Mosaikboden, in den auch ein keltisches Kreuz und kunstvolle Medaillons eingelegt sind, die die Schöpfungsgeschichte darstellen.

Das großartige Great North Window ist ein Highlight unter den zahlreichen Buntglasfenstern der Kathedrale.

11 Great Synagogue

E6 187 Elizabeth St, Eingang 166 Castlereagh St St James, Town Hall Town Hall Elizabeth-St-Linien nur für Gottesdienste und Führungen christliche u. jüdische Feiertage great synagogue.org.au

Die im Jahr 1878 geweihte Synagoge ist das Zentrum der ältesten australischen jüdisch-orthodoxen Gemeinde. Juden kamen bereits mit der *First Fleet*, begannen ihre Gottesdienste aber erst um 1820. Die Synagoge mit geschnitzten Portalsäulen und schmiedeeisernen Pforten ist wohl eine der schönsten Arbeiten von Thomas Rowe, Architekt des Sydney Hospital *(siehe S. 128f)*. Die eindrucksvolle nachtblaue Kassettendecke zieren Blattgoldsterne.

12 Sydney Town Hall

E6 483 George St
Town Hall Mo–Fr 8–18 Feiertage
sydneytownhall.com.au

Seit der Eröffnung im Jahr 1869 sind die Stufen der Sydney Town Hall ein beliebter Treffpunkt. Das Rathaus steht auf dem Gelände einer ummauerten Grabstätte und ist ein herausragendes Beispiel hochviktorianischer Architektur.

Der erste Architekt, J. H. Wilson, starb während der Arbeiten, nach ihm waren mehrere Architekten mit dem Bau befasst. Der elegante Salon mit Buntglasfenstern und einem Kristallkronleuchter stammt von Albert Bond. Die Brüder Bradbridge vollendeten den

Hotels

QT Sydney
Bei der Begrüßung der Gäste des skurrilen Boutique-Hotels tragen die Angestellten Theaterkostüme und Perücken.
E5 49 Market St
qthotels.com
$$$

Sofitel Sydney Darling Harbour
Das Hotel im höchsten Gebäude am Hafen bietet einen spektakulären Infinity-Pool.
C6 12 Darling Drive sofitelsydney darlingharbour.com.au
$$$

Glockenturm 1884. Andere Architekten schufen 1888/89 die Centennial Hall mit ihrer gewaltigen Orgel mit mehr als 8500 Pfeifen.

Manche Fachleute führen die handwerkliche Perfektion der Sydney Town Hall darauf zurück, dass jeder der Architekten seinen Vorgänger übertrumpfen wollte. Heute werden in der Town Hall Konzerte und Bälle veranstaltet.

13

St Andrew's Cathedral

E6 · Sydney Square, Ecke George St u. Bathurst St · T · L Town Hall · Zeiten der Website entnehmen · W sydneycathedral.com

Die älteste Kathedrale des Landes wurde 1819 begonnen, aber erst 1868 eingeweiht. Edmund Blacket ließ sich bei dem neugotischen Bau von der Kathedrale im englischen York inspirieren. Innen sind Gedenktafeln an die Pioniere von Sydney, eine Bibel von 1539 und Rosenkränze aus Olivenkernen aus dem Heiligen Land. In die Südwand sind Steine aus St Paul's Cathedral und Westminster Abbey eingelassen.

> Expertentipp
> **Gratiskonzerte in St Andrew's**
>
> Die Mittagskonzerte der Australian Navy Band und New South Wales Police Band in der Kathedrale sind gratis. Auch Musikschüler der St Andrew's Cathedral School treten auf.

14

Hyde Park

F5 · Elizabeth-St-Linien

Gouverneur Macquarie benannte den Park 1810 nach dessen Vorbild in London. Damals markierte der Zaun die Grenzen des Stadtgebiets. Er war Exerzierplatz der Garnisonstruppen, später integrierte man eine Rennbahn und ein Kricketfeld. Obwohl der Park heute viel kleiner als damals ist, bildet er mit seinen Attraktionen eine Oase inmitten der lärmenden Stadt.

Das 30 Meter hohe Anzac Memorial im Art-déco-Stil erinnert die Australier an die Gefallenen ihres Landes. Das 1934 eröffnete Denkmal umfasst mehrere Hallen und zeigt eine Militärausstellung.

1954 weihte Königin Elizabeth II. den herrlichen Sandringham Garden als Gedenkstätte für die Könige George V. und George VI. ein.

Der Archibald Fountain aus Bronze und Granit von François Sicard erinnert an die australisch-französische Allianz im Ersten Weltkrieg. Der von J. F. Archibald, dem Gründer der Wochenzeitschrift *Bulletin*, gestiftete Brunnen wurde 1932 fertig. Das Geschütz der *Emden* an der Ecke College/Liverpool Street erinnert an eine Seeschlacht im Ersten Weltkrieg. Die *Sydney* vernichtete am 9. November 1914 den deutschen Kreuzer *Emden* vor den Cocos Islands und machte dabei 180 deutsche Kriegsgefangene.

↓ *Anzac Memorial – Erinnerungsstätte im Hyde Park; Besucher in dessen Hall of Service* (Detail)

15

Darling Harbour

D6 Town Hall
Exhibition Centre

Das Hafenareal wurde nach Ralph Darling, dem von 1825 bis 1831 amtierenden Gouverneur von New South Wales, benannt. Die 1988 erfolgte Sanierung von Darling Harbour verwandelte das einst lebhafte Industriezentrum mit Terminal für Handelsschiffe in ein attraktives Viertel – Orte wie das Australian National Maritime Museum *(siehe S. 104f)* und das SEA LIFE Sydney Aquarium entstanden.

Im Jahr 2013 wurde das Gebiet neu gestaltet – Hochhäuser mit Freiflächen im Erdgeschoss und fußgängerfreundliche Gehwege wurden errichtet. Das International Convention Centre (ICC) machte dabei den Anfang, später folgten weitere Bürogebäude, Hotels und mehrere Shopping-Center.

Expertentipp
Darling Harbour Street Art Trail

Schöne Bespiele für Kunst im öffentlichen Raum sind die Lichter über der Little Hay Street und der Steam Mill Lane, ein Wasserspiel an der Promenade der Cockle Bay.

↑ *Besucher an einem Wassertank im SEA LIFE Sydney Aquarium*

16

Goods Line

D8 tägl.

Der stellenweise erhöht gelegene Park verläuft entlang einer stillgelegten Bahnstrecke vom Hauptbahnhof durch das Stadtzentrum bis zum Darling Harbour. Viele Einheimische gehen hier spazieren oder nutzen die Tischtennisplatten und Spielplätze. Einige der alten Gleise wurden geschickt in die Szenerie integriert, alte Industriemaschinen wurden in neu geschaffene Skulpturen eingebaut.

Genießen Sie den besten Blick auf das von Frank Gehry entworfene Dr Chau Chak Wing Building der University of Technology Business School.

← *Skulptur eines Steuermanns am Darling Harbour*

17

SEA LIFE Sydney Aquarium und WILD LIFE Sydney Zoo

D5 1–5 Wheat Rd
Town Hall Paddy's Markets 389 bis Maritime Museum, dann zu Fuß
Pyrmont Bay, Barangaroo
Zeiten der Website entnehmen visitsealife.com
wildlifesydney.com.au

In den künstlich geschaffenen Meereswelten des SEA LIFE Sydney Aquarium tummeln sich über 13 000 Exemplare von rund 700 Arten. Das Aquarium ist für sein Zuchtprogramm für gefährdete Arten international anerkannt. Entdecken Sie in den neun Themenzonen Haie, Rochen, kleine Pinguine und Dugongs oder spazieren Sie durch den Shark Valley Tunnel, um riesige Raubfische zu beobachten.

Nebenan im WILD LIFE Sydney Zoo steht die Fauna Australiens im Fokus. Über 100 einheimische Tierarten, darunter auch Koalas, Kängurus und Tasmanische Teufel, leben hier in Nachbildungen ihrer natürlichen Lebensräume.

18

Sydney Fish Market

B6 1 Bridge Rd, Glebe
Fish Market, Wentworth Park oder Glebe
Fish Market Mo–Fr 7–18, Sa, So 7–17
25. Dez sydneyfish market.com.au

Der größte Fischmarkt auf der Südhalbkugel befindet sich in der Blackwattle Bay. Von hier genießen Sie einen herrlichen Blick auf die Bucht und die Anzac Bridge.

Auf dem Fish Market werden alljährlich etwa 13 000 Tonnen an Seafood aus nationalen und internationalen Gewässern umgesetzt. Täglich legen Fischerboote an, um den Fang des Tages zu

↑ *Hochhäuser mit Glasfassaden in Barangaroo*

entladen. Händler und Läden bieten eine riesige Auswahl an frischen Meerestieren an, u. a. Fisch, Hummer, Krebse und Tintenfisch.

Zum Fischmarkt gehören auch eine Reihe von Fischrestaurants sowie Takeaway-Läden, in denen köstliche Seafood-Gerichte zubereitet werden. Außerdem gibt es hier Gemüsegeschäfte, Cafés und Bars.

19

Barangaroo

D3 · Wynyard · 252, 254, 261, 288, 290, 292 · Barangaroo · barangaroo.com

Nach der Stilllegung eines Containerterminals wurde das Gelände am Wasser in ein für Besucher zugängliches Viertel namens Barangaroo umgewandelt. Im Norden bietet das Barangaroo Reserve schöne Ausblicke, Wander- und Radwege sowie mehrere Picknickplätze. Über 75 000 Bäume und Sträucher wurden gepflanzt. Mit der Anlage eines felsigen Areals wurde die ursprüngliche Naturlandschaft der Gegend nachgebildet.

Im Süden befinden sich verschiedene Unterhaltungs- und Veranstaltungsbereiche, Restaurants, Bars und Boutiquen. Der Wulugul Walk am Wasser verbindet das Gebiet mit King Street Wharf und Darling Harbour. Der kürzere Wynyard Walk bietet südlich von Sydneys Innenstadt einen direkten Zugang zu Barangaroo.

Ursprung des Namens Barangaroo

Barangaroo wurde nach einer Anführerin der Eora benannt. Dieser Aborigines-Stamm lebte zur Zeit der Ankunft der ersten Europäer in der Bucht von Sydney. Barangaroo hatte zu Beginn der Kolonialisierung einen großen Einfluss. Während ihr Mann Bennelong mit den Europäern kooperierte, war sie entsetzt über deren Lebensart und lehnte einen versöhnlichen Umgang mit den Neuankömmlingen strikt ab.

Händler und Läden bieten eine riesige Auswahl an frischen Meerestieren an, u. a. Fisch, Hummer, Krebse und Tintenfisch.

20

King Street Wharf

D5 · Lime St, zwischen King St u. Erskine St · Paddy's Markets · 252, 254, 261, 288, 290, 292 · Darling Harbour · kingstreetwharf.com.au

Zu dem Treffpunkt am Hafen kommen Journalisten der umliegenden Redaktionen genauso wie Fabrikarbeiter, um dem Treiben zuzusehen. Kreuzfahrtschiffe, Fähren und Wassertaxis legen an.

Von den Bars und Restaurants hat man einen schönen Blick über die Szenerie.

An vielen Samstagabenden findet gegen 20:30 Uhr ein Feuerwerk statt.

King Street Wharf ist aber auch ein Bezugspunkt für die Menschen aus der Nachbarschaft.

Restaurants

The Eight
Kommen Sie früh, um die Warteschlangen für köstliches *yum cha* und Mangopfannkuchen zu vermeiden.
D7 Market City, 9–13 Hay St, Haymarket theeightrestaurant.com.au
$$$

Emperor's Garden Cakes & Bakery
Bekannt für kochend heiße Teigbällchen, gefüllt mit Vanillepudding.
D7 75 Dixon St, Haymarket
$$$

The Malaya
Das Lokal ist ein fester Bestandteil der Gastroszene Sydneys und bekannt für würzige südostasiatische Gerichte.
D5 39 Lime St, King St Wharf themalaya.com.au
$$$

Ester
Elegantes Lokal mit australischen Gerichten wie gebratenen Austern.
D9 46–52 Meagher St, Chippendale ester-restaurant.com.au
$$$

LuMi
Das Gourmetrestaurant serviert moderne italienische Küche mit japanischem Touch.
C4 56 Pirrama Rd, Pyrmont lumidining.com
$$$

21

Chinatown

E7 Dixon St Plaza Town Hall Paddy's Markets Linien nach Central, Eddy Ave u. Railway Square

Ursprünglich konzentrierte sich Chinatown auf Dixon und Hay Street, heute dehnt es sich über das Haymarket-Viertel im Westen bis zur Harris Street, im Süden bis zum Broadway und im Osten bis zur Castlereagh Street aus. Im gesamten Areal findet man einen kunterbunten Mix aus Restaurants, Lokalen, Imbissständen und bis spät am Abend geöffneten Läden.

Jahrelang war Chinatown ein heruntergekommenes Viertel am Rand der Großmärkte, die vielen chinesischen Einwanderern Arbeit gaben. Heute kann es sich mit vielen Chinatowns der Welt messen. Chinesische Straßenlaternen und Kunstwerke füllen die Straßen.

Chinatown ist der Wohnsitz der Mehrheit von Sydneys asiatischer Bevölkerung, entsprechend intensiv wird das chinesische Neujahrsfest gefeiert. Es gibt sehr gute Obst- und Gemüseläden, traditionelle Kräuterhändler und Fleischereien.

Schon gewusst?

Die Feierlichkeiten zum chinesischen Neujahr in Sydneys Chinatown sind die größten außerhalb Asiens.

22

Chinese Garden of Friendship

D7 Darling Harbour Town Hall Paddy's Markets Darling Harbour tägl. 10–17 Karfreitag, 25. Dez darlingharbour.com/precincts/chinese-garden

Der Garten wurde 1984 eingerichtet. Seine Ausgestaltung war ein Geschenk von Sydneys Partnerstadt Guangdong. Zwei geschnitzte Drachen in der Drachenmauer am unteren Abschnitt des Sees repräsentieren die Provinz Guangdong und New South Wales. Viele Monate lang bedecken Lotusblüten und Wasserlilien den See, ein Felsungeheuer soll Böses abwehren. Auf der anderen Seeseite liegt der Twin Pavilion. Die Blüten von Waratahs (das Blumensymbol des Bundesstaates New

South Wales) und blühende Aprikosen sind in die Wände geschnitzt und rund um den Pavillon gepflanzt worden.

Das Restaurant in einem denkmalgeschützten Teehaus serviert chinesischen Tee und Sichuan-Küche.

23

Chippendale

CD9 Central, Redfern Central Linien nach Central, Eddy Ave, Broadway u. Railway Square

Das frühere Arbeiterviertel ist heute ein angesagter Vorort. Im Rahmen eines großen Stadterneuerungsprojekts wurde ein Brauereigelände in den Central Park umgewandelt, einen Komplex voller Boutiquen, Cafés, Restaurants, Hochhäuser mit preisgekrönten vertikalen Gärten und sorgfältig angelegten Bereichen zum Entspannen. Besuchen Sie die Sammlung zeitgenössischer chinesischer Kunst in der **White Rabbit Gallery** und **Spice Alley**, einen Lebensmittelmarkt mit vielen bunten Ständen.

White Rabbit Gallery
30 Balfour St Mi–So 10–17 white rabbitcollection.org

Spice Alley
Kensington St Zeiten der Website entnehmen spicealley.com.au

24

Paddy's Markets

D7 Ecke Thomas u. Hay St, Haymarket Town Hall Paddy's Markets Linien nach Central, Eddy Ave, Railway Square u. Castlereagh St Mi–So, Feiertage 10–18 25. Apr, 25. Dez paddysmarkets.com.au

Paddy's Markets, der älteste und bekannteste Markt Sydneys, ist im Haymarket-Viertel beheimatet. Seit 1869 wird er hier an unterschiedlichen Standorten abgehalten. Der Ursprung seines Namens ist unklar, er soll entweder von den Chinesen stammen, die viele Produkte lieferten, oder von den Iren, die einen großen Teil der Kundschaft bildeten.

Das frühere Einkaufszentrum der ärmeren Bevölkerung in der Innenstadt ist jetzt Teil des Market City Shopping Centre, in dem sich preisgünstige Modegeschäfte, ein asiatischer Lebensmittelmarkt und ein Kinokomplex befinden.

Trotz dieser Wandlung hat sich die vertraute Atmosphäre aus Lärm und hektischer Schnäppchenjagd halten können. Am Wochenende verkaufen über 800 Stände Gemüse, Obst, Blumen, Elektrogeräte, Haushaltsartikel, Lederwaren und auch Haustiere wie Kaninchen, junge Hunde und Hühner.

↑ *Bunter Verkaufsstand – Paddy's Markets in Haymarket*

↑ *Twin Pavilion im idyllischen Chinese Garden of Friendship*

Spaziergang durch die Innenstadt

Länge 1,5 km **Dauer** 20 Min. **Zug** Town Hall

Ein Spaziergang durch das Stadtzentrum führt zu den schönsten Bauwerken aus Vergangenheit und Gegenwart Sydneys. Vor allem an der George Street und am Martin Place stehen prachtvolle Gebäude aus dem 19. Jahrhundert neben Hochhäusern, in denen Büros und Hotels untergebracht sind. Die Innenstadt ist auch das Geschäftszentrum Sydneys, sodass Sie unterwegs einen Schaufensterbummel unternehmen können. Designerlabels dominieren die Stores in dem von George Street, King Street und Castlereagh Street begrenzten Gebiet, während die Fußgängerzonen Pitt Street Mall und Martin Place für preisgünstigere Kaufhäuser und nette Lokale bekannt sind.

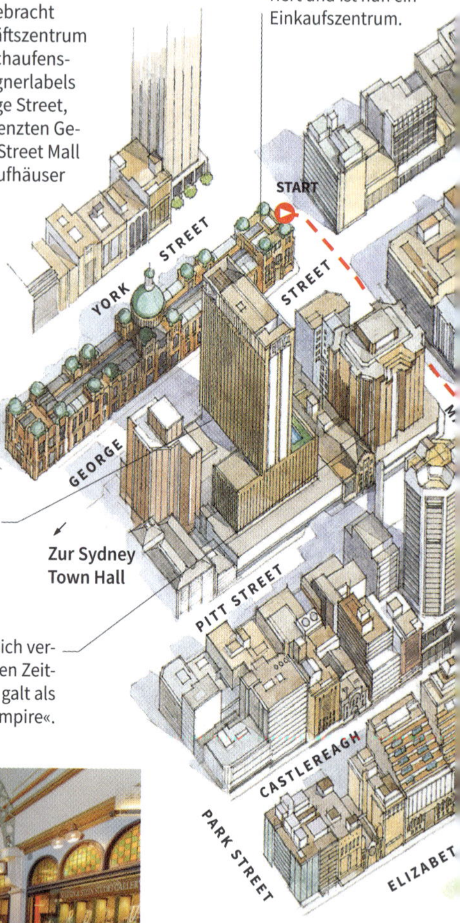

Das **Queen Victoria Building** *(siehe S. 107)* nahm 1898 einen ganzen Häuserblock ein. Es wurde 1986 restauriert und ist nun ein Einkaufszentrum.

Die **Queen-Victoria-Statue** wurde weltweit gesucht und 1983 in einem kleinen irischen Dorf gefunden. Sie lag dort unbeachtet, seit sie 1947 vor dem irischen Parlament entfernt worden war.

Marble Bar war einst das Glanzstück im Tattersalls Hotel von 1893. Sie wurde 1973 im Sydney Hilton wiederaufgebaut und 2005 erneuert.

Das **State Theatre** *(siehe S. 109)*, ein reich verzierter Filmpalast aus dem Goldenen Zeitalter des Kinos, entstand 1929 und galt als »das größte Theater des Empire«.

← *Queen Victoria Building (QVB) mit der von der Decke herabhängenden Royal Clock*

Zur Orientierung
Siehe Stadtteilkarte S. 100f

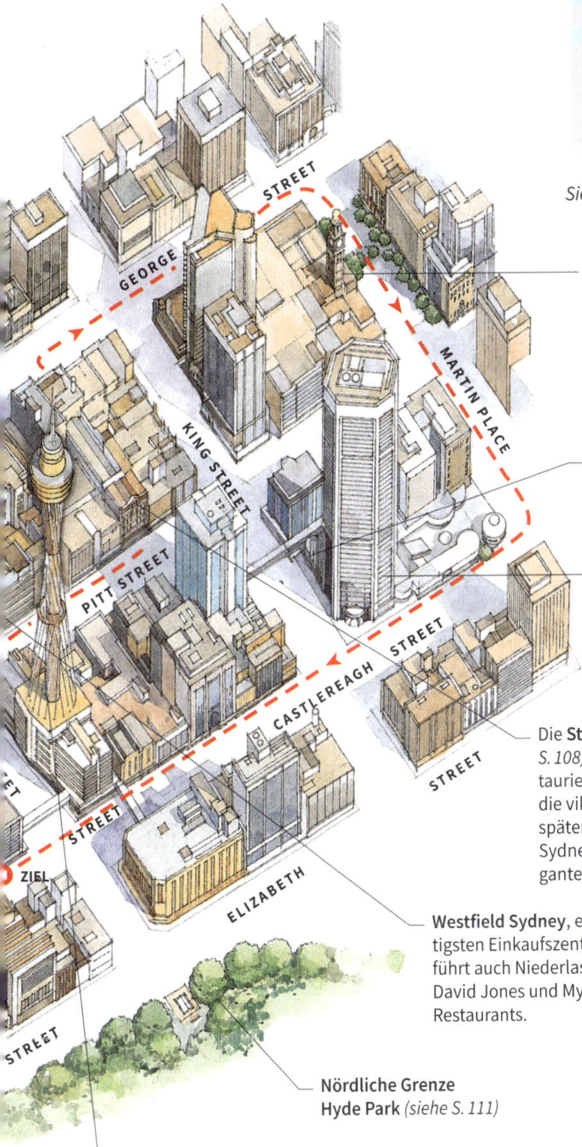

Auf dem **Martin Place** *(siehe S. 108)* findet am Ehrengrab im Art-déco-Stil (1929) die jährliche Gedenkfeier zum Anzac Day statt.

Theatre Royal

MLC Centre

Die **Strand Arcade** *(siehe S. 108)* wurde sorgfältig restauriert – in Erinnerung an die viktorianische Ära des späten 19. Jahrhunderts, als Sydney berühmt für seine eleganten Einkaufspassagen war.

Westfield Sydney, eines der wichtigsten Einkaufszentren der Stadt, führt auch Niederlassungen von David Jones und Myer und viele Restaurants.

Nördliche Grenze Hyde Park *(siehe S. 111)*

Der **Sydney Tower** *(siehe S. 106f)* ist mit 305 Metern der höchste Punkt der Skyline und bietet einen Rundblick über Sydney. Bei guter Sicht ist er selbst von den Blue Mountains aus zu sehen.

Schon gewusst?

Die George Street ist die älteste Straße Australiens.

Teich im Royal Botanic Garden (siehe S. 122f)

Royal Botanic Garden und The Domain

Dieses ruhige, 34 Hektar große Gebiet wurde Ende des 18. Jahrhunderts vom ersten Gouverneur der Kolonie Sydney als Parklandschaft geplant. Vorher hatten es die Aborigines für wichtige Zeremonien sowie zum Angeln und Jagen genutzt – diesen Tätigkeiten konnten sie bis zur Mitte des 19. Jahrhunderts, als die östlichen Teile in Wohngebiete umgewandelt wurden, nachgehen.

Die öffentliche Parkanlage erfreute sich bei den Europäern als Areal für Sport und Erholung immer größerer Beliebtheit und zieht noch heute zahlreiche Jogger, Ballspieler, Sonnenanbeter und Familien zum Picknick an.

Der Royal Botanic Garden wurde 1816 angelegt. Die in sämtlichen Farben blühenden Pflanzen des Botanischen Gartens wurden in den vergangenen rund 200 Jahren aus allen Kontinenten zusammengetragen. Das Ergebnis ist eine enorme pflanzliche Vielfalt und Schönheit.

Royal Botanic Garden und The Domain

Highlights

1. Royal Botanic Garden
2. Art Gallery of New South Wales

Sehenswürdigkeiten

3. The Domain
4. Mrs Macquarie's Chair
5. Government House
6. Sydney Conservatorium of Music
7. St James' Church
8. Fort Denison
9. State Library of New South Wales
10. Sydney Hospital
11. Parliament House
12. The Mint
13. Hyde Park Barracks Museum

Shopping

① The Library Shop

G
H
J
2
3
4
5
8 Fort Denison
Port Jackson
Mrs Macquaries Point
4 Mrs Macquarie's Chair
Farm Cove
MRS MACQUARIES ROAD
Andrew (Boy) Charlton Pool
1 Royal Botanic Garden
Palm House
Visitors Centre
Woolloomooloo Bay
Captain Cook Graving Dock
WYLDE STREET
COWPER WHARF ROADWAY
Woolloomooloo Finger Wharf
LINCOLN CRESCENT
ART GALLERY ROAD
POTTS POINT
2 Art Gallery of New South Wales
Kings Cross, Darlinghurst und Paddington
Seiten 130–141
SIR JOHN YOUNG CRESCENT
PALMER STREET
BOURKE STREET
McELHONE STREET
BROUGHAM STREET
VICTORIA STREET
WOOLLOOMOOLOO
Royal Botanic Garden und The Domain

Schon gewusst?
Im Garten gedeihen rund 27 000 Pflanzen aus aller Welt.

1

Royal Botanic Garden

G4 · Mrs Macquaries Rd · +61 2 9231 8111 · Martin Place, St James, Circular Quay · 200, 441 · Circular Quay · Zeiten der Website entnehmen · 25. Dez · botanicgardens.org.au

Der Royal Botanic Garden östlich vom Hafen ist eine Insel der Ruhe. Bei dieser Anlage handelt es sich um den ältesten botanischen Garten des Landes. Auch Besucher können die vielfältige Pflanzensammlung genießen.

Der Königliche Botanische Garten wurde 1816 auf dem Gelände der ersten europäischen Farm in der noch jungen Kolonie angelegt. Zunächst bestand das Areal lediglich aus einigen Wegen durch das Gebüsch. Heute umfasst die riesige Parklandschaft eine Fläche von rund 30 Hektar mit Pflanzen aus aller Welt. Die Vielfalt der Pflanzenwelt ist erstaunlich: Hier gedeihen Tausende von Bäumen (u. a. viele Arten des Regenwalds), zudem gibt es Bambusbestände, einen Kaktusgarten, einen Farn- und Sukkulentengarten, einen Palmenhain, einen Garten mit Kräutern aus aller Welt und einen Garten mit seltenen und bedrohten Pflanzenarten. Zwischen den Pflanzungen findet man Brunnen, Statuen und Denkmäler sowie einige Restaurants und Cafés.

TOP 3 Gartenführungen

Gruppenführungen
tägl. 10
90-minütige Führungen für Gruppen.

Aboriginal Cultural Tour
Do–Sa 11
Entdecken Sie die Historie des Areals vor Ankunft der Europäer.

Ghostly Garden Tour
jeden 2. und 3. Fr
Gruselgeschichten rund um den Garten. Taschenlampe mitbringen!

←

Highlights in Sydney: der Royal Botanic Garden vor der Dachlandschaft des Sydney Opera House

Highlight

Restaurants

Farm Cove Eatery
Sie können in dem netten Lokal essen oder etwas für ein Picknick im Garten mitnehmen. Es gibt viele vegetarische, vegane und glutenfreie Gerichte.

W botanichouse.com.au

$$$

Leaf Dept. Cafe
Das kleine Café serviert leckere Sandwiches, Suppen, Salate und Spritz.

W botanicgardens.org.au/facility/leaf-dept-cafe

$$$

1

2

3

1 *Die Wege durch den Rosengarten werden von Spalieren beschattet, die im Frühling und Sommer voller Blüten sind.*

2 *Die Anlage zieren auch mehrere Formschnittarbeiten. Eine stellt einen riesigen Koala dar, der einen Baum umklammert.*

3 *Die Ausstellungsfläche Calyx präsentiert vor einer bepflanzten Wand Gartenausstellungen. In diesem Bereich gibt auch ein Café und ein Geschäft.*

Großzügig gestalteter Ausstellungsraum mit Gemälden und Skulpturen ↑

2

Art Gallery of New South Wales

G5 · Art Gallery Rd, The Domain · +61 1800 679 278 · 441 · St James, Martin Place · Circular Quay · tägl. 10–17 (Mi bis 22) · Karfreitag, 25. Dez · artgallery.nsw.gov.au

Jedes Jahr kommen mehr als eine Million Besucher in die Wechselausstellungen und zu den Veranstaltungen der Art Gallery of New South Wales. Diese Sammlung von geradezu unglaublichen Ausmaßen präsentiert moderne und zeitgenössische Kunstwerke. Schwerpunkt bilden europäische, asiatische und australische Werke. Der Kunst der Aborigines und der Torres-Strait-Insulaner ist eine eigene Abteilung gewidmet.

Die 1871 gegründete Kunstgalerie ist in einem Gebäude des Architekten W. L. Vernon untergebracht. Die Ausstellungsfläche wurde durch umfassende Erweiterung des Gebäudes im Jahr 1988 verdoppelt. Durch die Ergänzung eines weiteren Museumsbaus im Rahmen des Sydney Modern Project erfolgte 2022 eine erneute Verdopplung der Fläche. Der dabei entstandene Anbau ist durch einen öffentlich zugänglichen Kunstgarten mit dem ursprünglichen Gebäude verbunden und umfasst drei Kunstpavillons mit acht Galerieräumen.

Der Fokus der Sammlung lag ursprünglich auf australischer und britischer Kunst. Seit den 1940er Jahren wurden Werke der Aborigines aufgenommen. Die Yiribana Gallery zeigt Kunst und Kultur der Aborigines und der Torres-Strait-Insulaner.

Expertentipp
Gratisführungen

Jeden Tag gibt es kostenlose Führungen – u. a. zur Kunst der Aborigines und zu Höhepunkten der Sammlung. Nehmen Sie an einer von mehreren Touren teil. Auch Vorträge zu einzelnen Künstlern sind oft gratis.

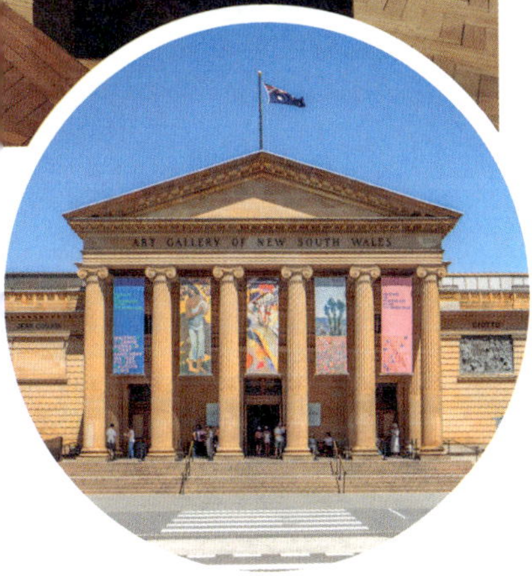

↑ *Eingangsbereich der Art Gallery of New South Wales*

Kurzführer

Zwei Reiterstatuen von Gilbert Bayes – *Die Gaben des Friedens* und *Die Gaben des Krieges* – bewachen den Eingang des älteren Museumsgebäudes und führen zu den 13 eleganten Räumen der Grand Courts. Hinter dem öffentlichen Kunstgarten befindet sich im ersten von drei Kunstpavillons im neuen Gebäude die Galerie der Aborigines und der Torres-Strait-Insulaner. Das luftige Galeriedesign erstreckt sich über vier Ebenen. Eine Wendeltreppe verbindet die Pavillons mit dem unterirdischen The Tank.

Highlight

Attraktionen

Australische Kunst

Diese Sammlung umfasst Gemälde und Skulpturen, darunter Werke von Tom Roberts und Arthur Streeton. Aus dem 20. Jahrhundert sind u. a. Margaret Preston, Grace Cossington Smith, Jeffrey Smart und Brett Whiteley vertreten.

Grand Courts

▷ Die Grand Courts gelten als schönste Galerien aus der viktorianischen Zeit in Australien. Unter den über 300 Werken finden sich europäische Kunst (15.–19. Jh.), australische Kunst (19. / 20. Jh.) und zeitgenössische Werke.

The Tank

Ein ausrangierter Öltank, der einst eine Werft in der Nähe versorgte, wurde in diesen spektakulären unterirdischen Kunstraum umgewandelt. Die Galerie zeigt großformatige zeitgenössische Werke, Installationen und Performances.

Asiatische Kunst

Die größte asiatische Sammlung auf der Südhalbkugel umfasst Kalligrafie, traditionelle und moderne Malerei, Textilien, Porzellan und buddhistische Werke.

Zeitgenössische Kunst

Entdecken Sie hier Australiens umfassendste Darstellung der Kunst seit den 1960er Jahren. Die Säle enthalten Werke von mehr als 400 Künstlern aus der ganzen Welt, darunter Fiona Hall, Bill Henson, Anish Kapoor und Ai Weiwei.

Yiribana Gallery

▽ Diese international renommierte Sammlung widmet sich in vielfältigen Ausdrucksformen den künstlerischen Leistungen der Aborigines und der Torres-Strait-Insulaner.

←
Blick von The Domain auf die Woolloomooloo Finger Wharf

SEHENSWÜRDIGKEITEN

3 The Domain

F5 Art Gallery Rd
111, 411

Der frühere Privatpark des Gouverneurs und ist heute eine öffentliche Rasenfläche, die zu Open-Air-Konzerten und anderen Events Scharen von Besuchern anzieht. Auch Jogger gehen hier ihrem Hobby nach. Seit Ende des 19. Jahrhunderts gibt es in The Domain Sydneys Ausgabe der »Speakers' Corner« in Londons Hyde Park.

Schon gewusst?

Unter The Domain verläuft der Travelator (207 m) – die längste Rolltreppe der Südhalbkugel.

4 Mrs Macquarie's Chair

H3 Mrs Macquaries Rd
111

Die malerische Mrs Macquaries Road verläuft über weite Strecken entlang dem Botanischen Garten. Sie führt von der Farm Cove zur Woolloomooloo Bay. Die Straße wurde 1816 auf Betreiben von Elizabeth Macquarie, Frau von Generalmajor Lachlan Macquarie, dem damaligen Gouverneur von New South Wales, gebaut. Im selben Jahr meißelte man an der Stelle, an der Mrs Macquarie bei ihren Spaziergängen oft gerastet hatte, um die Aussicht zu bewundern, eine Bank mit einer Inschrift über Einzelheiten zur neuen Straße in den Fels.

Die Bucht endet im Westen am Mrs Macquaries Point. Die Rasenflächen sind besonders bei Sonnenuntergang ein beliebter Picknickplatz der Sydneysider.

5 Government House

F3 Royal Botanic Garden (Eingang Macquarie St) Circular Quay, Martin Place Circular-Quay-Linien Zeiten der Website entnehmen Karfreitag, 25. Dez governor.nsw.gov.au/government-house

Der Sitz des Gouverneurs von New South Wales ist eines der ältesten Gebäude Australiens. Das 1837–45 im neugotischen Stil errichtete Gebäude im Royal Botanic Garden überragt den Hafen.

Den prächtigen Innenraum mit handbemalter Kassettendecke schmücken zahlreiche Porträts. In den Prunkräumen im Erdgeschoss ist eine Sammlung von Möbeln aus dem 19. und frühen 20. Jahrhundert untergebracht. Die Räume im Obergeschoss werden als Privatgemächer des Gouverneurs sowie für Staatsgäste genutzt.

6 Sydney Conservatorium of Music

F3–4 Macquarie St Martin Place Elizabeth-St-Linien Mo–Sa 8–18 (Konzerttermine der Website entnehmen) Feiertage, Ostersamstag, 24. Dez–2. Jan music.sydney.edu.au

Als dieses eindrucksvolle Gebäude im kolonial-gotischen Stil 1821 vollendet wurde, sollte es als Stall und Gesindehaus für die Residenz des Gouverneurs dienen, deren Fertigstellung

TOP 3 Outdoor-Events

Handa Opera
Jedes Jahr im März oder April präsentiert die Opera Australia direkt am Hafen eine aufwendige Produktion (www.opera.org.au).

Westpac OpenAir Cinema
Auf einer drei Stockwerke hohen Leinwand werden im Januar oder Februar Filme gezeigt (www.westpacopenair.com.au). Als Kulisse dienen das Sydney Opera House *(siehe S. 86f)* und die Sydney Harbour Bridge *(siehe S. 88f)*.

Carols in The Domain
Ein Abend im Advent mit Weihnachtsliedern, die von einigen der beliebtesten Künstlerinnen und Künstlern des Landes gesungen werden (www.carolsinthedomain.com).

sich allerdings um nahezu 25 Jahre verzögerte. Die aufwendigen und teuren Ställe riefen Empörung hervor. Es kam zum Streit zwischen dem Architekten Francis Greenway *(siehe S. 129)* und Gouverneur Macquarie – mit dem Ergebnis, dass Baupläne fortan in London vorzulegen waren.

Zwischen 1908 und 1915 erhielt »Greenways Wahn« eine neue Bestimmung. Im Innenhof wurde eine mit grünem Schiefer gedeckte Konzerthalle errichtet und das Gebäude komplett zum Konservatorium von Sydney umgebaut.

Das im Volksmund auch »The Con« genannte Konservatorium führt seine Tradition als Ausbildungsstätte für Musiker fort. Im Café finden regelmäßig Mittagskonzerte statt.

7 St James' Church

EF5 · 179 King St
St James, Martin Place
Elizabeth-St-Linien
Mo–Fr 10–16, Sa 9–13, So 7:30–16 (Konzerttermine der Website entnehmen)
sjks.org.au

Dieses imposante, im georgianischen Stil errichtete Bauwerk war 1819 als Gerichtsgebäude entworfen worden. Architekt Francis Greenway sah sich im folgenden Jahr gezwungen, die Profanbauten zu einer Kirche umzugestalten, als Baupläne für eine Kathedrale in der George Street aufgegeben wurden.

Die im Jahr 1824 geweihte Kirche ist das älteste Gotteshaus der Stadt. Nach Plänen von John Verge stellte man die Kanzel den Bankreihen gegenüber, Sträflinge und Militärs saßen hinter dem Prediger.

1929 kam die Children's Chapel hinzu. Einige Marmortafeln erinnern an prominente Mitglieder der Gesellschaft des 19. Jahrhunderts, darunter an viele, die eines gewaltsamen Todes starben. Die Tafeln berichten neben Schiffbrüchigen auch von der Frau des Gouverneurs, die aus ihrer Kutsche zu Tode stürzte.

8 Fort Denison

H2 · Sydney Harbour
Circular Quay · wg. Renovierung (siehe Website)
nationalparks.nsw.gov.au

Die erst Rock Island genannte Felseninsel im Hafen von Sydney hieß auch »Magenzwicker«, wahrscheinlich wegen der Hungerrationen für die dort eingesperrten Sträflinge. In den ersten Jahren der Kolonie war sie als Gefängnisinsel berüchtigt. So wurde 1796 der als Mörder verurteilte Francis Morgan hier in Ketten hingerichtet und zur Abschreckung drei Jahre lang am Galgen hängen gelassen.

Von 1855 bis 1857 wurden Rundturm (der einzige Australiens), Geschützbatterie und Kaserne als Teil der Verteidigungsanlagen Sydneys erbaut und die Insel nach dem damaligen Gouverneur benannt. Täglich um 13 Uhr wird eine Kanone abgefeuert. Die Seeleute stellten früher danach ihre Schiffschronometer.

Die Insel ist ein idealer Aussichtspunkt, um das Treiben im Hafen oder auch das Neujahrsfeuerwerk zu genießen. Führungen durch Fort Denison veranstaltet täglich der National Parks and Wildlife Service.

↑ *Fort Denison – Felseninsel mit markantem Rundturm im Hafen von Sydney*

9 State Library of New South Wales

F4 1 Shakespeare Pl Martin Place Elizabeth-St-Linien Zeiten der Website entnehmen viele Feiertage sl.nsw.gov.au

Die Staatsbibliothek von New South Wales ist in zwei getrennten, durch einen Korridor miteinander verbundenen Gebäuden untergebracht. Der ältere Teil, der sogenannte Mitchell-Library-Flügel (1910), ist ein majestätischer Sandsteinbau mit Front zum Botanischen Garten *(siehe S. 122f)*. Steinsäulen, die das Gewölbe tragen, umrahmen die eindrucksvolle Vorhalle, deren Boden eine Mosaiknachbildung der Tasman-Karte schmückt. Sie illustriert die beiden Australien-Reisen des holländischen Seefahrers Abel Tasman. Das Original der Karte befindet sich in der Mitchell-Bibliothek, die auch Historiengemälde, Bücher und illustrierte Dokumente bewahrt.

Der Lesesaal, mit großem Oberlicht und Eichenholztäfelung, liegt direkt hinter dem Hauptvestibül. Jüngster Anbau ist eine interessante, moderne Konstruktion mit Blick zur Macquarie Street. Er beherbergt die Präsenzbibliothek. Jenseits des Mitchell-Flügels zeigt die Dixson Gallery regelmäßig Ausstellungen zu kulturellen und historischen Themen.

Vor der Bibliothek ist ein Denkmal des Forschers Matthew Flinders, der sich als Erster in das Innere von Australien wagte *(siehe S. 68)*. Auf einer Bank dahinter steht die Statue seiner Katze Trim.

Shopping

The Library Shop
Die Buchhandlung führt auch Geschenke und Accessoires und verkauft Kopien von Fotos, Gemälden und Karten aus den Sammlungen der State Library.

F4 State Library of NSW, 1 Shakespeare Pl shop.sl.nsw.gov.au

10 Sydney Hospital

F5 Macquarie St +61 2 9382 7111 Martin Place Elizabeth-St-Linien tägl. zu Führungen (nach Anmeldung) mgnsw.org.au/organisations/lucy-osburnnightingale-museum

Die Ansammlung viktorianischer Sandsteinbauten befindet sich an der Stelle, an der einst der zentrale Teil des von Sträflingen errichteten Sydney Hospital stand. Es wurde von den Einheimischen »Rum Hospital« genannt, da die Sträflinge Rum für den Wiederverkauf importieren durften.

Der Nord- und der Südflügel des Komplexes blieben als Parlamentsgebäude und Münzamt erhalten. 1879 war der

→ Il Porcellino – *Skulptur (und Glücksbringer) vor dem Sydney Hospital*

←
Der riesige Mitchell Library Reading Room der State Library of New South Wales

Mittelbau abgerissen und 1894 durch das neu erbaute Krankenhaus ersetzt worden.

Der klassizistische Bau ist berühmt für seine Barocktreppe und die prachtvollen Buntglasfenster in der Mittelhalle. Der Art-déco-Brunnen (1907) im Innenhof wirkt etwas fehl am Platz.

Vor dem Hospital hockt ein Eber aus Bronze, genannt *Il Porcellino*. Bei der Figur handelt es sich um die Kopie eines Brunnens aus Florenz (17. Jh.). Der Keiler wurde 1968 von einer Italienerin gestiftet, deren Angehörige in dem Hospital gearbeitet hatten. Er gilt als Symbol der Freundschaft zwischen Italien und Australien. Wie sein florentinisches Gegenstück soll auch *Il Porcellino* allen Glück bringen, die an seiner Schnauze reiben.

11 Parliament House

F4 Macquarie St Martin Place Elizabeth-St-Linien Mo–Fr 9–17 Feiertage parliament.nsw.gov.au

Der Mittelteil des Parlamentsgebäudes war Teil des ursprünglichen Krankenhauses von Sydney, das von 1811 bis 1816 errichtet wurde. Es ist seit 1829 Regierungssitz, als hier erstmals der neu ernannte Legislativrat tagte. Der Bau wurde im 19. Jahrhundert zweimal und nochmals nach 1970 und 1980 erweitert. Im jetzigen Gebäude befinden sich die beiden Parlamentskammern und die Parlamentsbüros.

Im Jubilee Room sind Objekte zur Parlamentsgeschichte sowie Exponate zur Baugeschichte und zur Historie der Gesetzgebung von New South Wales ausgestellt.

Francis Greenway, Sträflingsarchitekt

Früher einmal trug die australische Zehn-Dollar-Note das Porträt des Architekten Francis Greenway. Sie war weltweit der einzige Geldschein, der einen verurteilten Fälscher ehrte. Greenway wurde 1814 von England nach Sydney transportiert, um dort eine 14-jährige Strafe zu verbüßen. Unter der Protektion von Gouverneur Lachlan Macquarie, der ihn im Jahr 1816 zum Regierungsarchitekten ernannte, baute er mehr als 40 Gebäude, von denen heute noch elf stehen.

12 The Mint

F5 10 Macquarie St St James, Martin Place Elizabeth-St-Linien Mo–Fr 9–16 Karfreitag, 25. Dez mhnsw.au/visit-us/the-mint

Die Goldfunde Mitte des 19. Jahrhunderts veränderten das koloniale Australien grundlegend. Das Münzamt öffnete 1854 im Südflügel des Rum Hospital, um das kurz zuvor entdeckte Gold zu Barren oder Münzen zu prägen. Es war die erste Filiale des königlichen Münzamtes außerhalb Londons. 1927 wurde sie geschlossen. In dem georgianischen Bau fanden anschließend Regierungsbüros Platz.

Die Hauptverwaltung des Museums of History NSW ist hier untergebracht.

13 Hyde Park Barracks Museum

F5 Queens Square 10, Macquarie St St James, Martin Place Elizabeth-St-Linien tägl. 10–18 Karfreitag, 25. Dez mhnsw.au/visit-us/hyde-park-barracks

Die von Gouverneur Macquarie als »geräumig« und »gut durchlüftet« beschriebenen Kasernen sind ein Entwurf von Francis Greenway und gelten als sein Meisterstück. 1819 vollendeten Sträflinge den Bau, der 600 Gefangene aufnehmen sollte. Später wohnten hier irische Waisenkinder und alleinstehende Einwanderinnen, dann wurden die Barracks zu Gerichtssälen und Kanzleien umgebaut. Nach einer weiteren Umgestaltung 1990 wurden sie als Museum zur Geschichte dieses Ortes und seiner Insassen eröffnet. Dazu gehören ein rekonstruiertes Häftlingsquartier aus der Zeit nach 1820, Bilder, Modelle und Gerätschaften. Viele der bei archäologischen Ausgrabungen gefundenen Objekte hatten Ratten in ihre Nester verschleppt – was man ihnen nachträglich hoch anrechnet.

Bei Spaziergängen und auf einem Parcours für Kinder erfährt man viel über die Geschichte der Kaserne. Die Hyde Park Barracks sind eines von elf australischen Gefängnissen, die zum UNESCO-Welterbe gehören.

↑ *Fassade der Hyde Park Barracks mit Mauer und vergittertem Tor*

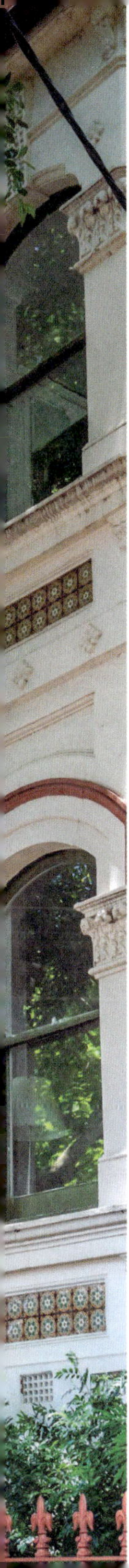

Reihenhäuser in Paddington mit schmiedeeisernen Balkonen (siehe S. 136)

Kings Cross, Darlinghurst und Paddington

Wie überall im Gebiet des heutigen Sydney war auch diese Gegend ursprünglich vom Aborigines-Stamm Gadigal bewohnt, der an der Küste von Fischerei und Jagd lebte. Nach der Ankunft europäischer Kolonisatoren Ende des 18. Jahrhunderts entstanden im Hinterland immer mehr Häuser. Die Siedlung dehnte sich weiter ins Umland aus, wo die heutigen Vororte von Sydney entstanden.

Die zunächst wohlhabende Gegend entwickelte sich zu Beginn des 20. Jahrhunderts zu einem Arbeiterviertel, nachdem der wirtschaftliche Niedergang zur Aufteilung großer Anwesen geführt hatte. In den 1960er Jahren setzte die Gentrifizierung ein, immer mehr Kunstschaffende, Studierende und junge Berufstätige kamen wegen der günstigen Mieten hierher.

Ab den 1970er Jahren wurde Darlinghurst zu einem Zentrum für Sydneys LGBTQ+ Community. Obwohl sich Kings Cross lange schwertat, seinen Ruf als berüchtigtes Rotlichtviertel abzulegen, ist dieser Teil der Metropole dank seiner vielen aufregenden Restaurants, Weinbars und Galerien bei Einheimischen wie Besuchern gleichermaßen beliebt.

E
F
G
H
Kings Cross, Darlinghurst und Paddington
Sydney Conservatorium of Music
Royal Botanic Garden
Woolloomooloo Bay
Royal Botanic Garden und The Domain
Seiten 118–129
St James
Hyde Park
St Mary's Cathedral
WOOLLOOMOOLOO
2 Victoria Street
El Alamein Fountain
Kings Cross
The Great Synagogue
Town Hall
QVB
Innenstadt und Darling Harbour
Seiten 98–117
Museum
DARLINGHURST
5 Sydney Jewish Museum
Old Darlinghurst Gaol 8
Darlinghurst Court House 9
Chinatown
CHINATOWN
Capitol Square
Haymarket
Central
Central Railway Station
Chalmers Street
Harmony Park
UNSW Art & Design
SURRY HILLS
10 Victoria Barracks
New Sydney Football Stadium
Surry Hills
13 Brett Whiteley Studio
Moore Park
Moore Park
0 Meter 500
N
5
6
7
8
9
10

Kings Cross, Darlinghurst und Paddington

Sehenswürdigkeiten

1. El Alamein Fountain
2. Victoria Street
3. Beare Park
4. Elizabeth Bay House
5. Sydney Jewish Museum
6. Paddington Village
7. Paddington Markets
8. Old Darlinghurst Gaol
9. Darlinghurst Court House
10. Victoria Barracks
11. Paddington Town Hall
12. Centennial Park
13. Brett Whiteley Studio
14. The Entertainment Quarter
15. Juniper Hall

Restaurants

① Saint Peter
② Fred's
③ Tequila Mockingbird

Shopping

④ Berkelouw Books
⑤ Opus
⑥ Lee Matthews
⑦ Dinosaur Designs

El Alamein Fountain – Brunnen mit rasanten Wasserspielen ↑

SEHENSWÜRDIGKEITEN

1 El Alamein Fountain

H6 Fitzroy Gardens, Macleay St, Potts Point
311

Bei diesem wie eine Blüte geformten Brunnen mitten im Zentrum von Kings Cross sprudelt das Wasser derart unregelmäßig, dass die Passanten oft spaßhaft mitzählen: »Er liebt mich, er liebt mich nicht.«

Der vom australischen Architekten Robert Woodward entworfene Brunnen erinnert an Australiens militärische Rolle bei der Belagerung von Tobruk (Libyen) und die Schlacht von El Alamein (Ägypten) im Zweiten Weltkrieg. Früher zählte der El-Alamein-Brunnen zu den architektonischen Wahrzeichen Sydneys. Bei Dunkelheit wird er stimmungsvoll illuminiert.

2 Victoria Street

H5 Potts Point
311, 324, 325, 389

Die Straße am Ende von Potts Point mit ihren Reihenhäusern aus dem 19. Jahrhundert und nur wenigen störenden Hochhäusern ist im Vergleich zu Innenstadtstraßen fast ein Boulevard. Die Victoria Street war in den 1970er Jahren Schauplatz eines heftigen Kampfes um ihre Erhaltung, bei dem eine der Anführerinnen der Kampagne starb.

Zu Beginn der 1970er Jahre kämpften viele Bewohner mit Unterstützung der Gewerkschaft der Bauarbeiter und dem von ihnen ausgesprochenen »grünen Bann« gegen den Abriss alter Gebäude zugunsten von Hochhäusern. Juanita Nielsen, Herausgeberin einer Lokalzeitung, setzte sich besonders stark für die Erhaltung der Straße ein. Am 4. Juli 1975 verschwand sie spurlos. Eine gerichtliche Untersuchung des Falles blieb ohne Ergebnis.

Die Aktion von Gewerkschaft und Bewohnern rettete die meisten der alten Gebäude. Ironischerweise werden sie heute nicht von den geringer Verdienenden bewohnt, sondern von den Gutsituierten, die sie abreißen wollten.

3 Beare Park

J5 Ithaca Rd, Elizabeth Bay 311

Der Beare Park gehörte früher zum Macleay-Anwesen. Heute ist er von Apartmenthäusern umstellt. Er bietet Zuflucht vor dem hektischen Kings Cross und ist einer der wenigen Parks der Wohngegend. Die Anlage in der Form eines Amphitheaters öffnet sich zur Elizabeth Bay.

An der Ostecke der Anlage wohnte früher J. C. Williamson, ein landesweit bekann-

Früher zählte der El-Alamein-Brunnen zu den architektonischen Wahrzeichen Sydneys. Bei Dunkelheit wird er stimmungsvoll illuminiert.

ter Theaterbesitzer, der in den 1870er Jahren aus Amerika eingewandert war.

4

Elizabeth Bay House

J5 7 Onslow Ave, Elizabeth Bay 311 So, Mo 10–16 Karfreitag, 25. Dez mhnsw.au/visit-us/elizabeth-bay-house

Elizabeth Bay House hat die landesweit wohl schönste Inneneinrichtung im Kolonialstil. Das Gebäude ist zugleich ein eindrucksvolles Beispiel dafür, wie die Wirtschaftskrise gegen Mitte des 19. Jahrhunderts den Optimismus des vorangehenden Jahrzehnts dämpfte.

John Verge entwarf das Haus, das 1835–39 im griechisch-klassischen Stil für den Kolonialminister Alexander Macleay erbaut wurde. Der ovale Salon mit der Kuppel und der freitragenden Treppe gilt als sein Meisterstück. Das Äußere hingegen ist weniger gelungen, da Säulengang und Portikus wegen finanzieller Schwierigkeiten Macleays nicht fertiggestellt werden konnten. Die Inneneinrichtung entspricht dem Geschmack von Macleay, der hier zwischen 1839 und 1845 wohnte. Später überschrieb er Haus und dessen Inventar seinem Sohn William Sharp. Dieser zahlte mit dem Haus die Schulden seines Vaters zurück.

1880–1927 entstanden auf den 22 Hektar Wohnblocks und Villen. Eine Wohnung bezog der Künstler Donald Friend, der 1942 von hier beobachtete, wie der Torpedo eines japanischen U-Bootes die Fähre *Kuttabul* versenkte.

Das Haus ist seit 1977 Museum und im Besitz des Historic Houses Trust of NSW.

↑ *Großzügig eingerichteter Salon im Elizabeth Bay House*

5

Sydney Jewish Museum

G7 148 Darlinghurst Rd, Darlinghurst 311, 389 So–Do 10–16, Fr 10–15 viele Feiertage sydneyjewishmuseum.com.au

Sechzehn jüdische Sträflinge kamen mit der *First Fleet* *(siehe S. 68)*, bis zum Ende der Gefangenentransporte folgten ihnen viele nach. Die meisten blieben im Land, manche waren sehr erfolgreich, weil sie die sich in der neuen Kolonie eröffnenden Chancen nutzten.

Das im Jahr 1992 eröffnete Sydney Jewish Museum dokumentiert das Leben der australischen Juden. Das Erdgeschoss widmet sich der Verfolgung der jüdischen Bevölkerung durch die Nationalsozialisten, der zunehmenden Auswanderung von Juden nach Australien und den heutigen jüdischen Traditionen im Land. Die Ebenen 1–6 vollziehen chronologisch angeordnet die Historie des Holocaust nach. Die qualvollen Ereignisse werden anschaulich dokumentiert, beginnend mit Hitlers Machtergreifung, der Reichspogromnacht, der Auflösung der Gettos bis zur »Endlösung«, von der Befreiung der berüchtigten Todeslager bis hin zu den Nürnberger Prozessen. An diese furchtbare Zeit wird mit Fotos und einigen aus Massengräbern exhumierten Relikten sowie audiovisuellen Darstellungen und mündlichen Zeugnissen erinnert.

Auf jeder Ebene führt das Hauspersonal durch die Ausstellung. Darunter sind auch einige Überlebende des Holocaust, deren Gegenwart dem hier Gezeigten eine bewegende Authentizität verleiht.

Razor-Gang-Kriege

In den 1920er und zu Beginn der 1930er Jahre leiteten zwei Frauen – die Bordellbesitzerin Tilly Devine und die Hehlerin Kate Leigh – Banden, die in Darlinghurst und Kings Cross um die Macht in die Unterwelt kämpften. Die Razor Gangs mordeten mit Rasierklingen *(razor blades)* – daher ihr Name.

6

Paddington Village

K8 zwischen Gipps St u. Shadforth St 333, 440

Paddington war ehemals ein Arbeitervorort von Sydney, in dem Zimmerleute, Steinhauer und Steinmetze lebten. Sie überwachten die Sträflingskolonnen, die nach 1840 die Victoria Barracks *(siehe S. 138)* bauten.

Paddington wuchs Ende des 19. Jahrhunderts schnell als Pendlervorort, die meisten Reihenhäuser wurden zur Vermietung an Sydneys Kunsthandwerker gebaut. Die Handwerker wohnten mit ihren Familien in engen Gassen in recht spartanisch eingerichteten und dicht gedrängten Häusern, von denen einige noch existieren.

Wie die Sträflingsunterkünfte errichtete man auch diese Wohnhäuser und die umliegenden Läden und Hotels aus den vor Ort gebrochenen Steinen. Sie waren mit schmiedeeisernen Details, Friesen im griechischen Stil, Brüstungen und Simsen verziert.

Entdeckertipp
Reservoir Gardens

Um den Stausee an der Oxford Street wurde ein Park angelegt. Die Planer ließen sich von den Hängenden Gärten von Babylon und dem Park der Caracalla-Thermen in Rom inspirieren.

Mit ihren riesigen Platanen, die angenehmen Schatten spenden, und den hübschen Reihenhäusern zu beiden Seiten ist die Paddington Street eine der schönsten Straßen des Vorortes. Im 20. Jahrhundert waren die Reihenhäuser jedoch aus der Mode gekommen, ihre Bewohner zogen in neu entstandene grüne Vororte. In den 1960er Jahren wurden diese Häuser wieder geschätzt und damit die Gegend zu neuem Leben erweckt.

Paddington wurde auch für Künstler immer attraktiver. Neben der **University of NSW Art and Design School** entstanden viele kleine, private Galerien, die sich verschiedensten Genres widmen – von Fotografie und Druckgrafik bis zu Malerei und Bildhauerei. Auch Cooee Art, Australiens älteste Galerie für Kunst der Aborigines, ist hier ansässig. Die Galerie Maunsell Wickes zeigt Ausstellungen von aufstrebenden und etablierten australischen Künstlern. Der Fokus der Olsen Gallery liegt auf John Olsen (1928 – 2023), einem der angesehensten Künstler des Landes.

University of NSW Art and Design School

Ecke Oxford St u. Greens Rd Mi – So 10 –17 (Sa, So ab 12) Feiertage artdesign.unsw.edu.au/unsw-galleries

7

Paddington Markets

J9 395 Oxford St 333, 440 Sa 10 –16 25. Dez paddingtonmarkets.com.au

Der populäre Markt findet seit 1973 jeden Samstag bei

Mit Säulen verzierte Fassade des Darlinghurst Court House

Diese Kostbarkeit im griechisch-klassischen Stil wurde von dem Kolonialarchitekten Mortimer Lewis entworfen. 1835 begannen die Bauarbeiten. Mortimer war nur für den Mittelteil des Hauptgebäudes mit dem sechssäuligen dorischen Portikus und dem griechischen Dekor verantwortlich. Die Seitenflügel kamen erst 1880 hinzu.

Vor der Fertigstellung wurde das Gerichtsgebäude für Gottesdienste und andere Veranstaltungen genutzt. Noch heute fällt der Oberste Gerichtshof des Landes hier regelmäßig Urteile in Strafprozessen.

Regen und Sonnenschein auf dem Gelände der Uniting Church statt. Er ist ein idealer Platz zum Flanieren und Shoppen und wahrscheinlich der lebhafteste und bunteste in Sydney.

Menschen aus aller Welt stellen hier ihre Waren aus, und junge Designer und Kunsthandwerker nutzen den Markt als berufliches Sprungbrett. Zum großen Angebot der vielen vollgepackten Marktstände gehören Schmuck, Töpferwaren und anderes Kunsthandwerk sowie neue und gebrauchte Kleidung.

Was Sie auch suchen – ob Bananen aus Bio-Anbau oder eine Ganzkörpermassage –, hier werden Sie es finden.

8

Old Darlinghurst Gaol

G7 Ecke Burton St u. Forbes St, Darlinghurst 333, 389, 440 Mo–Fr 9–17 Feiertage

Der Komplex, der einst als Woolloomooloo-Gefängnis und später als Darlinghurst Gaol bekannt war, beherbergt heute die National Art School. Die Bauarbeiten begannen 1822 und dauerten 20 Jahre. Die Zellen liegen strahlenförmig um einen Rundbau, umgeben von fast sieben Meter hohen Mauern. Die Steine mussten die Sträflinge eigenhändig brechen und zu Blöcken hauen.

67 Menschen wurden hier zwischen 1841 und 1908 exekutiert. Der vielleicht berüchtigtste Henker war Alexander Green, »der Würger«. Er wohnte in der Nähe der Anlage, bis ihn öffentliche Anfeindungen zwangen, aus Sicherheitsgründen hinter den Gefängnismauern zu leben.

1921 wurde hier eine Kunstschule eingerichtet, an der einige der berühmtesten australischen Künstler wie Frank Hodgkinson, Jon Molvig und William Dobell unterrichteten.

←

Paddington Markets: Verkaufsstände mit reichhaltigem Angebot

9

Darlinghurst Court House

G7 197 Oxford St am Taylor Square, Darlinghurst 333, 440 Feb–Mitte Dez: Mo–Fr 10–16 Mitte Dez–Jan, Feiertage

Shopping

Ab den 1960er Jahren wurde Paddington Anziehungspunkt für internationale Top-Designer, die sich hier niederließen. Die aufgelisteten Stores sind nur einige dieses Shopping-Paradieses, in dem man alles bekommt – von Mode bis Haushaltswaren.

Berkelouw Books
G8 19 Oxford St berkelouw.com.au

Opus
J9 354 Oxford St opusdesign.com.au

Lee Matthews
H8 18 Glenmore Rd leemathews.com.au

Dinosaur Designs
J9 339 Oxford St dinosaurdesigns.com.au

Eine Holzbrücke führt über einen Teich im Centennial Park

10

Victoria Barracks

H9 Oxford St 333, 440

Die Victoria Barracks sind mit zwölf Hektar die größte und zugleich besterhaltene spätgeorgianische Gebäudegruppe Australiens. Der Entwurf stammt von Oberstleutnant George Barney, der eine Kaserne für 800 Männer plante. Die 1848 fertiggestellten Gebäude wurden aus Sandstein der Region errichtet. Die Unterkünfte dienen noch heute der Militärverwaltung. Der 225 Meter lange Hauptblock besitzt symmetrisch angelegte zweistöckige Flügel mit großen Veranden. Im ehemaligen Gefängnistrakt ist das **Army Museum of New South Wales** untergebracht.

Army Museum of New South Wales

Do 10–14, 3. So im Monat 10–15 (Ausweis erforderlich) Jan, Dez armymuseumnsw.com.au

11

Paddington Town Hall

J8 Ecke Oxford St u. Oatley Rd 333, 440 für Besucher (außer Kino) palacecinemas.com.au

Der Sydneysider J. E. Kemp gewann mit dem Entwurf des Paddingtoner Rathauses einen internationalen Architektenwettbewerb. 1891 wurde der noch immer recht dominante, neoklassizistische Bau fertiggestellt. Heute ist hier das Kino Palace Chauvel untergebracht.

Mardi Gras

Angefangen hat es als Protestmarsch, heute ist Mardi Gras (jedes Jahr im Feb) ein extravagantes Fest der LGBTQ+ Community mit Theater, Livemusik, Drag-Shows und vielem mehr. Die einen Monat dauernden Feierlichkeiten gipfeln in einer farbenfrohen Parade entlang der Oxford Street in Paddington und einer ausgelassenen Party im Moore Park.

12

Centennial Park

L10 Royal Randwick Clovelly, Coogee, Maroubra, Randwick, City, Bronte, Bondi Beach u. Bondi-Junction-Linien, 333, 352, 255, 389, 440 centennialparklands.com.au

Der rund 220 Hektar große Park wurde der Bevölkerung 1888 anlässlich der Jahrhundertfeier der Koloniegründung übergeben. Am 1. Januar 1901 kamen mehr als 100 000 Menschen hierher, um mitzuerleben, wie der Commonwealth of Australia ausgerufen und die erste australische Bundesregierung vereidigt wurde *(siehe S. 70)*.

Der Park umfasst Bereiche mit englischer Landschaftsarchitektur, einen Rosengarten, Statuen und ein Netz an schönen Spazierwegen. In seinen Feuchtgebieten (einstmals das Trinkwasserreservoir der Stadt) leben viele Wasservögel. Räder und Inlineskates können in der Nähe gemietet werden, ein beliebtes Café-Restaurant serviert Frühstück, Mittagessen und Snacks. Direkt beim Park gibt es einen großen Golfplatz sowie Tennisplätze.

13

Brett Whiteley Studio

F9 2 Raper St, Surry Hills Surry Hills 301, 302, 303, 372, 393 vermutl. bis Ende 2025 artgallery.nsw.gov.au/brett-whiteley-studio

Das Atelier des australischen Künstlers Brett Whiteley liegt etwas versteckt in einer Seitenstraße in Surry Hills. 1985 baute er ein Lagerhaus in ein Atelier und einen Ausstellungsraum sowie einen Wohnbereich um und lebte dort von 1987 bis zu seinem Tod 1992. Kaum etwas wurde verändert, sodass hier noch

Straße im Entertainment Quarter, einem Viertel mit reichem Unterhaltungsangebot ↑

vieles an den Künstler erinnert. Zu sehen sind Erinnerungen an sein Schaffen, darunter unvollendete Gemälde, Künstlerwerkzeug und Bücher. Im Wohnbereich sind Objekte wie Fotos, Skizzenbücher, Möbel und seine umfassende Musiksammlung ausgestellt.

14

The Entertainment Quarter

J10 Lang Rd, Moore Park Moore Park 339, 355 entertainment quarter.com.au

Das Entertainment Quarter ist ein riesiges Unterhaltungs- und Shopping-Center in unmittelbarer Nachbarschaft zu den Filmstudios, in denen Blockbuster wie *Matrix* und *Moulin Rouge* gedreht wurden.

In insgesamt 16 Kinos können Sie die neuesten Filme sehen, im Hoyts sogar mit Wein und Käse, auf bequemen Sofas sitzend. Daneben gibt es Bühnenshows, bei denen Konzerte und Comedyprogramme präsentiert werden.

Wenn Sie sich Bewegung verschaffen wollen, haben Sie die Wahl zwischen Bowling und einer Eislaufbahn (saisonal). Für Kinder stehen fantasievoll gestaltete Spielplätze zur Verfügung. Restaurants, Cafés und Bars bieten alles für das leibliche Wohl.

Bei den Cambridge Markets EQ (Mi, Sa) werden regionale Produkte und Verkostungen (gratis) angeboten.

15

Juniper Hall

J8 250 Oxford St 333, 440 nur bei Ausstellungen moranarts. org.au

Der Destillateur Robert Cooper erbaute dieses Haus im kolonial-georgianischen Stil für seine dritte Ehefrau Sarah und benannte es nach dem Wacholder *(juniper)*, dem wichtigsten Bestandteil im Gin, dem er seinen Wohlstand verdankte.

Das zweistöckige, 1824 fertiggestellte Gebäude ist das älteste erhaltene Wohnhaus in Paddington und vermutlich auch das größte.

Die Juniper Hall wurde Mitte der 1980er Jahre restauriert. Heute wird sie vom National Trust verwaltet.

Restaurants

Saint Peter

Die Auswahl an köstlichem Seafood ist groß.

J9 362 Oxford St, Paddington saintpeter.com.au

$$$

Fred's

Das Lokal in einem rustikalen Landhaus verwöhnt mit Gerichten aus Zutaten aus der Nachbarschaft.

J9 380 Oxford St, Paddington merivale.com/ venues/freds

$$$

Tequila Mockingbird

Riesiges Angebot an Tapas und Tequilas.

J8 6 Heeley St, Paddington tequila-mockingbird.com.au

$$$

Spaziergang durch Paddington

Länge 1,5 km **Dauer** 20 Min. **Bus** 333

Mit dem Beschluss, die Victoria Barracks zu bauen, begann um 1840 Paddingtons Aufschwung. Um die Arbeiterhütten entstand ein Dorf mit sehr schmalen viktorianischen Reihenhäusern. Im Zuge der Weltwirtschaftskrise verfiel die Gegend. In den 1960er Jahren wurden viele Häuser restauriert, anschließend setzte die Gentrifizierung ein. Heute werden die Straßen von Paddington von Galerien, Geschäften, Bars und Restaurants gesäumt. Bei einem Spaziergang erlebt man das ganz besondere Flair des Viertels.

Das Einkaufszentrum **Five Ways** entstand 1890 an der Glenmore Road, einem früher von Ochsenkarren genutzten Weg.

Schon gewusst?

Paddington wird von den Bewohnern des Viertels »Paddo« genannt.

In der **Duxford Street** sollten die viktorianischen Reihenhäuser mit abgestimmten Pastelltönen auf positive Weise einheitlich wirken.

Die »**Lebkuchenhäuser**« in der Broughton und Union Street mit ihren steil abfallenden Giebeln sind typisch für die neugotische Wohnarchitektur.

Zur Orientierung
Siehe Stadtteilkarte S. 132f

←
In sanften Farbtönen angestrichene Fassaden prägen den Charakter des Viertels

Das Design- und Skulpturenatelier **Korban / Flaubert** ist in diesem modernen Gebäude untergebracht. Es wurde für die Aufnahme australischer und internationaler zeitgenössischer Skulpturen und Gemälde konzipiert.

Das Schlösschen **Warwick**, um 1860 erbaut, schließt eine bescheidene Häuserzeile ab. Türmchen, Zinnen und Dekors im »König-Arthur-Stil« schmücken selbst die rückwärtigen Garagen.

In der **Windsor Street** sind manche Terrassenhäuser nur 4,50 Meter breit.

An der **Paddington Street** *(siehe S. 136)* dokumentieren einige der schönsten viktorianischen Häuser des Stadtteils den Bauboom zwischen 1860 und 1890. In dieser Zeit entstanden hier etwa 3800 Häuser.

Die **London Tavern** öffnete 1875 und ist damit das älteste Vorstadt-Pub. Wie viele der Pubs in dem gepflegten Vorort steht es am Ende einer Häuserzeile.

Surfer am Bondi Beach (siehe S. 146f)

Highlights

1. Manly
2. Bondi Beach

Sehenswürdigkeiten

3. Parramatta
4. Ku-ring-gai Chase National Park
5. Taronga Zoo
6. Luna Park
7. Sydney Olympic Park

Abstecher

Über mehr als 30 000 Jahre lebten im Gebiet des heutigen Sydney und seiner Umgebung Angehörige der Eora, eines Aborigines-Stammes. Ihre bevorzugten Siedlungsplätze waren die Ufergebiete an Flüssen und Häfen, ihre Nahrung bezogen sie aus dem Meer und dem umliegenden Buschland.

Mit der Ankunft europäischer Siedler im Jahr 1788 änderte sich der Charakter der Gegend grundlegend. Immer mehr Bauwerke wurden errichtet, Parramatta wurde Australiens erste europäische Siedlung im Landesinneren. Die Orte wuchsen ständig weiter, vor allem nach der Eröffnung der Sydney Harbour Bridge im Jahr 1932, die den Zugang zu den nördlich gelegenen Gebieten wesentlich erleichterte.

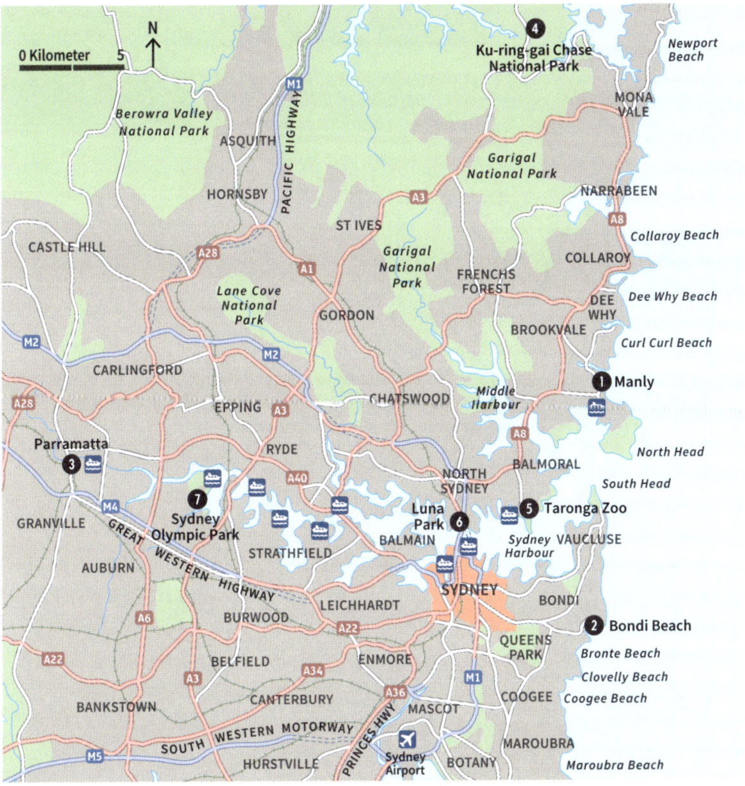

↑ *Hornby Lighthouse über der Watsons Bay – wundervoller Aussichtspunkt*

Expertentipp
Surfen lernen
Wo könnte man besser surfen lernen als an einem Strand in Australien, wo die erste Weltmeisterschaft im Surfen stattfand? Viele Surfschulen wie die Manly Surf School (manlysurfschool.com) bieten Kurse für Einsteiger (und alle anderen Niveaus).

Blick über Manly, Urlaubsort auf einer Halbinsel nordöstlich von Sydney ↑

❶

Manly

Manly **Manly Wharf (+61 2 9976 1430)** **manlyaustralia.com.au**

Wenn Sie einen Sydneysider nach einem Ausflugstipp fragen, empfiehlt er wahrscheinlich, vom Circular Quay mit der Fähre ins elf Kilometer entfernte Manly zu fahren. Dieser entspannte Vorort ist ein Zentrum der Surfkultur und ein beliebter Treffpunkt für Stadtbewohner, die Abwechslung zum Leben in der Metropole suchen.

Manly erstreckt sich über einen schmalen Landstrich zwischen Hafen und Meer. Fähren aus der Stadt legen in Manly Wharf an, das über eine belebte, als »Corso« bekannte Fußgängerzone mit Geschäften, Restaurants und Bars mit Manlys berühmtem Strand verbunden ist. Der goldene Sand des Strandes lockt schon seit Langem Sonnenanbeter an, die Wellen sind zum Surfen geradezu perfekt. Hier fand 1964 die erste Weltmeisterschaft im Surfen statt.

Am südlichen Ende des Manly Beach beginnt der Eco-Sculpture Walk. Er verläuft entlang der Marine Parade mit ihren Bildhauerarbeiten, die Meeresbewohner darstellen, und vorbei am Fairy-Bower-Pool, der am Meer in den Fels gehauen wurde. Der spannende Weg endet am bei Schnorchlern beliebten Shelly Beach, wo man einen schönen Aussichtspunkt erreicht.

Schon gewusst?

In Manly Cove nisten zwischen Juli und Februar Zwergpinguine.

Highlight

1 Auf der Fußgängerzone »Corso« ist immer viel los.

2 The North Head Quarantine Station war einst eine Krankenstation für Einwanderer, die per Schiff in Australien ankamen.

3 Wegen des Wellengangs vor der Küste ist Manly ein Hotspot für Surfer.

Restaurant

Hugos Manly
Zu den Spezialitäten des Hauses gehören moderne italienische Gerichte wie Tintenfisch-Linguine und Pizza mit Pancetta, Gorgonzola und Feigen. Die Aussicht von der Terrasse ist überragend, man kann Fähren an- und ablegen sehen.

Manly Wharf, 1 E Esplanade Mo
hugos.com.au
$$$

2

Bondi Beach

333 hellobondi.com.au

Dieser fotogene Küstenabschnitt ist Australiens berühmtester Strand und einer der bekanntesten der Welt. Der zuverlässige Wellengang zieht Surfer aus allen Kontinenten an. Doch am Bondi Beach kann man auch anderweitig aktiv werden oder ganz einfach einen Strandspaziergang unternehmen und das kulturelle Leben abseits des Strandes genießen.

Bondis gut einen Kilometer langer halbmondförmiger Strand aus gelbem Sand lockt seit Langem Sonnenhungrige an. Nach der europäischen Besiedlung war Bondi Beach zunächst Privatgrund, erst 1882 wurde er öffentlich zugänglich. 1907 entstand hier der erste Club für Rettungsschwimmer. Viele seiner Mitglieder waren im Einsatz, als am 6. Februar 1938 mehrere riesige Wellen den Strand überfluteten, 250 Menschen konnten gerettet werden – fünf ertranken.

Auf der Suche nach der perfekten Welle kommen Surfer von nah und fern hierher. Auch die zahllosen trendigen Cafés und Bars und das kosmopolitische Flair tragen zum besonderen Charme des Strandes der Extraklasse bei. Der 1928 als Umkleideraum erbaute Pavillon ist heute ein beliebter kultureller Veranstaltungsort (u. a. für Filme und Konzerte).

Expertentipp
Skulpturenfestival

Das weltberühmte Open-Air-Skulpturenfestival beginnt im Oktober und dauert drei Wochen. Entlang dem Klippenweg zwischen Bondi und Tamarama sind riesige Kunstwerke zu sehen (Eintritt frei).

Schon gewusst?

Die TV-Show *Bondi Rescue* folgt Rettungsschwimmern bei echten Rettungsaktionen.

← *Beachvolleyball – eine von vielen Aktivitäten am Bondi Beach*

Spaß zu allen Jahreszeiten

Unabhängig von Wetter und Jahreszeit gibt es auch abseits des Strandes viel zu entdecken. Kulturelle Attraktionen sind etwa Felsgravuren der Aborigines an den nördlichen Klippen und Streetart wie die Graffitiwand am südlichen Ende der Promenade. Im Sommer bietet das Open-Air-Kino Filmerlebnisse unterm Sternenhimmel. Das ganze Jahr über kann man im Icebergs Pool ein paar Bahnen ziehen oder eine spektakuläre Wanderung auf einer Klippe von Bondi nach Coogee unternehmen – vorbei an den Stränden Tamarama, Bronte und Clovelly.

Restaurant

Icebergs Dining Room

Genießen Sie an diesem außergewöhnlichen, in Türkistönen gehaltenen Ort ein elegantes Gourmet-Erlebnis vor eindrucksvoller Kulisse.

1 Notts Ave

idrb.com/dining-room

$$$

↑ *Salzwasserpools über den Meereswellen am Bondi Beach*

SEHENSWÜRDIGKEITEN

3

Parramatta

Parramatta Parramatta 346A Church St (+61 2 8839 3311)

Die Entdeckung fruchtbaren Bodens und die erste Weizenernte 1789 linderten den Nahrungsmangel in der jungen Kolonie.

Die **Elizabeth Farm** von 1793 ist das älteste erhaltene Haus Australiens. Es gehörte John MacArthur und war bedeutend für die Zucht von Merinoschafen. Ein Museum erzählt vom Leben der Erstbewohner.

Das erbaute **Old Government House** (1799) im Parramatta Park ist das älteste intakte öffentliche Gebäude Australiens. Die 1816 angefügte dorische Vorhalle wird Francis Greenway zugeschrieben *(siehe S. 129)*. Im vom National Trust verwalteten Haus sind Möbel aus dem 19. Jahrhundert ausgestellt.

Der St. John's Cemetery in der O'Connell Street ist die letzte Ruhestätte vieler Siedler der *First Fleet (siehe S. 68)*.

Elizabeth Farm
70 Alice St, Rosehill Fr, Sa 10–16 Karfreitag, 25. Dez mhnsw.au/visit-us/elizabeth-farm

Old Government House
Parramatta Park (Eingang Macquarie St) Do–So nationaltrust.org.au/places/old-government-house

4

Ku-ring-gai Chase National Park

McCarrs Creek Rd, Church Point Bobbin Head Information Centre: Ku-ring-gai Chase Rd (+61 2 9472 8949)

Der 15 000 Hektar große Nationalpark liegt 30 Kilometer von Sydneys Innenstadt entfernt. Er wird im Norden von der Broken Bay begrenzt. Glitzernde Wasserwege und goldgelbe Strände vor der Kulisse unberührter Natur machen den Platz zu einem beliebten Ausflugsziel: Besucher kommen zum Picknicken, Wandern, Surfen, Bootfahren und Windsurfen hierher.

Restaurant

Bathers' Pavilion
Ganz in der Nähe des Strandes genießt man hervorragende saisonale Gerichte.

4 The Esplanade, Balmoral bathers pavilion.com.au

$$$

↑ *Luna Park – beliebter Vergnügungspark mit vielen Attraktionen*

Der Hawkesbury River windet sich durch ein Sandsteinplateau, das reich an Aboriginal-Felsmalerei ist. Der Nationalpark besitzt Hunderte solcher Zeugnisse der Eingeborenenkunst, wobei die etwa 2000 Jahre alten Felsmalereien am häufigsten auftreten.

5 Taronga Zoo

Bradley's Head Rd, Mosman 100 von Circular Quay tägl. 9:30–17 (Mai–Aug: bis 16:30) taronga.org.au

Taronga wurde 1916 eröffnet. Der Zoo setzt sich mit seinen ambitionierten Programmen für den Schutz und das Überleben von gefährdeten Arten ein. Zu den kostenlosen täglichen Vorführungen gehört die tolle Free Flight Bird Show.

6 Luna Park

1 Olympic Dr, Milsons Point Milsons Point 209, 230 tägl. (Details der Website entnehmen) lunaparksydney.com

Dieser Vergnügungspark ist seit 1935 ein beliebtes Ausflugsziel. Der Eintritt ist frei – nicht jedoch für Fahrgeschäfte und den nostalgischen Bereich Coney Island. Dieser ist weltweit der letzte noch betriebene Vergnügungspark aus den 1930er Jahren. Bei einer gemütlichen Fahrt mit dem Riesenrad genießt man eine atemberaubende Aussicht auf den Hafen – vor allem bei Sonnenuntergang ein Erlebnis.

7 Sydney Olympic Park

Sydney Olympic Park Olympic Park sydneyolympicpark.nsw.gov.au

Zentraler Austragungsort der Olympischen Spiele und der Paralympics 2000 war der für diese Großereignisse angelegte Sydney Olympic Park. Die beiden wichtigsten Standorte – Stadium Australia und The Showground – sind heute Schauplätze für Cricket- und Fußballspiele. Die Wiese im Cathy Freeman Park, wo Filme, Konzerte und andere Veranstaltungen gezeigt werden, ist ideal für ein Picknick. Weitere Sportstätten sind das Aquatic Centre mit einem Wasserpark, eine Bogenschießanlage und ein Tenniscenter. In der Arena treten australische und internationale Künstler auf.

TOP 5 Strände und Pools in Sydney

Balmoral
Mosman
Bilderbuchstrand mit ruhigem Wasser und schöner Promenade.

Maccallum Seawater Pool
Milson Rd, Cremorne Point
Kleiner Pool direkt am Hafen.

Murray Rose Pool
536 New S Head Rd, Double Bay
Schöner Hafenpool mit Strandbereich.

Nielsen Park
6 Steele Point Rd, Vaucluse
Strand mit Wanderwegen in der Umgebung.

Shelly Beach
Manly
Ruhiger als der nahe gelegene Manly Beach und großartig zum Schnorcheln.

Hoch aufragende Brunnenanlage im Sydney Olympic Park →

NEW SOUTH WALES

Wandern in den Blue Mountains (siehe S. 160–163)

NEW SOUTH WALES AUF DER KARTE

Dieses Kapitel gliedert New South Wales in drei Gebiete, die auf der Karte jeweils mit eigener Farbcodierung dargestellt sind.

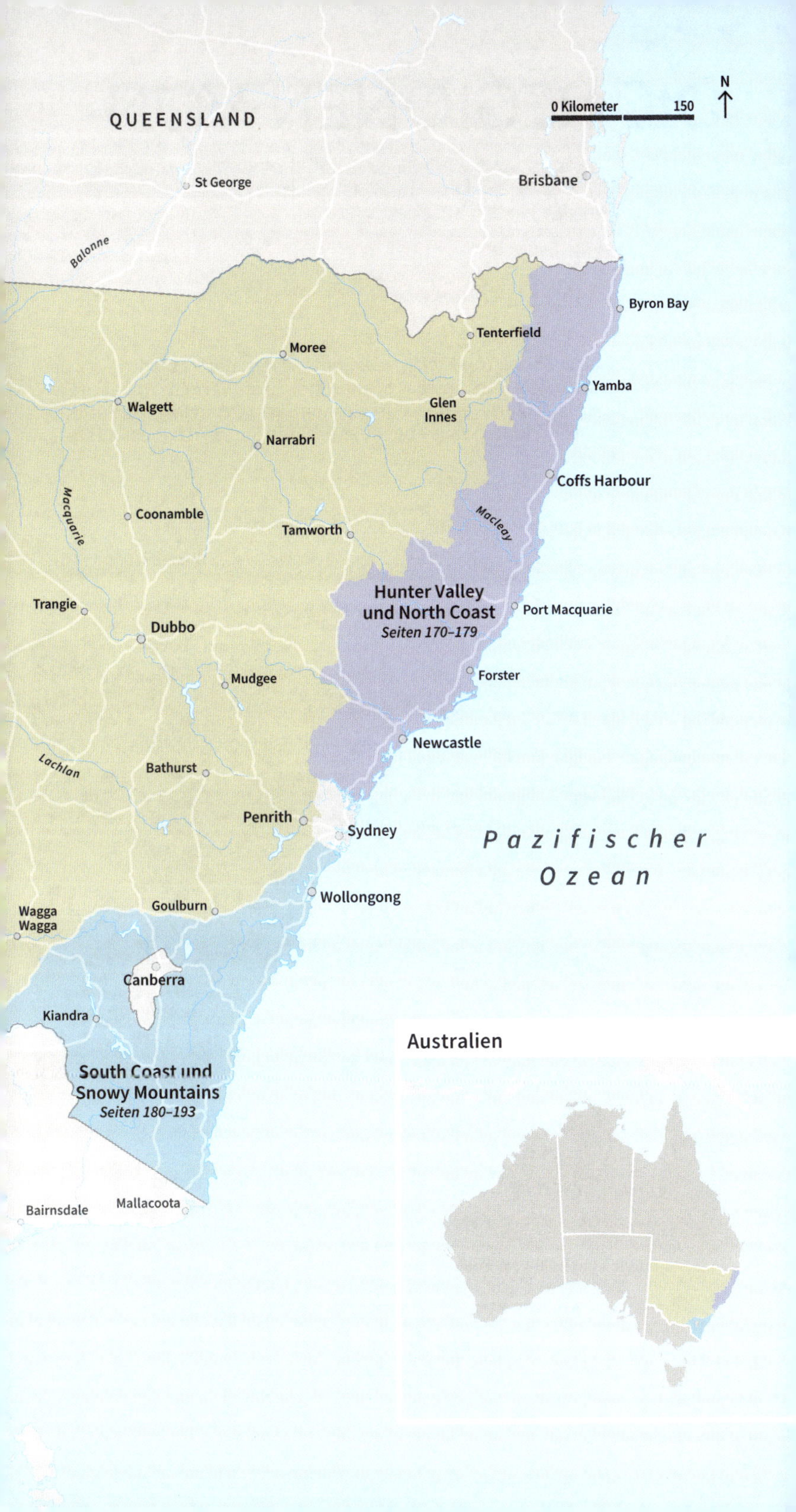

QUEENSLAND
0 Kilometer 150
N
St George
Brisbane
Balonne
Byron Bay
Tenterfield
Moree
Yamba
Glen Innes
Walgett
Narrabri
Coffs Harbour
Macquarie
Coonamble
Macleay
Tamworth
Hunter Valley und North Coast
Seiten 170–179
Trangie
Port Macquarie
Dubbo
Mudgee
Forster
Newcastle
Lachlan
Bathurst
Penrith
Sydney
Pazifischer Ozean
Wollongong
Goulburn
Wagga Wagga
Canberra
Kiandra
Australien
South Coast und Snowy Mountains
Seiten 180–193
Bairnsdale
Mallacoota

DIE REGIONEN VON NEW SOUTH WALES

Sydney ist zweifellos das Top-Ziel in New South Wales, doch es lohnt sich, den bevölkerungsreichsten Bundesstaat noch weiter zu entdecken: Wandern Sie durch den Blue Mountains National Park, lernen Sie in Byron Bay das Surfen, kosten Sie Weine im Hunter Valley oder beobachten Sie Wale vor der Küste.

Seiten 156–169

Blue Mountains und Westen von New South Wales

Im Westen grenzen die zerklüfteten Blue Mountains an den Großraum Sydney. Unternehmen Sie eine Wanderung durch das Gebirge und laufen Sie vorbei an duftenden Eukalyptuswäldern, weiten Tälern und tosenden Wasserfällen. Noch weiter westlich weicht der dichte Wald schließlich einer staubigen Mondlandschaft voller kurioser Felsformationen, in der Fossiliensammler noch heute nach Opalen graben.

Entdecken
Buschwanderungen und weite Panoramen

Sehenswert
Blue Mountains

Genießen
Genießen Sie vom Echo Point aus die grandiose Aussicht auf die Three Sisters

Seiten 170–179

Hunter Valley und North Coast

Hip, jung und dynamisch – willkommen an der North Coast von New South Wales! In der Region finden Sie einige der aufregendsten Städte des Staates. Byron Bay ist beliebt für seine hervorragenden Surf- und Tauchspots und gilt als Paradies für Künstler und Hippies, Wassersportler und Yogapraktizierende. In der kontrastreichen Hafenstadt Newcastle können Sie durch Kunstgalerien bummeln oder sich die köstliche australische Küche schmecken lassen. Die idyllische Weinregion Hunter Valley ist von hier nicht weit.

Entdecken
Küche und Weine

Sehenswert
Weinanbaugebiete und hippe Städte

Genießen
Üben Sie sich im entspannten Byron Bay im Wellenreiten

Seiten 180–193

South Coast und Snowy Mountains

Knappe 110 Kilometer südwestlich von Sydney liegt das schneebedeckte Winterparadies der Snowy Mountains – vielleicht eine der ungewöhnlichsten Regionen des Landes. Hier können Sie im Winter Ski oder Snowboard fahren oder auf Schneeschuhen durch die weiße Wunderwelt stapfen. An der Küste finden Sie wiederum weite Strände und jede Menge pittoresker Städte voller gemütlicher Cafés, uriger Antiquitätenläden und guter Museen.

Entdecken
Ski fahren und Wintersport

Sehenswert
Snowy Mountains

Genießen
Wandern Sie auf den höchsten Berg Australiens – den spektakulären Mount Kosciuszko

Im Scenic Skyway über die Blue Mountains (siehe S. 160–163)

Blue Mountains und Westen von New South Wales

Über Jahrtausende nutzten die hier lebenden Aborigines alte Wege durch die Berge für Handel und Zeremonien. Den ersten europäischen Siedlern blieben diese Routen verborgen, somit galten die Berglandschaften als undurchdringlich. Bald schon rankten sich immer mehr Legenden um diese geheimnisvollen Berge.

Im Jahr 1813 schließlich gelang Europäern die erste Überquerung der Blue Mountains. Viele von ihnen ließen sich im vorher unbekannten Land nieder und betrieben dort Viehzucht. Mitte des 19. Jahrhunderts begann der Goldrausch um Bathurst und Mudgee. In den New England Tablelands setzte er sich fort und führte zum Ausbau des Straßen- und Eisenbahnnetzes.

Aufgrund des ausgezeichneten Verkehrsnetzes, mit dessen Ausbau bereits um 1900 begonnen wurde, finden sich heute im Nordteil des Bundesstaates mehr Städte und eine dichter besiedelte Küste als irgendwo sonst in Australien. Zum Glück bewahrte die Region ihre natürliche Schönheit mit vielen Schätzen. In mehreren Nationalparks wie Blue Mountains, Gibraltar Range und Willandra ist die Natur geschützt.

Westen von New South Wales
Gebiet der Hauptkarte
Tibooburra
Bourke
Wilcannia
NEW SOUTH WALES
12
Broken Hill
Ivanhoe
Dubbo
Hay
Sydney
Wagga Wagga
Canberra
0 km
250
N
A55
MOONIE HIGHWAY
Westma
St George
Talwood
Macintyre
Boomi
Mungindi
Garah
Gwydir
Moree
9
Lightning Ridge
GWYDIR HIGHWAY
B71
Collerina
B55
B76
Collarenebri
Fords Bridge
Bellata
Brewarrina
Cryon
B76
Walgett
10
Bourke
Warrego
Wee Waa
B51
Narrabri
Pilliga
Carinda
B71
Castlereagh
Louth
MITCHELL HIGHWAY
NEWELL HIGHWAY
Macquarie
Quambone
Baradine
B87
Coonamble
Mullale
Coolabah
Mt Booroondarra 441 m
B55
Mt Exmouth 1206 m
Coonabarabr
Warrumbungle Rang
Girilambone
Cobar
BARRIER HIGHWAY
Tooraweenah
Nyngan
A32
Canbelego
Binnaway
Mullengudgery
Gilgandra
Coolah
Mendooran
B55
A32
B87
Trangie
A39
Dunedoo
Nymagee
B84
8
Dubbo
Narromine
Ulan
NEW SOUTH WALES
A32
Gulgong
Wellington
Mudgee
11
Tullamore
NEWELL HWY
MITCHELL HWY
Melrose
Peak Hill
Mumbil
Ilford
Hill End
13
15
Matakana
Condobolin
Sofala
Parkes
Molong
16
Willandra National Park
Lake Cargelligo
Orange
Forbes
Mt Canobolas 1396 m
Bathurst
A39
A3
Canowindra
Hillston
A41
Oberon
Lachlan
Girral
MID WESTERN HWY
B75
B87
B64
Cowra
Trunkey
B64
Grenfell
Lake Wyangala
West Wyalong
Booligal
Shooters Hill 1354 m
MID WESTERN HIGHWAY
Goolgowi
Koorawatha
B81
Grogan
Young
Griffith
Ardlethan
Murrumbidgee
B87
Temora
B94
Harden
Boorowa
Crookwel
A39
Darlington Point
Cootamundra
Hay
Binalong
Goulburn
A20
Narrandera
B75
A41
Coleambally
Coolamon
Murrumbateman
Coolac
STURT HIGHWAY
N
A25
M31
14
Wagga Wagga
Canberra Airport
M23
0 Kilometer
80
B72
Canberra

Blue Mountains und Westen von New South Wales

Highlight

1 Blue Mountains

Sehenswürdigkeiten

2 Tenterfield
3 Windsor
4 Gibraltar Range National Park
5 Inverell
6 Armidale
7 Tamworth
8 Dubbo
9 Lightning Ridge
10 Bourke
11 Mudgee
12 Broken Hill
13 Hill End
14 Wagga Wagga
15 Sofala
16 Willandra National Park

Schon gewusst?

Hier gedeihen etwa 1500 Pflanzenarten, darunter die Wollemie, einer der ältesten Bäume der Welt.

1

Blue Mountains

D6 Great Western Hwy Katoomba Echo Point Rd, Katoomba; Katoomba St, Katoomba; Hamment Pl, Glenbrook bmcc.nsw.gov.au/visitor-information

Die Blue Mountains sind nach dem bläulich schimmernden ätherischen Öl der Eukalyptusbäume benannt. Hier gibt es viel zu entdecken und erleben: Sie können Gipfel erklimmen, auf Pfaden wandern und in Gebirgsbäche springen.

Für die seit etwa 14000 Jahren hier lebenden Aborigines war das raue Gelände mit seinen steilen Felswänden, schwer zugänglichen Schluchten und hohen Gipfeln eine willkommene Grenze zu den weißen Siedlern, unter denen das Gebirge lange Zeit als unpassierbar galt. 1813 brachen jedoch drei Farmer zu einer gut geplanten Expedition auf und erreichten dabei die Westseite der Berge. Straßen und eine Eisenbahnlinie erschlossen die Gebirgsregion und machten sie zunehmend auch für den Fremdenverkehr interessant. 1959 wurde der Blue Mountains National Park eingerichtet, der die Ursprünglichkeit der Gebirgsnatur bewahren soll.

Legende der Three Sisters

Die Three Sisters, eine Sandsteinformation, sind eine heilige Stätte der Aborigines. Einer Legende zufolge entstanden die Felsen, als sich die drei Schwestern Gunndeoo, Wimlah und Meehni in drei Brüder eines anderen Volks verliebten. Ehen zwischen Angehörigen verschiedener Völker waren aber verboten. Ein Ältester verwandelte die Schwestern in Steine, um sie vor Gefangennahme zu schützen, und versprach, sie zurückzugeben, wenn ihnen keine Gefahr drohte. Doch der Älteste wurde getötet, und die Schwestern blieben für immer versteinert.

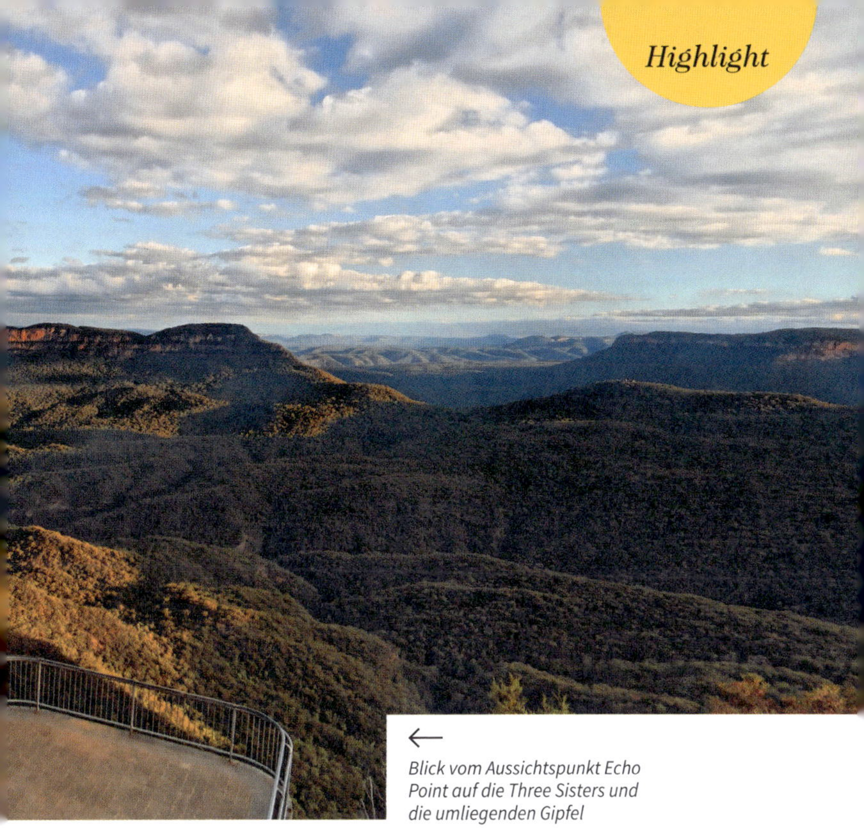

←

Blick vom Aussichtspunkt Echo Point auf die Three Sisters und die umliegenden Gipfel

1 *Den Wasserfall Weeping Rock nutzen Buschwanderer zur Erfrischung.*

2 *Leierschwänze sind hier ein häufiger Anblick. Männliche Leiervögel haben lange Schwanzfedern.*

3 *Klettern ist eine der zahlreichen Outdoor-Aktivitäten in den Blue Mountains.*

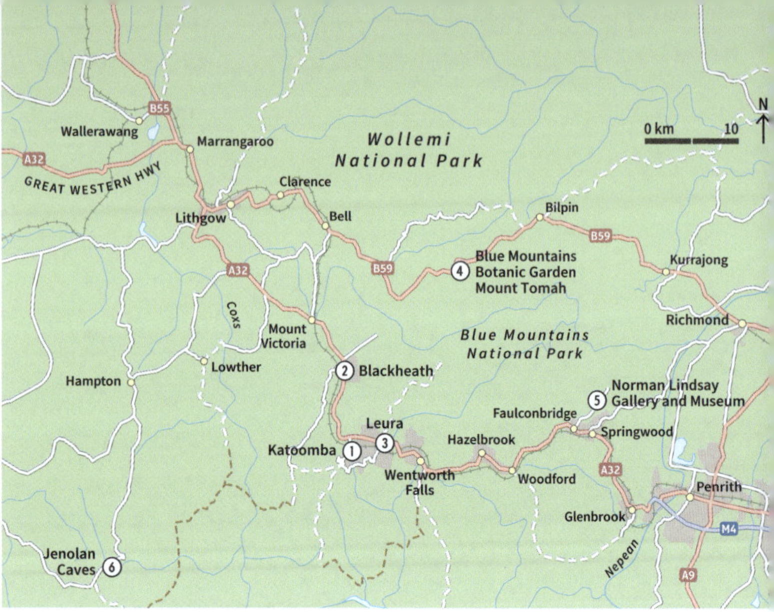

ÜBERBLICK: BLUE MOUNTAINS

① Katoomba

Echo Point, Katoomba
visitbluemountains.com.au

Katoomba, der Urlaubsort in den Blue Mountains, ist ein guter Ausgangspunkt für Ausflüge. Der Ort hat sich noch etwas den Glanz alter Tage erhalten, als wohlhabende Sydneysider um 1870 hier die Bergluft genossen.

Nur wenige Fahrminuten von der Stadt entfernt liegt Echo Point. Hier gibt es ein Besucherzentrum und einen Aussichtspunkt mit Blick über die Three Sisters *(siehe S. 160f)*. Ein Weg führt zu der Formation. Weiter vorne erreicht man die Giant Staircase, eine in die Felswand geschlagene Treppe.

Auf der Westseite der Stadt schwebt der Scenic Skyway, die weltweit erste Skyway-Seilbahn mit Glasboden, 205 Meter über der Oberfläche. Die Eisenbahn Scenic Railway bietet ebenfalls tolle Aussichten.

Schöne Aussicht
Govetts Leap Lookout

Von diesem Aussichtspunkt in der Nähe von Blackheath ist der Blick auf das Grose Valley mit seinen Felswänden, tiefen Schluchten und rauschenden Wasserfällen perfekt.

② Blackheath

Govetts Leap Rd
(+61 2 4787 8877)

Wegen der guten Restaurants und Übernachtungsmöglichkeiten bleiben viele Besucher ein bis zwei Nächte in dem Ort. Größte Attraktion ist die Erkundung der nebelumhüllten Spalten und Hohlwege des herrlichen Grose Valley.

Ausgangspunkt für Wanderungen ist das Heritage Centre an der Govetts Leap Road. Schautafeln erläutern die geologische Entstehung sowie die Geschichte der Ureinwohner und Einwanderer. Ein Wanderweg verläuft südwärts über Klippen, vorbei an den Bridal Falls, den höchsten Wasserfällen in den Blue Mountains. Ein mühsamer achtstündiger Rückweg ins Tal führt zum Blue Gum Forest. Die fünfstündige Wanderung zum Grand Canyon ist nur etwas für ganz Sportliche.

→ *Blue Mountains Botanic Garden Mount Tomah*

Highlight

③ Leura

Echo Point, Katoomba (+61 1300 653 408)

An der Hauptstraße der Kleinstadt findet man Kunstgalerien, Cafés, Läden, Restaurants und das Leuralla Toy and Railway Museum.

Sechs Kilometer von Leura entfernt steht das Everglades House, ein Art-déco-Fantasiegebäude. Seine Gärten sind klassische Beispiele für die Gartenarchitektur der 1930er Jahre mit schattigen Steingärten, Grottenteich und Rhododendren.

④ Blue Mountains Botanic Garden Mount Tomah

Bells Line of Rd
tägl. 9–17 25. Dez
botanicgardens.org.au

Tomah ist die Bezeichnung der Ureinwohner für Farn. Der Botanische Garten, Teil des Royal Botanic Garden von Sydney *(siehe S. 122f)*, beheimatet seit 1987 eine Reihe von Arten, die im Küstenklima nicht gedeihen würden. Die Anlagen sind ein Meisterwerk. Der Ausblick über das Grose Valley ist atemberaubend.

⑤ Norman Lindsay Gallery and Museum

14 Norman Lindsay Crescent, Faulconbridge
Do–Mo 10–16 Feiertage nationaltrust.org.au/places/norman-lindsay-gallery

Norman Lindsay (1879–1969), einer der bekanntesten Künstler Australiens, sorgte zu Lebzeiten für Aufsehen mit seinen Aktgemälden und gewagten Novellen. 1913 kaufte sich Lindsay ein Haus in den Bergen, wo viele seiner Werke entstanden. Er thematisiert darin häufig die Ablehnung moralischer und sexueller Normen seiner Zeit.

Sein Haus ist heute eine Galerie, die seine Gemälde, Karikaturen, Gartenskulpturen und Kinderbücher zeigt. Auch die Nachbildung seines Originalstudios ist zu sehen.

→ *Höhlenzauber: bizarre Kalksteinformationen in den Jenolan Caves*

⑥ Jenolan Caves

Jenolan Caves Rd
wg. Straßenbauarbeiten
jenolancaves.org.au

In einer Kalksteinschicht, die sich vor über 300 Millionen Jahren ablagerte, bildeten sich über 300 unterirdische Räume. Die neun zugänglichen Höhlen bieten faszinierende Kalksteinformationen, Becken und Flüsse.

Restaurants

Darley's
Hier werden regionale Produkte in kunstvolle Speisen verwandelt.

5–19 Lilianfels Ave, Katoomba
lilianfels.com.au/dining/darleys
$$$

Arrana
Dieses Restaurant liegt etwas versteckt, doch die Suche lohnt sich.

9–12, 125 Macquarie Rd, Springwood
arrana.com.au
$$$

SEHENSWÜRDIGKEITEN

2

Tenterfield

G4 3500 247 Rouse St visittenterfield.com.au

Das ländliche Städtchen gilt als »Geburtsort der Nation«. Hier hielt Henry Parkes, Lokalpolitiker und herausragende Persönlichkeit im Australien des 19. Jahrhunderts, am 24. Oktober 1889 in der School of Arts seine historische Rede »One Nation«. Darin erläuterte er seine Vision von einem australischen Staat. Parkes' Rede führte am 1. Januar 1901 zur Bildung der Australischen Föderation *(siehe S. 70)*. Die School of Arts war aufgrund ihrer Bedeutung das erste Gebäude, das der National Trust von New South Wales erwarb. Weitere historische Gebäude sind das viktorianische Stannum House (1888), der Sattlerladen (1860) sowie das Gerichtsgebäude (1878).

Tenterfield ist auch bekannt für den Bald Rock, nach Uluru *(siehe S. 434–437)* der zweitgrößte Monolith Australiens. Entstanden ist er in der erdgeschichtlichen Epoche der Trias vor etwa 200 Millionen Jahren. Mit rund 750 Meter Länge und nahezu 200 Meter Höhe sind seine Ausmaße stattlich. Er bietet Ausblicke auf die Bergketten im Osten, auf den Girraween National Park im Norden und auf den Mount McKenzie im Süden.

3

Windsor

D6 19 000 Hawkesbury Valley Way, Richmond discoverthehawkesbury.com.au

Der gut erhaltenen ehemaligen Kolonialsiedlung gab Gouverneur Macquarie ihren Namen. Sie gehört zu einer der fünf »Macquarie-Städte« und wurde 1794 an den Ufern des Hawkesbury River gegründet. Er bot den Farmern die Möglichkeit, ihre Produkte zu transportieren.

Die Kirche St Matthew's ist ein gutes Beispiel georgianischer Kolonialstilarchitektur. Weitere interessante Gebäude sind Macquarie Arms und das **Hawkesbury Museum**, das die Kolonialgeschichte Windsors dokumentiert.

Hawkesbury Museum

8 Baker St, Windsor
+61 2 4560 4655
Mi–Mo 10–16
Karfreitag, 25. Dez

4

Gibraltar Range National Park

G4 Gwydir Hwy nationalparks.nsw.gov.au

Der Park liegt 70 Kilometer östlich von Glen Innes und ist

Tenterfield ist auch bekannt für den Bald Rock, nach Uluru der zweitgrößte Monolith Australiens. Entstanden ist er in der erdgeschichtlichen Epoche der Trias vor etwa 200 Millionen Jahren.

für seine riesigen Felstürme bekannt, die sich in einer Heide- und Moorlandschaft auf 1200 Meter erheben. Die Gebirgsgegend ist am reizvollsten im Sommer, wenn die Wildblumen blühen.

Vom National Park führt ein 40 Kilometer langer, unter UNESCO-Schutz gestellter Wanderweg zum Washpool National Park.

Glen Innes und die umliegenden Ortschaften Glencoe, Ben Lomond und Shannon Vale gelten als »Keltenland« Australiens – 1852 siedelten sich hier viele Schotten, Waliser, Iren und Einwanderer aus Cornwall an. Die aufrecht stehenden Steine in der Stadt sind ein Denkmal für alle keltischen Siedler.

Saphirminen sind weiter eine wichtige Einnahmequelle der Region. In Glen Innes findet jedes Jahr im September eine Edelstein- und Mineralienmesse statt. Bei Emmaville und Torrington darf noch heute jeder als »Schatzsucher« nach Saphir, Topas, Beryll und Granat graben.

5 Inverell

G4 11 000
Water Towers Complex, 13–35 Campbell St
inverell.com.au

Inverell ist als »Saphir-Stadt« bekannt, da hier die meisten Saphire der Welt gefördert werden. Viele Gebäude aus der Zeit des Minenbooms um 1880 sind noch gut erhalten. Im **Inverell Pioneer Village** wurden Gebäude der Umgebung zu einem Freilichtmuseum zusammengeführt.

Südlich von Inverell liegt der Copeton-Damm. Eine Wildwasserfahrt auf dem Gwydir unterhalb des Dammes ist aufregend.

←

Stannum House in Tenterfield, ein Wahrzeichen des Städtchens

↑ *Die tief eingeschnittene Wollomombi Gorge im Oxley Wild Rivers National Park*

Inverell Pioneer Village
Tingha Rd, Inverell Di–Fr 10–16, Sa, So 9:30–13:30 Karfreitag, 25. Dez inverell pioneervillage.org.au

6 Armidale

G4 22 000
82 Marsh St
visitarmidale.com.au

Im Herzen der New England Tablelands liegt die Universitätsstadt Armidale. Aufführungen, Filme und Vorträge füllen Theater, Pubs und Vorlesungssäle.

Etwa 35 Gebäude in Armidale sind vom National Trust geschützt worden. Das **New England Regional Art Museum** besitzt die überaus wertvolle Howard Hinton and Chandler Coventry Collection. Zu sehen sind Werke australischer Künstler wie Tom Roberts und Norman Lindsay *(siehe S. 163)*.

Östlich erstreckt sich der **Oxley Wild Rivers National Park** mit der 220 Meter tiefen Wollomombi-Schlucht und einem der höchsten Wasserfälle Australiens.

New England Regional Art Museum
106 Kentucky St Di–So 10–16 1. Jan, Karfreitag, 25. Dez neram.com.au

Oxley Wild Rivers National Park
188 W North St, Walcha Mo–Fr nationalparks.nsw.gov.au

Howard Hinton Collection

Der Kunstmäzen und Wohltäter Howard Hinton (1866–1948) häufte eine Vielzahl an Kunstschätzen an. Nach und nach schenkte er alles dem New England Regional Art Museum, zu dem er vorher keine nennenswerte Verbindung hatte. Die Sammlung gilt als eine der besten für australische Kunst.

7

Tamworth

G5 36 000 The Big Golden Guitar, 2 The Ringers Rd tamworthregion.com.au/visit

Tamworth liegt inmitten einer fruchtbaren Ebene. Im Januar findet ein zehntägiges Festival mit Country Music, Bluegrass, Buschballaden und dem Golden Guitar Award statt.

Das Big Golden Guitar Tourist Centre mit der großen goldenen Gitarre davor und die Gallery of Stars, die Stars der australischen Country Music in Wachs zeigt, spiegeln die Rolle dieser Musik für die Stadt wider, das Hall of Fame Museum ehrt die Musiker, die einen Beitrag für die Musikindustrie geleistet haben, ebenso der Eckstein mit den Country Music Hands of Fame.

Tamworth ist das Reitzentrum Australiens. Quarter Horse Association und Appaloosa Association wurden hier gegründet. Springturniere und Rodeos sind wichtige Termine.

8

Dubbo

F5 40 000 Ecke Newell Hwy u. Macquarie St dubbo.com.au

Dubbo, die Regionalhauptstadt des westlichen Teils von New South Wales, liegt im Zentrum des Staates. Das Gebiet an den Ufern des Macquarie River wurde erstmals im Jahr 1817 von dem Forscher John Oxley wegen seines fruchtbaren Bodens erwähnt. Heute produziert das Agrarzentrum jährlich Nahrungsmittel im Wert von 45 Millionen Dollar.

Interessante Bauwerke der Kolonialarchitektur sind das Dubbo Museum (1876) mit reich verzierten Decken, das Gerichtsgebäude im italienisierenden Stil (1890) und die Macquarie Chambers (1884) mit toskanischen Säulen und Terrakotta-Dachziegeln.

Im **Old Dubbo Gaol** erfahren Besucher vom Leben von Jacky Underwood. Der Aborigine wurde wegen Mittäterschaft beim Massaker von Breelong Blacks, bei dem 1900 elf weiße Siedler getötet wurden, gehängt. Rolf Boldrewood schuf die Figuren seines Romans *Robbery Under Arms* nach Insassen dieses Gefängnisses.

Der fünf Kilometer entfernte **Taronga Western Plains Zoo** hat sich auf die Zucht bedrohter Arten spezialisiert. In Freigehegen leben über 1000 Tiere aus aller Welt.

Old Dubbo Gaol

Macquarie St tägl. 9–17 Karfreitag, 25. Dez olddubbogaol.com.au

Taronga Western Plains Zoo

Obley Rd tägl. 9–16 taronga.org.au

← *Wahrzeichen vor dem Big Golden Guitar Tourist Centre, Tamworth*

→ *Terrasse eines Weinlokals in Mudgee; Weinanbau in der Umgebung* (Detail)

9

Lightning Ridge

F4 5000 Morilla St (+61 2 6829 1670)

Das kleine Bergwerksdorf ist Fundort des wertvollen schwarzen Opals mit roten, blauen und grünen Adern. Edelsteinfreunde aus aller Welt versuchen hier ihr Glück auf den Opalfeldern. Die Bewohner des Ortes sind wegen ihres herzlichen Umgangs mit den Besuchern berühmt – sowie für die Minenführungen, Opalläden und heißen Quellen.

10

Bourke

F4 3000 Kidman Way visitbourke.com.au

Die malerische Stadt am Darling River, einem Seitenarm des längsten Flusssystems Australiens, war früher Weltzentrum der Wollindustrie und produziert noch heute jährlich 25 000 Ballen.

An die Blütezeit der Stadt, in der Raddampfer die Wolle nach Victoria brachten, erinnern ihre Kolonialbauten, die Schleuse, der Kai und die Klappbrücke. Auch der Stadtfriedhof erzählt Geschichte:

Expertentipp
Kulturtour
Erfahren Sie bei einer Führung mit Bourke Aboriginal Cultural Tours mehr über die Kultur der hier lebenden Aborigines. Die Guides bringen Sie dabei auch zu einer Kunstgalerie und zum Radiosender 2cuzFM (www.2cuzfm.com/bourke-indigenous-tours.php).

Afghanische Kameltreiber, die im 19. Jahrhundert das Kamel nach Australien brachten, sind neben Buschräubern und Farmpionieren bestattet.

Bourke wird vor Ort gern als Tor zum »wahren« Outback beworben. In den 1940er Jahren kamen viele vertriebene Aborigines – insbesondere Ngemba- und Barkindji – aus dem Outback in die Stadt und ließen sich hier nieder. Dies führte zu einem erheblichen Anstieg der indigenen Bevölkerung in der Region. In der Nähe befindet sich der Wanderweg Mulgowan Aboriginal Art Site, er führt entlang alten Felsmalereien durch weitgehend unberührtes Buschland.

11

Mudgee

F5 9000
90 Market St visitmudgeeregion.com.au

Mudgee ist ein altes Landstädtchen mit historischen Häusern, die vielfach unter dem Schutz des National Trust stehen. Interessante Bauten sind das Regent Theatre an der Church Street, viele Kirchen und städtische Gebäude an der Market Street, der Bahnhof sowie das restaurierte West End Hotel, das jetzt das Colonial Inn Museum beherbergt.

Mudgee ist auch für seinen regionalen Wein und das jährliche Weinfest im September berühmt. Das Umland liefert Spezialitäten wie Flusskrebse, Forellen, Lamm, Pfirsiche und Spargel.

In den 1850er und 1860er Jahren entdeckte man südlich von Mudgee Gold. Das Goldwaschen in den Bächen von Windeyer, wo bis in die 1930er Jahre das Edelmetall gefördert wurde, ist eine beliebte Touristenaktivität. Besucher können sich beim **Gulgong Gold Experience** in Gulgong, einem Dorf 33 Kilometer nördlich von Mudgee, im Goldwaschen versuchen.

Gulgong Gold Experience
Tom Saunders Ave, Gulgong Mi–Fr 13–15, Sa, So 10–14 gulgonggold.com.au

Hotels

Zoofari Lodge
Die Unterkunft befindet sich im Taronga Western Plains Zoo.

F5 Taronga Western Plains Zoo, Dubbo taronga.org.au/dubbo-zoo/accommodation

$$$

Goonoo Goonoo Station Tamworth
Von den Cottages über dem Weideland von Tamworth genießt man schöne Ausblicke.

G5 13304 New England Hwy, Timbumburi goonoogoonoostation.com

$$$

Dem australischen Film Mad Max 2 *(1981) ist nahe Broken Hill ein Museum gewidmet* ↑

12 Broken Hill

E4 21 000 Ecke Blende St u. Bromide St visitbrokenhill.com

Die am Rand der inneraustralischen Wüste gelegene Minenstadt Broken Hill ist das inoffizielle Zentrum des Outbacks von New South Wales. Die Stadt wurde 1883 gegründet, nachdem die damals junge Broken Hill Pty Ltd. riesige Zink-, Blei- und Silbervorkommen entdeckt hatte.

Broken Hill wurde eine bedeutende Bergbaustadt und die BHP größte Firma Australiens. Trotz seines Rückgangs ist der Bergbau in Broken Hill noch präsent: Überall türmen sich Abraumhalden, die Straßen sind nach Metallen benannt.

Der düstere Charakter der Stadt und die karge Umgebung haben viele Künstler inspiriert. Broken Hill verfügt über mehr als 20 Kunstgalerien mit Werken von lokalen Künstlern.

Nordwestlich von Broken Hill liegt die Geisterstadt Silverton, ehemals eine blühende Stätte der Silberförderung. Der Ort dient als Filmkulisse, hier entstanden Filme wie *Mad Max 2* oder *Priscilla, Königin der Wüste*.

TOP 3 Galerien in Broken Hill

Pro Hart
108 Wyman St
Hier finden Sie Kunst des Malers Pro Hart.

Howard Steer Art Studio
721 Williams St
Humorvolle und lebendige Kunst über das harte Leben im Outback.

Broken Hill Regional Art Gallery
404/408 Argent St
Werke etablierter und aufstrebender Künstler.

Schon gewusst?

Silverton und Broken Hill waren Kulisse für 45 Filme, darunter *Mad Max 2*.

13 Hill End

D6 200 Bathurst (75 km), dann Auto Hill End Heritage Centre: 1 Beyers Ave visitnsw.com

In dem ehemaligen Goldgräberstädtchen sind noch einige viktorianische Gebäude erhalten, was seinen besonderen Charme ausmacht. Hill End boomte 1872, als der in Deutschland geborene Goldgräber und Geschäftsmann Bernhardt Otto Holtermann den bis dahin größten Goldbrocken der Welt entdeckte.

Das **Hill End Heritage Centre** illustriert die Geschichte der Region u. a. mit einem gut erhaltenen Bergmannshaus und einem Bergbauwagen.

Am Rande der Stadt führt der malerische Wanderweg Bald Hill an Relikten alter Minen vorbei. Die restaurierte Bald Hill Mine gewährt Einblick in das Leben unter Tage.

Hill End Heritage Centre
1 Beyers Ave, Hill End
+61 2 6370 9050
tägl. 7–19
Feiertage

14 Wagga Wagga

C6 · 49 000 · ✈ · 🚆 · 🚌
i 183 Tarcutta St
W visitwagga.com

Die große, moderne Stadt, von den Wiradjuri »Ort der vielen Krähen« genannt, ist ein überregional bedeutendes Handels- und Agrarzentrum. Neben dem Anbau von Weizen sowie für Schaf- und Rinderzucht eignet sich der fruchtbare Boden perfekt für den Weinanbau. Wagga Wagga hat zahlreiche Auszeichnungen für seine Weine erhalten. Seinen prachtvollen Gärten verdankt es den Titel »Gartenstadt des Südens«.

Vor allem der Botanische Garten und das Wagga Historical Museum sind lohnenswerte Attraktionen. Der Wiradjuri-Pfad außerhalb der Stadt ist ein beliebter Wanderweg am Ufer des Murrumbidgee River.

Das 80 Kilometer östlich am Ufer dieses Flusses gelegene Städtchen Gundagai erlangte traurige Berühmtheit als Schauplatz der größten Naturkatastrophe Australiens: 1852 schwemmte eine verheerende Flut die Stadt weg. Darien Pullens Skulptur der beiden Wiradjuri Yarri und Jacky Jacky, die viele Bewohner vor der Flut retteten, erinnert an das tragische Ereignis.

← The Great Rescue of 1852, *Skulptur in Gundagai zur Erinnerung an die Flut*

15 Sofala

D6 · 150 · ✈ · 🚆 Bathurst, dann Auto
W visitnsw.com

Heute ist die einst blühende Goldgräberstadt einer der kleinsten Orte des Landes. Gebäude aus der Zeit des Goldrauschs, darunter das Old Sofala Gaol und das Royal Hotel, dominieren das charmante Straßenbild, das in einem Gemälde von Russel Drysdale verewigt wurde.

Obwohl die letzte Mine 1947 geschlossen wurde, versuchen Goldsucher immer noch ihr Glück beim Goldwaschen im Turon River.

16 Willandra National Park

F5 · i 200 Yambil St, Griffith · bei nassem Wetter oder Feuer · W nationalparks.nsw.gov.au

Der Nationalpark am Rand einer Flussebene ist sowohl historisch als auch wegen seiner Wildtiere interessant. Er umfasst Teile der einst ertragreichen Willandra-Schafzuchtfarm, u. a. den Bauernhof und die Schafschur-Anlagen. Vom Hof blickt man auf den stillen Willandra Creek. Seine weiten Feuchtgebiete sind Heimstatt von Emus, Kängurus und bodenbrütenden Vögeln.

Etwa 200 Kilometer westlich des Nationalparks liegt die Willandra Lakes Region. Dieses 240 000 Hektar große Gebiet wurde 1981 zum UNESCO-Welterbe erklärt. Es birgt außergewöhnliche Beispiele prähistorischer Zivilisation, darunter die älteste Einäscherungsstätte der Welt. Bekanntester See ist der Lake Mungo, der Ort der Entdeckung des Mungo Man.

Mungo World Heritage Area

Das Gebiet um den Lake Mungo in der Willandra Lakes Region hat große archäologische Bedeutung. Rund 40 000 Jahre lang lebten Aborigines an dem zehn Meter tiefen See. Vor etwa 14 000 Jahren trocknete er aus und geriet in Vergessenheit – bis in den 1960er Jahren Winde das Skelett eines Aborigines, des »Mungomannes«, freilegten. Der See ist Teil der UNESCO-Welterbestätte.

Cape Byron Lighthouse an der Byron Bay (siehe S. 177)

Hunter Valley und North Coast

Rund 30 000 Jahre lebten Aborigines im Hunter Valley, bevor die ersten Europäer hier eintrafen. Im Jahr 1797 stießen diese auf der Suche nach entflohenen Sträflingen zufällig auf den Hunter River und ließen sich hier nieder. Die frühen europäischen Siedler nutzten die natürlichen Ressourcen des Tals, indem sie das traditionelle Land der Aborigines rodeten und kultivierten. Die Landschaft erwies sich als ideal für den Weinanbau, der ab den 1820er Jahren betrieben wurde. Heute zählt das Hunter Valley mit mehr als 150 Weingütern zu den lukrativsten Weinregionen Australiens.

Die europäische Besiedlung der North Coast begann 1821 mit der Gründung von Port Macquarie. Die hier festgehaltenen Sträflinge mussten Zuckerrohrpflanzungen und Verkehrswege anlegen, um die Region für Siedler attraktiv zu machen. Schon bald entwickelte sich eine florierende Holz- und Bergbauindustrie, durch großflächige Rodungen entstand Weideland für die Viehwirtschaft.

Ein ambitioniertes Infrastrukturprojekt, der Pacific Highway, förderte die Entwicklung der Region weiter. Er verbesserte die Verkehrsanbindung nach Sydney und kurbelte auch den Tourismus an.

Hunter Valley und North Coast

Sehenswürdigkeiten

1. Port Macquarie
2. Port Stephens
3. Gosford
4. Newcastle
5. Barrington Tops World Heritage Area
6. South West Rocks
7. Lord Howe Island
8. Yamba
9. Coffs Harbour
10. Byron Bay

Südosten von Queensland und Whitsunday Islands
Seiten 364–379
Tweed Heads
Woodenbong
Murwillumbah
Pottsville
Brunswick Heads
Kyogle
Nimbin
10 Byron Bay
Bonalbo
Lismore
Casino
Tabulam
Ballina
Coraki
Woodburn
Baryulgil
Bundjalung National Park
Whiporie
Iluka
8 Yamba
Jackadgery
Maclean
Ulmarra
Yuraygir National Park
Grafton
Wooli
Nymboida
Corindi Beach
Glenreagh
Woolgoolga
9 Coffs Harbour
Dorrigo
Sawtell
Ebor
Bellingen
Urunga
Bowraville
Nambucca Heads
Comara
Macksville
Macleay
Pacific Highway
6 South West Rocks
Hat Head National Park
Kempsey
Crescent Head
Point Plomer
1 Port Macquarie
Wauchope
North Haven
Crowdy Bay National Park
Harrington
Old Bar
Nabiac
Forster
Myall Lakes National Park
Hunter Valley und North Coast
Pazifischer Ozean
Südosten Australiens
QUEENSLAND
Byron Bay
Coffs Harbour
Newcastle
Gebiet der Hauptkarte
7 Lord Howe Island
NEW SOUTH WALES
Sydney
Canberra
Pazifischer Ozean
VICTORIA
Melbourne
0 Kilometer 500
N

SEHENSWÜRDIGKEITEN

1 Port Macquarie

G5 48 000
Ecke Clarence u. Hay St
portmacquarieinfo.com.au

Port Macquarie wurde 1821 als Strafkolonie gegründet und ist heute dank seiner 17 Strände ein populärer Urlaubsort. Auf dem Küstenweg (9 km) vom Westport Park zum Tacking Point Lighthouse kann man die Küstenlandschaft sehr gut erkunden. Für Buschwanderungen empfiehlt sich der Kooloonbung Creek Nature Park mit drei Kilometer langen Wanderwegen.

Wenige Autominuten vom Zentrum entfernt liegt das Settlement Point Reserve. Dort gibt es eine Fährverbindung zu einigen Stränden.

2 Port Stephens

G5 75 000
60 Victoria Parade, Nelson Bay portstephens.org.au

Mit 26 Stränden und den größten Wanderdünen der Südhalbkugel ist Port Stephens ein Hotspot für Outdoor-Aktivitäten: Sandboarden auf den Dünen, Reiten an den Stränden und Wandern auf dem Mount Tomaree. Im Tilligerry Habitat kann man Koalas in freier Wildbahn beobachten.

Etwa 90 Kilometer nördlich liegt der Myall Lakes National Park mit seinen Süßwasserseen und Stränden. Er eignet sich u. a. für Wassersportarten wie Kajakfahren, Angeln und Tauchen.

3 Gosford

E6 180 000
lovecentralcoast.com.au

Gosford ist die Hauptstadt des Central Coast genannten Feriengebiets und ein guter Ausgangspunkt für Ausflüge in die Umgebung. Gosford selbst befindet sich am Nordufer der Brisbane Waters und eignet sich für sämtliche Arten von Wassersport. Die Strände in der Nähe sind bekannt für ihre Brandung, Lagunen und Sandbänke.

Zu den kulturellen Attraktionen der Stadt gehört die **Gosford Regional Gallery**, die Ausstellungen zu Fotografie, Malerei, Bildhauerei und Kunsthandwerk zeigt. Der Galerie angegliedert ist der Edogawa Commemorative Garden mit traditionellen japanischen Elementen wie Pavillon, Koi-Teich, Steingarten und Teehaus.

Forest of Tranquility – Australian Rainforest Sanctuary, Regenwald und Vogelschutzgebiet, liegt in einem Tal mit subtropisch-gemäßigtem Klima. Es gibt Picknickplätze, Spielbereiche, einen Kiosk und Grillstellen. Durch den Regenwald führen Wanderwege.

Nach kurzer Autofahrt von Gosford nach Norden erreicht man den Memorial Park. Er ist bekannt für seine Pelikane, die bei der Fütterung um Fische wetteifern. Dieses Ereignis findet jeden Tag um 15:30 Uhr statt. Dabei erhalten die Besucher Informationen über Pelikane und andere im Park anzutreffende Vögel sowie über die maritime Tierwelt.

In der Nähe von Gosford liegen einige Nationalparks. Bouddi National Park gehört mit seinen Sandsteinkliffs,

einsamen Stränden und blumenübersäten Küstenstreifen zu den vielfältigsten der Region. Einen Besuch wert ist auch der Ort Bulgandry im Brisbane Waters National Park. Hier sind in den gut erhaltenen Fels-»Galerien« mehrere Tausend Jahre alte Felsritzungen zu sehen.

Gosford Regional Gallery
36 Webb St, East Gosford tägl. 9:30–16 gosfordregional gallery.com

Forest of Tranquility – Australian Rainforest Sanctuary
Ourimbah Creek Rd, Ourimbah tägl. 10–16 (nur Gruppen) 25. Dez forestoftranquility.com

4 Newcastle

G5 350 000
visitnewcastle.com.au

Ein Besucher der zweitältesten Stadt Australiens notierte 1880: »Mir schien, als ob die ganze Stadt bei unserer Ankunft angstvoll erwachte und keine bestimmte Vorstellung von einem zentralen Platz hatte, an dem man sich hätte treffen können.« Das hier gemeinte städtebauliche Chaos lag an der Abhängigkeit der Stadt vom Kohlebergbau und den großen Stahlwerken. Noch heute ist die Industrie das wirtschaftliche Rückgrat, doch das tut der malerischen Schönheit Newcastles keinen Abbruch.

Noch heute ist die Industrie das wirtschaftliche Rückgrat, doch das tut der malerischen Schönheit Newcastles keinen Abbruch.

Die Stadt erstreckt sich um den Hafen. Die Hauptverkehrsader Hunter Street säumen Gebäude in verschiedenen Stilen.

Die **Newcastle Region Art Gallery** zeigt die berühmtesten australischen Maler des 19. und 20. Jahrhunderts, darunter Werke der in Newcastle geborenen Künstler William Dobell, Arthur Boyd und Brett Whiteley.

Queens Wharf ist die Hauptattraktion am Hafen. Am Ende einer Mole steht Nobby's Lighthouse mit Blick auf das alte Newcastle. Dahinter liegt **Fort Scratchley**, das 1880 errichtet wurde. Von hier wurde 1940 das Feuer eröffnet, als die Japaner Newcastle im Zweiten Weltkrieg bombardierten. Surfstrände sind beiderseits des Hafeneingangs. Zwei Kilometer von Fort Scratchley entfernt liegt Bogey Hole, eines der ältesten Meeresbecken Australiens und Newcastles meistfotografiertes Wahrzeichen.

Lake Macquarie 20 Kilometer südlich ermöglicht nahezu jede Art von Wassersport. Am Westufer steht das Dobell House. Früher wohnte darin der Maler William Dobell.

Newcastle Region Art Gallery
Ecke Darby St u. Laman St wegen Bauarbeiten nag.org.au

Fort Scratchley
Nobbys Rd Mi–Mo 10–16 Uhr (letzte Führung beginnt um 14:30) Karfreitag, Oster-So fortscratchley.com.au

Restaurants

Subo
Ein beliebtes Bistro, das Fünf-Gänge-Menüs aus modernen australischen Speisen serviert.
G5 551D Hunter St, Newcastle West subo.com.au
$$

Bocados Spanish Kitchen
Tapas und Churros sind Spezialitäten dieses spanischen Lokals.
G5 25 King St, Newcastle bocados spanishkitchen.com.au
$$

←
Feiner Sand und türkisfarbenes Wasser machen den Reiz des Shoal Bay Beach bei Port Stephens aus

↑ *Willkommene Erfrischung im Allyn River, Barrington Tops National Park; Eisvogel* (Detail)

5

Barrington Tops World Heritage Area

G5 Gloucester 59 Church St, Gloucester nationalparks.nsw.gov.au

Das Hunter Valley wird im Norden von der Bergkette der Barringtons begrenzt. Als eines der höchsten Gebiete Australiens reicht das Hochland der »Barrington Tops« bis auf 1550 Meter. Der ausgedehnte Wald (280 000 ha) mit 1000-jährigen Bäumen wird im Barrington Tops National Park geschützt. Der Regenwald wurde 1986 zum UNESCO-Welterbe erklärt, seit 1996 ist er als Wilderness Area Teil der Gondwana Rainforests of Australia. Zerklüftete Berge, kühlgemäßigte Regenwälder, Schluchten, Klippen und Wasserfälle machen die Barrington Tops zu einem Paradies für Wanderer, Kletterer, Camper und Vogelbeobachter.

Barrington Tops ist seit über 100 Jahren Wochenendziel der Sydneysider. Reiseveranstalter bieten Ausflüge mit allradgetriebenen Wagen in die Wildnis an, inklusive Campen am Allyn River, Wandern am Telegherry und Jerusalem Creek und Schwimmen im Felsteich von Lady's Well.

6

South West Rocks

G5 6000 1 Boatman's Cottage, Ocean Drive macleayvalleycoast.com.au

Die nahe der Mündung des Macleay River gelegene Küstenstadt South West Rocks ist bekannt für Sandstrände, Nationalparks und außergewöhnliche Tauchplätze, darunter die Fish Rock Cave, die auch ein Brutplatz für die vom Aussterben bedrohten Ammenhaie ist.

Im Arakoon National Park umrahmen felsige Landzungen die ruhige Trial Bay. Dort teilen sich Schwimmer das Wasser mit herumtollenden Delfinen. Darüber liegen die weitläufigen Ruinen des ehemaligen Gefängnisses Trial Bay Gaol.

7

Lord Howe Island

G5 Lord Howe Island Museum lordhoweisland.info

Das kleine Inselparadies wurde 1788 von der HMS *Supply* der *First Fleet (siehe S. 68)* entdeckt. Es liegt 600 Kilometer östlich von Port Macquarie *(siehe S. 174)* und gehört zum UNESCO-Welterbe. Nur 400 Besucher dürfen sich gleichzeitig auf der Insel aufhalten.

Das kristallklare Wasser zwischen schroffen Vulkangipfeln ist Lebensraum von rund 450 Fisch- und 90 Korallenarten, von denen es viele nirgendwo sonst auf der Welt gibt. Die Naturattraktionen der Insel überblickt man am besten vom Mount Gower. Eine gute Base für Taucher und Schnorchler am südlichsten Korallenriff der Welt ist Ball's Pyramid.

Lord Howe ist auch Australiens wichtigstes Vogelbeobachtungsziel, hier brüten 14 Seevogelarten. Dutzende Wanderwege führen Sie an Nistplätzen vorbei und zu grandiosen Ausblicken.

→ *Cape Byron Lighthouse, architektonisches Wahrzeichen der Byron Bay*

Expertentipp
Anreise nach Lord Howe Island

Am schnellsten erreicht man die Insel mit einem zweistündigen Flug von Sydney, Qantas Airways bietet täglich Flüge an. Wer die Insel per Boot ansteuert, muss vorher die Erlaubnis für einen Liegeplatz beantragen.

8
Yamba

A G4 6000 i Grafton Regional Gallery, 158 Fitzroy St, Grafton W myclarencevalley.com

Das Städtchen im Clarence Valley ist Ausgangspunkt für den mehrtägigen Yuraygir Coastal Walk zum Red Rock, der alten Wanderpfaden folgt. Vor allem aber sind es die herrlichen Strände und die entspannte Atmosphäre der Stadt, die Touristen hierher locken. Geboten ist jede Menge: Man kann Kajak fahren, im Bereich der Flussmündung schwimmen oder ganz einfach bei einem gemütlichen Picknick am Flussufer entspannen.

Mehrere ausgezeichnete Surfspots gibt es in Angourie südlich von Yamba. Hier können Besucher auch in einem ehemaligen Steinbruch baden.

9
Coffs Harbour

A G4 i 35–61 Harbour Drive W coffscoast.com.au

Die Gewässer vor der Küstenstadt Coffs (51 000 Einwohner) stehen im Solitary Islands Marine Park unter Schutz. Hier gibt es eine reiche Tierwelt und Korallenriffe, die sich bestens zum Schnorcheln eignen. Vogelbeobachter sollten sich zum Muttonbird Island Nature Reserve aufmachen, wo es eine große Population von Sturmtauchern gibt.

10
Byron Bay

A G4 5000 i 80 Jonson St W visitbyronbay.com

Die früher verschlafene Küstenstadt hat sich zu einem sehr angesagten Reiseziel entwickelt. Auch wenn im Dezember und Januar die Menschenmassen herbeiströmen, hat sich Byron Bay seine entspannte Atmosphäre bewahrt. Die Stadt bietet trendige Cafés, Yogaschulen, Boutiquen und Hostels.

Surfer und Sonnenanbeter tummeln sich an Main Beach und Wategos Beach. Beide Strände werden vom Cape Byron Lighthouse überragt. Der Turm markiert den östlichsten Punkt Australiens.

Das Gourmetparadies Mullumbimby liegt 22 Kilometer entfernt. Um den früheren Spirit von Byron Bay zu erleben, fahren Sie nach Nimbin, eine 70 Kilometer von Byron entfernte Hippie-Gemeinde am Rande eines erloschenen Vulkans.

TOP 4
Strände der North Coast

Crowdy Bay
Der großartige Strand ist 60 Kilometer von Port Macquarie entfernt.

Tallow Beach
Der Strand in Byron Bay ist für seine artenreiche Vogelwelt bekannt.

Crescent Head
Der Strand 21 Kilometer nördlich von Port Macquarie bietet sensationelle Brandungen.

Nambucca Heads
Nambucca nahe South West Rocks hat mehrere Strände. South Beach eignet sich zum Surfen, Main Beach am besten zum Schwimmen.

Tour durch das Hunter Valley

Länge 39 km **Rasten** Neben Picknickplätzen und Restaurants bei den Weingütern bietet Pokolbin Cafés, einen Gemischtwarenladen und ein Picknickgelände. Von der Mount Bright Road haben Sie den besten Ausblick über das Tal.

Die ersten Weingärten Australiens wurden um 1830 in den fruchtbaren Ebenen des Hunter Valley angelegt. Ursprünglich hatte man sich in der Gegend auf schwere Weine spezialisiert, heute ist das Tal eines der wichtigsten Anbaugebiete für Qualitätsweine. Mit 150 Weinkellereien ist das Hunter Valley ein beliebtes Ausflugsziel. Dieser Rundweg führt durch alle wichtigen Weingüter, die einen kurzen Stopp oder einen längeren Aufenthalt wert sind. Unterwegs werden Sie mit tollen Ausblicken auf das wunderschöne Tal belohnt.

Tamburlaine ist ein kleiner Winzer für vegane, schwefelarme und schwefelfreie Weine.

Seit 1973 produziert das Weingut **Brokenwood** edle Tropfen, die Fangemeinde wächst ständig.

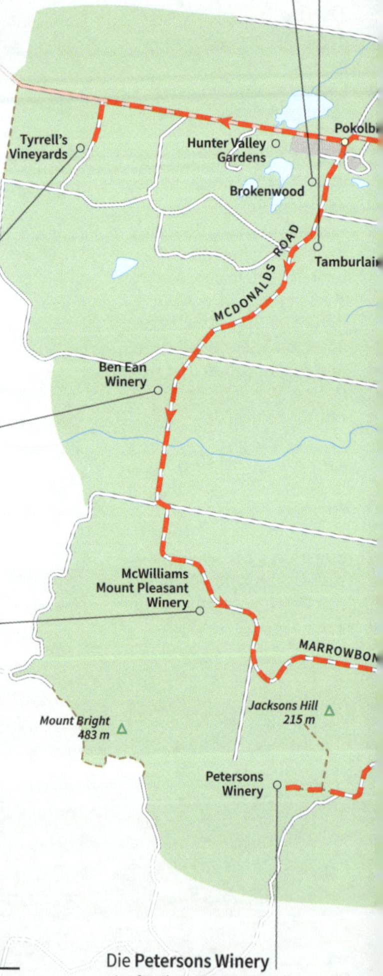

Seit 1858 baut die Familie Tyrrell in **Tyrrell's Vineyards** Wein an. Bei der Weinprobe im Freien schweift der Blick über die umliegenden Weinberge.

Ben Ean Winery, früher bekannt als Lindeman's, schenkt in seinem Keller eine Reihe von Weinen aus, darunter Penfolds und Weerona.

Von der **McWilliams Mount Pleasant Winery** stammt der Mount Pleasant Elizabeth Sémillon, einer der besten Qualitätsweißweine Australiens.

← *Blick über die Ben Ean Winery im Hunter Valley*

Die **Petersons Winery** ist für ihre im Hunter Valley einzigartige Produktion von Schaumweinen bekannt.

Schon gewusst?

Boutique-Weingüter dürfen jedes Jahr nur maximal 350 Tonnen Trauben produzieren.

Neben seinen berühmten Weinen produziert **Hope Estate** preisgekrönte Craftbeers und Premium-Spirituosen. Auf dem Anwesen finden jedes Jahr auch Festivals und Konzerte statt.

Zur Orientierung
Siehe Übersichtskarte S.172f

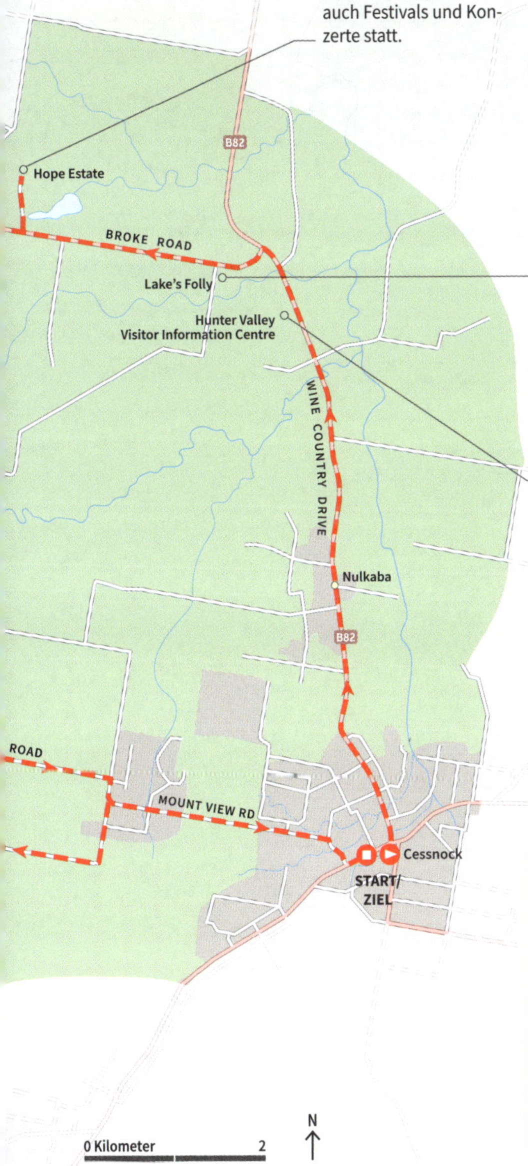

Max Lake gründete um 1960 das Weingut **Lake's Folly**. Er führte nach 60 Jahren Pause erfolgreich den Cabernet-Sauvignon-Anbau wieder ein und fand Nachahmer im ganzen Land.

Das **Hunter Valley Visitor Information Centre** versorgt Besucher mit Karten des Gebiets und hilft bei der Buchung von Unterkünften und Touren. Es gibt auch eine Weinbar und ein Café.

Expertentipp
Übernachten im Weingut

Manche Weingüter in diesem Gebiet bieten auch Übernachtungsmöglichkeiten an. So müssen Sie sich nach dem Weingenuss nicht mehr hinter das Steuer setzen.

Skipiste in Thredbo in den Snowy Mountains (siehe S. 184–187)

South Coast und Snowy Mountains

Aborigines, Viehzüchter und Goldsucher haben hier ihre Spuren hinterlassen. Das gemäßigte Klima, die fruchtbaren Böden und die Flüsse boten über Jahrtausende gute Lebensbedingungen. Die hier lebenden Aborigines folgten einer alten Handelsroute vom Hochland zur Küste und kamen im Frühling zum Walfang in der Twofold Bay und im Sommer an zeremoniellen Orten auf dem Mount Kosciuszko zusammen.

Als europäische Siedler im Jahr 1812 die Blue Mountains überquerten, verdrängten sie die indigene Bevölkerung, verwandelten die südlichen Ebenen in Kartoffelfelder und Weideland, rodeten Wälder für Holz- und Bootsbau und betrieben vor der Küste Walfang und Fischerei. Viehzüchter nutzten die Snowy Mountains als Sommerweiden und suchten Schutz in Berghütten.

Bald wurde in den Hochebenen Gold gefunden, was Goldsucher aus der ganzen Welt anlockte. In den 1950er und 1960er Jahren entwickelte sich die Region zur Geburtsstätte des »multicultural Australia«, als Tausende von europäischen Einwanderern am Snowy Mountains Project mitarbeiteten. Ziel dieses Großprojekts war die Umleitung mehrerer Flüsse zur Stromgewinnung und Bewässerung des Südostens.

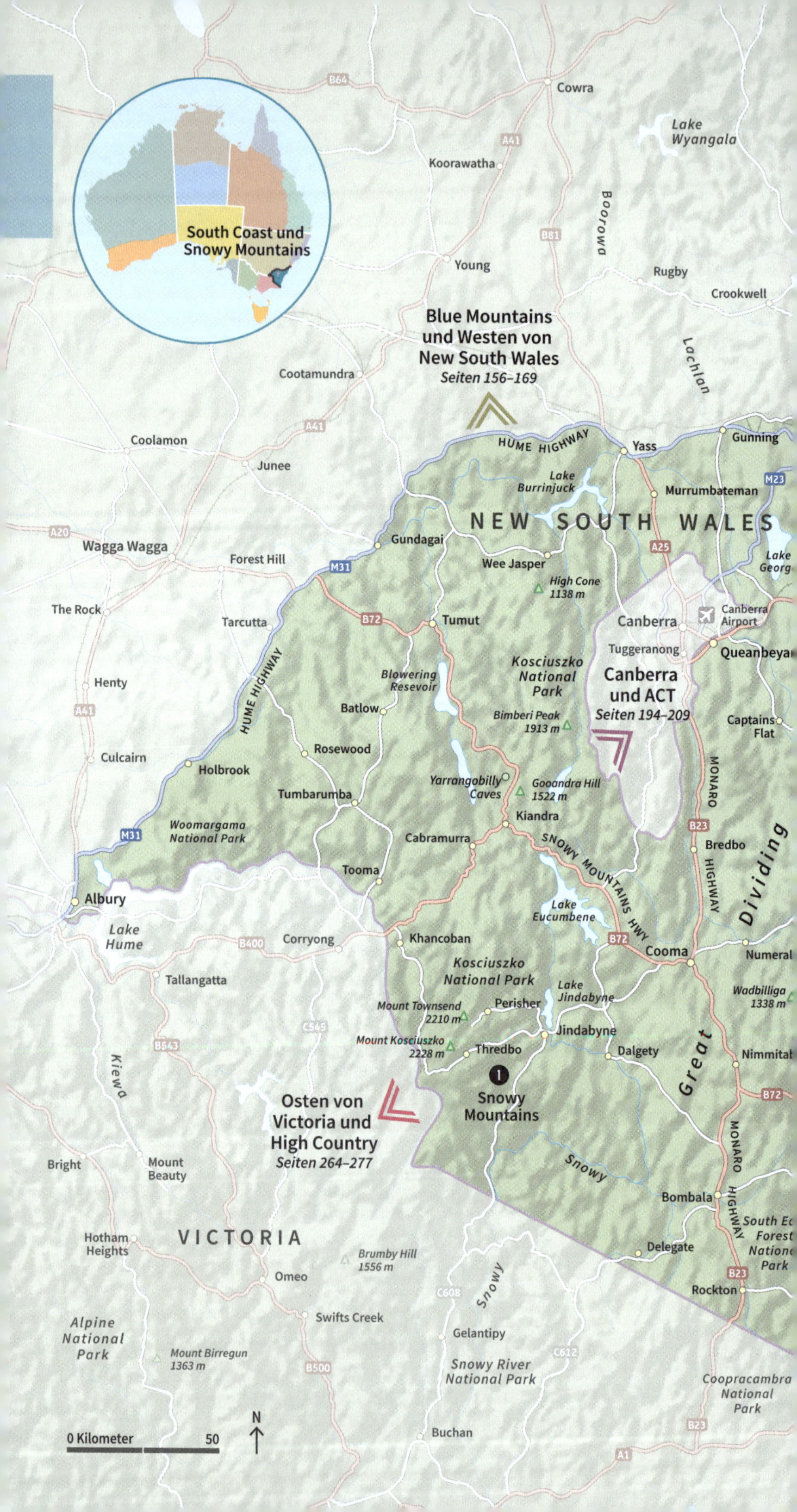

South Coast und Snowy Mountains
Blue Mountains und Westen von New South Wales
Seiten 156–169
Canberra und ACT
Seiten 194–209
Osten von Victoria und High Country
Seiten 264–277
NEW SOUTH WALES
VICTORIA
Snowy Mountains
Cowra
Lake Wyangala
Koorawatha
Boorowa
Young
Rugby
Crookwell
Lachlan
Cootamundra
Coolamon
Junee
Yass
Gunning
Murrumbateman
Lake Burrinjuck
HUME HIGHWAY
Gundagai
Wee Jasper
High Cone 1138 m
Lake George
Wagga Wagga
Forest Hill
The Rock
Tarcutta
Tumut
Canberra
Canberra Airport
Tuggeranong
Queanbeyan
Henty
Blowering Resevoir
Kosciuszko National Park
Batlow
Bimberi Peak 1913 m
Captains Flat
Culcairn
Rosewood
Holbrook
Yarrangobilly Caves
Gooandra Hill 1522 m
MONARO HIGHWAY
Tumbarumba
Kiandra
Woomargama National Park
Cabramurra
Bredbo
SNOWY MOUNTAINS HWY
Tooma
Albury
Lake Eucumbene
Great Dividing
Lake Hume
Corryong
Khancoban
Cooma
Numeral
Tallangatta
Lake Jindabyne
Wadbilliga 1338 m
Perisher
Mount Townsend 2210 m
Jindabyne
Mount Kosciuszko 2228 m
Thredbo
Dalgety
Nimmitabel
Kiewa
Snowy
Bright
Mount Beauty
Bombala
South East Forest National Park
Hotham Heights
Delegate
Brumby Hill 1556 m
Omeo
Rockton
Swifts Creek
Alpine National Park
Gelantipy
Mount Birregun 1363 m
Snowy River National Park
Coopracambra National Park
Buchan
0 Kilometer 50
N
B64
A41
B81
A20
M31
B72
A25
M23
B23
B400
C545
B543
C608
C612
B500
A1

South Coast und Snowy Mountains

Highlight

1 Snowy Mountains

Sehenswürdigkeiten

2 Wollongong
3 Southern Highlands
4 Morton National Park
5 Royal National Park
6 Kiama
7 Goulburn
8 Narooma und Montague Island
9 Tathra
10 Central Tilba
11 Eden und Beowa National Park
12 Nowra
13 Batemans Bay
14 Kangaroo Valley
15 Berry
16 Ulladulla
17 Jervis Bay

1

Snowy Mountains

D7 49 Kosciuszko Rd, Jindabyne (+61 2 6450 5600)
snowymountains.com.au

Die liebevoll auch »Snowies« genannten Snowy Mountains bieten sowohl Abgeschiedenheit als auch alpine Abenteuer. Die schneebedeckten Berge sind ein Paradies für Skisportler, auch Wanderer und Mountainbiker finden geeignete Wege und Trails. Ein Highlight ist die Erkundung einer Höhle.

Die Snowy Mountains erstrecken sich auf rund 500 Kilometer Länge von Canberra bis nach Victoria. Das Gebirge entstand vor etwa 250 Millionen Jahren und umfasst auch Australiens höchsten Berg, den Mount Kosciuszko (von Einheimischen auch »Kossie« genannt), und die einzigen Gletscherseen des Landes. Im Frühling und Sommer ziehen Wanderer und Radfahrer an den mit Wildblumen übersäten Wiesen vorbei. Im Winter fegen kalte Winde über das Pflanzenkleid, Skifahrer und Snowboarder stürmen die Pisten. In dem Gebirge liegen mit Thredbo und Perisher zwei der größten Skigebiete Australiens. Die meisten Siedlungen sind entweder Relikte aus dem kurzen Goldrausch von 1859 oder des Snowy Mountains Project, eines gewaltigen Bewässerungsprojekts *(siehe S. 186)*.

Schöne Aussicht
Black Perry Lookout

Der Aussichtspunkt am Snowy Mountains Highway nahe Talbingo bietet Aussicht auf das Jounama Creek Valley, die Bogong Peaks Wilderness und den Black Perry Mountain.

Schon gewusst?

In den Snowy Mountains fällt jedes Jahr mehr Schnee als in den Schweizer Alpen.

1

2

3

1 Wildpferde stören das ökologische Gleichgewicht der Snowy Mountains. Ein Projekt ist im Gange, um ihre Anzahl auf ein überschaubares Maß zu senken.

2 Der spektakuläre Blue Lake im Kosciuszko National Park ist ein tiefblauer Gletschersee.

3 Insgesamt 47 Skilifte befördern Skifahrer und Snowboarder in Perisher hinauf.

↑ *Sonnenuntergang über dem schneebedeckten Mount Kosciuszko*

TOP 4 Angesagte Skiresorts

Thredbo
Das Resort ist bekannt für Australiens längste Skipisten und eine lebhafte Après-Ski-Szene (www.thredbo.com.au).

Perisher
Der ausgedehnte Ort besteht aus vier Gebieten – Perisher Valley, Blue Cow, Guthega und Smiggin Holes (www.perisher.com.au).

Selwyn
Resort mit dem besten Rodelpark des Landes (www.selwynsnow.au).

Charlotte Pass
Der höchstgelegene Ferienort des Gebiets ist familienfreundlich und bietet hervorragende Loipen (www.charlottepass.com.au).

↑ *Cooma – ein hübscher Ort mitten in den Snowy Mountains*

ÜBERBLICK: SNOWY MOUNTAINS

①

Cooma

119 Sharp St
visitcooma.com.au

Das farbenfrohe Cooma hat eine lange Geschichte als Stadt der Rinderzucht, der Technik und des Skisports. Während des Snowy Mountains Project strömten an Wochenenden Tausende in die Stadt, die in der Woche in den Bergen gearbeitet hatten. Zahlreiche Geschichten aus dieser Zeit berichten von Schießereien in Wildwestmanier und einigen technischen Meisterleistungen.

Mittlerweile ist Cooma, das Tor zu den Snowy Mountains und den südlichen Skigebieten, ein recht verschlafenes Landstädtchen.

②

Jindabyne

49 Kosciuszko Rd
destinationjindabyne.com.au

Der Ferienort Jindabyne am Lake Jindabyne ist Sitz des Informationszentrums des Kosciuszko National Park. Bekannt ist er auch für eine Vielzahl von Skiläden und Ferienwohnungen sowie ein lebhaftes Nachtleben. Im Winter verwandelt sich Jindabyne in einen Skiort, in den Sommermonaten tummeln sich Wasserskifahrer sowie Forellen- und Lachsfischer am See.

③

Kiandra

5 Adelong Rd, Tumut
nationalparks.nsw.gov.au

Nach der Entdeckung von Gold in der Region Selwyn im Jahr 1859 zogen ungefähr 8000 Bergleute in diese Gegend und gründeten die Siedlung Kiandra. Sie errichteten eine Bank, ein Gerichtsgebäude, eine Schule und Hotels.

Da der Goldrausch aber kaum länger als ein Jahr dauerte, wurden die Gebäude bald verlassen, heute ist von ihnen nichts mehr übrig. Schilder entlang einem kurzen historischen Rundweg zeigen, wo die Bauwerke standen. Kiandra hatte einen starken Einfluss auf das australische Leben. Hier machten norwegische Bergleute Australier mit dem Skifahren vertraut, das immer mehr Anhänger fand.

Snowy Mountains Project

Eine ingenieurtechnische Meisterleistung: Um einen Großteil des Landesinneren Ostaustraliens mit Strom und Wasser zu versorgen, wurden im Rahmen dieses ambitionierten Projekts vier Flüsse aufgestaut. Die Arbeiten begannen 1949, viele der 100 000 Angestellten waren Einwanderer aus Europa. Zu ihrer Unterbringung wurden rund 100 provisorische Lager und sieben Orte erbaut. Bei der Fertigstellung im Jahr 1974 bestand die gesamte Anlage aus sieben Kraftwerken, 16 gewaltigen Staudämmen, 80 Kilometern Wasserleitungen und 145 Kilometern miteinander verbundener Tunnel.

Schon gewusst?

Der Mount Kosciuszko ist mit 2228 Metern der höchste Berg Australiens.

④

Kosciuszko National Park und Mount Kosciuszko

i 49 Kosciuszko Rd
W snowymountains.com.au

Der 6900 Quadratkilometer große Kosciuszko National Park bietet das ganze Jahr über Spaß für Outdoor-Aktivitäten. Vier Gebiete *(siehe S. 185)* locken zum Skifahren (auch bei Dunkelheit) und Rodeln. Sobald der Schnee schmilzt, sind vor allem Fliegenfischen, Wandern, Reiten und Radfahren angesagt, die Campingplätze füllen sich rasch. Bei einer Buschwanderung hat man die Wahl, denn zwei Wege führen zum Gipfel des Mount Kosciuszko. Beachten Sie, dass viele Wege und Straßen im Winter (Juni – Sep) gesperrt sind.

⑤

Yarrangobilly Caves

i 50 Yarrangobilly Caves Rd
W nationalparks.nsw.gov.au

Diese sechs Höhlen mit wundersamen Formen wie Stalagmiten, Stalaktiten und Höhlenkorallen entstanden vor etwa 440 Millionen Jahren im anstehenden Kalkstein. Fünf von ihnen können nur im Rahmen von Führungen besichtigt werden, einzig South Glory – die größte Höhle des Systems – kann ohne Guide betreten werden.

Die Teilnahme an einer geführten Wanderung ist jedoch zu empfehlen, denn man erfährt Spannendes über die Entstehung des Höhlensystems. Tickets bekommen Sie im Besucherzentrum und online.

⑥

Blue Lake

⌂ 46 km westl. von Jindabyne

Der 28 Meter tiefe Gletschersee ist der größte Karsee Australiens und vor vielen Tausend Jahren gebildet. Bemerkenswert ist auch, dass sein Wasser das klarste auf dem Festland ist. Man erreicht den See vom Charlotte Pass aus auf einem zehn Kilometer langen Rundweg, der auch über schöne Almwiesen führt.

Highlight

Hotels

Tinkersfield
Ein abgeschiedener, aber luxuriöser Rückzugsort in einem schönen Tal ganz in der Nähe von Jindabyne.

⌂ 1 Post Office Lane, Crackenback
W tinkersfield.com.au

$$$

Lake Crackenback Resort & Spa
Das große Anwesen am Seeufer bietet verschiedene Unterkünfte.

⌂ 1650 Alpine Way, Crackenback
W lakecrackenback.com.au

$$$

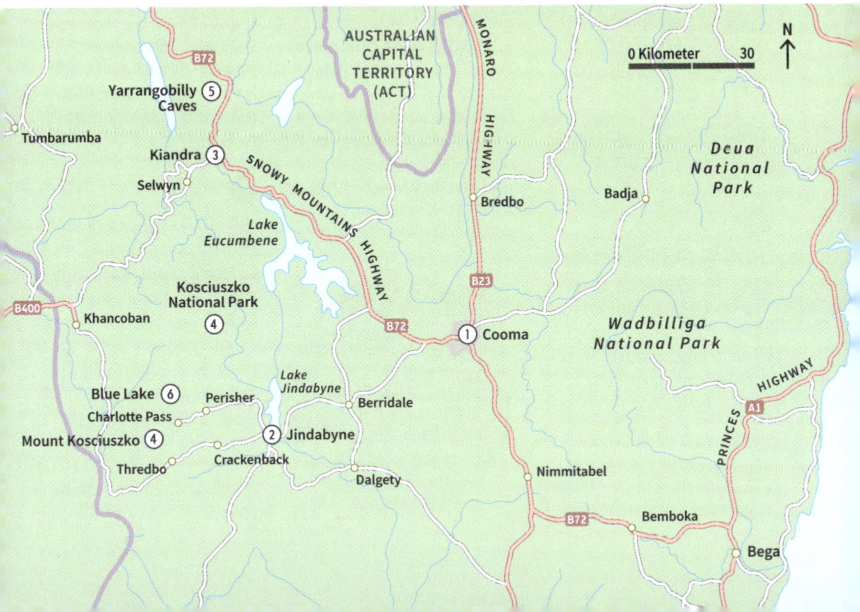

SEHENSWÜRDIGKEITEN

2 Wollongong

D6 · 300 000 · Southern Gateway Centre · visitwollongong.com.au

Die drittgrößte Stadt im Staat liegt am Fuße von Mount Kembla und Mount Kiera an der Küste. Von den 17 Surfstränden ist Northbeach der berühmteste. Flagstaff Point mit Leuchtturm, Bootshafen, den Strandausblicken und Seafood-Restaurants ist ein beliebtes Urlaubsziel.

In der größten Regionalgalerie Australiens sind Gemälde und Skulpturen des 20. Jahrhunderts zu sehen. Der Nan Tien Temple, der größte buddhistische Tempel auf der Südhalbkugel, wurde für die chinesische Gemeinde von Sydney gebaut.

3 Southern Highlands

F5 · Bowral, Moss Vale, Mittagong, Bundanoon · 62–70 Main St, Mittagong · visitsouthernhighlands.com.au

Malerische Dörfer, ländliche Pensionen, Schaffarmen und schöne Gärten liegen über die Landschaft der Southern Highlands verstreut. Seit fast 100 Jahren genießen wohlhabende Sydneysider in dieser Gegend die Sommerfrische. Bowral, Moss Vale, Berrima und Bundanoon sind auch ideale Winterurlaubsorte, wo man in Antiquitätenläden herumstöbern, herzhafte Suppen essen, am Kamin sitzen sowie Buschwanderungen und Landpartien unternehmen kann. Die Gärten der Region sind für ihre Farbenpracht im Frühjahr und Herbst berühmt, besonders die Corbett Gardens in Bowral zum Tulpenfest.

Bowral ist auch Standort der **Bradman Museum & International Cricket Hall of Fame**. Dort erinnern Fotos und Andenken an den berühmtesten Sohn der Stadt, den Kricketspieler Sir Donald Bradman.

Ein Besuch von Berrima ist wie eine Reise in die Vergangenheit. Der Ort mit seinen zahlreichen Antiquitäten- und Kunsthandwerksläden ist eines der am besten erhaltenen Beispiele für eine australische Kleinstadt der 1830er Jahre.

Als Wanderziele sind der Mount Gibraltar, die Carrington Falls, das Kangaroo Valley und das Wombeyan Karst Conservation Reserve westlich von Mittagong besonders beliebt. Highlight des Reserve sind fünf Höhlen, sie bilden eine unterirdische Kathedrale aus Sandstein.

Bradman Museum & International Cricket Hall of Fame

St Jude St, Bowral · tägl. 9–16 · Karfreitag, 25. Dez · internationalcrickethall.com

Schon gewusst?

Als Kind konnte Donald Bradman mit einem schmalen Holzstück einen Golfball schlagen.

4 Morton National Park

D6 · Bundanoon · Fitzroy Falls · Fitzroy Falls · nationalparks.nsw.gov.au

Der Park erstreckt sich vom Shaolhaven Valley bis in die Gegend um Ulladulla. Die Fitzroy-Wasserfälle markieren sein nördliches Ende. Bei Bundanoon ist eine Sandsteinlandschaft zu entdecken.

←
Boote im Hafen von Wollongong, dahinter ragen Leuchttürme auf

Nach Süden bieten Little Forest Tableau und der Gipfel des Pigeon House Mountain Ausblicke auf die Küste und die Wildnis.

5

Royal National Park

D6 Loftus, dann Bahn nach Audley (nur So, Feiertage) Bundeena von Cronulla Sir Bertram Stevens Drive, Audley nationalparks.nsw.gov.au

Das im Jahr 1879 eingerichtete Schutzgebiet ist der älteste Nationalpark von Australien und nach dem Yellowstone National Park in den Vereinigten Staaten der zweitälteste der Welt. Das Gelände erstreckt sich über eine Fläche von annähernd 16 500 Hektar.

Die Gewalt des Pazifiks hat atemberaubende Klippen aus dem Sandsteinplateau gemeißelt, die von Bächen, Wasserfällen und Stränden unterbrochen werden. Viele Seeschwalben und Seeadler nisten in den Höhlen bei den Curracurrang Rocks.

1994 wüteten katastrophale Waldbrände, die die hier gedeihenden Eukalyptusbestände stark schädigten. Das Heideland des Plateaus geht an den Hängen in Waldland, in den Schluchten in Regenwald über. Der Park ist ideal zum Wandern und Schwimmen.

6

Kiama

D6 15 000 Blowhole Point Rd kiama.com.au

Die Küstenstadt mit Hafen, Surfstränden und Meeresbecken ist vor allem für ihr Blowhole bekannt. Bei starkem Wellengang strömen Meerwasserfontänen aus einer Öffnung in der Felswand über 20 Meter in die Luft. Die östlichste Aussichtsplattform unterhalb des Leuchtturms ist der beste Ort, um dies zu beobachten.

Nicht weit entfernt befindet sich das **Pilot's Cottage Museum** in einem urigen restaurierten Cottage. Es dokumentiert die maritime Geschichte der Region, einschließlich der Fischereitechniken der Aborigines.

Pilot's Cottage Museum
Blowhole Point Rd
Sa, So 11–15

7

Goulburn

D6 25 000 201 Sloane St igoulburn.com

Im Herzen der Southern Tablelands liegt Goulburn, das 1863 zur Stadt erhoben wurde. Seine Bauten aus dem 19. Jahrhundert, so das Gerichtsgebäude, die Post und der Bahnhof, sind das Vermächtnis des lange währenden Wohlstands des Distrikts.

Das *Big Merino*, ein großes Betonschaf, bezeugt Goulburns Status als »Welthauptstadt der feinen Wolle«.

Die Stadt Yass ganz in der Nähe ist neben Wolle auch für Wein bekannt. Einen Besuch lohnt das historische Cooma Cottage, das zum National Trust gehört. Es war von 1839 bis 1879 der Wohnsitz des australischen Forschers Hamilton Hume.

TOP 5 Strände der South Coast

Seven Mile Beach
Der Strand erstreckt sich von Gerroa bis Shoalhaven Heads.

Murrays Beach
Ein nicht überfüllter Traumstrand mit sehr feinem Sand im Booderee National Park.

Hyams Beach
Der Strand ist glänzend weiß, das Wasser türkisfarben.

Lake Conjola
Ein guter Ort für fast alle Arten von Wassersport.

Pebbly Beach
Zahme Kängurus kommen in der Dämmerung zu dem Strand im Murramarang National Park.

→
Big Merino, *die Skulptur eines Schafs in Goulburn*

↑ *Bei Tauchgängen vor Montague Island stößt man auch auf Rochen*

8 Narooma und Montague Island

D6–7 3500 80 Princess Hwy, Narooma
eurobodalla.com.au
montagueisland.com.au

Narooma liegt am Wagonga Inlet, dessen türkisfarbenes Wasser von grünen Wäldern und Sandbuchten flankiert wird. Es verfügt über herrliche Strände, darunter den Handkerchief Beach und den Narooma Surf Beach, der von zwei eindrucksvollen geologischen Formationen dominiert wird – Glasshouse Rocks am südlichen Ende und Australia Rock im Norden. Letzterer ist berühmt für das Loch in seiner Mitte, das die Form Australiens hat.

Ein schöner Radweg verläuft von Narooma nach Dalmeny, der Mill Bay Boardwalk an der Nordseite der Bucht ist ideal für einen längeren Spaziergang.

14 Kilometer vor der Küste liegt die schöne Insel Montague (Barranguba). Dieses rund 80 Hektar große Naturschutzgebiet ist die Heimat von Pelzrobben, Pinguinen und anderen Tieren. Besucher können beim Leuchtturmwärter übernachten oder von Narooma aus Tagesausflüge unternehmen. Parkranger organisieren Bootstouren, die man mit Schnorchelausflügen kombinieren kann.

9 Tathra

D7 1500
29 Market St, Merimbula
visittathra.com.au

Die Hauptattraktion von Tathra, einem Fischerdorf an der Sapphire Coast, ist das **Tathra Wharf Museum** zur Geschichte der Region und ihres historischen Kais. Der 1862 erbaute und vom National Trust restaurierte Kai ist die einzige aus Holz errichtete Anlegestelle für Hochseeboote an der Ostküste Australiens.

Tathra ist ein Hotspot für Schnorchler und Taucher. Auch Sonnenanbeter und Schwimmer kommen hierher. Anziehungspunkte sind zahlreiche Strände, vor allem die Kianinny Bay eignet sich für Wassersport sowie zur Beobachtung von Stachelrochen. Gute Surfstrände gibt es in Tathra, in Merimbula und in den Nationalparks Mimosa Rocks und Bournda. Der Nelson Lake im Mimosa Rocks National Park ist für seine Austern bekannt. Probieren Sie sie zwischen Dezember und Juni im familiengeführten Restaurant Tathra Oysters.

Tathra ist auch ein erstklassiges Ziel für Mountainbiker. Das Netz an Trails umfasst rund 50 Kilometer, die meisten starten nur wenige Kilometer vom Zentrum Tathras entfernt.

Tathra Wharf Museum
2 Wharf Rd Sa, So 10–15 tathrawharfmuseum.org

10 Central Tilba

D7 300 2 Bate St visittilba.com.au

Das hübsche alte Bauerndorf vor der Kulisse des 800 Meter hohen Mount Dromedary

Entdeckertipp
Bermagui Blue Pool

Das natürliche Felsenbecken in Bermagui, 20 Kilometer südlich von Central Tilba, liegt unterhalb einer schroffen Klippe. An klaren Tagen spiegelt sich bei Ebbe der blaue Himmel sehr schön in dem ruhigen Wasser.

(auch bekannt als Mount Gulaga) war früher eine Goldgräberstadt. In den aus dem 19. Jahrhundert erhaltenen Holzhütten sind heute Kunst- und Kunsthandwerksläden und Galerien sowie Delikatessenläden untergebracht. Die Käsefabrik Tilba produziert Milch, Joghurt, Sahne und Käse. Die Milchshakes sind bei Besuchern beliebt. Noch mehr Köstlichkeiten finden Sie auf dem Tilba Market, der jeden Samstagvormittag in der Big Hall abgehalten wird.

Ein weiteres lohnendes Ziel ist Water Tower Lookout. Dieser Aussichtspunkt bietet einen Panoramablick über die Umgebung und die nahe gelegene Insel Montague.

11

Eden und Beowa National Park

D7 3000
Weecoon St, Snug Cove
visiteden.com.au

Diese Küstenstadt an der Twofold Bay, dem dritttiefsten Naturhafen der Südhalbkugel, war einst eine Walfangstation. Die Historie des Walfangs wird im **Eden Killer Whale Museum** illustriert. Zu den Exponaten zählt auch ein maßstabsgetreues Modell eines Walfangboots.

Eden ist von Mai bis November zentraler Ausgangspunkt für Walbeobachtungen vor der Südküste. Doch Wale sind nicht die einzigen Meeresbewohner, die man hier sichten kann. Beim Schnorcheln und Tauchen entdeckt man eine große Vielfalt – von Zackenbarschen bis zu Seedrachen.

Die Stadt hat eine profitable Fischereiwirtschaft. In Snug Cove kann man Miesmuscheln direkt von Fischerbooten kaufen oder in einem der Hafenrestaurants frisches Seafood probieren.

Der 15 Kilometer entfernte Beowa National Park ist für Buschwanderungen in gemäßigten Regenwäldern und für schöne Stränden bekannt. Die anspruchsvolle sechs Kilometer lange Wanderung zum Mount Imlay belohnt mit einem Panoramablick über die Küste.

Eden Killer Whale Museum
184 Imlay St Mo–Sa 9:15–15:45, So 10:15–14:45
killerwhalemuseum.com.au

Hotels

Green Cape Lightstation
Das auf einer Halbinsel etwa 45 Kilometer südlich von Eden gelegene Haus des Leuchtturmwärters bietet herrlichen Meerblick. Mit etwas Glück kann man von der Terrasse aus sogar Wale beobachten.

D7 Green Cape, Beowa National Park nationalparks.nsw.gov.au

$$$

Montague Island Assistant Lighthouse Keeper's Cottage
Das Cottage mit drei Schlafzimmern liegt in einem Naturschutzgebiet mit vielen Möglichkeiten zur Tierbeobachtung. Die meisten Zimmer haben Kamine.

D7 Montague Island national parks.nsw.gov.au

$$$

Brandung an den steilen Klippen des Beowa National Park

12 Nowra

D6 34 000
42 Bridge Rd, Nowra
shoalhaven.com

Die Stadt im Zentrum der Shoalhaven Coast ist ein guter Ausgangspunkt für die Erkundung der umliegenden Weinregion. Verkostungen bieten Coolangatta Estate, Two Figs und Mountain Ridge Wines an.

Nowra liegt auch perfekt, um die Ferienorte Culburra im Süden und Shoalhaven Heads im Osten zu erreichen. Letzterer liegt an der Mündung des Shoalhaven River ins Meer und ist vor allem im Gebiet des Seven Mile Beach National Park ein beliebter Angelplatz. Nachdem Sie einige Zeit dort verbracht haben, können Sie auf dem Sand Track südlich des Picknickplatzes Beach Road zu den bewaldeten Dünen gehen, die parallel zur Küste verlaufen.

13 Batemans Bay

D6 12 000
eurobodalla.com.au

Die Stadt liegt am Beginn der Eurobodalla Coast, die bei Bewohnern Canberras wegen der ruhigen Strände sehr beliebt ist. Bootfahren, Angeln, Kajakfahren und Stand-up-Paddling sind beliebte Aktivitäten auf dem Clyde River, der hier ins Meer mündet. Der Batemans Bay Snorkelling Trail umfasst drei Schnorchelplätze: Maloneys Beach im Norden, Sunshine Cove Beach und Guerilla Bay im Süden. Am Burrewarra Point, in der Nähe der Guerilla Bay, führt ein einfacher 1,5 Kilometer langer Weg durch einen Banksienwald und bietet Ausblicke auf Küste und Hinterland.

Die lokale Geschichte wird im Batemans Bay Heritage Museum erläutert, das in einem Gerichtsgebäude (1905) im Zentrum untergebracht ist. In der Nelligen Heritage Area neun Kilometer nordwestlich der Stadt kann man gut wandern.

14 Kangaroo Valley

D6 Fitzroy Falls Visitor Centre: 1301 Nowra Rd visitkangaroovalley.com.au

Hohe Sandsteinfelsen umrahmen das tiefe Tal, das vom Kangaroo River geformt wurde. Wie der Name ahnen lässt, eignet sich die Gegend hervorragend zum Beobachten von Kängurus und Wombats – insbesondere rund um Bendeela.

Schöne Aussicht
Cambewarra Lookout

Vom Gipfel der Cambewarra Range blickt man über die Jervis Bay bis zum Pigeon House Mountain im Süden und zum Coolangatta Mountain im Norden. Kookaburras gesellen sich gern dazu.

Beliebte Aktivitäten sind eine Kanu- oder Kajakfahrt von der Hampden Bridge zur Bendeela Recreation Area oder zum Tallowa Dam. Das Fitzroy Falls Visitor Centre bietet Informationen über die lokale Geschichte und Kultur. Man kann von dort auch eine einfache Buschwanderung zu Wasserfällen in der Nähe zu unternehmen.

Zwischen Kangaroo Valley und der Küste liegen die Cambewarra Range und das charmante Cambewarra. Mit seinen Teehäusern und Kneipen ist das Dorf ein schöner Abstecher vom Tal.

15 Berry

F5 3000
42 Bridge Rd, Nowra
berry.org.au

Das einladende Berry ist ein beliebter Wochenendausflug für Sydneysider. Die belebte Hauptstraße ist voller Cafés, Restaurants und Geschäfte. Hier kann man sehr gut durch Läden mit Antiquitä-

↑ *Eine Gruppe Kängurus am Pebbly Beach, Batemans Bay*

Hier kann man sehr gut durch Läden mit Antiquitäten, Büchern, Kunst und Kunsthandwerk sowie Haushaltswaren bummeln.

↑ *Surfer an einem Strand im Booderee National Park, Jervis Bay*

ten, Büchern, Kunst und Kunsthandwerk sowie Haushaltswaren bummeln. Am ersten Sonntag im Monat locken auf den Berry Markets mehr als 200 Stände mit regionalen Produkten, handgefertigtem Kunsthandwerk, Lederwaren, Büchern und Sammlerstücken.

Berry ist auch eine gute Basis für die Erkundung der umliegenden Gegend von Shoalhaven mit ihren zahlreichen Weingütern, Stränden und Wanderwegen.

16

Ulladulla

D6 17 000 Shoalhaven Visitor Centre: 81B Princes Hwy shoalhaven.com

Das Fischerdorf ist für seinen malerischen Hafen bekannt. Im Morton und im Budawang National Park im Hinterland von Ulladulla ragt der Pigeon House Mountain auf. In der Umgebung gibt es Strände, Tauchreviere und ein Heidereservat. Eine Buschwanderung in der Nähe bietet atemberaubende Ausblicke auf die Küste. Bei einer geführten Wanderung auf dem Coomee Nulunga Cultural Trail, der in der Nähe des Warden Head Lighthouse beginnt und zum Rennies Beach führt, erfährt man viel mehr über die Historie der Region und über den Aborigines-Stamm der Yuin, die traditionellen Besitzer des Landes.

Nicht weit von Ulladulla erreicht man eine Reihe bezaubernder Dörfer, darunter auch Mollymook. Das Bogey Hole – ein großes Felsengezeitenbecken – ist ein beliebter Ort zum Schwimmen und Schnorcheln.

17

Jervis Bay

D6 11 Dent St, Huskisson shoalhaven.com

Der Naturhafen dient nicht nur als Marinestützpunkt, sondern ist auch ein beliebtes Urlaubsziel mit einem großen Angebot an Aktivitäten – u. a. Beobachtung von Delfinen und Walen. Gute Ausgangspunkte sind die Orte Huskisson und Vincentia an der Westküste. Point Perpendicular auf der Beecroft Peninsula nördlich der Bucht bietet spektakuläre Ausblicke.

Im südlichen Teil der Bucht erstreckt sich der Booderee National Park mit seinen ruhigen Stränden und botanischen Gärten (Eintrittskarten sind obligatorisch). Die Wreck Bay wurde 1995 an die Ureinwohner Australiens zurückgegeben. Ranger organisieren spannende Touren durch das Gebiet.

Restaurants

Rick Stein at Bannisters

Seafood-Gerichte mit asiatischem Touch sind Spezialitäten des Lokals des berühmten britischen Kochs.

D6 191 Mitchell Parade, Mollymook bannisters.com.au/mollymook

$$$

South on Albany

Das Restaurant in einer Seitenstraße in Berry bietet Drei-Gänge-Menüs mit lokalen Gerichten. Bestellen Sie als Vorspeise frische Austern.

F5 3/65 Queen St, Berry southonalbany.com.au

$$$

Canberra und Australian Capital Territory

Der Name Canberra geht auf einen Begriff der Aborigines für Versammlungsplatz zurück. Das Land wurde jahrtausendelang von verschiedenen Völkern bewohnt. Die europäische Besiedlung des Gebiets, das damals zu New South Wales gehörte, geht auf das Jahr 1823 zurück, als am Rande des Molonglo River eine Schaffarm errichtet wurde, um die eine kleine Siedlung entstand. 1908 wurde diese günstig zwischen Sydney und Melbourne gelegene Siedlung zur Hauptstadt Australiens ernannt.

Der amerikanische Architekt Walter Burley Griffin gewann den internationalen Wettbewerb zur Gestaltung der Hauptstadt. Ihm schwebte eine ausgedehnte, flache und moderne Stadt vor, deren wichtigste Gebäude sich um den Lake Burley Griffin konzentrieren. Verkehrsgewirr und Wolkenkratzer wie in anderen Großstädten Australiens fehlen hier.

Canberra ist einerseits Hauptstadt der Nation und Zentrum der politischen und administrativen Macht, andererseits eine von Eukalyptusbäumen umgebene ländliche Idylle, auf deren Vorortstraßen gelegentlich ein Känguru hüpft. Diese Widersprüche tragen zum ganz besonderen Charme dieser lebhaften Stadt bei.

Blick vom Mount Ainslie (siehe S. 203) *auf die Prachtstraße Anzac Parade*

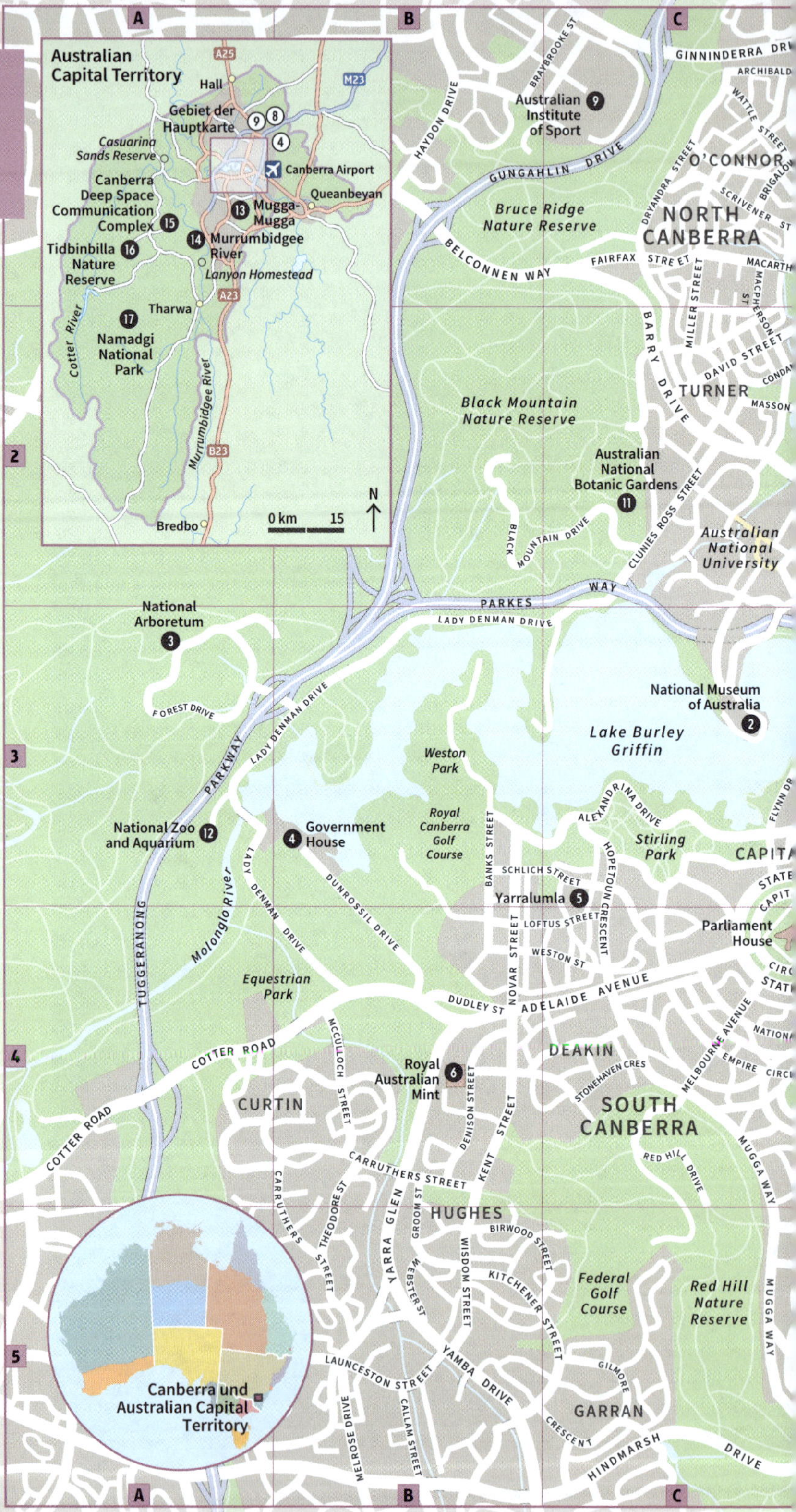
A
B
C
2
3
4
5
Australian Capital Territory
A25
M23
Hall
Gebiet der Hauptkarte
9
8
4
Casuarina Sands Reserve
Canberra Airport
Canberra Deep Space Communication Complex
15
Queanbeyan
13
Mugga-Mugga
Tidbinbilla Nature Reserve
16
14
Murrumbidgee River
Lanyon Homestead
A23
Tharwa
Cotter River
17
Namadgi National Park
Murrumbidgee River
B23
Bredbo
0 km
15
N
GINNINDERRA DR
ARCHIBALD
BRAYBROOKE ST
Australian Institute of Sport
9
HAYDON DRIVE
WATTLE STREET
O'CONNOR
GUNGAHLIN DRIVE
DRYANDRA STREET
BRIGALOW
SCRIVENER ST
Bruce Ridge Nature Reserve
NORTH CANBERRA
BELCONNEN WAY
FAIRFAX STREET
MACARTHUR
MACPHERSON ST
MILLER STREET
BARRY DRIVE
DAVID STREET
CONDA
TURNER
MASSON
Black Mountain Nature Reserve
Australian National Botanic Gardens
11
CLUNIES ROSS STREET
BLACK MOUNTAIN DRIVE
Australian National University
PARKES WAY
LADY DENMAN DRIVE
National Arboretum
3
National Museum of Australia
2
FOREST DRIVE
Lake Burley Griffin
LADY DENMAN DRIVE
PARKWAY
Weston Park
Royal Canberra Golf Course
ALEXANDRINA DRIVE
FLYNN DR
National Zoo and Aquarium
12
Government House
4
Stirling Park
CAPIT
BANKS STREET
HOPETOUN CRESCENT
SCHLICH STREET
STATE
Yarralumla
5
CAPIT
LADY DENMAN DRIVE
DUNROSSIL DRIVE
LOFTUS STREET
Parliament House
TUGGERANONG
Molonglo River
NOVAR STREET
WESTON ST
CIRC
STAT
Equestrian Park
DUDLEY ST
ADELAIDE AVENUE
MELBOURNE AVENUE
NATIONA
MCCULLOCH STREET
DEAKIN
EMPIRE CIRC
COTTER ROAD
Royal Australian Mint
6
STONEHAVEN CRES
CURTIN
DENISON STREET
KENT STREET
SOUTH CANBERRA
COTTER ROAD
RED HILL DRIVE
MUGGA WAY
CARRUTHERS STREET
CARRUTHERS STREET
THEODORE ST
YARRA GLEN
GROOM ST
HUGHES
BIRWOOD STREET
WEBSTER ST
WISDOM STREET
KITCHENER STREET
Federal Golf Course
Red Hill Nature Reserve
MUGGA WAY
Canberra und Australian Capital Territory
LAUNCESTON STREET
YAMBA DRIVE
GILMORE
MELROSE DRIVE
CALLAM STREET
GARRAN
CRESCENT
HINDMARSH DRIVE

Canberra und Australian Capital Territory

Highlights

1. Parlamentsdreieck
2. National Museum of Australia

Sehenswürdigkeiten

3. National Arboretum
4. Government House
5. Yarralumla
6. Royal Australian Mint
7. Australian War Memorial
8. Canberra Museum and Gallery
9. Australian Institute of Sport
10. Civic Square
11. Australian National Botanic Gardens
12. National Zoo and Aquarium
13. Mugga-Mugga
14. Murrumbidgee River
15. Canberra Deep Space Communication Complex
16. Tidbinbilla Nature Reserve
17. Namadgi National Park

Restaurants

(1) Bar Rochford
(2) Raku Dining
(3) Molly

Bars

(4) Mount Majura Vineyard
(5) Silo Bakery & Cafe
(6) Capital Brewing Co

Shopping

(7) Old Bus Depot Markets
(8) Capital Region Farmers Market
(9) Handmade Market

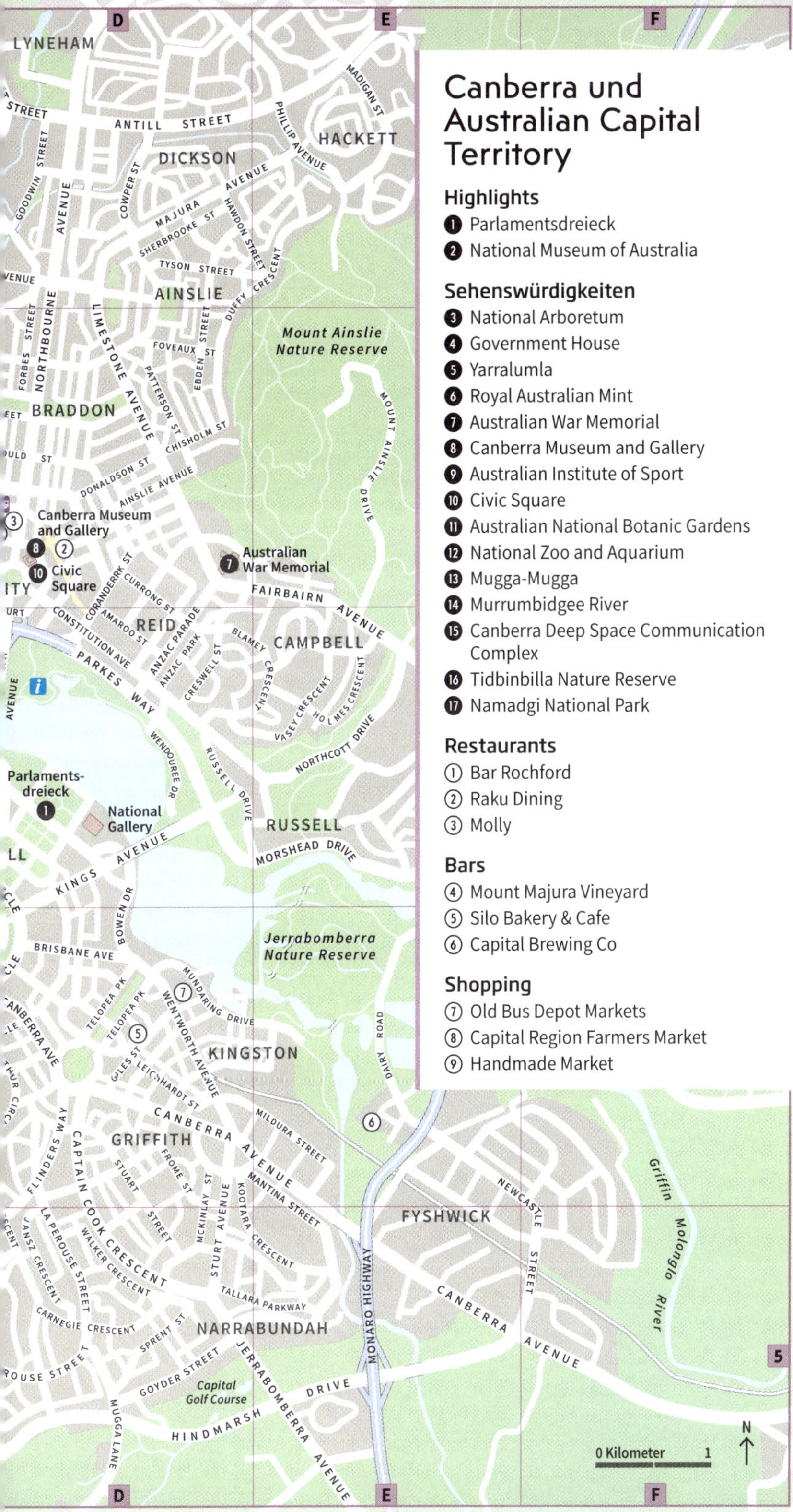

1

Parlamentsdreieck

D3 zwischen Commonwealth Ave, Kings Ave u. Constitution Ave
Regatta Point, Barrine Drive, Parkes (+61 2 6205 0044)
visitcanberra.com.au

Die bedeutendsten Denkmäler, Regierungsbauten und größten Sehenswürdigkeiten von Canberra gruppieren sich alle rund um den Lake Burley Griffin – dieser entstand 1963, als der Molonglo River gestaut wurde – innerhalb des Parlamentsdreiecks. Nach einem ausführlichen Besichtigungsprogramm mit viel spannendem Input zu Architektur, Kunst und Geschichte machen Sie, um den Tag abzurunden, einen gemütlichen Spaziergang oder eine kleine Radtour um den See.

①

High Court of Australia

Parkes Place, Parkes
2, 6, 58 Mo–Fr 9:45–16:30 Feiertage
hcourt.gov.au

Der Komplex am Seeufer, den Queen Elizabeth II. im Jahr 1980 einweihte, verkörpert britische und australische Gesetzestradition. Das Oberste Gericht ist um eine mächtige Glashalle angeordnet. Zwei Wandgemälde mit je sechs Tafeln von Jan Senbergs thematisieren die australische Verfassung, die Rolle der Föderation und die nationale Bedeutung des Obersten Gerichtes. Hier sind auch drei Gerichtssäle und Räume für die Richter untergebracht. Die Verhandlungen sind teilweise öffentlich.

Auf einer Seite der Eingangstreppe soll ein aus Granit gestalteter Wasserfall symbolisieren, wie die Entscheidungen dieses Hauses auf alle Australier herabfließen.

②

National Library of Australia

Parkes Place, Parkes
2, 6, 7, 58 Mo–Do 8–20, Fr, Sa 8–17, So 9–17
Karfreitag, 25. Dez
nla.gov.au

Die fünfstöckige Bibliothek, ein überaus schönes Beispiel für die Architektur der 1960er Jahre, bewahrt das dokumentarische Erbe Australiens. Mit über sieben Millionen Bänden, Ausgaben der

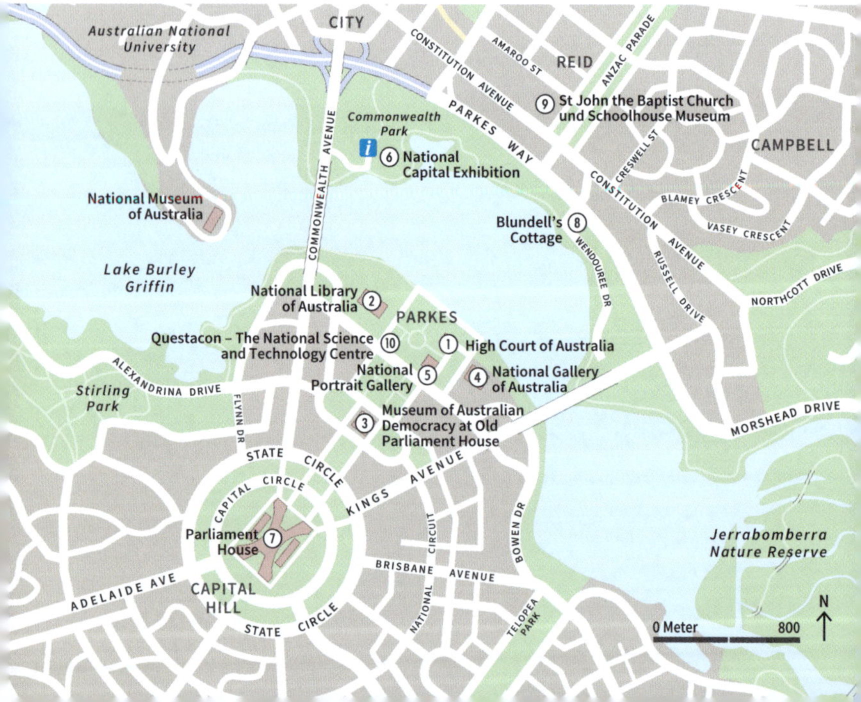

Blick über das Parlamentsdreieck mit seinen zahlreichen Gebäuden

Expertentipp
Hinter den Kulissen

Die National Library verfügt nicht nur über Bücher, sondern auch über eine riesige Auswahl anderer Objekte wie etwa Fahndungsplakate und den Revolver eines Bushrangers.

meisten im Land erschienenen Zeitungen und Zeitschriften, Tausenden von Kinofilmen, Tonbändern, Manuskripten, Drucken, Landkarten und alten Fotos ist sie die größte Bibliothek des Landes und das führende Dokumentationszentrum für Literatur aus und über Australien. Unter den Exponaten befindet sich auch das Tagebuch Kapitän Cooks von seinen Fahrten mit seinem Schiff *Endeavour*.

Das von Walter Bunning entworfene und 1968 fertiggestellte Gebäude beherbergt außerdem einige bemerkenswerte Kunstwerke. Dazu zählen etwa die Buntglasfenster mit Planetendarstellungen des Australiers Leonard French und die Wandteppiche des Franzosen Mathieu Matégot mit Szenen aus dem australischen Leben.

③

Museum of Australian Democracy at Old Parliament House

King George Terrace, Parkes 2, 6, 57, 58
tägl. 9–17 25. Dez
moadoph.gov.au

Das 1927 als erstes Parlamentsgebäude der neuen Hauptstadt errichtete Old Parliament House war mehr als 60 Jahre Zentrum der australischen Politik, bis es 1988 vom neuen Parliament House *(siehe S. 201)* abgelöst wurde.

Das Gebäude war Zeuge einiger wichtiger historischer Ereignisse wie zum Beispiel Australiens Kriegserklärung 1939, der Nachricht von der japanischen Bombardierung der Nordküste 1942, des Verschwindens und vermutlichen Todes durch Ertrinken von Premierminister Harold Holt 1967 und der Entlassung der Regierung durch Sir John Kerr 1975.

Heute ist in dem Gebäude das Museum of Australian Democracy. King's Hall, das alte Abgeordnetenhaus, und die Senatskammern stehen dem Besucher offen.

Aboriginal Tent Embassy

Der nicht zu übersehende Zeltbau, ein Ort des Protests und Ausdrucks der Unabhängigkeit der Aborigines, befindet sich seit 1972 auf dem Rasen vor dem Old Parliament House. Was zunächst als eine vorübergehende Demonstration über Landrechte geplant war, entwickelte sich zu einem dauerhaften Symbol für die politischen Rechte der Indigenen. Trotz zahlloser Versuche, die Tent Embassy zu schließen, ist das Gelände auch heute noch mit zahlreichen Flaggen bestückt.

④

National Gallery of Australia

Parkes Place 2, 6, 59
tägl. 10–17 25. Dez
nga.gov.au

Australiens Gesellschaft ist multikulturell und lebensfroh. Die Nationalgalerie (1982) spiegelt dies in rund 160 000 Kunstwerken wider. Herzstück des Hauses ist die Sammlung australischer Kunst von der europäischen Besiedlung bis zur Gegenwart mit Werken einiger der wichtigsten Künstler des Landes, u. a. Tom Roberts, Arthur Boyd, Sidney Nolan und Margaret Preston.

Die älteste Kunst Australiens stammt von den indigenen Völkern *(siehe S. 61)*. Die Sammlung bietet ausgezeichnete Beispiele alter und zeitgenössischer Werke der Aborigines und der Torres-Strait-Insulaner. Auch die asiatischen und internationalen Sammlungen sind spannend, moderne Skulpturen befinden sich in den Grünanlagen.

⑤

National Portrait Gallery

King Edward Terrace, Parkes 2, 6, 59 tägl. 10–17 25. Dez
portrait.gov.au

Die National Portrait Gallery ist eine Hommage an prominente Persönlichkeiten, die Australien geprägt haben. Die sehenswerte Sammlung umfasst in neun Sälen über 500 Porträts berühmter Entertainer, Wissenschaftler, Künstler, Politiker, Sportler und Könige.

Das Gebäude ist ein architektonisches Prunkstück mit markanten Betonlamellen, Stein- und Holzelementen aus jedem australischen Bundesstaat und Territorium sowie einem Design, das die Beziehung zwischen Besucher, Raum, Material, Licht und Kunst symbolisiert.

> **Herzstück des Hauses ist die Sammlung australischer Kunst von der europäischen Besiedlung bis zur Gegenwart mit Werken einiger der wichtigsten Künstler des Landes.**

Fotomotiv
Commonwealth Park

Die besten Monate für einen Schnappschuss im Commonwealth Park sind September und Oktober, wenn dort das jährliche Blumenfest Floriade stattfindet.

⑥

National Capital Exhibition

Commonwealth Park
2, 4, 5, 6, 7, 10, 57, 58, 180, 181, 830 Mo–Fr 9–17, Sa, So 10–16
Feiertage nca.gov.au/attractions/national-capital-exhibition

Hier wird anhand von Modellen, Videos und alten Fotos die Geschichte und Entwicklung Canberras als Bundeshauptstadt dokumentiert.

Die Fenster der Rotunde bieten freien Blick auf Lake Burley Griffin, Parlamentsdreieck sowie Wasserfontäne und Globus des Captain Cook Memorial. Die Fontäne und der Globus aus Bronze, Email und Kupfer wurden 1970 installiert. Da feierte man den 200. Jahrestag der

Fassade der 1982 eröffneten National Gallery of Australia

Inbesitznahme der Ostküste Australiens durch den britischen Marineoffizier Captain James Cook im Jahre 1770.

Täglich zwischen 11 und 14 Uhr schießt eine 147 Meter hohe Wassersäule aus dem See empor – vorausgesetzt, die Witterung ist nicht zu stürmisch. Im National Carillon sind 55 Glocken aus Bronze zu bewundern.

⑦

Parliament House

Capital Hill · 57, 58
tägl. 9–17 (bei Sitzungen bis 18) · 25. Dez
aph.gov.au

Das Parliament House ist das Zentrum des politischen und demokratischen Lebens in Australien. Das Gebäude auf dem Capital Hill wurde 1988 eingeweiht. Es ersetzte das Old Parliament House *(siehe S. 199)* und ist die dritte Heimat des Parlaments seit 1901. Es steht auf einem 32 Hektar großen Gelände.

Das Gebäude enthält viele Attraktionen. Besonders interessant ist ein Modell des Gebäudes. Es besteht aus 152 690 Legosteinen, die Anfertigung dauerte 740 Stunden.

⑧

Blundell's Cottage

Wendouree Drive, Parkes
3, 56, 59, 182, 830, 842
Sa, So 10–14 · 25. Dez
nca.gov.au/attractions/blundells-cottage

Das Bauernhaus aus Sandstein errichtete 1858 die Familie Campbell, Eigentümer eines Gutes bei Duntroon Station, für ihren Vorarbeiter. Später bewohnte es der Ochsentreiber George Blundell mit seiner Frau Flora und acht Kindern. Das Farmhaus aus der Kolonialzeit vermittelt etwas von der einstigen Abgeschiedenheit des bäuerlichen Lebens. Vom Cottage überblickte man die Schafkoppeln, die jetzt vom Lake Burley Griffin überflutet sind.

⑨

St John the Baptist Church und Schoolhouse Museum

Constitution Ave, Reid
3, 56, 59, 182, 830, 842
Mi 10–12, Sa, So 14–16
Karfreitag, 25. Dez
stjohnscanberra.org

Die 1844 aus Sandstein der Umgebung errichtete anglikanische Kirche St John the Baptist und das angrenzende Schulhaus sind die ältesten erhaltenen Gebäude Canberras. Sie dienten den Familien der Farmpioniere aus der Region. Gedenktafeln an den Kirchenwänden erinnern an frühe Siedler sowie an Staatsmänner, Wissenschaftler und Gelehrte.

Das Museum in dem alten Schulgebäude zeigt sehenswerte Exponate aus dem 19. Jahrhundert.

Highlight

Shopping

The Parliament Shop

Der Geschenkeladen führt u. a. Glaswaren, Manschettenknöpfe, süße Leckereien und eine der besten Sammlungen politischer Bücher des Landes.

Parliament Drive, Parliament House
parliamentshop.com.au

⑩

Questacon – The National Science and Technology Centre

King Edward Terrace, Parkes · 2, 6, 58, 59
tägl. 9–17 · 25. Dez
questacon.edu.au

Die rund 200 interaktiven Exponate, angeordnet in sechs verschiedenen Sälen, präsentieren Wissenschaft auf eine überaus spannende Weise. Sie machen deutlich, dass diese faszinierend, interessant, unterhaltsam sein kann und ein Teil des Alltagslebens ist.

Besucher können ihren Schatten an der Wand festhalten lassen, eine saitenlose Harfe spielen, ein Erdbeben erleben, Blitze fühlen oder Rutschbahnen und einen Achterbahn-Simulator genießen. Außerdem werden wissenschaftliche Experimente vorgeführt und Vorträge gehalten.

The Astronomer, *Skulptur von Tim Wetherell im Questacon*

2

National Museum of Australia

C3 Lawson Crescent, Acton Peninsula +61 2 6208 5000 53 tägl. 9–17 25. Dez nma.gov.au

Die umfangreiche Sammlung des National Museum of Australia ist in einem imposanten Gebäude untergebracht, das schnell zu einem architektonischen Wahrzeichen wurde. Das Museum beleuchtet die vielfältige Geschichte und Kultur des Landes. Die Exponate decken rund 50 000 Jahre Historie ab – von der Besiedlung durch Aborigines über die Kolonialisierung durch Europäer bis in die Gegenwart.

Das 1980 gegründete National Museum of Australia hat seinen ständigen Sitz seit Anfang 2001 auf der Halbinsel Acton. Es teilt sich den Standort mit dem Australian Institute of Aboriginal and Torres Strait Islander Studies. Das Museum erweckt die Geschichte Australiens zum Leben, Schwerpunkte liegen auf den Kulturen der Aborigines, der europäischen Besiedlung und der Umwelt.

↑ *Holden Prototype No 1 – ein 1946 gebauter Testwagen*

Überblick

Menschen, Ereignisse und Begebenheiten, die das Land geformt und beeinflusst haben, werden in den Dauerausstellungen gewürdigt. Das Ziel des Museums ist, Geschichte zu vermitteln und Diskussionen anzuregen. Der Besucher wird durch interaktive Stationen zu aktiver Beteiligung angeregt. Zu den Abteilungen gehört das Great Southern Land, das sich mit rund 1200 Objekten vor allem Natur und Ökologie widmet. In der zweistöckigen First Australians Gallery stehen die Erfahrungen und die Spiritualität der Aborigines und der Torres-Strait-Insulaner im Mittelpunkt.

Schon gewusst?

Das einzigartige Design des Museums erinnert an ein Puzzle.

↑ *Bei Dunkelheit eindrucksvoll illuminierte Fassade des National Museum of Australia*

Restaurant

Museum Cafe

In dem gemütlichen Café am Ufer des Lake Burley Griffin genießt man moderne australische Gerichte aus saisonalen, regionalen und nachhaltig produzierten Zutaten. Dies ist der perfekte Ort für eine Pause beim Besichtigungsprogramm – egal, ob Sie ein Mittagessen oder Kaffee und Kuchen bestellen. Die Aussicht von der Terrasse und durch die Fenster des Speiseraums auf das Wasser ist einfach atemberaubend.

W nma.gov.au

$$$

SEHENSWÜRDIGKEITEN

3 National Arboretum

A3 Forest Drive, Molonglo Valley Apr – Sep: tägl. 7 – 17:30; Okt – März: tägl. 6 – 20:30; Village Centre: tägl. 9 – 16 W nationalarboretum.act.gov.au

Das National Arboretum verfügt über eine der weltweit größten Sammlungen seltener und gefährdeter Bäume. Auf annähernd 100 Quadratkilometern hügeliger Landschaft wachsen hier ungefähr 44 000 Bäume. Diese ökologische Stätte umfasst nahezu 100 Wälder, eine Bonsai-Sammlung, mehrere Themengärten und einen Skulpturengarten.

Das Village Centre des Arboretums hat viele Auszeichnungen für seine markante und nachhaltige Architektur gewonnen. Beim Bau wurde darauf geachtet, dass es sich bestmöglich in die Landschaft einfügt. Das Village Centre umfasst ein Informationszentrum, ein Restaurant, ein Café und einen Shop. Nebenan befindet sich ein Spielplatz mit riesigen Baumhäusern, Nestschaukeln und Musikinstrumenten.

Schöne Aussicht
Mount Ainslie

Vom Gipfel des Mount Ainslie genießt man eine wundervolle Aussicht über Canberra. Die vom US-amerikanischen Architekten Walter Burley Griffin realisierte Stadtplanung wird hier eindrucksvoll erkennbar.

Das Village Centre ist auch Startpunkt für geführte Ausflüge, Waldspaziergänge und Bustouren. Dabei werden Besucher mit dem Engagement des Arboretums für Naturschutz, Bildung, Forschung und Erholung vertraut gemacht. Outdoor-Enthusiasten können außerdem ein mehr als 20 Kilometer langes Wegenetz zum Wandern, Joggen und Mountainbiken nutzen. Eine beliebte Route führt hinauf zum Aussichtspunkt auf dem Gipfel des Dairy Farmers Hill. Von dort genießt man einen Panoramablick über die Hauptstadt mit dem Lake Burley Griffin, auf die Brindabella-Bergkette und auf den Black Mountain Tower.

Zur Vorbereitung auf den Besuch kann man sich die Augmented-Reality-App herunterladen und einen virtuellen Spaziergang durch das Gelände unternehmen.

↓ *Village Centre auf dem weiten Areal des National Arboretum*

Blick über den Lake Burley Griffin auf das Government House ↑

Shopping

Old Bus Depot Markets
Seit 1994 werden hier jeden Sonntag Kunst, Kleidung, Schmuck und Lebensmittel verkauft.
D4 21 Wentworth Ave, Kingston So 10–16 obdm.com.au

Capital Region Farmers Market
Probieren Sie auf dem Bauernmarkt frische Produkte der Region.
B1 Exhibition Park, Watson Sa 7–11:30 capitalregionfarmersmarket.com.au

Handmade Market
Haushaltswaren, Kunsthandwerk, Kleidung und Lebensmittel.
A1 Exhibition Park, Watson ein Wochenende im Apr, Juli, Okt und Dez handmadecanberra.com.au/visiting-the-market

4

Government House

B3 Dunrossil Drive, Yarralumla +61 2 6283 3533 nur zwei Tage im Jahr; vorher anrufen

Das Government House ist seit 1927 offizielle Residenz des Generalgouverneurs, des Vertreters der Monarchie in Australien. Es gehörte früher zu der großen Schaffarm Yarralumla, die 1828 erbaut wurde und heute Staatsoberhäuptern und der königlichen Familie bei Besuchen in Australien als Unterkunft dient. Die Öffentlichkeit hat hier nur an zwei Tagen im Jahr Zutritt. Vom Lady Denman Drive bietet sich allerdings ein eindrucksvoller Ausblick auf die Residenz und die großen Gärten.

5

Yarralumla

C3 Yarralumla 31, 901 Canberra Visitors Centre visitcanberra.com.au

Der Vorort am Rande des Capital Hill ist Sitz von über 80 ausländischen Botschaften und diplomatischen Vertretungen. Eine Fahrt durch das Viertel vermittelt einen Eindruck von der Architektur und Kultur der vertretenen Länder. Ein gutes Beispiel ist die chinesische Botschaft, Coronation Drive Nr. 15, mit roten Säulen, Drachenstatuen und Pagodendach. Zur indischen Botschaft am Moonah Place gehören Teiche, ein flacher Graben und ein weißer Tempelbau im Stil der Mogularchitektur mit goldener Turmspitze. Die diplomatische Vertretung von

> Entdeckertipp
> **Weston Park**
> Der Park liegt auf der westlichen Halbinsel des Lake Burley Griffin in Yarralumla. Er verfügt über einen Strand, einen Grillplatz, einen Abenteuerspielplatz, Radwege, eine Minieisenbahn und eine Minigolfanlage.

Papua-Neuguinea am Forster Crescent ist als Geisterhaus errichtet, umgeben von geschnitzten Totempfählen. Die mexikanische Botschaft in der Perth Avenue ist stolz auf die massive Kopie eines aztekischen Sonnensteins.

Gegenüber der Adelaide Avenue befindet sich The Lodge, offizieller Wohnsitz des australischen Premierministers und seiner Familie.

6

Royal Australian Mint

B4 Denison St, Deakin 58, 932 Mo–Fr 8:30–17, Sa, So, Feiertage 10–16 Karfreitag, 25. Dez ramint.gov.au

Die nationale Münze ist die einzige Institution, die australische Münzen produziert. Bisher wurden hier über 15 Milliarden Münzen angefertigt. Jeden Tag können bis zu zwei Millionen hergestellt werden, im Schnitt kommen pro Jahr etwa 600 Millionen Geldstücke hinzu.

Besucher können bei der Herstellung von Gold- und Silbermünzen zusehen, gezeigt werden dabei alle Schritte der Produktion. Ein Museum erklärt die Historie des Münzwesens Australiens und zeigt ein breites Sortiment an australischen Geldmünzen. Lohnend ist die Teilnahme an einer Führung (am besten vorab buchen).

7

Australian War Memorial

D2 Treloar Crescent, Campbell 54 tägl. 10–16 25. Dez awm.gov.au

Das Mahnmal gedenkt all jener Australier, die für ihr Land gefallen sind. Die Roll of Honour (Ehrenverzeichnis) und das symbolische Grabmal des Unbekannten Soldaten sollen an alle die Schrecken und Leiden des Krieges erinnern. Bis 2028 sind Teile der Gedenkstätte an einigen Tagen in der Woche wegen Renovierung geschlossen.

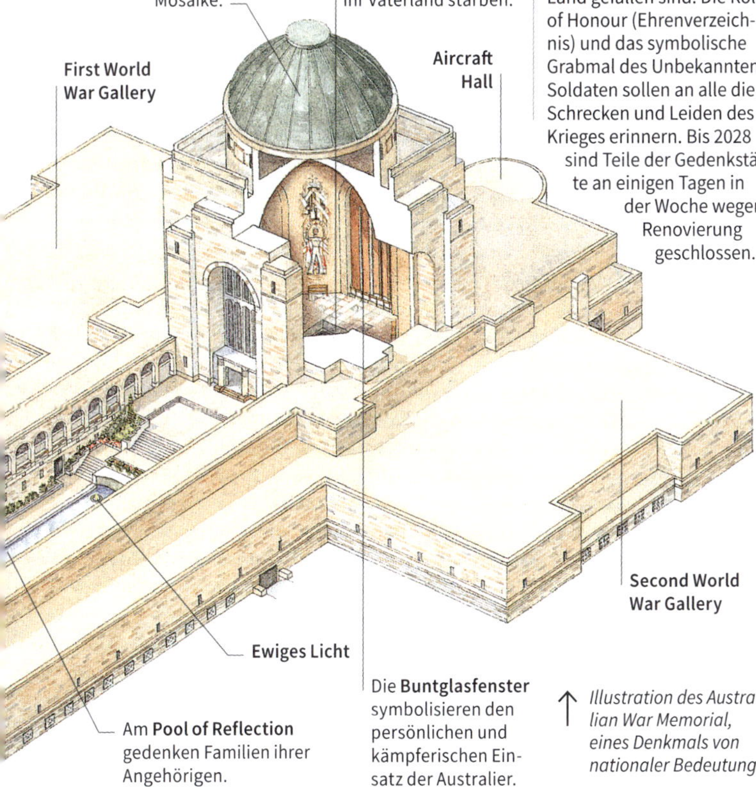

↑ *Illustration des Australian War Memorial, eines Denkmals von nationaler Bedeutung*

8 Canberra Museum and Gallery

D2 Ecke London Circuit u. Civic Sq viele Linien Mo–Fr 10–16, Sa, So 12–16 Feiertage cmag.com.au

Inmitten des Stadtzentrums liegt dieses riesige Museum. Es befasst sich mit der Geschichte und der zeitgenössischen Kunst von Canberra, das 1908 zur Hauptstadt von Australien bestimmt wurde.

Die Dauerausstellung Canberra / Kamberri, Place & People erzählt die Geschichte der First Nations, jener Völker, die seit ewigen Zeiten in diesem Gebiet leben. Aber auch die Siedlungsgeschichte der Neuankömmlinge aus weit entfernten Ländern wird thematisiert. Dokumentiert werden Leben und Alltag dieser Menschen anhand von Alltagsgegenständen, Kunstwerken und bewegten Bildern.

In dem Gebäude befindet sich auch die Nolan Collection, dabei handelt es sich um Gemälde aus den Jahren 1945 bis 1953, die der Künstler Sidney Nolan 1974 dem Land vermachte.

Schon gewusst?

Das Australian Institute of Sport verzeichnet jährlich etwa eine Million Besucher.

9 Australian Institute of Sport

C1 Leverrier Crescent, Bruce R1, R9 Visitor Centre: Mo–Fr 8–17, Sa, So 9:30–16 25., 26. Dez ais.gov.au

Einige der besten olympischen und paralympischen Athleten Australiens leben und trainieren im Australian Institute of Sport (AIS). Es wurde 1981 eingerichtet, um das Niveau der Hochleistungssportler zu verbessern, nachdem Australien bei den Olympischen Spielen 1976 in Montreal keine einzige Goldmedaille gewinnen konnte. Das Visitor Centre präsentiert sportliche Erinnerungsstücke vergangener Olympischer Spiele, darunter von der Decke hängende Yachten und Kanus. Im Sportex können Besucher anhand interaktiver Displays die Geschichte des australischen Sports kennenlernen.

10 Civic Square

D2 Civic Centre viele Linien

Das Civic Centre auf der Nordseite des Lake Burley Griffin, nahe der Nordwestecke des Parlamentsdreiecks *(siehe S. 198–201)*, ist wirtschaftlicher Mittelpunkt der Stadt. Das Zentrum vieler Behörden hat auch die höchste Konzentration an Büros und Geschäften. Hier befindet sich das Haupteinkaufszentrum der australischen Hauptstadt. Im Canberra Centre, einer Shopping Mall, gibt es Stores mit weltbekannten australischen Marken wie Aesop, Lorna Jane und Haigh's Chocolates.

↑ *Canberra/Kamberri, Place & People, Canberra Museum and Gallery*

Den Civic Square hatte Walter Burley Griffin als Treffpunkt und Ort der Entspannung geplant. Er wird von der anmutigen Bronzestatue des Ethos dominiert, die der australische Bildhauer Tom Bass am Eingang zur gesetzgebenden Versammlung des Territoriums des ACT geschaffen hat.

Auf der benachbarten Petrie Plaza steht ein nostalgisches Karussell, ein beliebtes Wahrzeichen bei den Bürgern Canberras.

11

Australian National Botanic Gardens

C2 Clunies Ross St, Acton tägl. 8:30–17 25. Dez anbg.gov.au

An den Hängen des Black Mountain, unterhalb des Black Mountain Tower, beherbergen die Australian National Botanic Gardens die landesweit wohl schönste Sammlung einheimischer Pflanzen. Rund 90 000 Pflanzen von mehr als 5000 Arten werden hier gezeigt.

Der Rainforest Gully ist eine der Attraktionen des Gartens. Er zeigt Pflanzen aus den Regenwäldern Ostaustraliens. Ein Fünftel aller Eukalyptusarten ist auf dem Eucalyptus Lawn zu sehen. Auf dem Aboriginal Trail wird erläutert, wie die Aborigines jahrtausendelang Pflanzen nutzten.

12

National Zoo and Aquarium

A3 Lady Denman Drive, Scrivener Dam tägl. 9:30–17 25. Dez nationalzoo.com.au

Im National Zoo and Aquarium, dem einzigen seiner Art in Australien, sind Süßwasserfische aus heimischen Flüssen sowie farbenprächtige Arten aus Tropen- und Korallengewässern zu sehen. Die Anlage umfasst etwa 20 Aquarien, darunter sind auch einige kleinere Behältnisse, in denen Süßwasserfische und viele andere Meerestiere leben. Allein acht verschiedene Haiarten tummeln sich hier.

Im angrenzenden, etwa neun Hektar großen Zoo ist eine Vielzahl prächtiger Exemplare einheimischer Tierarten zu besichtigen, u. a. Koalas, Wombats, Dingos, Zwergpinguine, Tasmanische Teufel, Emus und Kängurus. Neben einheimischen gibt es auch Tiere anderer Kontinente. Zu ihnen zählen Säugetiere wie Großkatzen (Canberra hat die größte Anzahl an Wildkatzen in Australien), Menschenaffen, Giraffen und afrikanische Antilopen.

↑ *Rainforest Gully in den Australian National Botanic Gardens*

Restaurants

Bar Rochford
Die Wein- und Cocktailbar befindet sich im Melbourne Building. In der Karte stehen diverse, auch vegetarische Menüs.
D2 65 London Circuit, Canberra barrochford.com
$$

Raku Dining
Schickes Restaurant in großartigem Ambiente. Im Raku wird moderne japanische Küche kunstvoll präsentiert.
D2 148 Bunda St, Civic rakudining.com.au
$$$

Molly
Das Lokal versetzt Gäste mit dem Dekor und dem Live-Jazz in die 1920er Jahre. Genießen Sie europäisch inspirierte Gerichte. Die Cocktail- und Whiskykarte lässt keine Wünsche offen.
D2 Odgers Lane, Canberra molly.bar
$$

Bars

Mount Majura Vineyard
Das Weingut ist bekannt für hervorragenden Tempranillo, Riesling und Shiraz.
B1 88 Lime Kiln Rd, Majura tägl. 10–17 mountmajura.com.au

Silo Bakery & Cafe
Das Café im New Yorker Stil ist in coolem Industrie-Design gestaltet.
D4 36 Giles St, Kingston Di–Sa 7–15 silobakery.com.au

Capital Brewing Co
Preisgekrönte Brauerei mit einer beeindruckenden Auswahl.
E4 Bldg 3, 1 Dairy Rd, Fyshwick tägl. ab 11:30 capitalbrewing.co

13 Mugga-Mugga

A1 129 Narrabundah Lane, Symonston Sa 10–13 Ende Dez–Mitte Jan historicplaces.com.au/mugga-mugga-cottage

Mugga-Mugga ist eine der ältesten historischen Stätten Australiens. Es beleuchtet die soziale und wirtschaftliche Geschichte einer Familie der ländlichen Arbeiterklasse auf dem Duntroon Estate. Hauptsehenswürdigkeit ist das kleine Landhaus, das in den 1830er Jahren für den ersten Schafzüchter des Anwesens gebaut wurde. Zu sehen ist die komplett erhaltene Einrichtung der Familie Curley, die 1913 nach Mugga-Mugga zog. In der Garage zeigt eine Ausstellung die Entstehung der Föderation.

14 Murrumbidgee River

A1 ACT Parks & Conservation Service, +61 2 13 22 81

Der Murrumbidgee River trifft bei Casuarina Sands, wo man angeln und Kanu fahren kann, den Cotter River. Das Gelände am Cotter-Damm in der Nähe eignet sich gut zum Schwimmen und Campen. Am Ufer liegt **Lanyon Homestead**, ein Anwesen aus den 1850er Jahren. Auf dem Gut befindet sich die Sidney Nolan Gallery mit Werken zu Ned Kelly.

Lanyon Homestead
Tharwa Dr, Tharwa Mi–So 10–16 Karfreitag, 24., 25. Dez historicplaces.com.au/lanyon-homestead

15 Canberra Deep Space Communication Complex

A1 via Paddys River Rd (Tourist Dr 5) siehe Website cdscc.nasa.gov

Das Raumfahrtzentrum im Canberra Deep Space Communication Complex (CDSCC) wird gemeinsam von der Commonwealth Scientific and Industrial

Satellitenschüssel im Canberra Deep Space Communication Complex

Weite Landschaft im Tidbinbilla Nature Reserve; Kängurus im Namadgi National Park (Detail) ↑

Research Organization (CSIRO) und der NASA betrieben. Es ist eines von nur drei Zentren weltweit, die mit dem NASA-Kontrollzentrum in Kalifornien verbunden sind.

Von den sechs Satellitenschüsseln hat die größte einen Durchmesser von 70 Metern und wiegt rund 3000 Tonnen. Besucher können ein 3,8 Milliarden Jahre altes Stück Mondgestein und einen Astronautenanzug sehen und erfahren Spannendes über die Rolle des Forschungszentrums während der Mondlandeunternehmungen. Zudem gibt es neueste Bilder von Mars, Saturn und Jupiter.

16

Tidbinbilla Nature Reserve

A1 via Paddys River Rd (Tourist Drive 5) Apr–Sep: tägl. 9–18; Okt–März: tägl. 7:30–20 25. Dez tidbinbilla.act.gov.au

Das Naturreservat ist mit seinen 5450 Hektar Wald, Grasland, Bächen und Bergen ein Paradies für Naturliebhaber: Kängurus sonnen sich mit ihren Jungen, Emus stolzieren durch das Grasland, Schnabeltiere schwimmen in den Bächen, Koalas fressen in den Eukalyptusbäumen, Laubenvögel und der prächtige Leierschwanz zeigen sich im Wald.

Die Besucher können zum Gibraltar Rock wandern oder auf einem der 24 Wanderwege Feuchtgebiete und Wälder erkunden. Der drei Kilometer lange Birrigai Time Trail führt durch verschiedene Perioden der Erdgeschichte. Das Besucherzentrum zeigt Artefakte der Aborigines und Relikte der Pionierzeit.

17

Namadgi National Park

A2 Namadgi Visitor Centre, Naas Rd, 2 km südl. von Tharwa parks.act.gov.au

Der Nationalpark nimmt fast die Hälfte des Territoriums der Bundeshauptstadt ein. Obwohl er nur 35 Kilometer südlich von Canberra liegt, ist er doch abgeschieden. Er bietet eine schöne, schroffe Landschaft aus Schnee, Bergen, Flusstälern und Felsenkunst der Aborigines. Man könnte tagelang bleiben, aber schon eine eintägige Wanderung bietet atemberaubende Ausblicke.

Es empfiehlt sich, im Besucherzentrum einen Personal Locator Beacon (Personen-Notsender) zu mieten, wenn Sie auf eigene Faust in abgelegenen Gebieten des Parks wandern möchten.

Entdeckertipp
Yankee Hat

Die Felsmalerei der Aborigines in Yankee Hat ist die einzige derzeit bekannte prähistorische Kunststätte im ACT. Die Stätte im Namadgi National Park zeigt Darstellungen von Tieren und menschenähnlichen Figuren.

VICTORIA

Twelve Apostles, Felsformation an der Great Ocean Road (siehe S. 248 – 251)

VICTORIA AUF DER KARTE

Dieses Kapitel gliedert Victoria in drei Gebiete, die auf der Karte jeweils mit eigener Farbcodierung dargestellt sind.

Australien
Hillston
Hay
NEW SOUTH WALES
Deniliquin
CANBERRA
Albury
Kiandra
Echuca
Lake Hume
Shepparton
Wangaratta
Cooma
Benalla
Bright
Alps
Bombala
Seymour
Lake Eildon
Merimbula
Australian
Sunbury
Osten von Victoria und High Country
Seiten 264–277
Melbourne
Seiten 216–243
Bairnsdale
Mallacoota
Sale
Traralgon
Mornington Peninsula
Inverloch
Port Albert
Bass Strait
Flinders Island
Stanley
TASMANIEN
0 Kilometer
100
N

DIE REGIONEN VON VICTORIA

Von der Kulturmetropole Melbourne über endlos lange Strandabschnitte bis hin zu spektakulären Bergpanoramen, wildromantischen Weinbergen und einer vielseitigen Tierwelt: Victoria im Südosten Australiens hält sämtliche Highlights Ihrer Reise für Sie bereit. Absolutes Topziel ist aber die Great Ocean Road - zweifelsohne eine der malerischsten Küstenstraßen der Welt.

Seiten 216 – 243

Melbourne

Melbourne ist eine der interessantesten und angesagtesten Städte der Welt – und gilt als Sydneys größter Rivale. Vor allem die vielseitige Kulturszene in Victorias Hauptstadt sollten Sie nicht verpassen, denn ob Theateraufführungen oder Musicalproduktionen, ob Galerievernissagen oder Kunstausstellungen, ob Comedy oder Sport: In Melbourne ist das ganze Jahr über jede Menge los. Besonders voll wird es, wenn Zigtausende Fans zum Formel-1-Rennen, zum Tennis-Grand-Slam oder zum Melbourne Cricket Ground (»The 'G«) strömen.

Entdecken
Kultur und Cafés

Sehenswert
Federation Square, National Gallery of Victoria

Genießen
Jubeln Sie Ihrem Lieblings-AFL-Team mit der tobenden Menge im »The 'G« zu

Seiten 244 – 263

Great Ocean Road und Westen von Victoria

Die Great Ocean Road schlängelt sich entlang der windigen Küste von Torquay nach Allansford. Auf der einen Seite tosende Wellen und gigantische Kalksteinformationen, auf der anderen Seite dichte Regenwälder. Jenseits der Küste stoßen Sie im Westen Victorias auf charmante Dörfer und Weingüter, beobachten Sie stattliche Raddampfer, die gemütlich den Murray River hinabtuckern, oder besuchen Sie moderne Kunstgalerien in eindrucksvollen ehemaligen Goldgräberstädten.

Entdecken
Der ultimative Roadtrip

Sehenswert
Great Ocean Road, Ballarat, Bendigo

Genießen
Gehen Sie auf dem Murray River an Bord eines historischen Raddampfers

Seiten 264 – 277

Osten von Victoria und High Country

Outdoor-Enthusiasten finden in dieser Ecke Victorias ihr Paradies. Unternehmen Sie eine Radtour durch das High Country und machen unterwegs an urigen Viehzüchterhütten und Brauereien halt. Im Winter kommen Skifahrer aufgrund der fantastischen Schneebedingungen hierher, im Sommer durchkämmen Buschwanderer und Reiter die weiten Landschaften. Zu viel Trubel? An den Stränden im Osten ist es ruhiger – aber stören Sie nicht die Babypinguine!

Entdecken
Outdoor-Aktivitäten

Sehenswert
Strände und Skipisten

Genießen
Beobachten Sie auf Phillip Island die Reise der wilden Pinguine

7 - 9 AM
10 30 - 5 30 PM
ALL
LOADING ZONE
15 MINUTE
Aix
Cafe
Breakfast
Specials
The Corrections
talyst
SHOUT IT LOUD

Café in einer Gasse in Melbournes Stadtzentrum

Melbourne

Über Jahrtausende lebten in der Gegend des heutigen Melbourne Aborigines als Nomaden. Die Ankunft europäischer Siedler in den 1830er Jahren markierte für die indigene Bevölkerung einen abrupten Einschnitt. Die Siedler errichteten Grenzzäune und veränderten die Landschaft dramatisch.

Das rapide Wachstum der nach dem damaligen britischen Premierminister Lord Melbourne benannten Stadt wurde in den 1850er Jahren durch den enormen Zustrom an Einwanderern beschleunigt, die ihr Glück auf den ertragreichen Goldfeldern Victorias suchten. Diese Entwicklung setzte sich während des Landbooms fort. Ende des 19. Jahrhunderts war Melbourne das Industrie- und Finanzzentrum Australiens und bis 1927 auch Sitz des nationalen Parlaments, das dann nach Canberra verlegt wurde.

Melbourne war 1956 Austragungsort der Olympischen Sommerspiele, die einen erheblichen Einfluss auf die soziale, kulturelle und architektonische Entwicklung der Stadt hatten. In den folgenden Jahrzehnten strömten erneut zahlreiche Einwanderer – diesmal vor allem aus Osteuropa und dem Mittelmeerraum – in die Stadt. Sie bereicherten Melbourne mit einer Vielzahl von Kulturen und veränderten das von britischen Traditionen geprägte Leben.

Melbourne

Highlights

1 Federation Square
2 National Gallery of Victoria

Sehenswürdigkeiten

3 Queen Victoria Market
4 Supreme Court
5 Rialto Towers
6 St Francis' Church
7 Melbourne Mint
8 St James' Old Cathedral
9 Melbourne Town Hall
10 Block Arcade
11 Docklands
12 Royal Arcade
13 St Paul's Cathedral
14 State Library of Victoria
15 Immigration Museum
16 Regent Theatre
17 Scots' Church
18 No 120 Collins Street
19 Old Magistrate's Court
20 Old Melbourne Gaol
21 Museum of Chinese Australian History
22 Lygon Street
23 Chinatown
24 Royal Exhibition Building
25 Melbourne Museum
26 Brunswick Street und Fitzroy
27 Old Treasury Building
28 Melbourne Cricket Ground
29 Australian Centre for Contemporary Art
30 Melbourne & Olympic Parks
31 Australian Sports Museum
32 Flinders Street Station
33 Royal Botanic Gardens und Kings Domain
34 SEA LIFE Melbourne Aquarium
35 Eureka Tower
36 Polly Woodside
37 Rippon Lea Estate
38 St Kilda
39 Albert Park
40 Chapel Street
41 Como Historic House and Garden

Restaurants

① DOC Espresso
② Brunetti Oro
③ ShanDong MaMa
④ Flower Drum
⑤ MoVida
⑥ Supernormal
⑦ Pellegrini's Espresso Bar

Hotel

⑧ The Como Melbourne

Shopping

⑨ Rose Street Artists' Market
⑩ Northside Records
⑪ Mud Australia

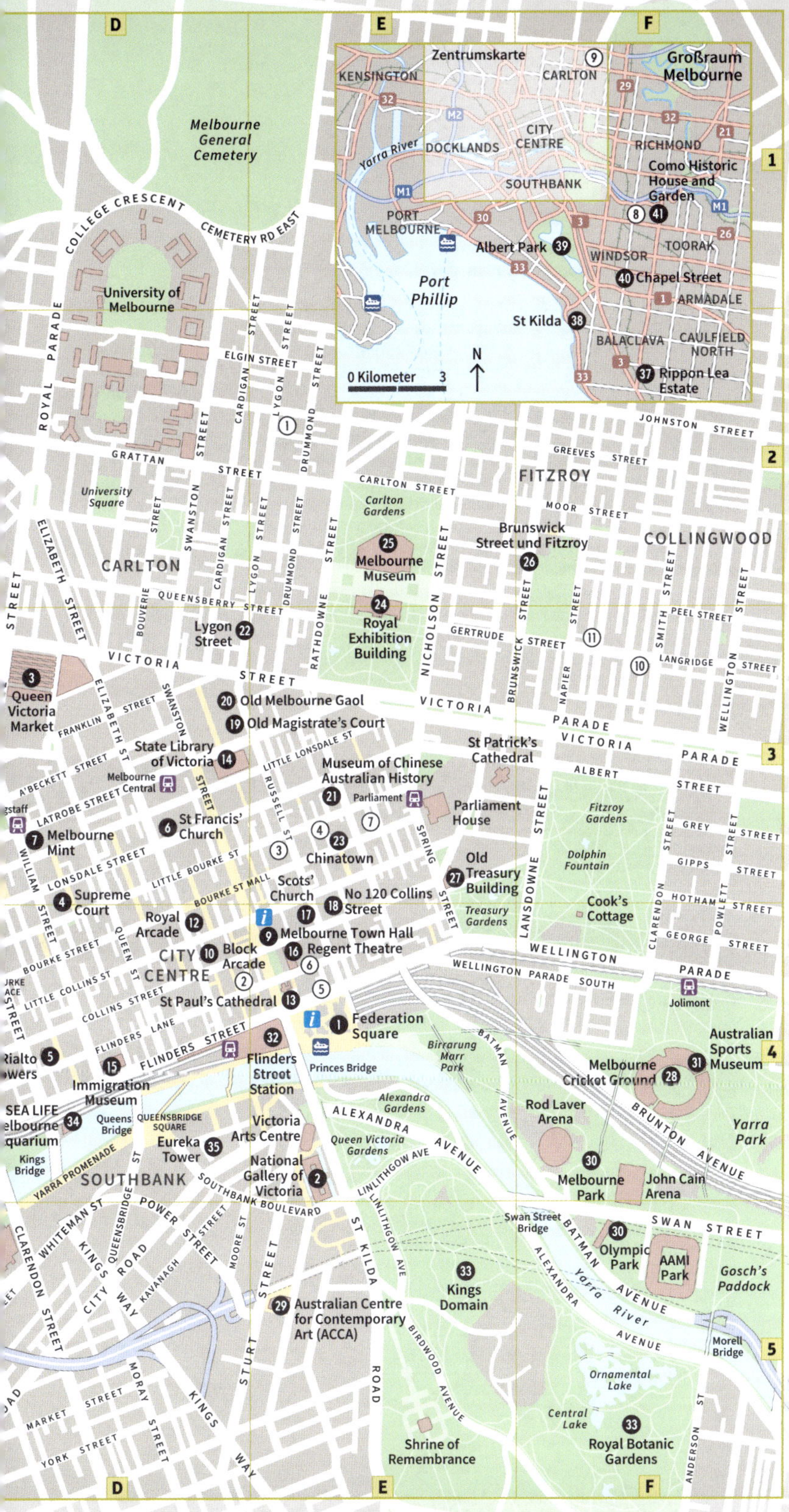

D
E
F
1
2
3
4
5
Zentrumskarte
Großraum Melbourne
KENSINGTON
CARLTON
CITY CENTRE
DOCKLANDS
Yarra River
RICHMOND
Como Historic House and Garden
SOUTHBANK
PORT MELBOURNE
Albert Park
WINDSOR
TOORAK
Port Phillip
Chapel Street
ARMADALE
St Kilda
BALACLAVA
CAULFIELD NORTH
Rippon Lea Estate
0 Kilometer 3
N
Melbourne General Cemetery
COLLEGE CRESCENT
CEMETERY RD EAST
University of Melbourne
ROYAL PARADE
ELGIN STREET
CARDIGAN STREET
LYGON STREET
DRUMMOND STREET
GRATTAN STREET
University Square
CARLTON STREET
Carlton Gardens
Melbourne Museum
NICHOLSON STREET
JOHNSTON STREET
GREEVES STREET
FITZROY
MOOR STREET
Brunswick Street und Fitzroy
COLLINGWOOD
CARLTON
ELIZABETH STREET
SWANSTON STREET
BOUVERIE
QUEENSBERRY STREET
RATHDOWNE STREET
Royal Exhibition Building
GERTRUDE STREET
BRUNSWICK STREET
NAPIER STREET
SMITH STREET
PEEL STREET
LANGRIDGE STREET
WELLINGTON STREET
Lygon Street
Queen Victoria Market
VICTORIA STREET
Old Melbourne Gaol
Old Magistrate's Court
VICTORIA PARADE
FRANKLIN STREET
State Library of Victoria
LITTLE LONSDALE ST
Museum of Chinese Australian History
St Patrick's Cathedral
ALBERT STREET
A'BECKETT STREET
Melbourne Central
Parliament
Parliament House
Fitzroy Gardens
GREY STREET
LATROBE STREET
St Francis' Church
RUSSELL ST
Chinatown
SPRING STREET
LANSDOWNE STREET
Dolphin Fountain
GIPPS STREET
Melbourne Mint
WILLIAM STREET
LONSDALE STREET
LITTLE BOURKE ST
Scots' Church
Old Treasury Building
Cook's Cottage
HOTHAM STREET
CLARENDON STREET
POWLETT STREET
Supreme Court
BOURKE ST MALL
No 120 Collins Street
Treasury Gardens
Royal Arcade
Melbourne Town Hall
GEORGE STREET
QUEEN ST
CITY CENTRE
Block Arcade
Regent Theatre
WELLINGTON PARADE
BOURKE STREET
LITTLE COLLINS ST
COLLINS STREET
WELLINGTON PARADE SOUTH
St Paul's Cathedral
Jolimont
Federation Square
Australian Sports Museum
FLINDERS LANE
FLINDERS STREET
Flinders Street Station
Birrarung Marr Park
BATMAN AVENUE
Melbourne Cricket Ground
Rialto Towers
Princes Bridge
Immigration Museum
Alexandra Gardens
Rod Laver Arena
Yarra Park
SEA LIFE Melbourne Aquarium
Queens Bridge
QUEENSBRIDGE SQUARE
Victoria Arts Centre
ALEXANDRA AVENUE
BRUNTON AVENUE
Eureka Tower
Queen Victoria Gardens
Kings Bridge
YARRA PROMENADE
SOUTHBANK
National Gallery of Victoria
LINLITHGOW AVE
Melbourne Park
John Cain Arena
SOUTHBANK BOULEVARD
WHITEMAN ST
POWER STREET
MOORE ST
Swan Street Bridge
SWAN STREET
CLARENDON STREET
KINGS WAY
QUEENSBRIDGE ST
CITY ROAD
KAVANAGH
ST KILDA ROAD
Olympic Park
AAMI Park
Gosch's Paddock
Kings Domain
Yarra River
Australian Centre for Contemporary Art (ACCA)
STURT STREET
BIRDWOOD AVENUE
Morell Bridge
MORAY STREET
MARKET STREET
Ornamental Lake
Central Lake
Royal Botanic Gardens
ANDERSON ST
YORK STREET
Shrine of Remembrance
D
E
F

1

Federation Square

E4 Ecke Flinders St u. Swanston St
Swanston- u. Flinders-St-Linien fedsquare.com

Der 2002 eingeweihte Federation Square in Melbourne ist einer der dynamischsten öffentlichen Plätze Australiens und ein bedeutender Hotspot für Kunst, Veranstaltungen und Gastronomie. Auf dem Platz herrscht immer reges Treiben.

Herzstück des mit fast einer halben Million Steinen gepflasterten Federation Square ist das beeindruckende Atrium mit Glasfassade – ein Veranstaltungsort für Ausstellungen, Festivals, Märkte und Performances. Auf und um den Platz gibt es Bars, Restaurants, Geschäfte und kulturelle Einrichtungen wie das Australian Centre for the Moving Image (ACMI; Australiens Museum für Kino, Fernsehen, Videospiele und Multimediakunst) sowie den Koorie Heritage Trust, eine Kulturorganisation der indigenen Völker Australiens.

Der Federation Square hat sich zu einem beliebten Treffpunkt in Melbourne entwickelt – auch zum Public Viewing: Dann werden auf der Open-Air-Leinwand einige der großen Ereignisse der Stadt (z. B. die Australian Open) und Konzerte live übertragen.

TOP 3 Festivals und Events

Fed Summer
Mitte Jan – März
Kostenlose Workshops, Livekonzerte und weitere Veranstaltungen.

Melbourne Food & Wine Festival
März
Diverse gastronomische Veranstaltungen.

Melbourne International Comedy Festival
Apr
Fest der Comedy-Szene.

Herzstück des mit fast einer halben Million Steinen gepflasterten Federation Square ist das beeindruckende Atrium mit Glasfassade.

Highlight

→ *Lichtdurchflutetes Atrium – Raum für Kunst und Events*

← *Interaktive Stationen animieren Besucher des Australian Centre for the Moving Image zum Mitmachen*

Restaurants

MoVida Next Door
Der Ableger des spanischen Tapas-Restaurants MoVida *(siehe S. 225)* bietet ebenso köstliche Tapas in legerer Atmosphäre. Man kann hier aber auch einfach auf einen Drink vorbeikommen.

⌂ **164 Flinders St**
W **movida.com.au**

$$$

Chocolate Buddha
Das stilvolle japanische Restaurant ist berühmt für seine Sushi-, Ramen- und *Donburi*-Gerichte. Ein perfekter Ort, um sich vor dem Theaterbesuch zu stärken.

⌂ **Ecke Flinders St u. Swanston St**
W **chocolatebuddha.com.au**

$$$

← *Markante architektonische und künstlerische Akzente prägen den Federation Square*

2

National Gallery of Victoria

E4 180 St Kilda Rd u. Federation Square +61 8620 2222 tägl. 10–17
Karfreitag, 25. Dez ngv.vic.gov.au

Die National Gallery of Victoria (NGV) ist ein kulturelles Wahrzeichen von Melbourne und einer der renommiertesten Kunsttempel Australiens. Verweilen Sie zunächst ein wenig an der Waterwall beim Eingang und genießen Sie anschließend die umfangreiche Sammlung an Gemälden und Kunsthandwerk.

Die erste Kunstgalerie Australiens wurde im Jahr 1861 eröffnet und war zunächst Sitz des Nationalmuseums. 1968 bezog sie das Gebäude in der St Kilda Road und enthält mittlerweile die größte internationale Kunstsammlung des Landes – u. a. mit Werken aus dem Nachlass des australischen Unternehmers und Kunstmäzens Alfred Felton. Die Sammlungen von Gemälden und Skulpturen Alter Meister sowie von pazifischen Kunstwerken sind herausragend. Zu den zahlreichen Höhepunkten gehören insbesondere die Werke von Turner, Rembrandt, Tiepolo und Picasso. In der NGV finden zudem einige der bedeutendsten Wechselausstellungen statt, die man in Australien besuchen kann.

Das Ian Potter Centre: NGV Australia am Federation Square *(siehe S. 220f)* lohnt als Außenstelle des NGV ebenfalls einen Besuch. Es ist die wichtigste Kunstsammlung, die sich ausschließlich der Präsentation australischer Kunst widmet. Man kann hier Stunden damit verbringen, sich mit der beeindruckenden Kunst der Aborigines vertraut zu machen. Zu sehen sind hier außerdem Gemälde der Heidelberger Schule (mit Malern wie Tom Roberts und Frederick McCubbin) sowie Werke anderer renommierter australischer Künstler, darunter Sidney Nolan, Arthur Boyd, Russell Drysdale und Brett Whiteley.

↑ *Faszinierende Wasser- und Farbenspiele: Waterwall am Eingang zur NGV*

Expertentipp
NGV Friday Nights

Schauen Sie auf der Website nach Daten der NGV Friday Nights, die bis tief in die Nacht Zugang zu den Ausstellungen bieten. In den Nebenräumen gibt es Livemusik, DJ-Sound, Bars und Snacks.

→ *Ausstellungssaal mit Bildern diverser Künstler und Skulpturen des Engländers Jonathan Owen*

↑ *Die weltweit größte Buntglasdecke des Künstlers Leonard French in der Great Hall*

Abendstimmung auf Melbournes farbenfrohem Queen Victoria Market

SEHENSWÜRDIGKEITEN

3 Queen Victoria Market

D3 Elizabeth, Therry, Peel u. Victoria St Flagstaff und Melbourne Central (Ausgang Elizabeth St) Elizabeth-St-Linien Zeiten der Website entnehmen Feiertage qvm.com.au

Melbournes Frisch- und Gemischtwarenmarkt hat eine merkwürdige Geschichte. 1877 hielt man die Idee, einen Teil des Friedhofs in einen Markt umzuwandeln, für praktisch, denn damals erforderte dies die Umlegung von nur drei Gräbern. Die Entscheidung löste jedoch Kontroversen aus, denn der Markt war so beliebt, dass man weitere Teile des Friedhofs erwerben musste. 1917 verfügte ein Gesetz die Umlegung von 900 Gräbern und die Schließung des Friedhofs. Die Exhumierungen dauerten bis 1922.

Das Angebot der rund 1000 Stände umfasst Obst und Gemüse, Fisch, Fleisch, Käse, Bio-Nahrungsmittel, Souvenirs und Kleidung.

Fotomotiv
Streetart

Streetart ist in Melbournes Gassen allgegenwärtig – die besten Graffiti findet man in der Hosier Lane gegenüber dem Federation Square, auf dem Center Place zwischen Collins Street und Flinders Lane sowie in der AC/DC Lane.

4 Supreme Court

D3–4 210 William St Flagstaff Linien City Circle u. Bourke St Mo–Do 8:30–18, Fr 8:30–17 supremecourt.vic.gov.au

Als der Port-Phillip-Distrikt noch Teil der Kolonie New South Wales war, wurden Straf- und wichtige Zivilklagen in Sydney verhandelt. 1841 kam ein Richter und besetzte eine Außenstelle des Sydneyer Obersten Gerichtshofs. Mit Verabschiedung des Separation Act (1851), durch den Victoria der Status einer Kolonie verliehen wurde, erhielt Melbourne seinen eigenen Obersten Gerichtshof. Das Gericht zog 1884 in das heutige Gebäude, dessen Entwurf von den Four Courts in Dublin beeinflusst ist.

Der Bau im klassizistischen Stil beeindruckt jeden Besucher. Die Bibliothek besitzt eine wunderschöne Kuppel. Die große Bronzefigur der Justitia trägt, der Tradition trotzend, keine Augenbinde.

Öffentliche Verhandlungen gibt es um 10 und 16:15 Uhr.

5 Rialto Towers

D4 525 Collins St Southern Cross Station Collins-St-Linien tägl. 7–19 rialto.com.au

Die Rialto Towers erreichen mit 58 Etagen über und acht Etagen unter der Straße eine Höhe von 253 Metern.

Der Lift der Rialto Towers braucht 38 Sekunden vom Erdgeschoss bis zur 55. Etage und gehört damit zu den schnellsten der Welt.

Der Wolkenkratzer wurde 1986 von Bruno Grollo gebaut, der auch für den Eureka Tower verantwortlich zeichnet *(siehe S. 237)*. An der früheren Aussichtsplattform in der 55. Etage wurde das Restaurant Vue de Monde mit der Lui Bar eingerichtet. Wegen des Panoramablicks gehört es zu den gefragtesten Lokalen der Stadt. Der Lift braucht 38 Sekunden vom Erdgeschoss bis zur 55. Etage und gehört damit zu den schnellsten der Welt.

6

St Francis' Church

D3 · 326 Lonsdale St · Melbourne Central · Elizabeth-St-Linien · Zeiten der Website entnehmen · stfrancismelbourne.com

Mit rund 10 000 Besuchern pro Woche ist die St Francis' Church die meistbesuchte römisch-katholische Kirche Australiens. Sie wurde 1841–45 am Standort einer früheren Kirche erbaut und ist die älteste Kirche Victorias. Das für seine Schönheit bekannte neogotische Gebäude wurde mehrfach umgestaltet. Arbeiten an der Decke brachten Schätze aus den 1860er Jahren zutage, z. B. ein Gemälde, Sterne und ein Wappen. Die Arbeiten waren Anfang der 1890er Jahre abgeschlossen. Ein Schmuckstück im Inneren ist der prachtvolle Chor. In der Kirche finden regelmäßig Gottesdienste statt.

←
Prachtvoll gestaltete Decke der St Francis' Church

7

Melbourne Mint

D3 · 280 William St · Flagstaff · 24, 30 · Linien Lonsdale u. Queen St · für Besucher · melbournemint.com.au

Die ehemalige Münze wurde zwischen 1871 und 1872 gebaut. Sie beherbergt zwei Gerichte, die den Obersten Gerichtshof entlasten.

Als die Münzanstalt 1872 öffnete, verarbeitete sie Funde aus den Goldfeldern Victorias und war Zweigstelle der Königlichen Münzanstalt von London. 1967 verlegte man die Königliche Münzanstalt nach Canberra. Die Münzanstalt in Melbourne ist nicht mehr öffentlich zugänglich.

8

St James' Old Cathedral

C3 · Ecke King St u. Batman St · Flagstaff · 30, 75 · 220 · Mo–Fr 9–15; Gottesdienste: So 10 · Feiertage · sjoc.org.au

St James' war die erste anglikanische Kathedrale in der Stadt, bis 1891 St Paul's *(siehe S. 227)* eingeweiht wurde. Zwischen 1913 und 1914 verlegte man sie an ihren jetzigen Standort. Um den exakten Wiederaufbau sicherzustellen, nummerierte man die Steine.

St James' ist im georgianischen Kolonialstil erbaut. Die Fundamente bestehen aus dunklem Sandstein, die Hauptmauern aus heimischem Sandstein.

Die Kathedrale wurde am 2. Oktober 1842 eröffnet, aber erst 1853 geweiht. Der erste Bischof der Stadt, Charles Perry, wurde 1848 eingesetzt. Ein kleines Museum, das auf Nachfrage besucht werden kann, zeigt eine Reihe von Fotos, historische Dokumente sowie Erinnerungsstücke.

Restaurants

MoVida

Die kultige spanische Tapas-Bar befindet sich in einer Gasse mit vielen Graffitiwänden.

E4 · 1 Hosier Lane · movida.com.au

$$$

Supernormal

Das Restaurant ist für seine panasiatische und Szechuan-Küche bekannt.

E4 · 180 Flinders Lane · supernormal.net.au

$$$

Pellegrini's Espresso Bar

Das seit 1954 betriebene Café zählt zu den berühmtesten der Stadt.

E3 · 66 Bourke St · +61 3 9662 1885

$$$

9

Melbourne Town Hall

E4 Swanston St Flinders St Swanston- u. Collins-St-Linien Mo–Fr 9–18, Sa, So 9–17 (nur Erdgeschoss) Feiertage melbourne.vic.gov.au

Melbournes Rathaus wurde von Joseph Reeds Firma Reed & Barnes entworfen und 1870 fertiggestellt. Der Portikus kam 1887 hinzu. Ein angrenzender Verwaltungstrakt und die zweite Kammer des Stadtrats stammen von 1908. Die Kammer ist eine Mischung aus Renaissancestil und australischen Motiven wie einem Deckenputz aus Eukalyptusfrüchten.

1925 zerstörte ein Brand das Innere teilweise. Die Haupthalle wurde daraufhin neu gebaut. Am Eingang des Gebäudes sind vier Motive des Stadtwappens zu sehen: Wal, Schiff, Stier und Schaf, die die wichtigsten Industriezweige der Kolonie symbolisieren. 1942 ordnete das College of Arms eine Umkehrung der Motive gemäß heraldischen Konventionen an.

Im Hauptsaal finden öffentliche Veranstaltungen statt.

10

Block Arcade

D4 282 Collins St Flinders St Swanston- u. Collins-St-Linien tägl. 8–17:30 Karfreitag, 25. Dez theblock.com.au

Melbournes prunkvollste Arkade wurde 1891–93 mit für die Epoche typischen prachtvollen Details erbaut. Sie verdankt ihren Namen der Lust der feinen Gesellschaft gegen Ende des 19. Jahrhunderts am Promenieren: »Um den Block gehen« war gleichbedeutend mit einem Bummel durch den zwischen Elizabeth Street und Swanston Street gelegenen Abschnitt der Collins Street. Die Arkade wurde 1988 restauriert. Zur Anlage gehören die Hopetoun Tea Rooms. Führungen können vereinbart werden.

In den Docklands steht auch das 120 Meter hohe Riesenrad Melbourne Star, es bietet fantastische Ausblicke und ist ein Spaß für die ganze Familie.

11

Docklands

C4 Southern Cross Station City Circle 11, 35, 48, 70, 75 Yarra River Shuttle skylinemelbourne.com.au

Das umfassend sanierte Hafengebiet ist allein wegen seiner modernen Architektur einen Besuch wert. Das Areal erstreckt sich über eine Fläche von ungefähr 200 Hektar und grenzt auf etwa drei Kilometern Länge an den Yarra River. Hier steht auch das 120 Meter hohe Riesenrad Melbourne Star, es bietet fantastische Ausblicke und ist ein Spaß für die ganze Familie.

Die Docklands haben eine herrliche Hafenpromenade, einen Yachthafen und bezaubernde öffentliche Plätze wie Harbour Esplanade, Grand Plaza und den Docklands Park. Zum Flair tragen auch viele Kunstwerke sowie Restaurants, Cafés und Bars bei. Im Februar findet die Summer Boat Show statt. Das Etihad Stadium ist Austragungsort für Sportveranstaltungen.

Schon gewusst?

Rund ein Drittel der Einwohner Melbournes wurde in anderen Ländern geboren.

12

Royal Arcade

D4 Elizabeth, Bourke u. Little Collins St Flinders St Bourke-, Elizabeth- u. Collins-St-Linien Mo–Do 7–19, Fr 7–20:30, Sa 8–19, So 9–19 royalarcade.com.au

Die Royal Arcade ist die älteste noch erhaltene Arkade der Stadt. Sie ist Teil eines 1869 vom Regierungsarchitekten Robert Hoddle entworfenen städtebaulichen Konzepts, das Melbourne in kleinere Bereiche gliedern sollte.

↑ *Boote im Hafen von Docklands, im Hintergrund das illuminierte Riesenrad Melbourne Star*

Ein Schmuckstück: Lesesaal in der State Library of Victoria

Die ursprüngliche, von Charles Webb entworfene Arkade wurde 1869 gebaut. Sie verläuft zwischen Bourke Street Mall und Little Collins Street. 1902 wurde sie um einen Anbau mit Zugang zur Elizabeth Street ergänzt. Eine ursprünglich an der Fassade zur Bourke Street platzierte Statue steht nun im Arkadenbau am Nordende.

Die berühmtesten Bewohner der Arkade sind die Statuen von Gog und Magog, mythische Darstellungen des Konflikts zwischen den alten Briten und Flüchtlingen aus Troja. Vorbilder waren Figuren in Londons Guildhall. Sie rahmen die Gaunt's Clock ein, die Thomas Gaunt, ein ehemaliger Pächter der Arkaden, konstruierte.

13 St Paul's Cathedral

E4 Ecke Swanston u. Flinders St Flinders St Swanston-, Flinders- u. Collins-St-Linien Mo–Sa 10–17 cathedral.org.au

St Paul's Cathedral wurde im Jahr 1866 erbaut. Ihren Bau begleiteten einige Schwierigkeiten. Differenzen zwischen dem Architekten William Butterfield und dem Bauausschuss behinderten die Arbeiten. Butterfield lehnte den Vorschlag des Ausschusses ab, die Kathedrale zur Princes Bridge hin zu bauen sowie Barrabool- und Hawkesbury-Sandstein zu verwenden. Der Bau begann 1880, doch 1884 kündigte Butterfield. Joseph Reed setzte die Arbeiten fort und entwarf auch einen Großteil der Einrichtung. Im Jahr 1891 wurde die Kathedrale geweiht.

Bemerkenswert im Inneren ist u. a. der aus Italien stammende *reredos* (Altarretabel) aus Marmor und Alabaster mit Glasmosaiken. Die Orgel, eine Arbeit von T. C. Lewis & Co. aus London, ist das beste noch erhaltene Werk dieses großartigen Orgelbauers. Die Kathedrale besitzt ein Glockenspiel mit 13 Glocken, eine Seltenheit außerhalb Großbritanniens.

14 State Library of Victoria

D3 328 Swanston St Melbourne Central La-Trobe- u. Swanston-St-Linien tägl. 10–18 1. Jan, Karfreitag, 25., 26. Dez slv.vic.gov.au

Die 1854 gegründete Staatsbibliothek zählt zu den bedeutendsten kulturellen Institutionen der Stadt. Sie ist Australiens älteste öffentliche Bibliothek und verfügt über mehr als zwei Millionen Bücher – zu den berühmtesten zählen Folianten von Captain James Cook.

Der achteckige Lesesaal mit hoher, gewölbter Decke wurde 1913 angelegt und war für die unglaubliche Kapazität von einer Million Büchern ausgelegt.

15 Immigration Museum

D4 400 Flinders St Southern Cross Station Collins-St-Linien tägl. 10–17 Karfreitag, 25. Dez museumsvictoria.com.au/immigrationmuseum

Das Museum erzählt die teils traurigen, teils witzigen, jedoch immer anrührenden Geschichten von Menschen aus aller Welt, die nach Victoria emigrierten. Mit interessanten Filmen, persönlichen Erinnerungen und vielfältigen Objekten wird ihre Reise ins Unbekannte nachvollzogen und ihr Einfluss auf die indigenen Völker Australiens gezeigt.

↑ *Regent Theatre, eines der traditionsreichsten Gebäude der Stadt*

16

Regent Theatre

E4 191 Collins St
Flinders St Swanston- u. Collins-St-Linien
marrinergroup.com.au/venues/regent-theatre

Ein Brand zerstörte im April 1945 das Auditorium des Regent Theatre. Das Theater war so beliebt gewesen, dass Melbournes Bürgermeister der Öffentlichkeit den Wiederaufbau versprach – trotz des enormen Mangels an Baumaterial nach dem Zweiten Weltkrieg.

Das »Palast der Träume« genannte Theater wurde 1929 eröffnet und später an die Hoyts Theatre Company verkauft. Seine luxuriöse Ausstattung eiferte dem Glanz Hollywoods und des Capitol Theatre von New York nach.

Das Theater besaß zwei Hauptveranstaltungsorte: Das Auditorium im oberen Stockwerk für Bühnen- und Musikvorführungen war als das Regent Theatre bekannt. Das Plaza Theatre in der unteren Etage war ursprünglich ein Ballsaal, wurde nach dem Erfolg des Tonfilms jedoch in ein Kino umfunktioniert.

Mit Beginn des Fernsehzeitalters sanken die Besucherzahlen des Kinos jedoch, das Regent Theatre schloss für fast 30 Jahre. Der Komplex wurde nach Instandsetzung 1996 wiedereröffnet und ist seither vor allem Bühne für Musiktheater.

17

Scots' Church

E4 99 Russell St (Ecke Collins St) Flinders St u. Parliament Swanston- u. Collins-St-Linien Mo–Fr 10–14 scotschurch.com

Die im Jahr 1874 fertiggestellte Scots' Church sollte das »schönste Gebäude Australiens« werden. Joseph Reed entwarf sie in einem »frühen englischen« Stil mit dunklem Sandstein für das Fundament und einheimischem Barrabool-Stein für den Überbau. An das Gotteshaus grenzt eine Versammlungshalle, die 1913 fertig wurde.

> Expertentipp
> **Freie Fahrt**
> Fahrten mit der Tram sind im Geschäftsviertel von Melbourne zwischen dem Queen Victoria Market und den Docklands kostenlos (www.ptv.vic.gov.au).

18

No 120 Collins Street

E3–4 120 Collins St
Flinders St u. Parliament
Collins-St-Linien
Mo–Fr 7–18:30

No 120 Collins Street entwarfen Daryl Jackson und Hassell Architects 1991. Der 52-stöckige Bau in Melbournes Geschäftsviertel ist ein Wahrzeichen: Sein 265 Meter hoher Fernmeldeturm war jahrelang der höchste Punkt der Stadt. Die original erhaltenen Kanzleien im Föderationsstil, die 1908 auf dem Gelände der St Michael's Uniting Church (1867) entstanden, sind harmonisch in den Komplex integriert.

19

Old Magistrate's Court

D3 Ecke La Trobe u. Russell St +61 3 9656 9889 Melbourne Central La-Trobe- u. Swanston-St-Linien in Ferienzeiten

Melbournes Magistrate's Court (Schiedsgericht), auch City Court genannt, war bis 1995 in diesem Gebäude ansässig. Früher bezeichnete man den Straßenzug auch als Polizeiviertel, da das Gericht gegenüber dem alten Polizeipräsidium, einem Art-déco-Wolkenkratzer aus den 1940er Jahren, und direkt neben dem Old Melbourne Gaol liegt.

Die eindrucksvolle Fassade wurde 1911 aus Moorabool-Sandstein gefertigt. Das Gebäude schmücken romanische Giebel, Türmchen und Bogen. Früher gab es hier drei Gerichtssäle. Court One ist während der Schulferien im Rahmen des Programms »Old Melbourne Gaol, Crime and Justice Experience« öffentlich zugänglich.

20

Old Melbourne Gaol

D3 377 Russell St
Melbourne Central
La-Trobe- u. Swanston-St-Linien tägl. 10–17
Karfreitag, 25. Dez oldmelbournegaol.com.au

Der Besuch in Victorias erstem großem Gefängniskomplex ist eine überaus bedrückende Erfahrung, vor allem bei Teilnahme an einer Nachtführung. Zwischen 1845 und 1929 fanden hier 133 Hinrichtungen statt. Der größte Teil der Anlage wurde abgerissen, im einzigen verbliebenen Zellentrakt, dem Second Cell Block, ist ein sehenswertes Museum untergebracht.

Immer wieder wurde von Gespenstern im Gefängnis berichtet, was angesichts der tragischen Berichte vom Leben und Tod der Gefangenen auch gar nicht verwunderlich ist. Die Bedingungen entsprachen denen des Vorbilds Pentonville, Londons Modellgefängnis, und waren äußerst hart. Am Anfang der Haftstrafe wurden Gefangene in Einzelhaft gesteckt. Sie durften – je nach Höhe der Strafe – keinen Kontakt zu anderen haben. Objekte, darunter Ketten und ein Rahmen zum Auspeitschen, dokumentieren die rauen Bedingungen.

Am eindrucksvollsten sind jedoch die Berichte der zum Tode Verurteilten und die Totenmasken, unter denen die von Ned Kelly die berühmteste ist. Man sieht auch die originalen Galgen. Im Eintrittspreis ist der Besuch des Watch House enthalten. Es diente 1908–94 als Polizeigefängnis. Unter der »Aufsicht« eines Charge Sergeant werden Besucher durch die Anlage geführt, die seit ihrer Erbauung unverändert ist. Das Gefühl, eingesperrt zu sein, lässt sich hier hautnah erleben.

Zu den berühmtesten Insassen des Gefängnisses gehörte in den 1920er Jahren der berüchtigte Gangster Squizzy Taylor. Zuletzt starb hier Ronald Ryan am Galgen. Auch Chopper Read saß ein.

Das Gefängnis kann im Rahmen der Hangman's Night Tour auch nachts bei Kerzenschein besichtigt werden. Dabei wird die Geschichte von Michael Gately, Melbournes wohl brutalstem Henker, erzählt.

Ned Kelly

Australiens legendärer Straßenräuber starb am 11. November 1880. Bei seiner Hinrichtung warteten 5000 Menschen vor dem Gefängnis, um einen Mann zu unterstützen, der ihrer Meinung nach zu Recht gegen die auf englischem Recht basierenden Gesetze und die Polizeibehörden rebellierte. Ob Ned Kelly ein Held oder ein Schuft war, wird noch heute diskutiert.

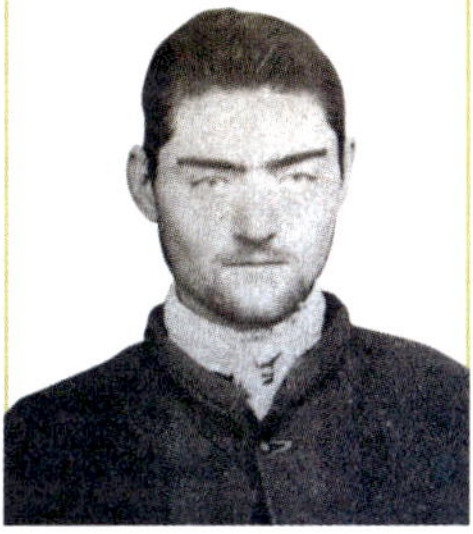

←

Beklemmend: Besucher in einem Zellenblock des Old Melbourne Gaol

Restaurants

DOC Espresso
Dieses moderne italienische Lokal ist leger und dennoch elegant. Spezialitäten sind hausgemachte Pasta, Kuchen, Kaffee und Cocktails.

E2 · 330 Lygon St, Carlton · docgroup.net

$$

Brunetti Oro
Diese italienische Institution in Melbourne ist für hausgemachte Pizza und Pasta sowie für köstliche Süßspeisen bekannt.

E2 · 250 Flinders Lane · +61 3 9069 3169

$$

ShanDong MaMa
Das versteckt in einer Einkaufspassage gelegene Lokal wird für seine Teigtaschen geschätzt.

E3 · Mid City Arcade, 200 Bourke St · +61 3 9650 3818

$

Flower Drum
Das Flower Drum gilt als Australiens bestes kantonesisches Restaurant. Serviert werden wunderschön zubereitete Gerichte in einem Speisesaal, der mit chinesischer Kunst dekoriert ist. Das Restaurant ist auch bei Prominenten beliebt.

E3 · 17 Market Lane · flowerdrum.melbourne

$$$

21 Museum of Chinese Australian History

E3 · 22 Cohen Place (nahe Little Bourke St) · Parliament · Swanston- u. Bourke-St-Linien · tägl. 10–16 · Feiertage · chinesemuseum.com.au

Das 1985 eröffnete Museum bewahrt das Erbe der Australier chinesischer Herkunft und ist das »Herz« von Chinatown. Die hier behandelten Themen reichen vom Zustrom chinesischer Goldsucher um 1850 bis hin zu zeitgenössischer chinesischer Kunst. Man erhält einen Überblick über chinesische Kultur in Victoria. Im zweiten Stock werden Wechselausstellungen gezeigt. Die Dauerausstellung im dritten Stockwerk befasst sich mit zahlreichen Aspekten der chinesisch-australischen Geschichte und präsentiert Trachten, Möbel und Tempelinsignien.

Thema der Abteilung im Erdgeschoss sind die Erfahrungen chinesischer Goldsucher. Die Besucher betreten eine Kabine, die sich wie ein Transportschiff bewegt und knarrt. Dioramen berichten vom Leben auf den Goldfeldern, zeigen einen Tempel und ein Zelttheater, das der Unterhaltung der Goldgräber diente. Führungen durch Chinatown können arrangiert werden.

Das Museum beherbergt auch einen wunderschönen chinesischen Drachen, dessen Kopf weltweit der größte seiner Art ist.

22 Lygon Street

D3 · Lygon St, Carlton · 1, 8 · 200, 207, 955, 966

In der italienisch geprägten Straße in Melbournes Zentrum haben sich Cafés, Restaurants und Delikatessenläden niedergelassen. Der

italienische Einschlag der Straße hat seine Ursache in den Masseneinwanderungen nach dem Zweiten Weltkrieg. Zu dieser Zeit zogen die Melbourner in die Vororte, machten Platz für die Nachgezogenen, die Häuser aus dem 19. Jahrhundert günstig erwerben konnten. Die Neuankömmlinge kämpften für den Erhalt der viktorianischen und edwardianischen Häuser, die die Regierung abreißen lassen wollte.

↑ *Eine von zahlreichen Restaurantterrassen an der Lygon Street*

↑ *Facing Heaven Archway – ein architektonisches Wahrzeichen von Melbournes Chinatown*

Schon gewusst?

Die italienisch-australische Community ist so groß, dass Italienisch-Australisch ein offizieller Dialekt ist.

Ein Merkmal der zweistöckigen Geschäfte in der Lygon Street sind die Straßenveranden, die Kunden und Ware vor der Sonne schützen. Mit ihrem europäischen Flair ist die Straße prachtvolle Bühne für die Carlton Italian Festa, die jedes Jahr hier gefeiert wird.

Die Straße liegt nur einen Block vom Campus der wichtigsten Universität entfernt und ist daher beliebter Treffpunkt für Studenten.

23 Chinatown

E3 Little Bourke St Parliament Swanston- u. Bourke-St-Linien

Als um 1850 chinesische Einwanderer zur Goldsuche nach Melbourne kamen, begegneten ihnen viele europäische Siedler feindselig. Dahinter verbarg sich wohl auch die Unsicherheit darüber, wie fest die eigene Gemeinschaft bereits etabliert war. Ethnische Konflikte und Gewalt waren die Folge.

Die ersten chinesischen Immigranten landeten 1818, Ende der 1840er Jahre wurde der Zustrom größer. Die Neuankömmlinge ersetzten das Kontingent an billigen Arbeitskräften, das wegen des Rückgangs der Sträflingssiedlungen erheblich gesunken war. Vor 1850 hatte es das Einwanderungsproblem nicht gegeben, da für alle genügend Arbeit vorhanden war. Ab 1850 wollten die Chinesen allerdings nicht mehr ihre Arbeitskraft verkaufen, sondern ihr Glück auf den Goldfeldern suchen. Sie wurden Ziel brutaler, organisierter Ausschreitungen. Die Regierung billigte das Verhalten gegenüber den Chinesen. Sie belastete sie zusätzlich mit einer Kopfsteuer, die in den meisten Staaten zehn Pfund betrug – eine enorme Summe, vor allem, da die meisten Chinesen Bauern waren. Per Gesetz wurde die Zahl der Schiffspassagiere beschränkt, um die Eigner davon abzuhalten, chinesische Einwanderer nach Australien zu bringen.

Doch der Ruf des Goldes war so stark, dass viele im »freien« South Australia landeten, zu den Goldfeldern wanderten und dabei Entfernungen von bis zu 800 Kilometern in Kauf nahmen.

Die chinesischen Einwanderer waren gut organisiert. Sie ließen sich um 1850 im Stadtzentrum nieder, wo die Mieten relativ niedrig waren. Wie in anderen Chinatowns der Welt konnten die Händler ein gut funktionierendes soziales Netzwerk aufbauen. In der Gemeinde wurden vor allem traditionelle asiatische Unternehmen wie Gärtnereien, Wäschereien und Möbelwerkstätten gegründet. Die dort gefertigten Erzeugnisse trugen den Stempel »Von Chinesen hergestellt«.

Heute ist Chinatown für die Restaurants und Läden mit chinesischen Produkten bekannt. Höhepunkt im Leben der Gemeinde sind die Feierlichkeiten zum chinesischen Neujahr.

←
Fassade der UNESCO-Welterbestätte Royal Exhibition Building; Blick in die reich verzierte Kuppel des Gebäudes (Detail)

24

Royal Exhibition Building

E2–3 9 Nicholson St, Carlton Parliament Nicholson- u. Victoria-St-Linien tägl. zu Führungen (obligatorisch) museums victoria.com.au/reb

Die einzige Welterbestätte Melbournes bietet einen Kontrast zur modernen Architektur des nahe gelegenen Melbourne Museum. Das von Joseph Reed entworfene Royal Exhibition Building wurde für die Melbourne International Exhibition von 1880 erbaut und ist eines der wenigen erhaltenen Bauwerke von Weltausstellungen aus dem 19. Jahrhundert.

Es gehört zu den prächtigsten Bauwerken der Stadt und ist von den dekorativen Carlton Gardens umgeben. Führungen finden täglich statt (vorab Online buchen).

25

Melbourne Museum

E2 Carlton Gardens 86, 96 tägl. 9–17 Karfreitag, 25. Dez museumsvictoria.com.au/melbournemuseum

Das im Jahr 2000 eröffnete Melbourne Museum ist eines der neuesten der Stadt. Es liegt in einer ultramodernen Anlage der grünen Carlton Gardens. Die Ausstellungen verteilen sich auf sechs Stockwerke, drei davon sind Kellergeschosse. Beleuchtet werden die Themen Wissenschaft, Technik, Umwelt, australische Gesellschaft sowie die vielfältige Kultur der Ureinwohner.

Einer der Höhepunkte des Museums ist das Bunjilaka, das Aborigines Centre. Es kombiniert Ausstellungsflächen mit einer Bühne und Begegnungsräumen. *Wurreka*, die 50 Meter lange Zinkwand am Eingang, wurde von der Aborigines-Künstlerin Judy Watson errichtet. Auf dem Milarri Garden Trail erfährt man viel über die traditionelle Verwendung endemischer Pflanzen und kann eine Höhle erkunden, die mit Gemälden der Aborigines geschmückt ist.

Die Forest Gallery bietet 8000 Pflanzen, die 120 Arten angehören, einen Lebensraum sowie etwa 20 Tierarten, darunter Schlangen, Vögel, Fische und Insekten. Hier wird das komplexe Ökosystem der australischen gemäßigten Wälder mithilfe von Pflanzen und Tieren, Kunst und Multimedia-Installationen sowie audiovisuellen Medien dargestellt.

Ein Kindermuseum wurde in einer Art schrägem, blauem Würfel eingerichtet. Wissenswertes wird hier auch an Touchscreens vermittelt. Kinder können auf speziellen Pfaden die Räume erkunden.

Die beliebteste Ausstellung ist die Australia Gallery. Hier wird über das Leben von Phar Lap berichtet, dem australischen Rennpferd der 1930er Jahre. Phar Lap selbst kann man in einem Kasten bewundern. Zu den

Expertentipp
Früh aufstehen

In Fitzroy kann es sehr schwierig sein, im Café einen freien Tisch zu ergattern. Erkunden Sie das Viertel am besten unter der Woche oder starten Sie am Wochenende möglichst früh zu Ihrem Streifzug.

weiteren Kuriositäten gehören Dinosaurierskelette, eine Präparationshalle mit mehr als 500 ausgestopften Tieren und ein 3-D-Vulkan.

26
Brunswick Street und Fitzroy

F2 Brunswick St 11

Wie der Universitätsvorort Carlton zog auch Fitzroy nach 1960 wegen des billigen, städtischen Wohnraums Studenten und Künstler an. Obwohl Fitzroy in jüngster Zeit »vornehmer« geworden ist, hat die Brunswick Street mit ihrem kosmopolitischen Straßenleben noch immer einen alternativen Anstrich.

Die Straße bietet eine einladende Mischung aus Cafés, Restaurants und trendigen Läden. Ein wenig Richtung Süden liegt die Gertrude Street mit einem bunten Mix an Plattenläden, Bars und Galerien.

In der Johnston Street gibt es einige Tapas-Bars und ein spanisches Lebensmittelgeschäft. Ende Februar findet in dieser Gegend die Fiesta statt, ein Outdoor-Festival zur Feier spanisch-lateinamerikanischer Kultur. Die Smith Street ganz in der Nähe hat sich zu einem Hotspot für trendige Restaurants und Bars entwickelt.

Alle Straßen in dieser Gegend sind am Freitag- und Samstagabend am belebtesten.

27
Old Treasury Building

E3 Old Treasury Building, 20 Spring Street (Ecke Collins Street) 11, 109 So–Fr 10–16 Karfreitag, 25., 26. Dez oldtreasurybuilding.org.au

Das erhabene Old Treasury Building wurde 1857 von John James Clark, einem 19-jährigen Architekturgenie, entworfen. Anfangs diente es vorwiegend als sicherer Aufbewahrungsort für Gold, das aus den Goldminen Victorias nach Melbourne gebracht wurde. Darüber hinaus fungierte es als Amtssitz des Gouverneurs von Victoria, eine Rolle, die das Gebäude noch heute einnimmt.

Neben dem Gebäude selbst ist auch das Gold Treasury Museum einen Besuch wert. Hier kann man sogar einen Blick in die Goldspeicher werfen, die unter dem Gebäude liegen.

Melbournes Aufstieg zu einer wohlhabenden Goldgräberstadt innerhalb von nur zehn Jahren wird in der multimedialen Ausstellung *Built on Gold* dokumentiert. In dieser Zeit wuchs der kleine koloniale Vorposten zu einer bedeutenden Stadt mit imposanten Gebäuden, breiten Boulevards und einer aktiven Politik-, Kultur- und Sportszene heran.

↑ *In leuchtenden Farben angestrichene Fassaden entlang der Brunswick Street*

Shopping

Rose Street Artists' Market
Jeden Samstag und Sonntag gibt es auf diesem Markt Kunsthandwerk zu kaufen.
F3 60 Rose St rosestmarket.com.au

Northside Records
Hier gibt es musikalische Schätze und Raritäten. Funk und Soul stehen im Vordergrund, Hip-Hop und R & B sind auch vertreten.
F3 236 Gertrude St northside records.com.au

Mud Australia
In dem Laden findet man handgefertigte Porzellanwaren, Lampen und Dekoartikel.
F3 181 Gertrude St mudaustralia.com

28 Melbourne Cricket Ground

F4 Yarra Park, Jolimont Jolimont 48, 70, 75 (weitere Linien an Spieltagen) mcg.org.au

Melbournes Kricketplatz (MCG) ist das führende Sportstadion Australiens. Der 1838 gegründete Club (MCC) erhielt das Grundstück 1853.

In dem Stadion finden vor allem Kricketmatches und Football nach australischen Regeln statt, darunter auch Testspiele, das erste internationale Ein-Tages-Spiel und das Finale der australischen Football-Liga (AFL Grand Final) am letzten Samstag im September *(siehe S. 64)*. Auch Konzerte sind hier zu sehen.

Im Lauf der Jahre entstanden zahlreiche Tribünen und Pavillons, die dann wieder Umbauten des Stadions zum Opfer fielen. Eine nun abgerissene Tribüne von 1876 war so zu bewegen, dass die Zuschauer im Sommer die Kricketspiele im Stadion und im Winter die Footballspiele im Park sehen konnten.

Nach den umfangreichen Umbauten anlässlich der Commonwealth Games 2006 verfügt der MCG heute über mehr als 100 000 Sitzplätze.

Führungen werden täglich zwischen 10 und 15 Uhr angeboten, zum Programm gehört auch die Besichtigung der Umkleidekabinen und des Melbourne Cricket Club (MCC) Museum. Es dokumentiert die spannende Geschichte des MCG anhand von zahlreichen Exponaten. Mythical Ashes ist eine faszinierende Ausstellung zu den als »The Ashes« bekannten Kricket-Ländermatches zwischen den Teams von Australien und England.

29 Australian Centre for Contemporary Art

E5 111 Sturt St, Southbank Flinders St St-Kilda-Rd-Linien Di–Fr 10–17, Sa, So 11–17 1. Jan, Karfreitag, 25., 26. Dez acca.melbourne

Das Australian Centre for Contemporary Art (ACCA) präsentiert in vier Galerieräumen zeitgenössische australische Kunst und zählt zu den eindrucksvollsten Kunsttempeln der Landes. Allein schon das nach Plänen von Wood Marsh Architects im Jahr 2002 fertiggestellte Gebäude gilt als Kunstwerk.

Neben der Dauerausstellung und weiteren häufig rotierenden Ausstellungen zeigt das ACCA auch immer wieder Performances. Bekanntestes Werk der permanenten Sammlung ist Ron Robertson-Swanns *Vault*, im Volksmund auch *The Yellow Peril* (»Gelbe Gefahr«) genannt. Diese große, abstrakte Skulptur befindet sich seit 2005 an diesem Ort, nachdem sie seit ihrer Entstehung 1978 bereits an verschiedenen öffentlichen Orten im Zentrum von Melbourne zu sehen war.

←
Statue des australischen Kricketspielers W. H. Ponsford vor dem Melbourne Cricket Ground

30 Melbourne & Olympic Parks

F4 Batman Ave Flinders St u. Richmond 70 für Veranstaltungen (Termine siehe Website); Führungen durch die Rod Laver Arena (+61 1300 836 647) mopt.com.au

Der Park ist Schauplatz für Sportevents und Konzerte. Unter dem ausfahrbaren Dach der Rod Laver Arena finden die Australian Open statt *(siehe S. 64)*, eines der vier Grand-Slam-Tennisturniere. Es gibt 22 Tennisplätze im Freien und sieben Hallenplätze – alle öffentlich zugänglich.

Neben dem Melbourne Park liegt die John Cain Arena, in der das Netballteam Melbourne Vixens zu Hause ist. Auch ein Stadion für Radfahren, Tanzveranstaltungen, Konzerte und andere Events wurde hier errichtet. Gegenüber dem Park ist das Holden Centre, das für die Olympischen Spiele von 1956 konzipiert wurde.

Blick über die Melbourne & Olympic Parks, im Vordergrund die Rod Laver Arena

Schon gewusst?

Seit 1896 gewannen australische Athleten und Athletinnen bei Olympischen Spielen 615 Medaillen.

Der AAMI Park ist Austragungsort für Fußball- und Rugbyspiele. Die Fassade des Stadions ist mit tausenden LEDs bestückt, die verschiedenste Muster und Grafiken darstellen können.

31

Australian Sports Museum

F4 Melbourne Cricket Ground, Yarra Park, Jolimont Richmond 48, 70, 75 Zeiten der Website entnehmen Karfreitag, 25. Dez australian sportsmuseum.org.au

Bei der Umgestaltung des Melbourne Cricket Ground (MCG) anlässlich der Commonwealth Games 2006 wurde hier auch das Australian Sports Museum angesiedelt. Es widmet sich vielen Sportarten, darunter auch Australian Football, Kricket und Pferderennen, sowie den Olympischen Spielen.

Das technisch erstklassig ausgestattete Museum erstreckt sich über zwei Ebenen der umgebauten Olympiatribüne. Es bietet zahlreiche Exponate aus der Geschichte des Sports. Das Museum präsentiert auch eine Reihe berühmter Sportlerpersönlichkeiten, die auch über die Highlights ihrer Karrieren berichten.

Das Olympische Museum dokumentiert die Geschichte der Olympischen Sommerspiele. Die Australian Cricket Hall wurde 1996 eröffnet. Zu den zehn Spielern, deren Biografien als erste präsentiert wurden, gehörte Sir Donald Bradman.

Nach der Erkundung des Museums kann man an einer Führung teilnehmen. Sie umfasst das Stadion, die Great Southern Stand, die Ponsford Stand, die Umkleidekabinen der Football- und Kricket-Mannschaften, die VIP-Logen und die Terrasse, von der man einen wunderbaren Blick über Melbournes Skyline genießt.

»Footy-Fieber«

Melbourne ist die Heimat des Australian Rules Football (»Footy«). Diese Variante des Football wird mit einem ellipsenförmigen Ball gespielt. In Melbourne fand 1858 das erste Spiel statt. Heute zieht das Finale der Australian Football League (AFL) im Melbourne Cricket Ground jedes Jahr im September mehr als 100 000 Zuschauer in den Bann. Zu den erfolgreichsten Teams zählen Essendon Bombers, Carlton Blues, Collingwood Magpies, Richmond Tigers und Hawthorn Hawks.

↑ *Fassade der Flinders Street Station; Besucher des Bahnhofs unter den berühmten Uhren* (Detail)

32 Flinders Street Station

E4 · Ecke Flinders u. Swanston St · Swanston- u. Flinders-St-Linien

Der Hauptbahnhof ist eine der beliebtesten Anlaufstellen in der Stadt. Seit Generationen trifft man sich auf seinen Eckstufen »Unter den Uhren«. Die Uhren sind original erhalten, werden heute aber per Computer gesteuert.

Der erste australische Dampfzug verließ Flinders Street Station, damals ein kleines Holzgebäude am Ende der Elizabeth Street, 1854 unter dem Jubel Tausender von Schaulustigen.

Das heutige Bahnhofsgebäude wurde 1910 vollendet. Das Backsteingebäude mit seiner Kuppel aus Kupfer wurde 1984 vollständig restauriert.

33 Royal Botanic Gardens und Kings Domain

EF5 · St Kilda Rd · 3, 5, 6, 8, 16, 64, 67, 72 · Zeiten der Website entnehmen · rbg.vic.gov.au

Die aneinandergrenzenden Gärten wurden 1852 angelegt. Früher gab es am Stadtrand von Melbourne nur Sumpfland. In den Botanischen Gärten findet man eine der weltweit schönsten Sammlungen von Pflanzen. Berühmt ist auch ihre Landschaftsgestaltung. William Guilfoyle, von 1873 bis 1909 Kurator der Anlage, nutzte seine Kenntnis englischer Gartenarchitektur und schuf hier ein kleines Paradies.

Die Gärten sind die Heimat einer riesigen Vielfalt an Pflanzen, von endemischen Wüstenpflanzen im Arid Garden bis zur riesigen algerischen Eiche auf der Oak Lawn. Zu den Attraktionen zählen der im 19. Jahrhundert angelegte Zierteich, der Ornamental Lake, das italienisch beeinflusste Government House sowie der Ian Potter Foundation Children's Garden. Der Shrine of Remembrance ehrt in

Rising

Das erstmals 2021 veranstaltete Event hat sich schnell als eines der beliebtesten Festivals der Stadt etabliert. Es findet jedes Jahr im Mai oder Juni statt und zielt darauf ab, Kunst öffentlich, vielfältig und einem breiten Publikum zugänglich zu machen. Das reichhaltige Programm umfasst Open-Air-Ausstellungen, Installationen, Livemusik und andere Performances. Ein Teil der Veranstaltungen ist kostenlos (www.rising.melbourne).

Kriegen gefallene australische Soldaten.

Kings Domain, früher eine Wildnis mitten in der Stadt, ist nun eine wunderschöne Parklandschaft. Im Lauf der Zeit errichtete man in diesem Stadtpark Monumente und Statuen, organisierte Kulturveranstaltungen und baute auf dem Gipfel die Residenz des Gouverneurs von Victoria.

Zu den Highlights von Kings Domain gehört der Pioneer Women's Memorial Garden, der zwischen den Royal Botanic Gardens und dem Yarra River liegt. Der Garten wurde 1934 zum 100-jährigen Jubiläum Melbournes eröffnet und würdigt den Beitrag der Frauen in Melbournes Geschichte. Es ist eine ruhige Oase mit einer Bronzestatue von Charles Web Gilbert, einem Brunnen und einer Sonnenuhr. An Wochenenden ist sie beliebter Ort für Hochzeiten.

34

SEA LIFE Melbourne Aquarium

D4 Ecke Flinders u. King St Southern Cross, Flinders St 70 Zeiten der Website entnehmen visitsealife.com

Das SEA LIFE Melbourne Aquarium zeigt die artenreiche und vielfältige Tierwelt der an Australien angrenzenden Küstengewässer. In dem Ozeanarium leben mehrere Haiarten und Rochen neben bunt schillernden Fischen.

Ein weiteres Unterwasserwunderland ist das Korallenatoll mit seiner Vielzahl farbenfroher Fische, darunter auch Paletten-Doktorfische. An der Interactive Wonder Wall, einer digitalen Installation, können Kinder Quallen auf einem interaktiven Bildschirm ausmalen und sie dann schweben sehen.

Viele Besucher des SEA LIFE Melbourne Aquarium interessieren sich für die dort lebenden Pinguine. Dies ist der einzige Ort in Victoria, an dem sie beobachtet werden können. Tickets für das Aquarium müssen im Voraus gebucht werden.

35

Eureka Tower

D4 7 Riverside Quay Zeiten der Website entnehmen melbourneskydeck.com.au

Der annähernd 300 Meter hohe Eureka Tower wurde nach der Eureka-Rebellion zur Zeit der Goldrausch-Ära *(siehe S. 69)* in Victoria benannt. Reminiszenzen an diese Zeit sind die Goldkrone und die goldenen Fensterplatten. Auf der Aussichtsplattform im 88. Stock kann man sich auf den gläsernen, drei Meter aus dem Gebäude hinausragenden Glaskubus »The Edge« wagen.

Fotomotiv

Traumaussicht von oben

Machen Sie ein Selfie in »The Edge«. Der Glaskubus des Eureka Tower ist der höchste öffentlich zugängliche Aussichtspunkt der Südhalbkugel. Von dort oben liegt Ihnen die ganze Stadt zu Füßen.

36

Polly Woodside

C5 21 S Wharf Promenade, South Wharf Southern Cross 12, 96, 109 Grimes St Bridge Zeiten der Website entnehmen nationaltrust.org.au

Die *Polly Woodside* wurde 1885 in Belfast gebaut. Als der Dreimaster 1960 aus dem Verkehr gezogen wurde, war er das einzige verbliebene Hochsee-Handelsschiff Australiens. Schon bei seiner Fertigstellung war das Frachtschiff eine Seltenheit, denn damals war nur jedes vierte Schiff mit Segeln bestückt. Zuletzt diente *Polly Woodside* als Kohlefrachter. Interaktive Ausstellungen illustrieren u. a. marines Leben. Führungen müssen online gebucht werden.

Die Polly Woodside *liegt in South Wharf vor Anker*

37

Rippon Lea Estate

F2 192 Hotham St, Elsternwick Rippon Lea 67 216, 219 tägl. 10–17 (letzter Einlass 16:30) Karfreitag, 25. Dez ripponleaestate.com.au

Das von Joseph Reed entworfene und 1868 gebaute Herrenhaus ist im Besitz des National Trust. Seine ersten Besitzer, die Sargoods, waren für ihre Partys in den 1880er und 1890er Jahren berühmt. Der nächste Besitzer, Premierminister Sir Thomas Bent, verkaufte Anfang des 20. Jahrhunderts einen Teil des Anwesens. 1910 erwarben die Nathans Rippon Lea und nutzten es wieder als Familiensitz. Benjamin Nathans Tochter Louisa Jones ließ ein Schwimmbad und einen Tanzsaal anbauen, Mittelpunkt vieler Partys in den 1930er und 1940er Jahren.

Zu den aufwendig angelegten Gärten rund um das Anwesen gehören ein See, ein Farngarten mit Hunderten von Farn- und Palmenarten, ein Obstgarten und andere historisch und architektonisch interessante Elemente.

→ *Der 1859 angelegte St Kilda Pier an der Port Phillip Bay*

38

St Kilda

F2 12, 16, 96 246, 600, 623, 606 St Kilda Pier

Das etwa sechs Kilometer südlich des Zentrums gelegene St Kilda mit vielen Art-déco-Gebäuden ist seit Langem Melbournes beliebtester Vorort am Meer. Der St Kilda Pier und der Luna Park sind ein Besuchermagnet.

Hauptstraßen sind Fitzroy und Acland Street. Letztere ist für ihre Cafés und Konditoreien bekannt und zieht sonntags Besucher an. In der Fitzroy Street residieren edle Lokale und Läden. Die Strandpromenade wurde in den 1980er Jahren verschönert. Sonntags finden Märkte mit (Kunst-)Handwerk statt.

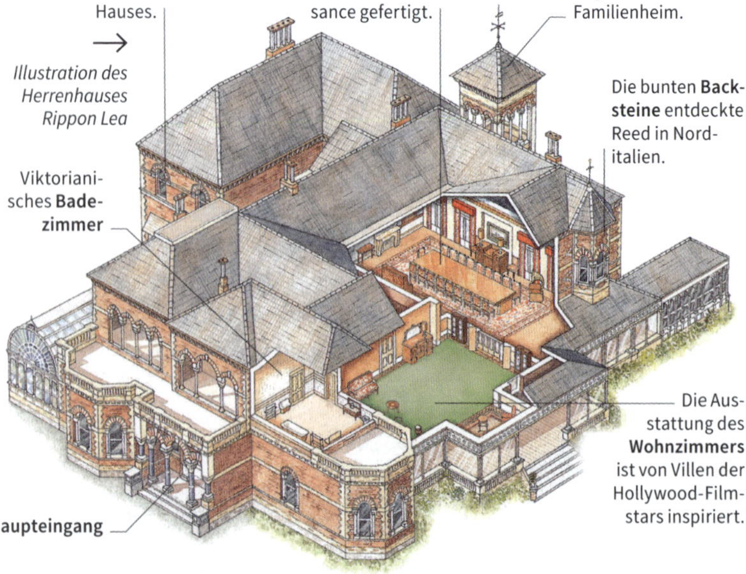

→ *Illustration des Herrenhauses Rippon Lea*

TOP 5 Melbournes Strände

St Kilda
Von Palmen und Cafés gesäumter Strand mit einem Pier. Auch beliebt bei Kitesurfern.

Brighton
Brighton Beach ist bekannt für seine farbenfrohen Strandhütten.

Williamstown
Am »Willy« blickt man auf die Skyline.

Elwood
Die von Cafés gesäumte Bucht hat ausgezeichnete Badestellen.

Black Rock
Dieser halbmondförmige Strand ist einer der schönsten der Stadt.

39

Albert Park

F1 Canterbury Rd, Albert St u. Lakeside Drive 1, 12, 96 parks.vic.gov.au

Der Albert Park Lake ist der attraktive Mittelpunkt einer 225 Hektar großen Anlage mit Sportplätzen, einem Golfplatz und vielen anderen Freizeiteinrichtungen. Er ist jedoch vor allem für das alljährlich stattfindende australische Formel-1-Rennen bekannt.

Außerdem befindet sich hier das auch bei Seglern beliebte Melbourne Sports and Aquatic Centre. Die Feuchtgebiete sind Lebensraum einer vielfältigen Vogelwelt.

Hotel

The Como Melbourne
Hier stehen Eleganz, erstklassige Einrichtungen und professioneller Service im Mittelpunkt. Mischen Sie sich unter die Prominenz.

F1 630 Chapel St, South Yarra como melbourne.com.au

$$

40

Chapel Street

F1 South Yarra, Prahran u. Windsor South Yarra, Prahran 6, 8, 78 chapelstreet.com.au

In der Chapel Street, Melbournes modischster Straße, verkaufen die Stores nationale wie internationale Fashion. Dort liegen viele Restaurants und Cafés sowie den Prahran Market, der die besten frischen Delikatessen verkauft. Auf dem Markt gibt es auch viele griechische und italienische Köstlichkeiten.

Überquert man die Chapel Street, gelangt man zur Toorak Road, in der die Wohlhabenden Melbournes leben. Die Greville Street im Westen ähnelt mit ihren Bars und Secondhand-Shops der Brunswick Street.

41

Como Historic House and Garden

F1 Ecke Williams Rd u. Lechlade Ave, South Yarra South Yarra 8 Zeiten der Website entnehmen Karfreitag, 25. Dez nationaltrust.org.au

Como House wurde 1847 von Edward Eyre Williams erbaut und beinahe ein Jahrhundert (1865–1959) von der Familie Armytage bewohnt.

Ein Highlight ist die Sammlung des einstigen Mobiliars. Dazu gehören die von Caroline, der Matriarchin der Armytages, um 1870 während einer großen Europareise gesammelten Stücke, darunter auch Marmor- und Bronzestatuen. Sie unternahm die Reise nach dem Tod ihres Gatten Charles Henry mit ihren neun Kindern.

Das Haus blickt auf den Como Park und den Yarra. Die ursprünglichen Charakteristika des schönen, von William Sangster (der auch an Rippon Lea beteiligt war) entworfenen Grundstücks sind erhalten geblieben: die Brunnenterrasse und der Krocketrasen vor dem Wohnhaus.

Como wurde von 1876 bis 1959, bevor es vom National Trust gekauft wurde, von den Frauen der Familie Armytage verwaltet. Der National Trust führte immer wieder grundlegende Restaurierungsarbeiten durch.

Termine für Führungen finden Sie auf der Website.

Spaziergang durch das Regierungsviertel

Länge 1 km **Dauer** 15 Min. **Tram** Parliament

Das Regierungsviertel auf dem Eastern Hill ist sehenswert und historisch interessant. Die Stadtgründer erkannten die günstige Lage des Hügels für Melbournes offizielle und kirchliche Gebäude. Viele Straßen zeugen noch von der Eleganz der viktorianischen Ära. Die Gebäude, die mit Geldern aus dem Goldrausch finanziert wurden, gehören zu den beeindruckendsten der Stadt. Die Fitzroy Gardens an den unteren Hängen wurden um 1850 angelegt und bilden mit ihren Wäldern, Lichtungen, Pflanzungen und Ulmenalleen eine Oase der Ruhe.

Hotel Windsor (1883) ist das schönste Hotel Australiens aus jener Epoche.

Stanford Fountain errichtete der Sträfling William Stanford in seiner Haftzeit.

Das im Stil der Renaissance gestaltete **Old Treasury Building** zeigt Ausstellungen *(siehe S. 233)*.

↑ *Fassade des Hotel Windsor aus der viktorianischen Epoche*

Cook's Cottage, Heim der Eltern von Captain James Cook, wurde 1934 von England nach Australien verschifft. Heute erinnern hier Ausstellungsstücke an Cook.

Schon gewusst?

Cook's Cottage wurde Stein für Stein abgebaut und in 253 Kisten und 40 Fässer verpackt.

Das **Parliament House**, die Legislative, ist in einem korinthischen Gebäude (Mitte 19. Jh.) untergebracht. Die Farbgebung entspricht der des britischen House of Lords.

Tasma Terrace ist ein hervorragendes Beispiel für Melbournes unverwechselbare Reihenhäuser mit gusseisernen Verzierungen. Sie ist heute Sitz der Zentrale des National Trust.

Zur Orientierung
Siehe Stadtteilkarte S. 218f

Die zwischen 1858 und 1897 gebaute **St Patrick's Cathedral** ist weltweit eines der besten Beispiele neogotischer Kirchenarchitektur.

↑ *Herbstspaziergang auf einer Allee in den eleganten Fitzroy Gardens*

Der Landschaftsarchitekt James Sinclair entwarf die **Fitzroy Gardens** mit ihren gewundenen Pfaden, Blumenbeeten und den Alleen mit Eukalyptusbäumen, Platanen und Ulmen.

Spaziergang am Yarra River

Länge 2,5 km **Dauer** 40 Min. **Tram** Flinders Street

Der Yarra legt von seiner Quelle im Baw Baw National Park bis zur Küste mehr als 240 Kilometer zurück. Der Fluss war von jeher lebenswichtig für die Stadt, nicht nur als Naturelement – für die frühen Siedler war er auch das Tor zum Rest der Welt. Heute symbolisiert er die Grenze zwischen Nord- und Süd-Melbourne. Viele Einwohner der Stadt verbringen ihr ganzes Leben auf der einen oder der anderen Seite. Seit den 1980er Jahren erhält das Südufer durch die Neugestaltung mehr Aufmerksamkeit. Der Yarra ist auch Sportstätte: Ruderer beim Training sind ein alltäglicher Anblick, Radfahrer am Ufer ebenso. Die Route führt zu vielen der wichtigsten Sehenswürdigkeiten von Southbank.

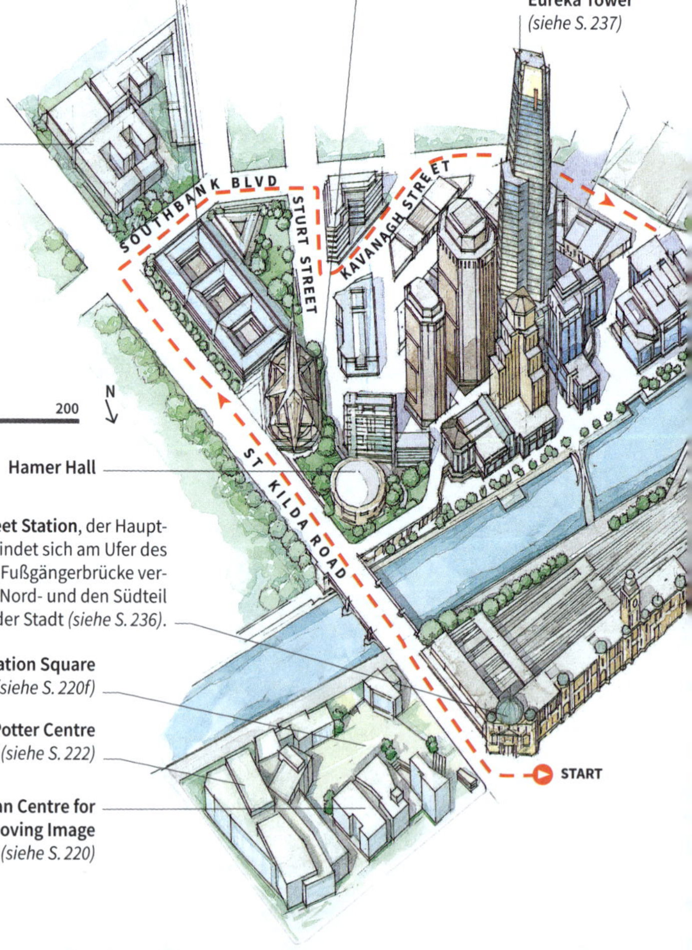

Polly Woodside *(siehe S. 237)* liegt am South Wharf und beherbergt heute ein faszinierendes Schifffahrtsmuseum.

Im **Melbourne Exhibition Centre** finden Ausstellungen zu Themen wie Autos, Heimwerken und alternative Medizin statt.

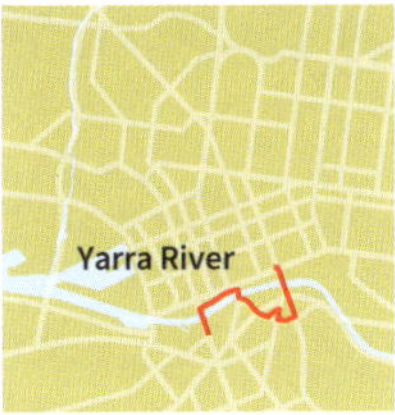

Zur Orientierung
Siehe Stadtteilkarte S. 218f

Das **Crown Entertainment Centre** kostete eine Milliarde Australische Dollar. Es umfasst das größte Casino des Landes und drei Luxushotels.

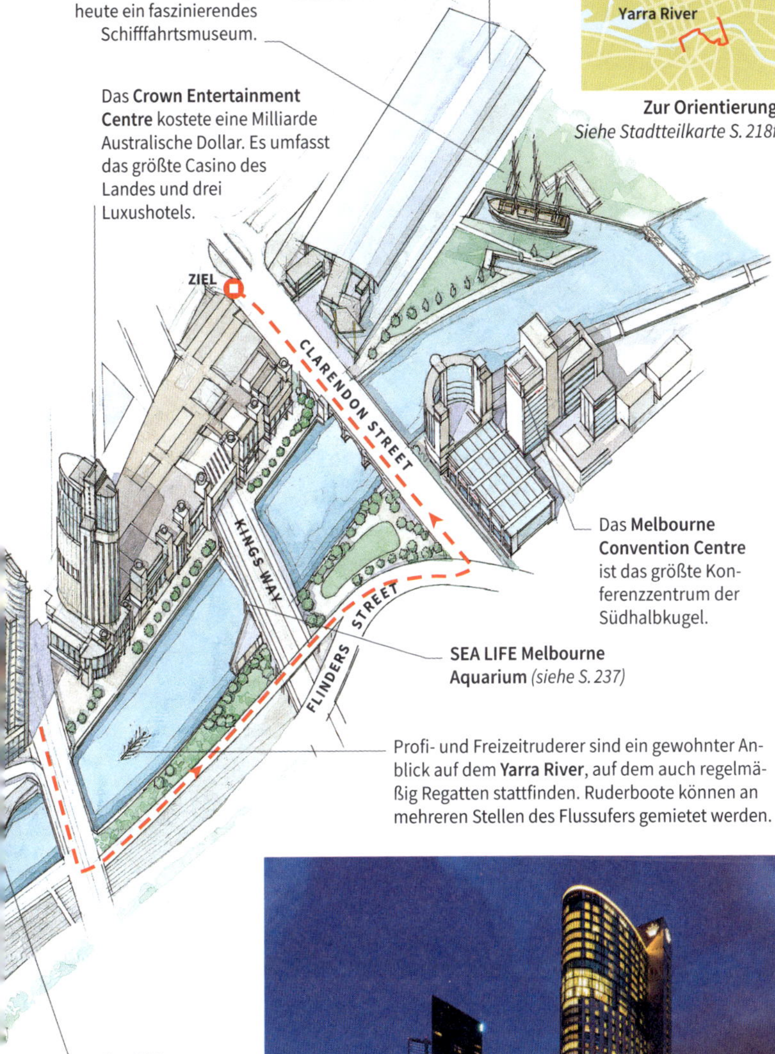

Das **Melbourne Convention Centre** ist das größte Konferenzzentrum der Südhalbkugel.

SEA LIFE Melbourne Aquarium *(siehe S. 237)*

Profi- und Freizeitruderer sind ein gewohnter Anblick auf dem **Yarra River**, auf dem auch regelmäßig Regatten stattfinden. Ruderboote können an mehreren Stellen des Flussufers gemietet werden.

Sandridge Bridge

→ *Crown Entertainment Centre – ein Wahrzeichen am Yarra River*

Abschnitt der Great Ocean Road (siehe S. 248 – 251)

Great Ocean Road und Westen von Victoria

Der westliche Teil von Victoria zeigt eine ausgeprägte Vielfalt. Sie reicht von der rauen Schönheit der Mallee-Wüsten im Norden bis zu den bewaldeten Hügeln und Küstenlandschaften im Süden. Die hier über Jahrtausende lebenden Aborigines betrieben regen Handel und versammelten sich in der Nähe des heutigen Terang zu Zeremonien, eine wesentliche Lebensgrundlage bildeten Küstenfischerei und Fischzucht.

Vor allem die Reichtümer des Meeres zogen europäische Siedler in diese Gegend. Zu Beginn der 1830er Jahre errichteten sie Häfen und Siedlungen, um von hier aus Walfang und Fischerei zu betreiben. Diese Aneignung von Land und Ressourcen führte zu gewaltsamen Konflikten mit den Indigenen, die schließlich vertrieben wurden.

Mitte des 19. Jahrhunderts kamen Pioniere aus aller Welt in die Region, nachdem 1851 in Ballarat Gold entdeckt worden war. Ihnen folgten bald zahlreiche Bauern und Schafzüchter, die sich zwischen 1880 und 1930 in der Mallee-Region im Nordwesten Victorias niederließen. Eisenbahnlinien wurden angelegt, durch den Bau der Great Ocean Road wurde auch die Entwicklung der küstennahen Gebiete enorm gefördert. Heute ist diese Straße eine der berühmtesten Attraktionen Australiens, sie gilt als eine der malerischsten Strecken der Welt.

Mungo National Park
Wentworth
Renmark
Barmera
Murray
Mildura 11
Blue Mountains und Westen von New South Wales
Seiten 156–169
Red Cliffs
Calder Hwy
Loxton
Murray-Sunset National Park
Hattah-Kulkyne National Park 8
Balranald
Sandalwood
SOUTH AUSTRALIA
Ouyen
Mallee Highway
Piangil
Walpeup
Pinnaroo
Murrayville
Nyah
Lake Tyrrell
Swan Hill 13
Wyperfeld National Park
Sea Lake
Big Desert Wilderness 10
Hopetoun
Adelaide und Südosten
Seiten 308–327
Birchip
Lake Hindmarsh
Jeparit
Wycheproof
Keith
Warracknabeal
Bordertown
Kaniva
Nhill
Charlton
Willalooka
Western Highway
Dimboola
Donald
Wedderburn
Little Desert National Park
Murtoa
St Arnaud
Horsham
VICTORIA
Naracoorte
Edenhope
Avoca
Stawell
Halls Gap
Avoca
Balmoral
4
Grampians National Park
9 Ararat
Lexton
Penola
Beachport
Cavendish
Beaufort
Casterton
Millicent
Dunkeld
Willaura
Ballarat 2
Hamilton
Lake Bolac
Skipton
Mount Gambier
Penshurst
Dartmoor
Princes Highway
Lismore
Port MacDonnell
Heywood
Mortlake
Lake Corangamite
Camperdown
Princes Highway
Portland
Port Fairy
Warrnambool
Colac
Port Campbell
Great Ocean Road
Twelve Apostles
1
Cape Otway
0 Kilometer 75
N
A20
A79
B12
B220
B400
B200
A8
B240
A66
A200
B1
A1
B160
B140
B120
B146
B100

Great Ocean Road und Westen von Victoria

Highlights

1. Great Ocean Road
2. Ballarat
3. Bendigo

Sehenswürdigkeiten

4. Grampians National Park
5. Werribee Park
6. Bellarine Peninsula
7. Geelong
8. Hattah-Kulkyne National Park
9. Ararat
10. Big Desert Wilderness
11. Mildura
12. Castlemaine
13. Swan Hill
14. Maldon
15. Echuca

Schon gewusst?

Für den Bau der Great Ocean Road brauchten 3000 Soldaten des Ersten Weltkriegs fast 13 Jahre.

Radfahrer auf einem kurvenreichen Abschnitt der Great Ocean Road ↑

1

Great Ocean Road

B7 von Torquay nach Port Fairy 100 Great Ocean Road, Apollo Bay (+61 1300 689 297) visitgreatoceanroad.org.au

Die berühmte Great Ocean Road schlängelt sich entlang einer traumhaft schönen Landschaft und folgt der Südwestküste Victorias. Hübsche Küstenstädtchen, erstklassige Surfstrände, eine aufstrebende kulinarische Szene und atemberaubende Naturwunder sind bei einer Fahrt auf dieser Route zu entdecken.

Die Great Ocean Road wurde als Beschäftigungsprojekt und als Denkmal für die im Ersten Weltkrieg gefallenen australischen Soldaten erbaut. Heimgekehrte Soldaten begannen 1919 mit der Arbeit an der rund 280 Kilometer langen Straße, die 1932 vollendet war. Sie zählt zweifellos zu Australiens malerischsten Küstenstraßen. Zu den spektakulärsten Naturwundern gehören die Twelve Apostles und die London Bridge, Strandorte wie Anglesea und Lorne sind ideal für längere Pausen. Es gibt auch Möglichkeiten zur Tierbeobachtung: Halten Sie im Kennett River Ausschau nach Koalas und vor der Küste von Warrnambool nach Walen.

↑ *Twelve Apostles – Felsformation vor der Küste von Port Campbell*

Restaurants

Aireys Pub
Das rustikale Pub serviert gutes Essen und eine erlesene Auswahl an Biersorten.
45 Great Ocean Rd, Aireys Inlet
aireyspub.com.au
$$$

Lady Bay Resort's Restaurant
Hier kommen Pub-Klassiker und Seafood auf den Tisch.
2 Pertobe Rd, Warrnambool
ladybayresort.com.au
$$$

↑ *Ein Steg führt zum Cape Otway Lighthouse, dem ältesten Leuchtturm Australiens*

↑ *Memorial Arch – Tor zum Gedenken an die Soldaten, die die Great Ocean Road erbauten*

Tour: Great Ocean Road

Länge 280 km **Rasten** Unterwegs gibt es zahlreiche Orte, an denen Sie aus dem Auto aussteigen und den Meerblick genießen, schwimmen gehen oder in einem Café einen Snack zu sich nehmen können.

Die Great Ocean Road ist eine der malerischsten Strecken der Welt. Nahe Melbourne schlängeln sich die Straßen durch hübsche Ferienorte und bieten in jeder Kurve eine herrliche Aussicht. Im Landesinneren führt die Straße durch die Otways, eine ökologisch reiche und wunderschöne Waldlandschaft. Zwischen Port Campbell und Port Fairy beeindrucken zerklüftete Klippen und tosendes Meer, im Port Campbell National Park die Twelve Apostles (Zwölf Apostel). Ganz im Westen bieten die alten Walfanghäfen Einblicke in eine der frühen Industrien Australiens. Bei Warrnambool kann man zwischen Mai und Oktober Glattwale sehen.

Expertentipp
Übernachten
Die Fahrt ist an einem Tag machbar. Doch um die wichtigsten Sehenswürdigkeiten zu erleben, sollten Sie unterwegs übernachten. Dann bleibt genug Zeit für alle Küstenstädte und Nationalparks.

Warrnambool ist vor allem wegen der Glattwale vor Logans Beach bekannt. In der Stadt gibt es Galerien, Museen und alte Kirchen.

Die Cottages von **Port Fairy** erinnern an die Tage, als die Stadt zwischen 1830 und 1850 eine blühende Walfangstation war. Heute ist sie ein Urlaubsziel.

Im Küstenstreifen bei **Peterborough** ist Victorias Milchindustrie angesiedelt. Grotto ist ein Felsenpool bei den Klippen.

Der **Port Campbell Beach** ist eine sandige Badebucht. Vom Ort aus eröffnet sich eine grandiose Aussicht aufs Meer.

In der **Loch Ard Gorge** ging 1878 der Klipper *Loch Ard* unter. Wanderwege unterrichten darüber sowie über die Geschichte der Aborigines.

Am **Moonlight Head** im Otway National Park gehen Klippen in Felsplattformen über. Eingegrabene Anker erinnern an die Schiffe, die an dieser gefährlichen Küste Schiffbruch erlitten.

0 Kilometer 20
N

↑ *Split Point Lighthouse oberhalb der Steilküste am Aireys Inlet*

Zur Orientierung

Eine von der Natur geschaffene Felsplatte unter Wasser trägt zu den guten Surfbedingungen am **Bells Beach** bei. Zu Ostern findet hier ein internationaler Surf-Wettbewerb statt.

Am **Point Addis** donnern riesige Wellen an die felsige Küste. Eine Treppe führt die Klippen hinunter – zum hautnahen Erleben der wilden See.

Aireys Inlet ist berühmt für seinen rot-weißen Leuchtturm Split Point. Nicht weit entfernt befindet sich Memorial Arch, ein Holztor.

Das Dörfchen **Lorne** mit guten Cafés, Restaurants und Unterkünften ist im Sommer überlaufen. Die umliegenden Wälder sind ein Wanderparadies.

Angeln steht in der **Apollo Bay** im Mittelpunkt. Am Kai starten Boote zu Angelausflügen. Der Ort selbst hat eine dörfliche Atmosphäre und gute Restaurants.

Johanna Beach, ein berühmter Surfstrand mit grünen Hügeln im Hintergrund, ist bei Campern beliebt.

Schon gewusst?

Mindestens 638 Schiffswracks liegen vor der Küste der Great Ocean Road.

Auf den Spuren australischer Geschichte im Open-Air-Museum Sovereign Hill ↑

2

Ballarat

B7 95 000 12 km vom Stadtzentrum Lydiard St Ballarat Railway Station Ballarat Town Hall, 225 Sturt St (+61 1800 446 633) Organs of the Ballarat Goldfields (Jan), Begonia Festival (März), Eureka Week (Dez) visitballarat.com.au

Der Ausruf »Gold« beendete 1851 die Ruhe dieser Region. In kurzer Zeit bedeckten Zeltstädte die Hügel. Aus der ganzen Welt strömten Menschen herbei, um hier ihr Glück zu suchen. Die Goldquellen versiegten zwei Jahrzehnte später, doch der Wohlstand dieser Zeit brachte feudale Gebäude, breite Straßen, prunkvolle Statuen und Gärten hervor.

①

Lydiard Street

Der Reichtum der Goldfelder spiegelt sich eindrucksvoll in der Lydiard Street wider, die von erlesen gestalteten Gebäuden gesäumt ist.

Am Nordende befindet sich der Bahnhof (1862). Seine Hauptmerkmale sind eine bogenförmige Zugeinfahrt und toskanische Pilaster. Leonard Terry entwarf vier aneinandergrenzende Banken, deren elegante Fassaden sein Bemühen um ein ausgewogenes Straßenbild zum Ausdruck bringen. Her Majesty's Theatre (19. Jh.) ist das älteste noch existierende Theater Australiens, gegenüber steht das Craig's Royal Hotel.

②

Art Gallery of Ballarat

40 Lydiard St North tägl. 10–17 Karfreitag, 25., 26. Dez artgalleryofballarat.com.au

Die Art Gallery gilt als Australiens umfangreichstes und bestes Kunstmuseum außerhalb der großen Metropolen. Mehr als 11 000 Werke illustrieren sämtliche Epochen der australischen Kunst von der Kolonialzeit bis zur Moderne.

Zu den Goldfeld-Künstlern gehört u. a. Eugene von Guerard, dessen Werk *Old Ballarat as it was in the summer of 1853–54* das Flair der frühen Zeltstädte heraufbeschwört. Das Kunstmuseum präsentiert darüber hinaus Wechselausstellungen.

Schon gewusst?

Ballarat verfügt über die höchste Dichte an Statuen aller australischen Städte.

③

Eureka Centre

102 Stawell St tägl. 10–17 eurekacentreballarat.com.au

Dieses Museum befindet sich am Ort des als Eureka Stockade bekannten Aufstands und dokumentiert diese Erhebung der Bergleute gegen unfaire Arbeitsbedingungen. Der Aufstand war ein prägender Moment in der australischen Geschichte und gilt allgemein als Startschuss für den Kampf für Arbeitnehmerrechte.

Die Eureka-Stockade-Flagge mit weißem Kreuz und weißen Sternen auf blauem Grund ist Teil der Sammlung der Art Gallery of Ballarat und häufig als Leihgabe im Rathaus zu sehen.

4

Sovereign Hill

Bradshaw St Di–So 10–17 25. Dez
sovereignhill.com.au

Sovereign Hill am Rand von Ballarat ist ein Open-Air-Museum und bietet die Chance, eine einzigartige Periode der australischen Geschichte zu erleben. Auf den Hauptstraßen gehen Schmiede, Hoteliers, Bäcker und Händler in Trachten der Zeit inmitten von Gräberhütten, Zelten und dem chinesischen Dorf ihren Beschäftigungen nach. (Viele Bergleute waren chinesische Einwanderer, die nach dem Ende des Goldrauschs bleiben wollten.)

Das Gold Museum ist Teil des Komplexes. Seine Ausstellungen zeigen die Geschichte der Verwendung von Gold und seinen Reiz als Schmuckmetall.

Tickets sind im Voraus zu buchen.

5

Ballarat Botanical Gardens

Wendouree Parade
Garten: tägl. 7:30–18 (Sommer: bis 21); Robert Clark Conservatory: tägl. 9–16:30 ballarat.vic.gov.au

Der Botanische Garten versinnbildlicht das Streben der Stadt nach viktorianischer Vornehmheit. Die zahlreichen Statuen, der üppig grüne Rasen und die vielen exotischen Pflanzen ließen die Bevölkerung die raue Atmosphäre auf den Goldfeldern leicht vergessen. Die Betonung lag immer eher auf Ästhetik als auf Botanik, obwohl es jährlich im Robert Clark Conservatory vier Pflanzenschauen gibt. Berühmt ist die Begonienschau, Teil des im Begonien-Festivals (März). In einem Pavillon sind weibliche biblische Gestalten in provokativen Posen ausgestellt, ein Highlight ist die *Flucht aus Pompeji*.

Die Avenue of Prime Ministers ist eine Doppelreihe mit Büsten aller australischen Premierminister.

Highlight

Hotel

Craig's Royal Hotel

Das Hotel aus den 1860er Jahren hat viele berühmte Gäste beherbergt, u. a. des britischen Hochadels. Reservieren Sie einen Tisch für den Nachmittagstee.

10 Lydiard St
craigsroyal.com.au

$$$

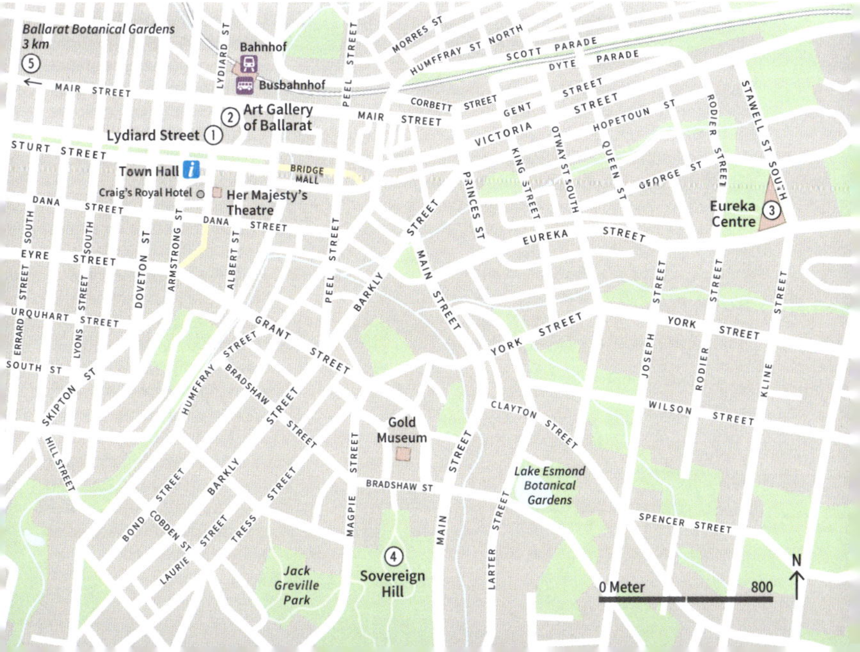

3

Bendigo

C6 93 000 51–67 Pall Mall (+61 1800 813 153) bendigoregion.com.au/explore-bendigo

Bendigo feierte den Goldrausch wie keine andere Stadt – und das aus gutem Grund: Die Funde waren einfach phänomenal. 1851, im ersten Jahr des Goldrauschs, wurden aus einem Eimer Erde insgesamt 23 Gramm Gold gewonnen. Als das an der Oberfläche lagernde Gold erschöpft war, führte um 1870 die Entdeckung einer Quarzader zu einem neuerlichen Boom. Mit zunehmendem Reichtum der Stadtbewohner wuchsen auch die Größe und Extravaganz der Gebäude, die Häuser vereinen oft mehrere Stile. Erfahren Sie mehr über Geschichte und Architektur Bendigos bei einem Stadtbummel oder an Bord der »Talking Tram«.

①

Joss House

Finn St, Emu Point
Sa, So 10:30–15
bendigojosshouse.com

Der leuchtend rote Tempel ist seit seinem Bau 1871 nicht nur eine Andachtsstätte der chinesischen Einwohner, sondern auch ein Wahrzeichen. Es ist der einzige noch erhaltene von sieben Tempeln dieser Art, die zur Zeit des Goldrauschs für die große Zahl chinesischer Bergleute errichtet wurden.

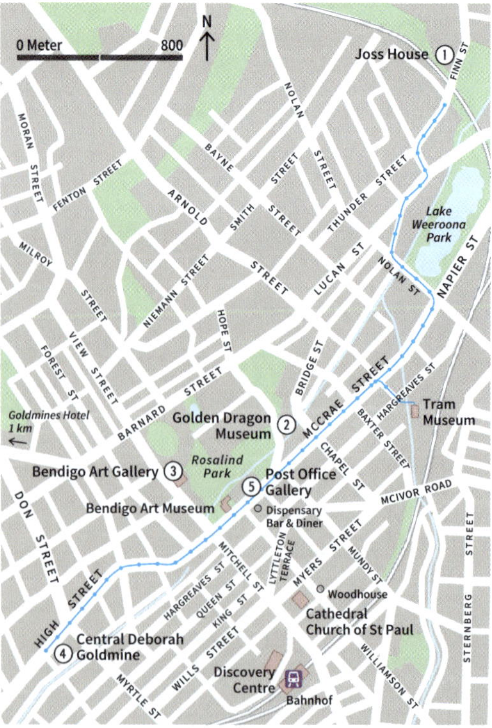

Bendigos »Talking Tram«

Die Straßenbahnen in Melbourne sind wohl bekannter, aber die von Bendigo sind nicht weniger bezaubernd. Während der Fahrt in einer »Talking Tram« erhalten Sie über Lautsprecher viele Informationen zur Geschichte der Stadt und zu den Sehenswürdigkeiten entlang der Strecke (www.bendigotramways.com). Während des Bendigo Blues & Roots Music Festival im November erleben Sie an Bord sogar Livemusik (www.bendigoblues.com/events/the-blues-tram).

②

Golden Dragon Museum

1–11 Bridge St Di–So 9:30–17 goldendragonmuseum.org

Mitte des 19. Jahrhunderts stellten Chinesen etwa ein Fünftel der Bevölkerung Bendigos. Das 1991 eröffnete Golden Dragon Museum illustriert die Geschichte der noch heute großen chinesischen Community von Bendigo und ihrer Landsleute, die sich in der Umgebung anderer Goldfelder in Victoria niederließen.

Die außergewöhnliche Sammlung besteht aus Tausenden von Objekten, darunter sind Textilien, Fotografien und Dokumente. Sehr beeindruckend ist die Sammlung von Drachenfiguren. Ein 125 Meter langes Exemplar gilt als größtes der Welt.

Nach Besichtigung der Sammlung können Sie ein wenig in den Yi-Yuan-Gärten spazieren, die denen des Kaiserpalastes in Peking nachempfunden sind.

Highlight

↑ *Aussicht vom Lookout Tower in Rosalind Park über Bendigo*

Schon gewusst?

Während des Goldrauschs wurden rund um Bendigo über 700 Tonnen Gold gefördert.

③

Bendigo Art Gallery

42 View St ⏲ tägl. 10–17 25. Dez W bendigoregion.com.au/bendigo-art-gallery

Die 1887 gegründete Bendigo Art Gallery ist eine der ältesten und renommiertesten regionalen Kunstsammlungen Australiens. Der Schwerpunkt liegt auf europäischer und australischer Kunst des 19. Jahrhunderts sowie auf zeitgenössischen lokalen Werken. Zu den ausgestellten Gemälden, Skulpturen, Keramiken und Fotografien gehören Werke der australischen Künstler Brett Whiteley, Russell Drysdale und Arthur Boyd.

Auch die häufigen Wechselausstellungen lohnen einen Besuch.

④

Central Deborah Goldmine

76 Violet St ⏲ tägl. 9:30–16:30 W central-deborah.com

Um wirklich zu verstehen, wie das Leben der Bergarbeiter in Bendigo war, kann man sich selbst unter Tage begeben. Die Central Deborah Goldmine ist heute ein interaktives Museum in bis zu 228 Metern Tiefe.

Besucher können nach Gold suchen und eine Nachbildung der Hand of Faith bewundern. Dieser 27 Kilogramm schwere Goldklumpen war in der Nähe entdeckt worden.

⑤

Post Office Gallery

51–67 Pall Mall ⏲ tägl. 9–17 W bendigoregion.com.au/bendigo-art-gallery/post-office-gallery

Dieser prächtige Ableger der Bendigo Art Gallery präsentiert ein spannendes Ausstellungsprogramm zur lokalen Geschichte sowie zu Kunst und Kunsthandwerk.

Restaurants

Goldmines Hotel

Das Restaurant des Hotels (Mitte 19. Jh.) kombiniert innovative Küche mit Pub-Kost.

49–57 Marong Rd W goldmineshotel.com.au

$$$

Woodhouse

Ein Paradies für Steakliebhaber.

101 Williamson St W thewoodhouse.com.au

$$$

Bar

Dispensary Bar & Diner

Über 100 Craftbeers, 80 Single Malts, 70 Gins und viele Cocktails.

9 Chancery Lane W dispensarybendigo.com

The Pinnacle im Grampians National Park im Westen von Victoria ↑

SEHENSWÜRDIGKEITEN

4

Grampians National Park

B7 Stawell Halls Gap Brambuk National Park and Cultural Centre, 277 Grampians Rd, Halls Gap parks.vic.gov.au

Die Berge und steilen Felsen der Grampians ragen wie Wellen aus der flachen westlichen Ebene. Der imposante und beliebte Nationalpark, der drittgrößte Victorias, bietet eine Vielfalt an Naturphänomenen und Tieren.

Es gibt zerklüftete Hänge, Wasserfälle und Sandsteinberge, die sich vor 400 Millionen Jahren durch Hebung der Erdkruste bildeten. Die Aborigines, für die dieser Park ein heiliger Ort ist, nennen ihn seit Jahrtausenden *gariwerd*. Rund 80 Prozent der Felsmalereien der Ureinwohner Victorias sind hier zu finden. Das Brambuk National Park and Cultural Centre bei Halls Gap wird von Aborigines-Stämmen geleitet und veranstaltet auch geführte Touren.

Die Grampians bieten vielfältige Erlebnisse. Tagesausflüge führen zu den spektakulären MacKenzie Falls und den Balconies-Felsformationen. Bei längeren Aufenthalten kann man im Busch campen, die Victoria Valleys von den Bergen bei Halls Gap aus erkunden oder Nachtwanderungen unternehmen. Aus der ganzen Welt kommen Bergsportler, um die steilen Klippen hochzuklettern und sich an den Felsen des Parks und des nahen Mount Arapiles zu versuchen.

Schon gewusst?

Die MacKenzie Falls im Grampians National Park sind die höchsten Wasserfälle Victorias.

Ausgezeichnete Karten und Informationen zu den besten Wanderungen erhält man im Besucherzentrum des Parks.

5

Werribee Park

C7 K Rd, Werribee Werribee tägl. parks.vic.gov.au

Zwischen 1860 und 1890 machte der Wollboom aus vielen australischen Schaffarmern Millionäre. Zu den reichsten gehörte die Familie Chirnside von Werribee Park. Ihr Landschloss wurde zwischen 1873 und 1878 im italienischen Stil errichtet. Es wurde umfassend renoviert und mit Antiquitäten möbliert, um den Lebensstil reicher, ländlicher Familien nachzustellen. Ein 1930 ergänzter Flügel des Hauses wurde in ein Luxushotel umgewandelt.

Neben dem Anwesen und den formal angelegten Gär-

ten mit beliebten Picknickplätzen liegt der Victoria State Rose Garden in Form einer Rose im Tudorstil. Von November bis April blühen hier 5000 Rosenbüsche unterschiedlicher Arten und Farben.

Dem Werribee Park angegliedert ist das **Werribee Park National Equestrian Centre.** Das größte Reitzentrum in Victoria umfasst zwei große Innenbereiche, mehrere Außenarenen, Polofelder, Ställe und Campingplätze. Hier finden einige der besten Springreit- und Poloturniere statt. Vogelbeobachtern bieten sich bei der nahen Western Treatment Plant und im Point Cook Coastal Park gute Optionen.

Werribee Park National Equestrian Centre
Zeiten der Website entnehmen
wpnec.com.au

6 Bellarine Peninsula

C7 Geelong 30 Gheringhap St, Geelong
visitgeelongbellarine.com.au

Die Bellarine-Halbinsel am Südwestende der Port Phillip Bay ist einer von Melbournes beliebtesten Sommerferienorten. Die weißen Sandstrände von Barwon Heads, Point Lonsdale und Ocean Grove sind Ausgangspunkt der legendären Great Ocean Road *(siehe S. 248–251)* und ihrer beliebten Surfstrände.

Das Dorf Point Lonsdale liegt an den tückischen Heads – sie gelten wegen der aufgewühlten See und Strudeln als weltweit gefährlichster Zugang zu einer Bucht. Von Point Lonsdale aus sind es drei Kilometer über das wirbelnde Wasser (als Rip bekannt) mit seinen versteckten Felsen nach Point Nepean auf der Mornington Peninsula im Osten Victorias *(siehe S. 271)*.

Das Fort in Queenscliff an der Port Phillip Bay ist die größte Festungsanlage der Südhalbkugel. Damals war Queenscliff ein Urlaubsort für Melbourner. Einige Hotels wie das Vue Grand erinnern an diese Zeit. Auch St Leonards und Portarlington sind beliebte Ferienorte.

7 Geelong

C7 160 000
30 Gheringhap St
visitgeelongbellarine.com.au

Geelong, die zweitgrößte Stadt des Bundesstaats, hat eine sowohl bäuerlich wie industriell geprägte Vergangenheit. Die Stadt an der geschützten Corio-Bucht hat einen hohen Erholungswert.

Die Badeanlage am Eastern Beach aus den 1930er Jahren mit Rasen, Sandstränden und Schatten spendenden Bäumen erstrahlt 1994 wieder in ihrem früheren Art-déco-Stil. Steampacket Place und Pier waren Teil eines umfassenden Sanierungsprojekts, das alte Lagerhäuser zu Seafood-Restaurants, Cafés, Läden und Hotels umwandelte.

Gegenüber dem Steampacket Place liegen historische Läden, im größten ist das **National Wool Museum** untergebracht. Es zeigt Australiens Wollgeschichte von der Schur bis zu den Laufstegen der Modedesigner.

Bei Anakie nahe Geelong liegt der Brisbane Ranges National Park mit Spazierwegen und Wildblumen. In der Nähe erreicht man Steiglitz, eine Geisterstadt aus der Zeit des Goldrauschs (um 1850). Nur wenige Gebäude der Stadt sind erhalten, u. a. das um 1879 erbaute Gericht.

National Wool Museum
26 Moorabool St tägl. 10–17
Karfreitag, 25., 26. Dez
geelongaustralia.com.au/nwm

Bar

Basils Farm
Das Weingut ist für Prosecco, Chardonnay und Pinot Noir bekannt. Probieren Sie die Weine bei einer Mahlzeit in der Bar oder gehen Sie zur Verkostung in den Weinkeller.
C7 45–53 Nye Rd, Swan Bay
basilsfarm.com.au

Die weißen Sandstrände von Barwon Heads, Point Lonsdale und Ocean Grove sind Ausgangspunkt der legendären Great Ocean Road und ihrer beliebten Surfstrände.

8

Hattah-Kulkyne National Park

B6 Mildura Mildura parks.vic.gov.au

Im Unterschied zu den trockeneren Mallee-Regionen gibt es im Hattah-Kulkyne National Park unzählige Bäche und Seen, die durch ein komplexes Billabong-Überlaufsystem (natürliche Wasserlöcher) mit dem Murray River verbunden sind.

An der Peripherie findet sich das trockene Mallee-Land mit niedrigen Sträuchern und einheimischen Kiefernarten, doch in den großen Seen wie dem Lake Hattah, Lockie und Mournpoul wimmelt es von Tieren. Die Seenregion mit riesigen Eukalyptusbäumen ist Heimat einer vielfältigen Tierwelt mit Emus, Eidechsen, Schlangen und Kängurus. Die Gewässer sind fischreich, an den Ufern tummeln sich Pelikane, Ibisse, Schwäne und andere Wasservögel.

Die Seen sind ideal zum Kanufahren, die Wasserlöcher am Murray und im Murray-Kulkyne Park eignen sich sehr gut zum Angeln, für Camping und zur Vogelbeobachtung.

Seen im Hattah

Die 20 Süßwasserseen im Hattah-Kulkyne National Park sind Teil eines Ökosystems, das mehrere Feuchtgebiete umfasst. Normalerweise füllen sich die Seen nach Regenfällen durch einmündende Bäche. Ab 2010, nach Jahren mit ausgeprägten Dürren, musste die australische Regierung elf Milliarden Liter Wasser in die Seen pumpen. Mittlerweile füllen sich die Seen wieder auf natürliche Weise.

9

Ararat

B7 7000 82 Vincent St ararat.vic.gov.au

Die Stadt liegt rund 200 Kilometer nordwestlich von Melbourne in der Nähe des Grampians National Park *(siehe S. 256)* und der Goldfelder von Victoria, denen sie ihre Existenz verdankt. Ararat wurde 1857, kurz nachdem chinesische Bergarbeiter in der Nähe Gold entdeckt hatten, erbaut und ist die einzige von Chinesen erbaute Stadt Australiens.

Diese Historie wird im **Gum San Chinese Heritage Centre** erläutert. In Ausstellungen wird über das Leben chinesischer Bergleute und Einwanderer im 19. Jahrhundert berichtet.

Die Seenregion mit riesigen Eukalyptusbäumen ist Heimat einer vielfältigen Tierwelt mit Emus, Eidechsen, Schlangen und Kängurus.

Gum San Chinese Heritage Centre
31 Lambert St
Do–So, Feiertage 10–15 25. Dez
gumsan.com.au

10

Big Desert Wilderness

B6 Hopetoun 75 Lascelles St, Hopetoun parks.vic.gov.au

Victoria wird meist als Land der Berge, grünen Hügel, Flusstäler und Strände beschrieben, dabei wird allerdings vergessen, dass ein Teil des Bundesstaats von Wüste und Mallee-Vegetation bedeckt ist.

In den einsamen Arealen findet man u. a. Sandhügel, Allocasuarinas, Echsen, Schlangen und ausgetrock-

nete Bachläufe. Es handelt sich um ausgeprägte Wüsten mit heißen Tagen und kalten Nächten.

Der Murray-Sunset National Park ist auch die Heimat von Australiens seltenstem Vogel, dem Mallee-Schwatzvogel. Außerdem ist hier Victorias größte Blume, die Murray-Hakenlilie, zu Hause.

Bei den Nationalparks Wyperfeld und Little Desert im Süden handelt es sich nicht um echte Wüsten, denn dort gibt es Seen und eine artenreiche Flora und Fauna (u. a. mit einer Vielzahl an Reptilien).

11

Mildura

B6 **33 000**
180–190 Deakin Ave
mildura.com

Mildura war 1887 ein kleines Dorf am Ufer des Murray inmitten einer roten Sandwüste. Doch in jenem Jahr kamen die kanadischen Brüder William und George Chaffey und schufen Australiens erstes ausgedehntes Bewässerungssystem nach dem Muster ihres erfolgreichen kalifornischen Projekts. Seither verwandelte sich die von den Flüssen Murray und Darling gespeiste rote Erde in eine Farmlandschaft, die sich über rund 100 Kilometer erstreckt.

Heute floriert im modernen Mildura der Tourismus. Sehenswert ist **Rio Vista**, das interessante ehemalige Haus von William Chaffey, mit der angrenzenden Galerie. Es wurde im Jahr 1890 angelegt und ist nun wieder im ursprünglichen Zustand zu bewundern.

In der Region wachsen Trauben, Oliven, Avocados und Zitrusfrüchte. Seit Kurzem entstehen immer mehr Weinberge und -kellereien. Die Wüste des Mungo National Park liegt 100 Kilometer nordöstlich.

←
Buschland rund um einen der Süßwasserseen in Hattah-Kulkyne National Park

Das im Queen-Anne-Stil erbaute Haus Rio Vista (19. Jh.) in Mildura mit einem schön restaurierten Salon (Detail) ↑

Expertentipp
Ein Strandtag

Mildura liegt mehr als 400 Kilometer von der Küste entfernt, dennoch können Sie dort einen Strandtag verbringen. Nur wenige Autominuten vom Stadtzentrum entfernt verfügt der Apex River Beach Holiday Park über einen Sandstrand (www.apexriverbeach.com.au).

Rio Vista

199 Cureton Ave **tägl. 10–16** **Karfreitag, 25. Dez** **mildura artscentre.com.au**

↑ *Pioneer Settlement Museum in Swan Hill – Nachbildung einer Stadt aus dem 19. Jahrhundert*

12 Castlemaine

C7 7000
Market Bldg, 44 Mostyn St
bendigoregion.com.au

Castlemaines Eleganz spiegelt die Tatsache wider, dass hier die Goldausbeute zwar nur von kurzer Dauer, dafür aber äußerst lukrativ war. Hauptattraktion ist die 1862 gebaute Markthalle mit Portikus und großem Bogeneingang. Heute ist hier das Fremdenverkehrsbüro untergebracht. **Buda Historic Home and Garden** beherbergte von 1863 bis 1981 die Familie des ungarischen Goldschmieds Ernest Leviny. Im Haus befindet sich eine Ausstellung an Kunst und Kunsthandwerk. Das Haus ist auch wegen seines Gartens (19. Jh.) berühmt.

In Castlemaine leben viele Schriftsteller und Künstler aus Melbourne, es gibt eine ganze Reihe von Museen, Cafés und Restaurants.

Der **Victorian Goldfields Railway** ist ein historischer Dampfzug, der Castlemaine mit Maldon verbindet. Entlang der Bahnlinie verläuft ein malerischer Radweg.

Schon gewusst?

Der Murray, Australiens längster Fluss (2375 km), fließt durch New South Wales, Victoria und South Australia.

Buda Historic Home and Garden

42 Hunter St
tägl. 12–16 **Karfreitag, 25. Dez**
budacastlemaine.org

Victorian Goldfields Railway

vgr.com.au

13 Swan Hill

B6 10 000
Ecke McCrae St u. Curlewis St
swanhill.vic.gov.au

Trauerschwäne sind laute Tiere, musste Forscher Major Thomas Mitchell 1836 feststellen, als ihn ihre frühmorgendlichen Rufe am Ufer des Murray weckten. Sie gaben der Stadt Swan Hill, in der noch immer Trauerschwäne leben, ihren Namen.

Eine Attraktion ist das **Pioneer Settlement Museum**, die Nachbildung einer Stadt am Fluss aus der Zeit zwischen 1830 und 1930. Auf vier Hektar wird in Druckereien, Schmieden und Bäckereien Alltagsleben nachgestellt. Die »Bewohner« tragen Trachten der damaligen Zeit und stellen altmodische Waren her.

Eindrucksvoll ist die abendliche Licht- und Ton-Show (Tickets vorher buchen). Dabei begeben sich die Besucher auf eine 45 Minuten lange Reise durch den Ort. Das Arrangement wird von akustischen Effekten untermalt, darunter Hufgetrampel und Lokomotivengeräusche.

Pioneer Settlement Museum

125 Monash Drive **tägl. 9:30–16:30**
25., 26. Dez **pioneersettlement.com.au**

14 Maldon

C7 1200
Market Bldg, 44 Mostyn St, Castlemaine
maldon.org.au

Das vollständig erhaltene Maldon ist ein hervorragendes Beispiel einer frühen

→ *Der restaurierte Raddampfer* PS Britannia *auf dem Murray in Echuca*

Goldgräbersiedlung. Der Ort liegt in einer der lieblichsten Landschaften der Region. Hügel, Wälder und exotische Bäume umgeben Straßen und Gebäude aus dem 19. Jahrhundert. Maldon wurde 1966 vom National Trust zu Australiens »First notable town« erklärt. Es gibt einige Cafés, Galerien und Museen.

Attraktionen sind die Goldmine Carman's Tunnel und eine Fahrt mit der Victorian Goldfields Railway nach Muckleford und Castlemaine. Besuchen Sie Maldon zu Ostern, um die schönen, goldenen Blätter der Platanen, Eichen und Ulmen zu sehen. Dann gibt es auch eine Messe, einen Umzug und einen Straßenkarneval.

Das Arrangement wird von akustischen Effekten untermalt, darunter Hufgetrampel und Lokomotivengeräusche.

Raddampfer auf dem Murray River

Zwischen 1860 und 1880 wurde Australiens Wirtschaft von Wolle dominiert. Die einzige Möglichkeit, die Wolle von Schafstationen zu den Küstenhäfen zu bringen, bot der Fluss. Es gab kaum Schotterstraßen, so setzte man auf Murray, Murrumbidgee und Darling Raddampfer ein. Mit mit Wolle beladenen Lastkähnen im Schlepp erreichten sie den Hafen von Echuca nach einer tagelangen Fahrt vom Landesinneren aus. Ab 1890 durchzogen die ersten Bahnlinien das Land, die das Ende der Raddampfer-Ära einläuteten. Im Hafen von Echuca liegen heute restaurierte Raddampfer wie die PS *Emmylou*, PS *Pride of the Murray* und PS *Canberra* (www.portofechuca.org.au).

15

Echuca

C6 14 000
41 Murray Esplanade
echucamoama.com

Der Unternehmer Henry Hopwood reiste 1853, nachdem er eine Haftstrafe abgesessen hatte, in das Gebiet am Murray. An der Stelle des heutigen Echuca errichtete er das Bridge Hotel. Echuca gewann erst an Bedeutung, als 1864 die erste Eisenbahn von Melbourne den Fluss erreichte. Die Stadt wurde mit ihren Raddampfern größter Inlandshafen Australiens.

Heute gibt es am Hafen Pferdekutschen, Dampfmaschinen und alte Sägemühlen zu besichtigen. Neben Flussfahrten auf einem Raddampfer werden Führungen durch die Hauptstraße und den Hafen angeboten. Besuchen Sie das Star Hotel, in dem ein ausrangierter Raddampfer ausgestellt ist. Der Hotel-Geheimtunnel erlaubte es Gästen, ungesehen zu verschwinden.

Etwa 30 Kilometer flussaufwärts liegt der Barmah Forest, der größte Eukalyptuswald der Welt. Eine Fahrt im Schatten der 500 Jahre alten Bäume und zu bedeutenden Stätten der Aborigines ist empfehlenswert, ebenso die Wetlands-Ökokreuzfahrt.

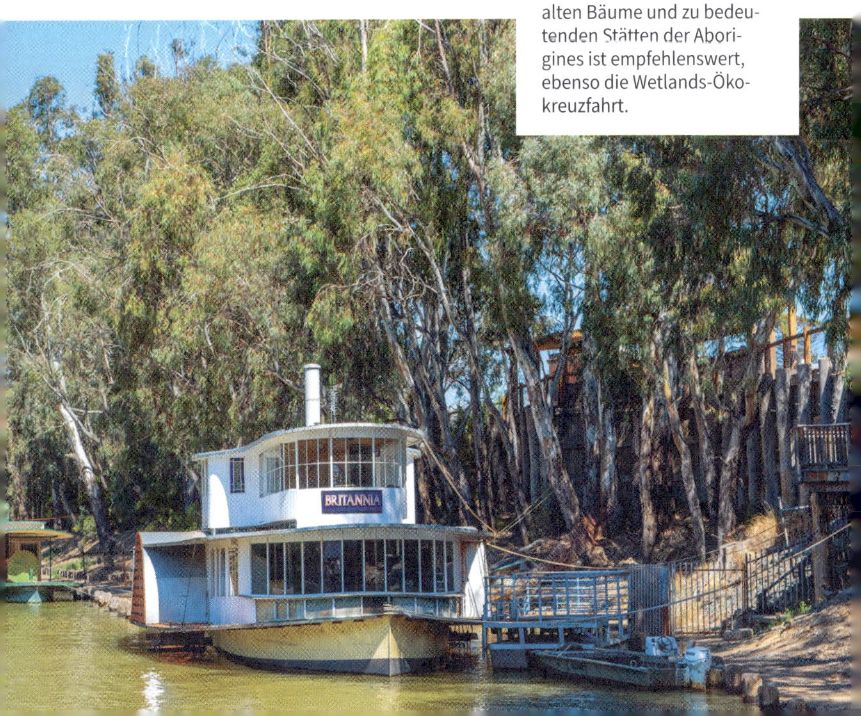

Tour: Daylesford und Macedon Ranges

Länge 215 km **Rasten** Entlang der Route gibt es viele Übernachtungsmöglichkeiten und Restaurants, insbesondere in Woodend und Daylesford.

Victorias Macedon Ranges liegen nordwestlich von Melbourne jenseits der Keilor Plains. Die Landschaft sprenkeln fruchtbare Weinberge, kleine Gemeinden, bunte Kunsthandwerksmärkte und kleine Frühstückspensionen. Die Tour folgt dem Calder Highway, jener Route, die die Goldgräber zu den Feldern von Castlemaine und Bendigo nahmen, bevor sie in Richtung Westen in die zum Teil reizenden Kurorte um Daylesford weiterführt. Wolllager und Häuser aus dunklem Sandstein spiegeln den Reichtum des 19. Jahrhunderts wider.

Während des Goldrauschs war der ruhige Weiler **Malmsbury** Zwischenstation für viele Goldgräber auf ihrem Weg zu den Goldfeldern.

Das Reservat **Hepburn Springs**, ein großes Gebiet ursprünglichen Buschlands, ist ein idyllischer Ort für Wanderer und alle, die Heilwasser aus den alten Pumpen trinken wollen.

Trentham Falls, Victorias höchster Wasserfall, hat eine Fallhöhe von 33 Metern. Er ist nur wenige Minuten von der Falls Road entfernt.

← *Die Trentham Falls rauschen über eine Basaltklippe in die Tiefe*

Schon gewusst?

Diese Gegend verfügt über die höchste Konzentration an natürlichen Mineralquellen in Australien.

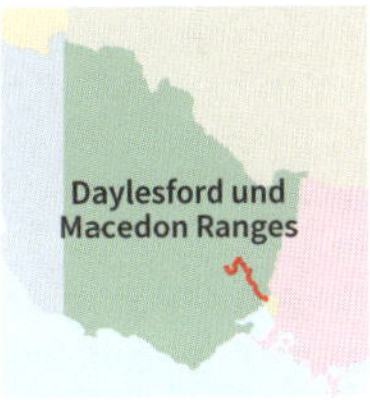

Zur Orientierung

→ *Hanging Rock – faszinierende Felsformation*

Das historische **Kyneton** war Versorgungszentrum für Goldgräber. Vom alten Straßenbild ist viel erhalten. Die Stadt bietet gute Cafés und Antiquitätenläden.

Der Fels **Hanging Rock** entstand vor 600 Millionen Jahren, als Magma aus der Erde aufstieg. Die Erosion schuf Spalten, durch die man nun wandern kann.

Woodend, das seinen Namen der Lage am Rand des Black Forest verdankt, ist ein beliebter Urlaubsort mit Restaurants, Hotels und Delikatessenläden.

Ein Spaziergang vom Parkplatz am Gipfel des **Mount Macedon** führt zu einem Gedenkkreuz mit Aussicht über die Keilor Plains bis Melbourne, die Port Phillip Bay, die You Yangs und die Dandenong Ranges *(siehe S. 272)*.

Das Herrenhaus **Rupertswood** wurde 1874 gebaut. Zum Anwesen gehört ein Kricketplatz, auf dem das erste Ländermatch gegen England stattfand. Heute ist hier eine Jungenschule untergebracht.

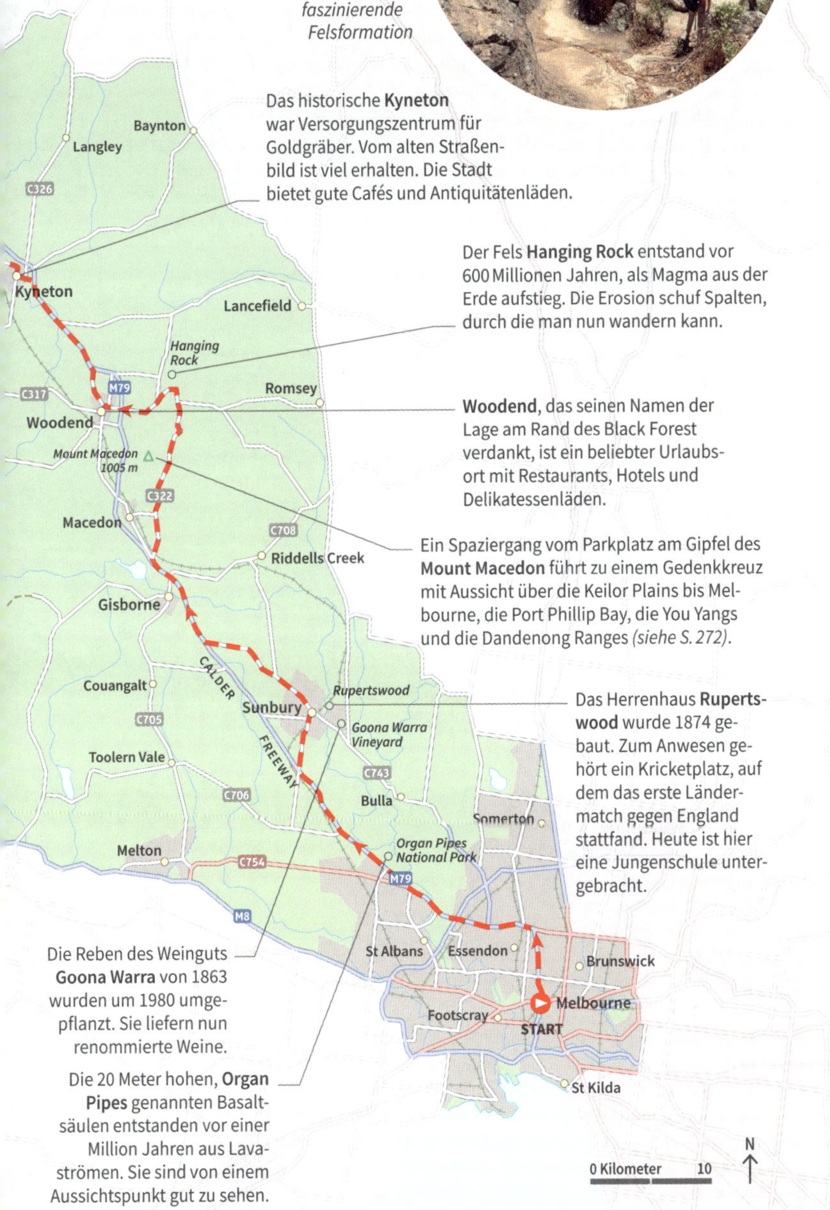

Die Reben des Weinguts **Goona Warra** von 1863 wurden um 1980 umgepflanzt. Sie liefern nun renommierte Weine.

Die 20 Meter hohen, **Organ Pipes** genannten Basaltsäulen entstanden vor einer Million Jahren aus Lavaströmen. Sie sind von einem Aussichtspunkt gut zu sehen.

Berglandschaft im Alpine National Park (siehe S. 275)

Osten von Victoria und High Country

Einen großen Teil des östlichen Victoria bedecken die Victorian Alps, der südwestliche Teil der Australian Alps. Die Aborigines lebten im Sommer in den höheren Regionen, im Winter wanderten sie in tiefere Lagen.

Auch die frühen europäischen Siedler folgten dem Wechsel der ausgeprägten Jahreszeiten und zogen sich von den Weideflächen und Goldminen der Gegend zurück, sobald es kälter wurde. Die Region war lange Zeit relativ abgelegen, bis zu Beginn des 20. Jahrhunderts mehrere Eisenbahnlinien und Straßen wie die Great Alpine Road angelegt wurden.

Zu jener Zeit entdeckten die Bewohner den Skisport, 1910 ließ die Regierung das erste Skigebiet einrichten, immer mehr Skiclubs entstanden. Einen wahren Boom erlebte der Wintersport in den 1960er Jahren, als Einwanderer aus Österreich mit dem Bau von Resorts die entsprechende touristische Infrastruktur ankurbelten. Seither strömen Australier und Besucher in Wintersportorte wie Mount Buller und Falls Creek und gehen dort ihrem Hobby nach.

Blue Mountains und Westen von New South Wales
Seiten 156–169
Great Ocean Road und Westen von Victoria
Seiten 244–263
Melbourne
Seiten 216–243
VICTORIA
Australian
Gippsland
Murray
Culcairn
Holbrook
Tocumwal
Mathoura
Cobram
Yarrawonga
Rutherglen
Albury
Lake Hume
Moama
Echuca
Chiltern 23
Wodonga
Tallangatta
Rochester
Shepparton 26
Wangaratta
25 Beechworth
Great Alpine Rd
Elmore
Glenrowan 24
Benalla 22
Myrtleford
Mount Buffalo National Park
Mount Beauty 20
Murchison
Euroa
Bright 19
Whitfield
Mount Buffalo 1695 m
Avenel
Hume Highway
King
Harrietville
Falls Creek
Seymour
Mansfield 18
Mount Buller
Mount Hotham
Broadford
Alexandra
Mount Buller 1805 m
21 Alpine National Park
Yea
Eildon
15 Lake Eildon
Jamieson
Lancefield
Cathedral Range State Park
Dargo
Lake Mountain
Yarra Glen
Marysville
16 Licola
Melbourne Airport
Yarra Valley 14
Healesville
Lilydale
Warburton
Melbourne
Olinda
13 Dandenong Ranges
Mount Baw Baw
Dandenong
Heyfield
Maffra
Port Phillip Bay
Pakenham
Princes Highway
Sale
Frankston
12 Royal Botanic Gardens, Cranbourne
Warragul
Moe
Lake Wellingto
Mornington Peninsula
Morwell
Traralgon
Portsea
Sorrento
10
Hastings
French Island
Seaspray
Flinders
Cowes
Korumburra
Leongatha
Ninety Mile Beach
7 Phillip Island
Wonthaggi
Inverloch
Foster
Yarram
Woodside Beach
9 Port Albert
Bass Strait
Cape Liptrap
11 Wilsons Promontory National Park
South East Point
A39
B57
A41
M31
B58
B400
C531
A300
C521
B300
B500
B75
M79
C511
A8
C601
C486
A1
M1
M420
A440
C444
Osten von Victoria und High Country

Osten von Victoria und High Country

Sehenswürdigkeiten

1. Metung
2. Gipsy Point und Mallacoota
3. Paynesville
4. Croajingolong National Park
5. Marlo
6. Gippsland Lakes
7. Phillip Island
8. Bairnsdale
9. Port Albert
10. Mornington Peninsula
11. Wilsons Promontory National Park
12. Royal Botanic Gardens, Cranbourne
13. Dandenong Ranges
14. Yarra Valley
15. Lake Eildon
16. Licola
17. Buchan Caves Reserve
18. Mansfield
19. Bright
20. Mount Beauty
21. Alpine National Park
22. Benalla
23. Chiltern
24. Glenrowan
25. Beechworth
26. Shepparton

SEHENSWÜRDIGKEITEN

1 Metung

C7 · 2000 · 50 Metung Rd · travelvictoria.com.au/metung

Metung zählt zu den schönsten Orten an der Küste von Gippsland. Es erstreckt sich über eine hügelige Halbinsel und ist an drei Seiten von Wasser umgeben. Hier gibt es mehrere gemütliche Cafés, eine Bar und eine Küstenpromenade.

Metung ist eine ruhigere Alternative zum nahe gelegenen Ort Lakes Entrance. Mit Booten kann man die umliegenden Seen und Flussmündungen erkunden. Ausflügler aus Melbourne schätzen Metung als bequemen Rückzugsort an der Küste.

Schon gewusst?

In der Sprache des Stammes der Gunaikurnai bedeutet Metung »Festland«.

2 Gipsy Point und Mallacoota

D7 · 2500 bzw. 1000 · Ecke Allan Drive und Maurice Ave · visitmallacoota.com.au

Die beiden Orte an der Küste von Gippsland sind über den Princes Highway gut zu erreichen. Mit seinen dichten Waldgebieten ist Gipsy Point im Sommer ideal für Vogelbeobachtungen, Buschwanderungen und Picknicks. Mallacoota ist eine typische Küstenstadt mit Cafés und Supermärkten. Hier kann man auch Boot fahren.

Beide Orte haben unter den Buschbränden von 2019 und 2020 gelitten, sich davon aber weitgehend erholt.

3 Paynesville

C7 · 3500 · Bairnsdale · 240 Main St, Bairnsdale · travelvictoria.com.au/paynesville

Das attraktive Küstenstädtchen gilt als Tor zu Ninety Mile Beach, Raymond Island und anderen Gebieten der Gippsland Lakes. Es wurde 1879 gegründet und war zuerst unter dem Aborigines-Namen Toonalook (»Ort der vielen Fische«) bekannt.

Der drei Kilometer lange Sunset Cove Walk eignet sich gut für einen Spaziergang – halten Sie Ausschau nach Pelikanen und Delfinen. Schwimmen, Angeln, Bootfahren und andere Wassersportarten sind hier beliebt.

Fotomotiv
Koalas

Nehmen Sie die Fähre von Paynesville nach Raymond Island, der Heimat einer der größten Koalakolonien Australiens. Halten Sie für einen Schnappschuss aber einen respektvollen Abstand ein.

4 Croajingolong National Park

D7 · parks.vic.gov.au

Der als Weltbiosphärenreservat gelistete Croajingolong National Park ist ein schöner Abschnitt rauer Küstenwild-

Morgenstimmung an einem der Gippsland Lakes, auf dem viele Boote vertäut sind

nis. Das abgelegene und wenig besuchte Gebiet prägen dichte Wälder, in denen man wandern, Kanu fahren und Vögel beobachten kann. An der Küste locken Surfstrände. Obwohl der Park stark von den Buschbränden 2019 und 2020 betroffen war, sind viele der in dieser Region heimischen Tiere inzwischen zurückgekehrt.

Auf dem Parkgebiet liegt Point Hicks, wo Kapitän James Cook und seine Crew 1770 an Bord der *Endeavour* zum ersten Mal Australien sichteten. Auf dem Gelände stehen ein Denkmal und ein Leuchtturm.

5

Marlo

D7 2500
visiteastgippsland.com.au/marlo

Das eher beschauliche Marlo liegt an der Mündung des Snowy River, der sich durch das Gippsland schlängelt. Der Ort ist ein beliebtes Urlaubsziel, insbesondere bei passionierten Anglern. Marlo hat es geschafft, den Eindruck von einem Touristenstädtchen zu vermeiden. Dies liegt vermutlich zum Teil auch an seiner Lage an einer ruhigen Straße südlich des Princes Highway.

Marlo dient als Versorgungszentrum für Besucher des Cape Conran Coastal Park – eines der schönsten Küstenabschnitte Victorias. Marlo liegt an einer Flussmündung, doch in der Nähe gibt es einige ausgezeichnete Strände.

6

Gippsland Lakes

C7 600 Bairnsdale
240 Main St, Bairnsdale
visiteastgippsland.com.au

Durch die vielen Lagunen, Flüsse, Inseln und Seen dieser Region verläuft Australiens längste Binnenwasserstraße. Das Gebiet der Gippsland Lakes erstreckt sich über eine Gesamtfläche von mehr als 350 Quadratkilometern. Dazu gehören zwei Schutzgebiete – der Lakes National Park und der Gippsland Lakes Coastal Park. In beiden gibt es größere Seen, darunter Lake Wellington, Lake Victoria und Lake King.

Die Gippsland Lakes werden von drei Flüssen (Mitchell, Tambo und Nicholson) gespeist und münden in dem Ort Lakes Entrance ins Meer. An vielen Stellen der Region findet man ideale Bedingungen für alle möglichen Wassersportarten vor. Zu den beliebtesten Aktivitäten gehören Bootfahren, Angeln und Schwimmen. Aber auch Wanderer kommen hier auf ihre Kosten.

Wirtschaftlich von großer Bedeutung ist die Fischerei.

TOP 5 Strände im Gippsland

Squeaky Beach
Der Strand wird von Granitfelsen flankiert, von denen man schöne Ausblicke genießt.

Golden Beach
Der Sandstrand, früher Letts Beach genannt, profitiert von seiner malerischen Lage zwischen dem Meer und den Gippsland Lakes.

Woodside Beach
Woodside ist vor allem bei Familien, Spaziergänger und Surfern beliebt.

Ninety Mile Beach
Dies ist einer der längsten Sandstrände an der Küste Australiens.

Norman Bay Beach
Dieser geschützte Strand ist ideal zum Schwimmen.

7

Phillip Island

C7 Cowes Cowes
895 Phillip Island Rd, Newhaven visitphillipisland.com

Die Pinguin-Parade auf Phillip Island ist ein Naturschauspiel. Das ganze Jahr über watscheln jeden Abend bei Sonnenuntergang Hunderte von Pinguinen am Summerland Beach über den Sand zu ihren Höhlen.

Auf den Seal Rocks vor den Klippen am Westende der Insel lebt Australiens größte Seebärenkolonie. Schätzungen zufolge gut 16 000 Tiere spielen in der Brandung oder füttern ihre Jungen. Besucher können die Tiere von den Klippen oder bei einer Bootstour beobachten. Darüber hinaus lebt hier eine große Koalakolonie.

Expertentipp
Pinguincheck

Wenn Sie an der Südwestküste von Phillip Island unterwegs sind, stellen Sie vor der Fahrt sicher, dass keine Pinguine unter Ihrem Auto Schutz vor der Sonne oder vor anderen Fahrzeugen suchen.

Cape Woolamai mit seinen roten Klippen und seinen starken Brandungswellen bietet schöne Wanderwege, Vogelbeobachtungsplätze und Surfgelegenheiten. Das Städtchen Cowes ist ein ruhiger Ort zum Schwimmen.

8

Bairnsdale

C7 13 000
240 Main St visiteastgippsland.com.au

Bairnsdale wurde 1844 gegründet und gilt als Handelszentrum von East Gippsland. Es ist auch ein aufstrebendes kulinarisches Reiseziel.

Zu den Sehenswürdigkeiten zählen der **Krowathunkooloong Keeping Place** und die **St Mary's Church** mit bemalten Wänden und Decken im italienischen Stil sowie geschnitzten Statuen in den Außenwänden.

Krowathunkooloong Keeping Place
37–53 Dalmahoy St
siehe Website bataluk culturaltrail.com.au

St Mary's Church
23 Pyke St
Mo – Fr 9 –16
stmarysbairnsdale.au

9

Port Albert

C7 300
portalbert.vic.au

Der kleine Ort rund 240 Kilometer südöstlich von Melbourne verfügt über den ältesten Hafen in Gippsland. Er wurde 1841 angelegt und diente in den 1850er Jahren als Zwischenstation für Goldgräber auf dem Weg zu den Goldfeldern Walhalla und Omeo. Malerische Holzge-

Prachtvoll ausgestalteter Innenraum und Fassade (Detail) *der St Mary's Church in Bairnsdale*

↑ *Bizarre Felsformation bei Portsea auf der Mornington Peninsula*

bäude mit schattigen Veranden säumen die Straßen, viele dieser Häuser wurden mit Gedenktafeln versehen, die ihren ursprünglichen Zweck beschreiben.

Das **Maritime Museum** illustriert die Geschichte der indigenen Bevölkerung von Port Albert sowie die maritime Geschichte der Region.

Maritime Museum
78 Tarraville Rd
Sommer: Fr – Mo 10 – 16; Winter: Sa, So 10 – 16
portalbertmaritime museum.com.au

10

Mornington Peninsula

C7 Frankston Stony Point, Sorrento 359B Point Nepean Rd, Dromana visitmornington peninsula.org

Eine Autostunde von Melbourne entfernt, auf der Ostseite der Port Phillip Bay, liegt dieses Wochenend-Refugium für Städter. Von Frankston bis Portsea nahe der Spitze der Halbinsel locken Strände. Die Bucht ist bestens zum Windsurfen geeignet, die zerklüftete Küste an der Bass Strait bietet Felsenriffe, Felsenbecken und Surfstrände.

Die umliegenden Red-Hill-Weingüter erwarben sich einen Ruf mit guten Chardonnay- und Pinot-Noir-Weinen. Probieren Sie ein Glas im historischen Dorf Sorrento oder nehmen Sie die Fähre über den schmalen Rip zum hübschen Städtchen Queenscliff aus dem 19. Jahrhundert *(siehe S. 257)*.

Der Mornington Peninsula National Park zieht sich mit seinen schönen Wanderwegen über die gesamte Länge der Halbinsel. Die Strände an der Spitze von The Heads und Cheviot Beach, wo Premierminister Harold Holt 1967 beim Surfen im Meer verschwand, sind bezaubernd schöne Fleckchen.

Flinders ist ein ruhiger Badeort, Portsea ein Tummelplatz der Reichen und Berühmten Melbournes. Eine kurze Überfahrt von Crib Point aus führt zur entlegenen French Island. Auf der Insel wimmelt es auch von Wildtieren, darunter dem seltenen Kaninchenkänguru.

Harold Holt

Der australische Premierminister Harold Holt verschwand 1967 am Cheviot Beach in Portsea. Seine Leiche wurde nie gefunden, was Spekulationen anregte. Manche glauben, dass er von der CIA ermordet wurde, andere, dass er seinen Tod vortäuschte, um mit einer Geliebten durchzubrennen. Ein anderes Gerücht besagt, dass er ein Spion war. Vermutlich aber hatte ihn eine Meeresströmung in den Tod gerissen.

11

Wilsons Promontory National Park

C7 1 Ring Rd, Tidal River parks.vic.gov.au

Der Prom, wie Einheimische den Park nennen, markiert die südlichste Spitze des australischen Festlandes. Er ist der Überrest einer Landbrücke, die Tasmanien bis vor etwa 12 000 Jahren mit dem Rest des Landes verband. Die Landschaft umfasst weiße Sandstrände, dichte Wälder und dramatische Felsformationen. Fast 90 Kilometer Wanderwege durchziehen die Halbinsel. Sie gilt als eines der besten Gebiete in Victoria, um Wildtiere zu beobachten – u. a. Emus, Kängurus, Wallabys, Wombats, Ameisenigel, Koalas und fast 200 Vogelarten.

12

Royal Botanic Gardens, Cranbourne

C7 am South Gippsland Hwy, 1000 Ballarto Rd Cranbourne tägl. 9 – 17 25. Dez rbg.vic. gov.au

Bei den Royal Botanic Gardens in Melbourne *(siehe S. 236f)* liegt der thematische Schwerpunkt nicht allein auf heimischer Flora – in Cranbourne schon: Zwischen den Pfaden, Seen, Hügeln und Dünen wachsen Banksien, australische Akazien, Grevilleen, Eukalyptusbäume und Erika, während Prachtstaffelschwänze, Rosenkakadus oder Rosella-Papageien in den Bäumen nisten.

13 Dandenong Ranges

C7 · Ferntree Gully u. Belgrave · von Orten der Umgebung · Ferntree Gully · parks.vic.gov.au

Seit Mitte des 19. Jahrhunderts kommen die Städter am Wochenende in die Dandenong Ranges im Osten Melbournes. Die kühlen Rieseneukalyptuswälder, Bäche und Farnschluchten bieten willkommene Erholung von der Hitze der Küste.

In den Gärten, von denen viele einst zu den Herrenhäusern gehörten, kann man Spaziergänge unternehmen und picknicken. Beliebt ist der Alfred Nicholas Memorial Garden in Sherbrooke mit vielen Bäumen und einem See. Blumen sind die Attraktion der National Rhododendron Gardens in Olinda und von Tesselaar's Tulip Festival in Silvan. Die Dampflok *Puffing Billy* fährt mehrmals am Tag von Belgrave 24 Kilometer weit durch tiefe Schluchten und Wälder nach Emerald Lake und Gembrook.

Im Sherbrooke Forest lebt der Leierschwanz. Auf dem Eastern Sherbrooke Lyrebird Circuit Walk (7 km) durch Eukalyptuswälder kann man den scheuen Vogel bisweilen sehen. Ein elf Kilometer langer Weg führt von Sassafras nach Emerald.

Im **Healesville Sanctuary** kann man Australiens Tierwelt in relativ freizügiger Gefangenschaft beobachten. Mit viel Glück sieht man einige seltene Arten wie Schnabel- und Beuteltiere oder Raubvögel. Tickets müssen im Voraus gebucht werden.

Healesville Sanctuary
Glen Eadie Ave, Healesville · tägl. 9–17 · zoo.org.au

Schöne Aussicht
Black Spur Road

Die Black Spur Road (30 km) führt von Healesville nach Marysville durch Regenwald. Riesige Bäume, üppige Farne und tolle Panoramen machen diese Fahrt zu einer der malerischsten in Victoria.

14 Yarra Valley

C7 · Lilydale · Healesville-Linie · Healesville · visityarravalley.com.au

Im Yarra Valley am Fuß der Dandenong Ranges befinden sich einige von Australiens rentabelsten Weinbergen der kühleren Klimazone. Die Gegend ist für ihre Méthode-Champenoise-Schaumweine, Chardonnay und Pinot Noir bekannt. Die meisten Weingüter sind täglich für Weinproben geöffnet. Zu manchen gehören Restaurants.

Die kühlen Rieseneukalyptuswälder, Bäche und Farnschluchten bieten willkommene Erholung von der Hitze der Küste.

In der Nähe der Buschstadt Yarra Glen vermittelt die historische Gulf Station im Besitz des National Trust einen interessanten Einblick in das Farmleben gegen Ende des 19. Jahrhunderts.

15 Lake Eildon

C7 · Eildon · Main St, Eildon · lakeeildon.com

Lake Eildon, Auffangbecken für fünf größere Flüsse, darunter den Goulburn, ist ein riesiges Bewässerungsreservoir und im Sommer ein

←

Die Dampflokomotive Puffing Billy *bei einer Fahrt durch die Dandenong Ranges*

Freizeitparadies. Das von der Great Dividing Range und den Nationalparks Fraser und Eildon umgebene Gebiet ist ideal für Wasserski, Ferien auf dem Hausboot, Reiten, Angeln und Wandern. Um den See herum leben Kängurus, Koalas und Rosellas. Im oberen Flusslauf des Goulburn und im See schwimmen Forellen und Murray-Dorsche. Der Fluss eignet sich zum Kajakfahren. Es gibt Unterkünfte verschiedenster Art: Sie reichen von rustikalen Hütten oder Campingplätzen im Fraser-Nationalpark bis hin zu Vier-Sterne-Häusern und Pensionen.

16

Licola

C7 20 Heyfield Licola Wilderness Village, Jamieson Rd licola.org.au

Das kleine Dorf Licola liegt am Rand der Bergwildnis Victorias, wenn Sie nördlich von Heyfield und Glenmaggie dem Tal des Macalister River Richtung Norden folgen. Die 147 Kilometer lange Reise von Licola nach Jamieson bietet eine großartige Landschaft mit Victorias höchsten Gipfeln. 20 Kilometer von Licola entfernt liegen Mount Tamboritha und der Startpunkt für die Lake-Tarli-Karng-Buschwanderung im Alpine National Park.

Licola gehört vollständig dem Lions Club of Victoria und ist die einzige Ortschaft des Landes in Privatbesitz. Der Club hat auch das Licola Wilderness Village finanziert.

17

Buchan Caves Reserve

D7 Buchan nach Vereinbarung 25. Dez parks.vic.gov.au

Im Buchan Caves Reserve gibt es einige der ungewöhnlichsten Kalksteinformationen Australiens. Besonders sehenswert sind Fairy Cave und Royal Cave.

Die Höhlen sind beleuchtet und durch längere Pfade erschlossen. Es werden mehrere Führungen pro Tag veranstaltet – abwechselnd durch beide Höhlen. Die imposanten Tropfsteingebilde wurden vor 300 bis 400 Millionen Jahren durch einen Fluss geschaffen, der durch den Kalkstein floss. Die Royal Cave besitzt zudem farbige Kalzit-Pools.

Der Eintritt zu dem Schutzgebiet mit Picknickplätzen, Campingplätzen, Wanderwegen und einem herrlichen natürlichen Pool ist kostenlos. In dem Areal leben u. a. Beuteltiere, Kängurus, Glockenvögel und die scheuen Leierschwänze. Im nahen Ort Buchan werden Unterkünfte angeboten.

Restaurants

Dudley's of Olinda

Das etwas versteckt gelegene Restaurant bietet fabelhafte Holzofenpizzen sowie eine gute Auswahl an Pastagerichten und anderen mediterranen Spezialitäten.

C7 540 Mt Dandenong Tourist Rd, Olinda dudleysolinda.com.au

$$

Oakridge

Oakridge, das Highlight der Weinrestaurants im Yarra Valley, serviert Gerichte aus biologischen und nachhaltig produzierten Zutaten.

C7 864 Maroondah Hwy, Coldstream oakridgewines.com.au

$$$

→

Prachtvoll beleuchtete Kalksteinformationen, Buchan Caves Reserve

18 Mansfield

C7 2500 173 High St, Mansfield mansfieldmtbuller.com.au

Der von Bergen umgebene Ort ist das südwestliche Eingangstor zu Victorias Alpenlandschaft. Ein Denkmal auf der Hauptstraße, nahe dem Kino (1920er Jahre), erinnert an den Tod dreier Kavalleristen, die Ned Kelly *(siehe S. 229)* und seine Bande 1878 im Stringybark Creek erschossen. Für dieses Verbrechen wurde Kelly 1880 in Melbourne gehängt.

Mansfield wurde insbesondere als Kulisse für den Film *The Man from Snowy River* (1982) bekannt, der auf der gleichnamigen Ballade des Dichters »Banjo« Paterson basiert. Viele der hiesigen Reiter spielten in dem Streifen mit.

Mount Bullers ausgezeichnete Pisten für Ski alpin liegen nur eine Autostunde von Mansfield entfernt. Das Mount Stirling Alpine Resort bietet ganzjährig Aktivitäten, z. B. Mountainbiking.

Zufahrt zu den Pisten

Die Straßen zu den meisten Skigebieten sind asphaltiert, die nach Dinner Plain, Mount Baw Baw und Mount Stirling jedoch nicht. Auf diesen Strecken sind Sie zum Anlegen von Schneeketten verpflichtet. Busse fahren von Melbourne zu jedem Resort außer nach Mount Baw Baw. Mit Flugzeugen und Hubschraubern erreicht man von Melbourne und Sydney aus Mount Hotham und Mount Buller. Es gibt auch einen Helikopter-Shuttle, der zwischen Mount Hotham und Falls Creek verkehrt.

19 Bright

C7 3000
119 Gavan St, Bright
visitbright.com.au

Bright ist eine malerische Bergstadt am Rand des Ovens-Tals mit den hoch aufragenden Felsklippen des Mount Buffalo im Westen und der Spitze des zweithöchsten Bergs von Victoria, Mount Feathertop, im Süden. Die Bäume an der Hauptstraße leuchten zum Herbstfestival im April und Mai rot, golden und braun. Im Winter sind die Orte Tore zu den Feriengebieten von Mount Hotham und Falls Creek in den Victorian Alps. Im Sommer sind vor allem Schwimmen und Fliegenfischen von Forellen im Ovens besonders beliebt.

Der spektakuläre **Mount Buffalo National Park** ist das ganze Jahr über gut besucht: Urlauber können in der warmen Jahreszeit unter den Eukalyptusbäumen am Lake Catani zelten, über die blumenübersäten, in allen Farben leuchtenden Bergwiesen und Gipfel wandern, Forellen angeln, die Granitberge über dem Ovens-Tal hinunter-

Schon gewusst?

Mount Buffalo erhielt seinen Namen wegen seiner Ähnlichkeit mit einem liegenden Büffel.

Steile Klippen und weite Landschaft im Mount Buffalo National Park, in der Nähe von Bright ↑

→

Langläufer in einer präparierten Loipe in Falls Creek, Alpine National Park

segeln oder die imposanten, steilen Felsen erklettern. Weitere Aktivitäten sind Kanufahren und Reiten. Im Winter ist das Gelände ideal zum Langlaufen und für andere Arten von Wintersport.

Mount Buffalo National Park
Mount Buffalo Rd
parks.vic.gov.au

20 Mount Beauty

C7 2000 31 Bogong High Plains Rd, Mt Beauty visitmountbeauty.com.au

Von hier aus kann man die Schönheit des Kiewa-Tals mit dem Fluss und den Milchfarmen erkunden oder durch die Bogong High Plains und den Alpine National Park mit Wildblumen und Schnee-Eukalyptusbäumen streifen.

Im Sommer ist Rocky Valley Dam nahe Falls Creek ein sehr beliebtes Höhentrainingscamp für Ruderer und andere Sportler. Mehrere schöne Wege führen durch den Busch. Auf den High Plains kann man im Sommer angeln, mountainbiken, reiten und Drachen fliegen.

21 Alpine National Park

C7 parks.vic.gov.au/places-to-see/parks/alpine-national-park

Australiens fantastische Skigebiete liegen in der Mehrzahl im Alpine National Park. Die kurze Skisaison dauert von Juni bis Ende September, wobei die Bedingungen unbeständig sein können.

Mount Buller, Falls Creek und Mount Hotham, die wichtigsten Skiorte, liegen in einer angesagten Region mit eleganten Lounge Bars, erstklassigen Lodges und Restaurants, in denen einige der besten Köche Melbournes ihre Künste präsentieren.

Im Nationalpark erhebt sich der Mount Bogong, mit 1986 Metern Victorias höchster Gipfel. Einige Bergwege sind anspruchsvoll, bieten aber atemberaubende Ausblicke auf die Bogong High Plains. Der 655 Kilometer lange Australian Alps Walking Track verläuft von Walhalla bis zu den Brindabella Ranges. Die Wanderung führt durch prächtige hohe Wälder und vorbei an vereinzelten Schnee-Eukalyptusbäumen.

TOP 5 Wintersportgebiete

Mount Buller
Das zugänglichste und trendigste der großen Resorts.

Falls Creek
Ein Skigebiet für alle Niveaus. Einige Pisten richten sich an Einsteiger, andere sind für Freestyler geeignet.

Mount Hotham
Hier gibt es viele Pisten für Fortgeschrittene.

Lake Mountain
Das Skigebiet ist ideal zum Langlaufen.

Mount Baw Baw
Eine ausgezeichnete Option für Anfänger, Familien und preisbewusste Skifahrer.

22

Benalla

C7 9000
14 Mair St enjoy benalla.com.au

In Benalla wuchs Ned Kelly auf, hier stand er im Alter von 15 Jahren erstmals vor Gericht. Heute ist der Ort für die **Benalla Art Gallery** bekannt, die zeitgenössische und australische Kunst zeigt.

Aufgrund der exzellenten Thermik der von den heißen Ebenen und den nahen Bergen aufsteigenden Luft ist die Stadt ein Mekka für Drachenflieger.

Benalla Art Gallery
97 Bridge St
März–Aug: Mi–Mo 10–16:30; Sep–Feb: Mi–Mo 10–17 benallaartgallery.com.au

Entdeckertipp
Streetart

Benallas Straßen wurden von Künstlern aus dem In- und Ausland verschönert. Die Wandgemälde stehen im Mittelpunkt des alljährlichen Benalla Street Art Wall to Wall Festival im März oder April (www.benallastreetart.com).

↑ *Professionelle Streetart an einem Gebäude in Benalla*

23

Chiltern

C6 1500
30 Main St explore chiltern.com.au

Das Dorf war einst boomende Goldgräberstadt. Der ein Kilometer lange Abstecher vom Hume Highway auf halbem Weg zwischen Wangaratta und Wodonga lohnt wegen der ruhigen Atmosphäre und der kolonialen Architektur. Nur wenige Besucher verirren sich hierher.

Chiltern birgt drei Sehenswürdigkeiten des National Trust: Dow's Pharmacy, das Federal-Standard-Zeitungsbüro und Lake View House. In diesem lebte früher Ethel Richardson, die unter dem Pseudonym Henry Handel Richardson *The Getting of Wisdom* schrieb und hier ihre Kindheit verbrachte. Das Haus am Lake Alexander wurde restauriert und gibt einen Einblick in das Leben der wohlhabenden Gesellschaft Anfang des 20. Jahrhunderts.

Das 1866 erbaute Grapevine Hotel (das frühere Star Hotel and Theatre) verfügt über die älteste und größte Weinrebe der Südhalbkugel. Sie wurde 1867 gepflanzt.

24

Glenrowan

C6 1000 Wangaratta Lions Park, Gladstone St visit wangaratta.com.au

In Glenrowan fand das letzte Gefecht des berüchtigten Straßenräubers Ned Kelly und seiner Bande *(siehe S. 229)* statt. 1880 wurde Kelly bei einem Schusswechsel mit der Polizei in der Siege Street nahe dem Bahnhof nach zweijähriger Flucht gefasst. In dieser Zeit hatte er sich bei den Armen im Buschland, insbesondere bei den irisch-katholischen Bauern, fast Heldenstatus erworben. Kelly kannte jeden Winkel des Umlands von Glenrowan, vor allem den Gebirgszug Warby, und benutzte Mount Glenrowan westlich der Stadt als Beobachtungsposten. Er wurde im Gefängnis Old Melbourne Gaol *(siehe S. 229)* gehängt.

Heute zieht die Geschichte Kellys viele Besucher an. Ein sechs Meter großes Eisenbildnis des Verbrechers begrüßt die Besucher am Ortseingang. Ausstellungen und Museen präsentieren seine Lebensgeschichte und berichten eindrucksvoll über seine letzte Niederlage.

25

Beechworth

C6 4000 103 Ford St explore beechworth.com.au

Beechworth liegt malerisch am Fuß der Victorian Alps. Mitte des 19. Jahrhunderts war der Ort das Zentrum der großen Ovens-Goldfelder. Auf dem Höhepunkt des Booms hatte die Stadt ungefähr 42 000 Einwohner und über 60 Hotels. Heute gehört Beechworth zu den best-

↑ *Hauptplatz der Stadt Beechworth mit historischen Häusern (19. Jh.); Ned Kelly Vault im Gerichtsgebäude der Stadt* (Detail)

erhaltenen Städten des Goldrauschs in Victoria. Mehr als 30 Gebäude aus dem 19. Jahrhundert stellte der National Trust unter Denkmalschutz. Die baumbestandenen Straßen säumen Bänke aus Granit, ein Gericht, Hotels mit Veranden und sehr schmucke Backsteinhäuser. Die meisten von ihnen sind noch bewohnt.

In vielen Häusern sind heute Restaurants und Pensionen untergebracht. Vom Gericht wurde Ned Kelly zur Hauptverhandlung dem Strafgericht in Melbourne überstellt. In dem in den Granit gesprengten Kanal wuschen Goldsucher Gold aus.

Der chinesische Friedhof, der schmerzliche Erinnerungen an die unzähligen Chinesen wachruft, die ihr Leben bei der Goldsuche ließen, ist auch einen Besuch wert.

26

Shepparton

A C6 31 000
i 530 Wyndham St W greatershepparton.com.au

Das moderne Shepparton im Herzen des fruchtbaren Goulburn-Tals wird oft »Obstkorb Australiens« genannt. Die umliegenden Bewässerungsflächen sind die Grundlage für die produktiven Birnen-, Pfirsich-, Aprikosen-, Apfel-, Pflaumen-, Kirsch- und Kiwifarmen. Besucht man SPC, die größte Konservenfabrik der Stadt, während der Obsternte im Sommer, erlebt man ein lebhaftes Treiben.

Das sonnige Wetter ist auch ideal zum Weinbau. Die Weingüter Mitchelton und Château Tahbilk, 50 Kilometer südlich der Stadt, bieten Besichtigungen und Weinproben an.

TOP 5 Weingüter im Nordosten

Campbells Wines
Das in Familienbesitz befindliche Weingut produziert bereits seit den 1870er Jahren Cabernet Sauvignon.

Chambers Rosewood Vineyards
Das traditionsreiche Weingut ist insbesondere für seine vollmundigen Rotweine bekannt.

Morris Wines
Morris stellt seit rund 160 Jahren ausgezeichnete Weine wie Shiraz und Chardonnay her.

Brown Brothers
Brown Brothers in Milawa ist ein innovatives und angesehenes Weingut in Australien.

Buller Wines
Dieses Weingut ist auf die Produktion von Muskat- und Portweinen spezialisiert.

Tasmanien

Erste Spuren menschlichen Lebens auf Tasmanien hinterließen die Aborigines vor rund 35 000 Jahren mit Felsmalereien. Zu jener Zeit war das Gebiet noch mit dem Kontinent Australien verbunden. Gegen Ende der letzten Eiszeit stieg der Meeresspiegel stark an, vor etwa 12 000 Jahren wurde Tasmanien dadurch zu einer Insel.

1642 landete hier der holländische Entdecker Abel Tasman, nach dem die Insel heute benannt ist. Die erste wirkliche Siedlung errichteten 1804 die Briten mit Hobart, der tasmanischen Hauptstadt und zweitältesten Stadt Australiens. Von hier aus verteilten sich die Europäer über das Land, Sträflinge bauten Farmen und Dörfer. Mit dem Vorrücken der europäischen Siedler verringerte sich die Bevölkerung der tasmanischen Indigenen durch gewaltsame Konflikte und von den Europäern eingeschleppte Krankheiten dramatisch. Heute bezeichnen sich ungefähr 20 000 Tasmanier als Aborigines.

Die Tasmanier sind sehr stolz auf ihre Natur. Ein Fünftel der Insel gehört zum UNESCO-Welterbe. Hier wurde die erste grüne Partei der Welt gegründet, die »Tasmanian Greens«.

Orangefarbene Felsen an the Bay of Fires (siehe S. 290f)

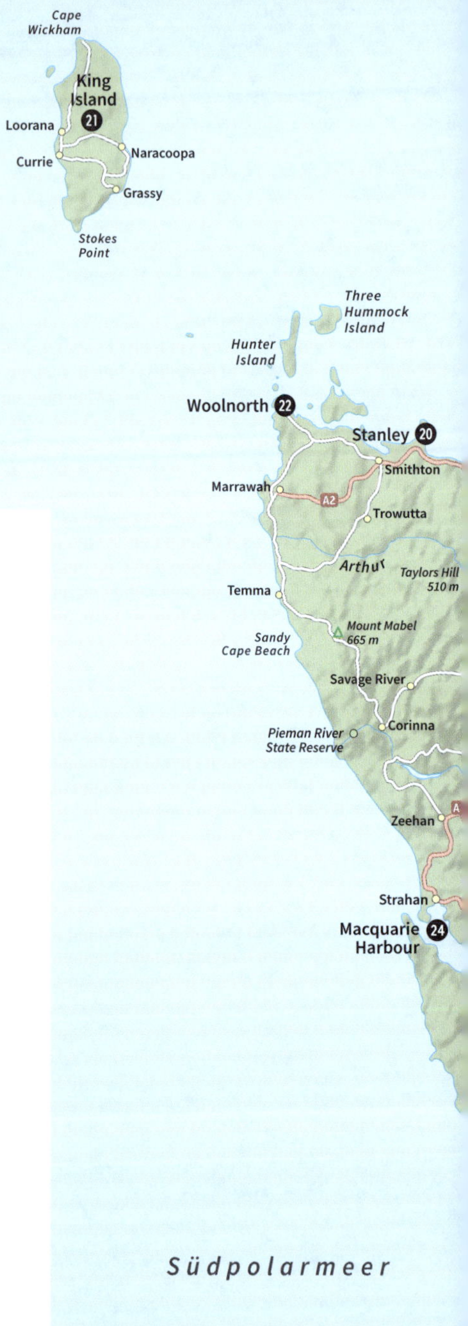

Tasmanien

Highlights

1. Hobart
2. Port Arthur

Sehenswürdigkeiten

3. Tasman Peninsula
4. Freycinet National Park
5. Richmond
6. New Norfolk
7. Oatlands
8. Bothwell
9. Bicheno
10. Ben Lomond National Park
11. Bay of Fires
12. Maria Island
13. Ross
14. Launceston
15. Longford
16. Flinders Island
17. Devonport
18. Hadspen
19. Burnie
20. Stanley
21. King Island
22. Woolnorth
23. Cradle Mountain-Lake St Clair National Park
24. Macquarie Harbour
25. Bruny Island
26. Franklin-Gordon Wild Rivers National Park
27. Mount Field National Park

Melbourne
Bass Strait
Palana
Flinders Island
Emita
16
Lady Barron
Strzelecki National Park
Cape Barren Island
Clarke Island
Wynyard
Burnie
19
Penguin
Devonport Airport
17
Devonport
Beaconsfield
George Town
Bridport
B82
Gladstone
Mount William National Park
11
Bay of Fires
Derby
Scottsdale
A3
Tamar
A10
Gunns Plains
Sheffield
Waratah
Hadspen
18
14
Launceston
Launceston Airport
St Helens
Scamander
Mathinna
St Marys
Fingal
A3
Deloraine
Liena
Cradle Valley
Longford
15
Perth
Ben Lomond National Park
10
A4
Avoca
Douglas Apsley National Park
A5
23
Cradle Mountain-Lake St Clair National Park
Mount Ossa 1617 m
Walls of Jerusalem National Park
Central Plateau Conservation Area
Liawenee
Miena
Conara
Campbell Town
9
Bicheno
Ross
13
Queenstown
Lake St Clair
Interlaken
Swansea
Coles Bay
4
Freycinet National Park
A10
Derwent Bridge
Lake Echo
A5
Clyde
7
Oatlands
Derwent
26
Franklin-Gordon Wild Rivers National Park
Bothwell
8
Kempton
Triabunna
A10
Hamilton
Orford
Mount Field National Park
27
Pontville
A3
12
Maria Island
Maria Island National Park
Lake Gordon
5
Richmond
Strathgordon
B61
Maydena
6
Sorell
New Norfolk
Hobart International Airport
Russel
Hobart
1
Forestier Peninsula
Huonville
Kingston
A9
Lake Pedder
A6
3
Tasman Peninsula
Kettering
Huon
Cygnet
2
Port Arthur
25
Bruny Island
South West National Park
Dover
Adventure Bay
Southport
Recherche
0 Kilometer 50
N

❶

Hobart

F6 260 000 20 km nördöstl. Red Line Coaches, Transit Centre, 230 Liverpool St 20 Davey St (+61 3 6238 4222) Sydney – Hobart Yacht Race (Dez/Jan) discovertasmania.com.au

Hobart, Australiens zweitälteste Stadt, erstreckt sich auf sieben Hügeln zwischen den Ufern des Derwent und dem Gipfel des Mount Wellington. Genau wie Sydney, Australiens größte Stadt, liegt auch Hobart fantastisch am Wasser – die maritime Atmosphäre der Stadt ist überaus attraktiv. Und wie der Bundesstaat Tasmanien macht auch seine Hauptstadt das Beste aus ihrer natürlichen Umgebung. Das Gebiet zwischen Old Wharf, wo die ersten Ankömmlinge siedelten, und dem Fischerdorf Battery Point, Sullivans Cove genannt, ist noch heute Mittelpunkt des kosmopolitischen Lebens. Alljährlich ist die Stadt Zielpunkt des Ende Dezember/Anfang Januar ausgetragenen Sydney – Hobart Yacht Race.

①

Narryna Heritage Museum

103 Hampden Rd, Battery Point Di – Sa 10 – 16
1. Jan, Karfreitag, 25. Apr, 25., 26. Dez
narryna.com.au

Das in einem georgianischen Haus von 1836 eingerichtete Volkskundemuseum ist das älteste seiner Art in Australien. Die wunderschöne Anlage ist ein perfekter Hintergrund für die Sammlung von Gegenständen aus frühen Pioniertagen.

②

Battery Point

Das Dorf entstand auf einem Landvorsprung neben den Kais. Der Ort mit schönem Blick auf den Derwent war ursprünglich ein Kanonendepot zum Schutz vor potenziellen Angreifern. Die alte Wachstube von 1818 liegt nur ein paar Gehminuten von der Hampden Road entfernt, in der es zahlreiche Antiquitätenläden, Galerien, Teestuben und Restaurants gibt.

In Battery Point wird die Geschichte der Region lebendig: Die Gassen haben noch Gasbeleuchtung und werden von Fischer- und Arbeiterhäuschen, Gärten sowie Herrenhäusern und Pubs aus der Kolonialzeit gesäumt.

Am Informationszentrum startet der Hobart Historic Walk (www.hobarthistorictours.com.au). Tickets dafür sollte man im Voraus online buchen.

Schon gewusst?

In Hobart befindet sich mit der Cascade Brewery (1832) die älteste Brauerei Australiens.

↑ *Traumhafte Aussicht vom Mount Wellington auf Hobart*

Highlight

③

Salamanca Place

Die aus Sandstein errichteten Lagerhäuser an diesem Platz waren einst die Stätte kolonialen Handels, von Marmelade über Metalle bis zu Getreide. Heute bildet der lebhafte Ort das Herz der Stadt.

Der Mount Wellington thront über den Häusern am Wasser, die in Galerien, Antiquitätenläden und Antiquariate umgewandelt wurden. Im **Salamanca Arts Centre** gibt es Ateliers zeitgenössischer Künstler, Theater und Galerien. Daneben findet man in diesem Viertel die besten Pubs, Cafés und Restaurants der Stadt.

Auf dem Salamanca Market (Sa 8:30–15) werden frische Produkte und Delikatessen angeboten. Auch auf der Suche nach alten Möbeln kann man fündig werden. Zum Rahmenprogramm des Markts gehören Darbietungen von Straßenmusikern.

Salamanca Arts Centre
77 Salamanca Place, Battery Point Mo–Fr 9–17 sac.org.au

Der Mount Wellington thront über den Häusern am Wasser, die in Galerien, Antiquitätenläden und Antiquariate umgewandelt wurden.

④

Castray Esplanade

Castray Esplanade wurde im 19. Jahrhundert ursprünglich als Wanderweg am Ufer geplant. Heute ist die Straße der angenehmste Weg für einen kurzen Bummel durch die Stadt.

Die restaurierten kolonialen Lagerhallen dienen mittlerweile als Wohnungen, Architektenbüros und Galerien für Kunst und Kunsthandwerk, vorwiegend aus Tasmanien.

⑤

Parliament House

Salamanca Place
+61 3 6212 2200
siehe Website
parliament.tas.gov.au

Das Parliament House, eines der ältesten Bürgergebäude in Hobart, wurde vom Kolonialarchitekten John Lee Archer als Zollhaus auf trockengelegtem Sumpfland entworfen. Es wurde von 1835 bis 1841 von Sträflingen erbaut. Seitdem ist es der Tagungsort der Regierung von Tasmanien.

An sitzungsfreien Tagen finden um 9:30 und um 14:30 Uhr Führungen statt. Der Fokus liegt dabei auf der Geschichte des Hauses und der Rolle des Parlaments.

⑥

Maritime Museum of Tasmania

16 Argyle St
tägl. 9–17 25. Dez
maritimetas.org

Das Museum zur Geschichte der Seefahrt befindet sich im Carnegie Building, der früheren öffentlichen Bibliothek von Tasmaniens Hauptstadt. Die beliebte Kulturstätte dokumentiert die maritime Geschichte der Insel sehr eindrucksvoll.

Zu den Höhepunkten der Dauerausstellung gehört eine Sammlung von alten Relikten, Manuskripten, Reisedokumenten und Fotografien zur maritimen Vergangenheit Tasmaniens.

Schöne Aussicht
Mount Wellington

Wandern Sie auf den Gipfel des Mount Wellington (auch bekannt unter dem Aborigines-Namen »Kunanyi«) und genießen Sie die tolle Aussicht auf die Stadt Hobart und einen fernen Horizont im Süden.

↑ *Brett Whiteleys* The Naked Studio *(1981), Museum of Old and New Art (MONA)*

⑦

Museum of Old and New Art (MONA)

655 Main Rd, Berriedale
Zeiten der Website entnehmen mona.net.au

Das in einen Sandsteinfelsen gebaute Museum präsentiert eine spannende Sammlung, die neben Mumien aus dem Alten Ägypten auch viele eindrucksvolle Objekte zeitgenössischer Kunst umfasst. Außerdem gibt es hier Weinkeller, eine Brauerei und vieles mehr.

⑧

Constitution Dock

Davey St

Der Hauptankerplatz für die Yachten und Fischerboote ist auch das Ziel der jährlichen Regatta zwischen Sydney und Hobart. Das Rennen mit internationalem Teilnehmerfeld beginnt am zweiten Weihnachtstag.

Constitution Dock bildet die Grenze zur Stadt und zu den alten Slums von Wapping. Viele alte Lagerhäuser wurden restauriert und be-

herbergen Lokale. In einem ist das Seefahrt-Restaurant The Drunken Admiral untergebracht.

(9)

Tasmanian Museum and Art Gallery

40 Macquarie St
26. Dez – März: tägl. 10 –16; Apr – 24. Dez: Di – So 10 –16
Karfreitag, 25. Apr, 25. Dez
tmag.tas.gov.au

Der Kolonialarchitekt Henry Hunter entwarf das Gebäude 1863. Es zeigt ausgesuchte frühe Drucke und Gemälde von Tasmanien, Artefakte der Aborigines, aber auch Beispiele der heimischen Flora.

(10)

Hunter Street

Nur eine Sandbank verband früher Hunter Island mit Hobart. Das alte Hafengebiet ist nun eine Kunst- und Kulturmeile der Stadt. Hunter Street ist von kolonialen Warenhäusern gesäumt. Hier residierte einst auch die Marmeladenfabrik Jones & Co. Mittelpunkt ist das bekannte Henry Jones Art Hotel.

(11)

Theatre Royal

29 Campbell St
theatreroyal.com.au

Das 1837 erbaute und damit älteste Theater Australiens brannte in den 1960er Jahren fast aus. Das Dekor wurde genau restauriert. Für viele Künstler gilt es als eines der charmantesten Theater der Welt.

(12)

The Tench Penitentiary Chapel Historic Site

6 Brisbane St Führungen: Mi – So 10, 11:30, 13, 14:30 1. Jan, Karfreitag, 24. – 26. Dez nationaltrust.org.au

Die von John Lee Archer entworfene Stätte hat die Form eines Kruzifixes. Das Gebäude diente als Lager für Sträflinge, die aus Großbritannien nach Australien kamen. Danach war es über 100 Jahre lang ein Gefängnis.

Eine Führung geht durch die ehemalige Kapelle, durch einige Zellen sowie in den Exekutionshof.

Highlight

Restaurants

Pilgrim Coffee
Besuchen Sie dieses trendige Café für kreative Wraps, leichte Hauptgerichte und Burger.
54 Liverpool St
+61 3 6234 1999
$

Aløft
Als eines der besten Restaurants der Insel bietet Aløft saisonale Menüs mit frischem Fisch und Seafood. Buchen Sie rechtzeitig.
Brooke St Pier
aloftrestaurant.com
$$$

Templo
Dieses Juwel serviert hausgemachte italienische Gerichte in gemütlicher Atmosphäre.
98 Patrick St
templo.com.au
$$$

↑ *Blick vom Constitution Dock auf Hobart und den Mount Wellington*

2

Port Arthur

F6 · Hwy A9 · +61 1800 659 101 · tägl. 9–17 · portarthur.org.au

Die noch intakten Ruinen von Port Arthur erinnern an seine bewegende Geschichte. Angesichts der fantastischen Naturkulisse an der traumhaften Südostküste der Insel ist es schwer, sich die düsteren Dinge vorzustellen, die sich hier zugetragen haben – nicht zuletzt die tragischen Ereignisse des Massakers von 1996.

Port Arthur wurde 1830 als Holzfällerstation und Gefängnis für Wiederholungstäter gebaut. Obwohl die Transporte vom Festland zur Inselkolonie 1853 eingestellt wurden, blieb das Gefängnis bis 1877 als solches bestehen. Insgesamt waren etwa 12 000 Männer durch diese Einrichtung gegangen, die allgemein als härtestes Gefängnis im gesamten British Empire galt. Zu den Strafen zählten die Einkerkerung im Modellgefängnis, einem vom Hauptgefängnis abgetrennten Gebäude, in dem die Insassen extremer Isolation ausgesetzt wurden. Von 1979 bis 1986 wurden die Gefängnisruinen restauriert.

↑ *Gebäude und Ruinen von Port Arthur*

Das **Commandant's House** wurde restauriert und im Stil des frühen 19. Jahrhunderts möbliert.

Der **Semaphore** bestand aus Planken, die verschieden angeordnet werden konnten, um Nachrichten zu senden.

Im Keller des **Krankenhauses** (1842) befanden sich eine Küche mit Herd und ein Leichenschauhaus, das »Totenraum« genannt wurde.

Paupers' Mess war ein Speisesaal für mittellose Ex-Gefangene.

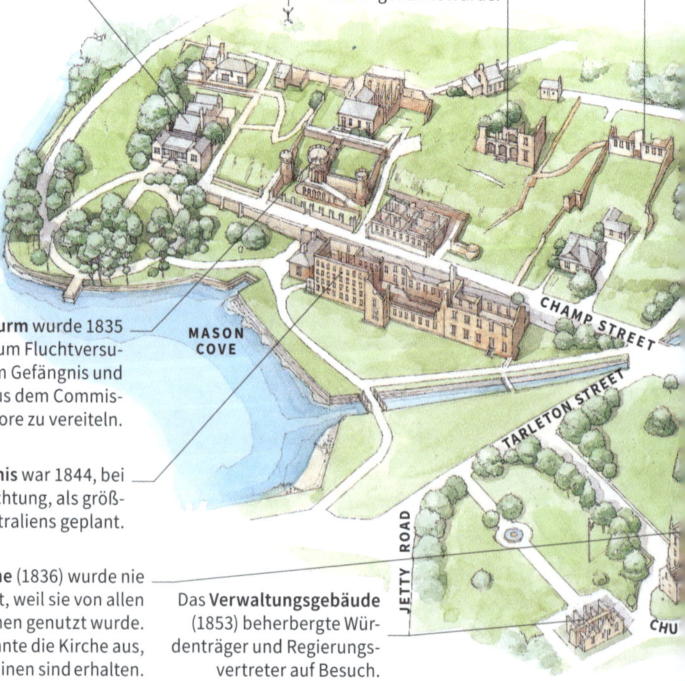

Der **Wachturm** wurde 1835 errichtet, um Fluchtversuche aus dem Gefängnis und Diebstahl aus dem Commissariat Store zu vereiteln.

Das **Gefängnis** war 1844, bei seiner Errichtung, als größtes Australiens geplant.

Die **Kirche** (1836) wurde nie geweiht, weil sie von allen Konfessionen genutzt wurde. 1844 brannte die Kirche aus, doch die Ruinen sind erhalten.

Das **Verwaltungsgebäude** (1853) beherbergte Würdenträger und Regierungsvertreter auf Besuch.

Highlight

Das Massaker von 1996

Am 28. April 1996 war Port Arthur Schauplatz einer unvorstellbaren Tragödie, als ein einzelner Schütze auf die Insel kam, 35 Menschen tötete und 23 weitere verletzte. Das Ereignis gilt als das schlimmste in der postkolonialen Geschichte Australiens und veranlasste die Regierung zur Einführung neuer Gesetze in Bezug auf Waffenbesitz, die zu den strengsten der Welt zählen. Auf dem Gelände steht heute ein bewegendes Denkmal für die Opfer dieser Gewalttat.

1872 waren über 100 psychisch kranke oder senile Gefangene in der **psychiatrischen Klinik** untergebracht. Heute wird der Gebäudekomplex als Museum und Café genutzt.

Das **Modellgefängnis** (1849) sollte einen »humanen« Strafvollzug ermöglichen.

Trenham Cottage war im Besitz der Familie Trenham. Das Innere zeigt Möbel des frühen 20. Jahrhunderts.

↑ *Darstellung des Gefängnisses mit allen Gebäuden, Port Arthur*

↑ *Küstenwanderweg über dem Südpolarmeer in Cape Hauy, Tasman National Park*

SEHENSWÜRDIGKEITEN

3

Tasman Peninsula

F6 Arthur Hwy, Port Arthur discover tasmania.com.au

Südöstlich von Hobart erstreckt sich mit der Tasmanischen Halbinsel einer der schönsten Küstenabschnitte Australiens. Port Arthur ist die wohl beliebteste Sehenswürdigkeit, aber der nahe gelegene **Tasman National Park** lohnt ebenfalls einen Besuch. Das Areal wird vom Three Capes Track durchquert, einem 46 Kilometer langen Wanderweg, der über weite Strecken entlang von Klippen verläuft.

In der Nähe von Eaglehawk Neck, einer schmalen Landbrücke, entdeckt man ungewöhnliche Felsformationen. Dazu gehören Tasman Blowhole, Tasman Arch, Devils Kitchen, eine tiefe Schlucht, in der das Wasser des Südpolarmeeres gegen die Felsen brandet, sowie die bizarren, zahnartigen Klippen am Cape Raoul und am Cape Hauy. Eine Felsnadel am Cape Hauy ist bei Kletterern beliebt. Ein weiteres ungewöhnliches geologisches Phänomen ist das Tessellated Pavement, eine natürlich entstandene Ansammlung quadratischer Felsbecken.

Auf dem nördlichen Vorgebirge der Tasman Peninsula befindet sich die zum Welterbe gehörende **Coal Mines Historic Site**. Sie besteht aus von Sträflingen errichteten Sandsteingebäuden, die 1848 verlassen wurden. In der Nähe von Eaglehawk Neck liegt Doo Town, ein Dorf, in dem jedes Haus »doo« im Namen trägt.

Schon gewusst?

Cape Pillar am Three Capes Track hat die mit 300 Metern höchsten Meeresklippen der Südhalbkugel.

Tasman National Park
tägl. parks.tas.gov.au/explore-our-parks/tasman-national-park

Coal Mines Historic Site
Coal Mines Rd, Saltwater River Sonnenauf- bis Sonnenuntergang coalmines.org.au

Die bogenreiche Richmond Bridge überspannt in Richmond den Coal River ↑

Hotels

Daisy Bank Cottages
Übernachten Sie in einem schön umgebauten Cottage aus den 1930er Jahren.
A F6 78 Middle Tea Tree Rd, Richmond W daisybankcottages.com.au
$$

The Woodbridge
In diesem denkmalgeschützten Hotel in New Norfolk fühlt man sich wie zu Hause.
A F6 6 Bridge St, New Norfolk W woodbridgenn.com.au
$$

Ratho Farm
Die Zimmer dieses Hotels in Bothwell sind in restaurierten Zellen untergebracht.
A F6 2122 Highland Lakes Rd, Bothwell W rathofarm.com
$$

4

Freycinet National Park

A F6 von Bicheno i 138 Freycinet Dr W parks.tas.gov.au

Die Freycinet-Halbinsel an der Ostküste Tasmaniens ist eine lange und enge, nach Süden ragende Landzunge, dominiert von den Granitfelsen der Hazards Mountain Range. An ihrem östlichen Rand befinden sich Strände, am Westrand Buchten. Das Fischerdorf Coles Bay liegt in der größten Bucht, hinter der sich die Hazards erheben.

Den Freycinet National Park an der Spitze der Halbinsel durchziehen Wanderwege, die entlang den Stränden, durch die Berge und durch Lagunen führen. Am beliebtesten ist der Weg zur Wineglass Bay: ein kurzer, steiler Ausflug über den Bergrücken. Ein Halbmond aus goldenem Sand wölbt sich – ähnlich einem Weinglas – um das blaue Wasser der Bucht.

Eine Fahrt entlang der Ostküste bietet Blicke auf Meer, Klippen, Sandbuchten und das Marschland, in dem Trauerschwäne leben. In Orten wie Orford und Swansea kann man übernachten.

5

Richmond

A F6 1000 i Old Hobart Town, Bridge St W discovertasmania.com.au

Mitten auf dem Land, etwa 26 Kilometer von Hobart entfernt, liegt das idyllische Richmond. Hier wurde erstmals freien englischen Siedlern Farmland zugestanden. Im Zentrum gründeten sie eine Gemeinde, die an ihre Heimat erinnerte. Richmond beherbergt einige der ältesten Beispiele kolonialer Architektur in Australien.

Viele Gebäude erbauten Sträflinge, u. a. die Sandsteinbrücke (1823), das Gefängnis (1825) und die römisch-katholische Kirche (1834). Heute ist Richmond ein Zentrum für Künstler und Handwerker. Auf der Hauptstraße, zwischen dem alten Gemischtwarenladen und dem Postamt, leben sie in historischen Häusern.

6

New Norfolk

A F6 5000 i Circle St W derwentvalley.tas.gov.au

Von Hobart aus verläuft der Derwent in Richtung Norden und windet sich dann nach

Westen durch das Derwent-Tal. Hopfenfarmen und Hopfendarren an den von Weiden gesäumten Ufern zeugen von der Brautradition der Gegend.

In der Mitte des Tals liegt New Norfolk, 38 Kilometer von Hobart entfernt. Viele der ersten Siedler verließen ihre Siedlung auf der Insel Norfolk, kamen hierher und benannten den Ort nach ihrer Heimatstadt. Er wird zu den historischen Kleinstädten Tasmaniens gezählt. Das Bush Inn, eines der ältesten australischen Pubs mit Schankerlaubnis, stammt von 1815.

7 Oatlands

F6 discover tasmania.com.au

Oatlands war eine von mehreren Militärstationen, die Sträflinge 1813 beim Bau des alten Midland Highway anlegten. Der Kolonialgouverneur Lachlan Macquarie befahl 1811 den Bau der Straße, um Hobart *(siehe S. 282–285)* mit Launceston *(siehe S. 292f)* zu verbinden. Bei einer späteren Reise wählte er Standorte für Gemeinden aus und benannte sie nach Orten in Großbritannien.

Die Straße verläuft durch ein Gebiet Tasmaniens, das namentlich und geografisch dem Gebiet der britischen Midlands entspricht. Daher stammte ihr früherer Name, doch seit 1990 wird sie Heritage Highway genannt.

Oatlands wurde in der Kolonialzeit zu einer Kutschenstation für Reisende. Heute hat der Ort die meisten georgianischen Gebäude. Sie bestehen meist aus Sandstein des lokalen Steinbruchs, so etwa das Gerichtsgebäude (1829) und die St Peter's Church (1838). Der Ort wurde deshalb vom National Trust als historisch anerkannt. Heute ist hier eine Whiskydestillerie untergebracht.

Schon gewusst?

Auf der Ratho Farm in Bothwell befindet sich der älteste Golfplatz der Südhalbkugel.

8 Bothwell

F6 500
4 Market Place
ausgolfmuseum.com

Bothwell liegt im Clyde-Tal am Ufer des gleichnamigen Flusses, der aber früher nach einer Stadt in Schottland »Fat Doe« (fette Hirschkuh) genannt wurde. Schottische Siedler waren namengebend in dieser Gegend. Sie kamen 1817 mit ihren Familien und 18 Litern Rum in Fässchen auf den Ochsenkarren von Hobart hierher.

Das Erbe des Orts wird in Gestalt von etwa 50 National-Trust-Gebäuden aus der Zeit um 1820 bewahrt. Dazu zählen etwa das Castle Hotel, die Masonic Hall (heute eine Galerie), das Bothwell Grange Guest House und das Schulhaus, in dem nun das australische Golfmuseum untergebracht ist.

Über der Tür der presbyterianischen Kirche St Luke zeigen Steinköpfe einen keltischen Gott und eine Göttin.

Das Land um Bothwell diente der Schafzucht und erstreckt sich entlang dem Lakes Highway von den südlichen Midlands bis zu den Great Lakes, einem Forellenfanggebiet. Es bildet auch das Tor zur Central Plateau Conservation Area – einem Plateau, das sich urplötzlich aus der Ebene auf 600 Meter Höhe erhebt.

←

Georgian Callington Flour Mill – eine gut erhaltene Windmühle in Oatlands

9

Bicheno

F6 700 tasmania.com/points-of-interest/bicheno

Gemeinsam mit Coles Bay bildet Bicheno Tasmaniens Urlaubsgebiet an der Ostküste. Im Sommer ist die Bucht dank ihrer geschützten Lage – hier ist es immer ein paar Grad wärmer als auf der restlichen Insel – ausgesprochen beliebt.

Hier liegt auch der kleinste Nationalpark Tasmaniens, der 16 000 Hektar große Douglas Apsley National Park. Seit 1990 stehen hier der größte Hartlaubwald Tasmaniens, Teile des Regenwalds und Wasserfälle unter Schutz. Die eindrucksvolle Landschaft kann man auf einer dreitägigen Parkwanderung, die von Norden nach Süden verläuft, erkunden. Im Norden des Parks braucht man ein Auto mit Allradantrieb. Wanderer schätzen das gut ausgebaute Netz an Wegen.

Interessant sind auch ein Besuch in dem für Pinot Noir und Chardonnay bekannten Apsley Gorge Vineyard sowie ein Ausflug zu einer großen Pinguin-Kolonie.

10

Ben Lomond National Park

F6 während der Wintersportsaison 167 Westbury Rd, Prospect, Launceston parks.tas.gov.au

Im Hinterland zwischen den Midlands und der Ostküste, 50 Kilometer südöstlich von Launceston, erhebt sich der Ben Lomond als höchster Berg im Norden Tasmaniens. Hier liegt eines der beiden Skigebiete des Bundesstaats.

Der rund 16 000 Hektar große Nationalpark um den Berg umfasst ein Plateau mit karger Wüstenlandschaft, von dem man über den nordöstlichen Teil der Insel blickt. Hier stößt man auf den fleischfressenden Sonnentau. Im Park leben Wallabys, Wombats und Kletterbeutler.

Fahren Sie an der Conara-Kreuzung des Heritage Highway auf der Esk Main Road in Richtung Osten, bevor Sie zum Ben Lomond National Park abbiegen. Jahrzehntelanger Bergbau und Forstwirtschaft haben Spuren in der Landschaft hinterlassen. Vielen Gemeinden, z. B. Rossarden und Avoca, geht es seither ökonomisch schlecht.

↑ *Am Ben Lomond, Nordtasmaniens höchstem Berg, wurde ein Skigebiet eingerichtet*

Expertentipp
Bay of Fires

Wandern Sie die Bay of Fires entlang in Begleitung eines Aborigine-Guides. Auf dem Wukalina Walk (4 Tage) erfahren Sie viel über die Natur und die traditionelle Buschnahrung.

Die Straße durch das South Esk Valley entlang dem Esk River kehrt in einem Bogen zurück nach Fingal, dem Zentrum des Tals. Von hier aus können Sie durch die kleine Gemeinde St Marys fahren, bevor Sie auf den Tasman Highway kommen und weiter die Ostküste entlangreisen.

11

Bay of Fires

F6 discovertasmania.com.au/regions/east-coast/bay-of-fires

Die Bay of Fires gehört zu den malerischsten Abschnitten der Ostküste Tasmaniens. Bemerkenswert sind insbesondere die weißen Sandstrände mit großen, von orangefarbenen Flechten bedeckten Felsbrocken. Die Felsen sehen so aus, als stünden sie in leuchtenden Flammen, ganz besonders vor Sonnenuntergang – danach wurde die Bucht benannt.

Die Gegend eignet sich hervorragend für Wassersportaktivitäten und zum Campen. Es gibt auch einige Wanderwege. Im nahe gelegenen St Helens befindet sich die größte Fischereiflotte Tasmaniens. Der etwas abgelegene **Mount William National Park** ist sehr spektakulär – fahren Sie zum Eddystone Point Lighthouse, um Wombats, Wallabys und Graue Riesenkängurus zu beobachten. Besonders gute Chancen dafür hat man bei Stumpys Bay.

←

Painted Cliffs: spektakulär geformte, farbige Sandsteinklippen auf Maria Island

Mount William National Park
W parks.tas.gov.au

12 Maria Island

F6 W encounter maria.com.au

Die Insel vor der Ostküste Tasmaniens eignet sich perfekt zur Beobachtung von Tieren und für Outdoor-Aktivitäten. Maria Island wurde zunächst von Wal- und Robbenfängern besiedelt und 1825 Standort einer Strafkolonie mit dem Namen Darlington. Später wurde diese zugunsten von Port Arthur aufgegeben. Die Ruinen dieser Strafkolonie stehen auf der Liste des UNESCO-Welterbes.

Ende des 19. Jahrhunderts wurde die Insel vom extravaganten italienischen Unternehmer Diego Bernacchi gepachtet, der hier Weinbau betrieb, Seidenraupen züchtete und eine Zementfabrik errichtete. In den 1930er Jahren gab es auf der Insel nur wenige Bauern.

Im Jahr 1972 wurde die Insel zum Nationalpark erklärt. Bei Ebbe sind die Painted Cliffs ein beliebtes Ziel. Die hoch aufragenden Sandsteinfelsen sind auffallend farbig gemustert.

Die Fossil Cliffs stürzen ins Meer und bieten atemberaubende Ausblicke, an die weißen Sandstrände grenzt türkisfarbenes Meer.

13 Ross

F6 300 Tasmanian Wool Centre, Church St W taswoolcentre.com.au

Wie auch Oatlands *(siehe S. 289)* war Ross am Ufer des Macquarie einst Militärposten und Kutschenstation am Midlands Highway. Die Ortschaft liegt im reichsten tasmanischen Schafzuchtgebiet, das für feine Merinowolle international bekannt ist. Einige große Gehöfte sind seit ihrem Bau in den 1820er Jahren in Familienbesitz.

Bekannteste Sehenswürdigkeit ist die von Sträflingen erbaute, 1836 freigegebene Ross Bridge. Sie schmücken 186 Steinmetzarbeiten des Sträflings Daniel Herbert (1802–1868), die ihm die Begnadigung durch die Queen einbrachten.

Das Zentrum bildet eine historische Kreuzung, die Four Corners of Ross: »Versuchung, Verdammnis, Rettung und Erlösung«, entsprechend repräsentiert von einem Gebäude an jeder Ecke: Man O' Ross Hotel, Gericht, Kirche und Rathaus.

Maria Islands Tierwelt

Maria Island ist Tasmaniens Arche Noah der Gegenwart. Ab den 1960er Jahren wurden dort einige in Tasmanien vom Aussterben bedrohte Arten angesiedelt, im Jahr 2012 auch der Tasmanische Teufel (Beutelteufel). Dessen Population entwickelte sich rasch. Die kleinen Raubtiere nutzen fast alle Lebensräume der Insel und kommen auch in Vororten größerer Städte vor.

Shopping

Old Umbrella Shop
Das vom National Trust registrierte Geschäft scheint seit den 1920er Jahren unverändert zu sein und dient teilweise als Museum. Seit 1860 produziert und repariert die Familie Schott hier Regenschirme.

F6 60 George St, Launceston
nationaltrust.org.au

Ein Lokal in einem historischen Gebäude an einer Straßenecke von Longford ↑

14 Launceston

F6 75 000
68–72 Cameron St
launceston.tas.gov.au

In der Kolonialzeit dauerte die Kutschenfahrt von Hobart nach Launceston insgesamt einen ganzen Tag, mittlerweile überbrückt eine Straße die rund 200 Kilometer lange Strecke.

Launceston liegt im schönen Tamartal, wurde 1804 gegründet und ist Australiens drittälteste Stadt. Ihr Charme beruht insbesondere auf ihren zahlreichen alten Gebäuden, Parks, Uferwegen, Galerien für Kunstgewerbe und den hügeligen Straßen, die von schindelgedeckten Häusern gesäumt werden.

Auf alle Fälle sehenswert ist **Queen Victoria Museum and Art Gallery**. Die Queen Victoria Art Gallery zeigt eine Ausstellung kolonialer Kunst sowie eine beeindruckende moderne Sammlung. Die Gemälde des in England geborenen australischen Künstlers John Glover sowie Artefakte der Aborigines und Relikte aus der Kolonialzeit stehen im Fokus. Das Hauptgebäude des Museums im restaurierten Bahnhof präsentiert naturkundliche Ausstellungen und ein Planetarium. Auf dem Gelände gibt es auch ein Café und einen Laden.

Ein kurzer Spaziergang über den North Esk River führt zum Stadtpark. Er wurde Anfang des 19. Jahrhunderts angelegt und verfügt über große Rasenflächen, Denkmäler aus der viktorianischen Zeit, Spielplätze und ein Gehege mit japanischen Makaken (ein Geschenk aus Ikeda, Launcestons Partnerstadt in Japan).

← *Geschwungener Holzstuhl, Design Tasmania in Launceston*

Am Rande des Parks befindet sich **Design Tasmania**. Die Galerie in einer umgestalteten Kirche zeigt tasmanisches Kunsthandwerk und Einrichtungsgegenstände. Das **National Automobile Museum of Tasmania** zieht Auto- und Motorradfans in seinen Bann.

Das Tamartal nördlich von Launceston zählt zu den führenden Weinbauregionen Tasmaniens. Bekannt ist es vor allem für Chardonnay, Sauvignon Blanc, Riesling, Pinot Gris und Pinot Noir (www.tamarvalleywineroute.com.au).

Die weitestgehend unberührte Natur der Cataract Gorge Reserve ist nur 15 Gehminuten von Launceston entfernt. Hier leben Vögel, Wallabys, Kaninchenkängurus und Nasenbeutler. Mit dem Sessellift erhält man einen fantastischen Überblick aus der Luft.

Im nahe gelegenen Underwood befindet sich **Treetops Adventure**. Auf dem Gelände können Schwindelfreie bei

Das Tamartal nördlich von Launceston zählt zu den führenden Weinbauregionen Tasmaniens. Bekannt ist es vor allem für Chardonnay, Sauvignon Blanc, Riesling, Pinot Gris und Pinot Noir.

jedem Wetter spannende Touren durch das Kronendach unternehmen. Auch in der Nacht ist dies möglich. Belohnt wird man dafür mit einem einzigartigen Blick über dieses dichte Waldgebiet.

Queen Victoria Museum and Art Gallery
Art Gallery: 2 Wellington St, Royal Park, Launceston; Museum: 2 Invermay Rd, Inveresk tägl. 10–16 Karfreitag, 25. Dez qvmag.tas.gov.au

Design Tasmania
Ecke Brisbane St u. Tamar St Mi–Sa 10–15, So 10–14 Feiertage designtasmania.com.au

National Automobile Museum of Tasmania
84 Lindsay St tägl. 9–17 namt.com.au

Treetops Adventure
66 Hollybank Road, nahe der Straße Launceston–Lilydale, Underwood tägl. 9–17 treetops adventure.com.au

15

Longford

F6 3500 JJ's Bakery, 52 Wellington St visit northerntasmania.com.au

Um die Mitte des 19. Jahrhunderts waren die Norfolk Plains Farmland, das wohlhabenden Siedlern gehörte. Sie waren von den großzügigen Landzuteilungen angelockt worden. Noch immer ist das 20 Kilometer südlich von Launceston gelegene Städtchen Longford mit seinen historischen Gaststätten und Kirchen das Zentrum einer reichen landwirtschaftlichen Region.

Zudem gibt es hier die größte Dichte an kolonialzeitlichen Herrenhäusern in Tasmanien. Darunter befinden sich zwei UNESCO-Welterbestätten: **Woolmers** ist ein ehemaliges pastorales Anwesen mit sehr gut erhaltenen Antiquitäten. Auf dem Gelände liegt auch der National Rose Garden, in dem alljährlich im November ein Rosenfest stattfindet. Die Farm in **Brickendon** wurde von Sträflingen erbaut und wird von weitläufigen Gärten umrahmt. Woolmers und Brickendon sind durch den drei Kilometer langen Convict Trail Walk verbunden. Beide Anwesen sind für öffentliche Führungen geöffnet.

Eine weitere Attraktion in Longford ist die Christ Church. Das ins Auge fallende Buntglasfenster wurde vom Architekten William Archer entworfen, Uhr und Glocke der Kirche waren Geschenke von König Georg IV.

Westlich der Stadt erreicht man das Woodstock Lagoon Wildlife Sanctuary, das für seine große Population an Wasservögeln bekannt ist.

Woolmers
658 Woolmers Lane Mi–So 10–14:30 Feiertage woolmers.com.au

Brickendon
236 Wellington St Di–So 9:30–16 (Dez–Apr: bis 17) brickendon.com.au

Schöne Aussicht
Brady's Lookout
Das rund 20 Kilometer von Launceston entfernte frühere Geheimversteck des Bushrangers Matthew Brady bietet eines der besten Panoramen in Tasmanien. Die grandiose Aussicht reicht über das Tamartal und bis zum Ben Lomond.

Küstenlandschaft im Strzelecki National Park, Flinders Island ↑

16

Flinders Island

F6 von Launceston, Melbourne von Bridport 4 Davies St, Whitemark flinders.tas.gov.au

An der Nordostspitze Tasmaniens liegt in der Bass Strait Flinders Island, die größte Insel der Furneaux Island Group. Die etwa 50 Punkte im Meer sind alles, was von der einstigen Landbrücke zum Kontinent Australien blieb.

Flinders Island war Ziel der letzten 133 tasmanischen Aborigines. Mit Zustimmung der britischen Regierung brachte Reverend George Augustus Robinson die gesamte Gruppe um 1830 hierher. Er wollte sie damit vor der Vernichtung »retten«, die die »Kultivierung« nach europäischer Vorstellung und die Christianisierung bedeutet hätten. Doch 1847 hatten Krankheit und Depression ihre Anzahl auf 47 Personen reduziert. Die Überlebenden wurden nach Oyster Cove gebracht, einem heiligen Ort der Aborigines südlich von Hobart. Innerhalb einiger Jahre waren die Indigenen vollends ausgelöscht.

Der Strzelecki National Park ist bei Wanderern sehr beliebt. Vor der Südküste der Insel liegt Barren Island mit dem Patriarch Sanctuary, einem Schutzgebiet für die hiesigen Hühnergänse.

Flinders Island ist per Flugzeug von Launceston oder Melbourne aus zu erreichen. Von Launceston und Bridport im Nordosten setzt die Fähre *Matthew Flinders* über.

Expertentipp
Mineraliensuche

Spazieren Sie an der Nordküste von Flinders Island bei Ebbe an den Stränden von Tanners Bay und Killiecrankie Bay und halten Sie Ausschau nach Mineralien wie Topas (Killiecrankie Diamond).

17

Devonport

F6 23 000
145 Rooke St discovertasmania.com.au

Die Auto- und Passagierfähre *Spirit of Tasmania* fährt mehrmals die Woche von Melbourne nach Devonport. Die drittgrößte Stadt Tasmaniens ist nach Devon in England benannt und liegt an einem Fluss und einem Seehafen. Hier mündet der Mersey River an der Nordküste in die Bass Strait. Nur einen Kilometer vom Stadtzentrum entfernt und verbunden durch ein Küstenschutzgebiet und Parkanlagen, liegt die felsige Landspitze Mersey Bluff.

Bei einem kurzen Spaziergang in der Nähe des Leuchtturms von Bluff sehen Sie Felsmalereien und Schnitzereien. Unterwegs kommen Sie auch am Tiagarra Aboriginal Cultural Center and Museum vorbei, das derzeit für Besucher geschlossen ist, aber wiedereröffnet werden soll.

18

Hadspen

F6 68–72 Cameron St, Launceston (+61 1800 651 827)

Richtung Westen entlang dem Bass Highway ist die von den Great Western Tiers Mountains eingerahmte Landschaft von Longford bis

Schon gewusst?

Heritage, eine Käsespezialitätenfabrik in Burnie, ist eine der größten der Südhalbkugel.

Deloraine mit historischen Städten durchsetzt. Das winzige Hadspen ist ein malerischer Streifen georgianischer Cottages und Gebäude, u. a. die alte Kutschenstation von 1845.

Hier liegt **Entally House**, eines der berühmtesten historischen Privathäuser Tasmaniens (1819), am Ufer des South Esk. Zu sehen sind eine Kapelle, Ställe, Pferdekutschen und Möbel aus dem 19. Jahrhundert.

Entally House
782 Meander Valley Rd, Hadspen Mi – Sa 11–16
entallyestate.com.au

19

Burnie

F6 16 000
80 Wilson St
burnie.tas.gov.au

Fährt man von Devonport weiter die Nordküste entlang, erreicht man Tasmaniens viertgrößte Stadt. Sie wurde 1829 gegründet. In ihren Hauptstraßen sind viele Gebäude (19. Jh.) mit schmiedeeisernen Arbeiten verziert. Der Wohlstand Burnies beruhte bis vor Kurzem auf der Papierindustrie, die ihr Holz aus den umliegenden Wäldern bezog. Die Geschichte der Region im 19. und 20. Jahrhundert wird im Burnie Regional Museum illustriert. Ausstellungen zeigen den Alltag der frühen europäischen Siedler, in einer Schuhmacherwerkstatt und einer Schmiede wird die damalige Arbeitswelt nachgestellt. Das Museum und eine kleine Kunstgalerie sind im **Burnie Arts and Function Centre** untergebracht, in dem das ganze Jahr über auch Theaterstücke und Kunstveranstaltungen präsentiert werden.

Heute ist Burnie für Feinkost bekannt. Bei Delish Fine Foods (www.delishburnie.com) können Sie Produkte der Region probieren und kaufen, darunter auch cremigen Camembert und würzigen Blauschimmelkäse.

Burnie besitzt viele Parks. Im Fern Glade kann man oft Schnabeltiere sehen. Die Emu Bay lockt mit Waldschutzgebieten, fossilen Klippen, Wasserfällen und Canyons – und dem Meerblick vom Round Hill.

Burnie Arts and Function Centre
77 – 79 Wilmot St
burniearts.net

20

Stanley

F6 1500 10 Church St stanleyandtarkine.com.au

Das Felskap von Circular Head, bekannt als »The Nut«, ragt 152 Meter über dem Fischerdorf Stanley auf. Ein Sessellift entlang der Felswand erlaubt wunderbare Blicke über die Landschaft.

Die Hauptstraße zum Kai säumen Fischerhäuschen und Gebäude aus dunklem Sandstein, viele davon aus den 1840er Jahren. Im Ort gibt es exzellente Bed-and-Breakfast-Unterkünfte. Lokale servieren frisches Seafood.

Die nahe **Highfield Historic Site** war Hauptquartier der Van Diemen's Land Company, einer 1825 gegründeten landwirtschaftlichen Gesellschaft mit Hauptsitz in London. Das Anwesen kann besichtigt werden.

Highfield Historic Site
Green Hills Rd, Highfield tägl. 9:30 – 16:30 parks.tas.gov.au

→ *Im Sessellift von Circular Head hat man einen sehr guten Blick über Stanley*

Restaurants

King Island Bakehouse
In der besten Bäckerei von King Island gibt es tolle Aussie Pies, u. a. mit Flusskrebsen, und vegetarische Speisen.
E6 5 Main St, Currie, King Island +61 3 6462 1337
$

Wild Harvest
Wild Harvest bietet ein saisonales Menü mit Schwerpunkt auf Seafood sowie ungewöhnlichen Beigaben.
E6 Blue Gum Dr, Grassy, King Island wildharvest kingisland.com.au
$$$

King Island Dairy - Cheese Store
Käse von King Island ist in ganz Australien berühmt. Für viele Sorten (u. a. Cheddar, Brie und Camembert) wurde das Lokal mit Preisen ausgezeichnet. Bestellen Sie eine Käseplatte, um alle zu probieren.
E6 869 North Rd, Loorana, King Island kingislanddairy. com.au
$

View 42° Restaurant & Bar
Eines der besten Seafood-Restaurants Tasmaniens serviert üppige All-you-can-eat-Büfetts.
E6 1 Jolly St, Strahan strahan village.com.au
$$

21 King Island

E6 5 George St, Currie kingisland.org.au

Die Insel vor der nordwestlichen Küste Tasmaniens wird vor allem von Tierliebhabern geschätzt. Zu den herausragenden Attraktionen zählen Kurzschwanz-Sturmtaucher und Südliche See-Elefanten.

Auch Taucher sind fasziniert von der Insel, liegen in ihren Gewässern doch jede Menge Schiffswracks. Die Insel ist auch für Käse, Rindfleisch und das Seafood bekannt.

22 Woolnorth

E6 via Smithton Tasmanian Travel and Information Centre, 20 Davey St, Hobart (+61 3 6238 4222)

Die riesige Schaf- und Rinderfarm am Rand von Smithton ist das einzige Land, das heute noch der Van Diemen's Land Company gehört.

Halbtägige Touren durch das Anwesen (im Voraus buchen) umfassen die historische Anlage und beinhalten einen Ausflug nach Cape Grim, das für die angeblich sauberste Luft der Welt bekannt ist.

23 Cradle Mountain-Lake St Clair National Park

F6 Cradle Mountain, Lake St Clair 4057 Cradle Mountain Rd, Cradle Mountain (+61 3 6492 1110) parks.tas.gov.au

Der gezackte Gipfel des Cradle Mountain steht oft symbolisch für den Staat. Am Nordende des 161 000 Hektar großen Cradle Mountain-Lake St Clair National Park ragt der zweithöchste Berg Tasmaniens 1560 Meter auf. Der Park erstreckt sich rund 80 Kilometer nach Süden bis zum Lake St Clair.

1922 sorgte der australische Diplomat Gustav Weindorfer dafür, dass dieses Areal zum Naturschutzgebiet erklärt wurde. Die Erinnerung an ihn wird in seinem Waldhaus Waldheim Chalet im Weindorfer's Forest wachgehalten. Am nahen Ronny Creek kann man sich für den Overland Track anmelden,

Schon gewusst?

Lake St Clair ist mit 167 Metern Tiefe der tiefste See Australiens.

↑ *Plankenweg am Ufer des Dove Lake im Cradle Mountain National Park*

der durch den Park führt. Man durchquert dabei unterschiedlichste Landschaften, u. a. Urwald, alpine Hochmoore, Tundra und Täler mit hohen Wasserfällen. Die Wanderung dauert ungefähr sechs Tage. Unterwegs übernachtet man in Zelten oder Hütten. Auf halber Strecke liegt der Mount Ossa, mit 1617 Metern der höchste Gipfel des Bundesstaats. Im Mai, wenn die Südbuche *Nothofagus gunnii* Herbstlaub trägt, scheint der gesamte Park in Flammen zu stehen.

Die restaurierte West Coast Wilderness Railway verbindet Strahan und Queenstown; Blick in einen Waggon (Detail) ↑

24

Macquarie Harbour

E6 Strahan The Esplanade, Strahan (+61 3 6472 6800) westcoasttas.com.au

Von der wilden Westküste Tasmaniens bis zur Südspitze Argentiniens auf der anderen Seite ist nichts außer Wasser. So können die »Roaring Forties«, die südwestwärts wehenden Winde, eine gewaltige Kraft entwickeln. In dieser feindseligen Gegend konnten die tasmanischen Aborigines dennoch jahrtausendelang überleben, bevor 1820 europäische Sträflinge hergebracht wurden und das Land übernahmen. Die raue und abgelegene Sträflingssiedlung befand sich auf Sarah Island.

Der Name Hell's Gates (»Höllentore«) für die Hafeneinfahrt verdeutlicht, was Seeleute und Sträflinge erleiden mussten – Schiffswracks, Ertrunkene, (Selbst-)Mörder sprechen Bände. 1833 wurde die Kolonie zugunsten des »Modellgefängnisses« Port Arthur *(siehe S. 286f)* aufgegeben. Die Ruinen der Sträflingskolonie sind noch zu besichtigen: Vom Hafen Strahan fährt ein Boot dorthin.

Strahan entwickelte sich wegen der auf Sträflingsarbeit basierenden Holzindustrie. Der Ort machte in den 1980er Jahren Schlagzeilen, als Demonstranten aus ganz Australien kamen, um Regierungspläne zu bekämpfen, nach denen der wilde Fluss Franklin im Rahmen eines Staudamm-Programms aufgestaut werden sollte. Eine Ausstellung im Besucherzentrum dokumentiert diese australische Protestbewegung.

Heute ist Strahan mit seinen Holzbauten, dem malerischen Hafen und dem Hinterland einer der reizvollsten Orte Tasmaniens. Eine restaurierte Eisenbahn aus dem Jahr 1896 fährt 35 Kilometer weit in die alte Minenstadt Queenstown.

Franklin River Blockade

1982 begann die Regierung Tasmaniens mit dem Bau eines Staudamms, um den Franklin River aufzustauen. Am daraus resultierenden Protest, der Franklin River Blockade, beteiligten sich 6000 Demonstranten – dies gab der Umweltbewegung in Australien Auftrieb. Die Blockade endete 1983, als die regierende Labour Party den Bau stoppen ließ.

Tasmaniens einzigartige Tier- und Pflanzenwelt

Die Landschaft Tasmaniens ist unglaublich vielfältig und außergewöhnlich artenreich. An vielen Stellen der Insel finden sich üppige grüne Weiden, während es im Landesinneren vergletscherte Berge und wilde Flüsse zu entdecken gilt. Diese abwechslungsreiche Landschaft ist Lebensraum der auf der Insel einzigartigen Flora und Fauna – auch der Tüpfelbeutelmarder, der Rotbauchfilander und der Tasmanische Teufel sind hier zu Hause.

Schon gewusst?

Bis zu seinem Aussterben 1936 war der Beutelwolf weltweit das größte fleischfressende Beuteltier.

Berge

Das Landesinnere im Südwesten Tasmaniens wird von einer Gletschergebirgslandschaft dominiert, zu der auch der beeindruckende Cradle Mountain gehört. Östlich des Cradle Mountain liegt der Walls of Jerusalem National Park mit seinen zahlreichen Gletscherseen. Der im Süden gelegene Mount Field National Park ist bekannt für die imposanten Russel Falls sowie für die höchsten Eukalyptuswälder Australiens.

Küsten

Das Klima an der Ostküste Tasmaniens ist oft mild. An der Westküste spürt man jedoch die Westwinde der »Roaring Forties«, die zwischen dem Inselstaat und Südamerika über den Ozean wehen. Die Landschaft ist von felsigen Stränden und tosenden Gewässern gesäumt, die in der Geschichte Tasmaniens Schauplatz vieler Schiffbrüche waren.

Flüsse

Der Südwesten Tasmaniens ist berühmt für seine Flüsse und für Wildwasser-Rafting-Touren. Besonders eindrucksvoll ist der 120 Kilometer lange Franklin River im Franklin-Gordon Wild Rivers National Park. Er ist der letzte ungestaute Fluss Australiens – und tobt oft heftig durch spektakuläre Schluchten, dichte Regenwälder und entlang beeindruckender Berggipfel.

Schutz der Wildnis

Ein unwirtliches Klima, raue Landschaftsformen und die undurchdringliche Flora haben die ursprüngliche Wildnis Tasmaniens lange bewahrt. Zwar haben schon vor 35 000 Jahren die Aborigines hier gesiedelt, doch stark bevölkert war die Insel nie. Die erste echte Bedrohung ereignete sich Ende der 1960er Jahre, als das Wasserkraftprogramm der tasmanischen Regierung den Lake Pedder überschwemmte. Und auch der Tourismus ist ein Problem: Viele Orte, Wege und Stätten können den Besucherströmen nicht standhalten – oder werden im schlimmsten Fall sogar verschmutzt und zerstört.

Cradle Mountain gilt als Wahrzeichen des Bundesstaats Tasmanien ↑

Tasmaniens Flora und Fauna

1 Bennett-Wallaby
Das Bennett-Wallaby *(Macropus rufogriseus)* wird aufgrund des roten Fells auf seinem Rücken auch Rotnackenwallaby genannt und ist in den Bergregionen Tasmaniens beheimatet. Das Tier zeigt sich in der Morgen- und Abenddämmerung.

2 Banksie
Der Strauch mit den charakteristischen Samenkapseln kommt in Tasmanien in vielen Sorten vor. Die *Banksia serrata*, die Sägebanksie, hat gezackte Blätter und große gelbe Blütenähren, während *Banksia marginata*, die Silberbanksie, schmale Blätter und kleine gelbe Blütenähren hat.

3 Tasmanischer Teufel
Das größte fleischfressende Beuteltier der Welt, der Tasmanische Teufel *(Sarcophilus harrisii)*, ist ein Wahrzeichen der Insel. In den letzten Jahren hat eine tödliche Tumorerkrankung die Population drastisch reduziert, im Jahr 2008 wurde der Tasmanische Teufel für gefährdet erklärt.

4 Tüpfelbeutelmarder
Der Tüpfelbeutelmarder bzw. Östliche Beutelmarder *(Dasyurus viverrinus)*, ein fleischfressendes Beuteltier, lebte einst in ganz Australien. Auf dem Festland gilt er seit den 1960er Jahren als ausgestorben, auf Tasmanien konnte er bisher mangels natürlicher Feinde überleben.

5 Huon-Kiefer
Der hoch aufragende Nadelbaum, die Huon-Kiefer *(Lagarostrobos franklinii)*, kommt im Südwesten und im Süden entlang dem Franklin River vor. Das Holz kann Fäulnis widerstehen, was es zu einem beliebten Bootsbaumaterial macht. Einige Exemplare sind mehr als 2000 Jahre alt!

6 Bachforelle
Die im 19. Jahrhundert aus Europa eingeführte Bachforelle *(Salmo trutta)* ist heute in den Flüssen und Seen Tasmaniens zu Hause. Sie ist ein beliebter Fang bei Fliegenfischern – die größte registrierte Bachforelle wurde 1887 im Huon River gefangen und wog knapp 13 Kilogramm.

7 Tanglefoot- oder Laubbuche
Die Laubbuche *(Nothofagus gunnii)* ist die einzige einheimische Buchenart in Australien. Das geradezu unglaubliche Farbenspektakel der Baumkronen im Herbst lässt sich u. a. im Mount Field National Park und im Cradle Mountain-Lake St Clair National Park beobachten.

1

2

3

4

5

6

7

25

Bruny Island

F6 Bruny D'Entrecasteaux Visitors' Centre, Fährhafen, Kettering brunyisland.org.au

Im Hinterland von Hobart kann man die Welt des Huon Valley und des D'Entrecasteaux Channel für einige Stunden oder auch auf mehrtägigen Wanderungen genießen. Der Huon Trail verläuft von Hobart durch das Huon Valley nach Bruny Island. Die Distanz von Hobart nach Süden durch die Stadt Huonville, die Hartz Mountains und Southport beträgt etwa 100 Kilometer. Auf der Strecke kommen Sie an Obstgärten, Kunsthandwerksläden und Weinbergen vorbei.

Am Ende des Weges erreicht man den Yachthafen von Kettering, der Ausgangspunkt für eine regelmäßige Fährverbindung nach Bruny Island. Der Name gilt eigentlich für zwei Inseln, die eine enge Landzunge verbindet. Einst war hier der Standort einer florierenden Walfangindustrie, nun ist die Insel mit ihren Buchten, Stränden und Lagunen ein beliebtes Ziel für Vogelbeobachtung, Bootsfahrten, Schwimmen und Kamelausritte.

Beachten Sie, dass es auf der Insel weder Taxis noch öffentliche Verkehrsmittel gibt. Die einzige Möglichkeit zur Anreise bietet das Auto. Adventure Bay und Alonnah auf der Südinsel liegen etwa eine halbe Autostunde vom Fährhafen im Norden entfernt.

Doch es gibt auch traurigere Seiten der Inselgeschichte: Truganini vom Aborigines-Stamm der Nuenonne soll die letzte indigene Tasmanierin gewesen sein. Die Bucht mit dem passenden Namen Missionary Bay war Startpunkt für Reverend Robinsons *(siehe S. 294)* unglückseligen Versuch, die Indigenen Tasmaniens zusammenzutreiben und auf Flinders Island zu isolieren.

Expertentipp
Bruny Island Cruises

Erkunden Sie Bruny Island auf einer Bootsfahrt, die von Bruny Island Cruises (www.brunycruises.com.au) durchgeführt wird. Die Boote legen täglich von der Adventure Bay ab.

26

Franklin-Gordon Wild Rivers National Park

F6 Strahan 520 Lake St Clair Rd, Lake St Clair parks.tas.gov.au

Im Südwesten Tasmaniens ist das Flussnetz dicht. Die spektakuläre Region wird durch hohe Gebirgszüge und tiefe Schluchten geprägt. Der Franklin-Gordon Wild Rivers National Park erstreckt sich südöstlich vom Macquarie Harbour *(siehe S. 297)* und ist einer von vier Nationalparks im westlichen Tasmanien, die die Tasmanian Wilderness Heritage Area bilden. Seinen Namen erhielt der Park nach den Flüssen Franklin *(siehe S. 297)* und Gordon, die durch die Franklin River Blockade von Umweltschützern gerettet werden konnten.

Der 442 000 Hektar große Park umfasst Flächen mit kühlgemäßigtem Regenwald, Wasserfällen und Berggipfeln. Die Pflanzenwelt des Gebiets ist so vielfältig wie seine Landschaften. Hier gedeihen undurchdringliches

←
Bruny Island Neck – die Landzunge verbindet zwei kleinere Inseln

Kaskaden der Russell Falls im Mount Field National Park

Gebüsch, flechtenbedeckte Bäume, Pandanis und die einheimischen Nadelbäume King William Pine (Sichelförmige Schuppenfichte), Phyllocladus und Huonbaum. Am einfachsten gelangt man per Schiff von Strahan hierher. Nach kurzem Spaziergang steht man vor einem rund 2000 Jahre alten Huonbaum. Der zerklüftete Gipfel Frenchman's Cap ist nur für erfahrene Buschwanderer zugänglich. Die Stromschnellen des Franklin sind ein Magnet für Wildwasser-Rafter.

Der Wild Way, der Hobart mit der Westküste verbindet, führt durch den Park. Einige Teile des Flusses und des Regenwalds sind von der Hauptstraße aus über Pfade erreichbar. Für längere Wanderungen benötigt man entsprechende Ausrüstung.

27

Mount Field National Park

A F6 i 66 Lake Dobson Rd, am Parkeingang
W parks.tas.gov.au

Der nicht weiter als 70 Kilometer von Hobart entfernte Mount Field National Park lockt mit seiner aufregenden Schönheit sowohl die Einheimischen wie auch die angereisten Naturliebhaber an. Das Naturschutzgebiet ist über die Maydena Road erreichbar. Die Vegetation und die Tierwelt sind von gut gepflegten Wanderwegen aus zu genießen.

Der beliebteste Wanderweg ist auch der kürzeste: Nur etwa zehn Minuten dauert es, um vom Parkeingang durch den Regenwald zu den tosenden Russell Falls zu gelangen. Den Parkplatz am Lake Dobson erreicht man vom Eingang aus nach rund 15 Kilometern auf steiler Schotterstraße. Hier beginnen einige kurze Wanderwege, aber auch durchaus anstrengendere Tagestouren. Die Zehn-Kilometer-Strecke nach Tarn Shelf ist ideal für Buschwanderer – vor allem im Herbst, wenn Berge und Täler in den bunten Farben des Herbstlaubs zu erglühen scheinen. Längere Wege führen zu den Gipfeln des Mount Field West und des Mount Mawson, dem bedeutendsten Skigebiet in Tasmaniens Süden.

Restaurants

Bruny Island Cheese and Beer Co

Hausgemachter Käse, selbst gebraute Biere.

A F6 ⌂ 1807 Bruny Island Main Rd W bruny islandcheese.com.au

$$$

Get Shucked

Austernfarm und Bar mit toller Aussicht.

A F6 ⌂ 1735 Bruny Island Main Rd W getshucked.com.au

$$$

Bar

Bruny Island House of Whisky

Einige der besten Single Malts Tasmaniens.

A F6 ⌂ 360 Lennon Rd W tasmanianhouse ofwhisky.com.au

SOUTH AUSTRALIA

Kurvenreiche Straße durch die Flinders Ranges (siehe S. 332f)

SOUTH AUSTRALIA AUF DER KARTE

Dieses Kapitel gliedert South Australia in zwei Gebiete, die auf der Karte jeweils mit eigener Farbcodierung dargestellt sind.

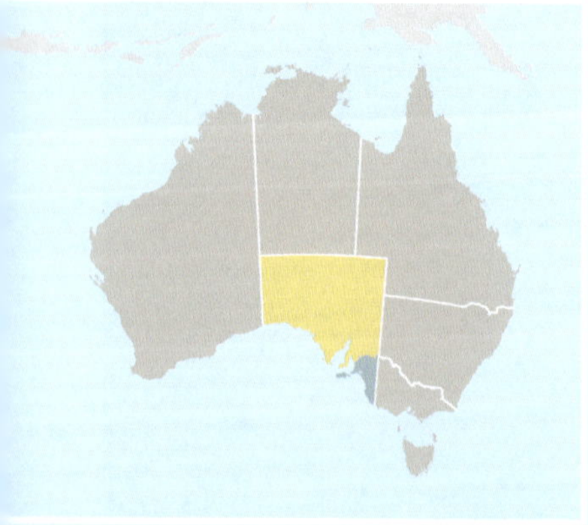

N
0 Kilometer 200
Simpson Desert
Great Artesian Basin
Windorah
Birdsville
QUEENSLAND
Quilpie
Sturt Stony Desert
Lake Eyre North
Coober Pedy
Bulloo
Marree
Lake Torrens
Lake Frome
Woomera
Lake Gairdner
Flinders Ranges
Darling
Broken Hill
Port Augusta
Whyalla
Peterborough
NEW SOUTH WALES
Elliston
Burra
Eyre Peninsula
Hillston
Mildura
Yorke Peninsula
Renmark
Port Lincoln
Adelaide
Murray
Yorketown
Ouyen
Strathalbyn
Murray Bridge
Kangaroo Island
Adelaide und Südosten
Seiten 308–327
Horsham
Shepparton
Robe
Penola
Ararat
VICTORIA
Mount Gambier
Melbourne
Portland
Geelong

DIE REGIONEN VON SOUTH AUSTRALIA

Ob Baden im Meer oder in tiefblauen Kraterseen, ob Wildtiersafaris oder Weinexkursion - wunderschöne, abwechslungsreiche Landschaften, unzählige Aktivitäten sowie bezaubernde kleine Städte machen South Australia zum perfekten Outdoor-Reiseziel für kleine und große Abenteurer.

Seiten 308–327

Adelaide und Südosten

Das einst verschlafene Adelaide ist heute eine quirlige Küstenstadt und dank des alljährlichen Adelaide Festival vor allem bei Kunstliebhabern aus aller Welt bekannt. Besuchen Sie die zahlreichen Galerien und die hervorragenden Weinlokale, die kulinarischen Hotspots und die geschäftigen Märkte. Oder Sie unternehmen von hier aus einen Ausflug nach Kangaroo Island und entdecken die faszinierende Tierwelt der Insel, darunter Pelzrobben, Pinguine und Seevögel sowie ganze Seelöwen- und Koalakolonien.

Entdecken
Weine und Tierleben

Sehenswert
Adelaide, Kangaroo Island

Genießen
Unternehmen Sie eine Weinwandertour in das hübsche Barossa Valley

Seiten 328 – 339

Halbinseln Yorke und Eyre und Outback von South Australia

Endlose Weite, roter Sand, trockene Krater und staubige Straßen prägen das südaustralische Outback. Die ausgedehnte Wildnis wird von Opalabbaustädten unterbrochen, in denen die Menschen in unterirdischen Wohnungen leben, um der sengenden Hitze zu entkommen. Nicht weniger spannend, aber auf jeden Fall wesentlich idyllischer ist es an den Stränden der Halbinseln Yorke und Eyre.

Entdecken
Zerklüftete Landschaften

Sehenswert
Die schroffen Gipfel und felsigen Schluchten der Flinders Ranges

Genießen
Verbringen Sie eine Nacht in einem unterirdischen Hotel in Coober Pedy

Weinberge im Barossa Valley (siehe S. 324f)

Adelaide und Südosten

In die seit über 50 000 Jahren von Aborigines bewohnte Region kamen im Jahr 1836 Europäer, als Gouverneur John Hindmarsh das Gebiet zur britischen Kolonie erklärte. Die Besiedlung erfolgte auf Basis einer »freien« Kolonisierung, die sich auf Landverkäufe stützte und nicht auf Strafgefangene. Viele der ersten Siedler waren Nonkonformisten aus Großbritannien, die eine offenere Gesellschaft suchten, andere waren Lutheraner, die vor Verfolgung in Deutschland flohen. Sie ließen sich in Hahndorf und im Barossa Valley nieder und bauten Winzereien auf.

Das elegante Adelaide wurde akribisch geplant: Die von einer Parklandschaft umgebene, im Gittermuster angelegte Stadt hat viele hübsche Plätze und Gärten. Der Reichtum aus der Landwirtschaft und dem Bergbau führte zu vielen viktorianischen Gebäuden. Mitte des 20. Jahrhunderts entwickelte sich eine rentable Industrie, basierend auf der Produktion von Autos und Haushaltsgeräten. Einen Schwerpunkt bildet bis heute die Hochtechnologie.

Adelaide und Südosten

Highlights

1. Adelaide
2. Kangaroo Island

Sehenswürdigkeiten

3. Port Elliot und Victor Harbor
4. Goolwa und Hindmarsh Island
5. Port Noarlunga
6. Strathalbyn
7. McLaren Vale
8. Birdwood
9. Belair National Park
10. Gorge Wildlife Park
11. Mount Lofty
12. Hahndorf
13. Murray River
14. Barossa
15. Coorong National Park
16. Robe
17. Mount Gambier
18. Beachport
19. Penola
20. Naracoorte Caves National Park

Danggali Conservation Park
Murray
Adelaide und Südosten
Morgan
Murray River
B64
Waikerie
13
Renmark
A20
Barmera
Berri
Blanchetown
Murray River National Park
Wunkar
Loxton
Swan Reach
Murray-Sunset National Park
Alawoona
Paruna
B55
Sandalwood
Karte Conservation Park
Karoonda
Ouyen
MALLEE HIGHWAY
Walpeup
B12
Sherlock
Pinnaroo
MALLEE HIGHWAY
Lameroo
Murrayville
B12
SOUTH AUSTRALIA
Wyperfeld National Park
A79
Coonalpyn
Hopetoun
Ngarkat Conservation Park
DUKES HIGHWAY
Great Ocean und Westen von Victoria
Seiten 244–263
B200
Tintinara
Birchip
Keith
A8
VICTORIA
Bordertown
Warracknabeal
Nhill
PRINCES HIGHWAY
Willalooka
Mundulla
Kaniva
A8
WESTERN HIGHWAY
A66
Dimboola
Little Desert National Park
RIDDOCH HIGHWAY
Padthaway
Murtoa
B240
Horsham
B240
Kingston SE
B1
Naracoorte
Naracoorte Caves National Park
20
Edenhope
B200
Stawell
16
Robe
Bool Lagoon
Halls Gap
Balmoral
A8
Coonawarra
Grampians National Park
Ararat
Penola
19
18
Beachport
Casterton
B160
Millicent
Dunkeld
Tantanoola
Hamilton
Lake Bolac
Mount Gambier
17
Penshurst
Dartmoor
B200
PRINCES HIGHWAY
Port MacDonnell
Heywood
Mortlake
A1
Portland
Port Fairy
Warrnambool

Der River Torrens fließt durch das Zentrum von Adelaide

1

Adelaide

A6 1,3 Mio. West Beach, 10 km westl. North Terrace, Richmond Rd, Keswick Central Bus Station, Franklin St 25 Pirie St (+61 1300 588 140) Adelaide Fringe, Adelaide Festival, WOMADelaide (alle drei Feb/März) experienceadelaide.com.au

Mit seiner schönen Architektur, den weitläufigen Parkanlagen und natürlich der entspannten Lebensweise seiner Bewohner ist Adelaide ein beliebtes Reiseziel. Darüber hinaus ist die moderne Stadt eine landesweit bedeutende Hochburg für Kunst und Kultur. Freuen Sie sich auf viele Feierlichkeiten sowie auf erstklassige Restaurants, Cafés und Bars.

1

Central Market

Gouger St Di–Sa (Details siehe Website) Feiertage adelaidecentralmarket.com.au

Der Central Market zwischen Gouger und Grote Street versorgt die Stadt seit über 150 Jahren mit Köstlichkeiten. Die Vielfalt der angebotenen Nahrungsmittel ist der multikulturellen Gesellschaft der Stadt zu verdanken. Asiatische Läden stehen neben europäischen Delikatessenläden. Ein Teil dieses Markts entwickelte sich zu einer kleinen »Chinatown«. Um den Markt herum locken Restaurants und Cafés.

2

Adelaide Town Hall

128 King William St Mo–Fr 9–17 Feiertage adelaidetownhall.com.au

Edmund Wright entwarf die Town Hall im italienischen Stil. Bei ihrer Fertigstellung im Jahr 1866 war sie das schönste Gebäude der King William Street. Sie entwickelte sich zu einem wichtigen Veranstaltungsort für Konzerte und Empfänge und ist dies auch heute noch.

Auffallende architektonische Merkmale sind der Glockenturm, die großartige Treppe und die reich verzierte Decke.

3

Victoria Square

Ecke King William St u. Franklin St

Der Platz liegt geografisch im Herzen der Stadt. Einen Großteil des Victoria Square umgeben Regierungsgebäude aus der Kolonialzeit.

Das beeindruckende Gebäude des General Post Office an der Nordseite hat eine reich verzierte Haupthalle und einen Uhrenturm. Es wurde 1872 eröffnet und von dem englischen Autor Anthony Trollope als das »großartigste Gebäude der Stadt« gerühmt.

Östlich des Victoria Square steht die St Francis Xavier Catholic Cathedral. Der Bau begann 1851, Pläne für ihre Erweiterung wurden wegen Geldmangels verschoben. Die endgültige Fertigstellung erfolgte 1996.

Schon gewusst?

Adelaide ist die einzige Metropole Australiens, die nie von Sträflingen besiedelt wurde.

Den Springbrunnen am südlichen Rand des Platzes entwarf John Dowie 1968. Thema sind die drei Flüsse, aus denen Adelaide sein Wasser bezieht: Torrens, Murray und Onkaparinga. Daneben stehen Justizpalast und Magistrates Court.

④ ♿

Edmund Wright House

⌂ 61 King William St
W adelaidia.history.sa.gov.au/places/edmund-wright-house

Das ursprünglich 1878 für die Bank of South Australia errichtete Edmund Wright House sollte 1971 abgerissen werden. Ein öffentlicher Protest bewirkte, dass die Stadt das Gebäude kaufte und restaurierte. Es wurde nach seinem Hauptarchitekten, Edmund Wright, umbenannt. Kunstfertigkeit und Qualitätsarbeit der großartigen Fassade setzen sich im herrlichen Inneren fort.

Im weiteren Verlauf der King William Street, an der Ecke zur North Terrace, erinnert die schönste Statue der Stadt, das South African War Memorial, an die australischen Gefallenen im Burenkrieg.

Highlight

Restaurants

Chianti

In diesem familiengeführten Restaurant gibt es seit 1985 frische Pasta, gegrillte Steaks und hausgemachtes Eis.

⌂ 160 Hutt St
W chianti.au

$$$

Bakery on O'Connell

Hier bekommt man neben Kaffee auch köstliches Gebäck, z. B. Kuchen, Pasteten und Donuts.

⌂ 128–130 O'Connell St W bakeryon oconnell.com.au

$$$

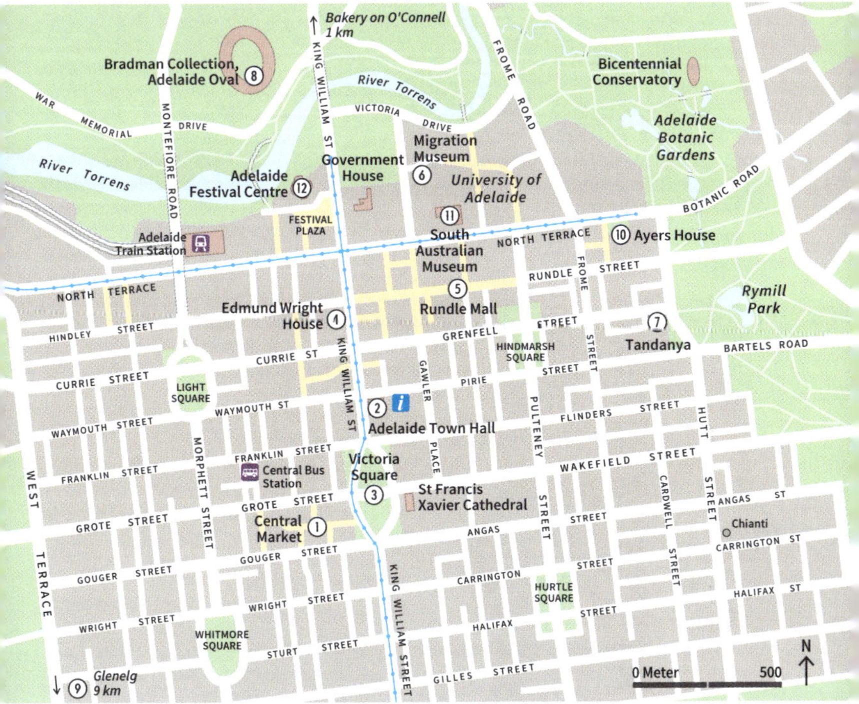

⑤

Rundle Mall

Rundle Mall tägl.
Feiertage rundlemall.com

Die Shopping-Meilen Adelaides konzentrieren sich auf die hier angesiedelten Warenhäuser, Boutiquen und Läden. Von der Fußgängerzone gehen Arkaden ab, u. a. die Adelaide Arcade mit italienischen Aufzügen (um 1880) in der Mitte. Ab den 1960er Jahren wurde sie renoviert und erstrahlt wieder in ihrer früheren Pracht.

⑥

Migration Museum

82 Kintore Ave tägl. 10–17 25. Dez migration.history.sa.gov.au

Im ehemaligen Armenhaus Adelaides hinter der State Library befindet sich heute ein Museum. Es spiegelt die Kulturvielfalt South Australias wider und erzählt die Geschichten der Menschen, die aus der ganzen Welt hierherkamen, um einen Neuanfang zu wagen. Die Exponate, darunter Nachbildungen von Häusern früher Siedler, illustrieren, warum und wie die Immigranten ihre Heimat verließen. Die Memorial Wall erinnert daran, dass viele Menschen zur Auswanderung gezwungen wurden.

← *Skulptur von Auswanderern vor dem Migration Museum*

⑦

Tandanya

253 Grenfell St Mo–Sa 10–17 Feiertage tandanya.com.au

Tandanya, der Name der Aborigines für das Gebiet um Adelaide, umfasst ein interessantes Aborigines-Kulturinstitut mit Kunstgalerien, Performance-Bereichen und einem Laden.

Das 1989 eröffnete Institut ist das erste, das von Aborigines betrieben wird. Es präsentiert eine außergewöhnliche Sammlung mit vielfältigen Objekten der australischen Ureinwohner und bietet außerdem Workshops zu diversen Themen. Hier kann man sehr gut auch Kontakt zu Aborigines aufnehmen.

⑧

Bradman Collection, Adelaide Oval

War Memorial Dr
tägl. 9–16 Veranstaltungen, 25. Dez adelaideoval.com.au/bradman-collection

Die ausgezeichnete Bradman Collection im Adelaide Oval – einem der renommiertesten Cricketplätze der Welt – ist eine Hommage an den legendären Sportler Sir Donald Bradman, der hier viele denkwürdige Matches spielte. Zu den Exponaten zählen Erinnerungsstücke aus seiner rund 50 Jahren währenden Karriere und seinem späteren Leben. Am Eingang befindet sich eine Skulptur, die ihn zeigt, wie er seine charakteristische Bewegung ausführt: den Cover Drive.

Schöne Aussicht
Blick vom Dach

Erklimmen Sie das Dach der Westtribüne des Adelaide Oval und genießen Sie die beste Aussicht über die Stadt. Aus einer Höhe von rund 50 Metern reicht der Ausblick an klaren Tagen bis zu den Adelaide Hills.

⑨

Glenelg

1 Moseley Sq
glenelg.com.au

Mit der Straßenbahn erreicht man vom Stadtzentrum aus in 20 Minuten dieses historische Küstenviertel. Das Rathaus ist eine gute Anlaufstelle, um mehr über das Erbe der Aborigines in Glenelg zu erfahren.

Um die herrlichen viktorianischen Villen und Gärten zu bewundern, spazieren Sie entlang der South Esplanade. Eine Bootsfahrt bei Sonnenuntergang ist eine weitere beliebte Aktivität. Dabei haben Sie vielleicht die Möglichkeit, Delfine zu sehen.

⑩

Ayers House

288 North Terrace 99C für Besucher nationaltrust.org.au/places/ayers-house-museum

Ayers House ist eines der besten Beispiele für die Regency-Architektur der Kolonialzeit. Von 1855 bis zu seinem Tod 1897 wohnte hier

Sir Henry Ayers, der frühere Premierminister South Australias und ein einflussreicher Geschäftsmann. Das ursprüngliche Haus war schlicht, wuchs jedoch mit dem höheren Ansehen und Reichtum des Besitzers mit. Die Form geht großteils auf den Kolonialarchitekten Sir George Strickland Kingston zurück.

Das Gebäude wird vom National Trust verwaltet. Der älteste Bauabschnitt beherbergt viktorianische Möbel, Erinnerungsgegenstände und Kunstwerke.

⑪ ♿

South Australian Museum

⌂ North Terrace ◷ tägl. 10–17 (25. Apr: ab 12) ◷ Karfreitag, 25. Dez W samuseum.sa.gov.au

Hinter dem Eingang, den Walskelette einrahmen, präsentiert das Museum einige interessante Abteilungen, darunter auch einen ägyptischen Raum und eine Sammlung mit naturhistorischen Exponaten.

14 Pieces *vor dem South Australian Museum; von Aborigines geschaffene Objekte* (Detail) ↑

Im Rahmen des Projekts »Return of Cultural Heritage« der australischen Regierung arbeitet das Museum mit Aborigines-Gruppen an der Rückgabe heiliger Gegenstände aus den Sammlungen an die Ureinwohner.

⑫ ♿

Adelaide Festival Centre

⌂ King William St ◷ Mo–Fr 9–17 ◷ Feiertage W adelaidefestivalcentre.com.au

Das seit 1973 bestehende Zentrum wurde 2020 an diesem Standort neu eröffnet. Das Adelaide Festival Centre gilt als Hotspot der Kulturszene von Adelaide. Das ganze Jahr über finden hier erstklassige Veranstaltungen statt – von modernem Tanz über Comedy bis zu klassischem Theater.

TOP 4 Festivals in Adelaide

Adelaide Fringe
Australiens bedeutendstes Kunstfestival ist auch eines der größten der Welt (Feb–März).

Adelaide Festival
Auch dieses Kunstfestival ist ein Besuchermagnet (März).

WOMADelaide
Musik, Tanz und Kunst (fast) aller Kulturen (März).

OzAsia Festival
Künstler aus allen Teilen Asiens sind hier vertreten (Okt/Nov).

Spaziergang durch Adelaide

Länge 2 km **Dauer** 30 Min. **Bus** 98A, 98C

Das Zentrum Adelaides zwischen der großen, von Bäumen gesäumten North Terrace und dem River Torrens lässt sich wunderbar zu Fuß erkunden. Dieser Spaziergang beginnt an den Adelaide Botanic Gardens und führt entlang der North Terrace. Diese Straße flankieren beeindruckende öffentliche Gebäude aus dem 19. Jahrhundert, darunter auch Staatsbibliothek, Museen, Kunstgalerie und Universitätscampus. Die Route endet am Adelaide Festival Centre. Der am Ufer des Flusses gelegene Komplex hat eine malerische Umgebung und ist der perfekte Ort für einen Bummel – am besten abends.

Expertentipp
Freie Fahrt

Der kostenlose Busservice City Connector verkehrt auf zwei Routen – einer innerstädtischen und einer um den Norden der Stadt. Somit erreicht man alle wichtigen Sehenswürdigkeiten gut mit dem ÖPNV.

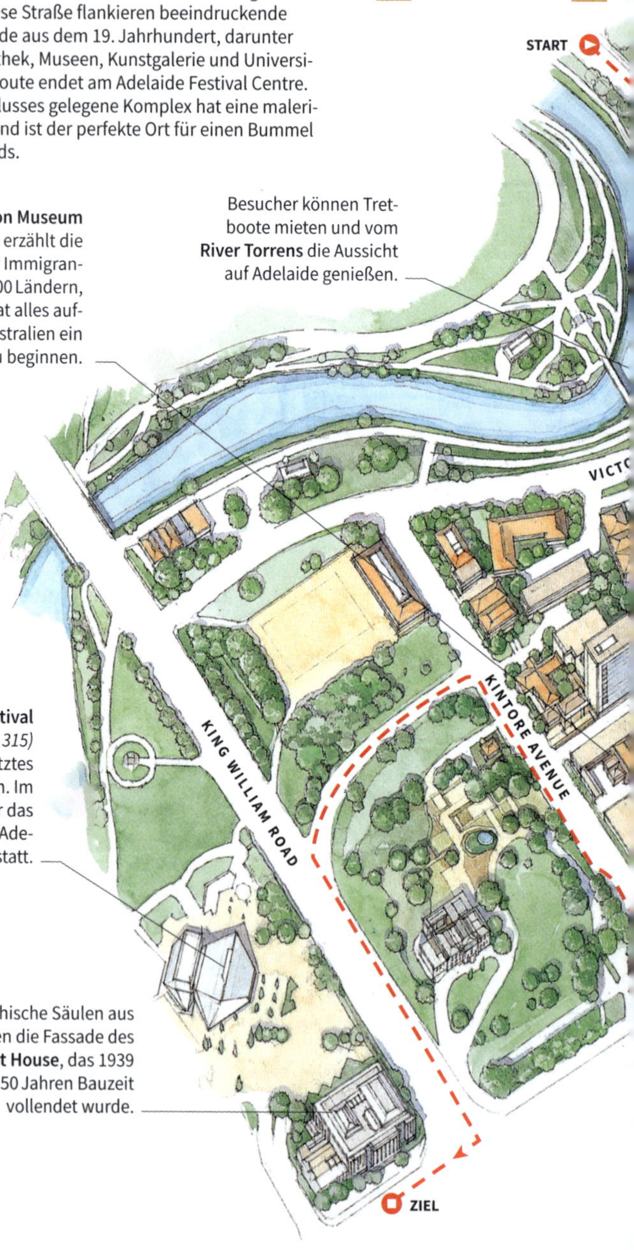

Besucher können Tretboote mieten und vom **River Torrens** die Aussicht auf Adelaide genießen.

Das **Migration Museum** *(siehe S. 314)* erzählt die Geschichte der Immigranten aus über 100 Ländern, die in ihrer Heimat alles aufgaben, um in Australien ein neues Leben zu beginnen.

Das **Adelaide Festival Centre** *(siehe S. 315)* ist ein viel genutztes Kulturzentrum. Im März findet hier das renommierte Adelaide Festival statt.

Zehn korinthische Säulen aus Marmor zieren die Fassade des **Parliament House**, das 1939 nach über 50 Jahren Bauzeit vollendet wurde.

↑ *Unter einem Glyzinienbogen in den Adelaide Botanic Gardens*

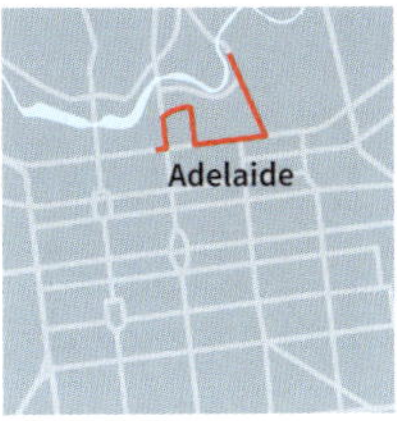

Zur Orientierung
Siehe Stadtteilkarte S. 313

Die 1855 angelegten **Adelaide Botanic Gardens** umfassen drei Bereiche: Adelaide, Mount Lofty und Wittunga. Auf dem Gelände gibt es künstliche Seen und das Bicentennial Conservatory, in dem die Landschaft eines tropischen Regenwalds nachgebildet wurde.

In der **Art Gallery of South Australia** sind zeitgenössische Arbeiten wie die *Drinking Fountain* von Chris Healey neben Gemälden und Skulpturen ausgestellt.

Das **South Australian Museum** *(siehe S. 315)* ist vorrangig ein Naturkundemuseum, verfügt aber auch über eine Sammlung mit Kunst der Aborigines.

Die **State Library of South Australia** beherbergt eine umfassende Bibliothek und Ausstellungsräume.

↑ *Skulpturen und Gemälde in der Art Gallery of South Australia*

2

Kangaroo Island

A6 SeaLink-Fährverbindung von Cape Jervis
Visitor Information Centre, 43 Howard Dr, Penneshaw (+61 4 1755 1444) kangarooislandvisitorcentre.com.au

Kangaroo Island bietet eine wunderschöne Naturlandschaft mit einer abwechslungsreichen Küste und einer vielfältigen Vegetation. Die Insel ist außerdem ein hervorragendes Ziel für die Beobachtung von australischen Wildtieren, die hier ebenfalls artenreich vertreten sind.

Kangaroo Island, Australiens drittgrößte Insel, ist rund 155 Kilometer lang und 55 Kilometer breit. Sie liegt 16 Kilometer vor der Küste der Fleurieu-Halbinsel. Hier entstand 1836 am Reeves Point die erste offizielle Siedlung South Australias. Die geografisch isolierte Insel weist nur eine geringe Bevölkerungsdichte auf. Die einheimische Tierwelt konnte sich hier ohne Störung durch den Menschen entwickeln und wird in 19 Reservaten und Nationalparks geschützt. Während das trockene Landesinnere weitgehend Mallee-Steppe und Eukalyptusbäume prägen, findet man an der abwechslungsreichen Nordküste auch Badestrände. Vor der vom Meer gepeitschten Südküste liegen mehr als 80 Schiffswracks.

Hotel

Sea Dragon Lodge
Die Lodge nahe der östlichsten Inselspitze bietet ultimativen Luxus mit prächtigen Zimmern und einem Edelrestaurant. Zudem genießt man hier einen atemberaubenden Meerblick.

2575 Cape Willoughby Rd seadragonkangarooisland.com

$$$

Highlight

Attraktionen

Seal Bay

▷ Der windgepeitschte Strand an der Südküste ist die Heimat einer Kolonie australischer Seelöwen.

Remarkable Rocks

▽ Am Kirkpatrick Point im Südwesten steht diese Gruppe markanter Felsen. Sie wurden durch Wind und Wasser zu ungewöhnlichen Formationen erodiert.

Ligurische Bienen

▷ Im Kangaroo Island Bee Sanctuary leben die letzten ligurischen Bienen, die Nachkommen einer importierten Population.

Treffen mit Kängurus

Im Flinders Chase National Park kommen Kängurus oft auf Besucher zu, man sollte sie jedoch nicht füttern.

↑ *Blick durch den Admirals Arch, eine natürliche Felsformation auf Kangaroo Island*

Auf der Insel unterwegs

Da es auf der Insel keine öffentlichen Verkehrsmittel gibt, müssen Besucher entweder an einer organisierten Tour teilnehmen, mit dem Auto fahren (Mietwagenverleih am Flughafen Kingscote), ein Fahrrad nehmen oder zu Fuß gehen. Die Straßen zu den wichtigsten Sehenswürdigkeiten sind gut ausgebaut, viele Nebenstrecken jedoch nicht asphaltiert.

← *Das türkisfarbene Wasser in der Emu Bay in der Nähe von Kingscote*

SEHENSWÜRDIGKEITEN

3

Port Elliot und Victor Harbor

A6 2000 bzw. 4000 2 Railway Terrace, Victor Harbor visitvictorharbor.com

Port Elliot und das nahe Victor Harbor sind seit langer Zeit beliebt, um der Hitze Adelaides zu entkommen. Das 1845 als Hafen für den Handel auf dem Murray River errichtete Port Elliot hat ein kleines Museum, ein paar nette Cafés, einen Badestrand und einen schönen Klippenweg, von dem man eine hervorragende Aussicht aufs Meer hat. Die Horseshoe Bay ist ein beliebter Surfspot.

Victor Harbor wurde im frühen 19. Jahrhundert als Walfangstation bekannt. Von Juni bis Oktober ziehen hier die Südkaper (Südliche Glattwale) nach Süden.

TOP 5 Strände in der Region

Port Noarlunga Beach
Ein wunderschöner Sandbogen mit sanften Wellen.

Beachport Surf Beach
Hervorragend zum Schwimmen, Surfen und Boogieboarding geeignet *(siehe S. 326)*.

Waitpinga Beach
Ein spektakulärer Surfstrand in der Nähe von Adelaide.

Coorong National Park Beaches
Meeres- und Lagunenstrände *(siehe S. 325)*.

Emu Bay Beach
Kangaroo Islands bester Strand zum Schwimmen.

Ein sehr beliebter Ausflug ist die Fahrt mit einer von einem Pferd gezogenen Bahn über eine Brücke nach Granite Island, um dort Pinguine zu beobachten.

4

Goolwa und Hindmarsh Island

A6 11 000 4 Goolwa Terrace, Goolwa visitalexandrina.com

Goolwa ist eine hübsche historische Stadt, ihre Hauptstraße säumen wunderschöne georgianische Gebäude. Seit den 1850er Jahren dient sie als Hafen, zudem ist sie ein Tor zum Coorong National Park *(siehe S. 325)* und zu zwei kleinen, aber bedeutenden Weinregionen: Currency Creek und Langhorne Creek.

Von Goolwa erreicht man über eine Brücke Hindmarsh Island. Der Bau der Brücke war umstritten und widersprach dem Willen der hier lebenden Ngarrindjeri, die 1994 dagegen protestierten.

Schon gewusst?

Lonely Island auf Hindmarsh Island ist eine Insel auf einer Insel (Hindmarsh) auf einer Insel (Australien).

Auf der Insel gibt es mehrere gute Aussichtspunkte, von denen aus man die Mündung des Murray River sehen kann.

5

Port Noarlunga

A6 3000 Port Noarlunga Arts Centre, Gawler St (+61 8 8326 5577)

Port Noarlunga hat einen fantastischen Strand und ein geschütztes Riff, dessen Ökosystem Schnorchler und Taucher auf einem 800 Meter langen Unterwasserweg erkunden können.

Der nahe gelegene Ort Old Noarlunga versetzt mit sei-

nen stimmungsvollen Steinhäusern und der markanten Steinkirche ins 19. Jahrhundert. Der Dorfplatz ist ein schöner Ort für ein Picknick.

Am Southport Beach mündet der Onkaparinga River ins Meer. Die Treppe, die zum Strand hinabführt, ist ein großartiger Ort, um die Aussicht zu genießen und fantastische Fotos zu machen.

↑ *Der avantgardistische d'Arenberg Cube auf einem Weingut in McLaren Vale*

6

Strathalbyn

A6 6000 Railway Station, 20 South Terrace
visitalexandrina.com

Strathalbyn wurde 1839 von schottischen Immigranten errichtet und steht heute als Ensemble unter Denkmalschutz. Verbindungen zu den schottischen Vorfahren spiegeln sich vor allem in der Architektur wider, die an kleine Städte in den schottischen Highlands erinnert.

Das am Ufer des Angas River gelegene Städtchen wird von der St Andrew's Church mit ihrem mächtigen Turm dominiert. Zahlreiche alte Gebäude sind erhalten. In der Polizeistation (1858) und dem Gerichtsgebäude (1865) ist das National Trust Museum untergebracht. Im 1867 ursprünglich als Kolonialwarenladen erbauten zweistöckigen London House befindet sich nun ein Antiquitätenladen. Wie in vielen anderen typischen Landstädten Australiens erinnern auch hier die Hotels und Banken an vergangene Zeiten.

Etwa 16 Kilometer südöstlich liegt mit Langhorne Creek eines der ältesten Weinbaugebiete Australiens.

7

McLaren Vale

A6 796 Main Rd
mclarenvaleand fleurieucoast.com.au

McLaren Vale, knapp eine Autostunde von Adelaide entfernt, ist eine wichtige Weinregion. Über 160 Weingüter produzieren vor allem Shiraz, Grenache und Cabernet Sauvignon. Die meisten Weingüter sind für Verkostungen geöffnet und bieten zu den Weinen Imbissplatten mit lokalen Köstlichkeiten.

Das Tal beherbergt viele hervorragende Restaurants und eignet sich auch gut zum Wandern und Radfahren.

↑ *Southport Beach an der Mündung des Onkaparinga River in Port Noarlunga*

Bar

d'Arenberg Cube
Im obersten Stock dieses Gebäudes befindet sich ein Verkostungsraum, der erlesene Weine und eine herrliche Aussicht auf McLaren Vale bietet.

A6 58 Osborn Rd, McLaren Vale
tägl. 10:30–16:30
darenberg.com.au

8

Birdwood

A6 1300 Mount Lofty Summit Rd, Crafers visitadelaidehills.com.au

In den Adelaide Hills liegt der beschauliche Ort Birdwood. Die alte Weizenmühle von 1850 beherbergt heute die berühmteste Attraktion von Birdwood: die große Sammlung an Oldtimern, alten Lastwagen und Motorrädern. Im **National Motor Museum** sind über 300 Fahrzeuge ausgestellt. Die illustre Sammlung gilt als eine der besten weltweit.

National Motor Museum
Shannon St
tägl. 10–17 25. Dez
motor.history.sa.gov.au

→ *Flinders Column und Aussichtsplattform auf dem Mount Lofty; Koala im Cleland Wildlife Park* (Detail)

Das **Old Government House** im Park wurde 1859 als Sommerresidenz des Gouverneurs erbaut. Besucher erhalten Einblick in das Leben des Kolonialadels.

Old Government House
1. u. 3. So im Monat, Feiertage 13–16 Karfreitag, 25. Dez oldgovernmenthouse.org.au

9

Belair National Park

A6 von Adelaide
tägl. 8–21 (Winter: 8–19)
25. Dez parks.sa.gov.au

Der achtälteste Nationalpark der Welt (1891) und einer der beliebtesten in South Australia liegt nur neun Kilometer von Adelaide entfernt. Hier können Tennisplätze und Pavillons gemietet werden, im ganzen Park stehen Picknickplätze zur Verfügung. Besucher können durch die Eukalyptuswälder schlendern und Kängurus, Emus und Schnabeligel *(echidnas)* sehen. Im Frühjahr blühen viele Wildblumen.

10

Gorge Wildlife Park

A6 30 Redden Drive, Cudlee Creek Adelaide
tägl. 9–16:30 25. Dez
gorgewildlifepark.com.au

Der Park erstreckt sich über rund sechs Hektar. Besucher bekommen einen Eindruck von der vielfältigen Tierwelt Australiens. Hier sieht man u. a. Kängurus, Wombats, Wallabys, Dingos und Fledermäuse. Auch die Vogelwelt ist artenreich vertreten, darunter auch einige Papageienarten und Laufvögel wie der Strauß. Interessant ist auch das Reptilienhaus. Zu den beliebtesten Tieren auf dem Areal gehören die Koalas, die man auch streicheln kann.

Auf dem Gelände des Tierparks befinden sich auch ein Kiosk, ein Souvenirladen, ein Picknickbereich und ein Grillbereich.

← *Oltdimer im National Motor Museum in Birdwood*

11

Mount Lofty

A6 Mount Lofty Summit Rd parks.sa.gov.au

Die Hügel der Mount Lofty Ranges bilden das landschaftlich abwechslungsreiche Hinterland der Metropole Adelaide. Mount Lofty, mit 727 Metern der höchste Punkt, bietet einen Blick auf die Stadt. Hier befindet sich auch ein ausgezeichnetes Informationszentrum. In die

schönen Sommerhäuser in den umliegenden Hügeln ziehen sich die Bewohner Adelaides im Sommer zurück.

Im **Cleland Wildlife Park** direkt unterhalb des Gipfels können Besucher mitten unter Kängurus und Emus spazieren, ein Foto mit einem Koala machen oder durch die Volieren wandern, um einheimische Vögel aus der Nähe zu beobachten.

Im Mount Lofty Botanic Garden, etwa 1,5 Kilometer südlich, wachsen Rhododendren und Magnolien.

Cleland Wildlife Park
365 Mount Lofty Summit Rd, Crafers
tägl. 9:30–17 25. Dez
clelandwildlifepark.sa.gov.au

Schon gewusst?

Der Ort mit dem meisten Schneefall in South Australia ist der Gipfel des Mount Lofty.

12

Hahndorf

A6 1800 von Adelaide hahndorfsa.org.au

Hahndorf ist die älteste existierende deutsche Siedlung Australiens. Erste Siedler kamen 1838 an Bord der *Zebra* unter dem Kommando von Kapitän Dirk Hahn. Auf der Flucht vor religiöser Verfolgung ließen sie sich in den Adelaide Hills nieder und erbauten Hahndorf. An der Hauptstraße stehen Beispiele deutscher Architektur, z. B. Fachwerkhäuser.

Direkt vor Hahndorf liegt **The Cedars**, früher Wohnhaus des bekanntesten Landschaftsmalers South Australias, des späteren Sir Hans Heysen *(siehe S. 31)*. Haus und Atelier sind für Besucher zugänglich. Etwas südlich der Stadt steht die in Stein erbaute Nixon's Mill (1842).

The Cedars
Heysen Rd
Di–So, Feiertage 10–16:30 Karfreitag, 25., 26. Dez
hansheysen.com.au

Restaurants

Inglewood Inn
Gehobenes Pub in den Adelaide Hills.
A6 1931 North East Rd, Inglewood
inglewoodinn.com.au
$$$

German Arms Hotel
Genießen Sie an diesem Ort deutsche Klassiker.
A6 69 Main St, Hahndorf germanarmshotel.com.au
$$$

Bangkok Noi
Das Restaurant verwöhnt mit Thai- und Asia-Küche.
A6 13–15 Mount Barker Rd, Hahndorf
bangkoknoihahndorf.com.au
$$$

Weinanbau in der hügeligen Landschaft des Barossa Valley

13

Murray River

B6 von Adelaide
84 Murray Ave, Renmark
discoverrenmark.com.au

Australiens längster Fluss (2375 km) ist eine lebenswichtige Quelle für den trockensten Bundesstaat des Landes. Er versorgt Adelaide und die Agrarindustrie, die große Mengen an Wein produziert, mit Wasser. Beliebt ist der Fluss bei Hausbootbesitzern, Wasserskifahrern und Anglern.

Die Stadt Renmark an der Grenze zu Victoria liegt inmitten des vom Fluss bewässerten Gebiets und ist Sitz der ersten Kellerei der Region.

Berri, im Süden von Renmark gelegen, ist Standort der größten kombinierten Brennerei und Kellerei der Südhalbkugel. Der Murray fließt durch Berri zur Kleinstadt Loxton, bevor er nach Waikerie abzweigt. Waikerie ist ein Segelflugzentrum, das von 5000 Hektar Obstplantagen umgeben ist.

Weitere 40 Kilometer stromabwärts erreicht der Murray mit der Stadt Morgan seinen nördlichsten Punkt in South Australia, bevor er nach Süden zum Meer fließt. Das **Morgan Museum** dokumentiert die Geschichte des einst zweitgrößten Hafens im Bundesstaat. Im Shop wird Kunsthandwerk verkauft.

Morgan Museum
Railway Terrace, Morgan Mo–Fr 10–16
visitmorgan.com.au

14

Barossa

A6 66–68 Murray St, Tanunda barossa.com

Barossa besteht aus dem Barossa Valley und dem Eden Valley. Es ist eines der bekanntesten Weinbaugebiete Australiens und gehört zu den international renommiertesten. Nach Besiedlung durch deutsche Lutheraner 1842 entstanden bei Bethany, Langmeil (heute Tanunda), Lyndoch und Light's Pass Dörfer. Deutsche Traditionen leben in den Kirchen, der Küche und den Festen der Region weiter.

Zu den vielen Weingütern der Region gehört Seppeltsfield. Die zwischen Tanunda und Greenock gelegene Kellerei wurde 1851 gegründet. Zu dem historischen Komplex aus prächtigen Steingebäuden führt eine Palmen-

Der Murray River auf seinem langen Weg durch South Australia

Expertentipp
Barossa Vintage Festival

Die Erntezeit wird im Barossa Valley ausgiebig gefeiert. Das Barossa Vintage Festival (www.barossavintagefestival.com.au) kurz vor Ostern bietet eine Woche lang Festlichkeiten mit Musik und Tanz.

Schon gewusst?

South Australia produziert mehr als die Hälfte der gesamten Weinmenge Australiens.

allee. Weinproben und Kellerführungen werden angeboten. Ein weiterer beliebter Ort ist Farm Shop and Eatery der renommierten Köchin Maggie Beer. Besuchen Sie am Sonntagvormittag den Barossa Farmers Market, um außergewöhnliche Produkte zu kosten.

15

Coorong National Park

A6 i 49 Princes Hwy, Meningie W coorong.sa.gov.au

Der Park besteht aus einer Kette von Lagunen. Sie erstrecken sich von der Mündung des Murray River ins Meer über rund 130 Kilometer Richtung Südosten und sind durch eine Sandbank vom Meer getrennt. Diese Lagunen bilden ein Ökosystem im Übergangsbereich zwischen Süß- und Salzwasser und bieten vielfältige Lebensräume mit artenreicher Tierwelt. Mit über 240 Vogelarten ist das Areal ein Paradies für Vogelbeobachter, eignet sich aber auch ideal zum Angeln, Wandern und Kanufahren.

Der Coorong war Schauplatz des bekannten australischen Kinderbuchs *Storm Boy* (1964), einer Geschichte über einen Jungen und seine Freundschaft mit einem Pelikan, sowie von zwei gleichnamigen Filmen.

16

Robe

A7 1000 i Lot 131, Mundy Terrace W robe.sa.gov.au

Robe ist ein Fischereihafen mit vielen bezaubernden Gebäuden, einem Badestrand und einer zerklüfteten Küste. Heute ist der Hafen für seine historischen Gebäude, Weingüter und Craftbeer-Brauereien bekannt. Robe ist auch ein sehr beliebter Sommerurlaubsort für die Bewohner von Adelaide und Melbourne. In Ferienzeiten kann es hier recht voll werden.

Weingüter

Barossa ist eine sehr geschätzte Weinregion. Hier ist eine Auswahl von Weingütern.

Seppeltsfield
A6 730 Seppeltsfield Rd, Seppeltsfield W seppeltsfield.com.au

Langmeil
A6 Ecke Langmeil Rd u. Para Rd, Tanunda W langmeilwinery.com.au

Yalumba
A6 40 Eden Valley Rd, Angaston W yalumba.com

17

Mount Gambier

B7 26 000
Lady Nelson Visitor Centre, 35 Jubilee Hwy
mountgambierpoint.com.au

Mount Gambier erhielt seinen Namen nach dem erloschenen Vulkan, auf dessen Ausläufern es steht. Die 1854 gegründete Stadt ist heute von Ananasplantagen und Farmland umgeben. Die vier Kraterseen des Vulkans sind Freizeitgebiete mit Wanderwegen, Picknickplätzen und einem Tierpark. Der 85 Meter tiefe Blue Lake zieht vor allem zwischen November und März Besucher an, wenn das Wasser intensiv blau ist. Von April bis Oktober ist er dunkelgrau.

In der Stadt gibt es zahlreiche Höhlen zu erkunden. Engelbrecht Cave ist bei Höhlentauchern besonders beliebt.

Fotomotiv
Umpherston Sinkhole

Der berühmte, geradezu perfekt kreisförmige Senkgarten in Mount Gambier scheint einer Fantasy-Geschichte entsprungen zu sein. Ein guter Standort für eine Aufnahme ist die Aussichtsplattform.

18

Beachport

A7 1000
Millicent Rd
wattlerange.sa.gov.au

Das historische Beachport wurde zunächst um 1830 als Walfangstation errichtet. Das heutige Beachport ist ein ruhiger Ort mit vielen Steingebäuden wie dem Old Wool and Grain Store, in dem sich ein Museum befindet.

Ein Steg erstreckt sich hier über eine beachtliche Länge von 772 Metern hinaus ins Meer. In Beachport werden zahlreiche Aktivitäten angeboten. Im Pool of Siloam, einem Salzsee, der siebenmal mehr Salz enthält als das Meer, kann man sich wunderbar an der Wasseroberfläche treiben lassen.

Coonawarras Terra Rossa

Die Weinregion von Coonawarra liegt auf einem Kalksteinrücken. Er wird stellenweise von einer Schicht roter Erde überlagert, die als Terra Rossa bezeichnet wird. Sie verleiht dem berühmten Cabernet Sauvignon seinen besonderen Geschmack. Dieses Gebiet ist von Sümpfen umgeben, was den Weinanbau hier umso bemerkenswerter macht.

19

Penola

B7 3500
27 Arthur St
wattlerange.sa.gov.au

Penola, einer der ältesten Orte im Südosten, ist das wichtigste Handels- und Geschäftszentrum des Weinanbaugebiets Coonawarra. Die erste Kellerei Penolas wurde 1893 errichtet. Mittler-

Faszinierende Formen in einer Höhle des Naracoorte Caves National Park ↑

weile gibt es hier um die 20 Kellereien, die Weinproben und Weinverkauf anbieten.

Penola selbst ist ein eher ruhiges, geschichtsbewusstes Städtchen, in dem man gemütlich bummeln kann. Der »Heritage Walk« führt an den alten Gebäuden vorbei, darunter das restaurierte Sharam's Cottage, das 1850 als erste Unterkunft in Penola errichtet wurde.

Das von der UNESCO als Feuchtgebiet mit internationaler Bedeutung klassifizierte Bool Lagoon Game Reserve liegt 40 Kilometer nördlich von Penola. Es ist wichtige Zufluchtsstätte für einheimische Tiere, darunter auch mehr als 150 Vogelarten. Von einigen Punkten aus können Besucher sowohl einheimische als auch Zugvögel beobachten.

← *Beachport an der Limestone Coast; Angeln – eine beliebte Aktivität an den Stränden des Ortes* (Detail)

20

Naracoorte Caves National Park

B7 von Adelaide tägl. 9–17 Uhr (letzte Führung: 15:30 Uhr) 25. Dez naracoortecaves.sa.gov.au

Knapp 20 Kilometer südlich von Naracoorte liegt der 600 Hektar große Naracoorte Caves National Park mit seinen 28 bekannten Höhlen. Besonders sehenswert ist die Victoria Cave, die wegen der 1969 entdeckten Fossilien von der UNESCO zum Welterbe erklärt wurde. Diese Höhle und drei weitere sind öffentlich zugänglich, eine Besichtigung kann auch mit Führung erfolgen.

Die Alexandra Cave ist voller Stalagmiten, Stalaktiten und Tropfsteinsäulen. Ein Rundgang bietet eine gute Einführung in die geologischen Prozesse, die zur Höhlenbildung führen.

Von November bis Februar bringen Tausende von Fledermäusen in der Maternity Cave ihre Jungen zur Welt. In der Dämmerung fliegen sie in Scharen zur Futtersuche aus. Die Höhle ist nicht zugänglich, Infrarotkameras bieten einen Blick ins Innere.

Mondlandschaft im Hinterland von Coober Pedy (siehe S. 335)

Halbinseln Yorke und Eyre und Outback von South Australia

Die Aborigines der Halbinseln Yorke und Eyre hatten sich schon vor der Kolonialisierung durch die Briten mit Europäern auseinanderzusetzen – wiederholt war es zu Konflikten mit Walfängern und Robbenfängern gekommen. Doch innerhalb eines Jahrzehnts nach der 1836 begonnenen Kolonialisierung waren die indigenen Gruppen durch gewaltsame Zusammenstöße mit britischen Siedlern und die Einschleppung neuer Krankheiten stark dezimiert worden.

Die Kolonie litt bald wegen Misswirtschaft unter großen finanziellen Problemen. Die wirtschaftliche Situation besserte sich durch die Entdeckung von Kupfer – 1842 bei Kapunda nördlich von Adelaide und 1845 bei Burra in der Nähe von Clare. Als diese Ressourcen schließlich erschöpft waren, entdeckte man neue im Norden der Halbinsel Yorke, 1859 in dem als Little Cornwall bekannten Gebiet bei Wallaroo und 1861 bei Moonta. Bis 1870 war South Australia führender Kupferlieferant für Großbritannien, noch heute sind Kupfer-, Silber- und Uranminen wesentliche Stützen der Wirtschaft.

Halbinseln Yorke und Eyre und Outback von South Australia

Highlight

1. Flinders Ranges

Sehenswürdigkeiten

2. Nullarbor Plain
3. Witjira National Park
4. Munga-Thirri-Simpson Desert Conservation Park
5. Kati Thanda-Lake Eyre National Park
6. Coober Pedy
7. Whyalla
8. Port Augusta
9. Little Cornwall
10. Port Victoria
11. Yorketown
12. Clare Valley
13. Coffin Bay National Park
14. Port Lincoln
15. Ceduna

Simpson Desert
Betoota
Birdsville
Westen und Outback von Queensland
Seiten 396–405
Lake Etamunbanie
4 Munga-Thirri-Simpson Desert Conservation Park
3 Witjira National Park
Lake Griselda
Macumba
Clifton Hills
Sturt Stony Desert
Oodnadatta
Tirari Desert
Nappa Merrie
Innamincka
QUEENSLAND
Algebuckina Bridge
Kati Thanda-Lake Eyre National Park 5
Moomba
Lake Eyre North
Strzelecki Desert
Naryilco
Elliot Price Conservation Park
William Creek
Lake Gregory
Bollards Lagoon
Lake Blanche
Sturt National Park
Curdimurka
Marree
Lake Callabonna
Milparinka
Gammon Ranges National Park
Mount Eba
Lyndhurst
Roxby Downs
Leigh Creek
Lake Frome
Lake Torrens
Woomera
Flinders Ranges 1
Blue Mountains und Westen von New South Wales
Seiten 156–169
Lake Gairdner
Lake Gairdner National Park
Bookaloo
Hawker
Broken Hill
Gawler Ranges
Low Hill
Quorn
Carrieton
Mannahill
BARRIER HWY
Port Augusta 8
Wilmington
Benda Range
Iron Knob
Mount Remarkable National Park
Orroroo
Menindee
Kyancutta
Whyalla 7
Peterborough
Kimba
Port Pirie
NEW SOUTH WALES
Gladstone
Danggali Conservation Park
Lock
Port Broughton
Cleve
Cowell
Burra
Arno Bay
Little Cornwall 9
Clare
12 Clare Valley
Eyre Peninsula
Renmark
Maitland
Port Wakefield
Wentworth
Port Victoria 10
Ardrossan
14 Port Lincoln
Yorke Peninsula
Adelaide und Südosten
Seiten 308–327
Lincoln National Park
Yorketown 11
Edithburgh
Adelaide
Halbinseln Yorke und Eyre und Outback von South Australia
Marion Bay
Strathalbyn
Cape Jervis
Kangaroo Island
Penneshaw
Meningie
N
0 Kilometer 150
A87
B83
A32
A1
B100
B90
B82
B64
A8
B1

❶

Flinders Ranges

E4 Quorn Railway Station, Railway Terrace, Quorn (+61 8 8620 0510)
frc.sa.gov.au/tourism

Die Flinders Ranges ziehen sich über 400 Kilometer von Crystal Brook nördlich des Clare Valley bis in das Outback South Australias. Der bei Buschwanderern beliebte Gebirgszug umfasst eine große landschaftliche Vielfalt und mehrere Nationalparks.

Der Mount Remarkable National Park im Süden der Flinders Ranges ist für herrliche Landschaft, Wildblumenpracht und gute Wanderwege bekannt. Die 50 Kilometer entfernte Stadt Quorn ist der Ausgangspunkt der wiederbelebten Pichi Richi Railway. Nördlich von Quorn liegen die beeindruckenden Schluchten Warren, Yarrah Vale und Buckaring. Der Flinders Ranges National Park umfasst einen Großteil der zentralen Flinders Ranges. Bekannt ist vor allem Wilpena Pound, ein hoch gelegenes natürliches Bassin von über 90 Quadratkilometern mit 500 Meter hohen Wänden. Der Gammon Ranges National Park im Norden bietet einige anspruchsvolle Buschwanderwege. Im Besucherdorf und Tierreservat Arkaroola gibt es Führungen und ein Observatorium. Nordöstlich der Flinders Ranges liegt Parachilna, der Ort an der Straße Hawker – Leigh Creek vermittelt ein wunderbares Outback-Feeling.

Oodnadatta Track

Der Oodnadatta Track verläuft über 620 Kilometer zwischen Marla und Marree und ist eine der beliebtesten Outback-Straßen Australiens. Sie passiert den Kati Thanda-Lake Eyre, Australiens größten und über weite Flächen ausgetrockneten See, und quert die alte Great Northern Railway. Für die Strecke benötigen Sie ein Fahrzeug mit Allradantrieb

Schöne Aussicht
Breakaways in der Abendsonne

Für herrliche Ausblicke auf das Outback fahren Sie in den Kanku-Breakaways Conservation Park (ca. 30 km nördl. von Coober Pedy). Bei Sonnenuntergang leuchtet die Landschaft in schönen Farbtönen.

Schon gewusst?

Die Flinders Ranges gehören zu den geologisch ältesten Landschaften der Welt.

Highlight

1 Gelbfuß-Felskängurus sind ein vertrauter Anblick im Flinders Ranges National Park.

2 Die Pichi Richi Railway ist eine historische, noch sehr beliebte Dampfeisenbahn.

3 Der Gebirgskessel des Wilpena Pound im Flinders Ranges National Park

↑ Straße durch das felsige Bunyeroo Valley in den Flinders Ranges

Die Straße passiert den Kati Thanda-Lake Eyre, Australiens größten und über weite Flächen ausgetrockneten See.

Hotel

Prairie Hotel
Zwölf luxuriöse, stilvolle Zimmer bietet das Prairie Hotel tief im Outback. Es gibt Touren, regionale Speisen und eine Brauerei.

A E4 ⌂ Ecke High St u. West Terrace, Parachilna
W prairiehotel.com.au
$$$

↑ *Azurblaues Wasser der Great Australian Bight brandet gegen die Felsklippen*

SEHENSWÜRDIGKEITEN

2

Nullarbor Plain

C4 Port Augusta Ceduna 58 Poynton St, Ceduna cedunatourism.com.au

Die weite Ebene der Nullarbor Plain erstreckt sich von Nundroo, ungefähr 150 Kilometer westlich von Ceduna, zur 330 Kilometer entfernten Grenze von Western Australia und darüber hinaus. Das trockene, staubige Land kann man mit einem Zug der Western Australian Railway oder per Auto auf dem Eyre Highway durchqueren. Der Zug führt weiter ins Landesinnere als die Straße. Der Highway verläuft näher an der Küste und passiert auch Nullarbor Links mit dem weltweit längsten 18-Loch-Golfplatz mit einem Loch in jedem Ort und jeder Raststätte entlang der Straße.

Angler, die die Einsamkeit suchen, kommen zur Fowlers Bay südlich der Kleinstadt Nundroo. Westlich davon führt die Straße durch Yalata-Aborigines-Land. Am Straßenrand gibt es Souvenirs zu kaufen. An Yalata grenzt im Westen der Nullarbor National Park. Er verläuft von dem Weiler Nullarbor Roadhouse, 130 Kilometer westlich von Nundroo, 200 Kilometer weiter bis zur Grenze nach Western Australia. Durch den Park führt der Eyre Highway entlang den Küstenklippen. Diese Gegend bietet einige spektakuläre Ausblicke auf die Great Australian Bight.

Das längste Höhlensystem der Welt liegt jenseits der Nullarbor Plain, auch im Grenzgebiet gibt es viele unterirdische Höhlen. Diese sollten nur von erfahrenen Höhlengängern erkundet werden, da viele überflutet oder einsturzgefährdet sind.

Schon gewusst?

Der 18-Loch-Golfplatz in der Nullarbor Plain ist 1365 Kilometer lang.

3

Witjira National Park

D4 parks.sa.gov.au

In Oodnadatta, 200 Kilometer nördlich von Coober Pedy, kann man Straßen- und Wetterbedingungen überprüfen, bevor man zum Witjira National Park weiterfährt.

Witjira bietet Dünen, Salzpfannen, steinige Ebenen und Coolibah-Eukalyptuswälder, am bekanntesten sind die heißen Quellen (Dalhousie Springs), deren warmes Wasser aus dem Great Artesian Basin steigt. Sie sind für Aborigines, Viehzüchter und Tiere lebenswichtige Punkte in der Wüste.

4

Munga-Thirri-Simpson Desert Conservation Park

E4 1. Dez – 15. März parks.sa.gov.au

Der Park grenzt an der äußersten Spitze von South Australia sowohl an Queensland als auch an das Northern Territory. Er besteht aus einer endlos scheinenden Aneinanderreihung von Sanddünen, Spinifex-Grasland und Gidgee-Wäldern. Hier leben etwa 180 Vogel-, 92 Reptilien- und 44 einheimische Säugetierarten, von denen einige aufgrund der großen Kargheit der Region nachtaktiv sind.

Fahrt ins Outback

Eine Fahrt ins Outback ist keine einfache Unternehmung. Fast jedes Jahr sterben Reisende entweder an den Folgen der Hitze, nachdem sie sich verlaufen haben oder auf abgelegenen Wegen stecken geblieben sind. Informieren Sie sich im Vorfeld über die Risiken und bereiten Sie sich entsprechend vor: Nehmen Sie genügend Wasser sowie ausreichende Vorräte an Kraftstoff und Lebensmitteln mit. Teilen Sie jemandem mit, wann und wohin Sie fahren und voraussichtlich zurückkehren. Es empfiehlt sich, im Konvoi zu reisen und ein Satellitentelefon mitzuführen. Bleiben Sie bei einer Panne am Fahrzeug.

5

Kati Thanda-Lake Eyre National Park

E4 1. Dez – 15. März
parks.sa.gov.au

Der Park umfasst den nördlichen Lake Eyre (in der Sprache der Aborigines *kati thanda*) und erstreckt sich östlich bis zur Tirari Desert.

Der größte Salzsee Australiens liegt teilweise 15 Meter unter dem Meeresspiegel. Die Salzkruste soll 400 Millionen Tonnen wiegen. Die spärliche Vegetation besteht aus Blaubusch-Akazien, »Samphiren« und Salzbüschen. Wenn der Salzsee alle paar Jahre Wasser führt, ändert sich das Bild: Blumen blühen, Vögel wie Pelikane und Möwen verwandeln den See in einen Brutplatz. Im Sommer kann es hier bis zu 50 °C heiß werden.

Die raue Wüstenumgebung erschwert die Navigation durch das Gelände. Fahren Sie nicht auf dem See. Unter der scheinbar harten Oberfläche verbirgt sich nämlich oft weicher Schlamm, sodass man leicht stecken bleibt, aber nur schwer wieder herauskommt.

Eine andere Möglichkeit zur Erkundung des Parks ist ein zweistündiger Rundflug von der kleinen Stadt William Creek, die am Oodnadatta Track *(siehe S. 332)* liegt.

6

Coober Pedy

D4 1400
Lot 773, Hutchison St
cooberpedy.com

Coober Pedy liegt ungefähr 850 Kilometer nordwestlich von Adelaide im Herzen einer rauen Landschaft und ist einer der berühmtesten Outback-Orte Australiens. Häufige Wirbelstürme und eine eintönige Wüstenlandschaft mit aufgelassenen Minen tragen zum tristen Erscheinungsbild bei, obwohl hier Menschen aus über 40 Nationen leben. 1915 wurden bei Coober Pedy Opale entdeckt. Bis heute fördert man hier in großem Umfang. Die Felder *(claims)* sind auf eine Person beschränkt, deshalb können nur Einzelpersonen und kleine Unternehmen schürfen.

Coober Pedy heißt in der Sprache der Aborigines *kupa piti* (»weißer Mann im Loch«). Der Name ist passend, denn nicht nur Minen, auch Häuser, Hotels und Kirchen sind unterirdisch angelegt, um den extremen Temperaturen zu entgehen. Einige der Häuser sind zugänglich.

Die unterirdische **Serbian Orthodox Church** ist u. a. mit Buntglas geschmückt, sie wurde 1993 in den Fels geschlagen.

Serbian Orthodox Church
Potch Gully Rd +61 8 8672 3048 tägl.

→

Unterirdische Serbian Orthodox Church, Coober Pedy

7

Whyalla

E5 21 000
Lincoln Hwy whyalla.com

Whyalla liegt am Zugang zur Halbinsel Eyre und ist die größte Provinzstadt des Bundesstaats. Der frühere Umschlaghafen für Eisenerz aus Iron Knob wurde 1939 mit dem Bau eines Hochofens, eines Hafens und einer Werft umstrukturiert. Das erste dort gebaute Schiff, die HMAS *Whyalla* (1941), ist noch im **Whyalla Maritime Museum** mit Führung zu besichtigen.

Whyalla hat einige schöne Strände und gute Angelplätze. An der Uferpromenade gibt es Gärten sowie nette Cafés und gute Restaurants.

Whyalla Maritime Museum
Lincoln Hwy
tägl., siehe Website
Karfreitag, 25. Dez
whyalla.sa.gov.au

Expertentipp
Farbenspiele im Meer

Von Mitte Mai bis Juli tummeln sich in den Gewässern vor Whyalla riesige Tintenfische. Sie ändern immer wieder ihre Farbe – ein spektakulärer Anblick beim Schwimmen.

8

Port Augusta

E5 21 000
41 Flinders Terrace
flindersandoutback.com.au

Port Augusta am Ende des Spencer Gulf liegt am Scheitelpunkt Australiens: Hier kreuzen sich die Eisenbahnlinien Sydney – Perth und Adelaide – Alice Springs sowie die Highways Sydney – Perth und Adelaide – Darwin. Die Stadt war einst ein wichtiger Hafen. Heute produzieren ihre Kraftwerke über 40 Prozent des staatlichen Strombedarfs. Die Northern Power Station wurde 2016 geschlossen.

In Port Augusta beginnt auch das Outback von South Australia. Das **Wadlata Outback Centre** erzählt die geologische Geschichte des Nordens vor etwa 15 Millionen Jahren, als noch Regenwälder das Gebiet bedeckten, dokumentiert aber auch die Historie von der Zeit der Aborigines bis zur Gegenwart.

In der Nähe wurde 1996 der **Arid Lands Botanic Garden** eröffnet. Das 200 Hektar große Gebiet ist Forschungs- und Freizeitzentrum.

Wadlata Outback Centre
41 Flinders Terrace
Mo – Fr 9 –16, Sa, So 10 –15 **25. Dez**
wadlata.sa.gov.au

HMAS *Whyalla (1941) – eines der wichtigsten Ausstellungsstücke im Whyalla Maritime Museum*

Arid Lands Botanic Garden
144 Stuart Hwy
tägl. 7:30 Uhr bis Sonnenuntergang
aalbg.org

9

Little Cornwall

E5 Kadina Blanche Terrace, Moonta moontaheritage.com.au

Die drei Städte Moonta, Kadina und Wallaroo verdanken ihre Entstehung der Entdeckung von Kupfer auf der Halbinsel Yorke in den Jahren 1859 und 1861. Gemeinsam werden sie »Copper Coast«, Moonta auch »Little Cornwall« genannt.

Im 19. Jahrhundert kamen Bergarbeiter aus Cornwall. Alle zwei Jahre wird dies noch heute mit dem Fest »Kernewek Lowender« gefeiert. Wallaroo, Standort der ersten Mine, war auch ein Umschlaghafen für Erz. Die Geschichte der Gegend illustriert das **Wallaroo Heritage and Nautical Museum**.

In Moonta, einst Standort der reichsten Kupfermine in Australien, liegt die **Moonta Mines State Heritage Area**. Das Geschichtsmuseum ist in der alten Moonta Mines Model School untergebracht. Spannend ist auch die schön

Cape Spencer Lighthouse im Innes National Park, Yorke Peninsula; Überreste der Ethel (Detail) ↑

restaurierte Schmalspur-Lokomotive Moonta Mines Railway.

Kadina ist die größte Stadt der Halbinsel. Das **Farm Shed Museum and Tourism Centre** beleuchtet die Bergbaugeschichte der Region.

Wallaroo Heritage and Nautical Museum
Jetty Rd · tägl. 10–16 · 25. Dez · nationaltrust.org.au

Moonta Mines State Heritage Area
Blanche Terrace · tägl. 9–17 · Karfreitag, 25. Dez · moontaheritage.com.au

Farm Shed Museum and Tourism Centre
50 Mines Rd · Mo–Fr 9–17, Sa, So 10–16 · 25. Dez · nationaltrust.org.au

10

Port Victoria

A6 · 700 · The Foreshore · visityorkepeninsula.com.au

Port Victoria an der Westküste der Halbinsel Yorke ist ein bei Anglern sehr beliebter Urlaubsort. Noch Anfang des 20. Jahrhunderts war dies ein geschäftiger Seehafen, in dem Schiffe Getreide für den Norden einluden. Zum letzten Mal benutzte ein Rahsegler den Hafen 1949. Die Geschichte dieser Schiffe und ihrer heroischen Fahrten erzählt das Maritime Museum, das neben dem Hafendamm untergebracht ist.

Zehn Kilometer vor der Küste liegt Wardang Island mit acht Schiffswracks (1871). Taucher können auf dem Wardang Island Maritime Heritage Trail die beschilderten Wracks besichtigen. Mietboote fahren zur Insel, für einen Landgang benötigt man die Genehmigung des Community Council in Point Pearce, der nahe gelegenen Aborigines-Siedlung, die die Insel verwaltet.

11

Yorketown

A6 · 500 · 33 Stansbury Rd · visityorkepeninsula.com.au

Yorketown ist das Handelszentrum im Süden der Halbinsel Yorke. Es liegt inmitten eines Gebiets mit ungefähr 200 Salzseen. Viele von ihnen verändern je nach Wetterlage ihre Tönung, die zeitweise bis ins Pinkfarbene reicht. Von etwa 1900 bis in die 1930er Jahre war die Salzgewinnung ein wichtiger Industriezweig.

Rund 70 Kilometer von Yorketown entfernt liegt an der Spitze der Halbinsel Yorke der Innes National Park. Die Landschaft wechselt von Salzseen und Mallee-Steppe im Binnenland zu Sandstränden und steilen Klippen entlang der Küste.

An der Küste kann man surfen, angeln und im Riff tauchen, wie z. B. am Browns Beach, der Pondalowie Bay, im Chinamans Creek und im Salmon Hole. Andere Strände sind zum Schwimmen nicht geeignet. Die rostigen Überreste der versunkenen Barke *Ethel*, die 1904 auf Grund ging, liegen heute unter den Kalksteinklippen des Ethel Beach, der Rumpf ragt teilweise aus dem Sand.

12

Clare Valley

A6 Clare 8 Spring Gully Rd, Clare clarevalley.com.au

Clare Valley ist ein erstklassiges Weinbaugebiet. Clare, der hübsche Hauptort, hat viele historische Gebäude, u. a. das Old Police Station Museum und Wolta Wolta, ein Wohnhaus von 1864 mit Antiquitätensammlung.

Restaurants

1802 Oyster Bar
Die Austern hier gelten als die besten des Landes.
D5 61 Esplanade, Coffin Bay 1802oysterbar.com.au
$$$

Ceduna Oyster Barn
Genießen Sie Seafood wie Austerngerichte und Jakobsmuscheln.
D4 Lot 20 Eyre Hwy, Ceduna +61 4 9708 5549
$$$

Sevenhill Cellars, sieben Kilometer südlich von Clare, ist der älteste Weinberg des Tals. Jesuiten aus Österreich legten ihn 1851 an, um Messwein für die Region zu erzeugen. Östlich von Sevenhill steht **Martindale Hall**, eine elegante Villa (1879).

Zwölf Kilometer nördlich von Clare liegt die Merinoschaffarm **Bungaree Station** von 1841, auf der noch heute gearbeitet wird. Hier erfahren die Besucher etwas über Leben und Arbeiten auf der Farm.

In Burra, 35 Kilometer nordöstlich von Clare, befand sich fünf Jahre nach dem ersten Kupferfund 1845 die größte Mine Australiens. Das Burra Mine Site ist eine der interessantesten archäologischen Industriestätten Australiens. Attraktionen sind das Morphett's Engine House Museum, das Bon Accord Mining Museum und die Paxton Square Cottages. Viele Gebäude wurden sorgfältig restauriert. Für eine Besichtigung benötigt man eine Genehmigung des **Burra Visitor Centre**.

Sevenhill Cellars
111C College Rd, Sevenhill 5453 tägl. 10–17 1. Jan, Karfreitag, 25., 26. Dez sevenhill.com.au

Martindale Hall
1127B Min Man Rd, Mintaro Mi–Mo 10–16 1. Jan, Karfreitag, 25., 26. Dez martindalehall.com.au

Bungaree Station
431 Bungaree Rd, Clare nur Führungen bungareestation.com.au

Burra Visitor Centre
2 Market St, Burra tägl. 9–17 25. Dez visitburra.com

13

Coffin Bay National Park

D5 Port Lincoln parks.sa.gov.au

Der Park liegt westlich der Südspitze der Eyre Peninsula. In der unberührten Küstenwildnis mit vorgelagerten Klippen, geschützten Sandstränden und reicher Vogelwelt liegen ausgezeichnete Angelplätze.

Einige der landschaftlich schönen Strecken sind nur mit Allradantrieb befahrbar. Für herkömmliche Fahrzeuge eignet sich vor allem der Yangie Trail von der Kleinstadt Coffin Bay zu Yangie Bay und Avoid Bay. Östlich vom Point Avoid befindet sich einer der

↑ *Blick über Clare Valley, eine bedeutende Weinbauregion in South Australia*

Türkisfarbenes Meer vor dem Strand im Coffin Bay National Park

besten Surfstrände Australiens: Almonta Beach.

Der Ort Coffin Bay ist ein beliebtes Zentrum zum Schwimmen, Surfen, Segeln und Angeln. Heute werden hier auch Austern gezogen. Der Oyster Walk führt entlang dem Küstenvorland durch Buschland.

14 Port Lincoln

D5 13 000
60 Tasman Terrace
portlincoln.com.au

Port Lincoln liegt am südlichen Ende der Halbinsel Eyre, an der Boston Bay, einem der weltweit größten Naturhäfen. In dem Fischerei- und Verarbeitungszentrum von Meeresfrüchten liegt die größte Thunfischflotte Australiens.

Im Januar feiert die Stadt beim Tunarama Festival mit Umzügen, Konzerten und einem Thunfisch-Weitwurf-Wettbewerb den Beginn der Thunfischsaison.

Abenteuerlustige können eine Bootstour zum Dangerous Reef, 31 Kilometer vor der Küste, unternehmen, um die Weißen Haie vom Boot oder Tauchkäfig zu sehen.

Südlich von Port Lincoln liegt **Mikkira Station**, eine 1842 errichtete Schaffarm. Heute gibt es hier eine Koalakolonie. Das **Koppio Smithy Museum** in den Koppio Hills, 40 Kilometer nördlich, gibt durch eine Holzhütte (1890) und eine Schmiede (1903) Einblicke in das harte Leben der Pioniere.

20 Kilometer südlich von Port Lincoln leben im Lincoln National Park mit Hügeln, Höhlen, Sandstränden und Klippen viele Vogelarten.

Um Whalers Way liegt eine einzigartige Küstenlandschaft (Zutrittsgenehmigung beim Informationsbüro).

Mikkira Station
Mikkira Lane, nahe der Fishery Bay Rd bei Temperaturen über 30 °C
mikkirakoalas.com

Koppio Smithy Museum
RSD 1951 Koppio Rd, Koppio Di – So 10 –16
Karfreitag, 25. Dez
nationaltrust.org.au

15 Ceduna

D4 2500
58 Poynton St
cedunatourism.com.au

An der Spitze der Westseite der Halbinsel Eyre liegt Ceduna, die bedeutendste Stadt im Westen vor dem Beginn der Nullarbor Plain. Ihr Name stammt von dem Aborigines-Wort *cheedoona*, was »Rastplatz« bedeutet.

Das **Ceduna School House Museum** erinnert mit restaurierten Landwirtschaftsgeräten an die Pionierzeit. Auch Artefakte der Aborigines sind hier zu sehen.

Um 1850 befand sich auf St Peter Island vor der Küste von Ceduna eine Walfangstation, heute ist die Stadt Ziel von Walbeobachtern. Vom Head of Bight, 300 Kilometer von Ceduna entfernt, kann man von Juni bis Oktober Südkaper an der Küste vorbeiziehen sehen.

Die Austernindustrie konzentriert sich auf die Buchten Denial und Smoky zu beiden Seiten von Ceduna. Zwischen Ceduna und Penong, einem Ort 70 Kilometer weiter westlich, gibt es Surfstrände wie den legendären Cactus Beach.

Ceduna School House Museum
2 Park Terrace
Zeiten der Website entnehmen 25. Dez
nationaltrust.org.au

Tierwelt der Halbinsel Eyre

Auf der Eyre-Halbinsel gibt es eine große Vielfalt an Tieren. Kängurus, Haarnasenwombats *(rechts)*, Emus, Seeadler, Fischadler, Albatrosse und Sturmvögel sind hier zu sehen. Der spektakulärste Anblick sind die Südkaper (Südliche Glattwale), die an der Spitze der Great Australian Bight brüten.

QUEENSLAND

Great Barrier Reef vor der Nordostküste Australiens (siehe S. 384–387)

QUEENSLAND AUF DER KARTE

Dieses Kapitel gliedert Queensland in vier Gebiete, die auf der Karte jeweils mit eigener Farbcodierung dargestellt sind.

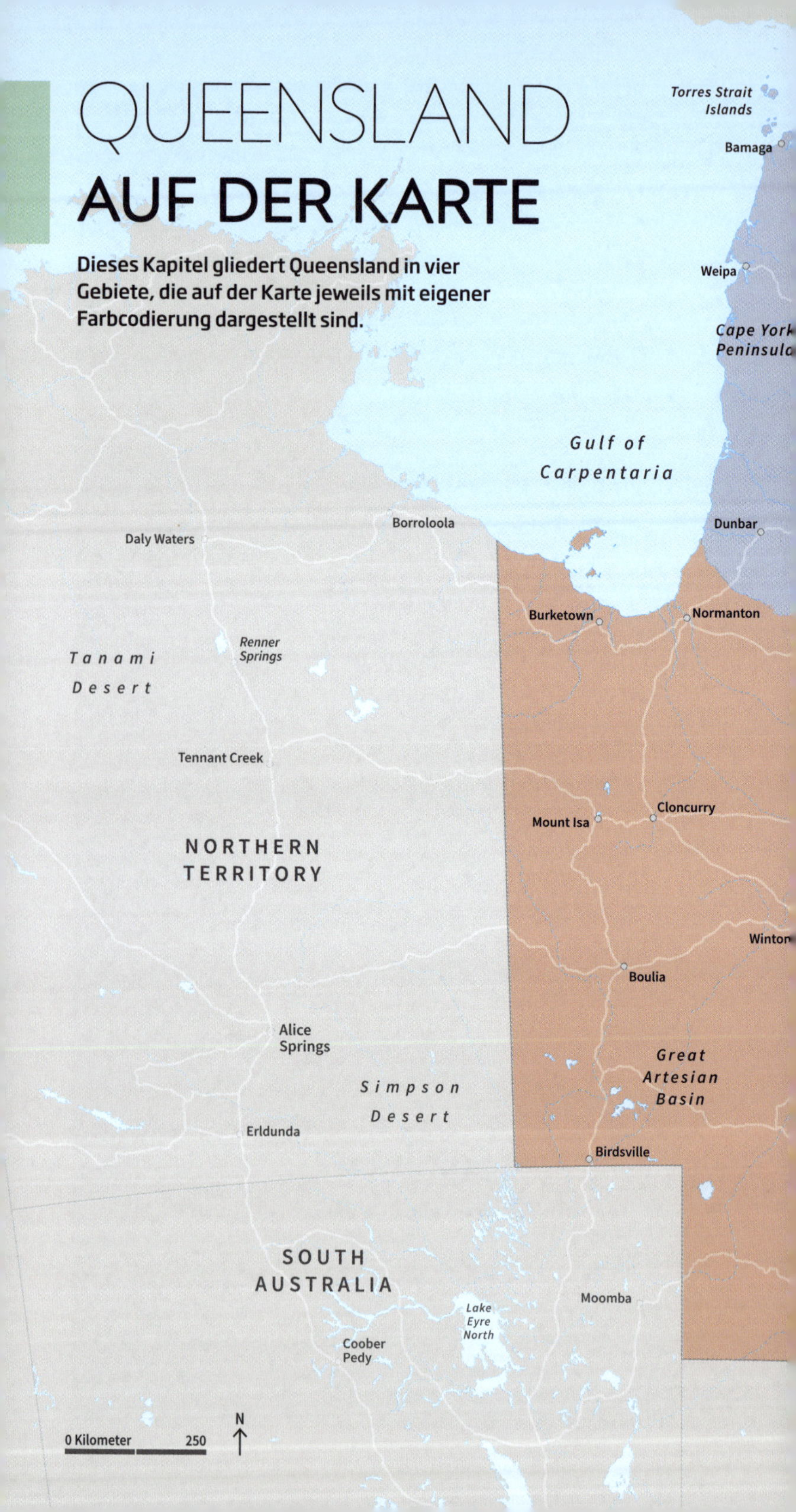

Australien
Coral Sea
Cooktown
Norden von Queensland
Seiten 380–395
Port Douglas
Cairns
Innisfail
Mount Garnet
Mission Beach
Hinchinbrook Island
Greenvale
Townsville
Charters Towers
Bowen
Whitsunday Islands
Pazifischer Ozean
Hughenden
Mackay
St Lawrence
Clermont
Longreach
Rockhampton
Gladstone
Westen und Outback von Queensland
Seiten 396–405
Bundaberg
Südosten von Queensland und Whitsunday Islands
Seiten 364–379
Fraser Island
Maryborough
Charleville
Mitchell
Chinchilla
Noosa
Caloundra
Cunnamulla
St George
Toowoomba
Brisbane
Seiten 348–363
Gold Coast
Byron Bay
NEW SOUTH WALES
Bourke
Inverell

DIE REGIONEN VON QUEENSLAND

Die sonnenverwöhnten Küsten des Staats Queensland erstrecken sich über eine Gesamtlänge von knapp 7000 Kilometern. Hier im Nordosten Australiens finden Surfer ihr Paradies - und Taucher mit dem Great Barrier Reef das größte Korallenriff der Erde. Sowohl an Land als auch im Wasser lassen sich viele faszinierende Tierarten entdecken und hervorragend beobachten.

Seiten 348–363

Brisbane

Die Hauptstadt von Queensland galt einst als etwas verstaubt, aber diese Zeiten sind vorbei. Längst ist »Brissie« bekannt und beliebt für eine florierende Kunst- und Kulturszene. Vor allem im lebendigen Bezirk South Bank am Südufer des Brisbane River pulsiert das Leben in den zahlreichen Parks, Galerien, Restaurants und Cafés. Auch die Riverside Markets in den Botanic Gardens liegen ganz in der Nähe. Sie möchten nichts verpassen? Machen Sie einen Spaziergang über den Riverwalk, der sich vom Central Business District bis nach New Farm erstreckt.

Entdecken
Cafés und Restaurants am Ufer

Sehenswert
Queensland Cultural Centre

Genießen
Ein Spaziergang entlang dem gewundenen Riverwalk über den Brisbane River

Seiten 364–379

Südosten von Queensland und Whitsunday Islands

Das südöstliche Queensland steckt voller Abenteuer. Besuchen Sie einen der vier Themenparks an der glitzernden Gold Coast, erkunden Sie verrostete Schiffswracks auf K'gari (Fraser Island), der größten Sandinsel der Welt, oder unternehmen Sie eine Bootsfahrt zu den unberührten Whitsunday Islands und schnorcheln Sie am Rande des Great Barrier Reef. Im Landesinneren können Sie hervorragend Vögel beobachten oder sich unter Wasserfällen erfrischen.

Entdecken
Familienfreundliche Attraktionen

Sehenswert
K'gari (Fraser Island)

Genießen
Relaxen Sie an dem bezaubernden Whitehaven Beach, einem der schönsten Strände der Welt

→

Seiten 380 – 395

Norden von Queensland

Im Norden von Queensland liegen zwei zum UNESCO-Welterbe gehörende Gebiete direkt nebeneinander – der Daintree-Regenwald, der älteste tropische Regenwald der Welt, und das Great Barrier Reef, das größte Korallenriff der Erde und Zuhause vieler verschiedener Tier- und Pflanzenarten. Wandern Sie durch dichte Wälder oder entlang rauschender Flüsse (Vorsicht: Krokodile!) oder tauchen Sie hinab zu farbenprächtigen Korallen und seltenen Fischen. Abends genießen Sie das entspannte Flair und ein gutes Abendessen.

Entdecken
Korallenriffe und Regenwald

Sehenswert
Great Barrier Reef, Cairns

Genießen
Schnorcheln Sie unter Anleitung durch das einmalig schöne Great Barrier Reef

Seiten 396–405

Westen und Outback von Queensland

Willkommen im Wilden Westen Australiens! Auf Ihrer Reise quer durch das Outback von Queensland werden Ihnen immer wieder Cowboys und sonnengebräunte Viehzüchter begegnen. Was jedoch kaum jemand über diese karge Region weiß: Hier wurde auch die Fluggesellschaft Qantas gegründet, hier fanden Buschdichter die Inspiration zum Schreiben von Nationalhymnen, und hier erzählen versteinerte Dinosaurierabdrücke noch immer eine Geschichte, die vor Millionen von Jahren ihren Anfang nahm.

Entdecken
Charmante Kleinstädte

Sehenswert
Carnarvon National Park

Genießen
Wandeln Sie im Lark Quarry Conservation Park auf den Spuren der Dinosaurier

Geschäftsviertel am Ufer des Brisbane River

Brisbane

Über Jahrtausende stellten der Brisbane River und die Graslandschaften und Wälder in der Umgebung den hier lebenden Aborigines reiche Ressourcen zur Verfügung. Holz wurde zur Herstellung von Werkzeugen und Unterkünften verwendet, die Uferbereiche boten Nahrung und Schilf zur Herstellung von Schmuck, Körben und Netzen. Diese Lebensweise konnten die Indigenen bis 1824 aufrecht erhalten, als hier ein Gefängnis errichtet wurde, um Verbrecher mit der höchsten Rückfallquote der Strafkolonie in Sydney an einem sichereren Ort unterzubringen.

1837 kamen die ersten freien Siedler. Sie durften sich jedoch nicht näher als 80 Kilometer zum Gefangenenlager niederlassen. Noch heute spiegelt sich diese Regelung in der Dezentralisierung und der Ausdehnung der Stadt wider: Neben dem Stadtzentrum existiert eine große Zahl an eigenständigen Gemeinden. Die Stadt wuchs sehr schnell und wurde 1859 zur Hauptstadt der Kolonie Queensland ernannt.

Mit der Erschließung der Bodenschätze, darunter auch Kohle, Silber, Blei und Zink, blühte die Hauptstadt auf. Doch erst seit dem in den 1960er Jahren einsetzenden Bergbauboom genießt Brisbane den Ruf einer wirklich modernen Stadt. Weitere Meilensteine in der Entwicklung waren die Commonwealth Games 1982 und die Weltausstellung 1988, die den internationalen Bekanntheitsgrad der Stadt enorm steigerten. Heute verfügt die kosmopolitische Metropole über eine lebendige Kunstszene und ein großes Angebot an kulturellen Veranstaltungen. 2032 werden die Olympischen Sommerspiele in Brisbane stattfinden.

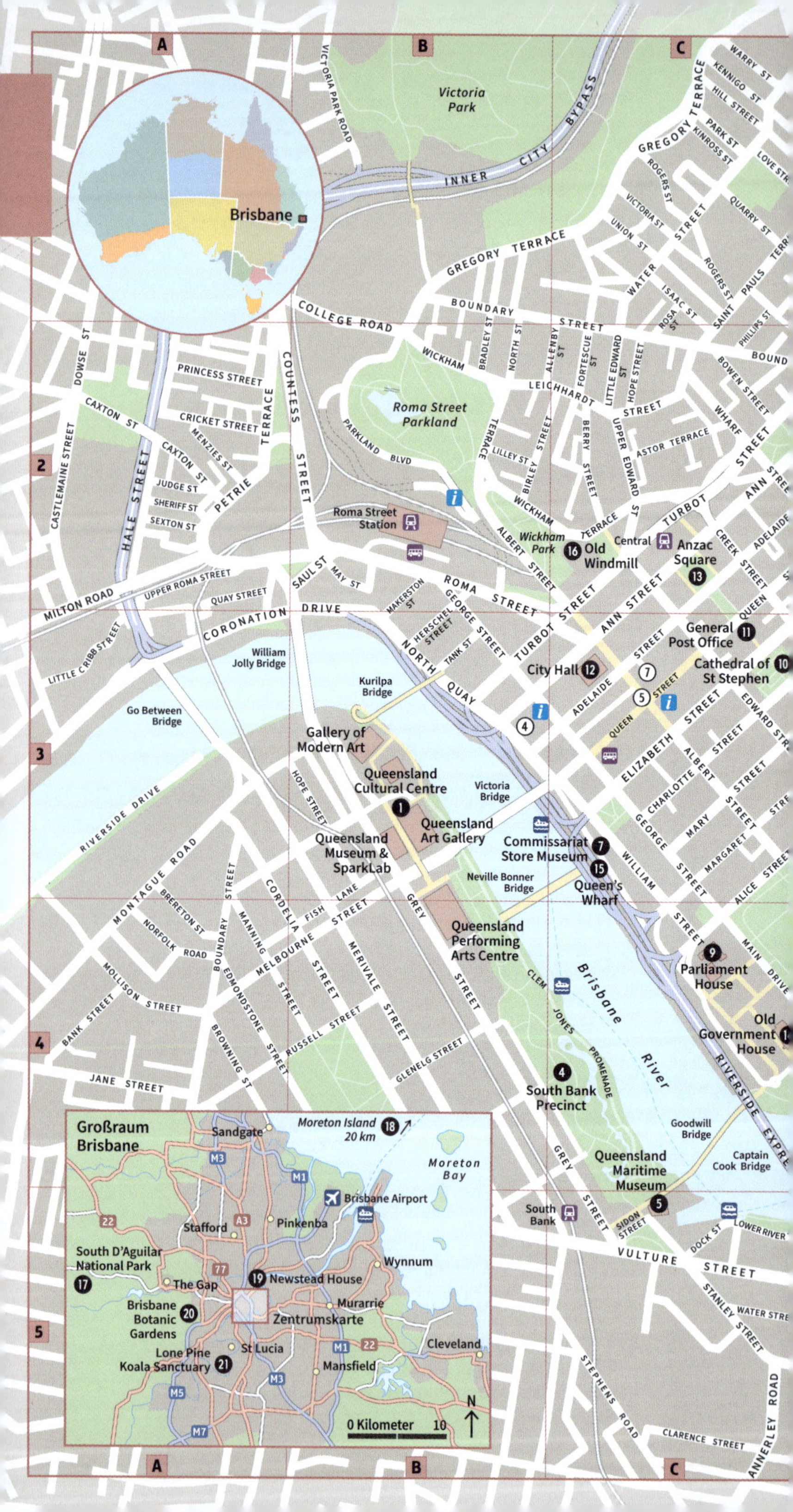

A
B
C
1
2
3
4
5
Brisbane
Victoria Park
Inner City Bypass
Victoria Park Road
Gregory Terrace
Boundary Street
College Road
Wickham Terrace
Roma Street Parkland
Parkland Blvd
Princess Street
Cricket Street
Caxton St
Dowse St
Castlemaine Street
Hale Street
Petrie Terrace
Countess Street
Judge St
Sheriff St
Sexton St
Menzies St
Roma Street Station
Wickham Park
Old Windmill
Central
Anzac Square
Milton Road
Upper Roma Street
Quay Street
Coronation Drive
Saul St
May St
Roma Street
Makerston St
Herschel Street
George Street
Tank St
North Quay
Turbot Street
Ann Street
Adelaide Street
Queen Street
Creek Street
Edward Street
General Post Office
City Hall
Cathedral of St Stephen
Little Cribb Street
William Jolly Bridge
Kurilpa Bridge
Go Between Bridge
Gallery of Modern Art
Queensland Cultural Centre
Victoria Bridge
Queensland Art Gallery
Queensland Museum & SparkLab
Commissariat Store Museum
Neville Bonner Bridge
Queen's Wharf
Hope Street
Riverside Drive
Montague Road
Brereton St
Norfolk Road
Boundary Street
Manning Street
Cordelia Street
Fish Lane
Melbourne Street
Grey Street
Merivale Street
Queensland Performing Arts Centre
Elizabeth Street
Charlotte Street
Albert Street
Mary Street
Margaret Street
Alice Street
William Street
Parliament House
Old Government House
Main Drive
Brisbane River
Clem Jones Promenade
South Bank Precinct
Mollison Street
Edmondstone Street
Russell Street
Glenelg Street
Bank Street
Jane Street
Browning St
Goodwill Bridge
Captain Cook Bridge
Riverside Expressway
Queensland Maritime Museum
South Bank
Sidon Street
Dock St
Lower River Terrace
Vulture Street
Stanley Street
Water Street
Stephens Road
Clarence Street
Annerley Road
Gregory Terrace
Kennigo St
Warry St
Hill Street
Park St
Kinross St
Love Street
Rogers St
Quarry St
Victoria St
Union St
Water Street
Isaac St
Rosa St
Saint Pauls Terrace
Phillips St
Bowen Street
Wharf Street
Astor Terrace
Bradley St
North St
Allenby St
Fortescue St
Little Edward St
Hope Street
Leichhardt Street
Upper Edward St
Berry Street
Birley Street
Lilley St
Albert Street
Großraum Brisbane
Sandgate
Moreton Island 20 km
Moreton Bay
Brisbane Airport
Stafford
Pinkenba
South D'Aguilar National Park
The Gap
Newstead House
Wynnum
Brisbane Botanic Gardens
Murarrie
Zentrumskarte
St Lucia
Lone Pine Koala Sanctuary
Mansfield
Cleveland
M1
M3
M5
M7
A3
22
77
0 Kilometer 10
N

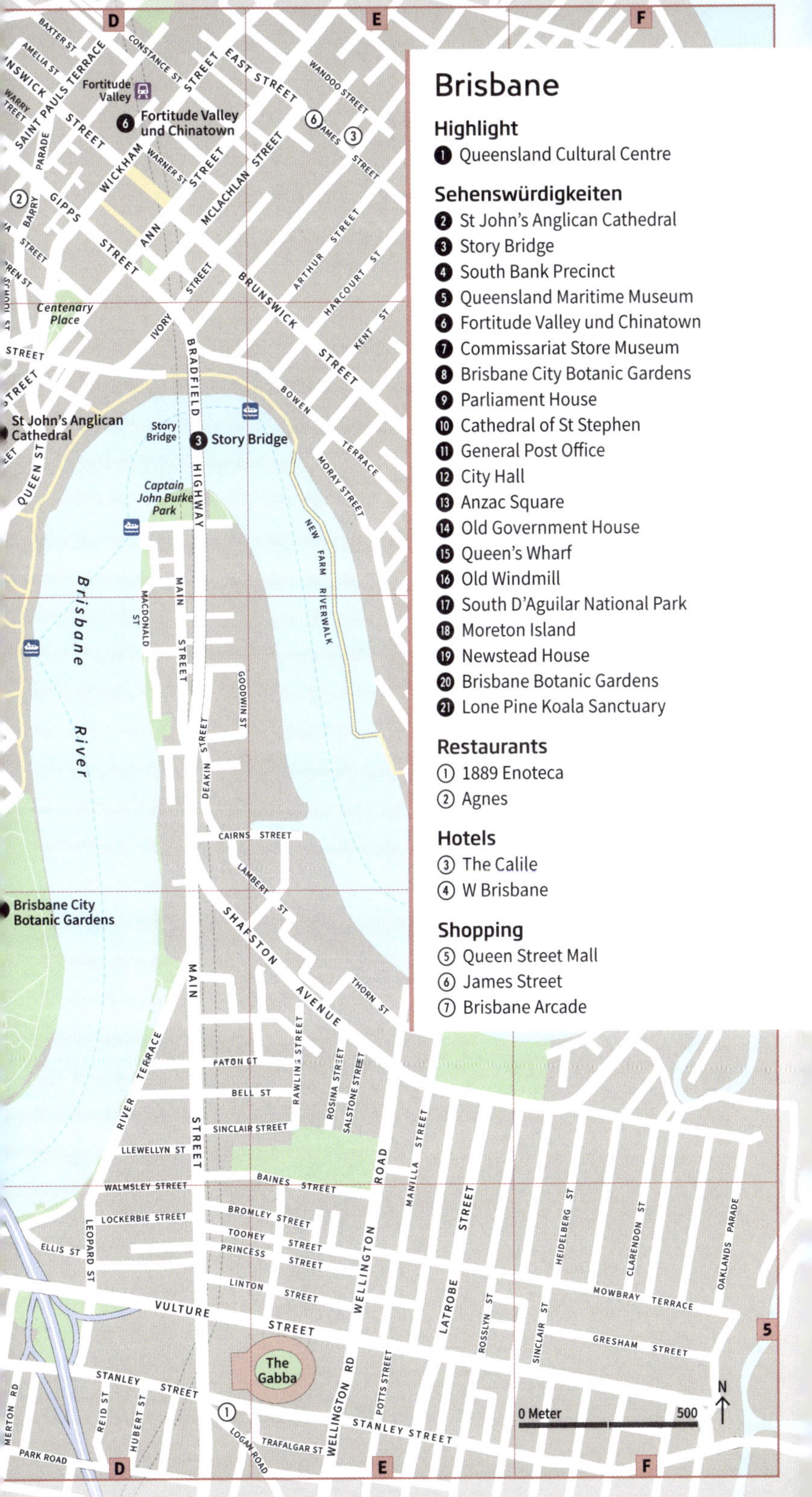

Brisbane

Highlight

1 Queensland Cultural Centre

Sehenswürdigkeiten

2 St John's Anglican Cathedral
3 Story Bridge
4 South Bank Precinct
5 Queensland Maritime Museum
6 Fortitude Valley und Chinatown
7 Commissariat Store Museum
8 Brisbane City Botanic Gardens
9 Parliament House
10 Cathedral of St Stephen
11 General Post Office
12 City Hall
13 Anzac Square
14 Old Government House
15 Queen's Wharf
16 Old Windmill
17 South D'Aguilar National Park
18 Moreton Island
19 Newstead House
20 Brisbane Botanic Gardens
21 Lone Pine Koala Sanctuary

Restaurants

① 1889 Enoteca
② Agnes

Hotels

③ The Calile
④ W Brisbane

Shopping

⑤ Queen Street Mall
⑥ James Street
⑦ Brisbane Arcade

1

Queensland Cultural Centre

B3 · Stanley Place, South Bank · South Brisbane · South Bank · +61 7 3840 7303 · tägl. 10–17 · Karfreitag, 25., 26. Dez · qagoma.qld.gov.au

Das höchst renommierte Queensland Cultural Centre in spektakulärer Lage an der South Bank ist das überragende Zentrum der Kunstszene von Brisbane. Der von schön gestalteten Plätzen und üppigen grünen Gärten umgebene Komplex umfasst die Queensland Art Gallery (QAG), die Gallery of Modern Art (GOMA), das Queensland Museum, die State Library of Queensland und das Queensland Performing Arts Centre.

Das Kunstzentrum gilt als kulturelles Herzstück von Queensland und zieht jährlich mehr als sieben Millionen Besucher an. Es birgt beeindruckende Sammlungen internationaler und australischer Kunst, zeigt Ausstellungen aus den Bereichen Biowissenschaften, Naturgeschichte und Technologie und bietet erstklassige Theater- und Konzerterlebnisse.

←

In der Gemäldesammlung der Queensland Art Gallery

Highlight

Kurzführer

Die hochinteressanten Sammlungen des Queensland Cultural Centre verteilen sich auf drei Ebenen. Asiatische Kunst ab dem 12. Jahrhundert ist auf Ebene 2 zu sehen. Kunst der Aborigines wird auf Ebene 4 präsentiert. Australische Kunst findet man auf Ebene 3. Die Sammlung zeitgenössischer Kunst residiert in der Gallery of Modern Art. Das Children's Art Centre zeigt ambitionierte Ausstellungen und Veranstaltungen für Kinder und Jugendliche. Bemerkenswert ist auch Watermall, ein sehenswertes Wasserspiel.

Besucher werden auch von der architektonischen Pracht der einzelnen Kulturinstitutionen des Zentrums beeindruckt sein. Das denkmalgeschützte QPAC, die QAG und das Queensland Museum sind schöne Beispiele internationaler Baukunst des späten 20. Jahrhunderts. Die moderneren Bereiche – GOMA und State Library of Queensland – wurden für ihre markante Bauweise und Gestaltung mehrfach ausgezeichnet.

Das Ausstellungsgebäude wird von idyllischen Gartenanlagen mit Skulpturen und Springbrunnen umrahmt. In unmittelbarer Nähe befinden sich Restaurants, Cafés, Bars und Buchhandlungen.

↑ Queensland Performing Arts Centre (QPAC) am Ufer des Brisbane River

Attraktionen

Queensland Museum & SparkLab

▷ Das Museum zeigt Modelle prähistorischer und noch lebender Tiere in Originalgröße, u. a. ein Modell von Queenslands Dinosaurier, dem *Muttaburrasaurus*. Das SparkLab präsentiert interaktive Ausstellungen.

Gallery of Modern Art (GOMA)

Die auch architektonisch interessante GOMA ist Australiens größte Sammlung moderner Kunst, mit Werken des 20./21. Jahrhunderts aus Australien, Asien und dem Pazifikraum sowie zwei Abteilungen für australische Kunst.

Queensland Art Gallery

Die 1895 gegründete QAG zeigt australische Kunst, u. a. Werke von Sidney Nolan und Margaret Preston sowie Kunst der Aborigines. Die internationale Sammlung umfasst europäische Werke des 15. Jahrhunderts sowie asiatische Kunst des 12. Jahrhunderts. QAG und GOMA bilden gemeinsam als QAGOMA Museum das zweitgrößte Kunstmuseum Australiens.

State Library of Queensland

◁ Die Staatsbibliothek beherbergt Sammlungen aller Fachgebiete. Die meisten Leistungen sind kostenlos. Sehr interessant sind die Asia Pacific Design Library und die Digitalwelt The Edge.

Queensland Performing Arts Centre (QPAC)

Das QPAC ist eines der führenden Zentren für Live-Performances in Australien. Der Komplex umfasst das Lyric Theatre mit 2000 Sitzplätzen, eine Konzerthalle und kleinere Theater, in denen Opern, klassische Konzerte und Theaterproduktionen aufgeführt werden.

SEHENSWÜRDIGKEITEN

2 St John's Anglican Cathedral

D2 373 Ann St Brisbane Central Free Loop Riverside Centre tägl. 9:30–16:30 stjohnscathedral.com.au

Die im neogotischen Stil entworfene St John's Anglican Cathedral (Grundsteinlegung 1901) zählt zu den schönsten Kirchen der Südhalbkugel. Der Innenraum wurde mit Helidon-Sandstein gestaltet. Die Kirche umfasst auch eine Sammlung mit zahlreichen kunsthandwerklichen Objekten, darunter Holz-, Glas- und Steinarbeiten. Auf mehr als 400 Kniekissen sind Tiere und Pflanzen aus Queensland dargestellt.

3 Story Bridge

D2 Level 1, 170 Main St, Kangaroo Point

Die Story Bridge in Brisbane wurde während der Großen Depression erbaut. Die Arbeiten nahmen fünf Jahre in Anspruch. Im Juli 1940 wurde die Brücke eröffnet. Es gab damals bereits eine Brücke über den Brisbane River. Die Story Bridge sollte vor allem Arbeitsplätze schaffen und die allgemeine Moral der Stadt heben.

Auf dem **Story Bridge Adventure Climb** lässt sich die Stadt aus höchst ungewöhnlicher Perspektive entdecken. Mehrmals täglich kann man die Brücke erklimmen. Auf der geführten Tour erfährt man viel über die Geschichte der Brücke und die Entwicklung der Stadt zur Metropole. Der Ausblick vom höchsten Punkt der Brücke ist toll.

Story Bridge Adventure Climb
tägl. (Touren) storybridgeadventureclimb.com.au

4 South Bank Precinct

C4 Brisbane-Ufer, South Bank South Bank Cultural Centre, South Bank, George St South Bank 3 visit.brisbane.qld.au

Der Veranstaltungsort der Expo '88 am südlichen Ufer des Brisbane River ist heute ein 17 Hektar großes Zentrum für Kultur, Unterhaltung und Erholung. Das als *parklands* bekannte Gebiet umfasst das Queensland Performing Arts Centre, die State Library, das Queensland Museum & SparkLab, die Queensland Art Gallery und die Gallery of Modern Art *(siehe S. 352f)*, die Opera Queensland sowie ein Ausstellungszentrum. Die South Bank wird von vielen Restaurants, Cafés, Wochenmarktständen und Straßenkünstlern geprägt.

Das Wheel of Brisbane bietet tolle Sicht auf die Stadt. Die Goodwill Bridge, eine 450 Meter lange Fußgänger- und Fahrradbrücke, verbindet das Areal mit den Brisbane Botanic Gardens. Eine weitere Fußgängerbrücke, die Neville Bonner Bridge, wurde 2024 eröffnet.

Streets Beach

Eine Oase mitten in Brisbane: Streets Beach ist Australiens einziger innerstädtischer, künstlich angelegter Strand. Badegäste schwimmen in der im Sonnenlicht glitzernden blauen Lagune. Palmen und andere Pflanzen tragen zum tropischen Flair bei. Der Strand kann gratis genutzt werden.

↑ *Das in leuchtenden Farben gestrichene Eingangstor zu Brisbanes Chinatown*

5

Queensland Maritime Museum

C5 Ende der Goodwill Bridge, South Bank South Bank South Bank, Mater Hill Maritime Museum, South Bank Mi–So 10–16:15 1. Jan, Karfreitag, 25. Apr, 24.–26. Dez maritimemuseum.com.au

Zu den Ausstellungsstücken im Queensland Maritime Museum gehören Schiffsmodelle, nachgebaute Kabinen aus Küstendampfern und Fundstücke aus alten Schiffswracks. Im Trockendock liegt die HMAS *Diamantina*, eine Fregatte aus dem Zweiten Weltkrieg. Das Museum beherbergt auch *Ella's Pink Lady*, die Yacht der aus Queensland stammenden Jessica Watson. Sie war mit 16 Jahren die jüngste Person, die alleine und ohne fremde Hilfe um die Welt segelte. Ausgestellt werden auch der Perlen-Logger *Penguin* und ein japanisches Vergnügungsboot *(yakatabune)*, ein Geschenk Japans an Brisbane nach der Expo '88.

6

Fortitude Valley und Chinatown

D1 Ecke Ann St u. Wickham St, Fortitude Valley Brunswick St Brunswick St

Das englische Schiff *Fortitude* segelte 1859 mit 250 Siedlern den Brisbane River entlang. Das Tal, in dem sie an Land gingen, wurde nach dem Schiff benannt. Zwischen 1880 und 1900 entstanden hier beeindruckende Gebäude, die jedoch später großteils verfielen. Ab 1980 kümmerte sich der Stadtrat um die Neubelebung des Viertels, heute ist es das Künstlerviertel Brisbanes mit vielen Restaurants. Das McWhirter's Emporium, ein Art-déco-Gebäude, war früher ein Kaufhaus. Nun sind unten Läden und oben Wohnungen untergebracht. Am Wochenende findet an der Brunswick Street ein Straßenmarkt statt.

Im Fortitude Valley liegt auch Brisbanes Chinatown, ein Bezirk mit asiatischen Restaurants, Supermärkten, Kinos und Kampfsportzentren. Die Löwen am Eingang des Areals wurden umgedreht, nachdem ein Feng-Shui-Experte ihre ursprüngliche Position als negativ für gutes Qi und für positive Geschäfte erachtet hatte.

↑ *Die bei Dunkelheit prachtvoll illuminierte Story Bridge überspannt den Brisbane River*

Restaurants

1889 Enoteca

An diesem romantischen Ort erwarten Sie hochwertige italienische Weine und typisch römische Küche.

D5 10–12 Logan Rd, Woolloongabba Mo 1889enoteca.com.au

$$$

Agnes

Das Markenzeichen des Lokals ist das Kochen über offenem Feuer. Neben dem Speiseraum gibt es eine Weinbar.

D1 22 Agnes St, Fortitude Valley anyday.com.au

$$$

7 Commissariat Store Museum

C3 · 115 William St · South Brisbane, Brisbane Central · Free Loop · North Quay · Di–Fr 10–16 · Karfreitag, Ostersonntag, 25., 26. Dez · commissariatstore.org.au

Die restaurierten Commissariat Stores wurden 1829 von Strafgefangenen errichtet. Sie sind der einzige öffentlich zugängliche Bau Brisbanes aus den Zeiten der Strafkolonie. Er wurde im Jahr 2000 restauriert und ist nun wieder für Besucher geöffnet. Heute befindet sich hier die Royal Historical Society of Queensland.

8 Brisbane City Botanic Gardens

D4 · Alice St · Brisbane Central · Free Loop · Edward St · tägl. · brisbane.qld.gov.au

Der Botanische Garten von Brisbane am Brisbane River ist der zweitälteste Australiens. In der Hektik dieser Wolkenkratzerstadt ist der Garten eine willkommene Oase der Ruhe, die zu Spaziergängen einlädt.

Bis zur Gründung durch den Botaniker Walter Hill 1885, der auch erster Direktor des Gartens wurde, befand sich hier der Gemüsegarten der Strafkolonie. Ein mit Bunya-Bäumen gesäumter Weg wurde um 1850, ein mit Ficus benjamina gesäumter Weg um 1870 angelegt.

Hunderte von Wasservögeln, darunter Reiher und Regenpfeifer, zieht es zu den überall im 18 Hektar großen Park verstreut liegenden Seen. Die berühmten Mangroven am Brisbane River stehen unter Naturschutz und können von einem Plankenweg aus bewundert werden. Kostenlose Führungen gibt es montags bis samstags um 11 und um 13 Uhr.

9 Parliament House

C4 · Ecke George St u. Alice St · Brisbane Central · 40, Free Loop · Gardens Point · Mo–Fr 9–16:15 Uhr (an Sitzungstagen) · Feiertage · parliament.qld.gov.au

Das im Stil der französischen Renaissance gehaltene Parliament House (1865–68) entwarf Architekt Charles Tiffin, der den Architekturwettbewerb gewonnen hatte. Tiffin berücksichtigte das tropische Klima: Fensterläden, schattige Kolonnaden und ein Dach aus Kupfer vom Mount Isa *(siehe S. 404f)* schaffen ein angenehmes Raumklima. Auffallend sind die Treppen aus Zedernholz und die Goldblattarbeiten an den Decken der Council Chamber. Das Parliament House war das erste Parlamentsgebäude im britischen Empire, das mit Strom beleuchtet wurde.

Das Gebäude dient noch seinem ursprünglichen Zweck und ist an Sitzungstagen öffentlich zugänglich. Im Gegensatz zu anderen Bun-

←

Steinmetzarbeit in den Brisbane City Botanic Gardens

> Expertentipp
> **CityHopper**
> Der kostenlose Fährdienst CityHopper (tägl. 5:30–24 alle 36 Min.) auf dem Brisbane River ist eine hervorragende Option zur Erkundung des Stadtzentrums. Sie können an jeder der sieben Haltestellen ein- oder aussteigen.

← *Innenraum der neogotischen Cathedral of St Stephen*

desstaaten ist das Parlament von Queensland nicht in ein Ober- und ein Unterhaus geteilt.

Für den Zutritt muss man sich ausweisen können. An Wochentagen finden kostenlose Führungen statt.

10 Cathedral of St Stephen

C3 · 249 Elizabeth St · Brisbane Central · Free Loop · Eagle St Pier · Mo–Fr 8–18, Sa, So 7–18 · cathedralofststephen.org.au

Die frühen Siedler spendeten das Geld für die neogotische katholische Kathedrale, die der Kolonialarchitekt Benjamin Backhouse entwarf und die 1874 vollendet wurde. An der Hauptfassade flankieren die restaurierten Zwillingstürme der Kirche die prächtigen Bleiglasfenster.

St Stephen's Chapel, die einstige Kathedrale nebenan, entwarf der englische Architekt A. W. Pugin, der auch an den Houses of Parliament in London mitwirkte. Führungen beginnen wochentags um 10:30 Uhr im Anschluss an die Messe.

> **Das Parliament House war das erste Parlamentsgebäude im britischen Empire, das mit Strom beleuchtet wurde.**

11 General Post Office

C3 · 261 Queen St · Brisbane Central · Free Loop · Eagle St Pier, Riverside · Mo–Fr 8:30–17, Sa 9–12:30 · heritage.brisbane.qld.gov.au

Das neoklassizistische Gebäude wurde 1871–79 errichtet – am Standort des ehemaligen Frauengefängnisses. Bis heute ist hier die Hauptpost von Central Brisbane untergebracht.

Der Post Office Square gegenüber ist ein angenehmer Ort zum Ausruhen – mitten in der Stadt genießt man hier den Blick auf das Grün und die Brunnen des Anzac Square *(siehe S. 358f)*.

Shopping

Queen Street Mall

Brisbanes populärste Mall ist voller Shopping-Center, Modeboutiquen und Restaurants.

C3 · Queen St, Brisbane

James Street

Die auch als »Rodeo Drive« bekannte Shopping-Meile verfügt über Filialen lokaler und internationaler Modelabels und hervorragende Restaurants.

E1 · James St, Fortitude Valley · jamesst.com.au

Brisbane Arcade

Die denkmalgeschützte Mall wurde im Jahr 1924 eröffnet und beherbergt u. a. Modeboutiquen und Antiquitätenläden.

C3 · 160 Queen St, Brisbane · brisbanearcade.com.au

↑ *Hinter dem begrünten Post Office Square ragt das General Post Office auf*

Hotels

The Calile
Das Stadthotel mit tropischem Flair liegt im Fortitude Valley. Es verfügt über pastellfarben gestaltete Zimmer im Retro-Look und einen schönen Pool und bietet herrlichen Ausblicke auf die Stadt.

E1 48 James St, Fortitude Valley thecalilehotel.com

$$$

W Brisbane
Das Luxushotel am Flussufer in North Quay ist eine Oase abseits des Trubels. Es verfügt über hochwertige Möbel, modernstes Design und einen Pool mit atemberaubender Aussicht.

B3 81 North Quay, Brisbane marriott.com

$$$

12

City Hall

C3 King George Sq, Ecke Adelaide St u. Ann St Brisbane Central, Roma St Free Loop North Quay Mo–Fr 8–17, Sa, So 9–17 brisbane.qld.gov.au

Die 1930 im klassizistischen Stil errichtete City Hall ist Sitz des Stadtrats. Ein herrlich verziertes Tympanon oberhalb des Haupteingangs zeigt die Frühzeit städtischer Besiedlung. Das Foyer am King George Square zieren schöne Beispiele des traditionellen Kunsthandwerks: Bodenmosaike, reich verzierte Decken und Holzarbeiten. Der 92 Meter hohe Turm im Stil der italienischen Renaissance bietet einen Blick über die Stadt. Das **Museum of Brisbane** präsentiert zeitgenössische wie auch Kunst der Aborigines. Shingle Inn, eine 1936 errichtete, mit Walnussholz vertäfelte Bäckerei mit Café, serviert Snacks.

Den King George Square vor der City Hall, der tapfer der Vereinnahmung durch Wolkenkratzer widersteht, schmücken einige interessante Statuen, darunter die *Forme del Mito* von Arnaldo Pomodoro. Die für den italienischen Bildhauer typischen geometrischen Formen und polierten Flächen spiegeln das wechselnde Sonnenlicht wider. Die Bronzestatue *Petrie Tableau* des tasmanischen Bildhauers Stephen Walker wurde zur 200-Jahr-Feier Australiens entworfen.

Museum of Brisbane
tägl. 10–17 Feiertage museumofbrisbane.com.au

Schon gewusst?
Rund 60 000 Soldaten aus Queensland waren im Ersten Weltkrieg im Einsatz.

13

Anzac Square

C2 Ecke Ann St u. Adelaide St Brisbane Central Free Loop Waterfront Place, Eagle St Pier

Der Anzac Square befindet sich in einem sehr hübschen Park mit vielen Bäumen (u. a.

Baobab-Bäume). Die Ewige Flamme zu Ehren der Kriegsgefallenen brennt in einem griechischen Säulenpavillon am Eingang der Ann Street. Daneben steht der Shrine of Memories mit Wandtafeln und Medaillons.

↑ *Old Windmill, ein eindrucksvolles Industriedenkmal, wurde 1828 errichtet*

14 Old Government House

C4 Queensland University of Technology, Gardens Point, 2 George St Brisbane Central Free Loop Gardens Point Di–Fr 10–16, So 10–14 Feiertage ogh.qut.edu.au

Das erste Government House des Bundesstaats wurde 1862 fertiggestellt. Das Sandsteingebäude war nicht nur die Residenz des Bundesgouverneurs, sondern auch Verwaltungssitz und bis 1910 gesellschaftliches Zentrum Queenslands. Nachdem es als Amtssitz des Vizekönigs ausgedient hatte, bezog die neue Universität von Queensland die Räumlichkeiten. Seit 2009 ist hier eine Kunstsammlung mit Werken von William Robinson, einem renommierten zeitgenössischen Landschaftsmaler Australiens, untergebracht.

15 Queen's Wharf

C3 Queens Wharf Rd, Brisbane City queenswharfbrisbane.com.au

Nach der millionenschweren Sanierung und Erneuerung des Uferbereichs im CBD (Central Business District) von Brisbane präsentiert sich dieser Teil der Stadt als neues Resort-, Entertainment- und Lifestyle-Viertel. Neben kühnen Neubauten wurden auch historische Gebäude restauriert, außerdem entstanden ungefähr 50 neue Cafés, Bars und Restaurants.

← *Der von Hochhäusern umrahmte Anzac Square mit der Eternal Flame zu Ehren der Kriegsgefallenen* (Detail)

16 Old Windmill

C2 Wickham Terrace Brisbane Central Free Loop, 30 für Besucher

Die 1828 erbaute Windmühle und die Commissariat Stores existieren seit den Zeiten der Strafkolonie. Das erste »industrielle« Gebäude der Kolonie wurde später zu einer Tretmühle umgebaut, um aufsässige Gefangene zu bestrafen. Später wurde hier zur Zeitorientierung jeden Tag um 13 Uhr ein Schuss abgegeben.

Die Mühle kann nicht besichtigt werden, ist jedoch ein schönes Fotomotiv.

17

South D'Aguilar National Park

A5 · 385 · The Gap
parks.desi.qld.gov.au

Der National Park in der D'Aguilar Mountain Range erstreckt sich nordwestlich des Stadtzentrums von Brisbane. Das 28 500 Hektar große Gebiet umfasst natürliches Buschland und Eukalyptuswälder. Die Straßen im Park bieten atemberaubende Ausblicke auf die umgebende Landschaft. Die landschaftlich reizvollste Straße ist die Mount Nebo Road. Eine andere malerische Strecke führt von Samford hinauf zum Bergdorf Mount Glorious.

Etwa sechs Kilometer hinter Mount Glorious liegt der Wivenhoe Outlook. Er bietet einen spektakulären Blick auf den künstlich angelegten Lake Wivenhoe. Einen Kilometer nördlich von Mount Glorious befindet sich der Eingang zur Maiala Recreation Area mit Picknickplätzen und unterschiedlich langen Wanderwegen durch den Regenwald. Ausgezeichnete Wanderungen kann man am Manorina und am Jolly's Lookout, dem ältesten Aussichtspunkt des Parks, unternehmen. Jolly's Lookout bietet auch einen guten Picknickplatz. Eine Attraktion ist auch der Westridge Outlook, ein Plankenweg mit herrlichen Aussichtspunkten.

Das **South East Queensland Wildlife Centre at Walkabout Creek** ist eine naturgetreu nachgebildete Süßwasserlandschaft. Hier können Besucher den Lungenfisch beobachten, der Lungen wie auch Kiemen hat. Vom Restaurant aus hat man einen herrlichen Blick auf die umliegende Buschlandschaft.

Das Open-Air-Museum des Bellbird Grove, etwa vier Kilometer vom Hauptquartier des Parks entfernt, zeigt Rindenhütten der Aborigines. Picknickplätze gibt es hier sowie in Ironbark Gully und Lomandra.

South East Queensland Wildlife Centre at Walkabout Creek

60 Mt Nebo Rd, The Gap · tägl. 9–16 · Karfreitag, 25. Apr (vorm.), 25. Dez
parks.desi.qld.gov.au

18

Moreton Island

B4 · moreton islandadventures.com.au

Moreton Island – mit rund 186 Quadratkilometern eine der größten Sandinseln der Welt – liegt 40 Kilometer vor der Küste. Die Überfahrt von Brisbane dauert 90 Minuten. Attraktionen sind die weißen

TOP 3 Wochenendmärkte

The Market Folk
themarketfolk.com.au
Markt für Mode, Kunst und Pflegeprodukte an mehreren Standorten.

West End Markets
goodwillprojects.com.au/markets/west-end/
Markt unter Feigenbäumen im Davies Park.

Collective Markets
collectivemarkets.com.au
Dieser Markt in South Bank findet von Freitag bis Sonntag statt.

↑ *Boote auf dem tiefblauen Wasser der Moreton Bay, Moreton Island*

Sandstrände, eine farbenprächtige Unterwasserwelt und vielfältige Outdoor-Aktivitäten wie die Fütterung von Delfinen in freier Natur, Wracktauchen, Sandboarding und Schnorcheln. In diesem malerischen Naturschutzgebiet befindet sich auch Mount Tempest, die mit 285 Metern höchste bewachsene Sanddüne der Welt. Der zwei Kilometer lange Weg nach oben ist steil und anstrengend. Doch man wird mit einem Panoramablick über die Moreton Bay sowie an klaren Tagen auf die Vulkangipfel der Glasshouse Mountains belohnt.

19

Newstead House

A5 Newstead Park, Breakfast Creek Rd, Newstead Bowen Hills 300, 306, 322 Newstead Point Fr 10–14, So 10–16 Karfreitag, 25. Apr, 25., 26. Dez newsteadhouse.com.au

Das 1846 für Patrick Leslie, einen der ersten europäischen Siedler der Darling Downs, errichtete Gebäude ist das älteste Wohnhaus in Brisbane. Es wurde 1847 an den Abgeordneten und Friedensrichter Captain John Wickham verkauft. Hier, im Zentrum des gesellschaftlichen Lebens der neuen Kolonie, wurden rauschende Feste gefeiert. Ein riesiger Feigenbaum, unter dem einst elegante Kutschen hielten, ziert noch die Zufahrt. 1939 war dies das erste Gebäude Australiens, das durch Parlamentsbeschluss unter Schutz gestellt wurde.

20

Brisbane Botanic Gardens

A5 Mt Coot-tha Rd, Toowong 471 tägl. 8–18 (Apr–Aug: 8–17) brisbane.qld.gov.au

Brisbane Botanic Gardens im Forest Park am Fuß des Mount Coot-tha (8 km vom Stadtzentrum entfernt) wurde 1976 errichtet und birgt mehr als 20 000 Arten exotischer Kräuter, Büsche und Bäume, die nach Themen geordnet sind. Highlights sind ein Eukalyptushain, ein Japanischer Garten, eine Lagune, ein Bambushain und eine große Sammlung australischer Pflanzen. Viele exotische Pflanzen, die sonst nur im Gewächshaus zu sehen sind, gedeihen hier unter freiem Himmel. Es gibt auch ein Bonsai-Haus und Regenwaldbereiche. Kostenlose Führungen finden montags bis samstags um 11 und 13 Uhr statt.

Der Mount Coot-tha Forest Park bietet Aussichtspunkte und schöne Picknickplätze. Der von den Aborigines übernommene Name bedeutet »Platz des wilden Honigs«, in Anlehnung an die vielen Bienen in diesem Gebiet. An einem klaren Tag kann man Brisbane, Moreton, die Stradbroke Islands und die Glasshouse Mountains sehen. Durch den Park führen Wanderwege. Auf Aboriginal Trails wird die Verwendung einheimischer Pflanzen erklärt.

Schon gewusst?

Koalas können täglich ein Kilogramm Eukalyptusblätter fressen und bis zu 18 Stunden schlafen.

21

Lone Pine Koala Sanctuary

A5 Jesmond Rd, Fig Tree Pocket 430, 445 North Quay tägl. 9–17 25. Apr (vorm.) lonepinekoalasanctuary.com

Der 1927 eröffnete Koala-Tierpark ist der älteste seiner Art. Hier leben über 130 Koalas sowie Kängurus, Emus, Opossums, Dingos, Wombats, Reptilien und zahlreiche australische Vögel.

Eine Option zur Anreise ist eine 45-minütige Bootsfahrt mit Mirimar Cruises (www.koalaandrivercruises.com.au). Die Tickets beinhalten einen dreistündigen Aufenthalt in Lone Pine. Die Ausflüge starten am Bootsanleger des Queensland Cultural Centre *(siehe S. 352f)*.

→ *Koalas im Lone Pine Koala Sanctuary*

Spaziergang durch Brisbanes Zentrum

Länge 2 km **Dauer** 30 Min. **Bus** Free Loop

Brisbanes Innenstadt ist eine Mischung aus Glas-Stahl-Hochhäusern und herrlichen Gebäuden aus dem 19. Jahrhundert, die zum Glück der Zerstörungswut in den 1970er Jahren nicht zum Opfer gefallen sind. Im Zuge der Sanierung des Gebiets entstand eine Reihe von fast 200 Meter hohen Türmen, die über historische Gebäude wie die ehemalige Druckerei der Regierung ragen. Gebäude aus dem frühen 20. Jahrhundert säumen Charlotte Street und Elizabeth Street, die ehemaligen Hafen- und Marinebüros verleihen dem Straßenbild entlang der Edward Street besonderen historischen Charme.

Die **Cathedral of St Stephen** *(siehe S. 357)* mit ihren auffälligen weißen Zwillingstürmen ist ein Wahrzeichen im Stadtzentrum.

In der **Elizabeth Arcade** befinden sich zahlreiche koreanische und andere asiatische Lokale.

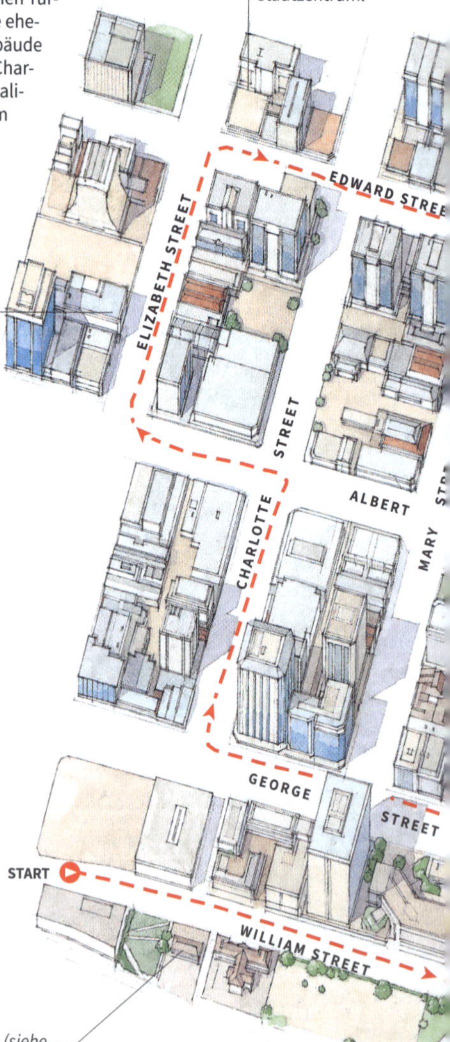

↑ *Bleiglasfenster und Orgel in der Cathedral of St Stephen*

Das **Commissariat Store Museum** *(siehe S. 356)* zur Geschichte Queenslands ist in ehemaligen Getreidespeichern aus dem 19. Jahrhundert untergebracht.

Fassade von Brisbanes Parliament House ↑

Zur Orientierung
Siehe Stadtteilkarte S. 350f

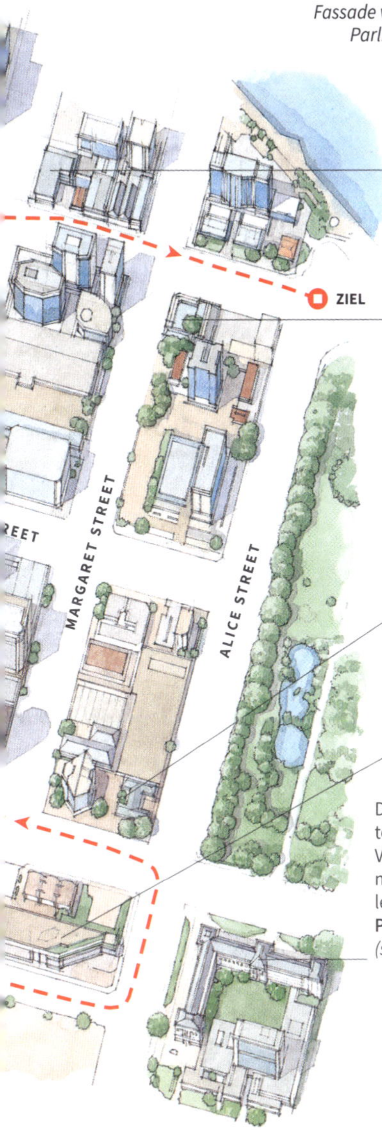

Das ehemalige **Coal-Board-Gebäude** entstand um 1885 und ist ein Beispiel für die prächtigen Geschäftshäuser, die einst das Stadtbild prägten.

Das **Smellie-&-Co-Gebäude** bewohnten im 19. Jahrhundert Metall- und Eisenwarenhändler. Sehenswert ist der barocke Eingang an der Ostseite.

Seit 1884 residiert der nur Männern zugängliche **Queensland Club** in diesem prächtigen Gebäude. Vertäfelte Wände und elegante Säulen spiegeln die Tradition britischer Herrenclubs wider.

The Mansions sind dreistöckige Reihenhäuser aus rotem Backstein, die um 1890 erbaut wurden. An den Enden der Gebäude zieren Steinkatzen die Brüstung.

Das Bleiglasfenster, das Königin Viktoria zeigt, ist nur eines der vielen Details des **Parliament House** *(siehe S. 356f)*.

Entdeckertipp

MacArthur Chambers Hotel

Im Zweiten Weltkrieg nutzte General Douglas MacArthur das Gebäude (201 Edward St) als Hauptquartier. Auf Ebene 8 können Sie sein Büro besichtigen (Di, Do, So 10–15) und sich auf seinen Stuhl setzen.

Seventy Five Mile Beach auf K'gari (Fraser Island; siehe S. 368f)

Südosten von Queensland und Whitsunday Islands

In dem fruchtbaren Land im Südosten von Queensland und auf den Whitsunday Islands lebten verschiedene Aborigines-Völker. Europäische Siedler kamen erstmals in den 1840er Jahren in die Region. Sie verdrängten die indigenen Gruppen und nutzten die natürlichen Ressourcen zu lukrativer Landwirtschaft.

1869 begann im Bundaberg-Gebiet die Zuckerproduktion, die um 1880 ihren Höhepunkt erreichte. Gleichzeitig traten jedoch gravierende soziale Probleme zutage. Aufgrund der harten Arbeitsbedingungen in den Tropen rekrutierten Plantagenbesitzer vermehrt Melanesier aus dem Südwestpazifik als sogenannte »Pacific Islander Workers«. Diese Menschen wurden oft unter Zwang angeworben und unter entwürdigenden Bedingungen für einen Hungerlohn beschäftigt. Erst 1901 wurde diese Praxis gesetzlich verboten. Bis dahin waren schätzungsweise 60.000 Melanesier nach Queensland gebracht worden.

Parallel zum landwirtschaftlichen Boom erlebte der Süden von Queensland in der zweiten Hälfte des 19. Jahrhunderts einen weiteren Aufschwung, als hier Gold gefunden wurde. Bergbau und Landwirtschaft blieben im gesamten 20. Jahrhundert weiter die Hauptwirtschaftszweige, doch das Gebiet wurde zunehmend touristisch interessant. Bereits 1917 kamen Surfer an die Küste, was in den 1930er Jahren zur Entstehung des Ferienortes Surfers Paradise führte. Noch heute strömen Wassersportler und Sonnenanbeter aus aller Welt hierher.

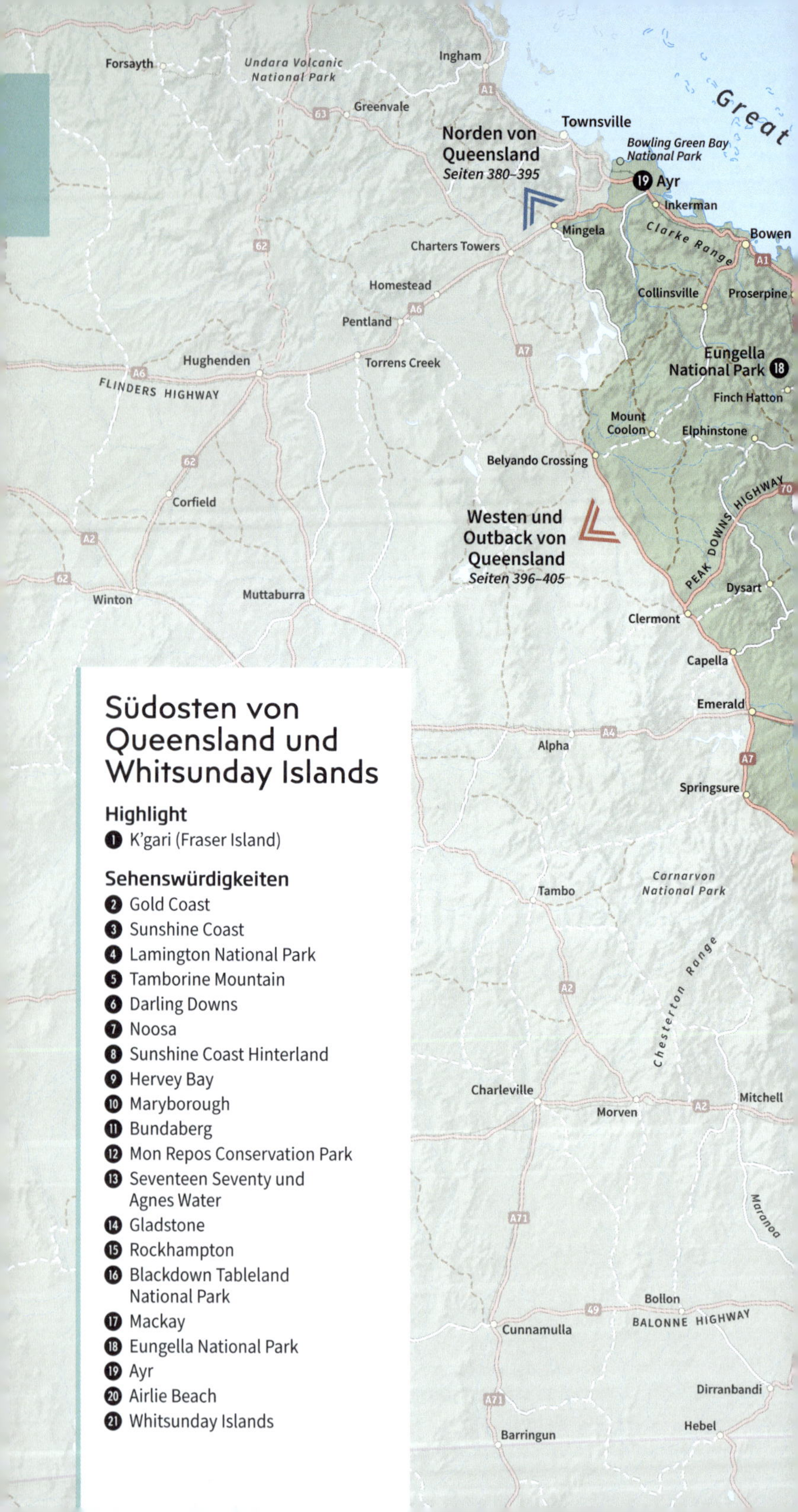

Südosten von Queensland und Whitsunday Islands

Highlight

1. K'gari (Fraser Island)

Sehenswürdigkeiten

2. Gold Coast
3. Sunshine Coast
4. Lamington National Park
5. Tamborine Mountain
6. Darling Downs
7. Noosa
8. Sunshine Coast Hinterland
9. Hervey Bay
10. Maryborough
11. Bundaberg
12. Mon Repos Conservation Park
13. Seventeen Seventy und Agnes Water
14. Gladstone
15. Rockhampton
16. Blackdown Tableland National Park
17. Mackay
18. Eungella National Park
19. Ayr
20. Airlie Beach
21. Whitsunday Islands

0 Kilometer 100
N
Südosten von Queensland und Whitsunday Islands
21 Whitsunday Islands
Airlie Beach
Conway National Park
Barrier Reef
17 Mackay
Sarina
Koumala
Duke Islands
Connors Range
Carmila
Broad Sound
St Lawrence
Reef Point
Isaac
Broadsound Range
A1
Marlborough
Pazifischer Ozean
Mount Etna National Park
Yeppoon
Great Keppel Island
Capricorn Group
Mackenzie
15 Rockhampton
Heron Island
CAPRICORN HIGHWAY
A4
Blackwater
Mount Morgan
Curtis Island
16
Duaringa
14 Gladstone
Bunker Group
Blackdown Tableland National Park
BRUCE HIGHWAY
Rannes
A3
13 Seventeen Seventy und Agnes Water
Miriam Vale
DAWSON HWY
Moura
60
Biloela
A1
Mon Repos Conservation Park
12
Palm Grove National Park
Theodore
Monto
Bundaberg 11
Hervey Bay
Great Sandy National Park
Isla Gorge National Park
1 K'gari (Fraser Island)
Hervey Bay 9
QUEENSLAND
Burnett
10 Maryborough
Mundubbera
Taroom
Mary
A3
Tin Can Bay
Auburn
Eurombah
A5
Great Sandy National Park
Murgon
Gympie
7 Noosa
Roma
Kingaroy
Maroochydore
Miles
Chinchilla
Mapleton
WARREGO HIGHWAY
A2
Sunshine Coast Hinterland 8
3 Sunshine Coast
Maleny
Condamine
Caboolture
Surat
Dalby
A17
M1
Moreton Island
A7
Meandarra
A5
A2
Jondaryan
Brisbane
49
North Stradbroke Island
Toowoomba
Ipswich
Moonie
A3
A15
6
5 Tamborine Mountain
Moonie
Millmerran
MOONIE HIGHWAY
Darling Downs
2 Gold Coast
St George
Warwick
4
Lamington National Park
Goondiwindi
Inglewood
Queen Mary Falls National Park
Macintyre
Stanthorpe
NEW SOUTH WALES
Hunter Valley und North Coast
Seiten 170–179

❶

K’gari (Fraser Island)

G4 von Urangan, River Heads u. Inskip Point
227 Maryborough-Hervey Bay Rd, Urraween (+61 1800 811 728) parks.desi.qld.gov.au/parks/kgari-fraser

Aufgrund ihrer einzigartigen Natur gehört die Insel zum UNESCO-Welterbe. Die Szenerie prägen lange Sandstrände, hohe Dünen, grüne Seen und üppige Regenwälder.

K’gari (Fraser Island) vor der Küste bei Maryborough *(siehe S. 374)* ist mit einer Länge von 123 Kilometern und einer Breite von 25 Kilometern die größte Sandinsel der Welt. Hier gibt es rund 200 Seen mit kristallklarem Wasser. Die Insel ist weltweit der einzige Ort, an dem Regenwald auf Sanddünen wächst.

Der Name K’gari bedeutet in der Sprache der Butchulla, eines Aborigines-Stammes, der die Insel seit rund 50 000 Jahren bewohnt, »Paradies«. K’gari ist bekannt für seine artenreiche Tierwelt. Dazu gehören mehr als 350 Vogelarten, seltene Frösche und wilde Dingos (nicht füttern und Abstand halten!). Vor der Küste kann man u. a. Delfine und im Sommer auch Buckelwale vorbeiziehen sehen.

Legende von K’gari

Der Name der Insel entstammt einer Traumzeitlegende. Ihr zufolge wurde die Göttin K’gari mit dem Götterboten Yendingie auf die Erde geschickt, um Land für Menschen zu finden. Sie verliebte sich in die Gegend und wollte nicht mehr weg, daher verwandelte Yendingie die Göttin in die Insel.

Ein tropisches Paradies: feinsandiger Strand und türkisfarbenes Meer bei Waddy Point

Highlight

Hotels

Kingfisher Bay Resort
Genießen Sie den Luxus dieses Öko-Resorts, das etwas versteckt (aber wunderschön) liegt.
Kingfisher Bay
kingfisherbay.com
$$$

Cathedrals on Fraser
Das Areal mit gut ausgestatteten Hütten liegt hinter den Dünen. Für Selbstversorger ist dies ein idealer Ort.
Lot 53, Fraser Island Rd cathedralsonfraser.com.au
$$

1

2

3

1 *Wilde Dingos, ein vertrauter Anblick auf K'gari*

2 Maheno *ist das einzige Wrack auf der Insel, 22 weitere liegen am Meeresgrund.*

3 *Lake Wabby, tiefster See von K'gari und beliebter Badeort, liegt im Great Sandy National Park auf der Ostseite der Insel.*

SEHENSWÜRDIGKEITEN

2 Gold Coast

G4
experiencegoldcoast.com

Die berühmte Gold Coast, die sich südlich von Brisbane über 75 Kilometer erstreckt, säumen Luxushotels, Shopping-Center, Clubs, ein Casino und vor allem 42 Kilometer goldene Sandstrände. Der belebteste Ort ist zweifellos Surfers Paradise mit unzähligen Restaurants, Bars und Unterhaltungsmöglichkeiten.

Etwa 28 Kilometer südlich – an der Grenze zwischen Queensland und New South Wales – liegt Coolangatta. Diese Stadt verfügt über einige der besten Surfspots der Gegend, an den Stränden geht es relativ entspannt zu. Hier werden Surfkurse für sämtliche Niveaus angeboten, Besucher können aber auch einfach ein Surfbrett ausleihen.

Rund 30 Kilometer nördlich der Gold Coast erreicht man Sanctuary Cove, ein Resort auf Hope Island mit erstklassigem Yachthafen, hervorragenden Restaurants und Golfplätzen auf Wettbewerbsniveau.

Etwa 90 Kilometer nördlich von Sanctuary Cove liegt das relativ unberührte Paradies North Stradbroke Island. Die atemberaubende Sandinsel bietet relativ einfache Unterkünfte. Tauchen, Surfen und Vogelbeobachtung sind beliebte Aktivitäten.

TOP 5 Themenparks

Dreamworld
Australiens größter Themenpark mit spektakulären Fahrgeschäften wie Giant Drop.

Sea World
Meerespark (25 ha) mit vielen familienfreundlichen Fahrgeschäften.

Wet'n'Wild
Australiens größter Wasserpark wird von subtropischen Gärten umrahmt.

Movie World
Kino-Themenpark, in dem man Filmstars ganz nahe kommt.

WhiteWater World
Nehmen Sie ein Bad in dem Wasserpark neben Dreamworld.

An einem familienfreundlichen Strand der Sunshine Coast

3 Sunshine Coast

G4
visitsunshinecoast.com

Die Sunshine Coast beginnt 105 Kilometer nördlich von Brisbane und umfasst eine Gesamtfläche von rund 2250 Quadratkilometern mit spektakulärer Küste und dicht bewachsenem Hinterland. Diese wunderschöne Gegend im Nordosten Australiens ist eine elegantere Version der Gold Coast, aber mit einer ebenso entspannten Atmosphäre. Die Sunshine Coast verfügt über mehr als 100 sonnenverwöhnte Strände, eine rund 210 Kilometer lange Küste und unglaubliche Naturlandschaften sowie ein nahezu perfektes Klima.

Im nördlichen Teil liegt der Great Sandy National Park von Cooloola. Dieses Küstenparadies bietet Lebensraum für etwa 1300 Pflanzen- und

Sonnenuntergang am Surfers Paradise Beach an der Gold Coast

700 Tierarten (davon 44 Prozent aller Vogelarten Australiens). Zwischen den vielen Seen und Wasserläufen, Hartlaubwäldern und hohen Sanddünen können Besucher Outdoor-Aktivitäten wie Schwimmen, Kanufahren, Geländewagenfahren und Wandern betreiben. Double Island Point an der Spitze einer Landzunge umfasst eine ruhige Lagune, die sich perfekt zum Baden eignet, und einen immer noch betriebenen Leuchtturm, der atemberaubende Ausblicke auf unberührte Strände, üppiges Buschland und das in der Sonne glitzernde Meer bietet.

Weiter nördlich, nahe der Grenze des Nationalparks, erreicht man Carlo Sand Blow, ein windgepeitschtes, mondähnliches Gebiet. Es lässt sich am besten mit einem Allradfahrzeug entlang der Strandstraße von Cooloola zwischen Noosa North Shore und Rainbow Beach erkunden. Die Fahrt führt auch an den Teewah Coloured Sands vorbei, einem Abschnitt mit farbenprächtigen Dünen, die bis zu einer Höhe von 182 Metern ansteigen. Die Gelb-, Braun- und Rottöne der Dünen entstanden durch eisenhaltige Mineralien im Boden.

Die Sunshine Coast verfügt über mehr als 100 sonnenverwöhnte Strände, eine 210 Kilometer lange Küste und unglaubliche Naturlandschaften.

Im südlichen Abschnitt der Sunshine Coast, rund 50 Kilometer von Brisbane entfernt, liegt Moreton Bay. Das renommierte Urlaubsziel umfasst etwa 370 Inseln, die beliebtesten davon sind Moreton und Bribie. Angeln, Vogelbeobachtung und Bootfahren sind hier die populärsten Aktivitäten. Die Gegend ist bekannt für ihr köstliches Seafood, insbesondere für ihre Langustengerichte.

Im Landesinneren bietet ein Aufenthalt in der Conondale Range im westlichsten Teil des Hinterlandes wegen der dort gemäßigteren Temperaturen eine Alternative zum Küstenurlaub. Dieser Abschnitt der Great Dividing Range, der drittlängsten Bergkette der Welt, ist vor allem für seine herrlichen Wanderwege durch Buschland mit großartigen Panoramen bekannt.

Restaurants

Sum Yung Guys
Asiatische Küche von bester Qualität.

A G4 · 1/205 Weyba Rd, Noosaville · W sumyungguys.com.au

$$$

Orléans
New-Orleans-Küche mit modernem französischem Touch.

A G4 · 24 Duporth Ave, Maroochydore, Sunshine Coast · W orleansrb.com

$$$

Social Eating House & Bar
Eines der besten Restaurants der Gold Coast.

A G4 · 3 Oracle Blvd, Broadbeach · W socialeatinghouse.com.au

$$$

4 Lamington National Park

G4 Canungra
parks.desi.qld.gov.au

Der Lamington National Park in der McPherson Mountain Range zählt zu den beliebtesten Parks in Queensland. Das ungefähr 200 Quadratkilometer große, dicht bewaldete Gebiet bietet 160 Kilometer Wanderwege durch traumhaft schöne subtropische Regenwälder mit Pinien und Rotzedern. Rund 150 Vogelarten, u. a. Schwarzleierschwänze, sind hier beheimatet. Das Areal ist seit 1994 UNESCO-Welterbe.

Im nahen Macrozamia National Park findet man Palmfarne *(cycads)* – eine der ältesten existierenden Vegetationsformen.

Shopping

Eumundi Markets
Auf Australiens größtem und bestem Kunsthandwerksmarkt findet man seit 1979 Möbel, Keramik, Kleidung, Schmuck und vieles mehr.

G4 80 Memorial Drive, Eumundi
Mi, Sa 7:30–14
eumundimarkets.com.au

5 Tamborine Mountain

G4 visittamborinemountain.com.au

Das Areal Tamborine Mountain liegt im malerischen Hinterland zwischen der Gold Coast und Brisbane. Zu den beliebtesten Attraktionen zählt der zwölf Hektar große Regenwald mit Wasserfällen, Schluchten und mehreren Wanderwegen.

Der Tamborine Rainforest Skywalk verläuft in ungefähr 30 Metern Höhe und bietet atemberaubende Ausblicke. Der Thunderbird Park ist ein Regenwaldspielplatz mit Hochseilgärten für sämtliche Schwierigkeitsgrade.

Besuchen Sie auch die preisgekrönte Tamborine Mountain Distillery, um eine Auswahl an lokal hergestellten Spirituosen zu kosten.

6 Darling Downs

G4 Toowoomba
Toowoomba visitdarlingdowns.com.au

Dieses fruchtbare Gebiet westlich der Great Dividing Range ist eines der ertragreichsten und zugleich geschichtlich interessantesten Australiens.

Toowoomba, das Zentrum der Downs, ist eine der größten Städte des Bundesstaats Queensland. Frühe Siedler verwandelten das einstige Sumpfgebiet in die »Garden City«, die für den Carnival of Flowers bekannt ist.

Etwa 45 Kilometer nordwestlich von Toowoomba befindet sich am Warrego Highway die Schaffarm **The Woolshed at Jondaryan**, eine Erinnerung an die frühen Siedler. Im Süden von Toowoomba liegt Warwick, nach Brisbane die älteste Stadt in Queensland und

↑ *Wanderweg durch den Lamington National Park; Laubenvogel, eine dort verbreitete Vogelart* (Detail)

bekannt für ihre Rosen und Sandsteingebäude (19. Jh.). Hier wird seit 1857 eines der ältesten Rodeos Australiens abgehalten.

60 Kilometer südlich von Warwick liegt Stanthorpe, Zentrum einer der wenigen Weinregionen Queenslands. Queen Mary Falls National Park bei Warwick (78 ha) ist ein Regenwaldpark mit Picknickplätzen und Wasserfall.

The Woolshed at Jondaryan
264 Jondaryan-Evanslea Rd, Jondaryan
tägl. 9–15
24.–26. Dez
jondaryanwoolshed.com

7

Noosa

G4 visitnoosa.com.au

Die Küstenstadt 150 Kilometer nördlich von Brisbane ist berühmt für ihre Luxusresorts und ihre Surfstrände. Besucher werden den Trubel entlang der stilvollen Hastings Street genießen. Deren Cafés, Restaurants, Bars, Boutiquen und Kunstgalerien liegen alle am Noosa Heads Main Beach. An den Strand führen von Noosaville, dem ruhigeren, aber ebenso schönen Vorort, Straßen und mehrere Flüsse.

Noosas weitläufiges Wasserstraßensystem kann mit Booten und Kajaks erkundet werden. Kein Besuch in der Gegend ist komplett ohne einen Ausflug in den rund 4000 Hektar großen Noosa National Park. Von der Plattform Laguna Lookout bietet sich ein schöner Panoramablick.

8

Sunshine Coast Hinterland

G4 visitsunshinecoast.com/place/the-hinterland

Die Black Range westlich der Sunshine Coast ist heute ein Zentrum für Künstler und Kunsthandwerker mit vielen Ferienhäusern und einigen erlesenen Restaurants. Sehr attraktiv sind Montville und Maleny. Die Fahrt von Maleny nach Mapleton ist landschaftlich reizvoll und bietet Ausblicke auf Moreton Island sowie auf die vielen Ananas- und Zuckerrohrplantagen.

Die Glasshouse Mountains mit zehn Vulkangipfeln entstanden vor 20 Millionen Jahren. Ihren Namen erhielten sie 1770 von Captain Cook, da die schroffen Vulkangipfel ihn an die Glas-Schornsteine in seiner Heimat Yorkshire erinnerten.

Nicht weit von hier entfernt liegt der **Australia Zoo**, der zu Ehren des verstorbenen »Krokodiljägers« und Naturschützers Steve Irwin angelegt wurde. Auf einer Fläche von 82 Hektar leben hier etwa 1200 Tiere, die in Australien, Südostasien und der afrikanischen Savanne heimisch sind. Dieser Wildpark ist auch bekannt für seine Naturschutzprogramme, in deren Rahmen auf einer Fläche von ungefähr 182 000 Hektar lebenswichtige Lebensräume für Flora und Fauna geschützt sind.

Australia Zoo
1638 Steve Irwin Way
tägl. 9–17 25. Dez
australiazoo.com.au

Schon gewusst?

Der Steve Irwin Day (15. Nov) erinnert an die Naturschutzarbeit des »Crocodile Hunter«.

Great Beach Drive

Unternehmen Sie eine aufregende Fahrt von der bezaubernden Stadt Noosa zur Spitze von K'gari (Fraser Island; *siehe S. 368f*), der größten Sandinsel der Welt. Diese malerische Reise führt auf einer Sandstraße am glitzernden Pazifischen Ozean und an einigen der schönsten Strände Australiens sowie an Leuchttürmen und üppigem Buschland entlang. Für diese Tour können Sie einen organisierten Ausflug buchen. Wenn Sie allerdings selbst fahren möchten, benötigen Sie eine Genehmigung und ein Fahrzeug mit Allradantrieb.

9

Hervey Bay

G4 41 000

227 Maryborough-Hervey Bay Rd, Urraween

visitfrasercoast.com

Noch in den 1970er Jahren war Hervey Bay lediglich eine bloße Aneinanderreihung von fünf Fischerdörfern. Dank der Strände und des milden Klimas entwickelte es sich schnell zu einer Kleinstadt und zu einem rasant wachsenden Urlaubsdomizil.

Hauptort von Hervey Bay ist Urangan am Dayman Point. Das Gebiet verfügt über 14 Kilometer Strände mit ruhigem Wasser und ohne Quallen. Das Wasser ist das ganze Jahr über warm genug zum Schwimmen. Auch Angeln bei Flut ist hier eine beliebte Aktivität, zudem gibt es Picknickplätze, Märkte, einen Yachthafen und einen Pier. Boote nach K'gari (Fraser Island; *siehe S. 368f*) legen vom Yachthafen ab.

Hervey Bay gilt als einer der besten Ort in Australien, um Wale zu beobachten.

← *Statue der Märchenfigur* Mary Poppins *in Maryborough*

Whalewatching in der Hervey Bay

Erleben Sie Buckelwale aus nächster Nähe. Jedes Jahr legen diese mächtigen Tiere mehr als 11 000 Kilometer von der Antarktis hierher zurück, um sich zu paaren und zu kalben. Bei ihrer Rückkehr (Juli – Nov) rasten die Buckelwale hier, damit ihre Kälber Kraft gewinnen können, bevor sie ihre Reise zurück in die Antarktis antreten.

10

Maryborough

G4 21 000

City Hall, 388 Kent St

visitfrasercoast.com

Maryborough an den Ufern des Mary River ist Geburtsort von Pamela Lynwood Travers, Autorin der Kindergeschichte *Mary Poppins* (1934) und eng mit der frühen Geschichte Australiens verknüpft. Die Stadt wurde 1843 gegründet und bot den melanesischen Indigenen Unterkunft *(siehe S. 365)*. Hier befand sich neben Sydney der einzige Hafen, in dem freie Siedler Einlass fanden. Dies brachte eine florierende Stadt hervor, deren Bauwerke den Wohlstand ihrer Einwohner widerspiegeln.

Viele historische Gebäude sind erhalten geblieben, was Maryborough den Titel »Heritage City« gab. Auch Privathäuser der Stadt, einfache Arbeiterhütten wie die für die Region typischen »Queenslander«-Villen, stammen aus dem 19. Jahrhundert. Sie wurden auf Stelzen errichtet und sind auf allen Seiten von Veranden umgeben.

11

Bundaberg

G4 52 000

bundabergregion.org

Bundaberg, Zentrum der Zuckerindustrie im mittleren Queensland, befindet sich 62 Kilometer nördlich von Hervey Bay. Es ist die Heimat des Bundaberg-Rums (»Bundy«), der meistverkauften Spirituose in Australien.

Bundaberg ist eine hübsche Stadt mit vielen Gebäuden aus dem 19. Jahrhundert. Ein einen Kilometer langer Spaziergang führt u. a. auch an der School of Arts, dem Postamt, dem Kriegsdenkmal, dem Linden Medical Centre, der Old Australia Bank und der Holy Rosary Church vorbei.

Neben ihrer Historie als Produktionsstätte für Spirituosen ist die Stadt auch stolz auf ihren berühmtesten Sohn: Bert Hinkler (1892 – 1933) flog 1928 als Erster solo von England nach Australien. Sein originales »Ibis«-Flugzeug präsentiert die **Hinkler Hall of Aviation** in den **Bundaberg Botanic Gardens** (27 ha). Spazieren

Die Stadt ist stolz auf ihren berühmtesten Sohn: Bert Hinkler (1892 -1933) flog 1928 als Erster solo von England nach Australien.

Schon gewusst?

P. L. Travers' Vorbild für die Figur der *Mary Poppins* war ihre Großtante.

Sie dort zwischen insgesamt rund 10 000 Bäumen und Sträuchern durch einen australischen Regenwald, japanische und chinesische Gärten und um einen See.

Etwa 15 Kilometer östlich liegt die Küstenstadt Bargara. Die vorgelagerten Inseln Lady Elliott und Lady Musgrave sind beliebte Orte zum Tauchen und Schnorcheln.

Hinkler Hall of Aviation
Young St, Botanic Gardens tägl. 9–15 Karfreitag, 25. Apr, 25. Dez hinklerhallofaviation.com

Bundaberg Botanic Gardens
6 Mount Perry Rd discoverbundaberg.com.au/bundaberg-botanic-gardens

12

Mon Repos Conservation Park

G3 parks.desi.qld.gov.au/parks/mon-repos

Mon Repos Beach liegt 15 Kilometer von Bundaberg entfernt und ist einer der beeindruckendsten Schildkröten-Brutplätze auf dem australischen Festland. Zwischen November und Februar legen hier Unechte Karettschildkröten ihre Eier ab. Ab Januar schlüpfen die ersten Jungen und machen sich über den Sandstrand auf den gefährlichen Weg zum Meer.

Ein Informationszentrum bietet Videos und Informationen zu den Tieren an. Damit sie bei der Eiablage nicht gestört werden, dürfen sie nur unter Aufsicht beobachtet werden. Direkt hinter dem Mon Repos Beach steht eine von melanesischen Indigenen errichtete alte Steinmauer, die heute an die Bewohner der Südseeinseln erinnert *(siehe S. 365)*.

Bars

Bundaberg Rum Distillery
Machen Sie einen Rundgang, mischen Sie Ihren eigenen Rum und genießen Sie zum Abschluss einen Drink an der Bar der Brennerei.
G4 Hills St, Bundaberg East bundabergrum.com.au

Bundaberg Barrel
Die Produktionsstätte des besten Ginger Beers Australiens bietet Verkostungen und Führungen. Gäste können ein Paket mit sechs Biersorten mitnehmen.
G4 147 Bargara Rd, Bundaberg East bundabergbarrel.com

Flugzeuge in der Hinkler Hall of Aviation, Bundaberg ↑

Restaurant

Lightbox Espresso & Wine Bar
Das Restaurant serviert moderne Küche, exzellenten Kaffee sowie gutes Bier und edle Weine.
G3 56 Goondoon St, Gladstone lightboxgladstone.co
$$$

Hotels

1770 Beach Shacks
Eine mehr als komfortable Unterkunft mit tropischem Flair.
G3 578 Captain Cook Drive, Seventeen Seventy 1770beachshacks.com
$$$

Hedlow Retreat
Die Farm liegt 25 Autominuten von Rockhampton entfernt.
G3 74 C H Barretts Rd, Barmoya hedlowretreat.com.au
$$$

13

Seventeen Seventy und Agnes Water

G3 71 Springs Rd, Agnes Water visitagnes1770.com.au

Die hübsche Küstenstadt Seventeen Seventy (auch »1770« geschrieben) liegt 130 Kilometer nördlich von Bundaberg. Der Name erinnert an das Jahr, in dem Kapitän James Cook *(siehe S. 68)* und die Besatzung der *Endeavour* hier ankamen. Die Stadt ist bekannt für den nördlichsten Surfstrand in Queensland.

Die vom Korallenmeer und der Bustard Bay umgebene Halbinsel ist einer der wenigen Orte an der Ostküste Australiens, wo Sie den Sonnenuntergang über dem Meer beobachten können.

Etwa neun Kilometer südlich von 1770 liegt Agnes Water mit einigen ruhigen Stränden, schönen Wanderwege und viel Natur. Beide Küstendörfer dienen als Ausgangspunkte für Kreuzfahrten und Touren zum Great Barrier Reef.

14

Gladstone

G3 170 000 Marina Ferry Terminal, Bryan Jordan Drive gladstoneregion.info

Gladstone ist vor allem eine Industriestadt. Hier befindet sich die weltweit größte Aluminiumhütte, in der Bauxit aus Weipa an der Westküste der Cape York Peninsula verarbeitet wird. Fünf Prozent des nationalen und 20 Prozent des bundesweiten Vermögens werden von der Industrie in Gladstone erwirtschaftet. Der Hafen ist mit einer jährlichen Umschlagmenge von über 35 Millionen Tonnen einer der geschäftigsten Australiens.

Doch es gibt auch attraktive Sehenswürdigkeiten in und außerhalb der Stadt. An der Hauptstraße stehen kolonialzeitliche Gebäude, darunter das Grand Hotel, das nach einem Brand 1993 wieder in seiner ursprünglichen Form von 1897 aufgebaut wurde. In den Botanic Gardens wachsen nur einheimische Pflanzen.

Seventeen Seventy ist einer der wenigen Orte an der Ostküste Australiens, wo Sie den Sonnenuntergang über dem Meer beobachten können.

→ *Die ruhige Küste von Round Hill Creek in Seventeen Seventy*

Etwa 20 Kilometer südlich von Gladstone liegt der Ferienort Boyne Island.

Gladstone ist Ausgangspunkt zur Heron-Insel, die als schönste im Great Barrier Reef gilt. Auch andere Inseln sind von Gladstone per Boot oder Helikopter erreichbar.

15

Rockhampton

G3 61 000
176 Gladstone Rd, Allenstown explorerockhampton.com.au

Rockhampton liegt am Ufer des Fitzroy River. Die oft auch »Beef Capital« Australiens genannte Stadt ist das Verwaltungs- und Handelszentrum von Zentral-Queensland. Ein Turm markiert den Tropic of Capricorn (Wendekreis des Steinbocks), der durch die Stadt verläuft.

Im 1854 gegründeten Rockhampton stehen viele Gebäude aus dem 19. Jahrhundert. Die Quay Street wurde als Ensemble vom National Trust aufgenommen. Die 1869 gegründeten **Botanic Gardens** zeigen Tropenpflanzen. Hier kann man auch übernachten. Das **Aboriginal Dreamtime Cultural Centre** gehört den Aborigines. Die Ausstellung vermittelt die Kultur der Ureinwohner. Die zum nationalen Erbe erklärte

→ *Gudda Gumoo Gorge im Blackdown Tableland National Park*

Stadt Mount Morgan liegt 38 Kilometer südwestlich von Rockhampton. Der Tagebau, in dem von 1970 bis 1981 zunächst nach Gold, später nach Kupfer gegraben wurde, spielte eine große wirtschaftliche Rolle.

Etwa 25 Kilometer nördlich von Rockhampton wurden im Mount Etna National Park um 1880 spektakuläre Kalksteinhöhlen entdeckt. Diese sind über die **Capricorn Caves** zugänglich. Hauptmerkmal sind die »Höhlen-Korallen« – steinverkrustete Baumwurzeln. In den Höhlen nistet die gefährdete Gespenst-Fledermaus, die einzige fleischfressende Fledermaus Australiens.

Die Sandstrände des Yeppoon and Emu Park liegen 40 Kilometer nordöstlich der Stadt. Von Rockhampton starten Fähren nach Great Keppel Island.

Botanic Gardens
Spencer St tägl. 6–18 rockhamptonregion.qld.gov.au

Aboriginal Dreamtime Cultural Centre
Bruce Hwy Mo–Fr 9–15 dreamtimecentre.com.au

Capricorn Caves
30 Olsen Caves Rd, The Caves capricorncaves.com.au

16

Blackdown Tableland National Park

G3 parks.desi.qld.gov.au/parks/blackdown-tableland

Zwischen Rockhampton und Emerald erstreckt sich jenseits des Capricorn Highway eine 20 Kilometer lange Piste durch den Blackdown Tableland National Park. Dieses beeindruckende Sandsteinplateau ragt 600 Meter aus der Ebene auf. Es bietet spektakuläre Ausblicke, Heideformationen, weite Wälder und grandiose Wasserfälle. Hier leben Fuchskusus, Fels-Wallabys und Dingos.

Emerald ist Zentrum des Kohlebergbaus und Herz der zentralen Hochlandregion, 75 Kilometer westlich des Parks. Züge fahren ins umliegende Farmland. Der schmucke Bahnhof von 1900 ist eines der wenigen Gebäude, die die Brandserie zwischen 1936 und 1969, die die Stadt großteils zerstörte, überstanden. 60 Kilometer südwestlich von Emerald, in Cullin-laringo, erinnern Steine an das Massengrab der 19 europäischen Siedler, die 1861 von Aborigines getötet wurden.

Emerald ist – daher auch der Name (»Smaragd«) – Ausgangspunkt zu einem der größten Edelsteinfelder der Welt. Der Alltag der Arbeiter ist eintönig und rau: Viele leben in Wellblechhütten und fördern die Edelsteine per Hand.

17 Mackay

G3 · 80 000
mackayisaac.com

Die durch Zucker zu Wohlstand gekommene Stadt hat ein sehr mildes Klima, weil die umliegenden Berge auch im Winter die warme Küstenluft aufhalten. An der Küste gibt es 30 weiße, von Kasuarinen gesäumte Sandstrände.

Im Zentrum stehen viele historische Gebäude, darunter das Zollhaus und die Commonwealth Bank. Am Ufer des Pioneer River gibt es eine Kunstgalerie, botanische Gärten, eine Badelagune und einen Wasserpark.

Nördlich des Zentrums liegen die Mackay Marina, ein schöner Ort für einen Spaziergang, und das Pine Islet Lighthouse, einer der wenigen Leuchttürme, die noch mit Kerosin befeuert werden.

Etwa 40 Kilometer südlich von Mackay liegt Sarina am Fuße der Connors Range. Hier findet man hübsche Strände und die Zuckerfabrik **Sarina Sugar Shed**, die man mit Führungen besichtigen kann.

Sarina Sugar Shed
Field of Dreams Parkland, Railway Sq
tägl. 9–16
sarinasugarshed.com.au

18 Eungella National Park

G3 · Mackay · Mackay
parks.desi.qld.gov.au/parks/eungella

Der Eungella National Park, der 50 000 Hektar der zerklüfteten Clarke Ranges umschließt, ist das größte zusammenhängende Wildnisgebiet an der Küste von Zentral-Queensland. Zwischen den mit Regenwald und subtropischen Pflanzen bedeckten Vulkanfelsen gibt es steile Schluchten, kristallklare Wasserbecken und beeindruckende, die Berge herabstürzende Wasserfälle.

Finch Hatton Gorge, eine idyllische Oase mit Wasserfällen, Badestellen, üppiger Flora und vulkanischen Felsformationen, ist Hauptanziehungspunkt für Besucher. Die Tierwelt im Park umfasst u. a. Ringbeutler, Nasenbeutler *(bandicoots)* und Filander (*pademelons*, eine Wallaby-Art). Der Broken River ist einer der wenigen Plätze Australiens, wo man in der Dämmerung die seltenen Schnabeltiere beobachten kann.

Vom Aussichtspunkt Sky Window hat man eine spektakuläre Aussicht über das Pioneer Valley. Durch den Regenwald schlängeln sich viele Wanderwege. Einer der beliebtesten beginnt am Picknickplatz Finch Hatton. Eungella ist auch Ausgangspunkt für den 56 Kilometer langen Mackay Highlands Great Walk.

↑ *Pine Islet Lighthouse – markantes Wahrzeichen am Hafen von Mackay*

19 Ayr

F2 · 8000
Plantation Park, Bruce Hwy · townsvillenorthqueensland.com.au

Die lebhafte Stadt im Herzen des Burdekin-River-Deltas ist das größte Zuckerrohranbaugebiet Australiens.

In Ayr beeindruckt der moderne Burdekin Cultural Complex mit einem Theater für 530 Besucher, Bibliothek und Kunstgalerie. Zum Bestand der Sammlung gehören u. a. die berühmten *Living-Lagoon*-Skulpturen des zeitgenössischen australischen Bildhauers Stephen Walker. Das Ayr Nature Display zeigt eine Felswand, die aus ca. 2600 einzelnen Felsstücken aus Nord-Queensland zusammengesetzt wurde, Bilder aus konservierten Insekten sowie eine Ausstellung mit Reptilien, Fossilien und Gegenständen der Ur-

↑ *Badespaß in der Süßwasserlagune von Airlie Beach, einem beliebten Ferienort*

einwohner. Im Plantation Park gibt es den Juru-Wanderweg sowie Gubulla Munda, die 15 Meter hohe Skulptur einer Schlange.

Etwa 55 Kilometer nördlich von Ayr befindet sich der Alligator Creek, Ausgangspunkt für den Bowling Green Bay National Park. Hier leben u. a. Geckos und Zikaden in einer üppig grünen Landschaft mit Felsenbecken und tosenden Wasserfällen.

⓴

Airlie Beach

G3 1300
queensland.com

Das beliebte Urlaubsziel an der Ostküste von Queensland ist das Tor zu den wunderschönen Whitsunday Islands. Das Ambiente des entspannten Küstenstädtchens 150 Kilometer nördlich von Mackay prägen Palmen, Strände, Parks am Wasser, Restaurants mit schönen Terrassen, Hotels, Geschäfte und Kunstgalerien.

Besucher können durch den malerischen Yachthafen oder auf dem Bicentennial Walk am Wasser schlendern sowie ein Bad in der Süßwasserlagune mit Blick auf die Pioneer Bay nehmen. Samstags finden an der Promenade Märkte statt, auf denen lokal hergestellter Schmuck, Kleidung und Kunsthandwerk verkauft werden.

Wesentlich ruhiger präsentiert sich der Conway National Park, der beim Strand beginnt und üppige tropische Regenwälder, Wasserfälle und Wanderwege aufweist.

㉑

Whitsunday Islands

G3 Hamilton Island; Proserpine Proserpine Airlie Beach Port of Airlie, Airlie Beach
tourismwhitsundays.com.au

Der Archipel der Whitsunday Islands umfasst 74 Inseln. Er liegt im Great Barrier Reef Marine Park, etwa 1150 Kilometer nördlich von Brisbane und 650 Kilometer südlich von Cairns. Die bezaubernden Inseln und Atolle zählen zu den begehrtesten Reisezielen in Australien. Whitehaven Beach auf der Insel Whitsunday gilt zu Recht als einer der weltweit schönsten Strände: neun Kilometer feinsten Sandes und kristallklares Wasser.

Schon gewusst?

Eigentlich müssten die Whitsundays »Whitmondays« heißen – doch Captain Cook verwechselte die Tage.

Nur auf wenigen der Inseln kann man übernachten, darunter Hamilton, Daydream, Hayman, South Molle und Lindeman, die übrigen sind unbewohnt. Unterkünfte reichen von Luxushotels über Gasthäuser bis zu Apartments für Selbstversorger.

Auf den Inseln ist viel geboten: Gerätetauchen, Walbeobachtung, Flüge mit dem Wasserflugzeug und Segelausflüge. Viele Veranstalter in Airlie Beach auf dem Festland arrangieren Segelreisen inklusive Tauchausflügen sowie einer oder zwei Nächten am Great Barrier Reef.

TOP 5 Strände der Whitsundays

Whitehaven Beach
Ein Paradies – dieser Strand gilt als schönster in ganz Australien.

Betty's Beach
Die versteckte Bucht liegt an der Nordspitze von Whitehaven Beach.

Chalkies Beach
Der Strand auf Haslewood Island ist für sein Riff bekannt.

Chance Bay
Ein hervorragender Spot für die Beobachtung von Meeresschildkröten.

Catseye Beach
Der größte Strand auf Hamilton Island bietet viele Optionen für Wassersport.

Blick vom *Mount Alexandra Lookout, Daintree National Park* (siehe S. 391)

Norden von Queensland

Das nördliche Queensland ist eine Region mit üppiger Vegetation und rauen Landschaftsformen. Die auf dem Festland und den vorgelagerten Inseln lebenden Aborigines reisten mit einfachen Kanus und bauten in den Küstengebieten und Flüssen komplexe Systeme von Fischfallen und Wehren.

Europäische Entdecker erreichten das Gebiet erstmals 1606, als das niederländische Schiff *Duyfken* in der Nähe von Weipa an der Cape York Peninsula anlegte. Nach der Landung seines Schiffs *Endeavour* im Hafen des heutigen Cooktown im Jahr 1770 kartierte sein Kapitän James Cook die Küste. Nach einigen gescheiterten Expeditionen und Konflikten mit den hier lebenden Aborigines gab es in den folgenden rund 100 Jahren kaum weitere Versuche von Europäern, hier Siedlungen zu errichten.

Dies änderte sich gegen des Ende 19. Jahrhunderts, als im Zuge des Goldrauschs florierende Städte entstanden. Anfang des 20. Jahrhunderts waren die Goldvorkommen weitgehend versiegt, erst in den 1970er Jahren erlebte die Region einen weiteren Aufschwung – diesmal durch den rasch zunehmenden Tourismus. Cairns machte sich als Tor zum Great Barrier Reef einen Namen, heute ist dieser Küstenabschnitt ein populäres Urlaubsparadies mit zahlreichen Resorts.

Norden von Queensland
Badu Island
Moa Island
18 Torres Strait Islands
Thursday Island
Prince of Wales Island
Cape York
Bamaga
Injinoo
Jardine River National Park
Cape Grenvi
Bromley (Ampulin) National Park
Mapoon
16 Cape York Peninsula
Iron Range National Park
Weipa
81
Lockhart River
Boyd Point
Aurukun
Archer Ri Roadhou
Archer Bend National Park
Mungkan Kandju National Park
Coen
Cape Keerweer
81
Holroyd
Yarraden
Edward River
Pormpuraaw
Mitchell and Alice Rivers National Park
Gulf of Carpentaria
Kowanyama
Mitchell
Dunbar
Palmer
Yagoonya
Staaten
Staaten River National Park
Mornington Island
Red
Gilbert
QUEEN
Hells Gate Roadhouse
Karumba
Normanton
Burketown
83
1
Doomadgee
Westen und Outback von Queensland
Seiten 396–405
Gregory Downs
Iffley
Burke and Wills Roadhouse
N
83
0 Kilometer 100
Malpas-Trenton

Norden von Queensland

Highlights

1. Great Barrier Reef
2. Cairns

Sehenswürdigkeiten

3. Kuranda
4. Palm Cove
5. Port Douglas
6. Daintree National Park
7. Green Island
8. Wooroonooran National Park
9. Townsville und Magnetic Island
10. Mission Beach
11. Hinchinbrook Island
12. Babinda und The Boulders
13. Atherton Tablelands
14. Laura
15. Rinyirru (Lakefield) National Park
16. Cape York Peninsula
17. Cooktown
18. Torres Strait Islands

1

Great Barrier Reef

F1 235 Stanley St, Townsville (+61 7 4750 0700) gbrmpa.gov.au

Ein Ökosystem der Superlative: Das Great Barrier Reef ist eines der spektakulärsten Naturwunder der Welt und das größte Riffsystem der Erde. Erstaunlicherweise ist es sogar vom Weltraum aus sichtbar. Die beeindruckende Unterwasserlandschaft beherbergt eine enorme Vielfalt an Meereslebewesen und zählt zu den artenreichsten Gebieten auf unserem Planeten.

Das Great Barrier Reef erstreckt sich vor der Nordostküste Australiens über mehr als 2300 Kilometer. Es besteht aus ungefähr 2000 Inseln und 3000 einzelnen Korallenriffen. In dieser farbenprächtigen Landschaft leben mehr als 9000 Arten, u. a. Meeresschildkröten, Seeschlangen, Haie und unzählige Fischarten.

Fortschreitender Klimawandel und Umweltverschmutzung sind erhebliche Bedrohungen für dieses Ökosystem und haben bereits deutlich sichtbare Schäden hinterlassen. Zum Schutz dieses einmaligen Naturwunders erteilt die Great Barrier Reef Marine Park Authority (GBRMPA) nur Reiseveranstaltern mit Ökotourismus-Zertifizierung die Erlaubnis für touristische Aktivitäten. Viele Touren beinhalten Tauchen und Schnorcheln, wodurch Besucher in die spannende Unterwasserwelt des Riffs eintauchen können. Einige Inseln kann man besuchen und dort das Angebot an Outdoor-Aktivitäten nutzen: Heron Island eignet sich sehr gut zum Schnorcheln, von Oktober bis März kann man auch sehr gut Meeresschildkröten beobachten.

Hotel

Reefworld
Schlafen Sie unter den Sternen auf einem festgemachten Ponton oder in einem vollständig verglasten Zimmer.

cruisewhitsundays.com/accommodation

$$$

→

Bei einem Tauchgang entdeckt man die Vielfalt des Great Barrier Reef

Highlight

Aktivitäten

↑ *Im Great Barrier Reef finden auch Meeresschildkröten Lebensraum*

Tauchen

Das Great Barrier Reef ist weltweit einer der beliebtesten Orte, um Tauchen zu lernen. Das Angebot an Tauchschulen mit Kursen für alle Niveaus ist groß. Man findet sie entlang der gesamten Küste, einige der renommiertesten sind in Townsville *(siehe S. 392)* und Cairns *(siehe S. 388f)*. Als eine ganz besondere Attraktion werden auch Nachttauchgänge angeboten.

Schutz des Ökosystems

▷ Beteiligen Sie sich aktiv am Riffschutz und engagieren Sie sich bei einem der vielen Projekte, die von der Great Barrier Reef Foundation oder von Reef Check Australia geleitet werden.

Schnorcheln

◁ Beim Schnorcheln haben Sie die Möglichkeit, die wunderschöne tropische Fischwelt des Great Barrier Reef aus nächster Nähe zu beobachten. Dies erfordert weniger Training und Equipment als Tauchen – alles, was Sie brauchen, ist eine Schnorchelausrüstung. Viele Agenturen bieten Schnorchelausflüge an, von einigen Inseln des Riffs können Sie aber auch selber starten.

Strandpflege

Die australische Regierung rief das Projekt ReefClean ins Leben, um im Gebiet des Great Barrier Reef Müll zu entfernen. Beteiligen Sie sich an einer Strandreinigung, die von Organisationen wie Eco Barge Clean Seas durchgeführt wird.

Fahrt im Glasbodenboot

▷ Man kann das Riff auch trockenen Fußes erkunden. Dies geht am besten bei einer Glasboden-boot-Tour. Dabei können die Teilnehmer die artenreiche und farbenfrohe Unterwasserwelt direkt unter ihren Füßen erspähen.

Great Barrier Reef

Die über 500 Millionen Jahre alten Korallenriffe gehören zu den ältesten und primitivsten Formen des Lebens. Ihre Entstehung begann vor rund 18 000 Jahren, damit ist das Great Barrier Reef der älteste Riffkomplex der Erde. Er erstreckt sich über etwa 2000 Kilometer von Bundaberg bis zur Spitze von Cape York und umfasst ein Gebiet von etwa 350 000 Quadratkilometern. Das Great Barrier Reef besteht aus Tausenden von Inseln und einzelnen Riffen unterschiedlicher Art. Jedes dieser Ökosysteme birgt eine große Vielfalt an Meereslebewesen.

Leben am Great Barrier Reef

Die Gewässer des Great Barrier Reef sind der Lebensraum von über 2000 Fisch- und unzähligen Hart- und Weichkorallenarten. Es gibt eine einmalige Vielfalt an Lebensformen wie Stachelhäuter (u. a. Seeigel), Krustentiere und Schwämme sowie zahlreiche Wirbellose, z. B. die elegante Meeresschnecke, etwa zwölf Seegras- und 500 Algenarten. Auf den Riff- und Koralleninseln leben zahlreiche farbenprächtige Tropenvögel.

Muränen werden bis zu zwei Meter lang und lassen sich sogar von Tauchern füttern.

Hartkorallen entstehen aus dem Außenskelett von Polypen. Besonders verbreitet sind Steinkorallen.

Wobbegongs (Teppichhaie) gehören zu den Haien. Sie schlafen tagsüber unter Felsen und in Höhlen.

Weichkorallen haben kein Außenskelett und ähneln im Wasser schwimmenden Farnwedeln.

Mantarochen sind riesige, bis zu sieben Meter breite Fische.

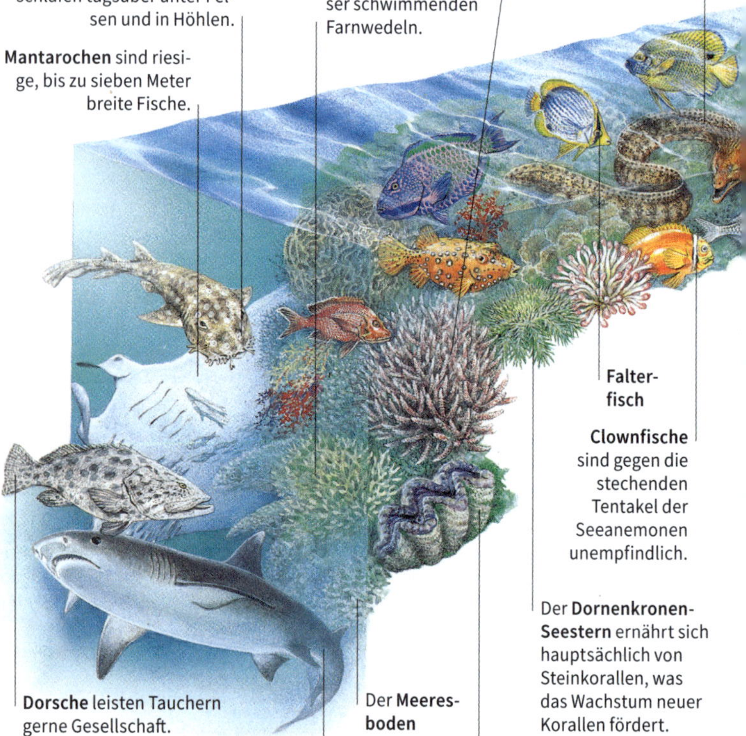

Falterfisch

Clownfische sind gegen die stechenden Tentakel der Seeanemonen unempfindlich.

Der **Dornenkronen-Seestern** ernährt sich hauptsächlich von Steinkorallen, was das Wachstum neuer Korallen fördert.

Dorsche leisten Tauchern gerne Gesellschaft.

Weiße Haie besuchen das Riff vereinzelt, im offenen Meer leben sie gelegentlich in größeren Gruppen.

Der **Meeresboden** zeichnet sich ebenfalls durch Artenvielfalt aus.

Riesenmuscheln gelten leider als Delikatesse. In australischen Gewässern sind sie heute per Gesetz geschützt.

Schon gewusst?

Das Great Barrier Reef beherbergt ein Drittel aller Korallen der Welt.

Meergrundeln ernähren sich von den Nährstoffen im Sand. Sie leben vor der Küste.

Langflossen-Fledermausfische schwimmen in großen Schwärmen und besiedeln längere Zeit einen Riffbereich. Sie ernähren sich vor allem von Algen und Quallen.

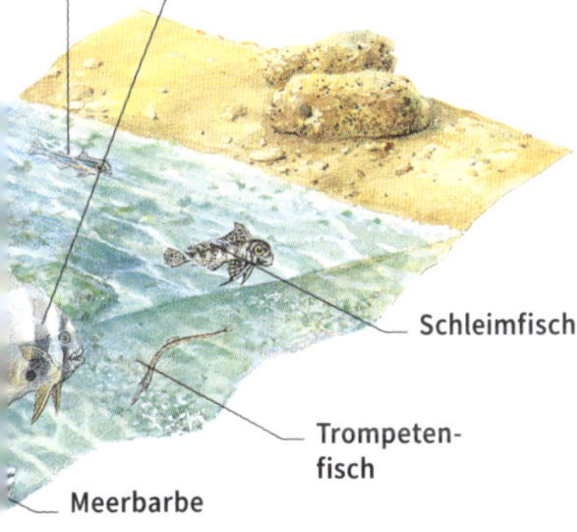

↑ *Ein Schwarm von Soldatenfischen an einem Korallenstock*

Entstehung des Riffs

Das Wachstum der Korallenriffe hängt von der Höhe des Meeresspiegels ab, da Korallen weder über der Wasserlinie noch tiefer als 30 Meter leben können. Das Great Barrier Reef setzt sich aus zahllosen einzelnen Riffen zusammen und entstand großteils nach der letzten Eiszeit.

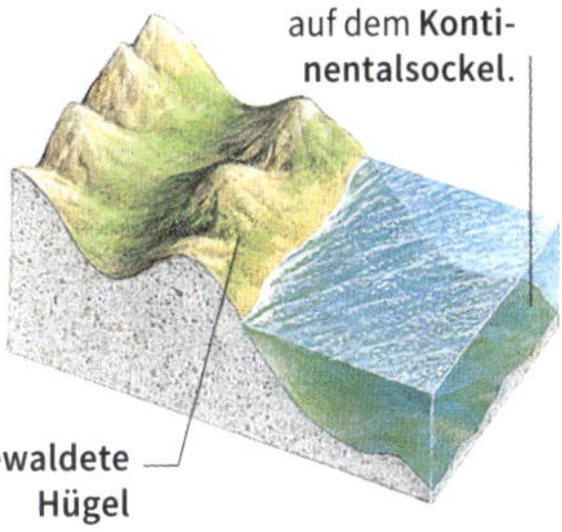

In der letzten Eiszeit (vor ca. 18 000 Jahren) machte das flache Wasser bewaldeten Hügeln Platz. In den seichten Gewässern wuchsen Korallen.

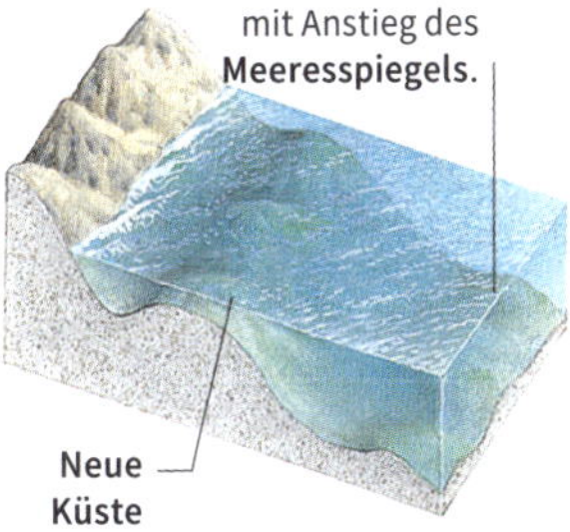

Nach der letzten Eiszeit stieg der Meeresspiegel und überflutete die Hügel. Die Korallen wuchsen vor der neuen Küste.

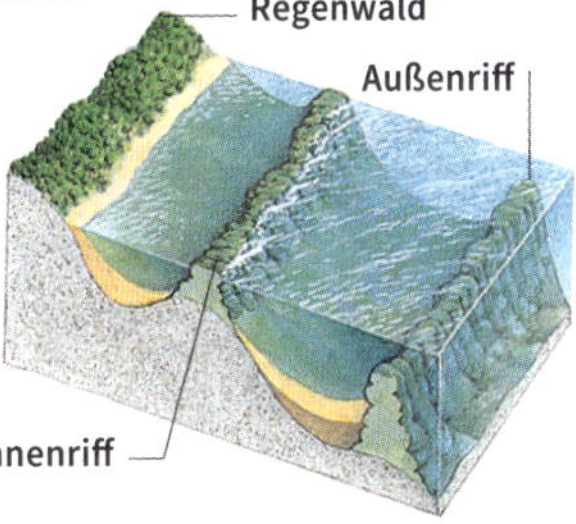

Über Jahrtausende entstanden zwei Riffsysteme: das Außen- oder Wallriff (Outer Reef), Küsten- oder Saumriff parallel zur Küste (Inner Reef).

2

Cairns

F2 150 000 6 km nördl. Bahnhof Cairns, Bunda St Lake-St-Endstation, Lake St; Trinity Wharf, Wharf St Reef-Ausflüge, Pier Point Rd 1/34 The Esplanade (+61 7 4047 9125) cairns.qld.gov.au

Cairns ist vor allem als Ausgangspunkt für Ausflüge zum Great Barrier Reef, zum Daintree Rainforest und in die Atherton Tablelands bekannt. Doch auch die Stadt selbst hat Besuchern jede Menge zu bieten. Zu den wichtigsten Anziehungspunkten gehören einige sehenswerte Museen und die vielen stimmungsvollen Bars. In der künstlich angelegten Lagune kann man sehr gut schwimmen, das Watt bietet vielen Vogelarten geeigneten Lebensraum.

①

Cairns Esplanade und Lagoon

Esplanade Lagoon: Do–Di, Feiertage 6–21, Mi 12–21 cairns.qld.gov.au/esplanade

Der Cairns Esplanade Boardwalk erstreckt sich über 2,5 Kilometer entlang der Küste und bietet malerische Ausblicke auf die Trinity Bay. Entlang diesem tropischen Paradies reihen sich Restaurants und Geschäfte aneinander. Zudem gibt es mehrere Spielplätze und eine künstliche Lagune.

②

Flecker Botanic Gardens

Collins Ave, Edge Hill +61 7 4032 6650 Gärten: tägl. 7:30–17:30; Visitor Centre: Mo–Fr 8:30–16, Sa, So 9:30–14

Der 1886 gegründete Botanische Garten verfügt über eine berühmte Palmensammlung mit mehr als 100 Arten sowie viele weitere tropische Pflanzen. Der Garten umfasst auch ein artenreiches Regenwaldareal, in dem die Vogelwelt beobachtet werden kann. Die Centenary Lakes wurden 1976 anlässlich des 100. Geburtstags der Stadt angelegt.

③

Cairns Museum

105 Lake St, Eingang Shields St Mo–Sa 10–16 alle Feiertage cairnsmuseum.org.au

Das Museum in einem Gebäude der School of Arts von 1907 zeigt frühe Architektur der Stadt, beispielsweise die Einrichtung eines chinesischen Tempels, und Gegenwartskunst.

④

Reef Fleet Terminal

Pier Point Rd

Das Terminal ist Ausgangspunkt für Kreuzfahrten zum Great Barrier Reef und Hotspot des städtischen Lebens. Einheimische kommen hierher, um in den Boutiquen, Restaurants und Märkten des angrenzenden Pier Marketplace zu stöbern. Von August bis Dezember strömen Besucher zum Marlin Jetty, um die Männer mit ihrem Fang heimkehren zu sehen. Cairns ist das Zentrum der australischen Sportfischer.

Busse fahren nach Kuranda *(siehe S. 390)* in den Atherton Tablelands. Nicht weit ist es zum Tjapukai Cultural Centre, Heimat des Aboriginal Tjapukai Dance Theatre.

Cairns Art Gallery

Ecke Abbott St u. Shields St Mo–Fr 9–17, Sa 10–17, So 10–14 cairnsartgallery.com.au

Die 1995 eröffnete Kunstgalerie zählt zu den größten in Queensland. Sie zeigt Werke preisgekrönter nationaler und internationaler Künstler, darunter auch eine beeindruckende Dauerausstellung, die dem Kulturerbe der Aborigines im Norden von Queensland gewidmet ist.

Cairns Aquarium

5 Florence St tägl. 9:30–15:30 (letzter Einlass 14:30) cairnsaquarium.com.au

Das Aquarium von Cairns widmet sich dem Schutz und der Erhaltung der Lebensräume und der Artenwelt des tropischen Nordens von Queensland. In den riesigen Becken leben mehr als 16 000 Fische, Reptilien und Meeressäuger. Zudem gibt es ein Rehabilitationszentrum für Schildkröten.

Rustys Markets

Ecke Grafton St u. Sheridan St Fr, Sa 5–18, So 5–15 rustysmarkets.com.au

Der 1975 gegründete Markt ist einer der bekanntesten in Australien. An über 180 Ständen werden Obst, Gemüse und frische Backwaren verkauft. Darüber hinaus gibt es Bekleidung, Accessoires und jede Menge Krimskrams.

←

Die Lagoon an der Cairns Esplanade bietet an heißen Tagen Abkühlung

Restaurants

Ochre

Genießen Sie zu australischen Gerichten aus regionalen Zutaten die atemberaubende Aussicht auf die Trinity Bay.

6/1 Marlin Parade
ochrerestaurant.com.au

$$$

Waterbar and Grill

Das Restaurant am Wasser wurde schon als bestes Steakhouse der Stadt gepriesen und bietet außerdem köstliches Seafood.

1 Pier Point Rd
waterbarandgrill.com.au

$$$

SEHENSWÜRDIGKEITEN

3
Kuranda

F2 2500 von Cairns Therwine St kuranda.org

Das Städtchen liegt am östlichen Rand der Atherton Tablelands. In den 1960er Jahren war es ein Hippie-Treffpunkt, seither hat es sich zu einem Zentrum für Kunst und Kunsthandwerk entwickelt. Bekannt ist es für Streetart und Freiluftmärkte.

Im Zentrum liegt das **Australian Butterfly Sanctuary**, der größte Schmetterlingsgarten der Südhalbkugel. Weitere Attraktionen sind Fahrten mit dem 7,5 Kilometer langen **Skyrail Rainforest Cableway** und mit der **Kuranda Scenic Railway** – beide bieten Aussichten über die Barron Gorge und den Regenwald Wet Tropics.

Australian Butterfly Sanctuary
8 Rob Veivers Dr australianbutterflies.com

Skyrail Rainforest Cableway
6 Skyrail Dr, Smithfield skyrail.com.au

Kuranda Scenic Railway
Coondoo St ksr.com.au

4
Palm Cove

F2 2400 nach Cairns, dann Bus oder Auto 119–121 Williams Esplanade tropicalnorthqueensland.org.au

Das Küstendorf zählt zu den Spa-Hochburgen Australiens. Hier findet man Boutique-Resorts, ruhige Strände, preisgekrönte Restaurants und rund 500 Jahre alte Myrtenheiden. Wassersportler kommen hierher zum Segeln, Angeln und Kajakfahren. Bei Kajaktouren zu den Korallenriffen der Inseln Haycock und Double kann man in der Dämmerung Stachelrochen und Schaufelnasen-Hammerhaie sichten.

5
Port Douglas

F2 3500 visit portdouglasdaintree.com

Das ehemalige Fischerdorf ist heute ein beliebter Ferienort, der sich noch dörflichen Charme bewahrt hat.

Die Macrossan Street ist eine typische australische Durchgangsstraße. Sie führt zum Four Mile Beach, einem beliebten Treffpunkt. Viele Gebäude aus dem 19. Jahrhundert, so das Courthouse Hotel, säumen die Straße. Die modernen Einkaufszen-

Schöne Aussicht
Rex Lookout

Der Aussichtspunkt liegt zwischen Palm Cove und Port Douglas, wo der Regenwald auf das Meer trifft. Von hier hat man Aussicht auf Oak Beach, Trinity Bay und das Korallenmeer. Der Ort ist auch ein Startpunkt für Paraglider.

↑ *Am Cape Tribulation Beach; Rex Creek Bridge im Daintree National Park* (Detail)

tren sind auf die ursprüngliche Architektur abgestimmt.

Der frühere Hafen entstand während des Goldrauschs um 1850, wurde aber von Cairns als Haupthafen der Region abgelöst. Der Bau des luxuriösen Sheraton Hotels Anfang der 1980er Jahre läutete eine neue Ära ein.

Von Port Douglas kann man Ausflüge zum Great Barrier Reef unternehmen.

6 Daintree National Park

F2 · nach Cairns, dann Zug, Bus oder Auto · 212R Mossman Gorge Rd, Mossman · parks.desi.qld.gov.au/parks/daintree

Der Daintree National Park umfasst ein Gebiet von mehr als 76 000 Hektar. Die Umgebung von Cape Tribulation ist besonders schön, da hier der Regenwald bis ans Meer reicht. Ein großer Bereich ist unzugänglich und gebirgig, doch fünf Kilometer von Mossman entfernt liegt die Mossman Gorge mit einem einfachen, leicht begehbaren, 2,7 Kilometer langen Weg durch den Regenwald.

Eine von Aborigines geleitete Tour führt zu kulturellen Stätten und beinhaltet eine traditionelle Räucherzeremonie. Auch Kreuzfahrten auf dem Daintree River werden angeboten, dabei kann man Krokodile beobachten.

7 Green Island

F2 · von Cairns · greenislandresort.com.au

Green Island ist eine der wenigen bewohnten Koralleninseln im Great Barrier Reef *(siehe S. 384 – 387)*. Trotz ihrer geringen Größe (ein Rundgang um die Insel dauert nur knapp 15 Minuten) eröffnete hier ein Öko-Resort.

Tagesausflügler kommen von Cairns mit der Fähre auf die Insel. Auch wenn die Korallenbänke hier weniger spektakulär sind als weiter draußen, ist Schnorcheln eine beliebte Aktivität. Vom Steg aus kann man gut Meeresschildkröten beobachten.

Im Marineland-Melanesia-Komplex lebte Cassius, das mit 5,48 Metern weltweit längste aller in Tierparks gehaltenen Krokodile (2024 starb es mit ca. 110 Jahren).

Hotels

Dies sind einige Übernachtungsmöglichkeiten im Daintree National Park.

Ferntree Rainforest Hotel
36 Camelot Close, Cape Tribulation
ferntreerainforesthotel.com
$$$

Cape Trib Beach House
152 Rykers Rd, Cape Tribulation
capetribbeach.com.au
$$$

Silky Oaks Lodge
Finlayvale Rd, Mossman
silkyoakslodge.com.au
$$$

Daintree Ecolodge
3189 Mossman-Daintree Rd, Daintree
daintree-ecolodge.com.au
$$$

↑ *Farbenprächtiger Kasuar im Wooroonooran National Park*

8

Wooroonooran National Park

F2 · Innisfail
Anzac Memorial Park, Bruce Hwy, Innisfail
parks.desi.qld.gov.au/parks/wooroonooran

Im Wooroonooran National Park liegen die beiden höchsten Berge des Bundesstaats, der Bartle Frere (1611 m) und der Bellenden Ker (1591 m). Die Gipfelregionen sind oft von Wolken verhüllt. Hier finden Helmkasuaren *(cassowaries)*, große, flugunfähige Vögel, die vom Aussterben bedroht sind, geeigneten Lebensraum.

Der überwiegende Teil des Nationalparks ist Wildnis, es gibt hier nur wenige Wanderwege. Die Josephine Falls im Süden, etwa acht Kilometer vom Bruce Highway entfernt, sind ein beliebtes Ausflugsziel.

Schon gewusst?

Auf der ganzen Welt leben nur noch rund 4000 Kasuare.

9

Townsville und Magnetic Island

F2 · 130 000 · Bulletin Square
townsvillenorthqueensland.com.au

Townsville ist die zweitgrößte Stadt Queenslands und ein wichtiger Hafen. Robert Towns gründete sie um 1860. Er führte die Praxis des »Blackbirding« ein – in ihrer Heimat melanesische Indigene wurden als Arbeitskräfte nach Australien verschleppt.

Zu den Attraktionen zählen das **Queensland Museum Tropics**, das die Kunstschätze der *Pandora* beherbergt, und das **Museum of Underwater Art**, ein Unterwassermuseum mit Installationen und Skulpturen.

Magnetic Island, acht Kilometer vor der Küste, ist als einzige Riff-Insel dauerhaft bewohnt. Den Namen erhielt sie von Captain Cook, der glaubte, dass die durch den großen Granitfelsen erzeugten Magnetfelder seinem Kompass Probleme bereiteten. Fast die Hälfte der Inselfläche ist Nationalpark.

Queensland Museum Tropics

Flinders St East
tägl. 9–16 · Karfreitag, 25. Apr, 25., 26. Dez
museum.qld.gov.au/tropics

Museum of Underwater Art

siehe Website
moua.com.au

10

Mission Beach

F2 · Tully · Mission Beach · 55 Porter Promenade · cassowarycoasttourism.com.au

Etwa auf halber Strecke zwischen Cairns und Townsville erstreckt sich Mission Beach.

Entdeckertipp
Paronella Park

In dem Park zwischen Mission Beach und dem Wooroonooran stehen die Ruinen einer von José Paronella 1935 im spanischen Stil erbauten Burg. Nahe dem Anwesen sieht man auch einen Wasserfall (15 m).

Das Areal umfasst vier Strandorte, zwischen denen ein etwa 14 Kilometer langer Sandstrand verläuft.

In den Orten findet man Restaurants, Boutiquen und Galerien. Zu der für Wassersportler (u. a. Taucher und Windsurfer) attraktiven Insel verkehren Boote.

11

Hinchinbrook Island

F2 · Ingham · Cardwell · Lucinda, Cardwell
parks.desi.qld.gov.au/parks/hinchinbrook

Hinchinbrook ist mit einer Fläche von 635 Quadratkilometern der größte Insel-Nationalpark Australiens. Der dichte, großteils unberührte

Regenwald ist bei Buschwanderern besonders beliebt. Mount Bowen, mit 1121 Metern der höchste Punkt der Insel, ist an vielen Tagen wolkenverhangen. Hier sind u. a. Wallabys und der an der Oberseite hellblaue Odysseusfalter zu Hause.

12

Babinda und The Boulders

F2 1300 1 Munro St, Babinda W babindainfo centre.com.au

Das ländliche Babinda erinnert mit seinen hübschen Häusern und dem hölzernen Pub an die frühen Tage von Queensland.

Sieben Kilometer weiter im Hinterland befindet sich ein beliebtes Fotomotiv: die Babinda Boulders, vom Wasser geformte Felsen.

13

Atherton Tablelands

F2 Ecke Silo Rd u. Main St, Atherton W atherton tablelands.com.au

Auf einer Länge von 150 Kilometern ragen die Atherton Tablelands steil über der Ebene zwischen Cairns und Innisfail empor. Der höchste Punkt liegt 900 Meter über dem Meer. Dank des kühlen Klimas, der starken Regenfälle und des Vulkanbodens ist dies eines der fruchtbarsten Gebiete Queenslands. Lange war Tabak das Hauptanbauprodukt, doch nun überwiegen Zuckerrohr, Bananen, Avocados sowie Erd- und Macadamianüsse.

Yungaburra steht wegen der vielen historischen Gebäude unter Denkmalschutz. Nahe dem Ort wächst der »Curtain Fig Tree«. Die Luftwurzeln der Würgefeige um ihren Wirtsbaum bilden ein 15 Meter langes Geflecht.

Südwestlich von Yungaburra liegt auch der grüne Kratersee am Mount Hypipamee mit einem Durchmesser von etwa 60 Metern.

Millaa Millaa bietet spektakuläre Wasserfälle. Ein Rundweg (15 km) führt an den Zillie und Ellinjaa Falls vorbei. Nicht weit entfernt liegen die Mungalli Falls.

Atherton ist die größte Stadt der Region. Sie ist nach den ersten europäischen Siedlern John und Kate Atherton benannt, die Mitte des 19. Jahrhunderts hier Viehzucht betrieben. Heute befindet sich am Ort der Ranch das Agrarzentrum Mareeba.

Restaurants

A Touch of Salt

Das preisgekrönte Restaurant ist eines der besten in Townsville. Es bietet hochwertige Gerichte, eine umfangreiche Weinkarte und eine herrliche Aussicht auf das Meer.

F2 86 Ogden St, Townsville W atouchofsalt.com.au

$$$

Saltwater Magnetic Island

Das Gourmetrestaurant auf Magnetic Island serviert moderne australisch-asiatische Fusionsküche. Dabei ist es auf Seafood und Geflügel spezialisiert.

F2 53 Sooning St, Nelly Bay, Magnetic Island W saltwater magneticisland.com

$$$

↑ *Der rauschende Babinda Creek fließt durch die Babinda Boulders*

Darsteller beim Laura Quinkan Dance Festival ↑

14

Laura

F2 100 nach Cairns, dann Bus oder Auto Ang-Gnarra Aboriginal Corporation, Lot 2, Peninsula Development Rd anggnarra.org.au

Der Ort am südlichen Ende der Cape York Peninsula ist typisch für das Outback. Ende des 19. Jahrhunderts war Laura Endstation der Eisenbahnlinie zu den Goldfeldern am Palmer River, die jährlich etwa 20 000 Menschen in die Stadt zogen.

Durch die Entdeckung der prähistorischen Malereien der Aborigines 1959 wurde sie zeitweilig zu neuem Leben erweckt. In der »Giant Horse Gallery« mit riesigen Pferdezeichnungen hielten die Aborigines angeblich ihre ersten Eindrücke von europäischen Entdeckern fest.

Das Laura Quinkan Dance Festival (Juli) ist ein Fest der Aborigines.

In der »Giant Horse Gallery« mit riesigen Pferdezeichnungen hielten die Aborigines angeblich ihre ersten Eindrücke von europäischen Entdeckern fest.

15

Rinyirru (Lakefield) National Park

F2 Cooktown Nature's Powerhouse, Botanic Gardens, Walker St, Cooktown parks.desi.qld.gov.au/parks/rinyirru-lakefield

Der ungefähr 540 000 Hektar große Lakefield National Park ist der zweitgrößte Nationalpark des Bundesstaates Queensland. Das vielfältige Gebiet wird von dichten Galeriewäldern, Prärien und Küstenebenen sowie einer artenreichen Vogelwelt geprägt.

Camping ist als einzige Übernachtungsmöglichkeit erlaubt, Genehmigungen gibt es bei den Verwaltungsbüros im Park.

In der Regenzeit zwischen Dezember und Juli, wenn der Fluss die Ebenen großflächig überschwemmt, ist der Nationalpark nahezu unpassierbar und daher geschlossen.

16

Cape York Peninsula

F1 nach Cairns, dann Auto (4WD) Walker St, Cooktown cooktownandcapeyork.com

Die Halbinsel an der nördlichsten Spitze Australiens ist eines der letzten noch weitgehend unberührten Wildnisgebiete der Welt. Das Gebiet mit einer Fläche von rund 200 000 Quadratkilometern ist Heimat mehrerer Stämme der Aborigines und der Torres-Strait-Insulaner.

Auf der Cape York Peninsula steht die Natur in einer ganzen Reihe von Nationalparks unter Schutz. Die Landschaft variiert stark mit der Jahreszeit: Von November bis März schwellen die Flüsse an, die Landschaft wird grün. In den trockenen Wintermonaten sind die Flüsse versiegt, die Gegend wird kahl und trocken.

Die Region ist mit Campingplätzen am Strand, Angelplätzen, Wasserfällen und Feuchtgebieten ein beliebtes Reiseziel für Autofahrer. Eine sehr populäre Strecke ist der mit Geländewagen befahrbare, 350 Kilometer lange Old Telegraph Track (OTT).

An Geschichte Interessierte können die Ruinen der verlassenen Pioniersiedlung Somerset erkunden.

Bei Ebbe kann man in der Höhle am nahe gelegenen Strand gut erhaltene Felsmalereien der Aborigines entdecken.

17

Cooktown

F2 1300
Nature's Powerhouse, Botanic Gardens, Walker St
cooktownandcapeyork.com

Als die *Endeavour* 1770 durch ein Korallenriff beschädigt wurde, verbrachte Captain Cook während der Reparaturarbeiten sechs Wochen mit seiner Mannschaft in diesem Gebiet. Deshalb kann Cooktown von sich behaupten, dass sich hier zum ersten Mal weiße Siedler auf australischem Boden niederließen.

Wie fast alle Städte in diesem Gebiet versorgte auch Cooktown ursprünglich die Menschen auf den Goldfeldern. Die heutige Einwohnerzahl von etwa 2000 ist im Vergleich zu den 4000, die einst die 50 Pubs bevölkerten, deutlich geringer. Viele historische Gebäude sind noch erhalten, darunter die Westpac Bank (die frühere Old National Bank) mit ihren Steinsäulen, die eine schmiedeeiserne Veranda stützen.

Das **Cooktown Museum**, in dem der Anker der *Endeavour* zu sehen ist, wurde um 1880 als Kloster errichtet. Auf dem Friedhof zeugen ein Denkmal und viele Grabsteine von den Schwierigkeiten, mit denen in den 1870er Jahren die Chinesen auf den Goldfeldern konfrontiert waren.

Der Black Mountain National Park zwischen Cooktown und Bloomfield ist nach den riesigen schwarzen Granitblöcken benannt, die vor 260 Millionen Jahren entstanden und durch Erosion freigelegt wurden.

Cooktown Museum
Ecke Helen St u. Furneaux St Mai–Sep: tägl. 9–15; Okt–Apr: Mi–Sa 10–15 nationaltrustqld.org.au

18

Torres Strait Islands

F1 von Cairns von Cairns Cairns torres.qld.gov.au/tourism

In der Torres Strait, die die Nordküste Australiens von Papua-Neuguinea trennt, liegen zahlreiche Inseln. Sie werden seit 1879 von Queensland verwaltet.

Thursday Island, die »Hauptinsel«, war einst ein herausragendes Zentrum der Perlenindustrie. Auf ihrem Friedhof sind viele japanische Perlenfischer begraben, die bei ihrer gefährlichen Tätigkeit ihr Leben verloren. 1891 wurde das Green Hill Fort zum Schutz gegen eine Invasion russischer Truppen errichtet.

Murray Island ist Geburtsort von Eddie Mabo, der 1992 vor dem Australian High Court seine Klage auf angestammtes Land gewann, wodurch sich die Beziehungen zwischen Aborigines und Europäern stark veränderten.

Torres-Strait-Insulaner: Kultur

Zusammen mit den Aborigines waren die Torres-Strait-Insulaner die ersten Bewohner Australiens. Ihre Kultur ist eine Mischung aus australischen, papuanischen und austronesischen Elementen, sie pflegen eigene Sprachen und Rituale. Spirituelle Grundlage ist der *tagai*, ein Glaubens- und Rechtssystem. Der Alltag orientiert sich stark am Leben der frühen Inselbewohner. Der *dhari*, ein bunter Kopfschmuck aus Federn und Perlen, ist ein wichtiges Symbol der Torres-Strait-Insulaner und ihrer Bräuche.

Schon gewusst?

Von den 274 Inseln in der Torres Strait sind nur 17 bewohnt.

→ *Traumhafte Aussicht von Thursday Island, Torres Strait*

Mangroven im Watt des Gulf of Carpentaria vor Karumba (siehe S. 404)

Westen und Outback von Queensland

In den riesigen roten Ebenen und Wüstendünen lebten verschiedene Aborigines-Stämme. Als die Europäer im 19. Jahrhundert eintrafen, fanden sie ein Land vor, das reich an Bodenschätzen – vor allem Gold – war. Als der Bergbau gegen Ende des 19. Jahrhunderts zurückging, fanden die Aborigines, die als Guides der Goldsucher gearbeitet hatten, Beschäftigung als Viehzüchter und Landarbeiter. Die häufig barfuß reitenden Indigenen waren für ihre Reitkünste hoch angesehen.

Geschichten über Wanderarbeiter inspirierten den Autor Andrew Barton (»Banjo«) Paterson 1895 zum Texten von *Waltzing Matilda*, einer Ballade über einen umherziehenden Landarbeiter, der ein Schaf stahl. Heute ist dies die inoffizielle Hymne des Landes.

Die Region steht auch mit einem weltbekannten Unternehmen in Zusammenhang. Qantas Airways, die nationale Fluggesellschaft des Landes, wurde 1920 in Winton gegründet, zog 1922 nach Longreach und absolvierte im selben Jahr zwischen Charleville und Cloncurry ihren ersten regulären Passagierflug. Trotz dieser Verbindung zur großen weiten Welt bleiben der Westen und das Outback von Queensland eine Region mit typisch australischer Prägung.

0 Kilometer 150
N
Wellesley Islands
Dunbar
Staaten River National Park
Red
Gilbert
Karumba 7
Normanton und Gulf Savannah 6
Hell's Gate Roadhouse
Burketown 9
Flinders
Doomadgee
A1
Blackbull
Croydon
Georgetown
Darwin und Top End
Seiten 412–429
Lawn Hill National Park
Gregory Downs
Norman
Forsayth
83
Gregory
84
Saxby
Iffley
Gregory
Leichhardt
Burke and Wills Roadhouse
66
BARKLY HIGHWAY
Camooweal
A2
Lake Julius
Sedan Dip
Flinders
Julia Creek
Cloncurry
A6
FLINDERS HIGHWAY
Mount Isa 8
Richmond
NORTHERN TERRITORY
LANDSBOROUGH HIGHWAY
McKinlay
Duchess
Selwyn Range
Corfield
Urandangi
Dajarra
Burke
Hamilton
Middleton
Winton 2
Bladensburg National Park
Lark Quarry
62
Red Centre
Seiten 430–445
Boulia 4
QUEENSLAND
Mulligan
Goneaway National Park
Astrebla Downs National Park
Stonehenge
Bedourie
Great Artesian Basin
Lake Machattie
Jundah
Simpson Desert
14
Windorah
Betoota
Birdsville 3
Lake Yamma Yamma
Eromanga
Sturt Stony Desert
Cooper Creek
Halbinseln Yorke und Eyre und Outback von South Australia
Seiten 328–339
Bulloo
Westen und Outback von Queensland
SOUTH AUSTRALIA

Westen und Outback von Queensland

Highlight

1. Carnarvon National Park

Sehenswürdigkeiten

2. Winton
3. Birdsville
4. Boulia
5. Longreach
6. Normanton und Gulf Savannah
7. Karumba
8. Mount Isa
9. Burketown
10. Charters Towers

1

Carnarvon National Park

F3 Yeppoon Visitor Centre, Scenic Highway, Yeppoon (+61 1800 675 785) parks.desi.qld.gov.au/parks/carnarvon-gorge

Der Carnarvon National Park ist eine ruhige Oase am Rande des Outbacks. Die Gegend ist vor allem für die tief eingeschnittene Carnarvon Gorge, artenreiche Ökosysteme und herausragende Beispiele der Felskunst der Aborigines bekannt.

Der Nationalpark erstreckt sich in einer rund 200 Millionen Jahre alten Landschaft mit hoch aufragenden Sandsteinfelsen und dichten Wäldern über eine Fläche von etwa 298 000 Hektar. Die vom Carnarvon Creek durchflossene, 32 Kilometer lange Schlucht beeindruckt durch ihre weißen Klippen, Felsen und Steinsäulen mit zum Teil endemischer Fauna und Flora. Zu den bemerkenswertesten Vertretern der Pflanzenwelt gehören Palmfarne und Fächerpalmen.

Das Gebiet ist reich an Spuren der Aborigines und verfügt auch über drei öffentlich zugängliche Felsmalereien. Ein Highlight ist die Art Gallery, eine 62 Meter lange Sandsteinmauer, die mit Tausenden von Gravuren sowie Gemälden mit Händen, Tierspuren und Bumerangs als Motiven verziert ist.

Schöne Aussicht
Boolimba Bluff

Ein 6,5 Kilometer langer Weg führt zu einem Aussichtspunkt mit Blick auf die Carnarvon Gorge. Von hier haben Sie einen Panoramablick über die Schlucht bis zur Gebirgskette Boolimba Bluff in der Ferne.

Hotels

Carnarvon Gorge Wilderness Lodge
Das Resort am Carnarvon Creek verfügt über 28 Luxus-Lodges.

4034 Obriens Rd, Carnarvon Park Nov – Feb wildernesslodge.com.au

$$$

Breeze Holiday Parks Carnarvon Gorge
Wählen Sie in dem Resort zwischen Campingplätzen, Cottages und Studios.

Obriens Rd, Carnarvon Gorge breezeholidayparks.com.au

$$$

↑ *Idyllisch gelegenes Wasserbecken im Moss Garden am Ende der Carnarvon Gorge*

→ *Gut erhaltene Felsmalerei in der Cathedral Cave, einer bedeutenden Kultstätte der Aborigines*

Highlight

Schon gewusst?

Selbst in Monaten ohne Regen führt der Carnarvon Creek immer Wasser.

Carnarvon Gorge: Am Fuß der Sandsteinklippen gedeiht dichte Vegetation

↑ *Dinosaur Canyon im Australian Age of Dinosaurs Museum in Winton*

SEHENSWÜRDIGKEITEN

2

Winton

F3 900
50 Elderslie St experiencewinton.com.au

Winton ist der Geburtsort des Liedes *Waltzing Matilda* und Heimat vieler Landwirtschafts- und Bergbaubetriebe. Der Ort wird auch »Hollywood des Outbacks« genannt: Im Laufe der Jahre diente er als Kulisse für zahllose Filme, einige laufen im 1918 eröffneten **Royal Theatre Winton**.

Eine recht eigenartige Attraktion ist der Musical Fence, ein Drahtzaun, der als Musikinstrument dient. Hier können Besucher Teil eines Orchesters sein. Winton ist auch Standort des **Australian Age of Dinosaurs Museum**, das die weltweit größte Sammlung australischer Dinosaurierfossilien zeigt.

Schon gewusst?

In Lark Quarry sind rund 3300 Fußabdrücke von Dinosauriern erhalten.

In Lark Quarry, 110 Kilometer südwestlich, befindet sich das **Dinosaur Stampede National Monument**, weltweit der einzige bekannte Ort einer Dinosaurier-Stampede.

Waltzing Matilda

Die Ballade *Waltzing Matilda* ist Australiens inoffizielle Nationalhymne. Sie wurde 1895 vom australischen Dichter Andrew Barton (genannt »Banjo«) Paterson verfasst. Sie erzählt die Geschichte eines Wanderarbeiters, der Selbstmord begeht, um sich seiner Festnahme zu entziehen. Christina Macpherson vertonte den Text mit der Musik des schottischen Liedes *Thou Bonnie Wood of Craigielea*. Uraufführung war am 6. April 1895 im North Gregory Hotel in Winton.

Royal Theatre Winton
69 Elderslie St royaltheatrewinton.com.au

Australian Age of Dinosaurs Museum
Lot 1, Dinosaur Dr
australianageofdinosaurs.com

Dinosaur Stampede National Monument
Ecke Lark Quarry Access u. Jundah Cork Rd, Opalton
dinosaurtrackways.com.au

Hotels

North Gregory Hotel
Das berühmte Hotel (1879) bietet ein Restaurant, einen Biergarten, ein Hydrotherapie-Spa im Freien und Live-Unterhaltung.
F3 67 Elderslie St, Winton northgregoryhotel.com
$$$

Birdsville Hotel
Dieses 1884 erbaute Outback-Hotel verfügt über 28 moderne Zimmer und serviert traditionelle Pub-Gerichte.
E3 Adelaide St, Birdsville birdsvillehotel.com.au
$$$

3 Birdsville

E3 100 29 Burt St outbackqueensland.com.au/town/birdsville

Der kleine Ort nahe der Grenze zu South Australia ist Ausgangspunkt für den legendären, 517 Kilometer langen Birdsville Track sowie das Tor zur Simpson Desert. In dieser Wüste gibt es die weltweit längsten parallel von Norden nach Süden verlaufenden Sanddünen. Höchste von ihnen ist Big Red (40 m). Bei Sonnenuntergang leuchten die Dünen tiefrot.

Birdsville lockt Besucher auch mit seinem typischen Outback-Pub, dem Musikfestival Big Red Bash und den jährlich veranstalteten Birdsville Races, die zum Wetten und geselligen Beisammensein beliebt sind.

4 Boulia

E3 200 nach Longreach, dann Auto 22 Herbert St boulia.qld.gov.au

Boulia wurde 1918 bekannt, als erstmals Min-Min-Lichter auftauchten. Bei diesem mysteriösen Phänomen sollen am Himmel über dem nahe gelegenen Ort Min Min leuchtende, scheibenartige Formen geschwebt sein. Min Min Encounter, ein 45-minütiges Theatererlebnis mit elektronisch gesteuerten Figuren, stellt diese seltsamen Ereignisse nach.

Im Boulia Heritage Complex werden in einem Steinhaus aus dem 19. Jahrhundert Objekte der Aborigines und Fossilien aus der Kreidezeit gezeigt. Halten Sie Ausschau nach dem fast vollständig erhaltenen Skelett eines Plesiosauriers.

5 Longreach

F3 3000 99A Eagle St experiencelongreach.com.au

Longreach im Zentrum von Queensland war von 1922 bis 1934 Basis von Qantas Airways. Im **Qantas Founders Museum** am Flughafen können Besucher eine Tragfläche einer Boeing 747 (Jumbo-Jet) begehen und das Innere besichtigen.

Die **Australian Stockman's Hall of Fame** ehrt die Menschen des Outbacks, präsentiert Aborigines-Artefakte und dokumentiert Erzählungen der ersten europäischen Entdecker, die im 19. Jahrhundert das Outback erschlossen. Ein besonderes Erlebnis nicht nur für Nostalgiker ist eine Fahrt in einer restaurierten Postkutsche von **Cobb & Co Stagecoach Experience**. Sie verläuft durch die Stadt und auf einem Abschnitt der ursprünglichen Postroute Longreach – Windorah.

Am stimmungsvollsten erreicht man Longreach wohl im Rahmen einer Kreuzfahrt auf dem Thomson River. Vor Ort gibt es mehrere Veranstalter, die z. B. Fahrten bei Sonnenuntergang oder mit Abendessen anbieten. Während der Fahrt genießt man wundervolle Aussichten auf den Fluss und die umgebende Landschaft.

Qantas Founders Museum
Sir Hudson Fysh Dr qfom.com.au

Australian Stockman's Hall of Fame
Landsborough Hwy stockmanshalloffame.com.au

Cobb & Co Stagecoach Experience
Kinnon & Co's The Station Store, 128 Eagle St outbackpioneers.com.au

→

Ausstellungsstück in der Australian Stockman's Hall of Fame

←
Elstergänse in den Cumberland Chimney Wetlands, Gulf Savannah

6

Normanton und Gulf Savannah

E2 1300 Normanton Ecke Landsborough St u. Caroline St, Normanton (+61 7 4747 8444)

Die etwa 350 000 Quadratkilometer große Gulf Savannah ist die nordwestlichste Region Queenslands und zugleich die abgelegenste Gegend des ganzen Kontinents. Savannenvegetation bedeckt die flache Ebene. Die Region lebt vor allem von Fischfang und Viehzucht.

Normanton liegt 70 Kilometer im Landesinneren am Norman River und ist der größte Ort der Region. Gegründet wurde er als Hafen, in dem Kupfer aus Cloncurry und später Gold aus Croydon umgeschlagen wurde. Der berühmte Gulflander-Zug verkehrt einmal pro Woche zwischen Normanton und Croydon.

Auf dem Weg von Normanton zum Gulf of Carpentaria lenkt die Savanne den Blick auf glitzernde Salzpfannen, frei von Vegetation. Doch mit Einsetzen des Regens im November entsteht hier ein einzigartiges Feuchtgebiet, Brutplatz für Millionen Vögel sowie Lebensraum für Krokodile, Garnelen und Barramundis.

Restaurants

Sunset Tavern

Spezialität des Hauses direkt am Wasser ist Seafood. Dazu kann man den Sonnenuntergang über dem Gulf of Carpentaria genießen.

E2 2 Ward St, Karumba sunsettavernkarumba.com.au

$$$

Grants Pies and Cakes

Das bei Einheimischen beliebte Lokal bietet heiße Kuchen, Wurstsemmeln und Süßes.

E3 179 Camooweal St, Menzies, Mount Isa +61 7 4743 9050

$$$

7

Karumba

E2 500
149 Yappar St
barracentre.com.au

Der Küstenort liegt 70 Kilometer nördlich von Normanton an der Mündung des Norman River. Karumba ist Hauptsitz einer profitablen Fischereiindustrie.

Für die Erkundung des Ortes unternimmt man am besten mit **Croc & Crab Tours** eine morgendliche Bootsfahrt auf dem Norman River und dem Six Mile Creek. Von Bord aus kann man sehr gut Krokodile und Vögel beobachten. Zur Mittagszeit werden frisch zubereitete Garnelen, tropische Früchte und Erfrischungen serviert. Der Veranstalter bietet außerdem eine Abendkreuzfahrt rund um Sand Island mit atemberaubendem Blick auf den Sonnenuntergang über dem Gulf of Carpentaria an.

Croc & Crab Tours
40 Col Kitching Dr
crocandcrab.com.au

8

Mount Isa

E3 19 000
19 Marian St discovermountisa.com.au

Mount Isa ist die einzige »große« Stadt im Westen von Queensland. Ihre Existenz

basiert auf der weltweit größten Silber- und Bleimine, die das wirtschaftliche Leben von Mount Isa beherrscht. 1923 entdeckte der Goldsucher John Campbell Miles am Mount Isa Erz, in den 1930er Jahren eröffnete die erste Mine, »Isa« wurde eine Hüttenstadt.

Das Tent House ist ein Beispiel für die zeltartigen Unterkünfte der frühen Siedler. Führungen im **Outback at Isa** umfassen auch eine Besichtigung des Riversleigh Fossil Centre und der Isa Experience Gallery.

Ein berühmtes Ereignis ist das Mount Isa Rodeo jeden August. Bei einem Preisgeld von über 100 000 A$ kommen Reiter aus der ganzen Welt, um ihre spektakulären Künste zu präsentieren.

In Cloncurry, 120 Kilometer östlich von Mount Isa, startete 1922 der erste Passagierflug des Queensland and Northern Territory Aerial Service (Qantas) – heute die nationale Fluggesellschaft.

Outback at Isa
19 Marian St tägl. Karfreitag, 25. Dez discovermountisa.com.au

Royal Flying Doctor Service

John Flynn kam 1912 als Priester ins Outback. Als er sah, dass viele seiner »Schafe« wegen fehlender medizinischer Versorgung starben, gründete er mit Hudson Fysh (Gründer der Qantas), dem Selfmade-Millionär Hugh Victor McKay, Alfred Traeger (Erfinder des Pedalfunks) und Dr. Kenyon St. Vincent Welch die Australian Inland Mission. Heute versorgt der Royal Flying Doctor Service etwa 130 000 Patienten jährlich. Viele Farmen im Outback haben eine Landebahn, auf der die Flying Doctors landen können. Medizinische Hilfe im Notfall ist meist innerhalb von zwei Stunden vor Ort.

9

Burketown

E2 200 Ecke 19 Musgrave St u. Burke St (+61 7 4745 5111); City Council, 65 Musgrave St (+61 7 4745 5111)

Der 30 Kilometer vom Gulf of Carpentaria am Albert River gelegene Ort war einst der wichtigste Hafen für das Hinterland. Ende der 1950er Jahre gelangte Burketown als Schauplatz von Neville Shutes Roman *A Town like Alice* über das Leben im Outback zu Ruhm. Bekannt ist es auch als Austragungsort der World Barramundi Fishing Championships. Zu der als Morning Glory bezeichneten Bewölkung kommt es jeden Morgen zwischen September und November.

Etwa 150 Kilometer westlich liegt Hell's Gate, das Anfang des 20. Jahrhunderts so bezeichnet wurde, weil es der letzte Außenposten war, für den die Staatspolizei noch Sicherheit garantierte.

10

Charters Towers

F3 8000 74 Mosman St visitcharterstowers.com.au

Charters Towers entwickelte sich 1871 nach dem Goldfund eines zehnjährigen Aborigines zur zweitgrößten Stadt Queenslands mit zeitweilig 27 000 Einwohnern. In der Region werden noch heute Gold sowie Kupfer, Blei und Zink abgebaut.

Die zur Zeit des großen Goldrauschs gebaute Stock Exchange ist neben anderen Gebäuden (19. Jh.) ein historisches Juwel. Damals war das internationale Finanzzentrum die einzige derartige Börse in Australien außerhalb der Bundeshauptstädte.

Nachdem die Goldvorkommen in den 1920er Jahren erschöpft waren, verfiel die Stadt. Heute ist sie ein Standort der Fleischindustrie und ein Bildungszentrum.

←
Essen mit Meerblick auf der Terrasse der beliebten Sunset Tavern in Karumba

NORTHERN TERRITORY

Unterwegs im Uluṟu-Kata Tjuṯa National Park (siehe S. 434 – 437)

NORTHERN TERRITORY AUF DER KARTE

Dieses Kapitel gliedert das Northern Territory in zwei Gebiete, die auf der Karte jeweils mit eigener Farbcodierung dargestellt sind.

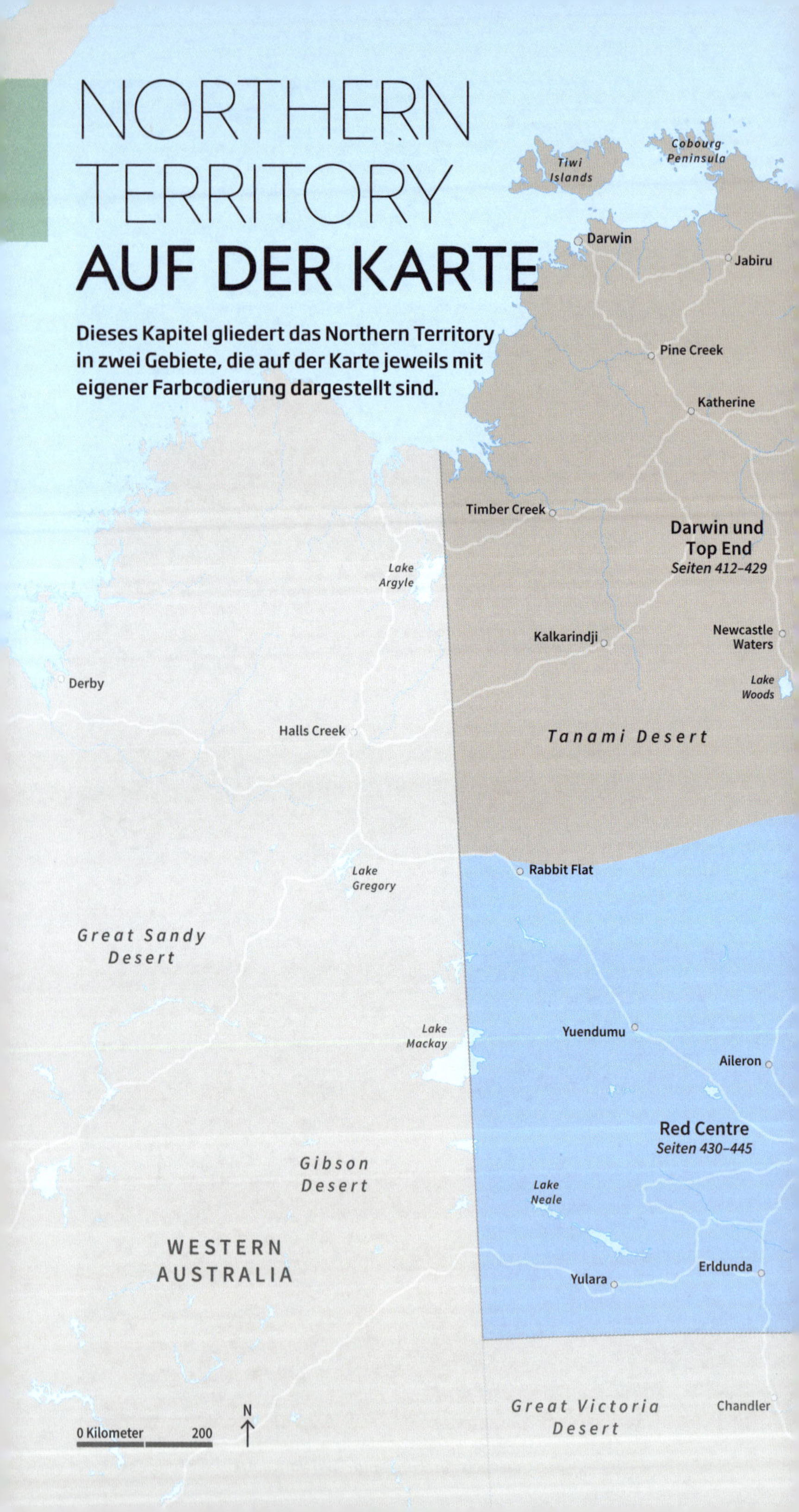

Australien
Ramingining
Gove
Peninsula
Bulman
Groote
Eylandt
Ngukurr
Borroloola
Dunbar
Barkly
Tableland
Burketown
Normanton
Lake
Sylvester
Georgetown
Tennant Creek
Ranken
Mount Isa
Costello
Hughenden
Boulia
Winton
Alice Springs
Lake
Valerie
QUEENSLAND
Longreach
Simpson
Desert
Windorah
Birdsville
SOUTH
AUSTRALIA
Quilpie

DIE REGIONEN DES NORTHERN TERRITORY

Von der Küste aus landeinwärts gehen die Landschaften des Northern Territory allmählich vom tropischen Norden ins Rote Zentrum über - die riesige Wüste rund um Alice Springs. Dazwischen liegen Naturwunder, die den Aborigines heilig sind, darunter die Katherine Gorge, die Kata Tjuṯa und der Uluṟu.

Seiten 412–429

Darwin und Top End

Das entspannte Darwin ist das Tor zum Top End, einer Region mit beeindruckenden Felsformationen und wunderschönen Schluchten. Besuchen Sie Galerien und Museen über die Kunst der Aborigines oder unternehmen Sie einen Ausflug zu den Nationalparks Kakadu und Litchfield. Darwin selbst liegt nicht weit von Indonesien entfernt und ist deshalb von südostasiatischen Einflüssen geprägt, sie reichen von der traditionellen Küche bis hin zu den Sprachen, die man auf den Straßen hört. Die Einwohner lieben die Uferpromenade, die mit ihren Badelagunen, Strandrestaurants und Märkten viele willkommene Zufluchtsorte vor der Hitze bietet.

Entdecken
Natur und Landschaft

Sehenswert
Darwin, Kakadu National Park

Genießen
Bestaunen Sie uralte Felsmalereien im Kakadu National Park

Seiten 430–445

Red Centre

Warum es Rotes Zentrum heißt? Warten Sie, bis Sie den charakteristischen Sand sehen, der weite Teile dieser Region Australiens bedeckt. Und lassen Sie sich nicht täuschen: Neben staubtrockenen Wüstenebenen, verwitterten Bergketten und felsigen Schluchten finden Sie hier auch einige der wichtigsten Stätten der australischen Ureinwohner, darunter der majestätische Uluṟu, Kata Tjuṯa und Alice Springs. In »Alice«, wie es von den Einheimischen genannt wird, können Sie auf traditionellen Kunsthandwerksmärkten die faszinierende Kultur der Aborigines kennenlernen.

Entdecken
Geschichte und Kultur der Aborigines

Sehenswert
Uluṟu-Kata Tjuṯa National Park, Alice Springs

Genießen
Beobachten Sie, wie der Sonnenuntergang den Uluṟu in ein Farbenmeer taucht

Jim Jim Falls im Kakadu National Park (siehe S. 422f)

Darwin und Top End

Darwin Harbour wurde 1839 erstmals erwähnt, als der Brite John Lort Stokes, Kapitän der HMS *Beagle*, in einen palmengesäumten Hafen mit Sandstränden und Mangroven einfuhr, den er nach seinem Freund Charles Darwin benannte. Auch wenn der Biologe seine Evolutionstheorie erst 20 Jahre später in seinem Buch *On the Origin of Species* veröffentlichte, passt der Name ausgezeichnet zu dieser tropischen Region mit ihrer Vielzahl an einzigartigen Pflanzen-, Vögel-, Reptilien- und Säugetierarten.

Im Gebiet des Top End betraten Menschen vor etwa 65 000 Jahren zum ersten Mal die australische Landmasse und hinterließen ein umfangreiches Vermächtnis an Felsmalereien. Die Bilder dokumentieren spirituellen Glauben, kulturelle Bräuche und historische Ereignisse wie etwa die Entwicklung des Bumerangs sowie die ersten Kontakte mit europäischen Siedlern.

Obwohl ihre Anzahl im Laufe der Zeit zurückgegangen ist, leben heute noch mehr als 40 verschiedene Gruppen von Aborigines im Northern Territory, sie stellen rund 30 Prozent von dessen Bevölkerung.

0 Kilometer 150
N
Cobourg Peninsula
Croker Island
Tiwi Islands
Pularumpi
Bathurst Island
Melville Island
Wurrumiyanga
Murgenella
Van Diemen Gulf
Maningrida
Beagle Gulf
Darwin International Airport
Oenpelli
Nabarlek
Ubirr
Timor Sea
Darwin
Howard Springs Nature Park
Noonamah
Territory Wildlife Park
Jabiru
ARNHEM HWY
Mann
Kakadu National Park
Batchelor
Cooinda
Adelaide River
Litchfield National Park
Gunlom Waterhole
Twin Falls
STUART HWY
Bulman
Daly River
Mary River Roadhouse
Pine Creek
Cape Hay
Daly
Umbrawarra Gorge
Nitmiluk National Park
Wadeye
Katherine
Beswick Creek
Pearce Point
Palumpa
Cutta Cutta Caves
Elsey National Park
Fitzmaurice
Mataranka
ROPER HWY
Yambarran Range
VICTORIA HIGHWAY
Dry
Victoria
Larrimah
Timber Creek
BUNTINE HWY
Keep River National Park
Victoria River
Kununurra
Judbarra/ Gregory National Park
Daly Waters
Lake Argyle
Top Springs Roadhouse
Dunmarra
NORTHERN TERRITORY
Wickham
Bungle Bungle Range
Newcastle Waters
Stirling
Kalkarindji
Lake Woods
Renner Springs
STUART HIGHWAY
Lajamanu
Tanami Desert
Norden von Perth und Kimberley
Seiten 472–487
Three Ways Roadhouse
Tennant Creek
Red Centre
Seiten 430–445
Tanami
Symington Hill 433 m
Mount Solitaire 455 m
Wycliffe Well

Darwin und Top End

Highlights

1. Darwin
2. Kakadu National Park

Sehenswürdigkeiten

3. Cobourg Peninsula
4. Tiwi Islands
5. Adelaide River
6. Nhulunbuy
7. Keep River National Park
8. Litchfield National Park
9. Judbarra/Gregory National Park
10. Katherine

Moderne Skyline von Darwin, der nördlichsten Großstadt Australiens ↑

1

Darwin

C1 · 120 000 · 15 km nördöstl. · Smith St Mall, Karama, Casuarina u. Palmerston · Cullen Bay Marina · 6 Bennett St (+61 8 8980 6000) · Darwin Festival (Aug) · tourismtopend.com.au

Während ihrer kurzen Geschichte erlebte die 1864 gegründete Stadt den Goldrausch um 1890, den Zweiten Weltkrieg als Frontstadt der Alliierten und die schwere Verwüstung durch den Wirbelsturm Tracy 1974. Darwin ist heute eine moderne, multikulturelle Stadt.

① ♿

Bicentennial Park

The Esplanade

In dem Park stehen Kriegsdenkmäler, u. a. zum Gedenken an den japanischen Angriff auf Darwin Harbour am 19. Februar 1942, bei dem 21 australische und amerikanische Schiffe versenkt wurden und 243 Menschen starben.

②

Old Admiralty House

Ecke Knuckey St u. The Esplanade

Gegenüber vom Bicentennial Park steht der frühere Hauptsitz der australischen Marine. Beni Carr Glynn Burnett, damals der wichtigste Architekt des Northern Territory, baute es in den 1930er Jahren als Stelzenhaus mit Belüftungsklappen und offenen Traufen.

③ ♿

Parliament House

Mitchell St, State Sq
Mo–Fr 7–18, Sa, So 9–18
parliament.nt.gov.au

Unübersehbar steht das neue Parliament House auf den Meeresklippen von Darwin. In dem Gebäude, dessen Architektur sowohl an den Mittleren Osten als auch an Russland erinnert, tagen 25 Parlamentarier. Die Innenräume aus Granit und Holz schmückt Aborigines-Kunst. Führungen (Apr–Okt: Fr 10:30) werden angeboten.

④ ♿

Darwin Waterfront

7 Kitchener Drive
Zeiten der Website entnehmen
waterfront.nt.gov.au

Das Entertainment- und Gastronomiezentrum der Stadt ist über eine Fußgängerbrücke mit dem Geschäftsviertel

Restaurant

Alfonsino's
Das beliebte Restaurant serviert authentische italienische Küche. Antipasti, Holzofenpizzen, Pastagerichte und Desserts sind von bester Qualität.

20/69 Mitchell St
alfonsinos.com

$$

verbunden. Es umfasst Restaurants, Hotels, Bars, einen Wasserpark und Spielplätze. Am Ende von Stokes Hill Wharf befindet sich der Royal Flying Doctor Service.

⑤

Streetart

Austin Lane darwin streetartfestival.com.au

Lokale, nationale und internationale Künstler kreierten dynamische Wandgemälde, z. B. in der 370 Meter langen Austin Lane oder in der West Lane. Bei einer Besichtigung ist die App des Darwin Street Art Festivals sehr nützlich.

⑥

Old Police Station and Courthouse

Ecke Smith St u. The Esplanade

Old Police Station and Courthouse (1884) wurden nach den Schäden durch den Wirbelsturm Tracy restauriert, heute dient der Komplex als Verwaltungsgebäude. Für Besucher ist er nicht zugänglich, doch seine faszinierende Architektur verdient Beachtung.

⑦

Old Town Hall

Smith St

Die Kalksteinruine der Old Town Hall liegt am Ende der Smith Street. Das 1883 errichtete Gebäude war zunächst Schiffswerkstatt, im Zweiten Weltkrieg ein Lager, später eine Bank, dann ein Museum. 1974 wurde es durch Zyklon Tracy zerstört. Eine kurvenreiche Backsteinlinie auf der verbliebenen Mauer symbolisiert diesen Wirbelsturm.

⑧

Brown's Mart

12 Smith St browns mart.com.au

Gegenüber den Town-Hall-Ruinen wurde 1885 während des Goldrauschs Brown's Mart als Bergbaubörse erbaut. Heute präsentiert hier ein kleines Theater u. a. Konzerte, Theaterstücke und

> Expertentipp
> **Deckchair Cinema**
>
> Das private Open-Air-Kino am Hafen zeigt ein breites Spektrum – von Arthouse bis Blockbuster. Cineasten können hier von April bis November jeden Abend auf ihre Kosten kommen.

Shows, auch Workshops finden hier statt.

⑨

Government House

The Esplanade
govhouse.nt.gov.au

Auf einer Hochfläche über dem Hafen steht das auch als House of Seven Gables bezeichnete Government House. Das 1871 errichtete Gebäude ist das älteste in Darwin. Es überstand Bombenangriffe, Wirbelstürme und Erdbeben. Das Verwaltungsgebäude wird von eindrucksvollen tropischen Gärten umrahmt.

GROSSRAUM DARWIN

⑩

Darwin Aviation Museum

557 Stuart Hwy, Winnellie 5, 8 tägl. 9–17 Karfreitag, 15. Dez darwin aviationmuseum.com.au

In dem Luftfahrtzentrum (6 km außerhalb von Darwin) sind alte Flugzeuge, auch Kriegsflugzeuge, zu sehen. Dazu gehört auch ein amerikanischer B-52-Bomber, von denen nur zwei außerhalb der USA gezeigt werden.

⑪

Myilly Point Heritage Precinct

Ecke Burnett Place u. Kahlin Ave, Larrakeyah tägl. 10–13 northernterritory.com

Das historische Viertel beherbergt vier der letzten verbliebenen Häuser Darwins aus der Zeit von 1936 bis 1939. Das charmanteste ist das zweistöckige Burnett House, das mit originalem Dekor eingerichtet ist.

↑ *Supermarine Spitfire – Jagdflugzeug im Darwin Aviation Museum*

Darwin Festival

Das 18-tägige Kunstfestival alljährlich im August widmet sich dem kulturellen Erbe der Stadt – vor allem der Kunst der Aborigines. Es bietet Konzerte, Workshops und Filmvorführungen sowie Theater- und Tanzdarbietungen.

⑫

East Point Reserve

East Point, Darwin tägl. 5–21:30 (Sa, So bis 22:30) darwin.nt.gov.au/community/community-facilities/east-point-reserve

Darwins größter Park liegt am Ufer der Fannie Bay und ist bei Familien zum Schwimmen im Lake Alexander beliebt. Am Alex Fong Lim Drive ganz in der Nähe befindet sich die Defense of Darwin Experience (www.magnt.net.au) mit einer Sammlung militärischer Ausrüstung sowie Objekten des Zweiten Weltkriegs und der Bombardierung von Darwins Hafen.

Shopping

Embella
Großes Sortiment an Schmuck, Mode und Pflegeprodukten.
Star Village Arcade, 32 Smith St Mall
embella.com.au

Mason Gallery
Bewundern Sie Werke von Aborigines-Künstlern aus verschiedenen Landesteilen.
7/21 Cavenagh St
masongallery.com.au

Art Ware House
Lokale Kunst und handgefertigter, teils ausgefallener Schmuck.
23 Daly St
+61 8 8981 9499

⑬

Territory Wildlife Park

Cox Peninsula Rd, Berry Springs Apr–Sep: tägl. 9–16; Okt–März: tägl. 9–15 25. Dez territory wildlifepark.com.au

Im Territory Wildlife Park leben Hunderte von einheimischen Tierarten. Im nahe gelegenen Berry Springs Nature Reserve kann man in Naturbecken schwimmen.

⑭

Howard Springs Nature Park

Howard Springs Rd
tägl. 7:30–19
nt.gov.au

In dem idyllischen Naturpark tummeln sich Barramundis und Schildkröten in von Süßwasser gespeisten Becken.

⑮

Mindil Beach Sunset Market

Mindil Beach Ende Apr–Ende Okt: Do, So 16–21 mindil.com.au

In der Trockenzeit strömen die Bewohner Darwins donnerstag- und sonntagabends zum Mindil Beach, um dort Straßentheater, Livemusik, eine große Auswahl an Snacks und mehr als 200 Marktstände zu genießen.

⑯

Fannie Bay Gaol

Ecke East Point Rd u. Ross Smith Ave, Fannie Bay Mi–So 10–14 magnt.net.au/fannie-bay-gaol

Dieses Gefängnis wurde 1883 eröffnet und war bis 1979 in Betrieb. Ein Teil der Anlage wurde 1974 durch den Zyklon Tracy beschädigt, heute beherbergt das Gefängnis ein Museum.

⑰

George Brown Darwin Botanic Gardens

Gardens Rd, Stuart Park tägl. 9–19
nt.gov.au

In den 42 Hektar großen, um 1870 errichteten Botanic Gardens im Norden der Stadt wachsen mehr als 1500 verschiedene tropische Pflanzen, darunter auch rund 400 Palmen- und Mangrovenarten. Der üppig bewachsene Regenwaldweg ist bei Besuchern sehr beliebt.

Pflanzenpracht: Regenwaldweg in den George Brown Darwin Botanic Gardens und eine Wüstenrose (Detail) ↓

(18)

Museum and Art Gallery of the Northern Territory

19 Conacher St · +61 8 8999 8264 · 4, 6 · tägl. 10–16 · 1. Jan, Karfreitag, 25., 26. Dez · magnt.net.au

Die ausgezeichnete Kunstsammlung ist die führende künstlerische, wissenschaftliche und kulturelle Einrichtung des Northern Territory. Wegen ihres reichen Sortiments gehört das von Palmen umrahmte Museum and Art Gallery zu den größten Besuchermagneten der Region.

Das landesweit renommierte Museum and Art Gallery präsentiert die Vielfalt regionaler Kunst und Kultur der Aborigines sowie Meeresforschung und Naturgeschichte. Zu den reichen Schätzen der Aborigines-Kunstsammlung, eine der weltweit besten, zählen schöne Zeichnungen und Rindenmalereien, zudem erhält man Einblicke in die Kultur der Ureinwohner. Zu den weiteren Attraktionen gehören eine Ausstellung über den Zyklon Tracy, der 1974 über die Region hinwegfegte, und eine spannende Dokumentation der Entwicklung der einzigartigen Tierwelt des Top End.

Zu den reichen Schätzen der Aborigines-Kunstsammlung, eine der weltweit besten, zählen schöne Zeichnungen und Rindenmalereien.

Highlight

1

1 *Das Museum ist in einem einfachen, aber stilvollen Gebäude untergebracht, das von Palmen umgeben ist.*

2 *Zur Sammlung des Museums gehören auch Tiere, darunter diverse Schlangen.*

3 *Das MAGNT ist bekannt für seine erlesene Sammlung von Kunstwerken der Ureinwohner Australiens.*

2

3

Bar

Darwin Ski Club
Direkt gegenüber dem Museum befindet sich der Ski- und Segelclub mit einer tollen Bar. Dieser familienfreundliche Ort bietet zwischen Palmen eine entspannte Strandatmosphäre, günstiges Essen und einen unvergleichlichen Blick auf den Sonnenuntergang.

20 Conacher St, Fannie Bay W darwinskiclub.com.au

←

Aus Holz gefertigte Boote in der Meeresabteilung des MAGNT

Typische Landschaft im Kakadu National Park mit der Felsformation Ubirr im Hintergrund ↑

2

Kakadu National Park

D1 Highway 36 Bowali Visitor Centre, Kakadu Highway, 2,5 km südl. von Jabiru (+61 8 8938 1120); Warradjan Aboriginal Cultural Centre (+61 8 8979 0525) kakadu.gov.au

Der Kakadu National Park ist eines der außergewöhnlichsten Gebiete Australiens. Bekannt ist er für abwechslungsreiche Landschaften, eine einzigartige Flora und Fauna sowie eindrucksvolle kulturelle Zeugnisse – vor allem die alten Felsmalereien der hier lebenden Ureinwohner.

Australiens größter Nationalpark erstreckt sich über eine Fläche von fast 20 000 Quadratkilometern und wurde aufgrund seiner kulturellen und natürlichen Vielfalt von der UNESCO zum Welterbe erklärt. Der Park umfasst Sandsteinplateaus, rote Klippen, Wasserfälle, lange mäandernde Flüsse, Überschwemmungsebenen und Küstenflächen mit einer artenreichen Tier- und Pflanzenwelt. Mehr als ein Drittel aller in Australien bekannten Vogelarten leben hier. Der Park beherbergt auch rund 20 000 Jahre alte Felsmalereien der Aborigines, die deren reiche Geschichte und Kultur dokumentieren.

Expertentipp
Beste Reisezeit

Für einen Besuch eignet sich am besten die Regenzeit (Nov – Apr). Dann ist der Park nicht so überlaufen, und die Unterkünfte sind günstiger. Es kann sogar sein, dass Sie dann in manchen Gegenden keine anderen Gäste sehen.

Highlight

Hotels

Mercure Crocodile Hotel
Das Hotel ist ein sehr guter Ausgangspunkt für die Erkundung des Parks. Das Restaurant ist auf Fleischgerichte spezialisiert.

Flinders St, Jabiru **kakadutourism.com/stay/mercure-crocodile-hotel**

$$$

Cooinda Lodge and Camping Ground
Die Lodge liegt neben Yellow Water Billabong und bietet schöne Zimmer, der angegliederte Campingplatz verfügt über mehr als 200 Stellplätze sowie Luxuszelte mit großem Bett und Kühlschrank sowie lokalen Kunstwerken.

1 Kakadu Hwy, Jabiru **kakadutourism.com/stay/cooinda-lodge**

$$$

1

2

3

1 An vielen Stellen im Nationalpark donnern Wasserfälle in tiefe Becken.

2 Der Park ist nach den hier lebenden Kakadus benannt.

3 Mit Booten kommt man in den Feuchtgebieten des Parks gut vorwärts.

↑ *Die Ruinen von Victoria Settlement, Cobourg Peninsula, kann man besichtigen*

SEHENSWÜRDIGKEITEN

3

Cobourg Peninsula

D1 Venture North (+61 8 8927 5500) northern territory.com

Die Halbinsel Cobourg gehört zu den abgelegensten Gegenden Australiens. Sie ist nur in der Trockenzeit mit einer Genehmigung passierbar und führt auf dem Weg zu den wilden Stränden des Garig Gunak Barlu National Park durch das Arnhem Land. Jede Woche erhält aber nur eine beschränkte Anzahl an Fahrzeugen einen gebührenpflichtigen Passierschein. Aus diesen Gründen ist auch die Teilnahme an einer geführten Tour zu erwägen.

Der Garig Gunak Barlu National Park nimmt den größten Teil der Halbinsel ein. Zwei Besiedlungsversuche der Briten Anfang des 19. Jahrhunderts scheiterten am Widerstand der Aborigines und an Malaria-Epidemien. Die Überreste von Victoria Settlement sind mit dem Boot von Smith Point aus zu besichtigen. Die Agentur Venture North bietet Touren durch das Gebiet an. Dabei übernachtet man in einem Camp im Safari-Stil mit Blick auf die Gewässer von Port Essington.

4

Tiwi Islands

CD1 Tiwi Tours, Mitchell St, Darwin (+61 8 8923 6523) northern territory.com/darwin-and-surrounds/destinations/tiwi-islands

Gut 80 Kilometer nördlich von Darwin liegen die Tiwi Islands. Sie bestehen aus der kleinen Insel Bathurst und ihrer größeren Nachbarin Melville. Letztere ist nach Tasmanien die zweitgrößte Insel vor der australischen Küste. Die Inseln sind dank des klaren Wassers, der ausgedehnten Sandstrände und der üppigen Vegetation ein tropisches Paradies. Für Besucher interessant sind darüber hinaus die vielfältigen Zeugnisse zu Geschichte und Kultur der Aborigines. Die Bewohner der Inseln, die Tiwi, hatten bis zum 20. Jahrhundert kaum Kontakt zu den Völkern auf dem Festland.

Nur Bathurst Island kann mit einer von Tiwi Tours oder

Expertentipp
Sport und Kunst

Reisen Sie im März zum Tiwi Islands Football Grand Final and Art Sale *(siehe S. 42)*. Nach dem Spiel können Sie sich in aller Ruhe an den zahlreichen Ständen mit Kunsthandwerk umsehen.

SeaLink organisierten Tour (Mai – Okt) von Darwin aus besichtigt werden. Dabei erhält man Einblick in die einzigartige Mischung aus Aborigines-, indonesischer und Tiwi-Tradition. Zu den Höhepunkten zählen die Kunstzentren der Aborigines, Stoffmalereien der Tiwi und eine *Pukumani*-Grabstätte mit Totempfählen.

5

Adelaide River

D1 300 nach Darwin, dann Bus oder Auto Tarkarri Rd, Batchelor tourismtopend.com.au

Der kleine Ort liegt etwa 110 Kilometer südlich von Darwin am Stuart Highway. Bekannt ist er vor allem für den **Adelaide River War Cemetery**, Australiens einzigen Kriegsfriedhof. Hier wurden 63 Zivilisten und 434 Soldaten bestattet, die 1942 bei den Luftangriffen auf Darwin starben. Zudem ist er letzte Ruhestätte für 287 australische Soldaten, die in Timor und auf anderen pazifischen Inseln ihr Leben verloren.

Im Ortszentrum befindet sich das **Adelaide River Railway Heritage Precinct**. Die 1889 zur Versorgung der Goldfelder von Pine Creek erbaute Eisenbahn war ein bedeutender Verkehrsknotenpunkt. Heute sind auf dem Bahngelände einige der ursprünglichen Züge und Erinnerungsstücke ausgestellt.

Rund 14 Kilometer südlich von Adelaide River liegt Robin Falls, ein dreistufiger Wasserfall, in dessen Becken man schwimmen kann.

Adelaide River War Cemetery
105 Memorial Terrace
cwgc.org

Adelaide River Railway Heritage Precinct
51 Stuart Hwy enjoy-darwin.com/adelaide-river-railway.html

6

Nhulunbuy

E1 400 19 Westal St eastarnhemland.com.au

Der Küstenort liegt an der nordöstlichen Spitze von Arnhem Land auf der Gove Peninsula und wird wie seine Umgebung von Aborigines verwaltet. Während sich Besucher in der Stadt frei bewegen können, ist für das Betreten von Bereichen außerhalb eine Genehmigung erforderlich.

Nhulunbuy hat eine lange Bergbautradition, die Halbinsel war im Zweiten Weltkrieg ein strategischer Luftwaffenstützpunkt. Heute ist der von unberührten Stränden und üppigen Feuchtgebieten umgebene Ort ein beliebter Ausgangspunkt für die Erkundung der Umgebung und der 40 Kilometer vor der Küste gelegenen Bremer Island. In den Gewässern rund um die Insel leben Meeresschildkröten.

In der Nähe von Nhulunbuy liegt die Stadt Yirrkala, in der sich das **Buku-Larrnggay Mulka Centre** befindet, ein bekanntes Museum und Kunstzentrum.

In Gulkula, etwa 40 Kilometer südlich von Nhulunbuy, findet im August das viertägige Garma Festival statt, ein Fest der Aborigines.

Buku-Larrnggay Mulka Centre
138 Tuffin Rd, Yirrkala
yirrkala.com

Yirrkala Bark Petition

Die Yirrkala Bark Petition war die erste Eingabe der indigenen Bevölkerung Australiens. 1963 übergaben Angehörige der Yolngu die Petition auf einer bemalten Baumrinde und mit Schreibmaschinentext auf Papier dem australischen Parlament, um ihre Landrechte auf der Gove Peninsula geltend zu machen. Obwohl die Petition erfolglos blieb, symbolisiert sie den unermüdlichen Einsatz der indigenen Bevölkerung für ihre Rechte auf das Land. Heute ist die Petition im Parliament House in Canberra *(siehe S. 201)* neben der Verfassung des Landes und der Magna Carta ausgestellt.

↑ *Von Grasland begrenzter Strand bei Yirrkala in der Nähe von Nhulunbuy*

Land der Aborigines

Es wird angenommen, dass Aborigines schon seit knapp 40 000 bis 50 000 Jahren im Northern Territory leben. Die vergleichsweise kurzen 200 Jahre der europäischen Besiedlung haben ihrer jahrtausendealten Kultur zwar enormen Schaden zugefügt, doch im Northern Territory ist die Anzahl von Indigenen im Vergleich zu anderen Staaten heute noch immer vergleichsweise hoch. Fast ein Drittel der Bevölkerung in der Region sind Aborigines, die aufgrund der von der Bundesregierung erlassenen Gesetze schätzungsweise 50 Prozent des Landes besitzen. Dies ist wichtig, denn das Konzept des Landbesitzes weist die australischen Aborigines dazu an, sich um das Land ihrer Vorfahren zu kümmern, es zu pflegen und für nachfolgende Generationen zu erhalten.

Walk-Off am Wave Hill

1966 verließen etwa 200 Gurindji-Arbeiter eine Viehfarm in Kalkarindji (damals Wave Hill) und forderten die Rückgabe ihres Landes. Der »Wave Hill Walk-Off« dauerte sieben Jahre und führte 1976 zur Verabschiedung des Aboriginal Land Rights Act.

Tourismus bei den Aborigines

Viele Besucher des Northern Territory möchten mehr über die einzigartige Kultur der Aborigines erfahren. Mittlerweile gibt es daher viele von den Ureinwohnern selbst geführte Organisationen, die Touristen in ansonsten unzugängliche oder gar verbotene Gebiete und zu heiligen Stätten bringen. Zu den Ausflügen gehören Bootsfahrten mit einem Guluyambi-Führer im Kakadu National Park *(siehe S. 422f)*, Buschcamping in der Nähe von Katherine *(siehe S. 429)* oder mehrtägige Kulturreisen im Arnhem Land mit Bawaka Experience (www.bawakaexperience.com.au). Einen Besuch wert sind auch die verschiedenen Informations- und Kulturzentren, beispielsweise in den Nationalparks Kakadu und Uluṟu-Kata Tjuṯa *(siehe S. 422f und 434–437)*, in denen Aborigines in Vorträgen Einblicke in ihre spannende Geschichte geben.

Schon gewusst?

Jawoyn glauben, dass die mythologische Regenbogenschlange in der Schlucht von Nitmiluk lebt.

Wandern Sie im Nitmiluk National Park durch das Land, das dem Stamm der Jawoyn gehört ↑

Uluru

Rund um die große Sandsteinformation des Ayers Rock herum liegen zahlreiche heilige Stätten der Anangu. Die meisten sind allerdings für die Öffentlichkeit geschlossen. Sie können den Uluru jedoch umrunden und die damit verbundenen Schöpfungsgeschichten kennenlernen.

Felsmalereien

Die Felsformation Ubirr liegt im Kakadu National Park und gilt als eine der schönsten Felsmalereien der Aborigines im ganzen Northern Territory. Die Gemälde datieren von etwa 16 000 v. Chr. bis heute.

Burrunggui

Das Felsmassiv Burrunggui, auch Nourlangie genannt, ist seinen traditionellen Aborigines-Besitzern heilig. Sie glauben, dass die Sandsteinformation die Heimat des Lightning Dreaming ist.

Kunst

Die Papunya-Tula-Kunstbewegung begann 1971, als der weiße Schullehrer Geoffrey Bardon einige Aborigines-Männer ermutigte, eine Schulwand zu bemalen. 1972 gründeten die Künstler ihr eigenes Unternehmen, das sie nach den Siedlungen Papunya und Tula benannten.

1 *Im Uluru-Kata-Tjuta National Park*

2 *Gemälde in Ubirr, wie dieses in Barramundi, erinnern an Röntgenaufnahmen.*

3 *Burrunggui im Kakadu National Park*

4 *Viele Gemälde der Aborigines zeigen Wesen aus der Welt der Fantasie.*

Regeln der Aborigines

Seit der Ankunft der Europäer hat sich für die Aborigines vieles verändert. Manche haben sich nahezu vollständig assimiliert, andere pflegen bis heute ihre Traditionen und Lebensformen. Und jeder Stamm lebt weiterhin nach unterschiedlichen Regeln und eigenen Gesetzen. Diese Gesetze sind fest in den Schöpfungsgeschichten der Indigenen verankert, die erzählen, wie die Vorfahren das Land besiedelt und gestaltet haben. Darüber hinaus bilden sie ein Glaubenssystem, das sämtliche Aspekte des Lebens der Aborigines bestimmt *(siehe S. 45)*.

↑ *Malerei an einem roten Felsen im Keep River National Park*

Hotels

Cicada Lodge
Die Lodge im Nitmiluk National Park verfügt über 18 Zimmer mit Kunstwerken der Aborigines und Balkon.

D1 Gorge Rd, Nitmiluk cicadalodge.com.au

$$$

Banubanu Beach Retreat
Das Resort an der Küste von Nhulunbuy bietet Strandbungalows.

E1 Bremer Island banubanu.com

$$$

Nitmiluk Campground
Übernachten Sie in einer Hütte, einem Zelt oder einem Wohnwagen. Die Anlage verfügt über Pool und Bistro.

D1 Gorge Rd, Nitmiluk nitmiluktours.com.au

$$$

7 Keep River National Park

C2 Victoria Hwy nt.gov.au

Nur drei Kilometer von der Grenze von Western Australia entfernt kann man im Keep River National Park die Keep-River-Schlucht und einige der ältesten Felsmalereien Australiens bewundern. Der Park, einst Ort einer Aborigines-Siedlung, bietet heute schöne Wanderwege in allen Schwierigkeitsgraden.

8 Litchfield National Park

C1 nt.gov.au

Der spektakuläre Litchfield Park, 130 Kilometer südlich von Darwin, ist bei den Städtern sehr beliebt. Hier gibt es Wasserfälle, Schluchten und tiefe, krokodilfreie Pools bei den Florence Falls, Wangi Falls und dem Buley Rockhole. Die riesigen »magnetischen« Termitenhügel verdanken ihren Namen der Nord-Süd-Ausrichtung ihrer Längsachse. Somit ist nur der schmale Teil des Hügels der Sonne ausgesetzt.

Beliebt sind auch die aufgrund ihrer Ähnlichkeit mit Ruinen »Lost City« genannten Sandsteinformationen weiter südlich.

Entdeckertipp
Umbrawarra Gorge
Zwei Autostunden südwestlich vom Litchfield National Park liegt die Umbrawarra Gorge, eine Schlucht mit roten Klippen, Felsenbecken und einem Strand. Beste Reisezeit ist die Trockenzeit (Mai–Sep).

9 Judbarra/Gregory National Park

C2 Timber Creek, Bullita nt.gov.au

Der riesige Nationalpark, etwa 280 Kilometer südwestlich von Katherine, liegt mitten im Farmland. Er gliedert sich in zwei Parkbereiche. Durch den östlichen Teil verläuft ein 50 Kilometer langer Abschnitt der überwiegend zugänglichen Victoria-River-Schlucht. Im westlichen Teil gibt es Krokodile, die man im Rahmen von Bootstouren

hautnah erleben kann. Ebenfalls im westlichen Teil des Parks beeindruckt die Limestone Gorge mit riesigen Dolomitblöcken.

10 Katherine

D1 11 000
Ecke Lindsay St u. Stuart Highway
visitkatherine.com.au

Katherine liegt 320 Kilometer südlich von Darwin am Ufer des Katherine River. Es ist ein wichtiges Urlaubsziel des Top End. Die Landschaft war über Jahrtausende die Heimat der Jawoyn, denen der Katherine River eine reiche Nahrungsquelle bot. Der Fluss wurde 1844 erstmals von weißen Entdeckern überquert. Doch erst mit Vollendung der Overland Telegraph Line 1872 wurde das Gebiet von Europäern besiedelt. Das urige O'Keeffe House wurde während der Zweiten Weltkriegs von der Armee als Offiziersmesse errichtet und kann besichtigt werden (Apr – Okt: Mi – Sa vorm.).

Nur 30 Kilometer von der Stadt entfernt liegt der berühmte Nitmiluk (Katherine Gorge) National Park. Die 13 Schluchten entlang dem Katherine River wurden von sintflutartigen Regenfällen, die sich ihren Weg durch die rund 140 Millionen Jahre alten roten Sandsteinklippen frästen, geschaffen.

Auf Kanutouren kann man neun Schluchten passieren. Außerdem werden von den Jawoyn, die den Park besitzen, organisierte Bootsausflüge angeboten. Jede der Schluchten kann, unterbrochen durch Badepausen und kurze Wanderungen, per Boot erkundet werden. Im Park gibt es auch 100 Kilometer gekennzeichnete Wanderwege, vom Spaziergang bis zur Fünf-Tage-Wanderung über 72 Kilometer zu den Edith Falls, die auch mit dem Auto über den Stuart Highway zu erreichen sind.

Ungefähr 30 Kilometer südlich von Katherine entstanden vor fünf Millionen Jahren 15 Meter unter der Erdoberfläche die Kalksteinhöhlen Cutta Cutta Caves, in denen u. a. Goldhufeisennasen, eine orangefarbene Fledermausart, und giftige Braune Nachtbaumnattern leben.

110 Kilometer südöstlich von Katherine liegt Mataranka, Schauplatz von Jeannie Gunns Roman *We of the Never Never* (1908) über das Leben in der nahen Elsey Station um 1900.

Etwa acht Kilometer östlich von Mataranka laden die Mataranka-Thermalquellen im Elsey National Park zu einem Bad ein. **Mataranka Homestead**, 1961 erbaut, ist mittlerweile eine Unterkunft für Rucksackreisende.

Mataranka Homestead
mataranka homestead.com.au

Wanderung auf dem Jatbula Trail; Kajaktour im Nitmiluk (Katherine Gorge) National Park (Detail) ↓

Wanderer im Uluṟu-Kata Tjuṯa National Park (siehe S. 434 – 437)

Red Centre

Hier liegt das Zentrum des australischen Kontinents mit der größten Stadt Alice Springs in der geografischen Mitte. Die alles beherrschende Farbe ist Rot: Sand, Boden, Felsen und Berge setzen sich rot vom blauen Himmel ab.

Einige der beeindruckendsten Naturschönheiten der Welt liegen im Roten Zentrum – viele von ihnen sind über 800 Millionen Jahre alt. Auf dem Grund eines Binnensees in der Mitte Australiens lagerten sich einst Sedimente ab, die heute die Basis der bekanntesten topografischen Wahrzeichen der Wüste bilden. Zu diesen gehören insbesondere der gewaltig wirkende Monolith Uluṟu (Ayers Rock), die Felsdome Kata Tjuṯa (auch als Olgas bekannt), die Findlinge Karlu Karlu / Devil's Marbles und die majestätischen MacDonnell Ranges.

In dieser Region leben die Aborigines seit über 30 000 Jahren. Die Tradition der Felsmalerei pflegen sie bis heute. Im Vergleich dazu ist die Geschichte der weißen Besiedlung überaus jung. Die frühesten Entdecker kamen um 1860 hierher. Den Großteil des Gebiets erhielten die Aborigines von der Regierung zurück, viele sind heute im Fremdenverkehr aktiv.

0 Kilometer 150
N
Tanami Desert
Lake Woods
Renner Springs
Lajamanu
Darwin und Top End
Seiten 412–429
Three Ways Roadhouse
Tennant Creek 9
Rabbit Flat
Lake Surprise
Karlu Karlu/ Devil's Marbles Conservation Reserve 10
The Granites
Tanami Downs
Wycliffe Well Roadhouse
NORTHERN TERRITORY
Lake White
Mount Theo 583 m
Fotheringham Hill 484 m
STUART HIGHWAY
Barrow Creek Roadhouse
Lander
Vam Hill 572 m
Ti-Tree
Utopia
Lake Mackay
Yuendumu
Aileron
Central Mount Wedge 1094 m
Tilmouth Well
Gemtree Roadhouse
Arltunga Historical Reserve 5
Papunya
Norden von Perth und Kimberley
Seiten 472–487
Mount Liebig 1274 m
MacDonnell Ranges 3
Trephina Gorge
Ormiston Gorge
Alice Springs 2
Hermannsburg 4
Alice Springs Airport
Finke Gorge National Park
Lake Neale
Kings Canyon 8
James Ranges
Lake Hopkins
7
Henbury Meteorites Conservation Reserve
Watarrka National Park
Chambers Pillar Historical Reserve 6
Kaltukatjara Community (Docker River)
Imanpa
LASSETER HWY
Kata Tjuta (The Olgas)
Yulara
Erldunda
1
Uluru (Ayers Rock)
Finke
Uluru-Kata Tjuta National Park
Kulgera Roadhouse
Marryat
Pipalyatjara
Halbinseln Yorke und Eyre und Outback von South Australia
Seiten 328–339
Chandler
Great Victoria Desert
Marla

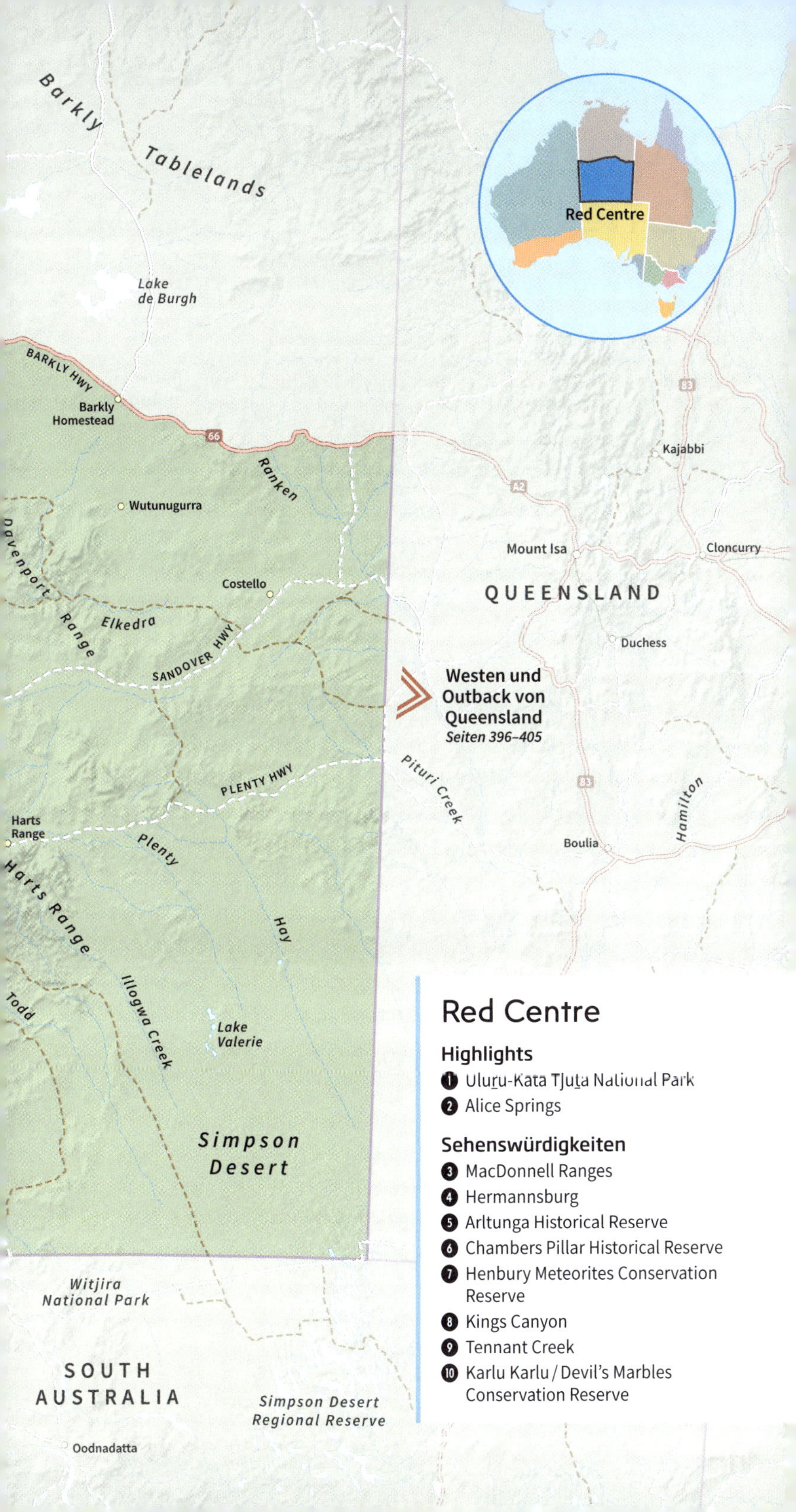

Red Centre

Highlights

1. Uluṟu-Kata Tjuṯa National Park
2. Alice Springs

Sehenswürdigkeiten

3. MacDonnell Ranges
4. Hermannsburg
5. Arltunga Historical Reserve
6. Chambers Pillar Historical Reserve
7. Henbury Meteorites Conservation Reserve
8. Kings Canyon
9. Tennant Creek
10. Karlu Karlu / Devil's Marbles Conservation Reserve

1

Uluru-Kata Tjuta National Park

C3 Highway 4 Connellan Airport, 5 km nördlich des Yulara/ Ayers Rock Resort Uluru-Kata Tjuta Cultural Centre (+61 8 8956 1128) uluru.gov.au

Schon bei der Ankunft im Park sind die meisten Besucher von Ehrfurcht ergriffen. Allein der Umfang des weltweit größten Monolithen, der viele Kilometer weit sichtbar über die flache Wüstenebene ragt, ist beeindruckend.

Uluru gehört zusammen mit den 36 Felsendomen Kata Tjuta (The Olgas) und ihren tiefen Tälern und Schluchten zweifellos zu den faszinierendsten Naturwundern der Welt. Die beiden weltbekannten Sehenswürdigkeiten liegen 460 Kilometer südwestlich von Alice Springs im Uluru-Kata Tjuta National Park, der zum UNESCO-Welterbe gehört. Das gesamte Gebiet ist den Anangu heilig, sie bekamen den Park 1985 zurück und gaben den Naturwundern wieder ihre ursprünglichen Namen. Das Land wurde dann an die Regierung verpachtet, die es nun gemeinsam mit den Anangu verwaltet.

Schöne Aussicht

Uluru bei Sonnenuntergang

Wohl kaum etwas ist vergleichbar mit dem atemberaubenden Anblick des Uluru bei Sonnenuntergang. Dann ändert sich die Farbe des heiligen Felsens von leuchtendem Rot und Orange zu Gold, kräftigem Rosa und Lila.

Von einer Aussichtsplattform genießt man einen fantastischen Blick auf den Uluru ↑

Highlight

↑ *Bei Sonnenuntergang wie hier in der Walpa Gorge bieten sich grandiose Farbenspiele*

Ruhe für den heiligen Berg

Weil der Uluru den Anangu heilig ist, war über Jahrtausende eine Besteigung nicht erlaubt. Dem widersetzten sich jedoch ab den 1930er Jahren alljährlich Zehntausende von Besuchern. In den 1980er Jahren begannen die australischen Behörden und die Anangu angesichts zunehmender Beschädigung der Felsoberfläche und damit der Entweihung dieser Stätte über ein erneutes Verbot zu diskutieren. Zunächst forderten die Anangu mit Schildern an der Basis des Uluru Besucher auf, den Felsen nicht zu besteigen. Da dies nicht den erhofften Erfolg hatte, verhängte die Nationalparkverwaltung 2017 ein entsprechendes Verbot, das am 25. Oktober 2019 in Kraft trat.

TOP 5 Tiere und Pflanzen

Dornteufel
Die mit Stacheln bedeckten Eidechsen ernähren sich nur von Ameisen.

Riesenwaran
Australiens größter Waran ist äußerst scheu und schwer zu finden.

Australische Hüpfmaus
Nachts kann man diese Mäuse beim Springen im Freien beobachten.

Wüstenrose
Die violette Blüte ist das Blumenemblem des Northern Territory.

Gestreifter Minzbusch
Die weißen Blüten des Strauchs mit Minzduft haben violette Streifen.

ÜBERBLICK: ULURU-KATA TJUTA NATIONAL PARK

①

Uluru (Ayers Rock)

Der 3,6 Kilometer lange, 2,4 Kilometer breite und 348 Meter hohe Uluru ist ein gewaltiger Sandsteinblock, der etwa fünf Kilometer tief unter die Erdoberfläche reicht. Neben seiner kulturellen Bedeutung für die Aborigines fasziniert Besucher vor allem das Farbenspiel in der Dämmerung.

Es werden viele Wanderungen um den Uluru angeboten. Eine dreistündige, 9,5 Kilometer lange Tour gibt den besten Eindruck von seiner majestätischen Größe.

Die Anangu am Uluru

Archäologische Hinweise lassen vermuten, dass Aborigines seit mindestens 22 000 Jahren am Uluru leben und der Uluru und die Kata Tjuta Orte von großer religiöser und kultureller Bedeutung für viele Aborigines sind.

Die traditionellen Eigentümer von Uluru und Kata Tjuta sind die Anangu. Sie glauben, dass beide Orte durch Geister der Vorfahren entstanden sind. Als deren direkte Nachfahren sehen sich die Anangu für den Schutz und die Verwaltung des Landes verantwortlich.

Die heiligen Stätten auf der Strecke sind nicht zugänglich. Der Mala-Weg (»Hasenkänguru«-Weg) führt an mehreren Höhlen, teils mit Felsmalereien, vorbei. Die Liru-Wanderung (Schlangenwanderung) beginnt am Kulturzentrum und verläuft auch durch Wald. Die Kuniya-Wanderung (Pythonwanderung) führt zum Mutitjulu-Wasserloch auf der Südseite des Uluru, wo Anangu-Aborigines Schöpfungsmythen erzählen und Kunstwerke ausstellen. Details erfährt man im Uluru-Kata Tjuta Cultural Centre.

②

Kata Tjuta (The Olgas)

Kata Tjuta (»Viele Köpfe«) sind eine Ansammlung großer runder Felskuppen, 42 Kilometer westlich des Uluru in einer abgelegenen Wüstenlandschaft. Genehmigungen vom Central Land Council, Allradantrieb und ein komplettes Überlebenspaket sind hier erforderlich.

Kata Tjuta sind nicht ein einzelnes Felsmassiv, sondern ein mit Schluchten und Tälern durchzogenes Areal, das für die Anangu ebenso

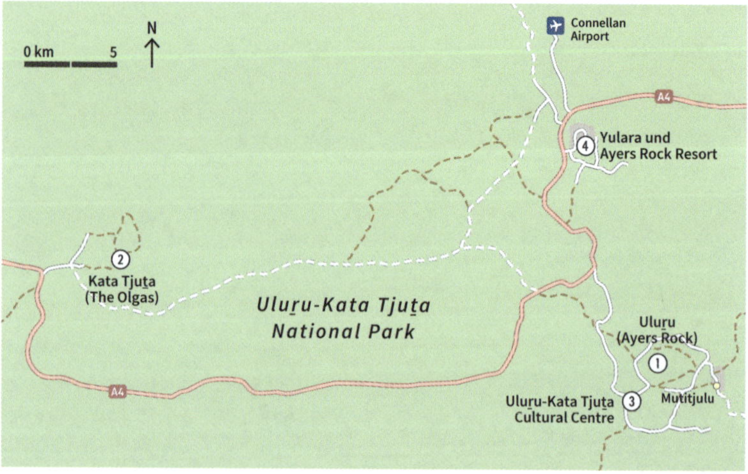

↑ *Ein Wanderweg durch die Olgas im Uluṟu-Kata Tjuṯa National Park*

Schon gewusst?

Der nahe gelegene Mount Conner (Spitzname: »Fooluru«) wird oft mit dem Uluṟu verwechselt.

bedeutsam wie der Uluṟu ist. Der höchste Fels ist mit 546 Metern fast 200 Meter höher als der Uluṟu. Eine dreistündige Wanderung durch das Valley of the Winds führt durch mehrere tiefe Schluchten. Bei Temperaturen über 36 °C ist der Weg teilweise gesperrt. Der Olga-Gorge-Weg (Walpa-Gorge-Weg) führt zu einer Felswand und einem Felsenbecken am Ende der Olga-Schlucht.

③

Uluṟu-Kata Tjuṯa Cultural Centre

Uluṟu Rd · tägl. 7–17:45 (Information: 8–17, +61 8 8956 1128) · uluru.gov.au/things-do/cultural-centre

Das Kulturzentrum am Fuß des Uluṟu bietet dank mehrsprachiger Ausstellungen und Videovorführungen eine ausgezeichnete Einführung in den Park. Die Nintiringkupai-Ausstellung konzentriert sich auf die Geschichte und Verwaltung des Parks und bietet Broschüren und Informationen über Wanderwege, Sehenswürdigkeiten und Touren. Die Tjukurpa-Ausstellung erklärt mit Kunstwerken und Videos das Glaubens- und Gesetzessystem der Aṉangu. In dem von Aborigines geführten Maruku Arts and Craft Shop neben dem Kulturzentrum arbeiten Künstler. Tänzer und Musiker veranstalten Aufführungen für Besucher. Die auf Rinde und Leinwand gemalten Bilder erzählen die Geschichte der Uluṟu-Tjukurpa-Mythen.

④

Yulara und Ayers Rock Resort

ayersrockresort.com.au

Der 20 Kilometer nördlich des Uluṟu direkt hinter der Grenze des Nationalparks gelegene Ort Yulara ist eine gute Basis für Erkundungen von Uluṟu und Kata Tjuṯa. Die meisten Besucher übernachten im Ayers Rock Resort. Die Anlage bietet viele Optionen – von Luxushotels bis zu Campingplätzen.

Das Yulara-Besucherzentrum informiert über den Park und seine Geologie, Flora und Fauna. Hier werden auch Souvenirs verkauft und Touren mit Veranstaltern im Park arrangiert. Täglich um 9 Uhr findet eine kostenlose Führung durch den herrlichen Garten des exklusiven Desert Gardens Hotel (174 Yulara Dr) statt. Jeden Abend wird im Amphitheatre ein Konzert mit vielen Aborigines-Instrumenten, darunter Didgeridoos, veranstaltet. Auch ein Didgeridoo-Workshop wird angeboten.

In Yulara gibt es ein Einkaufszentrum mit Post, Bank und Supermarkt sowie viele Restaurants und Picknickplätze. Zu den Angeboten des Resorts zählt auch ein Kinderbetreuungszentrum, das Kinder bis zum Alter von acht Jahren aufnimmt.

Fotomotiv
Field of Light

Die Lichtinstallation des britischen Künstlers Bruce Munro am Fuß des Uluṟu erstreckt sich kilometerweit. Sie besteht aus 50 000 solarbetriebenen Lichtstäben, die in verschiedenen Farben leuchten.

Blick über Alice Springs, die drittgrößte Stadt im Northern Territory

2

Alice Springs

D3 25 000 14 km südl. George Crescent
41 Todd Mall u. Parsons St (+61 8 8952 5800)
Beanie Festival (Juni), Camel Cup (Juli)
alicesprings.nt.gov.au discovercentralaustralia.com

Seit rund 30 000 Jahren leben Arrernte in diesem Gebiet. 1888 wurde hier eine europäische Siedlung gegründet und nach dem Wasserloch von Alice Springs benannt. Da erst seit 1929 eine Eisenbahn und seit den 1940er Jahren eine Asphaltstraße hierherführen, wuchs sie nur langsam. Alice Springs gilt heute als Basis für die Erkundung Zentralaustraliens und hat sich zu einem Touristenziel entwickelt.

①

Old Courthouse

Ecke Parsons u. Hartley St
+61 8 8951 5147
auf Anfrage

Das Old Courthouse wurde 1928 von Emil Martin erbaut, der auch The Residency schuf. Seit Eröffnung der neuen Gerichte 1980 ist es nicht mehr in Betrieb, doch die Architektur verdient Beachtung.

②

Anzac Hill

Anzac Hill Rd

Der Anzac Hill im Norden bietet einen schönen Blick über Stadt und MacDonnell Ranges *(siehe S. 442f)*. Der nach dem hier stehenden Anzac-Denkmal benannte Hügel ist ein idealer Ort, um Sonnenauf- und Sonnenuntergang zu genießen.

③

Stuart Town Gaol

8 Parsons St Mo–Fr 10:30–14:30 Dez–Feb, Feiertage nationaltrust.org.au

Das älteste Gebäude im Zentrum von Alice Springs fungierte von 1909 bis 1938 als örtliches Gefängnis – bis zum Bau einer neuen Strafanstalt an der Stuart Terrace. Heute ist es öffentlich zugänglich.

④

Megafauna Central

21 Todd Mall Mo, Mi–Fr 10–16, Sa, So 10–14
Feiertage magnt.net.au/megafauna-central

Das Museum im Zentrum von Alice Springs kann kostenlos besucht werden. Es ist den Großtieren gewidmet, die vor fast acht Millionen Jahren Zentralaustralien durchstreiften. Die Sammlung umfasst eine beeindruckende Fossilienausstellung und lebensgroße Nachbildungen der 30 Arten, die in der Fossilienstätte Alcoota Scientific Reserve, 150 Kilometer nordöstlich von Alice Springs, gefunden wurden.

Zu den Höhepunkten der Sammlung gehören die Krokodilausstellung, der größte Vogel der Welt und ein Augmented-Reality-Erlebnis, das Besucher in die Vergangenheit zurückversetzt.

Die Sammlung umfasst eine beeindruckende Fossilienausstellung und lebensgroße Nachbildungen der 30 Arten, die in der Fossilienstätte Alcoota Scientific Reserve gefunden wurden.

Highlight

Restaurants

Bella Alice
Die schnörkellose Pizzeria befindet sich auf einem Lebensmittelmarkt. Das Angebot umfasst Pizzen aus dem Holzofen, hausgemachte Pastagerichte und traditionelle italienische Desserts.
57 Todd Mall
bellaalicesprings.com.au

Bean Tree Cafe
Das Café im Olive Pink Botanic Garden eignet sich perfekt zum Frühstück, zum Mittagessen oder zu einer Tasse Kaffee. Große Auswahl an Kuchen.
27 Tuncks Rd
beantreecafe.org

5

The Residency

Ecke Parsons St u. Hartley St Mo–Fr 10–15 Dez–Feb, Feiertage heritagealicesprings.com.au

Im Residency, einem 1927 von Emil Martin für den regionalen Verwalter von Zentralaustralien errichteten Gebäude, wohnte bis 1973 der oberste Regierungsbeamte von Alice Springs. Es wurde 1996 renoviert und beherbergt heute ein historisches Museum.

6

School of the Air Visitor Centre

80 Head St Mo–Fr 9–15, Feiertage 13:30–16:30 21. Dez–Anfang Jan, Karfreitag schooloftheair.net.au

Mit einer Fläche von etwa 1,3 Millionen Quadratkilometern ist dies das größte Klassenzimmer der Welt. Die Schule wurde im Jahr 1951 gegründet, um Kindern in abgelegenen Gebieten per Funksystem Bildung zu ermöglichen.

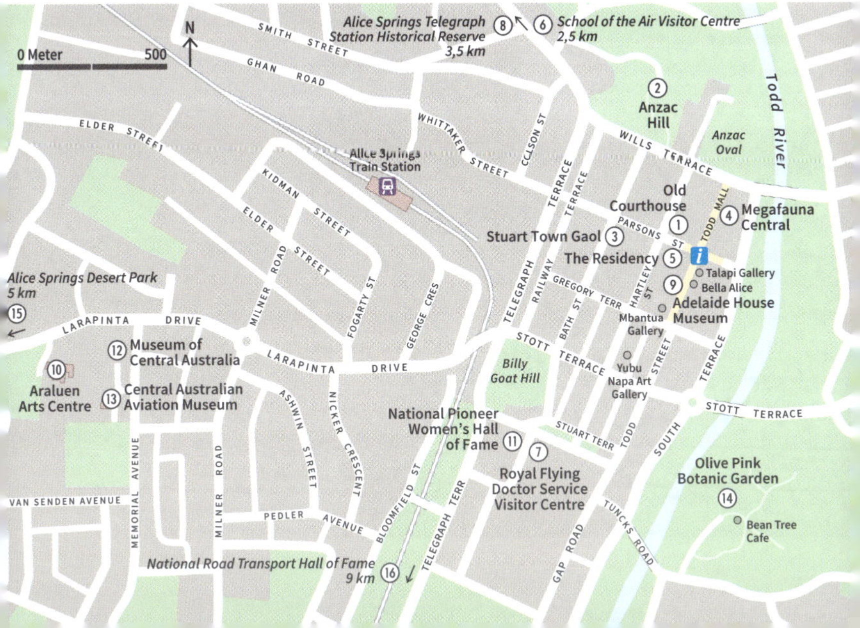

7

Royal Flying Doctor Service Visitor Centre

8–10 Stuart Terrace Mo–Sa 9:30–17, So, 13–17 Ende Dez–Anfang Jan, Feiertage rfdsalicesprings.com.au

Das Zentrum kann nur im Rahmen einer 45-minütigen Führung besichtigt werden. Dabei kommt man auch in das Radio Communications Centre, wo die Geschichte der Institution und der typische Tagesablauf erläutert werden. Die Anlage umfasst zudem ein Museum mit alten medizinischen Geräten und Flugzeugen. Zum Besucherzentrum gehören auch ein Café und ein Souvenirladen.

8

Alice Springs Telegraph Station Historical Reserve

am Stuart Hwy tägl. 8–16 1. Jan, 25., 26. Dez alicespringstelegraphstation.com.au

Hier, am Standort der ersten Siedlung von Alice Springs, sind noch einige der Originalgebäude und -ausrüstungen der im Jahr 1871 errichteten Telegrafenstation zu besichtigen. Ein Museum erklärt Geschichte und Funktionsweise der Station.

9

Adelaide House Museum

Todd Mall +61 8 8952 1856 Mo–Fr 10–16, Sa 10–12 Karfreitag, Dez–März

Das erste Krankenhaus von Alice Springs, Adelaide House (1926), entwarf John Flynn, der Gründer des Royal Flying Doctor Service. Heute dient der Bau als Museum.

10

Araluen Arts Centre

61 Larapinta Drive tägl. 10–16 (Nov–Feb: Di–Sa 10–16, So 10–14) araluenartscentre.nt.gov.au

Diese bedeutende Institution für bildende und darstellende Kunst in Zentralaustralien legt den Fokus auf die Kunst der Aborigines. Das Zentrum präsentiert Ausstellungen, Filme und Performances in vier Räumen (u. a. in der nach dem Aborigines-Künstler benannten Albert Namatjira Gallery), einem Theater und einem Skulpturengarten. Die Ausstellung Desert Mob, die im September hier stattfindet, gilt als eine der wichtigsten Kunst- und Kulturveranstaltungen der Aborigines in Australien.

TOP 3 Kunst der Aborigines

Mbantua Gallery
Indigene Kunst aus der Region Utopia (www.mbantua.com.au).

Yubu Napa Art Gallery
Workshops, Vorträge und viele Veranstaltungen für Kinder (www.yubunapa.com).

Talapi Gallery
Keramik, Schmuck, Textilien und mehr aus Australiens Zentrum (www.singulart.com).

11

National Pioneer Women's Hall of Fame

Old Alice Springs Gaol, 2 Stuart Terrace Di–So 10–15 Ende Dez–Anfang Feb wmoa.com.au

Das sehenswerte Museum ist der Rolle der Frauen in der

↑ *Alice Springs Telegraph Station Historical Reserve – Standort eines technischen Museums*

Caterpillar Dreaming

Die Arrernte glauben an die Legende *Caterpillar Dreaming*, in deren Mittelpunkt die Entstehung der MacDonnell Ranges steht. Dort heißt es, die Konturen der Berge seien nach einem Kampf zwischen drei Raupen und ihren Feinden, den Baumwanzen, entstanden. Einige Arrernte glauben, sie stammen von Raupen ab.

Geschichte Australiens und ihrem Einsatz in Bereichen wie Politik und Kultur gewidmet.

⑫

Museum of Central Australia

Alice Springs Cultural Precinct, 4 Memorial Ave Di–Fr 10–16, Sa, So 10–14 Karfreitag, zwei Wochen im Dez magnt.net.au/museum-of-central-australia

Das naturgeschichtliche Museum informiert sehr anschaulich über Flora und Fauna Zentralaustraliens. Es zeigt u. a. Fossilien, Meteoritenstücke und Mineralien. Ergänzt wird die Sammlung durch Kunstwerke der Ureinwohner.

⑬

Central Australian Aviation Museum

6 Memorial Ave Mi–So 11–15 Anfang Dez–Anfang März centralaustralianaviationmuseum.org.au

Das 1977 gegründete Museum befindet sich auf dem Gelände des ersten Flugplatzes in Alice Springs. Es versteht sich als Hommage an die Luftfahrtpioniere in dieser Region und beherbergt eine umfangreiche Sammlung von Flugzeugen. Zu den Ausstellungsstücken gehören einige frühe Flugzeuge der Royal Flying Doctors, eine Douglas DC-3 und eine De Havilland DH.114 Heron.

Zudem werden Luftfahrtinstrumente, Radiogeräte, Motoren, Filme, Fotografien, Bücher und andere Stücke gezeigt.

⑭

Olive Pink Botanic Garden

27 Tuncks Rd +61 8 8952 2154 tägl. 8–18 Karfreitag, 25. Dez

Dieser schöne Ort erinnert an die australische Illustratorin, Anthropologin, Gärtnerin und Aktivistin Olive Pink, die in den 1930er Jahren für die Rechte der Aborigines kämpfte. Heute beherbergt der 16 Hektar große Garten mehr als 2500 Pflanzen aus über 600 zentralaustralischen Arten, darunter auch einige, die als bedroht oder selten gelten. Außerdem gibt es einen beeindruckenden Skulpturenpfad, eine artenreiche Vogelwelt und viele umherstreifende Schwarzpfoten-Felskängurus.

Eine etwa 30-minütiger Wanderung führt zu einem Aussichtspunkt namens Annie Meyer Hill Lookout. Diese mittelschwere Wanderung bietet fantastische Ausblicke über Alice Springs, den Todd River und die MacDonnell Ranges.

Schon gewusst?

Beanies sind hier so beliebt, dass die Stadt alljährlich im Juni ein Beanie Festival veranstaltet.

⑮

Alice Springs Desert Park

nahe Larapinta Drive tägl. 7:30–18 (letzter Einlass 16:30) 25. Dez alicespringsdesertpark.com.au

Der Park im äußersten Westen der Stadt führt auf eindrucksvolle Art in die vielfältigen Naturphänomene der Region ein. Er umfasst drei typische australische Lebensräume: Wüstenfluss, Sandgebiet und Wald. Hier können Besucher viele Vögel und andere Tiere Zentralaustraliens hautnah erleben.

⑯

National Road Transport Hall of Fame

1 Norris Bell Ave So–Fr 9–15 Ende Dez–Anfang Jan roadtransporthall.com

Das Museum präsentiert Trucks, Busse und anderen Vehikel, mit denen der Kontinent durchquert wurde. Auch der als Ghan bekannte Zug, der erstmals 1929 von Adelaide nach Alice Springs fuhr, kommt hier zu Ehren.

SEHENSWÜRDIGKEITEN

3

MacDonnell Ranges

D3 nach Alice Springs, dann Auto 41 Todd Mall, Alice Springs (+61 8 8952 5800) discovercentral australia.com

Die MacDonnell Ranges sind erodierte Reste einer alten Gebirgskette, die einst so imposant wie der Himalaya war. Sie verlaufen als zwei mächtige Bergketten auf beiden Seiten von Alice Springs und werden in die West MacDonnells (Tjoritja) und die East MacDonnells unterteilt.

Etwa 23 Kilometer westlich von Alice Springs erreicht man eine Reihe beeindruckender Schluchten, darunter auch Simpsons Gap. Hier sind einige seltene Pflanzenarten beheimatet, in dem Gebiet kann man auch Schwarzpfoten-Felskängurus beobachten. Westlich davon erkennt man die steilen Felsen der Standley Chasm, die in der Mittagssonne in wunderschönem Rot leuchten.

Serpentine Gorge, 45 Kilometer weiter westlich, entstand ebenfalls durch fluviale Erosion. Der Flusslauf ist von einem Weg aus gut zu sehen. Auch die 300 Meter hohen Wände der Ormiston Gorge sind atemberaubend. Die Schlucht besteht aus zwei übereinanderliegenden Quarzschichten und ist doppelt so hoch wie andere Schluchten in der Region.

Bei der Erkundung der West MacDonnells machen viele Wanderer in der Ellery Gorge halt am 18 Meter tiefen Ellery Creek Big Hole, um dort ein Bad zu nehmen.

Expertentipp
Larapinta Trail

Erfahrene Wanderer werden den 223 Kilometer langen Buschwanderweg von Alice Springs durch die West MacDonnells zum Mount Sonder genießen. Er besteht aus zwölf Etappen, siebentägige Führungen werden angeboten.

Durch das Zentrum der West MacDonnells verläuft die berühmte Mereenie Loop Road (Red Center Way). Auf dieser 690 Kilometer langen Strecke kommt man auch an Uluṟu und Kata Tjuṯa *(siehe S. 434 – 437)*, an Alice Springs

↑ *Ein angenehm kühles Bad im Ellery Creek Big Hole in den West MacDonnells*

Schon gewusst?

Der Finke River (Larapinta) gilt als das älteste Flussbett der Welt.

(siehe S. 438–441) und am Kings Canyon *(siehe S. 444)* vorbei.

Auf der anderen Seite von Alice Springs führt der Ross Highway zu vielen Orten der East MacDonnell Ranges. Nahe der Stadt liegen Emily Gap und Jessie Gap Nature Park mit eindrucksvollen Felsmalereien der Arrernte. Weiter östlich wurden in einer Spalte des seltsam geformten Corroboree Rock heilige Gegenstände der Arrernte aufbewahrt. Etwas weiter nördlich erreicht man die Trephina Gorge, mit ihren Klippen und roten Eukalyptusbäumen ist sie die spektakulärste Sehenswürdigkeit der East MacDonnells.

In der Umgebung gibt es außerdem eine artenreiche Tierwelt sowie einige Wanderwege und Wasserlöcher. Das bemerkenswerteste davon ist das von steilen Felswänden umrahmte John Hayes Rockhole.

4

Hermannsburg

D3 500 nach Alice Springs, dann Auto 47 Raberaba Circuit (+61 8 8956 7402) hermannsburg.com.au

Am Larapinta Drive, etwa 125 Kilometer westlich von Alice Springs, liegt die kleine Aborigines-Siedlung Hermannsburg (Ntaria). Die Gegend ist vor allem als Geburtsort des berühmten Malers Albert Namatjira *(siehe Kasten)* bekannt. Ein sechs Meter hohes Denkmal erinnert an den Künstler.

↑ *Hermannsburg Historic Precinct – eine der wenigen evangelischen Buschmissionen in Australien*

Der größte Teil des Ortes liegt auf dem Gebiet der **Hermannsburg Historic Precinct**, einer evangelischen Buschmission. Das Museum und die Kunstgalerie sollte man besuchen.

Etwa 20 Kilometer südlich von Hermannsburg liegt der **Finke Gorge National Park** mit dem Palm Valley, einer ungewöhnlichen tropischen Oase im ansonsten trockenen Herzen des Landes.

Hermannsburg Historic Precinct
47 Raberaba Cct tägl. Karfreitag, 25. Dez

Finke Gorge National Park
Alice Springs nt.gov.au

Albert Namatjira

Der Maler Albert Namatjira (1902–1959) zählt zu den berühmtesten Aborigines-Künstlern Australiens. In der evangelischen Mission seines Geburtsortes Hermannsburg brachte ihm der Aborigines-Künstler Rex Battarbee das Malen bei. Namatjiras von europäischen Techniken beeinflusster Stil kam in seinen charakteristischen Aquarell-Landschaften zum Ausdruck. Er erlangte internationale Beachtung und erregte auch die Aufmerksamkeit von Königin Elizabeth II., die ihm 1953 die Queen's Coronation Medal verlieh. Heute sind seine Werke in Kunstgalerien auf der ganzen Welt zu finden.

5

Arltunga Historical Reserve

D3 · Alice Springs
Arltunga Rd, Atitjere
nt.gov.au

Rund 110 Kilometer östlich von Alice Springs liegt Arltunga, die erste offizielle Stadt Zentralaustraliens. Die einst blühende Goldgräbersiedlung ist heute als etwa 5000 Hektar große, denkmalgeschützte Stätte ein Freilichtmuseum. Es erinnert an die 300 Minenarbeiter, die bereits 1887 auf der Suche nach Gold hierherkamen.

Man erfährt viel über die faszinierende Geschichte des Goldrauschs in Arltunga und kann Spaziergänge zu den Sehenswürdigkeiten des Ortes unternehmen, u. a. zur alten Polizeistation, zu ehemaligen Minen und verlassenen Wohngebieten.

Hotels

Kings Canyon Resort
Das Resort verfügt über einfache Zimmer sowie Camping- und Wohnwagenplätze.
D3 · Luritja Rd, Watarrka National Park
discoveryholidayparks.com.au
$$$

Kings Creek Station
Die Rinderfarm bietet klimatisierte Buschzelte und luxuriöse Campingplätze.
D3 · 12725 Luritja Rd, Petermann
kingscreekstation.com.au
$$$

→ *Blick vom Felsrand in den spektakulären Kings Canyon; Rotschopftaube* (Detail)

6

Chambers Pillar Historical Reserve

D3 · Alice Springs
nt.gov.au

Chambers Pillar, ein ungefähr 50 Meter hoher Sandsteinobelisk, diente den ersten Entdeckern aus Europa als Navigationshilfe in unbekanntem Gelände. Die Säule besteht aus rotem und gelbem Sandstein, der sich hier über rund 350 Millionen Jahre abgelagert hat. John McDouall Stuart berichtete 1860 als Erster von dem Felsen, den er nach seinem Mäzen James Chambers benannte.

Die Säule ist den Aborigines heilig. Die Strecke dorthin (160 km südlich von Alice Springs) ist zum Schluss nur mit Allradantrieb befahrbar.

7

Henbury Meteorites Conservation Reserve

D3 · Alice Springs
nt.gov.au

Die zwölf Krater, 145 Kilometer südwestlich von Alice Springs, entstanden vor 4700 Jahren durch Meteoriteneinschlag. Vermutlich waren Aborigines Zeugen des Ereignisses, weil ein einheimischer Name für das Gebiet auf einen feurigen, vom Himmel fallenden Stein hindeutet. Der größte Krater hat einen Durchmesser von 180 Metern und ist 15 Meter tief. Schilder beim Krater geben wichtige Infos.

8

Kings Canyon

D3 · Alice Springs
Alice Springs, Yulara
nt.gov.au

Die Sandsteinschlucht dieses Canyons im Watarrka National Park hat über 100 Meter hohe Wände, die im Lauf von Jahrmillionen durch Erosion entstanden. Hier kann man versteinerte Spuren urzeitlicher Meerestiere und sogar alte Uferlinien eines Sees erkennen. Mehrere Wanderwege entlang der Schluchtkante bieten beeindruckende Ausblicke auf das Tal. Im Watarrka National Park gibt es viele Wasserbecken und Gebiete mit üppiger Vegetation, in denen über 600 Pflanzenarten wachsen.

Im Nationalpark sind über 100 Vogel- und ca. 60 Reptilienarten beheimatet.

> **In dem Park, etwa 104 Kilometer südlich von Tennant Creek, liegen in einem flachen Tal der Davenport Ranges zahlreiche riesige, kugelförmige Steinblöcke aus rotem Granit.**

9

Tennant Creek

D2 1700 Battery Hill Mining Complex, 160 Peko Rd discoverthebarkly.com

Tennant Creek ist die zweitgrößte Ortschaft des Roten Zentrums. Sie liegt 500 Kilometer nördlich von Alice Springs und ist eine wichtige Station auf dem Stuart Highway zwischen Darwin und South Australia.

Tennant Creek wurde 1872 als Standort für eine Telegrafenstation der Overland Telegraph Line errichtet. Der Ort selbst entstand, als man hier 1932 Gold fand. Zum **Battery Hill Mining Centre** gehören zwei Museen, eine Mine und ein Besucherzentrum.

Eine Attraktion ist der zum Schwimmen und Bootfahren geeignete Lake Mary Ann, fünf Kilometer außerhalb.

Die **Tennant Creek Telegraph Station** (1874), zwölf Kilometer nördlich der Stadt, ist ein Museum. Den Schlüssel dafür erhält man im Battery Hill Mining Centre.

Battery Hill Mining Centre
Battery Hill, Peko Rd tägl. Karfreitag, 7., 8., 25. Dez visitbatteryhill.com

Tennant Creek Telegraph Station
23993 Stuart Hwy +61 8 8962 4599

10

Karlu Karlu/Devil's Marbles Conservation Reserve

D2 nt.gov.au

In dem Park, etwa 104 Kilometer südlich von Tennant Creek, liegen in einem flachen Tal der Davenport Ranges zahlreiche riesige, kugelförmige Steinblöcke aus rotem Granit. Die Kugeln entstanden vor etwa 1,7 Milliarden Jahren, als geschmolzene Lava direkt unter der Erdoberfläche zu riesigen Kuppeln zusammengepresst wurde. Durch die Erosion der darüberliegenden Felsschichten wurden die eindrucksvollen »Murmeln« freigelegt.

Das Reservat bietet mehrere Wanderwege, darunter einen zum Nyanjiki Lookout, einem Ort mit toller Aussicht über die Umgebung.

Fotomotiv
Karlu Karlu

Die auch Teufelsmurmeln genannten Karlu Karlu sind sechs Meter hohe geologische Wunder. Die beste Zeit für Fotos sind der frühe Morgen oder der späte Nachmittag, wenn sie in der tief stehenden Sonne rot leuchten.

WESTERN AUSTRALIA

The Basin – Küstenlandschaft mit Leuchtturm, Rottnest Island (siehe S. 460f)

WESTERN AUSTRALIA
AUF DER KARTE

Dieses Kapitel gliedert Western Australia in zwei Gebiete, die auf der Karte jeweils mit eigener Farbcodierung dargestellt sind.

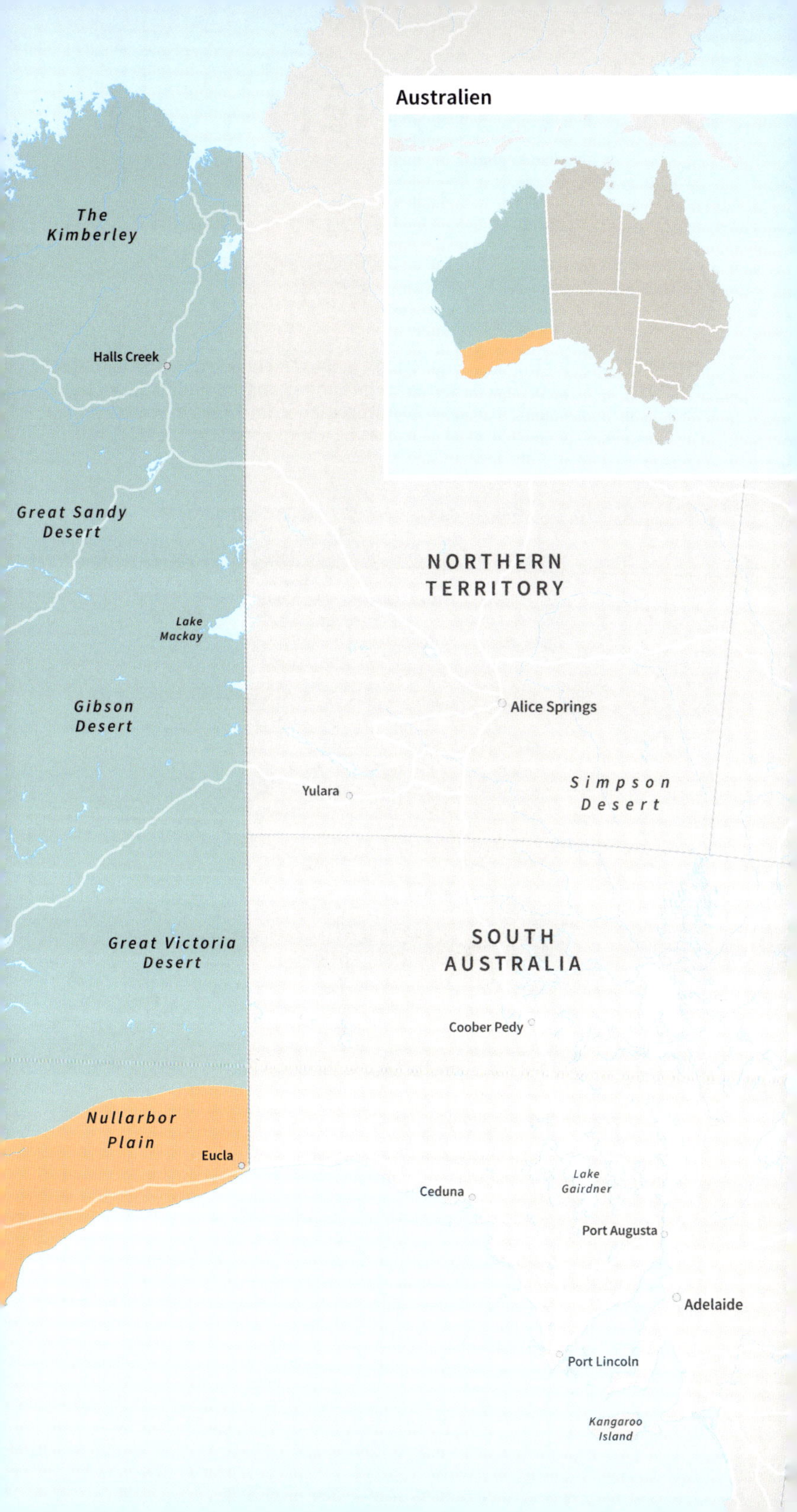

Australien
The Kimberley
Halls Creek
Great Sandy Desert
Lake Mackay
Gibson Desert
Great Victoria Desert
Nullarbor Plain
Eucla
NORTHERN TERRITORY
Alice Springs
Yulara
Simpson Desert
SOUTH AUSTRALIA
Coober Pedy
Ceduna
Lake Gairdner
Port Augusta
Adelaide
Port Lincoln
Kangaroo Island

DIE REGIONEN VON WESTERN AUSTRALIA

Australiens größter Bundesstaat hat mit insgesamt knapp 21 000 Kilometern die längste Küste aller Bundesstaaten. Im Landesinneren finden Sie im trockenen Outback viele faszinierende Naturwunder, im Süden die sonnenreiche Hauptstadt Perth sowie die von Quokkas bewohnte Insel Rottnest Island.

Seiten 452–471

Perth und Südwesten

Drei Viertel der Bevölkerung von Western Australia leben in der Perth, der Hauptstadt des Bundesstaats. Die sehr entspannte Stadt am Meer gilt als sonnenverwöhnteste Region in ganz Down Under. Bummeln Sie den Swan River entlang und lassen Sie sich in den Restaurants am Flussufer verwöhnen und die Seele baumeln, bevor Sie sich im Wellenreiten versuchen. Mit der Fähre geht es von Perth aus nach Rottnest Island – vielleicht gelingt Ihnen ja ein Schnappschuss mit einem niedlichen Quokka?

Entdecken
Weine und Wellenreiten

Sehenswert
Perth, Rottnest Island, Fremantle

Genießen
Machen Sie mit einem der fotogenen Quokkas auf Rottnest Island ein ganz besonderes Selfie

Seiten 472–487

Norden von Perth und Kimberley

Je weiter man sich von Perth entfernt, desto karger wird die Landschaft. Ganz im Norden liegt Kimberley, eine dünn besiedelte Region, in der es vor allem große Viehfarmen gibt. Dennoch finden Sie unterwegs wunderschöne Badelagunen und tosende Wasserfälle, geheimnisvolle Kletterhöhlen und gewaltige Meteoritenkrater. Und: In den geschützten Korallenatollen an der Küste wimmelt es nur so von tropischen Fischen, Walhaien, Dugongs und Delfinen.

Entdecken
Tiere beobachten

Sehenswert
Kimberley, Shark Bay World Heritage Area

Genießen
Schnorcheln Sie mit den sanften Walhaien am Ningaloo Reef

Backsteinfassade des Rathauses von Perth neben einem Wolkenkratzer

Perth und Südwesten

Western Australias Hauptstadt Perth ist die abgelegenste Metropole der Welt und liegt näher an Südostasien als an irgendeiner anderen Großstadt des australischen Kontinents. 1826 erreichte der britische Kapitän James Stirling das Swan-River-Gebiet und rief dort 1829 die Swan River Colony aus, aus der später Perth hervorging. Innerhalb von nur zwei Jahrzehnten wurden die meisten Aborigines aus der Region vertrieben, eingesperrt oder von europäischen Krankheiten heimgesucht. Ab 1850 halfen Strafgefangene beim Aufbau der Infrastruktur, bis die Häftlingstransporte in den Westen 1868 eingestellt wurden.

Der Beginn des 20. Jahrhunderts brachte der Region einschneidende Veränderungen: Ein Telefonkabel verband Perth mit Südafrika und London. 1917 wurde die Eisenbahnstrecke zwischen Kalgoorlie und den östlichen Bundesstaaten eröffnet. Aus dem Ersten Weltkrieg zurückgekehrte Soldaten und Immigranten strömten hierher, um Land zu erschließen (Group Settlement Scheme). Auch nach dem Zweiten Weltkrieg kamen viele Zuwanderer hierher.

Noch heute ist in Perth und im gesamten Südwesten Australiens der Anteil an im Ausland geborenen Einwohnern landesweit am höchsten. Auch diesem Umstand verdankt die Region ihre kulturelle Vielfalt.

Perth und Südwesten

Highlights

1. Perth
2. Rottnest Island
3. Fremantle

Sehenswürdigkeiten

4. Busselton
5. Margaret River
6. Leeuwin-Naturaliste National Park
7. Bunbury
8. Bridgetown
9. Pemberton
10. D'Entrecasteaux National Park
11. Manjimup
12. Denmark
13. Albany
14. Stirling Range National Park
15. York
16. Northam
17. Wave Rock
18. Kalgoorlie-Boulder
19. Norseman
20. Esperance
21. Nullarbor Plain

Südwesten
0 Kilometer 500
N
WESTERN AUSTRALIA
Geraldton
Nullarbor Plain
21
Kalgoorlie-Boulder
Perth
Esperance
Albany
Gebiet der Hauptkarte
Lake Barlee
Mount Manning Range
Norden von Perth und Kimberley
Seiten 472–487
Lake Yindarlgooda
18
Kalgoorlie-Boulder
Coolgardie
Karonie
Coonana
Boorabbin National Park
Boorabbin
Southern Cross
Yellowdine
GREAT EASTERN HWY
Kambalda West
Lake Lefroy
Marvel Loch
Widgiemooltha
Jilbadji Nature Reserve
Lake Cowan
Mount Hampton 457 m
EYRE HIGHWAY
Fraser Range
WESTERN AUSTRALIA
19
Norseman
Lake Johnston
Dundas Nature Reserve
17
Wave Rock
Lake Hope
Lake Dundas
Holt Rock
Peak Charles National Park
Lake Tay
Salmon Gums
Lake King
Mount Buraminya 233 m
Pyramid Lake
Grass Patch
Lake Magenta
Ravensthorpe
Scaddan
Kau Rock Nature Reserve
Fitzgerald
SOUTH COAST HIGHWAY
20
Esperance
Stokes National Park
Fitzgerald River National Park
Hopetoun
Jerramungup
Cape Le Grand National Park
Bremer Bay
Cape Knob
Cape Riche
Perth und Südwesten

Am Elizabeth Quay ragen viele Wolkenkratzer in die Höhe ↑

1

Perth

A5 2,1 Mio. 16 km nördöstl. 11 km nordöstl. Perth Barrack St Jetty 55 William St (+61 8 9483 1111) Perth International Arts Festival (Feb–März), Kings Park Festival (Sep) visitperth.com

Perth ist im Vergleich zu Städten an der Ostküste eher überschaubar und ruhig. Die wichtigsten Sehenswürdigkeiten sind leicht zu Fuß zu erkunden. Das Stadtzentrum ist im Süden und Osten durch den Perth River, bekannt als Perth Water, begrenzt. Im Norden liegt Northbridge, das Unterhaltungszentrum von Perth.

①

Perth Cultural Centre

zwischen William St, Francis St, Beaufort St u. Roe St perthculturalcentre.com.au

Das Perth Cultural Centre ist eine Fußgängerzone mit den renommiertesten Museen der Stadt. Die **Art Gallery of Western Australia** bietet moderne Kunst. Von der AGWA Rooftop Bar hat man einen herrlichen Ausblick. Das **Western Australian Museum Boola Bardip** nebenan zeigt Ausstellungen zu verschiedenen Themen.

Zudem gibt es das Perth Institute of Contemporary Arts (**PICA**) als beliebten Veranstaltungsort für bildende und darstellende Kunst, das Blue Room genannte Theater, die State Library und das State Theatre Centre of WA.

Art Gallery of Western Australia

Roe St Mi–Mo 10–17 Karfreitag, 25. Dez artgallery.wa.gov.au

Western Australian Museum Boola Bardip

Beaufort St tägl. 9:30–17 Karfreitag, 25. Dez visit.museum.wa.gov.au

PICA

51 James St Di–So 10–17 pica.org.au

②

DFES Education and Heritage Centre

25 Murray St Di–Do 9:30–14 Feiertage dfes.wa.gov.au

Die Feuerwehr zog 1979 an einen größeren Standort um. Heute dokumentiert in der alten renovierten Feuerwache ein Museum ihre Arbeit in Perth und anderen Teilen von Western Australia. Zu den Exponaten gehören gut erhaltene Feuerwehr-Gerätschaften sowie rekonstruierte Säle, die die ursprüngliche Verwendung der Räume erklären.

③

St Mary's Cathedral

25 Victoria Sq Zeiten der Website entnehmen stmaryscathedralperth.com.au

Die römisch-katholische St Mary's Cathedral zählt zu den architektonischen Juwelen von Perth. Besonders eindrucksvoll sind der Chor und die Bleiglasfenster. Der Innenraum bietet Platz für rund 1400 Gläubige.

Highlight

④

Perth Mint

310 Hay St · tägl. 9–17
Feiertage
perthmint.com.au

Die Münze wurde 1899 zur Verwertung der Funde aus den Goldfeldern Western Australias und deren Umwandlung in britische Sovereigns eröffnet. Heute werden in Australiens ältester, immer noch arbeitender Münze zwar keine Münzen mehr für den Zahlungsverkehr, allerdings noch immer Sondermünzen aus Edelmetall geprägt. In dem Gebäude präsentiert eine Ausstellung Münzen und Edelmetalle und informiert über Goldabbau und Verfeinerungstechniken in Western Australia. Stündlich gibt es im alten Melting House einen »Gold Pour« zu sehen.

⑤

Elizabeth Quay

The Esplanade
developmentwa.com.au

Elizabeth Quay bietet zahlreiche Restaurants, Bars und Cafés sowie eine Fußgängerbrücke. Am schönsten ist es hier im Sommer, wenn auf dem Gelände zahlreiche Veranstaltungen stattfinden und viele Food Trucks Köstlichkeiten bieten.

← *Skulptur von Goldsuchern vor der Perth Mint*

Restaurant

Wildflower
Die köstlichen Gerichte dieses Rooftop-Restaurants werden aus saisonalen Zutaten von den Bauernhöfen der Umgebung zubereitet.

1 Cathedral Ave
wildflower perth.com.au
$$$

⑥

Yagan Square

Wellington St
developmentwa.com.au

Der Yagan Square ist mit seinen vielen Bars und Restaurants, Ausstellungen moderner Kunst und abendlichen Lightshows ein beliebter Treffpunkt. Die Architektur des Platzes zeigt Anspielungen auf das Outback.

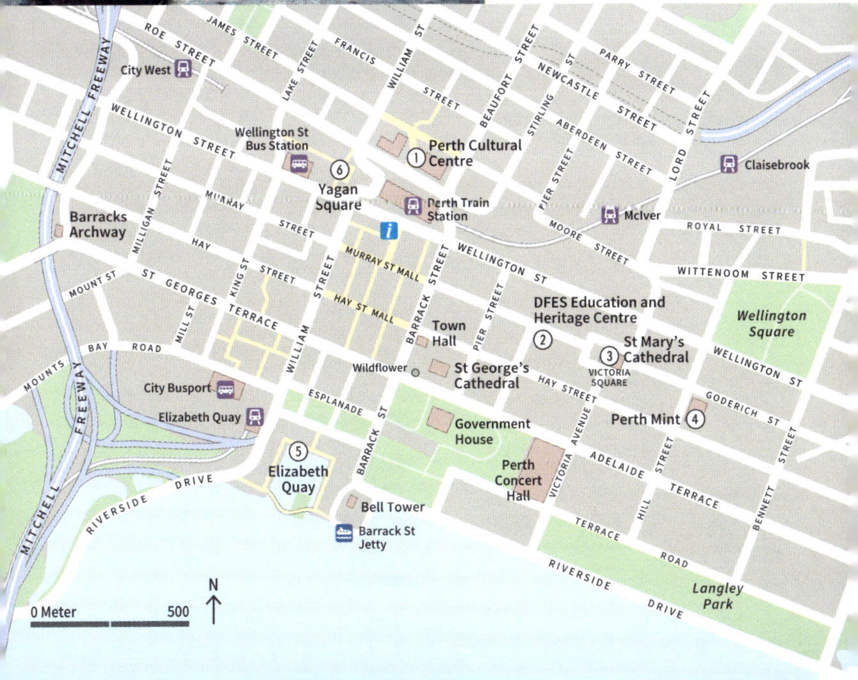

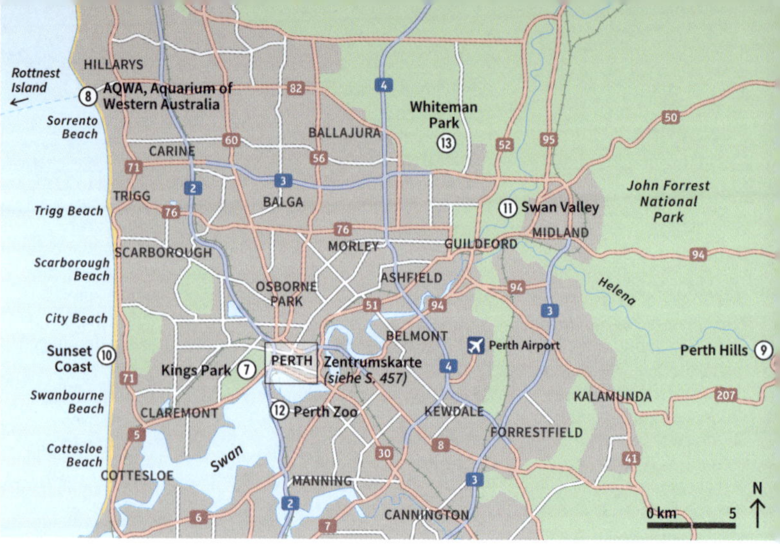

GROSSRAUM PERTH

⑦ ♿

Kings Park

Fraser Ave, West Perth
tägl. bgpa.wa.gov.au

Der 400 Hektar große, Ende des 19. Jahrhunderts angelegte Park auf dem Mount Eliza, eine teils natürliche, teils gestaltete Landschaft, bietet eine schöne Aussicht auf die Stadt und den Swan River. Vom DNA Lookout Tower überblickt man den Park selbst.

Im Osten liegen die Botanic Gardens. Über den Treetops Walkway, einen erhöhten, 629 Meter langen Steg, lassen sich die Gärten aus ungewohnter Perspektive erleben. Das Anzac Bluff State War Memorial ist Soldaten aus Western Australia gewidmet, die in den Weltkriegen starben. Minmara Gun Gun und Pioneer Women's Memorial ehren die Frauen, die beim Aufbau der Swan-River-Kolonie und des Bundesstaats halfen.

⑧ ♿

AQWA, Aquarium of Western Australia

Hillarys Boat Harbour, 91 Southside Drive, Hillarys
tägl. 10–16 25. Dez
aqwa.com.au

In dem Aquariumkomplex im Hillarys Boat Harbour nördlich der Sunset Coast von Perth können Besucher in einem Unterwassertunnel einheimische Meerestiere beobachten, darunter Haie und Stachelrochen.

⑨

Perth Hills

über Great Eastern Hwy

Nur rund 30 Minuten Fahrt vom Zentrum entfernt ist das Areal in der Darling Range ein Eldorado für Outdoor-Fans. Perth Hills, seit 1919 Auffanggebiet für das Mundaring Reservoir, das die südlichen Goldfelder im 19. Jahrhundert mit Wasser versorgte *(siehe S. 69)*, ist ein Naturschutz- und Erholungsgebiet mit Barbecue-, Picknick- und Campingplätzen. Am Mundaring Weir bilden Gärten eine schöne Umgebung für ein Picknick. An der Nordspitze von Perth Hills liegt der John Forrest National Park, der erste Nationalpark Western Australias. Er

Blumen im Kings Park

Der im Stadtzentrum gelegene Kings Park bietet für Blumenliebhaber ein grandioses und farbenprächtiges Spektakel. Alljährlich im Frühling erstrahlen hier rund 3000 heimische Gewächse in voller Blüte. Wenn Sie im September in Perth sind, lassen Sie sich das Kings Park Festival, bei dem sich alles um Blumen dreht, nicht entgehen.

→ *Cottesloe Beach ist einer der beliebtesten Strände von Perth*

schützt dichtes Waldgebiet und Heideland. Die Wanderwege, die zu herrlichen Pools führen, erschließen auch die bezaubernden Hovea Falls.

⑩

Sunset Coast

über West Coast Hwy

Die Sunset Coast von Perth verfügt über 50 Kilometer weiße Sandstrände, von denen viele unter der Woche praktisch menschenleer sind. Für jeden Geschmack ist etwas dabei.

Cottesloe Beach im Süden wird von Grasland und Bäumen gesäumt. Er ist wegen sicherer Bademöglichkeiten und des guten Service ebenso wie Sorrento Beach im Norden bei Familien sehr beliebt, Swanbourne Beach bei FKK-Liebhabern. Scarborough Beach, ein idealer Surfstrand, ist wegen der starken Strömung an windigen Tagen nur für erfahrene Schwimmer geeignet. Trigg Beach oberhalb von Scarborough ist ebenfalls ein guter Surfstrand.

Viele Strände bieten keinen Schatten, weshalb dringend geraten wird, angesichts des Ozonlochs und der Gefahr des Sonnenbrands am Strand Sonnencreme, Hut, T-Shirt und Sonnenschirm zu benutzen.

Das historische Guildford ist das Tor zu vielen preisgekrönten Weinkellereien, Brauereien und Gourmetrestaurants.

⑪

Swan Valley

Guildford Courthouse, Ecke Meadow St u. Swan St, Guildford swanvalley.com.au

Western Australias älteste Weinregion liegt lediglich 25 Minuten vom Zentrum von Perth entfernt. Das historische Guildford ist das Tor zu vielen preisgekrönten Weinkellereien, Brauereien und Gourmetrestaurants. Auskünfte zu Touren, Veranstaltungen und Weinverkostungen erteilt das Swan Valley Visitor Centre.

⑫

Perth Zoo

20 Labouchere Rd
tägl. 9–17
perthzoo.wa.gov.au

Der Zoo im südlichen Perth, der vom Zentrum mit der Fähre zu erreichen ist, zählt zu den schönsten Tierparks in Australien. Attraktionen sind ein Haus für nachtaktive Tiere, eine afrikanische Savannenlandschaft, ein Australien-Rundgang und eine asiatische Regenwald-Zone. Darüber hinaus finden hier täglich kostenlose Führungen und Vorträge statt.

⑬

Whiteman Park

Drumpellier Dr bzw. Lord St, Whiteman tägl. 8:30–18 whitemanpark.com.au

Durch den Park nordöstlich des Zentrums fahren eine Straßenbahn aus den 1920er Jahren und ein Zug. In einem Handwerkerdorf wird Kunst gezeigt. Das Automuseum präsentiert ein Sammlung von Fahrzeugen der letzten 100 Jahre.

Im Caversham Wildlife Park leben 200 australische Tierarten – von Koalas bis zum Tasmanischen Teufel. Für Besucher stehen auch Pferdekutschen bereit.

Hotel

Discovery Rottnest Island
Das Öko-Camp direkt am Pinky Beach verfügt über große Zelte, einige davon mit Meerblick.

Strue Rd
discoveryholidayparks.com.au
$$$

Restaurant

Hotel Rottnest
Das Haus ist für den großen Biergarten sowie leckere Pizzen und Snacks bekannt.

1 Bedford Ave
hotelrottnest.com.au
$$$

The Basin – ein beliebtes Schwimm- und Schnorchelrevier vor Rottnest Island

2

Rottnest Island

A5 von Perth, Fremantle, Hillarys Boat Harbour 1 Henderson Ave, Thomson Bay (+61 8 9372 9730) rottnestisland.com

Die Insel ist bekannt für ihre dramatische Küste am Indischen Ozean und ihre artenreiche Tierwelt – halten Sie Ausschau nach niedlichen kleinen Quokkas, die überall auf der Insel gesichtet werden können. Zur Erkundung dieses Paradieses mieten Sie ein Fahrrad, nehmen ein Boot oder schnüren Ihre Wanderschuhe.

Rottnest Island liegt knapp 20 Kilometer westlich von Fremantle. Privatfahrzeuge sind nicht zugelassen, weshalb man sich nur per Rad oder Bus bzw. zu Fuß fortbewegen kann.

Die Insel wurde 1831 von Europäern besiedelt und diente von 1838 bis 1902 als Gefängnis für Aborigines. 1917 wurde sie wegen ihrer landschaftlichen Schönheit und der reichen Vogelwelt zum Schutzgebiet erklärt, heute ist sie ein beliebtes Ausflugsziel. Rottnests älteste Siedlung, Thomson Bay, entstand um 1840, die Orte Longreach Bay, Geordie Bay und Kingstown im 20. Jahrhundert. Die zerklüftete Küste bietet Strände, Höhlen, Riffe – ideal für vielfältige Wassersportaktivitäten –, Salzseen und einige sichtbare Wracks. Das im alten Getreidespeicher untergebrachte Wadjemup Museum bietet jede Menge Wissenswertes über Rottnest Island. Die Exponate umfassen die Geologie der Insel, ihre zahlreichen Schiffswracks, Flora und Fauna sowie Erinnerungsstücke der frühen Siedler und Sträflinge.

Die zerklüftete Küste bietet Strände, Höhlen, Riffe - ideal für vielfältige Wassersportaktivitäten -, Salzseen und einige sichtbare Wracks.

Quokkas genannte Kurzschwanzkängurus tummeln sich bevorzugt im Unterholz der Insel

Bizarre Felsformation an der Little Parakeet Bay im Norden von Rottnest Island

Quokkas

Bei seinem ersten Inselbesuch 1696 fielen dem niederländischen Seefahrer und Entdecker Willem de Vlamingh Tiere mit dunklem Fell auf, etwas größer als Katzen. In dem Glauben, es handle sich dabei um eine Rattenart, nannte er die Insel »Rattennest«. Tatsächlich ist es ein von den Aborigines Quokka genanntes Kurzschwanzkänguru. Einige der Tiere leben auch auf dem Festland von Western Australia. Häufiger kommen sie jedoch auf der Insel in Arealen mit Unterholz vor. Am besten sind sie in der Dämmerung zu beobachten. Die wilden Tiere sollten nicht gefüttert werden.

3

Fremantle

A5 · 28 000 · Elder Pl · Elder Pl · Walyalup Koort, 155 High St (+61 8 9432 9988) · Fremantle Festival (Nov) · visitfremantle.com.au

Die 1829 an der Mündung des Swan River gegründete Stadt zählt zu den geschichtsträchtigsten des Bundesstaats. Viele Gebäude aus dem 19. Jahrhundert und der Zeit des Goldrauschs sind erhalten und wurden inzwischen renoviert.

① ♿

The Round House

Captains Lane · tägl. 10:30–15:30 · fremantleroundhouse.com.au

Das älteste Gebäude (1830) Fremantles war das erste Gefängnis der Stadt und 1844 Ort der ersten Hinrichtung in der Kolonie.

1837 entstand hinter dem Gefängnis ein Tunnel, durch den die Walfänger ihren Fang zur High Street brachten. Neben dem Round House blickt man über die Bathers Bay nach Rottnest Island *(siehe S. 460f)*.

② ♿

Western Australian Shipwrecks Museum

Cliff St · tägl. 9:30–17 · 1. Jan, Karfreitag, 25., 26. Dez · visit.museum.wa.gov.au/shipwrecks

Das Shipwrecks Museum in einem Militärgebäude von 1850 ist ein Zentrum für Meeresarchäologie und -forschung. Highlight ist die Rekonstruktion eines Schiffteils der *Batavia* aus Holzresten eines Wracks der Niederländischen Ostindien-Kompanie von 1629 bei den Abrolhos Islands *(siehe S. 482)*.

③ ♿

Fremantle Markets

Ecke South Terrace u. Henderson St · Hof: Fr–So, Feiertage 8–18; Halle: Fr–So, Feiertage 9–18 · 25. Dez · fremantlemarkets.com.au

1897 wurde ein Wettbewerb für den Entwurf einer Markthalle ausgeschrieben. Das nach dem Siegerentwurf errichtete Gebäude steht noch heute an dieser Stelle. Es wurde im Jahr 1975 umfassend renoviert und dient an Wochenenden wieder als Markthalle, in der über 150 Stände alles anbieten – von Gemüse über Bekleidung bis zu Opalen.

Schon gewusst?

Der Nyungar-Name für Fremantle lautet *Walyalup*, Bewohner nennen die Stadt *Freo*.

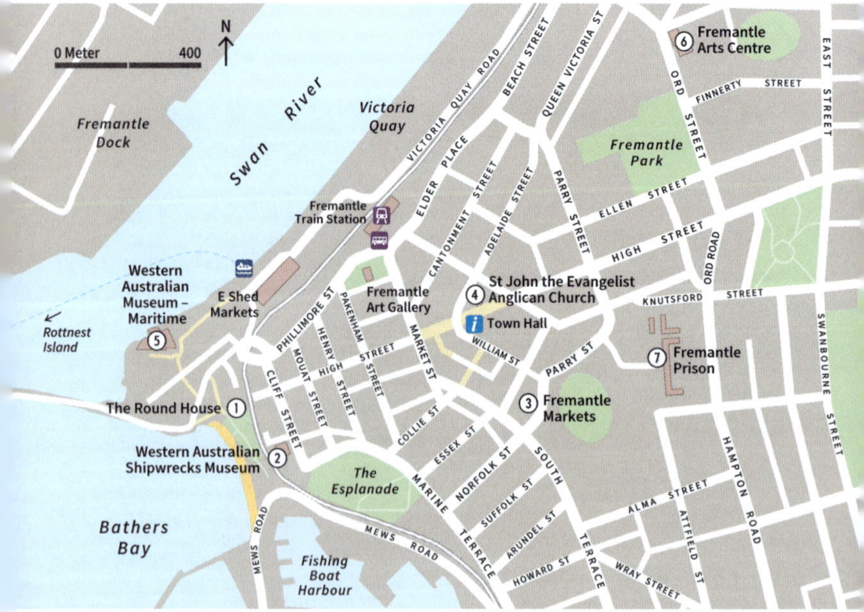

Highlight

Blick über den von vielen Segelbooten genutzten Hafen von Fremantle über die Stadt ↑

④

St John the Evangelist Anglican Church

Ecke Adelaide St u. Queen St Zeiten der Website entnehmen fremantleanglican.com

Die Kirche wurde 1882 an der Stelle einer kleineren errichtet. Die Pioneer Windows erzählen die Geschichte einer Pionierfamilie über sieben Generationen – von der Abfahrt aus England (18. Jh.) bis zum neuen Leben in Western Australia. Das Fenster daneben stammt aus der alten Kirche. Decke und Altäre sind aus Jarrah-Holz.

⑤

Western Australian Museum – Maritime

Victoria Quay tägl. 9:30–17 Feiertage visit.museum.wa.gov.au/maritime

In dem Museum zur Seefahrtsgeschichte der Stadt können Besucher an Bord des U-Boots *Ovens* gehen. Es beherbergt auch die *Australia II*, die Regattayacht mit dem damals innovativen Flügelkiel, die 1983 den America's Cup gewann.

⑥

Fremantle Arts Centre

1 Finnerty St (Ecke Ord St) tägl. 10–17 Feiertage fac.org.au

Das neugotische Gebäude mit seinen Gärten diente zunächst als psychiatrische Klinik. Der Hauptflügel (1861–1865) wurde von 1880 bis 1902 umfassend erweitert.

Nach der Anstalt zog das Hauptquartier der US-Streitkräfte in das Gebäude ein. 1967 sollte es abgerissen werden. Doch dank der Bemühungen des Bürgermeisters wurde es gerettet und zum Fremantle Arts Centre umgestaltet.

Das Kulturzentrum gehört zu den lebhaftesten und renommiertesten in Western Australia. Neben Kunstausstellungen werden hier auch Workshops, Konzerte und andere Events veranstaltet. Ein Schwerpunkt liegt auf Werken einheimischer zeitgenössischer Künstler. Viele ihrer Arbeiten kann man auch erwerben. Von Oktober bis Mai finden sonntagnachmittags im Freien Konzerte statt. Dabei treten neben etablierten auch weniger bekannte Künstler auf. Der Eintritt dafür ist frei.

⑦

Fremantle Prison

1 The Terrace tägl. 9–17 Karfreitag, 25. Dez fremantleprison.com.au

Die ersten, um 1850 in der Swan-River-Kolonie eintreffenden Strafgefangenen errichteten 1855 eigenhändig das Fremantle Prison, ein mächtiges Gebäude mit Pförtnerhaus und kalten, abschreckenden Zellen – es wurde erst 1991 geschlossen.

Heute können Besucher Zellen, Kapelle und Hinrichtungsraum, der zuletzt 1964 benutzt wurde, besichtigen. Auch Touren bei Fackellicht werden angeboten.

Auf der Flucht

Obwohl Fremantle zu den abgelegensten Strafkolonien Australiens gehörte, gelang 1876 sechs irischen Gefangenen ein Gefängnisausbruch – anfangs flohen sie mit Pferden, später mit einem Ruderboot aufs Meer hinaus. Bei ihrer Ankunft in New York wurden die Ausbrecher wie Helden empfangen.

→

Busselton Jetty – der längste aus Holz errichtete Anlegesteg in Australien

SEHENSWÜRDIGKEITEN

4 Busselton

A5 30 000
17 Foreshore Parade
busselton.wa.gov.au

Die Strände von Busselton an der Geographe Bay bieten eine breite Palette an Wassersportmöglichkeiten wie Tauchen und Angeln sowie Walbeobachtung. Busselton Jetty erinnert an die Anfänge der Stadt als Umschlaghafen für Holz.

Beim Old Courthouse (heute ein Kunstzentrum) stehen die ältesten Gebäude der Stadt. Gefängniszellen, Polizeiräume und Gerichtsgebäude stammen von 1856. In den alten Zellen wird Kunsthandwerk verkauft.

Das restaurierte **Wonnerup House**, etwa zehn Kilometer nördlich von Busselton, wurde 1859 vom Pionier George Layman erbaut und ist heute im Besitz des National Trust. Das älteste der drei Nachbargebäude errichtete Layman um 1830.

Der herrliche Ludlow Tuart Forest National Park befindet sich rund 20 Kilometer nördlich von Busselton. Dieses Schutzgebiet gilt als weltweit größtes Gebiet mit Tuart-Eukalyptusbäumen.

Wonnerup House
935 Layman Rd
Zeiten der Website entnehmen Karfreitag, 25. Dez ntwa.com.au/places-to-visit/wonnerup-house

5 Margaret River

A5 10 000
100 Bussell Hwy
margaretriver.com

Die hübsche Stadt am Indischen Ozean wurde um 1850 von Europäern gründet. Sie wuchs bald zu einem Zentrum der Agrar- und Holzindustrie heran. In den letzten Jahrzehnten stieg jedoch vor allem wegen der Weingüter und Surfstrände ihr Bekanntheitsgrad.

In der Stadt gibt es viele Galerien, Studios und Delikatessenläden.

Jeden Samstag findet der Margaret River Farmers' Market statt, auf dem saisonales Gemüse und Obst sowie andere Produkte angeboten werden. Auch Food Trucks mit frischem Gebäck und Kaffee sind dann vor Ort.

Auf dem herrlichen Anwesen des Weinguts **Leeuwin Estate** gibt es neben Verkostungen im unterirdischen Fasskeller auch ein elegantes Restaurant und eine angesehene Kunstgalerie.

In der Region um Margaret River wird erst seit rund 50 Jahren Wein angebaut. In den mehr als 95 Weingütern werden erstklassige Tropfen produziert.

Leeuwin Estate
Stevens Rd Zeiten der Website entnehmen
leeuwinestate.com.au

6 Leeuwin-Naturaliste National Park

A5 36 km westl. von Busselton Busselton
exploreparks.dbca.wa.gov.au /leeuwin-naturaliste-national-park

Expertentipp
Von Kap zu Kap

Genießen Sie die Fahrt entlang der 110 Kilometer langen Strecke zwischen Cape Naturaliste und Cape Leeuwin. Dabei kommen Sie an Weinbergen, der Ngilgi Cave und dem Boranup Karri Forest vorbei.

Die Ngilgi Cave im Süden ist eine von rund 200 Höhlen entlang dem Leeuwin-Naturaliste Ridge, einem Höhenzug zwischen Busselton und Augusta.

Den 15 500 Hektar großen Nationalpark prägen Höhlen, Heidelandschaften, Wälder und die zerklüftete Kalksteinküste mit langen Stränden und geschützten Buchten am Indischen Ozean. Er bietet Möglichkeiten zum Schwimmen, Surfen und Angeln.

Die Ngilgi Cave im Süden ist eine von rund 200 Höhlen entlang dem Leeuwin-Naturaliste Ridge, einem Höhenzug zwischen Busselton und Augusta. Sie ist ein Märchenland aus Kalksteinformationen, die sich in dunklen Teichen spiegeln.

7

Bunbury

A5 · 50 000
1 Arthur St · visitbunburygeographe.com.au

Bunbury liegt 180 Kilometer südlich von Perth am Südende des Leschenault Inlet. Die zweitgrößte Stadt des Bundesstaats ist die Kapitale der Südwestregion. Seit dem 19. Jahrhundert entwickelte sie sich zu einem Industriezentrum. Zudem bietet der beliebte Urlaubsort viele Wassersportmöglichkeiten.

Zu den historischen Gebäuden gehört das Rose Hotel (1865) mit umlaufender Veranda im ersten Stock. Die anglikanische St Boniface Cathedral hat Bleiglasfenster. In den Bunbury Art Galleries in dem ehemaligen, um 1880 errichteten Kloster der Sisters of Mercy finden Kunstveranstaltungen statt.

Im **Dolphin Discovery Centre** faszinieren audiovisuelle Ausstellungen. Frei lebende Delfine sieht man immer wieder in Strandnähe vor dem Gebäude. Das Zentrum bietet auch Kreuzfahrten sowie Bootstouren zu den Delfinen an.

Das **King Cottage Museum** der Bunbury Historical Society zeigt Artefakte von 1880 bis 1920 und Fotos über die Geschichte der Region.

Dolphin Discovery Centre
Koombana Dr
Zeiten siehe Website
dolphindiscovery.com.au

King Cottage Museum
77 Forrest Ave
Zeiten siehe Website
visitbunburygeographe.com.au

Restaurants

Swings & Roundabouts
Genießen Sie mediterran inspirierte Küche in hübscher Lage mit Blick auf die Weinberge.
A5 · 2807 Caves Rd, Yallingup
swings.com.au
$$$

Beerfarm
Hier gibt es gutes Bier und amerikanisch inspirierte Grillgerichte auf einem ehemaligen Bauernhof in grüner, hügeliger Umgebung.
A5 · 177 Gale Road, Metricup
beerfarm.com.au
$$$

de'sendent
Die Küche dieses Restaurants verwendet hochwertige Zutaten für das hervorragende Essen. Ausgezeichnete Weinkarte.
A5 · 3/152 Bussell Hwy, Margaret River
desendent.com
$$$

8

Bridgetown

A5 4000
11 Stewart St
bridgetown.wa.gov.au

Inmitten einer hügeligen Landschaft am Blackwood River liegt Bridgetown. Um 1850 bestand der Ort nur aus dem Wohnhaus des Siedlers John Blechynden. Es steht noch immer neben dem zweiten von ihm errichteten Wohnhaus, beide gehören dem National Trust.

Einen Besuch lohnen auch das Stadtmuseum und die außergewöhnliche Brierley Jigsaw Gallery mit Puzzles aus der ganzen Welt.

Sutton's Lookout nahe der Phillips Street bietet einen herrlichen Blick auf Stadt und Umland. Der Blackwood River und die Jarrah- und Marri-Wälder laden zu Spaziergängen, Fahrten und Sportarten wie Kanufahren und Angeln ein.

9

Pemberton

A5 1500
61 Brockman St
pembertonvisitor.com.au

Pemberton im Herzen des Karri-Lands erinnert an alte Holzfällerstädte. Die Pemberton Tramway, die früher Bäume zu den Mühlen der Stadt brachte, transportiert nun Besucher. Das **Pemberton Pioneer Museum** widmet sich den Pionieren, die dieses Gebiet erschlossen.

Im Gloucester National Park südöstlich von Pemberton steht der Gloucester Tree. Der Karri-Eukalyptusbaum ist einer der höchsten Feuerausgucke der Welt.

Der Warren National Park südwestlich von Pemberton bietet seinen Besuchern neben herrlichen Wasserfällen auch Badeseen und Angelplätze.

Im Beedelup National Park nordwestlich von Pemberton verlaufen Wanderwege.

Pemberton Pioneer Museum
61 Brockman St
tägl. ab 9 **pembertonvisitor.com.au**

10

D'Entrecasteaux National Park

A5 40 km südl. von Pemberton Northcliffe, dann Taxi exploreparks.dbca.wa.gov.au

Der Nationalpark umfasst Küstenklippen und Strände mit Angelmöglichkeiten. In Point Ann kann man vom Strand aus Wale aus nächster Nähe beobachten. Ein Großteil des Parks, einschließlich einiger abgelegener Campingplätze, ist nur mit Allradfahrzeugen erreichbar.

11

Manjimup

A5 5000
151 Giblett St
manjimupwa.com

Manjimup gilt als Tor zu den großartigen Karri-Wäldern, für die der Südwesten berühmt ist. Die Stadt entstand um 1860 und ist seitdem eng mit der Holzindustrie verknüpft. Das Informationsbüro liegt zusammen mit dem Timber Museum, dem Historical Hamlet und Bunnings Age of Steam Museum im **Manjimup Timber and Heritage Park**. Die Skulptur eines Holzfällers am Eingang erinnert an die Pioniere der Holzindustrie.

An der Graphite Road, etwa 25 Kilometer westlich von Manjimup, erreicht man den Glenoran Pool, einen schönen Badeplatz am Donnelly River. Bei der One-Tree Bridge fällten frühe Siedler einen Karri-Baum und verwendeten ihn als Brücke über den Fluss. In der Nähe

Unterwegs auf dem Tree Top Walk im Valley of the Giants, Denmark ↑

Feuerausgucke

In den Wäldern der Region gab es früher ein System von Feuerwachbäumen, das ab den 1930er Jahren angelegt wurde. Drei Karri-Baumtürme – Gloucester Tree (61 m), Dave Evans Bicentennial Tree (75 m) und Diamond Tree (51 m) – blieben erhalten und sind öffentlich zugänglich. Über Tritthilfen kann man auf die Bäume klettern.

Schon gewusst?

Die meisten Karri-Bäume werden etwa 350 Jahre alt, einige sind sogar noch älter.

stehen die Four Aces, vier riesige, angeblich 300 Jahre alte Karris.

Manjimup Timber and Heritage Park
Ecke Rose St u. Edwards St tägl.; Timber Museum: tägl. 9–17 (So bis 15) 25. Dez manjimupheritagepark.com.au

12

Denmark

B5 500
73 Southcoast Hwy
denmark.com.au

Denmark wurde 1895 an der Südküste Western Australias als Niederlassung eines Holzfällerunternehmens gegründet, war bereits in den 1920er Jahren eine selbstständige Stadt und zieht heute viele Besucher an. Die meisten kommen wegen der hervorragenden Surfmöglichkeiten an Southern Ocean und Ocean Beach, an dem auch internationale Wettbewerbe stattfinden.

Viele Künstler und Kunsthandwerker beleben die ausgesprochen unkonventionelle Atmosphäre des Orts. In den Old Butter Factory Galleries und der Wildwood Gallery kann man Gemälde und Kunsthandwerk aus der Region bewundern und kaufen.

1899 bauten Freiwillige die St Leonard's Anglican Church, das älteste Gebäude Denmarks. Ihr geneigtes Dach im skandinavischen Stil und Details im Innenraum erinnern an die norwegischen Holzfäller jener Zeit.

Ein kurzer Spaziergang führt von der Kirche zum Berridge Park. Die Grünanlage am Ufer des Flusses Denmark ist oft Schauplatz von Open-Air-Konzerten.

Von der Hauptstraße führt ein Weg durch Wälder zum Wilson Inlet, einer kleinen Bucht mit spektakulären Ausblicken und tollen Angelplätzen.

Rund 55 Kilometer entfernt liegt das Valley of the Giants, wo man im Tree Top Walk auf einer Strecke von rund 600 Metern durch Baumkronen spaziert.

Hotel

Cape Howe Cottages

Diese schönen Cottages nahe von Denmark sind von Buschland umgeben. Setzen Sie sich entspannt auf die Terrasse Ihres Cottages und lauschen Sie dem Vogelgezwitscher.

B5 322 Tennessee Rd South, Albany
capehowe.com.au

$$$

Tin Horse Highway

Zu beiden Seiten der Hauptstraße von Kulin, einem Ort zwischen Albany und York, stehen mehr als 70 auffällig geschmückte, in verschiedenen Formen gestaltete Blechpferde. In den Wochen vor den jährlichen Pferderennen im Oktober werden von einheimischen Bauern ständig neue Exemplare angefertigt und aufgestellt.

13

Albany

B5 30 000
221 York St
amazingalbany.com.au

Captain Vancouver besuchte den Ort zum ersten Mal 1791, doch erst 1826 ließen sich hier Briten nieder. Albany war bis zum Bau des Hafens von Fremantle *(siehe S. 462f)* der wichtigste Hafen der Kolonie.

In der Stadt gibt es viele alte Gebäude, darunter die **St John the Evangelist Anglican Church** (1848), die erste anglikanische Kirche Western Australias, und das 1836 fertiggestellte Patrick Taylor Cottage als ältestes Gebäude der Stadt.

Vor der Küste liegt das **Museum of the Great Southern**, zusammen mit einer Nachbildung des Segelschiffs *Amity*, das 1826 die ersten Siedler aus Sydney hierherbrachte.

Als größtes Walfangmuseum der Welt gilt **Albany's Historic Whaling Station**, bei Führungen lernt man die ehemalige Walfangstation am Cheyne Beach kennen. Von Juli bis Oktober sieht man gelegentlich Wale vor der Küste vorbeiziehen.

Das **National Anzac Centre** wurde 2014 eröffnet, um den 100. Jahrestag der Landung der *Anzac* in Gallipoli zu feiern. Objekte und interaktive Ausstellungen dokumentieren das Ereignis.

St John the Evangelist Anglican Church
York St anglicanchurchalbany.org.au

Museum of the Great Southern
Residency Rd tägl. 10–16 Feiertage visit.museum.wa.gov.au/greatsouthern

Albany's Historic Whaling Station
81 Whaling Station Rd, Torndirrup tägl. 9–17 25. Dez discoverybay.com.au

National Anzac Centre
67 Forts Rd tägl. 9–17 25. Dez nationalanzaccentre.com.au

14

Stirling Range National Park

B5 Albany exploreparks.dbca.wa.gov.au

Die Berge im Stirling Range National Park nördlich von Albany sind wegen ihres prächtigen Farbenspiels von Pink über Rot bis Blau bekannt. Sie sind teilweise mehr als 1000 Meter hoch und über 65 Kilometer lang. Der höchste Gipfel ist mit 1073 Metern der Bluff Knoll. Da der Park sich unvermittelt aus der umgebenden Ebene erhebt, ist sein Klima anders als das des Umlands. Besucher finden ein sehr breites Spektrum an einmaliger Flora und Fauna. Die meisten Pflanzen blühen von September bis November. Die Wanderwege in den Bergen sind ausgeschildert, aber steil. Barbecue- und Picknickplätze laden zur Rast.

15

York

A5 3000 81 Avon Terrace york.wa.gov.au

York entstand 1831, viele Gebäude aus der Mitte des 19. Jahrhunderts stehen an der Avon Terrace, der Hauptstraße. Die von 1865–1981 belegten Zellen des Old Gaol von York bieten einen erschreckenden Einblick in die Behandlung der Strafgefangenen im 19. Jahrhundert. Weitere historische Gebäude sind das Settlers House (um 1860), heute Hotel und Restaurant, und das Castle Hotel mit Holzveranden, das in Phasen 1850 bis 1932 entstand. Das nahe gelegene **York Motor Museum** zeigt die

TOP 5 Orte mit Wildblumen

Leeuwin-Naturaliste National Park
Von September bis November erstrahlen hier Orchideen *(siehe S. 464f)*.

Kalbarri National Park
Von August bis September zeigt sich die Flora in voller Blüte.

Kennedy Range National Park
Über 80 Arten erblühen nach heftigem Regen.

Nahe Geraldton
An der Route 123 zeigt sich von August bis Oktober ein Blütenmeer.

Fitzgerald River National Park
Über 80 Arten blühen von August bis Oktober.

größte Sammlung an Oldtimern und anderen Fahrzeugen in Australien. Dazu gehören ein Benz von 1886 (erstes Auto der Welt) und der sehr seltene Holden Sedan Prototype von 1946.

Bemerkenswert ist auch das York Residency Museum mit einer umfangreichen Sammlung an Fotografien und Alltagsgegenständen. In der Windmühle von 1892 befindet sich die JahRoc Mill Gallery, in der Möbel aus Jarrah-Holz verkauft werden.

York Motor Museum
116 Avon Terrace tägl. 9–16 yorkmotormuseum.com

16 Northam

A5 7000
2 Grey St northam.wa.gov.au

Northam im Herzen des Avon Valley ist die größte Stadt im Inneren Western Australias. Sie entstand zu Beginn der Kolonialzeit und wurde um 1890 für Goldsucher das Tor zu den Goldfeldern von Kalgoorlie-Boulder *(siehe S. 470)*. Zu den historischen Gebäuden gehören die Old Girls' School (1877), heute Kunstzentrum der Stadt, und die schöne St John's Church (1890). Schmuckstück ist das Morby Cottage von 1836.

Über den Avon River erstreckt sich die längste Fußgänger-Hängebrücke des Landes. Von hier aus genießt man den Blick auf den Fluss.

17 Wave Rock

B5 Wave Rock Rd, Hyden Hyden tägl. 9–17 25. Dez
waverock.com.au

Im ausgedehnten Weizengürtel von Western Australia, etwa fünf Minuten Fahrzeit östlich des Orts Hyden, befindet sich eine der erstaunlichsten Felsformationen des Bundesstaats. Erosion durch Wind und Wasser schuf im Lauf von vielen Jahrtausenden aus einem gewaltigen Felsen eine Granitwelle, auf der Regenwasser rote und graue Streifen entstehen ließ.

Weitere interessante Felsformationen in der Nähe sind Breakers und Hippo's Yawn. Im Lace Place gegenüber befindet sich die größte Sammlung an Spitzenarbeiten auf der gesamten Südhalbkugel.

In der Mulka's Cave 18 Kilometer nordöstlich von Hyden gibt es zahlreiche Felsmalereien der Aborigines.

↑ *Ein Wunder der Natur: Die Felsformation Wave Rock erinnert an eine Meereswelle*

18

Kalgoorlie-Boulder

B4 35 000
316 Hannan St
kalgoorlietourism.com

In Kalgoorlie und der nahe gelegenen Stadt Boulder, die 1989 zusammengelegt wurden, erinnert vieles an den Goldrausch. Zum ersten Mal fand der Ire Paddy Hannan 1893 hier Gold. Innerhalb weniger Wochen wurde das Gebiet von Goldsuchern überrannt. Während in anderen Gebieten die Goldfelder bald erschöpft waren, wird hier im weltweit größten Tagebau noch heute Gold geschürft, seit den 1960er Jahren auch Nickel. Jährlich kommen etwa 150 000 Menschen nach Kalgoorlie.

Einzelheiten über die zahlreichen »Heritage Trails« und Touren erhält man im Fremdenverkehrsamt. Das **Museum of the Goldfields** zeigt Goldnuggets und Schmuck sowie Ausstellungsstücke, die von der Geschichte der Landschaft und des Goldrauschs erzählen. Besucher können in einem Glaslift über die Goldfelder blicken oder in einem Cottage aus den 1930er Jahren in alte Zeiten zurückgehen. Beispiele der Architektur dieser Ära sind die Hotels York und Exchange (Hannan Street) sowie die Kalgoorlie Town Hall.

In der Umgebung gibt es zahlreiche seit Beginn des 20. Jahrhunderts verlassene Geisterstädte, u. a. Ora Banda und Broad Arrow.

Etwa 180 Kilometer nördlich von Kalgoorlie-Boulder liegt der Salzsee Lake Ballard. An seinem Ufer befindet sich »Inside Australia«. Diese größte Open-Air-Kunstgalerie des Landes zeigt 51 Skulpturen aus schwarzem Stahl des britischen Künstlers Antony Gormley.

Museum of the Goldfields
17 Hannan St
tägl. 10–15 1. Jan, Karfreitag, 25., 26. Dez
visit.museum.wa.gov.au

Skylab

Am 11. Juli 1979 fielen Trümmer der NASA-Raumstation Skylab auf Balladonia in der Nullarbor Plain, nachdem wochenlang darüber spekuliert worden war, wo die Station abstürzen würde. Die Behörden belegten die NASA mit einer Geldstrafe von 400 US-Dollar (wegen unerlaubter Abfallentsorgung!). Später rief US-Präsident Jimmy Carter persönlich in Balladonia an, um sich für den Absturz zu entschuldigen. Teile der Raumstation sind in einem Museum in Balladonia ausgestellt.

↑ *Objekte im Museum of the Goldfields, Kalgoorlie-Boulder*

19

Norseman

B5 16 000 78 Prinsep St dundas.wa.gov.au

Norseman am Beginn des Eyre Highway ist das Tor zur Nullarbor Plain und den dahinterliegenden östlichen Staaten. Die Stadt liegt, wie Kalgoorlie-Boulder, auf einem Goldfeld, das ein Pferd beim Pflügen »entdeckte«. Aus Dankbarkeit gaben die Goldsucher der Stadt den Namen des Pferdes, seine Statue steht an der Hauptstraße.

Im **Norseman Historical Museum** in der alten School of Mines suchen viele Besucher in alten Minen nach Gold und können sich über die Geschichte der Goldsuche in diesem Gebiet informieren. Der Beacon Hill bietet einen wunderschönen Ausblick.

Norseman Historical Museum
43 McGrath St Mo–Do 10–13 Feiertage
dundas.wa.gov.au

20

Esperance

B5 10 000
Ecke Dempster St u. Kemp St visitesperance.com

Das Gebiet wurde zwar bereits 1627 von Europäern besucht, doch erst im Jahr 1863 ließen sich britische

Kolonisten hier nieder. Der Küstenabschnitt am Southern Ocean bietet einige schöne Strände. Der vorgelagerte Recherche-Archipel umfasst 110 Inseln. Eine davon, Woody Island, ist ein Naturreservat und kann besucht werden.

Zu den wichtigsten Kulturstätten zählen das Historic Museum Village als Kunstgalerie der Stadt und das Esperance Municipal Museum mit Artefakten aus der Region.

Einheimische behaupten, dass Lucky Bay im nahe gelegenen Cape Le Grand National Park den weißesten Sand Australiens hat.

Nicht weit von der Stadt entfernt befindet sich auch der malerische Great Ocean Drive. Die rund 40 Kilometer lange Rundstrecke führt auch an mehreren herrlichen Stränden, darunter etwa Twilight Beach und Lovers Cove, sowie an einigen der dramatischsten Küstenlandschaften Westaustraliens vorbei.

Schon gewusst?

Ein 146 Kilometer langer Abschnitt des Eyre Highway ist Australiens längste gerade Straße.

21

Nullarbor Plain

C4 Kalgoorlie Norseman 78 Prinsep St, Norseman dundas.wa.gov.au

Die landschaftlich eindrucksvolle Ebene erstreckt sich über den Südosten des Bundesstaats bis nach South Australia *(siehe S. 334)*. »Nullarbor« heißt auf Latein »keine Bäume«, eine sehr treffende Bezeichnung für dieses Flachland. Nur eine Straße, der Eyre Highway, führt hindurch, an dem nur einige kleine, aus wenigen Häusern bestehende Ortschaften liegen. In Cocklebiddy, 440 Kilometer östlich von Norseman, gibt es eine der weltweit größten Höhlen. In Eucla, zehn Kilometer von der Bundesstaatsgrenze entfernt, die Relikte einer Telegrafenstation. Vom nahe gelegenen Eucla National Park hat man einen herrlichen Blick auf die Küstenklippen.

↑ *Holztreppe zum beliebten Twilight Beach in der Nähe von Esperance*

Restaurants

FishFace

Das Seafood könnte nicht frischer sein als hier. Genießen Sie Meeresfrüchte oder andere Gerichte von der langen Speisekarte.

B5 1 James St, Esperance fishfaceesperance.wordpress.com

$$$

Loose Goose

Das Restaurant mit Bar ist für köstliches Seafood und seine üppige Auswahl an Craftbeers bekannt.

B5 9 Andrew St, Esperance +61 8 9071 2320

$$$

Cathedral Gorge, Purnululu (Bungle Bungle) National Park (siehe S. 478f)

Norden von Perth und Kimberley

Die Aborigines waren die ersten Menschen, die im Norden Western Australias vor etwa 65 000 Jahren das australische Festland betraten. Der niederländische Seefahrer und Entdecker Dirk Hartog landete 1616 im Norden der Region. 1688 skizzierte der englische Entdecker William Dampier das Gebiet der Dampier Peninsula und entdeckte auf einer späteren Reise die Shark Bay und das Gebiet um Broome.

Um 1840 errichteten Benediktiner in New Norcia eine Missionsstation. Bis 1860 entstanden entlang der Küste zahlreiche Orte, vor allem in der Gegend um Cossack, dessen Perlenindustrie viele Einwanderer aus Japan, China und Indonesien anzog. Um 1880 errichteten Viehzüchter von Derby bis Wyndham Rinder- und Schaffarmen. 1885 wurde in Halls Creek Gold gefunden, woraufhin auch der nördliche Teil des Gebiets kartiert wurde. In den 1960er Jahren erfuhr der Bergbau mit der Entdeckung von Eisenerz, Nickel und Öl einen erneuten Aufschwung.

Noch heute ist der Bergbau ein bedeutender Wirtschaftszweig der Region, doch auch der Fremdenverkehr hat sich in den letzten Jahrzehnten rasant entwickelt. Selbst abgelegene Orte wie Kimberley und die Urlaubsorte Coral Bay und Broome verzeichnen jedes Jahr mehr Besucher.

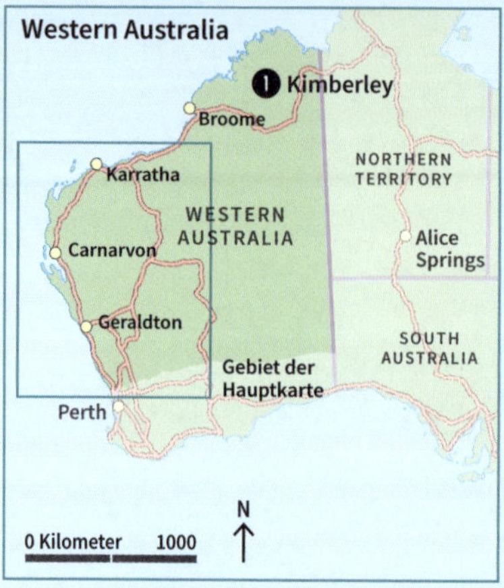

Norden von Perth und Kimberley

Highlights

1. Kimberley
2. Shark Bay World Heritage Area

Sehenswürdigkeiten

3. The Pinnacles
4. New Norcia
5. Houtman Abrolhos Islands National Park
6. Geraldton
7. Kalbarri National Park
8. Exmouth
9. Cape Range National Park
10. Ningaloo Reef Marine Park
11. Carnarvon
12. Kennedy Range National Park
13. Dampier
14. Roebourne
15. Karijini National Park
16. Cossack Historic Town
17. Murujuga National Park

Murujuga
National Park
Dampier
Port
Hedland
Goldsworthy
Cossack
Historic Town
Karratha
Roebourne
Marble Bar
Norden von Perth
und Kimberley
Millstream-Chichester
National Park
Chichester Range
GREAT NORTHERN HIGHWAY
Shaw
Nullagine
Fortescue
Wittenoom
Hamersley Range
Auski Roadhouse
Tom Price
Karijini
National Park
The Three Sisters
783 m
Mount Palgrave
700 m
Paraburdoo
Newman
Jigalong
Lake
Disappointment
Ashburton
Table Hill
582 m
Savory Creek
Kenneth Range
Collier Range
National Park
Little Sandy Desert
Burringurrah
1105 m
Kumarina
Roadhouse
Mt Essendon
914 m
Carnarvon Range
Waldburg Range
Gascoyne
Glenayle
Lake
Nabberu
Robinson Range
Yalbra Hill
506 m
WESTERN AUSTRALIA
Lake
Carnegie
Murchison
Meekatharra
Wiluna
Lake
Annean
Lake Way
Lake
Wells
Murchison Roadhouse
Tuckanarra
Nicholson Range
De La Poer Range
Nature Reserve
Cue
Leinster
Lake
Mason
Lake
Austin
Leinster
Irwin
Lake
Mount Magnet
Yalgoo
The Two Sisters
453 m
Nongutining Hill
372 m
Lake
Noondie
Leonara
Lake Carey
Lake
Barlee
Lake
Ballard
Morawa
Paynes Find
GREAT NORTHERN HIGHWAY
Lake
Moore
Mount Manning Range
Menzies
Carnamah
Karroun Hill
Nature Reserve
Ponton Creek
Wubin
Lake
Rebecca
Watheroo
Kalannie
Wialki
Broad Arrow
Moora
Wongan
Hills
Koorda
Mukinbudin
Kalgoorlie
New Norcia
Merredin
Perth und
Südwesten
Seiten 452–471
Muchea
York
Narembeen
0 Kilometer
150
N
1
95
123
115
116
49
94
13
14
15
16
17
4

1

Kimberley

B2 Broome International Airport East Kimberley Regional Airport 75 Coolibah Drive, Kununurra (+61 8 9168 1177) australiasnorthwest.com

Die Kimberley-Region, das letzte »Frontier«-Land Australiens, ist ein abgeschiedenes Hochplateau mit trockener, roter Erde. Flüsse bahnen sich ihren Weg durch Gebirgszüge. Teile der Küste haben den höchsten Tidenhub der Südhalbkugel. Besucher schätzen einen Aufenthalt an einem der ruhigen Strände und Wanderungen in Schluchten mit Wasserbecken.

Schon gewusst?

Das in Kimberley gefundene 17 300 Jahre alte Bild eines Kängurus ist Australiens älteste Felsmalerei.

In der Kimberley-Region leben auf einer Fläche von 423 000 Quadratkilometern weniger als 40 000 Menschen. Geologisch handelt es sich um eines der ältesten Gebiete der Erde. Die Felsen entstanden vor über 200 Millionen Jahren. Seitdem hat sich die Landschaft wenig verändert. Die Aborigines leben hier seit Jahrtausenden, doch erst seit den 1980er Jahren zieht das einmalige Areal Gäste an.

Extreme Klimaschwankungen verstärken das Gefühl der Isolation. Die Hitze der Trockenzeit und heftige Niederschläge zur Regenzeit machen die Region zu einem überaus unwirtlichen Land. Die beste Reisezeit für Sehenswürdigkeiten wie Wolfe Creek Meteorite Crater und Purnululu (Bungle Bungle) ist April bis September. Im Süden liegen die Wüstengebiete Great Sandy und Gibson Desert.

Hotels

El Questro
Das riesige Anwesen auf den Klippen der Chamberlain Gorge bietet verschiedene Arten von Unterkünften – von Luxuszimmern bis hin zu Campingplätzen.

El Questro Rd, Durack
elquestro.com.au
$$

Cable Beach Club Resort
Dieses Resort liegt an einem der längsten Strände der Welt. Es verfügt über große Zimmer, tropische Gärten, mehrere Restaurants und ein Spa.

1 Cable Beach Rd, Cable Beach
cablebeachclub.com
$$$

↑ *Der rund 1500 Jahre alte Prison Boab (Baobab) südlich von Derby*

Aborigines in Kimberley

In der Kimberley-Region leben mehr als 105 verschiedene Gruppen von Aborigines, darunter Ethnien wie die Ngarinyin, die Garadjeri und die Bardi. Die meisten Gruppen wohnen in kleineren abgelegenen Gemeinden. Doch auch in Städten wie Derby, Halls Creek, Wyndham und Fitzroy Crossing leben Aborigines in größerer Zahl. Künstlerische Spuren wie Felsmalereien und viele archäologische Studien lassen den Schluss zu, dass Aborigines schon seit bis zu 40 000 Jahren die Kimberley-Region bevölkern.

↑ *Eindrucksvolle Bergkuppen im Purnululu (Bungle Bungle) National Park*

Spektakuläre Schlucht im Windjana Gorge National Park an der Gibb River Road ↑

ÜBERBLICK: KIMBERLEY

①

Gibb River Road

Die mit Allradantrieb befahrbare 660 Kilometer lange Straße wurde ursprünglich für den Transport von Vieh von den Farmen zu den Häfen von Derby und Wyndham gebaut. Die Abenteuerroute führt durch malerische Landschaften und drei Nationalparks: Windjana Gorge, Tunnel Creek und **Geikie Gorge National Park** – zusammen sind sie bekannt als Devonian Reef National Parks. An mehreren Stellen kann man unterwegs in Felsenbecken schwimmen und sich an rauschenden Wasserfällen erfrischen.

Beachten Sie bei Ihrer Planung unbedingt, dass die Straße in der Regenzeit (Okt–Apr) häufig gesperrt oder nur eingeschränkt zugänglich ist.

Geikie Gorge National Park
Derby nach Derby siehe Website explore parks.dbca.wa.gov.au

②

Halls Creek

1400 2 Hall St
hallscreektourism.com.au

Das Bergbauzentrum entstand 1885 als Goldgräbernest. Am Rand der Siedlung ragt eine steile Quarzwand auf, die China Wall. 130 Kilometer südlich befindet sich im **Wolfe Creek Crater National Park** der zweitgrößte Meteoritenkrater der Welt.

Wolfe Creek Crater National Park
248 Ivanhoe Rd, Kununurra Halls Creek Mai–Okt explore parks.dbca.wa.gov.au

③

Broome

15 000
1 Hamersley St
visitbroome.com.au

Die ersten Europäer kamen um 1860. Schon bald entstand hier das führende Zentrum der Perlenfischerei. Um 1880 strömten Perlentaucher aus Asien in die Stadt. Sie schufen die Basis für die multikulturelle Atmosphäre, die Broome heute prägt. Original erhaltene Geschäfte, chinesische und japanische Friedhöfe, auf denen Perlentaucher begraben sind, erinnern an die Vergangenheit.

Vor den Toren der Stadt erstreckt sich der Cable Beach. Der **Malcolm Douglas Crocodile Park** in der Nähe bietet Touren zur Tierbeobachtung.

Malcolm Douglas Crocodile Park
Broome Rd
tägl. 14–17 25. Dez
malcolmdouglas.com.au

④

Purnululu (Bungle Bungle) National Park

Halls Creek Apr–Nov: tägl. exploreparks.dbca. wa.gov.au

In dem Nationalpark, einem der abgelegensten Landstriche in Western Australia, wohnen Kija- und Jaru-Aborigines. Der berühmteste Teil

Highlight

> **Attraktionen Derbys sind das Wharfingers House aus den 1920er Jahren, das Old Derby Gaol und die Botanical Gardens.**

des Parks ist die Bungle Bungle Range mit Bergkuppen in Bienenkorbform.

Einen Rundblick von oben genießt man bei Helikopterflügen, die vom Bellburn Airstrip starten.

⑤

Derby

5000 · 30 Loch St
australiasboabcountry.com.au/Derby

Derby ist Startpunkt zu spektakulären Schluchten der Gegend. Attraktionen Derbys sind das Wharfingers House aus den 1920er Jahren, das Old Derby Gaol und die Botanical Gardens.

Südlich steht der rund 1500 Jahre alte Prison Boab (Baobab) mit einem Umfang von 14 Metern, dessen hohler Stamm Ende des 19. Jahrhunderts als Kerker diente.

⑥

Kununurra

4000 · 75 Coolibah Dr
visitkununurra.com

Der Ort wurde gebaut, um Arbeiter des Ord River Irrigation Scheme unterzubringen. Im Rahmen dieses Projekts entstand der Lake Argyle, der zweitgrößte künstliche Stausee des Landes. Machen Sie eine Bootstour auf dem Ord River und besuchen Sie das Argyle Homestead, das ehemalige Haus der Duracks, einer der bekanntesten Pionierfamilien Australiens.

⑦

Wyndham

1000 · 6 Koolama St · swek.wa.gov.au

Wyndham entstand 1888 zur Versorgung der Goldsucher in Halls Creek und als Zentrum der Viehzucht. Von hier zogen afghanische Kamele zu Stationen im Norden der Kimberley-Region. Der afghanische Friedhof erinnert an jene Händler, die den Pionieren im Landesinneren das Überleben sicherten.

Der Old Wyndham Port ist der ursprüngliche Standort des Orts. Hier stehen noch viele Gebäude aus dem 19. Jahrhundert, darunter die alte Post, das alte Gerichtsgebäude und Anthon's Landing, wo der erste Pier errichtet wurde. Im Port Museum sieht man viele historische Ansichten des Hafens.

Schöne Aussicht
Flussmündung

Beobachten Sie vom Five Rivers Lookout in Wyndham, wie fünf Flüsse zusammenströmen und in den Golf von Cambridge münden. Die beste Zeit dafür sind Sonnenaufund Sonnenuntergang.

2

Shark Bay World Heritage Area

A4 am Northwest Coastal Hwy von Perth 63 Knight Terrace, Denham; Dolphin Info Centre, Monkey Mia (+61 8 9948 2226) sharkbay.org

Der 1991 von der UNESCO zum Welterbe erklärte Park liegt am westlichsten Ende Australiens und erstreckt sich über eine Fläche von mehr als 22 000 Quadratkilometern. Besucher kommen wegen der unberührten Strände, des kristallklaren Wassers und der reichen Tierwelt hierher.

In den Gewässern sowie auf den Inseln und Halbinseln der Shark Bay leben viele gefährdete Tier- und Pflanzenarten. Die Natur schuf hier im Lauf von Jahrmillionen eine spektakuläre Küstenlandschaft. Der Park ist nur mit dem Auto, teilweise sogar nur mit Allradantrieb befahrbar.

Fast jeden Morgen kommen Delfine an die Küste von Monkey Mia, um gefüttert zu werden. Hier starten Bootsausflüge, bei denen man Dugongs und Delfine beobachten kann. Ganz in der Nähe, an der Spitze der Peron Peninsula, liegt der François-Peron-Nationalpark, wo roter Wüstensand direkt auf das Meer trifft. Im Süden liegt Eagle Bluff, von wo man eine tolle Aussicht über Freycinet Reach und die vorgelagerten Inseln hat.

Im Westen betrat der Niederländer Dirk Hartog im Jahr 1616 als erster Europäer Australien, der hier eingerichtete Nationalpark wurde nach ihm benannt. In die Turtle Bay kommen jedes Jahr Tausende von Unechten Karettschildkröten zur Eiablage.

Schon gewusst?

Shell Beach besteht aus einer meterhohen Schicht von winzigen Muschelschalen.

1 *Hamelin Pool verfügt über mächtige, Stromatolithen genannte Kalkablagerungen, die von Mikroorganismen gebildet werden.*

2 *Im François Peron National Park leben viele Vögel, u. a. auch Brillenpelikane.*

3 *In den Gewässern der Shark Bay tummeln sich Schwärme von Fischen zwischen Korallen.*

↑ *Kalksteinformationen an der Küste der windgepeitschten Peron Peninsula*

Hotels

Monkey Mia Dolphin Resort
Das am Strand gelegene Resort bietet diverse Optionen – von Campingplätzen bis zu Luxuszimmern.

1 Monkey Mia Rd, Monkey Mia **W parksandresorts.rac.com.au**

$$$

Dirk Hartog Island Eco Lodge
Übernachten Sie auf Dirk Hartog Island in den ehemaligen Unterkünften von Schafscherern. Viele Aktivitäten stehen zur Auswahl.

62 Dirk Hartog Island Drive **W dirkhartogisland.com**

$$$

SEHENSWÜRDIGKEITEN

3

The Pinnacles

A4 Cadiz St, Cervantes
visitpinnaclescountry.com.au

Der Nambung National Park umfasst Strände und Sanddünen. Beste Reisezeit ist der Frühling, wenn die Wildblumen blühen und die Hitze nicht allzu drückend ist. Der Park ist vor allem wegen der Pinnacles Desert berühmt, einer Wüstenregion mit bis zu vier Meter hohen Kalksteinsäulen. Besucher können zwischen einem drei Kilometer langen Fahrweg oder einem kürzeren Wanderweg zu Aussichtspunkten mit beeindruckenden Blicken auf Felsnadeln und Küste wählen.

Am spektakulärsten wirkt die Szenerie bei tief stehender Sonne morgens oder am späten Nachmittag. Die meisten Parktiere sind nachtaktiv, einige – Kängurus, Emus und viele Reptilien – kann man zur Morgen- oder Abenddämmerung sehen.

4

New Norcia

A4 100 New Norcia Museum and Art Gallery, Great Northern Hwy
newnorcia.com.au

Eine der bedeutendsten historischen Stätten Western Australias liegt 130 Kilometer nordöstlich von Perth. 1846 erbauten spanische Benediktinermönche eine Mission, in der noch heute eine kleine Ordensgemeinschaft lebt. Im Gästehaus kann man auch übernachten.

Im Zentrum des wegen seiner spanischen Kolonialarchitektur bekannten Orts steht eine hübsche, 1860 erbaute Kathedrale. Kunstschätze und Artefakte der **New Norcia Museum and Art Gallery** illustrieren die lokale Geschichte.

New Norcia Museum and Art Gallery
Great Northern Hwy tägl. 9:30–16:30 Feiertage newnorcia.com.au/museum/museum

Geraldton an der Champion Bay wird wegen seiner mittleren Sonnenscheindauer von acht Stunden täglich auch »Sun City« genannt.

5

Houtman Abrolhos Islands National Park

A4 Geraldton von Geraldton exploreparks.dbca.wa.gov.au

Etwa 60 Kilometer vor der Küste von Geraldton liegen über 100 Inseln, die Houtman Abrolhos Islands. Hier findet man einzigartige Korallenarten. Ein Aufenthalt auf den Inseln ist nicht möglich, doch man kann zwischen Korallenbänken der East Wallabi Island schnorcheln. Das **WA Department of Fisheries** bietet Informationen für Gäste.

WA Department of Fisheries
fish.wa.gov.au

6

Geraldton

A4 37 000
24 Chapman Rd
visitgeraldton.com.au

Geraldton liegt 425 Kilometer nördlich von Perth an der Champion Bay. Wegen seiner mittleren Sonnenscheindauer von acht Stunden täglich wird es auch »Sun City« genannt. Es kann aber sehr windig sein, was Windsurfer anzieht. Auch Walbeobachtungstouren sind möglich.

←
Die markant geformten Pinnacles im Nambung National Park

↑ *Fassade des beeindruckenden Museum of Geraldton und Blick in dessen Shipwrecks Gallery* (Detail)

Die Geschichte der europäischen Besiedlung reicht bis zur Meuterei auf der niederländischen *Batavia* zurück, nachdem diese 1629 vor den Abrolhos Islands gestrandet war. 1712 erlitt die niederländische *Zuytdorp* Schiffbruch. Angeblich ließen sich Überlebende für kurze Zeit am Ort nieder. Die Champion Bay wurde 1849 kartiert. Einige Jahre später entstand hier eine Bleischmelze. Geraldton entwickelte sich danach zu einer wichtigen Hafenstadt.

Die Stadt schmücken viele historische Gebäude. Das **Museum of Geraldton** umfasst die Shipwrecks Gallery mit Überresten der ersten Schiffswracks dieser Region. Das Old Railway Building zeigt Ausstellungen über die lokale Geschichte, Tierwelt und Geologie. Geraldton besitzt zwei schöne Kathedralen: die moderne Cathedral of the Holy Cross mit herrlichen Bleiglasfenstern und die byzantinische St Francis Xavier Cathedral. Das Point Moore Lighthouse ist seit 1878 in Betrieb. Im **Lighthouse Keeper's Cottage** von 1876, dem ersten Leuchtturm der Stadt, befindet sich heute die Geraldton Historical Society. Die **City of Greater Geraldton Regional Art Gallery** zeigt Werke einheimischer Künstler.

Aussichtspunkte wie Separation Point Lookout und Mount Tarcoola Lookout bieten schöne Blicke.

Museum of Geraldton
2 Museum Place, Batavia Coast Marina tägl. 9:30–15 Feiertage visit.museum.wa.gov.au

Lighthouse Keeper's Cottage
355 Chapman Rd Zeiten siehe Website des Geraldton Visitor Centre

City of Greater Geraldton Regional Art Gallery
24 Chapman Rd Mo, Di, Do, Fr 10–16, Mi, Sa, So 9:30–13:30 1. Jan, Karfreitag, 25., 26. Dez artgallery.cgg.wa.gov.au

Restaurants

Salt Dish
Geraldtons angesagtestes Lokal bietet eine gute Auswahl an Gerichten – vor allem Seafood.

A4 35 Marine Terrace, Geraldton +61 8 9964 6030

$$$

Burnt Barrel
Das Grillrestaurant nördlich von Geraldton ist bekannt für Rippchen und Craftbeer.

A4 305 Nanson-Howatharra Rd, Nanson burntbarrel.com

$$$

↑ *Blick durch Nature's Window auf den Murchison River im Kalbarri National Park*

7

Kalbarri National Park

A4 Kalbarri 70 Grey St, Kalbarri explore parks.dbca.wa.gov.au

Der Nationalpark umfasst eine herrliche Küstenlandschaft sowie beeindruckende Schluchten am Murchison River. Einige Routen, von zweistündigen Spaziergängen bis zu viertägigen Wanderungen, führen entlang der Küste oder dem Fluss zu Aussichtspunkten und Felsformationen. Zu den Highlights des Parks zählen der Hawks Head, ein Picknickplatz mit Blick auf die Schlucht, Nature's Window, eine Felsformation mit Aussicht auf den Fluss, und der Ross Graham Lookout, wo man in Flussbecken schwimmen kann. Zwei Skywalks an den Klippen der Murchison River Gorge sind nichts für Ängstliche. Von Pot Alley am Meer hat man einen Blick auf die zerklüfteten Küstenklippen. Das Rainbow Valley setzt sich aus mehrfarbigen Felsschichten zusammen.

Zugang zum Park hat man von Kalbarri. Die beste Reisezeit ist von Juli bis Oktober, denn dann ist es trocken und nicht zu heiß.

8

Exmouth

A3 3000
2 Truscott Crescent
ningaloocentre.com.au

Die kleine Stadt an der Ostseite der Exmouth Peninsula entstand ursprünglich 1967 als Versorgungsstation für die nahe Airforce-Basis. Zwar ist das Militär noch immer stark vertreten, doch heute dient die Stadt überwiegend als Ausgangspunkt zur Erkundung des Ningaloo Reef Marine Park. Vor der nahen Küste sind häufig Riesenschildkröten und Walhaie zu beobachten.

Etwas außerhalb der Stadt am Vlaming Head liegt das Wrack der SS *Mildura*, ein Frachtschiff für Rinder, das 1907 sank und von der Küste aus immer noch zu sehen ist. Auf einer hohen Steilklippe, von der aus man einen herrlichen Blick auf die gesamte Halbinsel hat, steht das Vlaming Lighthouse.

Entdeckertipp
Burringurrah

Der Monolith Burringurrah 500 Kilometer östlich von Exmouth ist imposant, aber nicht sehr bekannt. Umfahren Sie ihn auf der 50 Kilometer langen Straße oder wandern Sie in dem Gebiet ein wenig.

9

Cape Range National Park

A3 Milyering Discovery Centre, Yardie Creek Rd exploreparks.dbca. wa.gov.au

Der Cape Range National Park umfasst einen Gebirgszug mit Schluchten und Felsformationen. Die im Kalkstein erhaltenen Korallenfossilien zeigen, dass das Gebiet einst unter dem Meeresspiegel lag.

Hier leben Kängurus, Emus und Eidechsen. Es gibt zwei Wanderwege, die die Besucher im Sommer aufgrund der Temperaturen von bis zu 50 °C meiden sollten. Der Yardie Creek liegt nur einen Kilometer vom Ozean entfernt auf der Westseite des Parks. Ein kurzer Weg entlang den Klippen führt in einen Canyon, in dem man in einiger Entfernung Felsenkängurus sehen kann. Man kann auch Kanutouren unternehmen.

10 Ningaloo Reef Marine Park

A3 Exmouth i Milyering Discovery Centre, Yardie Creek Rd, Cape Range National Park W exploreparks.dbca.wa.gov.au

Das Meeresschutzgebiet erstreckt sich über 260 Kilometer entlang der Westküste der Halbinsel Exmouth bis zu ihrer Spitze in den Exmouth Gulf. Das Ningaloo Reef ist das größte Saumriff des Bundesstaats und kann mit dem Great Barrier Reef an der Ostküste *(siehe S. 384–387)* mithalten. Das türkisfarbene Wasser ist bei Schnorchlern beliebt.

Viele Korallenarten und farbenfrohe Fische beleben das Riff. Zudem werden im Park einige Tierarten geschützt. Zahlreiche Strände am Nordende des Parks dienen den Meeresschildkröten zur Eiablage. Weiter draußen kann man von Ende März bis Juli oder August Walhaie sehen und den Tieren nahe kommen. **Coral Bay Eco Tours** organisiert Walsafaris.

An der Küste gibt es mehrere Campingplätze. Angeln ist hier auch sehr beliebt, doch die Fänge werden sehr streng kontrolliert.

Coral Bay Eco Tours
W coralbayecotours.com.au

Schon gewusst?

Die ersten Bilder von der Mondlandung 1969 wurden von der Carnarvon Tracking Station übermittelt.

11 Carnarvon

A4 7000
i 21 Robinson St
W westernaustralia.com

Carnarvon an der Mündung des Gascoyne River ist Handels- und Verwaltungszentrum der Gascoyne-Region, des Tors zum Norden Western Australias. Plantagen mit Bananen, Melonen und Mangos säumen vereinzelt den Fluss. Einige bieten Führungen und Direktverkäufe an.

In Carnarvon ist One Mile Jetty auf Babbage Island ein beliebter Angelplatz. In der Jubilee Hall (1887) befinden sich ein Kunstzentrum und das interaktive **Carnarvon Space & Technology Museum**, Letzteres in einer ehemaligen OTC-Satelliten-Erdstation der NASA, die in den 1960er Jahren für Weltraummissionen genutzt wurde.

Die Blowholes, ungefähr 70 Kilometer nördlich von Carnarvon, sind eine grandiose Felsformation an der Küste, bei der bis zu 20 Meter hohe Fontänen aus Felsspalten schießen.

↑ *OTC-Satelliten-Station mit dem Carnarvon Space & Technology Museum*

Carnarvon Space & Technology Museum
Mahony Ave
Apr–Sep: tägl. 9–16; Okt–März: tägl. 10–14
W carnarvonmuseum.org.au

Walhaie

Der vom Aussterben bedrohte Walhai ist mit einer Länge von bis zu 18 Metern der größte Fisch der Welt. Die langsam durch das Wasser gleitenden Tiere haben ein bis zu 1,50 Meter breites Maul und weiße Flecken auf dem Rücken. Walhaie ernähren sich hauptsächlich von Plankton und kleinen Fischen.

12 Kennedy Range National Park

A3 Gascoyne Junction Rd, Gascoyne Junction
W exploreparks.dbca.wa.gov.au

Der Nationalpark im Hinterland von Carnarvon birgt einige der ältesten Felsformationen der Welt und eine ganze Reihe bemerkenswerter Felsmalereien der Badimaya und Wajarri, zweier Aborigines-Stämme.

Wegen der Abgelegenheit des Parks ist seine Erkundung zeitaufwendig, aber lohnend. Er eignet sich für Wanderungen und zur Vogelbeobachtung. Campingplätze sind vorhanden.

Hotels

Sal Salis Ningaloo Reef
Luxuszelte in atemberaubender Umgebung machen Sal Salis zu einem großartigen Ort zum Übernachten.

A3 Yardie Creek Rd, Cape Range National Park salsalis.com.au

$$$

Karijini Eco Retreat
Das von den Aborigines geführte Anwesen ist ein guter Ausgangspunkt zur Erkundung des Nationalparks. Sie schlafen in Safarizelten und essen in einem tollen Restaurant.

A3 Weano Rd, Karijini karijini ecoretreat.com.au

$$$

13

Dampier

A3 1500 Lot 4548 De Witt Rd, Karratha karrathaiscalling.com.au

Gegenüber von Dampier, an der King Bay auf der Burrup Peninsula, liegen die etwa 40 Inseln des Dampier-Archipels. Der Ort entstand als Versorgungsbasis und Hafen für die Bergbaugebiete im Landesinneren. Vom Dampier Solar Evaporated Salt Mine Lookout kann man die größte Entsalzungsanlage Australiens sehen. Dampier ist ein Ausgangspunkt für Hochsee- wie Strandangler. Im August kommen Freunde des Sportangelns als Teilnehmer oder Zuschauer der Dampier Classic und der Game Fishing Classic hierher.

Burrup Peninsula ist eine der bekanntesten Kultstätten der Aborigines in Australien, geschaffen wurde sie von den Yapurrara.

Der Dampier-Archipel etwa 45 Kilometer außerhalb bietet zahlreiche Aktivitäten – von Hochseeangeln bis Walbeobachtung.

Nahezu die Hälfte der Dampier-Inseln steht unter Naturschutz. Die Inseln sind ausschließlich mit dem Boot zugänglich.

14

Roebourne

A3 2500 Queen St (+61 8 9182 1060)

Das 1866 gegründete Roebourne liegt 14 Kilometer im Landesinneren und ist die älteste Stadt der Region Pilbara. Hier gibt es einige Bauten aus dem 19. Jahrhundert, darunter das Old Gaol, heute Tourismusbüro und Kunstgalerie, und die Holy Trinity Church (1894). In Roebourne beginnt der Emma Withnell Heritage Trail (53 km), er führt bis Cossack und Point Samson. Wanderführer vermittelt das Tourismusbüro.

Etwa 150 Kilometer im Landesinneren befindet sich der rund 200 000 Hektar große Millstream-Chichester National Park mit schön gelegenen Süßwasserpools und artenreicher Tier- und Pflanzenwelt.

> **Mehr als eine Million Gravuren, einige davon sind 47 000 Jahre alt, zieren die Felsen. Sie haben eine große Bedeutung für die Ngarda-Ngarli.**

15

Karijini National Park

A3 Banyjima Drive explorepark s.dbca.wa.gov.au

Der 600 000 Hektar große Karijini National Park in der Hamersley Range inmitten der Pilbara-Region ist nach dem Purnululu National Park *(siehe S. 478f)* der zweitgrößte Nationalpark des Bundesstaats. Die Region umfasst mehrere Landschaftstypen: von Eukalyptusbäumen bedeckte Hügel, trockenes Buschland und tiefe Schluchten, die von roten Felsklippen umgeben sind. Rund um die Dales Gorge stürzen die Fortescue Falls in die Tiefe. In der Nordwestecke des Parks liegt Hamersley Gorge, ein klassisches Outback-Wasserloch mit moosbedeckten Felsen und Wasserfällen.

Weitere Attraktionen sind die Kalamina Gorge und die Weano Gorge mit dem Handrail Pool, einem höhlenartigen Wasserloch in Rot-, Blau- und Grüntönen.

Die besten Besuchszeiten sind der Winter mit moderaten Temperaturen und der Frühling. Dann stehen die großen Wildblumenteppiche in voller Blüte.

16

Cossack Historic Town

A3 Lot 4548 De Witt Rd, Karratha (+61 8 9186 8055)

Die Stadt Tien Tsin Harbour entstand 1863 und wurde schnell zum Zentrum der boomenden Perlenindustrie, die viele Menschen aus Ländern wie Japan und China anzog. Der Ort wurde 1872 nach einem Besuch von Gouverneur Weld an Bord der HMS *Cossack* in Cossack umbenannt. Doch die Blütezeit der Stadt ging schnell zu Ende. Die Perlenindustrie zog um nach Broome *(siehe S. 478)*, bereits 1910 war der Hafen versandet. Ende der 1970er Jahre begannen die Restaurierungsarbeiten in der Geisterstadt. Heute ist sie unter Leitung der Shire of Roebourne eine Attraktion.

17

Murujuga National Park

A3 Burrup Peninsula Road exploreparks.dbca.wa.gov.au

Der Nationalpark liegt nördlich von Dampier auf der Burrup Peninsula. Mehr als eine Million Gravuren, einige davon sind 47 000 Jahre alt, zieren die Felsen. Sie haben eine große Bedeutung für die Ngarda-Ngarli. Die bekannteste Stätte ist Deep Gorge mit Petroglyphen, die die Tierwelt Australiens darstellen. **Ngurrangga Tours** in Roebourne organisiert verschiedene Touren.

Ngurrangga Tours
42 Roe Street, Roebourne
ngurrangga.com.au

←

Kletterer an der steilen Wand einer Schlucht und bunter Blumenteppich zur Zeit der Frühjahrsblüte (Detail) *im Karijini National Park*

REISE-INFOS

Great Ocean Road an der Südküste

AUSTRALIEN REISEPLANUNG

Mit etwas Planung sind die Vorbereitungen für die Reise schnell zu erledigen. Die folgenden Seiten bieten Ihnen Tipps und Hinweise für Anreise und Aufenthalt in Australien.

Auf einen Blick

Währung

Australian Dollar (A$/AUD)

Ausgaben pro Tag

Sparsam	Preisbewusst	Luxus
170 $	300 $	550+ $

Mineralwasser	Kaffee	Bier	Menü (2 Pers.)
4 $	5 $	10 $	130 $

Klima

Im Sommer (Nov–März) sind die Tage am längsten, im Winter (Juni–Aug) am kürzesten.

Die Jahresmitteltemperaturen liegen im Sommer bei 28 °C, im Winter bei 18 °C.

Der meiste Regen fällt zwischen November und April im Norden. Das Zentrum ist das ganze Jahr über trocken.

Strom

Die Stromspannung liegt bei 240/250 Volt Wechselstrom (50 Hz). Die Steckdosen sind zwei- oder dreipolig.

Einreise

Australien-Urlauber benötigen einen Reisepass, der auch über die Zeit ihres Aufenthaltes hinaus gültig ist, auch jedes Kind braucht ein eigenes Ausweisdokument. Bei einem Zwischenaufenthalt in einem asiatischen Land ist häufig eine Mindestgültigkeit des Passes von sechs Monaten vorgeschrieben.

Reisende aus Deutschland und den anderen EU-Mitgliedsländern benötigen außerdem ein Visum (»eVisitor«), das man online beim **Australian Department of Home Affairs** beantragt. Dieses kostenlose Visum ist zwölf Monate gültig und berechtigt innerhalb dieser Zeit zu beliebig vielen Aufenthalten in Australien von jeweils maximal drei Monaten.

Australian Department of Home Affairs
W immi.homeaffairs.gov.au

Sicherheitshinweise

Aufgrund unvorhersehbarer Entwicklungen kann es zu Änderungen und Einschränkungen kommen. Aktuelle Hinweise zur Einreise sowie Sicherheitshinweise bieten das deutsche Auswärtige Amt (www.auswaertiges-amt.de), das österreichische Bundesministerium für europäische und internationale Angelegenheiten (www.bmeia.gv.at) oder das Eidgenössische Departement für auswärtige Angelegenheiten der Schweiz (www.eda.admin.ch).

Zoll

Ein- und Ausfuhr von Fremd- und Landeswährung ist unbegrenzt möglich, muss ab einem Wert von mehr als 10 000 Australian Dollar aber deklariert werden. Beachten Sie, dass einige Lebensmittel, pflanzliches Material und tierische Produkte nicht in Australien zugelassen sind. Auch für viele weitere Produkte wie z. B. Kunstgegenstände der Aborigines gelten strenge Bestimmungen. Eine Übersicht über die Ein- und Ausfuhrbeschränkungen bietet die **Australian Border Force**.

Bei Fragen zu Einreise- und Zollbestimmungen können Sie sich natürlich auch an das Auswärtige Amt *(siehe oben)* wenden.

Australian Border Force
W abf.gov.au

Versicherungen
Die Notfall- oder zahnärztliche Behandlung kann in Australien sehr teuer werden. Daher ist der Abschluss einer Auslandskrankenversicherung, die auch den Rücktransport im Notfall einschließt, sehr zu empfehlen. Doch auch mit einer derartigen Versicherung müssen Sie in der Regel Behandlungen selbst bezahlen und können sich den Betrag später von Ihrer Versicherung erstatten lassen. Medizinische Basisversorgung *siehe S. 497*.

Neben Versicherungen für (zahn-)ärztliche Behandlungen sind auch Gepäck-, Diebstahl- und Unfallversicherungen zu erwägen.

Impfungen
Für die direkte Einreise aus Mitteleuropa sind keine Pflichtimpfungen vorgeschrieben. Bei Einreise aus einem Gelbfiebergebiet oder Aufenthalt von mehr als zwölf Stunden im Transit eines Gelbfiebergebiets müssen alle Personen ab einem Alter von einem Jahr eine Gelbfieberimpfung nachweisen.

Für die Reise werden Impfungen gegen Hepatitis A, bei Langzeitaufenthalt oder besonderer Exposition auch gegen Dengue-Fieber, Hepatitis B und Japanische Enzephalitis empfohlen.

Hotels
Australiens Übernachtungsmöglichkeiten spiegeln Größe und Vielfalt des Landes wider. Es gibt u. a. Luxushotels, Skihütten, umgebaute Schafschererhütten auf Schafstationen, Bed-and-Breakfast-Zimmer (Frühstückspensionen), Apartments, Jugendherbergen, Hausboote und Hotelketten.

Verfügbarkeit und Preise variieren je nach Jahreszeit enorm. Vor allem zu Weihnachten, Neujahr und Ostern sowie während Festivals und Schulferien sollten Sie frühzeitig buchen.

Bezahlen
Kreditkarten von **MasterCard**, **Visa**, **American Express** oder **Diners Club** werden in Australien fast überall akzeptiert, zudem fungieren sie oft als Sicherheitsleistung (z. B. bei Hotels und Autovermietungen). Geldautomaten sind in fast allen Banken und an nahezu jeder Ecke zu finden. Nur sehr wenige Geschäfte bestehen auf Bargeld, aber kleine Geschäfte erheben möglicherweise einen Aufpreis für Kartenzahlungen unter 10–15 A$. Daher ist es sinnvoll, etwas Bargeld in kleinen Stückelungen bei sich zu haben.

Bei Verlust Ihrer Kredit- oder Debitkarte lassen Sie diese sofort sperren.

Allgemeine Notrufnummer
0011 49 116 116

Reisende mit besonderen Bedürfnissen
Die meisten öffentlichen Verkehrsmittel in Australien sind barrierefrei, rollstuhlgerechte Taxis kann man bei großen Unternehmen buchen. Theater und auch Konzertsäle bieten Optionen für seh- und hörgeschädigte Besucher.

Die Websites von **Disability Gateway** und **Inclusive Tourism Australia** bieten zahlreiche Tipps und Informationen für behinderte Reisende.

Disability Gateway
W disabilitygateway.gov.au
Inclusive Tourism Australia
W inclusivetourism.com.au

Sprache
Australien hat keine offizielle Amtssprache, aber Englisch ist am weitesten verbreitet.

Öffnungszeiten
Montag Viele Restaurants bleiben zu.
Donnerstag Große Geschäfte schließen erst um 21 Uhr.
Sonntag Manche Sehenswürdigkeiten und Geschäfte schließen früher.
Nov–Apr Zur Regenzeit bleiben viele Attraktionen im Northern Territory und im Top End geschlossen.
Feiertage An Karfreitag und am 25. Dezember haben die meisten Attraktionen und Geschäfte geschlossen.

Feiertage

1. Jan	New Year's Day (Neujahr)
26. Jan	Australia Day
März/Apr	Easter (Ostern)
25. Apr	Anzac Day
25. Dez	Christmas Day
26. Dez	Boxing Day

IN AUSTRALIEN UNTERWEGS

Ob für eine Rundreise durch die Nationalparks, Outback-Abenteuer, Sporturlaub oder Städtereise – hier erhalten Sie Informationen zu Anreise und Transportmöglichkeiten.

Auf einen Blick

Ticketpreise

Sydney
4 $
Einzelticket
Bus, Light Rail

Melbourne
5,30 $
Einzelticket
Bus, Bahn, Tram

Perth
3,40 $
Einzelticket
Bus, Bahn

Tipp:
Tickets müssen bei Antritt der Fahrt entwertet werden.

Tempolimits

Autobahnen (Northern Territory u. Western Australia)
110 km/h

Autobahnen (alle anderen Staaten)
100 km/h

Innerhalb von Ortschaften
50 km/h

Verkehrsberuhigte Zonen
40 km/h

Anreise mit dem Flugzeug

Die meisten internationalen Flüge landen an der Ostküste Australiens. Kingsford Smith Airport in Sydney, Tullamarine Airport in Melbourne und Brisbane Airport sind die drei wichtigsten Flughäfen für Flüge aus Europa.

Alle internationalen Flughäfen sind sehr gut mit Bussen, Taxis und Mietwagen zu erreichen. In der Tabelle auf Seite 493 finden Sie Transportoptionen, ungefähre Fahrzeiten und Kosten für die Fahrt zwischen Flughäfen und den Zentren einiger Städte.

Zugreisen

Australien bietet Reisenden einige der weltweit beeindruckendsten Zugstrecken. Zum Angebot von **Journey Beyond Rail** zählen zwei dreitägige Reisen: *The Indian Pacific* zwischen Sydney und Perth und *The Ghan* von Adelaide über Alice Springs nach Darwin. Zu den günstigeren Optionen gehören *Spirit of Queensland* von **Queensland Rail Travel**, die Brisbane und Cairns verbindet, sowie Routen von **NSW TrainLink** entlang der Ostküste. Informationen über Sicherheits- und Hygienemaßnahmen, Fahrpläne, Tickets und mehr finden Sie auf den Websites der einzelnen Betreiber.

Journey Beyond Rail
W journeybeyondrail.com.au
NSW TrainLink
W transportnsw.info/regional-bookings
Queensland Rail Travel
W queenslandrailtravel.com.au

Busreisen

Busse sind ein günstiges und effizientes Transportmittel. Die größten Unternehmen sind **Greyhound Australia** und **Premier Motor Service**, das nur an der Ostküste tätig ist. Greyhound bietet 90 Tage gültige Hop-on-Hop-off-Pässe für unbegrenzte Fahrten in eine Richtung und eine Jahreskarte für unbegrenzte Fahrten in alle Richtungen.

Greyhound Australia
W greyhound.com.au
Premier Motor Service
W premierms.com.au

Vom Flughafen in die Stadt

Flughafen	Entfernung zum Zentrum	Taxipreis	Verkehrsmittel	Fahrzeit	ÖPNV-Preis
Adelaide	6 km	25 $	Bus	25 Min.	10 $
Brisbane	16 km	55 $	Zug	20 Min.	18 $
Cairns	6 km	25–30$	Shuttle-Bus	25 Min.	35 $
Canberra	8 km	25–30 $	Bus	20 Min.	5 $
Darwin	13 km	30 $	Shuttle-Bus	20 Min.	22 $
Hobart	22 km	45 $	SkyBus	25 Min.	22 $
Melbourne (Avalon)	49 km	130 $	SkyBus	50 Min.	27 $
Melbourne (Tullamarine)	22 km	65 $	SkyBus	25 Min.	24 $
Perth	15 km	55 $	Bus	45 Min.	4,50 $
Sydney	9 km	55 $	Zug	20 Min.	22 $

Fahrzeiten mit dem Auto

Diese Karte zeigt Autoverbindungen zwischen den wichtigsten Städten Australiens. Die angegebenen Zeiten gelten für die direktesten Routen, außerhalb der Hauptverkehrszeiten und ohne Pausen.

••• Hauptstrecken

Adelaide–Darwin	33 Std.	**Hobart–Launceston**	2,5 Std.
Adelaide–Perth	28 Std.	**Melbourne–Adelaide**	9 Std.
Brisbane–Sydney	10 Std.	**Sydney–Canberra**	3 Std.
Brisbane–Cairns	20 Std.	**Sydney–Melbourne**	10 Std.
Darwin–Alice Springs	15 Std.		

Mit Kreuzfahrtschiffen und Fähren unterwegs

Mit seiner langen Küste ist Australien ein beliebtes Ziel von Kreuzfahrten, Terminals gibt es in allen Bundesstaaten (außer dem im Hinterland gelegenen Canberra). Größter und verkehrsreichster Hafen ist Sydney.

Autofähren verbinden das Festland mit Tasmanien und Kangaroo Island. **Spirit of Tasmania** verkehrt zwischen Melbourne und Devonport, **SeaLink** steuert Kangaroo Island von Cape Jervis aus an. Passagierfähren wie die von **Rottnest Express** bringen Fahrgäste von Perth und Fremantle nach Rottnest Island. Von Cairns aus fahren schnelle Katamarane zu den Inseln des Great Barrier Reef, zu den größten Anbietern gehören **Great Adventures, Sunlover Reef Cruises** und **Fitzroy Island Adventures**. Ein gemütlicheres Erlebnis bieten die historischen Raddampfer von **Murray River Paddlesteamers** oder **PS Murray Princess**, die auf dem Murray River unterwegs sind.

Fitzroy Island Adventures
W fitzroyislandadventures.com
Great Adventures
W greatadventures.com.au
Murray River Paddlesteamers
W murrayriverpaddlesteamers.com.au
PS Murray Princess
W murrayprincess.com.au
Rottnest Express
W rottnestexpress.com.au
SeaLink
W sealink.com.au
Spirit of Tasmania
W spiritoftasmania.com.au
Sunlover Reef Cruises
W sunlover.com.au

Öffentliche Verkehrsmittel

Der öffentliche Verkehr wird in Australien von den einzelnen Bundesstaaten organisiert, das Angebot ist überall sehr gut. In den meisten Städten fahren Busse, in den Hauptstädten auch Stadt- und Vorortzüge sowie Trams und Stadtbahnen. Auf folgenden Websites finden Sie Informationen zu den jeweiligen Angeboten.

Adelaide
W adelaidemetro.com.au
Canberra
W transport.act.gov.au
New South Wales
W transportnsw.info
Perth
W transperth.wa.gov.au
Südosten von Queensland
W translink.com.au
Victoria
W ptv.vic.gov.au

Tickets

In den meisten öffentlichen Verkehrsmitteln Australiens wird kein Bargeld akzeptiert, bezahlt wird in der Regel mit einer Smartcard. Man bekommt sie an Bahnhöfen sowie in Zeitungskiosken und Läden mit entsprechendem Logo. Nähere Informationen zu Erwerb und Benutzung der Smartcards finden Sie auf den zuvor genannten Websites. Der Fahrpreis richtet sich nach der Streckenlänge. Es gibt Tages- und Wochentarife sowie vereinzelt auch Preisvorteile bei der ÖPNV-Nutzung außerhalb der Hauptverkehrszeiten.

Einige Bundesstaaten und Städte bieten speziell für Besucher konzipierte ÖPNV-Pässe an. Die *go seeQ* und *go explore* genannten Optionen etwa decken den Südosten von Queensland ab, während die Adelaide Visitor metroCARD drei Tage lang unbegrenzte Fahrten in der Hauptstadt von South Australia ermöglicht.

Züge

Metropolen wie Sydney, Melbourne, Brisbane, Adelaide und Perth bieten Zug- und S-Bahn-Verbindungen, die bis in die Vororte reichen. Dies ist für Besucher interessant, die außerhalb des Stadtzentrums übernachten.

Trams und Light Rails

In Melbourne, in Sydney, in Canberra, an der Gold Coast und in Adelaide sind Trams und Light Rails (Stadtbahnen) im Einsatz. In einigen Gebieten von Melbourne und Adelaide ist die Benutzung dieser Verkehrsmittel sogar kostenlos. Das Light-Rail-Netz von Sydney deckt nicht nur die Innenstadt, sondern auch einige Vororte ab. Die Light Rail von Canberra verkehrt mit 13 Haltestellen zwischen dem Stadtzentrum und Gungahlin im Norden.

Busse

Alle großen Städte Australiens verfügen über zahlreiche Busverbindungen, stellenweise sind die Busse auch auf eigenen Spuren unterwegs. Für Besucher besonders interessant sind die Busse City Loop und South Loop in Brisbane, der Culture Loop in Canberra und der City Connector Loop in Adelaide. Sie decken die Innenstädte ab und halten an vielen wichtigen Sehenswürdigkeiten, ihre Benutzung ist kostenlos.

Stadtfähren

Auf den Flüssen und Kanälen in Sydney, Brisbane und Perth verkehren Fähren. Der City-Hopper in Brisbane ist ein kostenloser innerstädtischer Fährdienst. Beachten Sie, dass in Sydney die Benutzung des Fährdienstes teurer ist als die der anderen öffentlichen Verkehrsmittel.

Taxis

Taxis gibt es in jeder Stadt in großer Zahl. Taxistände befinden sich an Bahnhöfen, an vielen Plätzen und vor größeren Hotels der Stadtzentren sowie an wichtigen Sehenswürdigkeiten. Sie können Taxis auch auf der Straße anhalten sowie per Telefon, App oder Internet bestellen.

Das Taxinetzwerk **13cabs** ist in allen Bundesstaaten außer Western Australia tätig. Die wichtigsten Taxiunternehmen in Perth sind **Black & White Cabs** und **Swan Taxis**.

Beachten Sie, dass für Fahrten von und zu Flughäfen ein Zuschlag erhoben wird und in manchen Städten, darunter Sydney, nach 22 Uhr höhere Nachttarife gelten.

13cabs
W 13cabs.com.au
Black & White Cabs
W blackandwhitecabs.com.au
Swan Taxis
W swantaxis.com.au

Auto fahren

Dank des gut ausgebauten ÖPNV kann man in Städten problemlos auf ein Auto verzichten. Abgelegene Gebiete hingegen erreicht man am bequemsten mit dem Auto. Wenn Sie vorhaben, im South Australian Outback zu fahren, kann ein **Multiple Entry Parks Pass** nützlich sein. Er bietet für eine einmalige Gebühr unbegrenzten Zugang zu vielen Parks.

Multiple Entry Parks Pass
W parks.sa.gov.au/book-and-pay/parks-passes

Autovermietung

Um ein Auto oder Wohnmobil zu mieten, müssen Sie Ihren Führerschein seit mindestens einem Jahr besitzen und bei den meisten Verleihfirmen mindestens 21 Jahre alt sein. Einige Autovermietungen verlangen für Fahrer unter 25 Jahren eine zusätzliche Gebühr. Große Autovermietungen haben Filialen an Flughäfen und in allen größeren Städten.

Verkehrsregeln

In Australien herrscht Linksverkehr. Das Tragen des Sicherheitsgurts ist für Fahrer und alle Beifahrer vorgeschrieben. Kinder bis zu sieben Jahren dürfen nur im Kindersitz mitfahren. Prüfen Sie vor einer Reise ins Outback, ob ein Auto mit Allradantrieb nötig ist, für entlegene Gebiete ist Allradantrieb unbedingt erforderlich.

Die Promillegrenze liegt in Australien bei 0,5 (für Fahranfänger 0,0). Die Nutzung von Mobiltelefonen während der Fahrt ist verboten. Zuwiderhandlungen werden – wie auch das Überschreiten von Tempolimits *(siehe S. 492)* – mit hohen Geldbußen belegt.

Parken

In Innenstädten und an beliebten Orten wie Stränden ist das Parken begrenzt und meist auch teuer. Bei unerlaubtem Parken oder bei Überschreiten der bezahlten Parkzeit werden Geldbußen verhängt.

Rad fahren

Fahrräder sind ideal für kürzere Strecken in Städten, aber auch außerhalb eine reizvolle Option, um unterwegs die Landschaft zu genießen. Radwege und -routen in Großstädten und ihrer Umgebung zeigt die Website von **Tourism Australia**. Agenturen wie **Bicycle Network** stellen online ebenfalls viele Routen vor und bieten Tipps rund ums Radfahren.

AllTrails Bicycle Tours und **Australian Cycling Holidays** bieten geführte mehrtägige Radtouren durch das Outback und entlang der Küste an und verleihen auch Räder für individuelle Ausflüge. Ob Teilnahme an einer geführten Tour oder allein unterwegs: Das Tragen eines Helms ist Pflicht.

AllTrails Bicycle Tours
W alltrails.com.au
Australian Cycling Holidays
W australiancyclingholidays.com.au
Bicycle Network
W bicyclenetwork.com.au
Tourism Australia
W australia.com

Zu Fuß unterwegs

Mit ihren breiten Gehwegen lassen sich viele Innenstädte gut zu Fuß erkunden. Denken Sie bei Spaziergängen in der Stadt an Sonnenschutzmittel, nehmen Sie Wasser mit und halten Sie sich möglichst im Schatten auf.

Nationalparks eignen sich besonders gut für Buschwanderungen. Die Wanderwege sind gut markiert, die Ranger in den Informationsbüros bieten fachkundige Beratung. Die Nationalparkbehörden aller Bundesstaaten unterhalten Websites mit Infos zu den Parks. Zu den spannendsten Wandergebieten gehören Cradle Mountain in Tasmanien *(siehe S. 296f)*, die MacDonnell Ranges im Northern Territory *(siehe S. 442f)* und die Blue Mountains in New South Wales *(siehe S. 160–163)*.

Für Wanderungen im Outback sollten Sie die App von **Emergency Plus** nutzen. Planen Sie zudem Ihre Route sorgfältig, beachten Sie die Wettervorhersage und informieren Sie jemanden über Ihre Wegstrecke. Tragen Sie bequeme Schuhe und Kleidung und einen Hut, verwenden Sie Sonnencreme und Insektenschutzmittel. Nehmen Sie genügend Wasser, reichlich Proviant, Handy und möglichst auch ein Erste-Hilfe-Paket mit.

Emergency Plus
W emergencyplus.com.au

PRAKTISCHE HINWEISE

Australien ist ein spannendes und dazu noch unkompliziertes Reiseland. Mit folgenden Hinweisen und Tipps für Ihren Aufenthalt kommen Sie vor Ort bestens zurecht.

Auf einen Blick

Notfälle

Generelle Notrufnummer

000

Zeit

Es gibt drei Zeitzonen: Western, Central und Eastern Standard Time. Der Osten ist dem Westen um zwei, der MEZ um neun Stunden voraus. Sommerzeit (1. So im Okt – 1. So im Apr) gilt nur in den südöstlichen Bundesstaaten.

Leitungswasser

Falls nicht anders angegeben, ist Leitungswasser in Australien bedenkenlos trinkbar. Trinken Sie nicht aus Brunnen.

Trinkgelder

Bedienung	10 %
Gepäckträger	1 $ pro Gepäckstück
Zimmermädchen	2 $ am Tag
Hotelrezeption	5 – 10 $ beim Auschecken
Taxifahrer	10 %

Information

Eine sehr hilfreiche Quelle ist das Internetportal **Tourism Australia**, auf dessen Websites man sich schon vor der Reise über das Reiseziel informieren kann. Das Angebot reicht von Sightseeing und Outdoor-Aktivitäten bis zu Events und Tipps für Kunstliebhaber. Mit dem Reiseplaner auf der Website können Sie sich sogar eine individuelle Reise zusammenstellen lassen.

Daneben hat jeder Bundesstaat und jedes Gebiet seine eigenen Informationsportale. Vor Ort helfen Ihnen die Touristenbüros weiter. Dort erhalten Sie kostenlose Stadtmagazine sowie Tipps u. a. für Ausflugsmöglichkeiten, kulturelle Veranstaltungen sowie zu Verkehrsmitteln.

Tourism Australia
W australia.com

Persönliche Sicherheit

Australien ist insgesamt ein sicheres Reiseziel. In Metropolen wie Sydney oder Melbourne sollte man jedoch die für Städte üblichen Vorsichtsmaßnahmen ergreifen. Nutzen Sie Ihren gesunden Menschenverstand, bewahren Sie Wertsachen an einem sicheren Ort auf und achten Sie auf Ihre Umgebung. Wird Ihnen trotzdem etwas gestohlen, melden Sie dies unverzüglich auf dem nächsten Polizeirevier.

Beim Verlust von Pass oder Personalausweis oder wenn Sie anderweitig in größere Schwierigkeiten geraten, wenden Sie sich an eine diplomatische Vertretung Ihres Heimatlandes.

Deutsche Botschaft
119 Empire Circuit, Canberra, ACT 2600
+61 2 6270 1911
W australien.diplo.de

Österreichische Botschaft
12 Talbot St, Canberra, ACT 2603
+61 2 6295 1533
W bmeia.gv.at/oeb-canberra

Schweizer Botschaft
7 Melbourne Ave, Canberra, ACT 2603
+61 2 6250 5600
W eda.admin.ch

Gesundheit

Die medizinische Versorgung des Landes zählt zu den besten der Welt. Für Behandlungen bei einem Arzt oder Zahnarzt müssen Sie die Kosten in der Regel vorstrecken. Bewahren Sie alle Zahlungsbelege auf, um sie zu Hause mit Ihrer Versicherung abzurechnen.

Bei kleineren Beschwerden helfen Apotheken. Eine Auslandskrankenversicherung ist empfehlenswert *(siehe S. 491)*.

Schützen Sie sich bei Outdoor-Aktivitäten durch Verwendung eines Sonnenschutzmittels mit sehr hohem Lichtschutzfaktor. An den Stränden weisen rot-gelbe Flaggen auf sichere Schwimmbereiche hin.

Alkohol und Rauchen

Die Abgabe von Alkohol und Tabakwaren erfolgt in Australien ausschließlich an Personen über 18 Jahre. Rauchen ist in fast allen öffentlichen Räumen verboten, Schilder weisen auf ausgewiesene Raucherbereiche hin.

Ausweispflicht

Sie müssen sich jederzeit ausweisen können, aber nicht ständig Ihren Pass bei sich tragen. Falls die Polizei Ihre Identität überprüfen will, genügen meist eine Kopie oder ein Scan.

Etikette

Verhalten Sie sich an heiligen Orten und Kultstätten der Aborigines respektvoll, bleiben Sie auf den ausgewiesenen Wegen. Am besten erkunden Sie die Stätten in Begleitung von Aborigines, die Führungen anbieten.

Mobiltelefone und WLAN

Telstra, Vodafone und **Optus** sind Australiens größte Mobilfunkanbieter. Besucher können an Flughäfen, in Handy-Läden und in Supermärkten eine australische SIM-Karte kaufen oder sie schon vor der Reise bestellen.

Fast alle Hotels sowie viele Restaurants, Cafés und Bars bieten ihren Gästen WLAN. Vor allem in den Städten gibt es immer mehr WLAN-Hotspots.

Optus
W optus.com.au
Telstra
W telstra.com.au
Vodafone
W vodafone.com.au

LGBTQ+

New South Wales und Victoria haben die größten LGBTQ+ Communitys aller Bundesstaaten. Der ausgelassen gefeierte Sydney Gay and Lesbian Mardi Gras *(siehe S. 65)* ist weltberühmt.

Post

Das Porto für einen Standardbrief bzw. eine Postkarte nach Europa beträgt 4,10 Dollar. Briefmarken erhält man in Postämtern und an Zeitungskiosken.

Mehrwertsteuer

Auf die meisten Waren und Dienstleistungen wird in Australien die Goods and Services Tax (GST) erhoben, die bereits im angezeigten Preis enthalten ist. Diese Steuer ist der europäischen Mehrwertsteuer vergleichbar und beträgt 10 Prozent. Bei einem Rechnungsbetrag ab 300 A$ kann man sich die GST im Rahmen des **Tourist Refund Scheme** rückerstatten lassen.

Tourist Refund Scheme
W abf.gov.au

Ermäßigungen

Die **iVenture Card** bietet verbilligten Eintritt für verschiedene Attraktionen. Für Sydney, Melbourne und die Gold Coast *(siehe S. 370)* gibt es jeweils separate Karten sowie eine Multi-City-Karte für alle drei Reiseziele.

iVenture Card
W iventurecard.com

Websites und Apps

W bom.gov.au
Wettervorhersagen für das ganze Land vom Wetterdienst der australischen Regierung

W australien-info.com
Informationsportal zur Organisation von Reisen nach und in Australien

TripView
App für die Planung eines Aufenthalts in Sydney und Melbourne

Beachsafe
App der Organisation Surf Life Saving Australia mit Sicherheitsinformationen für einzelne Strände

REGISTER

Register

Seitenzahlen in **fetter** Schrift verweisen auf Haupteinträge.

A

B

E

F

G

H

I

J

K

N

O

S

T

U

V

DANKSAGUNG

Dorling Kindersley möchte sich bei allen bedanken, die dieses Buch möglich gemacht haben.

BILDNACHWEIS

l = links; r = rechts; o = oben; u = unten; m = Mitte.

Dorling Kindersley hat sich bemüht, alle Copyright-Inhaber zu ermitteln. Sollte das in einigen Fällen nicht gelungen sein, bitten wir, dies zu entschuldigen. In der nächsten Auflage werden wir Versäumtes gern nachholen.

Dorling Kindersley dankt folgenden Personen, Institutionen, Unternehmen und Bildarchiven für die Erlaubnis, ihre Fotos zu reproduzieren.

123RF.com: Nils Versemann 60 - 61o.

Alamy Stock Photo: Marc Anderson 28ul, 112om; Mark Andrews 105mro; Antiqua Print Gallery 44ul; Artokoloro 66o; Asia Photopress 25or; Auscape International Pty Ltd / Michael Van Ewijk 333mlo; Ian Beattie / Auscape International Pty Ltd 347, 396 - 397; John Fairhall / Auscape International Pty Ltd 275o, 299mro; Andrew Bain 55ur, 56mro, 295u, 297mro, 377or, 401, 402um, 435ol; terry bamforth 32ul; Scott Barclay 167o; Susanna Bennett 436mlo; martin berry 46ul; 123mlu, 193o, 292ul; blickwinkel / Gemperle 428ol; blickwinkel / H. Baesemann 481or; Paul Brown 22ul; camac 47ul; Have Camera Will Travel Australia 105ol; CandyAppleRed Images 260o; Jeffery Drewitz / Cephas Picture Library 466 - 467o; Trevor Collens 71mru; Cosmo Condina 53ml; CPA Media Pte Ltd 67ol; Mark Daffey 37mlo; Ian Dagnall 252 - 253o, 315o, 385ur; Ian G Dagnall 93ur, 111u, 470ul; Kamila Delega 28mru; Peter Adams / DanitaDelimont.com 344m, 348 - 349; Walter Bibikow / DanitaDelimont.com 30mr; Design Pics / Radius Images 166or; domonabike 223, 234u; Dorling Kindersley ltd 270u; downunder 270ml; Stephen Dwyer 123ur, 222mr; Paul Dymond 62o; Sindre Ellingsen 155ul, 180 -181; Frank Fichtmueller 176mlo; Ana Flašker 87o; Lincoln Fowler 201u, 374ul; Nick Fox 88 - 89; jason freeman 129mru; Ganesha 34o; Ilya Genkin 144ol, 168 - 169o; GL Archive 229mro, 271um; Ben Goode 324u; Manfred Gottschalk 64mru, 112ul, 145mlu; Granger, NYC 69mro; Jeffrey Isaac Greenberg 10+ 356ul; Jeffrey Isaac Greenberg 6+ 353mro; Mike Greenslade / Australia 403ur; Heesco / Khosnaran Khurelbaatar 61ur; Descamps Simon / Hemis.fr 69mru; Bibikow Walter / Hemis.fr 202ul; Chaput Franck / Hemis.fr 22mru, 318 - 319u; The Print Collector / Heritage Images 67or, 70ul; Werner Forman Archive / Private collection / Heritage Images 427mlu; Holli 138um; Michael Holloway 321o; Cindy Hopkins 38mlo; Dave G. Houser 421mlo; Chris Howarth / Australia 200 - 201o; MD Rubai Huda 166ul; Horst Mahr / imageBROKER 8ml; imageBROKER / White Star / Monica Gumm 322om; Norbert Probst / imageBROKER 385ol; Interfoto / Personalities 68 - 69o; Stephanie Jackson - Australian landscapes 19mu, 302 - 303; graham jepson 128o; Andrew Watson / John Warburton-Lee Photography 50mru, 59u, 411, 430 - 431; John White Photos 339ur; Jon Arnold Images Ltd 20ol, 340 - 341; Bjanka Kadic 22mr, 109ur; Gina Kelley 48 - 49u; Keystone Pictures USA / ZUMAPRESS 70mlo; Jason Knott 48ol; Alexander Kondakov 322ul; Krystyna Szulecka Photography 419mr; Takatoshi Kurikawa 64mlo; Lakeview Images 69um; lkpro 26 - 27mo; Suzanne Long 420 - 421u; Dennis Lound 457ml; Paul Lovelace 90 - 91u; De Luan 70ol; Marco Trovalusci Photography 42 - 43u; Photography By Marco 291ur; Martin Norris Travel Photography 477mlo; Regis Martin 421o; Iain Masterton 352mlo; Marco Simoni / mauritius images GmbH 345, 364 - 365; Mauritius Images Gmbh / David & Micha Sheldon 237u; Walter Bibikow / mauritius images GmbH 30mru; MB_Photo 106 -107o, 356 - 357o, 362mlu; Andrew McInnes 161mlu; #MilesTweediePhotography 63o; Richard Milnes 139o, 145mu; Martin Willis / Minden Pictures 38 - 39mo; model10 70 - 71o; David Tipling / Nature Picture Library 373ml; North Wind Picture Archives 66mru, 68ol; Terry Oakley 55ml; Ingo Oeland 47mr; Samantha Ohlsen 8mlo, 60u, 249mr, 437o; Karl Phillipson / Optikal 276ul; Joseph Christopher Oropel 108 -109o; Ozimages 375u; Jamie Paddock 189ur; Paul Mayall Australia 54 - 55u; Shane Pedersen 392 - 393u; Phil Wills 57or; Pictorial Press Ltd 68mru; Viktor Posnov 38 - 39o; Igor Prahin 225ul; John Quixley - Australia 64mlu; 359o; Ray Warren Creative 317o; Sergi Reboredo 94o; redbrickstock.com / Paul Giggle 369mlu; Edward Reeves 126ol; Ben Cooper / RGB Ventures / SuperStock 481ol; Jochen Schlenker / robert-harding 299ur; Michael Nolan / robertharding 476 - 477u; Michael Runkel / robertharding 426 - 427u; robertharding / Andrew Michael 115or; robertharding / Marco Simoni 361ur; Sally Robertson 461ul; William Robinson 37or; Rolf_52 107or; RooM the Agency / jamesphillips 274u; Russotwins 214m, 216 - 217; Erik Schlogl 107ml; ilse schrama 424o; Keith J Smith 468 - 469u; richard sowersby 378ul; Kumar Sriskandan 97ol; David Steele 21; James Talalay 277ml; WalkerPod Images / Tetra Images 13mr; Top Photo Corporation 317ur; Piya Travel 243u; Travelscape Images 17ul, 26o, 56 - 57u, 194 -195, 207um, 466ur; Ian Trower 178ul; Universal Art Archive 67mu; Genevieve Vallee 49o, 300u, 394o, 404o, 404 - 405u; Visions from Earth 370or, 374or; David Wall 292 - 293o, 451, 472 - 473; Robert Wallace / Wallace Media Network 164u; Ray Warren Australia 232or, 299mru (Forest); Colin Waters 69or; Andrew Watson 27or, 421mro; Robin Weaver 111ml; Michael Willis 459u; ian woolcock 94mro; Chun Ju Wu 224o; Robert Wyatt 41or, 288 - 289o, 297o, 400mru, 425ur, 458um, 468ol; Zoonar / magann 80, 130 -131; Bosiljka Zutich 137ol.

Art Gallery of New South Wales: 125ur; AGNSW, Jenni Carter 12 -13u, 124 -125o, 125mro.

Australian Museum: AbramPowell 102 – 103o, 103ur; Anna Kučera, Stuart Humphreys and Daniel Boud 103or.

AWL Images: Marco Bottigelli 215ol, 244 – 245, 248, 460 – 461o; Tom Mackie 19ol, 278 – 279; Richard Stanley 2 – 3, 72 – 73, 155o, 170 – 171, 434 – 435u; Ian Trower 81, 142, 147ol; Andrew Watson 11o.

Bridgeman Images: NPL - DeA Picture Library / G. Sioen 45or.

Canberra Museum and Gallery: Brenton McGeachie 206m – 207o.

Depositphotos Inc: christian__b 249mlo; KonArt 58 – 59o; lkonya@optusnet.com.au 338u; lucidwaters 481mro; markrhiggins 360 – 361o; Mkenwoo 32mr; MLWilliams 105um; ncousla 385ml; phuongphoto 319mro; phuongphoto 319mr; zstockphotos 368 – 369o, 372 – 373o.

Dreamstime.com: Adwo 114 – 115u; Andremichel 369mru; Leonid Andronov 90or; Rafael Ben Ari 335u, 355o; Andrew Atkinson 10mo; Tamara Bauer 229ul; Bennymarty 43ml; Marcel Van Den Bos 227o; Marco Brivio 145um; Richie Chan 110ol, 125ml; Daniela Constantinescu 422 – 423; Damian322 423mu; Stephane Debove 24o; Dinozzaver 52ur; Dudlajzov 32mru; Ecophoto 43o; F11photo 6 – 7; Filedimage 28mr, 186o, 255o, 276 – 277o, 290u; Markus Gann 65mru; Ben Goode 30o; Fritz Hiersche 441om, 461ml; Richard Jacyno 480 – 481u; Jasmina 230 – 231o; Klodien 107ur, 148 – 149o, 418ul; Laszlo Konya 259o; Serguei Levykin 327um; Lizgiv 53u; Steve Lovegrove 34mlo, 299or; Marco Taliani De Marchio 59ml; Jakub Michankow 41ml; Bundit Minramun 149u, 169u; Andrey Moisseyev 30ul; Martin Pelanek 209o; Mariusz Prusaczyk 79ul, 118 – 119; Tanya Puntti 385mro; Rpianoshow 358 – 359u; Rudi1976 357u; Showface 42o; David Steele 12 – 13u, 446 – 447; Rostislav Stefanek 299mru; Stringerimages 36mro; Deborah Talan 299mr; THPStock 165o, 336 – 337o; Tsvibrav 185or, 260 – 261u; Tunatura 384 – 385u; Martin Valigursky 378 – 379o; Julien Viry 123mru, 228o, 240mlu, 442u; Taras Vyshnya 185mro; Bruce Whittingham 20mu, 128ur, 406 – 407; Sharon Wills 320 – 321u; Ymgerman 234 – 235o, 327o; Zeytun Images 135ul, 259mr.

Getty Images: Vishal Bhandari / 500px 238 – 239o; AFP 199u; Saeed Khan / AFP 71or; Mark Dadswell / Allsport 71um; Carla Gottgens / Bloomberg 49ml; Cavan Images 40mlu; Laurie Chamberlain 241mr; Nick Rains / Corbis Documentary 486 – 487u; PaulMorton / E+ 487ur; Claudia Moser / EyeEm 49ur; Yun Hung Huang / EyeEm 177u; Alan Lambert / The Age / Fairfax Media 443ur; Fairfax Media 64mr, 135mro; Jouan / Rius / Gamma-Rapho 400ur; Sylvain Grandadam / Gamma-Rapho 443o; Manfred Gottschalk 162 – 163u; Craig Heyton 485or; Arthur Hoffmann 191u; Hulton Archive / Stringer 68um; Mark Kolbe 44 – 45u; Leisa Tyler / LightRocket 284 – 285u; Glenn van der Knijff / Lonely Planet RF 215mu, 264 – 265; Peter Unger / Lonely Planet RF 376 – 377; Mint Images 144 – 145o; Moment / © Marco Bottigelli 324 – 325o; Moment / Bruno Carrillo Bertens 444 – 445o; Moment / Carolyn Hebbard 289u; Moment / Demosthenes Mateo Jr 354 – 355u; Moment / John Crux Photography 471o; Moment / Nigel Killeen 301o; Moment / Peter Pesta Photography 174 – 175u; Moment / Benjawan Sittidech 271ol; Moment / Posnov 184 – 185u, 332 – 333u; Moment / Prasit photo 463o; Moment / Robert Lang Photography 312 – 313o; Moment / Southern Lightscapes-Australia 268 – 269, 294o, 333mro; Moment Open / John Crux Photography 390 – 391o; Moment Open / Migration Media - Underwater Imaging 485um; Moment Open / Nigel Killeen 363o; Nigel Killeen / Moment 32o; Posnov / Moment 11mr, 41u, 346, 380 – 381; Martin Ollman 199o; Paparwin Tanupatarachai 282 – 283o; Jeremy Woodhouse / Photodisc 416o; Bill Heinsohn / Photographer's Choice RF 438 – 439o; Jeff Hunter / Photographer's Choice RF 10 – 11u; puyalroyo 440u; Mike Keating / Racing Photos 65mlu; Richard I'Anson 61mlo; RooM / janetteasche 287o; Science & Society Picture Library 67ul; Manfred Gottschalk / Stone 113o; Stone / Peter Unger 369ur; Sergio Dionisio / stringer 103m; Jami Tarris 58 – 59u; Wendell Teodoro 65mr; Auscape / Universal Images Group 428 – 429u, 483ml; Jeff Greenberg / Universal Images Group 353mu; Martin Zwick / REDA&CO / Universal Images Group 258u; Paolo Picciotto / REDA&CO / Universal Images Group 402o; Jeremy Woodhouse 38ol; Krystle Wright 52 – 53o.

Getty Images / iStock: Andyworks 392ol; asiafoto 188 – 189o; atosan 319om; BenGoode 50 – 51o, 306m, 308 – 309; benstevens 391ml; bjeayes 24 – 25o; Boyloso 236o; bschuitdesign 10mlu; ChristianB 18, 210 – 211; ClaraNila 63ur; coolendelkid 55o; CraigRJD 161mru; davidf 36 – 37o; DoraDalton 296u; 4FR / E+ 12o; funky-data 140 – 141o; Hanis 160 – 161o; jamenpercy 16m, 74 – 75; JensenChua 319mlo; KarenHBlack 138ol; Stefan Keet 286mro; keiichihiki 46 – 47o; kokkai 136u, 204o, 226u; koshar 54ol; Kevin Lebre 307, 328 – 329; lovleah 17o, 150 – 151; lsarao 4; Nigel Marsh 190o; master2 13o; mastersky 337mro, miralex 263or; Mlenny 79o, 98 – 99; NeoPhoto 456o; Kokkai Ng 220 – 221; offlines 298u; pniesen 387ul; RichardALock 464 – 465o; rudi_suardi 482u; scotto72 161ur; sfe-co2 176o; StudioBarcelona 450m, 452 – 453; superjoseph 146 – 147u; takemax 230mru; timstarkey 192u; Totajla 127ur; tracielouise 273u; travellinglight 78m, 82 – 83; trigga 169mr; Tsvibrav 326 – 327u; Uwe-Bergwitz 444om; Julien Viry 92 – 93o; Yicai 203ur.

Mary Evans Picture Library: John Frost Newspapers 70mru; Arthur Dorety / Stocktrek Images 66um.

MONA - The Museum of Old and New Art: Jesse Hunniford 284or.

National Gallery Of Australia, Canberra: 200 – 201o.

Shutterstock.com: 2021 Photography 423ur; aiyoshi597 65or, 221or; alexroch 163or; Alizada Studios 134o; Alvov 251o; Fimina Anna 65ol; Rudy Balasko 28o; Glen Berlin 291o; Bildagentur Zoonar GmbH 12mlu; Blue Planet Studio 34 – 35mo; Stephane Bowker 209mro; John Carnemolla 429mr; Timothy Christianto 63ml; Alex Cimbal 202 – 203o, 336u; Mariangela Cruz 314ul; Luke Cummings 262ul; Debu55y 249ur; Michael R Evans 334o; EQRoy 62 – 63u, 65ml, 352 – 353, 359um; FiledIMAGE 256 – 257o; GotKom 272o; GTS Productions 423mlu; Holli 64mro; Iacomino Frimages 410, 412 – 413; Yuki Ishii 36ol; Islandjems - Jemma Craig 26 – 27o; Tom Jastram 35or; jax10289 236ml; josh.tagi 339o; juancsanchezherrera 13u; Julian Peters Photography 427ol; Olga Kashubin 8mlu; Nicole Kwiatkowski 484o; Shuang Li 232o; lkonya 34 – 35o; Luke98 322 – 323o; Michael Major 51or; marco-brivio.photo 87mro; Natalie Maro 395u; Claudine Van Massenhove 95um; mastersky 333o; Maurizio De Mattei 388 – 389u; ms_pics_and_more 185mlo; Nick Brundle Photography 419u; Oleksii G 299mro (Devil); pisaphotography 8 – 9; Thomas Rosenzweig 11ur; Ryosue 26mlo; Philip Schubert 39or, 477or, 478o; Darren Tierney 40 – 41o; Marco Tomasini 427mlo; Tooykrub 116ul; Ksenija Toyechkina 22o; trabantos 233u, 483o; Steve Tritton 208u; VarnaK 154m, 156 –157; Nils Versemann 222u; Taras Vyshnya 24 – 25mo, 64ml, 122 –123o, 370 – 371u; Ashley Whitworth 427ml; Dr. Victor Wong 104 – 105u; Yunsun_Kim 488 – 489.

Tourism National Territory: 420 – 421u, 421ol, 421mlo; Mark Sherwood 421mro.

Umschlag

Vorderseite und Buchrücken: **Getty Images:** Photodisc / Matthew Micah Wrighta.
Rückseite: **Alamy Stock Photo:** blickwinkel / Gemperle ml; **Depositphotos Inc:** zstockphotos o; **Getty Images / iStock:** Artama Photography u.

Alle anderen Bilder © Dorling Kindersley

MIX
Papier | Fördert gute Waldnutzung
FSC® C018179

Dieser Reiseführer wird regelmäßig aktualisiert. Angaben wie Telefonnummern, Öffnungszeiten, Adressen, Preise und Fahrpläne können sich jedoch ändern. Der Verlag kann für fehlerhafte oder veraltete Angaben nicht haftbar gemacht werden.
Für Hinweise, Verbesserungsvorschläge und Korrekturen ist der Verlag dankbar.
Bitte richten Sie Ihr Schreiben an:
reise@dk.com

DK Penguin Random House

DK London (aktualisierte Neuauflage)

Mitwirkende Anita Isalska, Julia D'Orazio, Deborah Soden

Lektorat Georgina Dee, Shikha Kulkarni, Beverly Smart, Hollie Teague, Alison McGill, Dipika Dasgupta, Keith Drew, Nandini Desiraju, Ishita Chatterjee, Gauri Shukla, Simona Velikova

Gestaltung und Bildredaktion Maxine Pedliham, Priyanka Thakur, Gemma Doyle, Vinita Venugopal, Abhijit Dutta, Anuroop Sanwali, Divyanshi Shreyaskar, Nishwan Rasool, Manpreet Kaur, Taiyaba Khatoon, Rohit Rojal

Herstellung Kariss Ainsworth

Kartografie Suresh Kumar, Ashif

Illustrationen Richard Bonson, Jo Cameron, Stephen Conlin, Eugene Fleury, Chris Forsey, Steve Gyapay, Toni Hargreaves, Chris Orr, Robbie Polley, Kevin Robinson, Peter Ross, John Woodcock

Für die deutsche Ausgabe

Projektbetreuung Theresa Fleichaus
Herstellungskoordination Antonia Wiesmeier

Titel der englischen Originalausgabe:
DK Australia

15. aktualisierte Neuauflage 2025 / 2026

Übersetzung Svenja Conrad, Bremen; Gerhard Bruschke, München
Redaktion Robert Kutschera, Meppen
Schlussredaktion Philip Anton, Köln
Umschlaggestaltung Ute Berretz, München

ISBN 978-3-7342-0869-0
5902-341222-24155-01

Druck und Bindung Leo Paper Products, China

www.dk-verlag.de

Die Informationen in diesem Buch sind von den Autoren und Autorinnen sowie vom Verlag sorgfältig erwogen und geprüft, dennoch kann eine Garantie nicht übernommen werden. Eine Haftung der Autoren und Autorinnen bzw. des Verlags und seiner Beauftragten für Personen-, Sach- und Vermögensschäden ist ausgeschlossen.

Der DK Verlag erkennt alle geschlechtlichen Identitäten an. Aus Platzgründen oder Gründen der besseren Lesbarkeit wird jedoch großteils das generische Maskulinum verwendet.

Australien
Abkürzungen
CP Conservation Park
CR Conservation Reserve
HR Historical Reserve
MP Marine Park
NP National Park
WHA World Heritage Area
A
B
C
D
1
2
3
4
5
6
7
Timorsee
Arafura
Tiwi Islands
Cobourg Peninsula
Darwin
Jabiru
Adelaide River
Litchfield NP
Kakudu National Park
Pine Creek
Katherine
Roper
Kalumburu
Coronation Islands
Wyndham
Keep River NP
Timber Creek
Kununurra
Judbarra/Gregory National Park
Daly Waters
Buccaneer Archipelago
Kimberley
Kupingarri
Newcastle W
Derby
Broome
Fitzroy
Fitzroy Crossing
Halls Creek
Tanami Desert
NORTHERN TERRIT
Sturt Creek
Rabbit Flat
Tennant Creek
Karlu Karl Devil's Ma
Port Hedland
Cossack Historic Town
Dampier
Roebourne
De Grey
Great Sandy Desert
Lake Mackay
Yuendumu
Aileron
Marble Bar
Lake Dora
Fortescue
Macdonnell Ranges
Arltunga
Exmouth
Cape Range NP
Karijini NP
Little Sandy Desert
Gibson Desert
Hermannsburg
Alice Springs
Newman
Kings Canyon
Chambers Pillar HR
Ningaloo Reef MP
Henbury Meteorites CR
Coral Bay
WESTERN AUSTRALIA
Erldunda
Kennedy Range National Park
Uluru-Kata Tjuta NP
Gascoyne
Warburton
Carnarvon
Witjira National P
Wiluna
Great Victoria Desert
Monkey Mia
Meekatharra
Shark Bay World Heritage Area
Murchison
Mount Magnet
Leinster
Coober Pedy
Kalbarri NP
Kalbarri
Leonara
SOUTH AUSTR
Mullewa
Houtman Abrolhos Islands NP
Geraldton
Nullarbor Plain
Kalgoorlie-Boulder
Rawlinna
Woome
Wubin
Yalata
The Pinnacles
New Norcia
Madura
Eucla
Ceduna
Northam
Merredin
Norseman
Great Australian Bight
Streaky Bay
Why
York
Rottnet Island
Perth
Wave Rock
Fremantle
Williams
Ravensthorpe
Bunbury
Esperance
Coffin Bay NP
Leeuwin-Naturaliste NP
Bridgetown
Port Lincoln
Margaret River
Stirling Range NP
Manjimup
Albany
D'Entrecasteaux National Park
Denmark
South East Australia
Murray
Willandra National Park
Parkes
Mildura
N.S.W.
Orange
Renmark
Barossa Valley
Bathurst
Adelaide
Birdwood
Hattah-Kulkyne National Park
Hay
Cowra
Yorketown
Hahndorf
Griffith
Blue Mountains
Ouyen
Temora
Port Noarlunga
Strathalbyn
Royal
Swan Hill
Wagga Wagga
Wollongong
Kangaroo Island
Port Elliot
Goolwa
Big Desert Wilderness
Goulburn
Deniliquin
Morton NP
Coorong National Park
VICTORIA
Canberra
Echuca
A.C.T.
Ullad
Albury
Chiltern
Kingston SE
Shepparton
Batema
Naracoorte Caves NP
Glenrowan
Snowy Mountains
Cooma
Robe
Bendigo
Benalla
Narooma
Bright
Mount Beauty
Central Til
Ararat
Mansfield
Beachport
Penola
Castlemaine
Yarra Valley
Buchan Caves Reserve
Tathra
Grampians National Park
Ballarat
Licola
Alpine NP
Mount Gambier
Melbourne
Dandenong Ranges
Eden
Geelong
Bairnsdale
Portland
Paynesville
Mallacoota
Bellarine Peninsula
Cranbourne
Marlo
Croajingolong National Park
Great Ocean Road
Phillip Island
Gippsland Lakes
N
Wilsons Promontory NP
Port Albert
0 Kilometer 200